大学入試シリーズ

350

東京理科大学

理工学部‐B方式

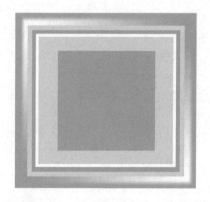

教学社

はしがき

　2021年度の大学入試は，世界的な新型コロナウイルスの感染拡大の状況下で実施され，多くの大学で試験範囲や選抜方法の一部が変更されるなどの影響が見られました。また，従来のセンター試験に代わる「大学入学共通テスト」の導入も重なり，多くの受験生にとって，不確定要素の多い，先行き不安な状況での大学入試となりました。こうした状況から，比較的早期に結果が決まる，総合型選抜・学校推薦型選抜への志望度が高まり，感染への不安から大都市圏への進学を忌避して，地元志向がより強くなるなどの傾向も見られました。

　また，2020年に大学に入学した人も，入学当初は対面での授業が実施されず，オンライン授業が中心となりました。一人で黙々と課題をこなし，クラブやサークルなどの課外活動も制限されて，友だちも十分に作れないといった状況も見られました。一方で，オンライン・ツールの浸透や拡大によって，海外の人たちなど，これまで以上に幅広い人たちと交流できるようになりました。また，一人の時間が増えたことで，周りに流されずより真剣に勉学に打ち込め，自分自身を見つめ直す機会が増えたといった，肯定的な意見も聞かれるようになりました。

　社会の大きな変革期に差し掛かっており，不透明な状況はまだまだ続くように見えますが，こうした状況に柔軟に適応しつつも，自分自身がこの先どのように生きていくのか，将来何を成し遂げたいのかを，腰を据えてじっくりと考える時間や期間を大切にしてほしいと思います。大学に進学することは，幅広い見識を得る上で，貴重な選択肢であると言えます。

　どのような境遇にあっても，その経験を意義あるものにするかどうかは自分次第です。いろいろと試行錯誤をする中で，当初は考えてもいなかったような道が拓けることもあります。また，たとえすぐには実を結ばなかったとしても，新しいことに挑戦した経験が，後々の人生で支えになることもあります。この困難な状況の中で，幾多の試練や難題を乗り越えて，栄冠を勝ち取られることを心より願っています。

編者しるす

本書刊行に際して

　各大学や学部・学科の教育理念や教育内容を踏まえて，入学者にどのような能力を求め，入学者をどのように受け入れるのかを定めた方針が，「アドミッション・ポリシー」と言われるものです。この「アドミッション・ポリシー」を特に色濃く表したものが，各大学の過去の入試問題（過去問）であると言えます。創刊60年を超える「赤本」は，ますます高まる過去問の重要性に配慮しつつ，受験生の皆様や進路指導にあたられる先生方に，正確で役立つ資料提供を行ってまいります。

　本書刊行に際しまして，資料をご提供いただいた大学関係者各位，本書への掲載許可をいただいた著作権者の皆様，各科目の執筆にあたられた先生方に，心より御礼を申し上げます。

　「赤本」は，大学によって掲載内容が異なります。受験される試験日程・科目の掲載の有無や収載年数については，目次や問題編冒頭の科目欄でご確認ください。著作権上の理由やその他編集上の都合により，問題や解答の一部を割愛している場合があります。また，試験科目は変更される場合がありますので，あらかじめご了承ください。

　なお，指定校推薦入試，社会人入試，編入学試験，帰国生入試などの特別入試，英語以外の外国語科目，商業・工業科目は，原則として掲載しておりません。

● お問い合わせについて

　本書は当社編集部の責任のもと独自に作成したものです。本書の内容についてのお問い合わせは，赤本ウェブサイトの「お問い合わせ」より，必要事項をご入力の上ご連絡ください。電話でのお問い合わせは受け付けておりません。

　なお，受験指導など，本書掲載内容以外の事柄に関しては，お答えしかねます。また，ご質問の内容によってはお時間をいただく場合がありますので，あらかじめご了承ください。

お問い合わせ先　http://akahon.net/

赤本の使い方

赤本は入試直前に解くものだと思っていませんか？　それだけでは赤本を十分に活用できているとはいえません。志望校合格のための，赤本の効果的な活用法を紹介します。

 ## 赤本を使う前に

大学入試では，大学や学部ごとに出題形式や頻出分野が異なります。志望校の傾向を知っておくと，試験本番に落ち着いて臨めるだけでなく，傾向に即した効果的な対策を立てることができます。つまり，早めに赤本を活用することが肝心なのです。

 ## 3ステップの赤本活用法

志望校が決まったら，本格的な受験勉強のスタートです。赤本をパートナーにして，次の3ステップで着実に志望校合格を目指しましょう。

STEP1　過去問を解き，傾向をつかむ

志望校の傾向を知る一番の方法は，実際の過去問に当たることです。問題を解いて，解答方法や，試験時間に対する問題量，問題のレベルなどを体感してみましょう。さらに，赤本の「傾向と対策」には，解答をご執筆の先生方による詳しい傾向分析が載っています。必ず目を通してください。

合格者の声

> 志望校を決定してすぐ最新1年分の問題を解き，時間や難易度を肌で感じてから今後の学習方針を決めました。まだ十分に実力がついていなくても，自分で問題を解いてみることで発見することはたくさんあります。　　　（Hさん／国立大合格）

STEP 2　自分の実力を知り，対策を立てる

　過去問を解くことで，今の自分に足りない力や苦手な分野などが見えてくるはずです。本番で合格点を取るためには，こうした弱点をなくしていくのが近道です。過去問を指針にして，何をどんな方法で強化すればよいかを考え，具体的な学習計画を立てましょう。「傾向と対策」のアドバイスも参考にしてください。学習が進んだら，過去問を再び解いて学習の成果を確認するとともに，学習計画を修正していきましょう。

合格者の声

> 　解き終えた後，大問ごとに感想を書き出してみると志望校との距離感がつかめます。しばらくしてから解き直す際にも，その時の感想を見ることで自分の成長を実感することができ，やる気につながります。
> 　　　　　　　　　　　　　　　　　　　　　　　　　　（Tさん／国立大合格）

STEP 3　実戦演習を重ねる

　実力がついてきたら，試験時間に合わせて実戦演習を行うことが有効です。その際，大問ごとの時間配分や解く順番など，本番で実力を最大限に発揮するための作戦を考えておきましょう。問題を解き終えたら，答え合わせをするだけでなく，足りない知識を補強したり，よりよい解き方を研究したりするなどして，さらなる実力アップを図ってください。繰り返し解いて出題形式に慣れることも大切です。

合格者の声

> 　望ましい時間配分は人によって違うので，演習を重ねて，どの時間配分だとやりやすいか研究するべき。
> 　　　　　　　　　　　　　　　　　　　　　　　　　　（Oさん／私立大合格）

受験に役立つ情報を発信

赤本ブログ akahon blog

過去問の上手な使い方，
予備校講師による勉強法など受験に役立つ記事が充実。

東京理科大-理工〈B方式〉◀目次▶

目　次

大 学 情 報 ……………………………………………………………………… 1

在学生メッセージ　　　合格体験記

傾向と対策 ………………………………………………………………………… 39

問題編＆解答編　　（　）内は解答頁

2021年度

■B方式2月3日実施分：数・物理・情報科・応用生物科・
経営工学科

英　　語………………… 4(78)	数　　学……………………16(89)
物　　理…………………20(98)	化　　学……………………38(106)
生　　物…………………50(117)	

■B方式2月6日実施分：建築・先端化・電気電子情報工・
機械工・土木工学科

英　　語…………………130(178)	数　　学……………………142(189)
物　　理…………………146(199)	化　　学……………………166(207)

※解答につきましては，東京理科大学から提供のあった情報を掲載しております。

2020年度

■B方式2月3日実施分：数・物理・情報科・応用生物科・
経営工学科

英　　語………………… 4(76)	数　　学……………………15(86)
物　　理…………………19(94)	化　　学……………………41(104)
生　　物…………………53(114)	

東京理科大-理工〈B方式〉◀目次▶

■B方式2月6日実施分：建築・先端化・電気電子情報工・
　　　　　　　　　　　　　　　　　　　機械工・土木工学科

英　　語…………………126(177)　　数　　学…………………139(187)
物　　理…………………143(195)　　化　　学…………………167(203)

※解答につきましては，東京理科大学から提供のあった情報を掲載しております。

2019年度

■B方式2月3日実施分：数・物理・情報科・応用生物科・
　　　　　　　　　　　　　　　　　　　経営工学科

英　　語………………… 4(68)　　数　　学………………… 12(76)
物　　理…………………15(88)　　化　　学…………………35(96)
生　　物…………………45(108)

■B方式2月6日実施分：建築・先端化・電気電子情報工・
　　　　　　　　　　　　　　　　　　　機械工・土木工学科

英　　語…………………120(166)　　数　　学…………………130(175)
物　　理…………………134(185)　　化　　学…………………156(193)

※解答につきましては，東京理科大学から提供のあった情報を掲載しております。

University Guide

大学情報

大学の基本情報

 ## 沿革

1881（明治 14）	東京大学出身の若き理学士ら 21 名が標す夢の第一歩「東京物理学講習所」を設立
1883（明治 16）	東京物理学校と改称
✒1906（明治 39）	神楽坂に新校舎が完成。理学研究の「先駆的存在」として受講生が全国より集結。「落第で有名な学校」として世に知られるようになる
1949（昭和 24）	学制改革により東京理科大学となる。理学部のみの単科大学として新たなスタート
1960（昭和 35）	薬学部設置
1962（昭和 37）	工学部設置
1967（昭和 42）	理工学部設置
1981（昭和 56）	創立 100 周年
1987（昭和 62）	基礎工学部設置
1993（平成　5）	経営学部設置
2013（平成 25）	葛飾キャンパス開設
2021（令和 3）	基礎工学部を先進工学部に名称変更

ロゴマーク

ロゴマークは，創立 125 周年の際に制定されたもので，東京理科大学徽章をベースにデザインされています。

エメラルドグリーンの色は制定した際，時代に合わせた色であり，なおかつスクールカラーであるえんじ色との対比を考えた色として選ばれました。

なお，徽章はアインシュタインによって確立された一般相対性理論を図案化したものです。太陽の重力によって曲げられる光の軌道を模式的に描いています。

学部・学科の構成

移転計画は構想中であり，内容は変更となる場合がある。

大　学

理学部第一部　＊印の学科：神楽坂キャンパス／＊＊印の学科：葛飾キャンパス
　数学科＊
　物理学科＊
　化学科＊
　応用数学科＊
　応用物理学科＊＊
　応用化学科＊

工学部　＊印の学科：神楽坂キャンパス／＊＊印の学科：葛飾キャンパス
　建築学科＊＊
　工業化学科＊　（2022年4月に葛飾キャンパスに移転予定）
　電気工学科＊＊
　情報工学科＊＊
　機械工学科＊＊

薬学部　野田キャンパス
　薬学科［6年制］
　生命創薬科学科［4年制］

理工学部　野田キャンパス
　数学科
　物理学科
　情報科学科
　応用生物科学科
　建築学科
　先端化学科
　電気電子情報工学科
　経営工学科
　機械工学科
　土木工学科

4 東京理科大／大学情報

先進工学部 葛飾キャンパス

電子システム工学科

マテリアル創成工学科

生命システム工学科

経営学部 神楽坂キャンパス
（国際デザイン経営学科の1年次は北海道・長万部キャンパス）

経営学科

ビジネスエコノミクス学科

国際デザイン経営学科

理学部第二部 神楽坂キャンパス

数学科

物理学科

化学科

大学院

理学研究科／工学研究科／薬学研究科／理工学研究科／先進工学研究科／
経営学研究科／生命科学研究科

（注） 学部・学科および大学院の情報は2021年4月時点のものです。

大学所在地

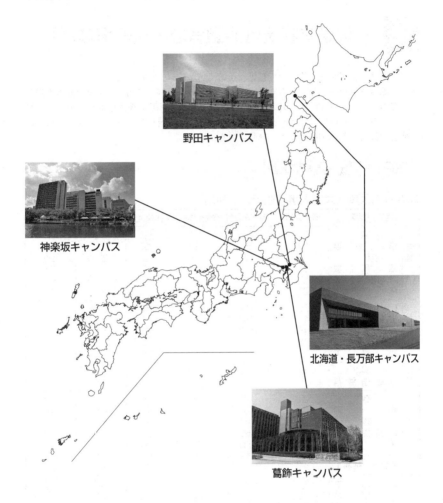

神楽坂キャンパス	〒162-8601	東京都新宿区神楽坂1-3
葛飾キャンパス	〒125-8585	東京都葛飾区新宿6-3-1
野田キャンパス	〒278-8510	千葉県野田市山崎2641
北海道・長万部キャンパス	〒049-3514	北海道山越郡長万部町字富野102-1

入試データ

一般選抜状況（志願者数・競争率など）

- 競争率は受験者数÷合格者数で算出（小数点第2位以下を切り捨て）。
- 大学独自試験を課さないA方式入試（大学入学共通テスト利用）は1ヵ年分のみ掲載。
- 2021年度より、基礎工学部は先進工学部に、電子応用工学科は電子システム工学科に、材料工学科はマテリアル創成工学科に、生物工学科は生命システム工学科に名称変更。経営学部に国際デザイン経営学科を新設。

2021年度 入試状況

■A方式入試（大学入学共通テスト利用）

学部・学科		募集人員	志願者数	受験者数	合格者数	競争率	合格最低点
理第一部	数	20	286	286	139	2.0	641
	物理	20	568	568	265	2.1	656
	化	20	560	560	260	2.1	625
	応用数	20	188	188	90	2.0	604
	応用物理	20	294	294	155	1.8	609
	応用化	20	475	475	215	2.2	657
工	建築	16	432	432	152	2.8	661
	工業化	16	296	296	155	1.9	613
	電気工	16	233	233	120	1.9	638
	情報工	16	821	821	230	3.5	682
	機械工	16	542	542	271	2.0	646
薬	薬	15	640	640	243	2.6	650
	生命創薬科	15	414	414	158	2.6	641
理工	数	20	271	271	132	2.0	592
	物理	20	400	400	200	2.0	626
	情報科	20	417	417	184	2.2	647
	応用生物科	20	497	497	229	2.1	647
	建築	20	289	289	144	2.0	618
	先端化	20	269	269	132	2.0	620
	電気電子情報工	25	436	436	210	2.0	630
	経営工	20	289	289	100	2.8	641
	機械工	20	590	590	250	2.3	642
	土木工	20	382	382	187	2.0	588
先進工	電子システム工	20	629	629	137	4.5	654
	マテリアル創成工	20	528	528	232	2.2	618
	生命システム工	20	468	468	125	3.7	669

（表つづく）

東京理科大／大学情報　7

学部・学科		募集人員	志願者数	受験者数	合格者数	競争率	合格最低点
経営	経営	37	436	436	183	2.3	628
	ビジネスエコノミクス	37	292	292	144	2.0	609
	国際デザイン経営	20	148	148	47	3.1	640
理第二部	数	20	181	181	106	1.7	408
	物理	20	137	137	85	1.6	387
	化	15	179	179	130	1.3	374
合計		644	12,587	12,587	5,410	—	—

（配点）　800 点満点（ただし，理学部第二部は 600 点満点）。

∷ B方式入試（東京理科大学独自試験）

学部・学科		募集人員	志願者数	受験者数	合格者数	競争率	合格最低点
理第一部	数	49	858	827	247	3.3	185
	物理	49	1,247	1,180	423	2.7	187
	化	49	1,020	972	344	2.8	＊234
	応用数	49	570	544	191	2.8	183
	応用物理	49	664	634	311	2.0	144
	応用化	49	1,240	1,187	447	2.6	＊181
工	建築	46	1,199	1,144	290	3.9	197
	工業化	46	643	610	271	2.2	177
	電気工	46	1,190	1,120	380	2.9	188
	情報工	46	2,389	2,264	375	6.0	211
	機械工	46	1,769	1,671	494	3.3	197
薬	薬	40	934	841	252	3.3	175
	生命創薬科	40	603	560	224	2.5	166
理工	数	49	702	683	340	2.0	＊＊279
	物理	49	1,083	1,048	409	2.5	220
	情報科	49	1,410	1,360	433	3.1	228
	応用生物科	49	900	854	355	2.4	212
	建築	49	798	762	250	3.0	213
	先端化	49	636	614	296	2.0	196
	電気電子情報工	67	1,413	1,338	626	2.1	202
	経営工	49	902	871	301	2.8	221
	機械工	49	1,417	1,350	474	2.8	214
	土木工	49	782	755	418	1.8	187
先進工	電子システム工	49	1,233	1,182	198	5.9	212
	マテリアル創成工	49	1,200	1,235	357	3.4	199
	生命システム工	49	1,288	1,239	390	3.1	194
経営	経営	72	1,093	1,063	312	3.4	#299
	ビジネスエコノミクス	73	1,091	1,059	321	3.2	221
	国際デザイン経営	32	499	485	64	7.5	##307
理第二部	数	64	254	215	123	1.7	123
	物理	64	238	185	122	1.5	110
	化	69	188	152	112	1.3	101
合計		1,633	31,533	30,004	10,150	—	—

（備考）　合格者数・合格最低点には追加合格者を含む。

8　東京理科大／大学情報

(配点)　試験各教科 100 点満点，3 教科計 300 点満点。ただし，以下を除く。
- 理学部第一部化学科・応用化学科（＊）は 350 点満点（化学 150 点，他教科各 100 点）。
- 理工学部数学科（＊＊）は 400 点満点（数学 200 点，他教科各 100 点）。
- 経営学部経営学科（＃）は 400 点満点（高得点の 2 科目をそれぞれ 1.5 倍に換算，残り 1 科目 100 点）。
- 経営学部国際デザイン経営学科（＃＃）は 400 点満点（英語 200 点，他教科 100 点）。

■C方式入試（大学入学共通テスト＋東京理科大学独自試験）

学部・学科		募集人員	志願者数	受験者数	合格者数	競争率	合格最低点
理第一部	数	10	131	91	26	3.5	369
	物　　理	10	126	81	12	6.7	391
	化	10	129	87	30	2.9	371
	応　用　数	10	64	42	25	1.6	319
	応　用　物　理	10	76	53	19	2.7	360
	応　用　化	10	130	87	20	4.3	385
工	建　　築	10	130	94	25	3.7	390
	工　業　化	10	91	65	26	2.5	369
	電　気　工	10	90	64	21	3.0	383
	情　報　工	10	216	165	30	5.5	405
	機　械　工	10	142	92	30	3.0	382
薬	薬	10	163	112	16	7.0	391
	生命創薬科	10	114	75	18	4.1	376
理工	数	10	74	57	27	2.1	339
	物　　理	10	78	60	19	3.1	376
	情　報　科	10	135	105	17	6.1	401
	応　用　生　物　科	10	139	104	36	2.8	361
	建　　築	10	83	57	24	2.3	358
	先　端　化	10	72	50	19	2.6	359
	電気電子情報工	13	107	79	19	4.1	373
	経　営　工	10	96	70	21	3.3	375
	機　械　工	10	136	87	32	2.6	358
	土　木　工	10	65	33	13	2.5	352
先進工	電子システム工	10	138	113	14	8.0	387
	マテリアル創成工	10	123	67	14	4.7	366
	生命システム工	10	164	116	33	3.5	374
経営	経　　営	12	87	63	26	2.4	337
	ビジネスエコノミクス	15	110	78	23	3.3	366
	国際デザイン経営	5	37	26	7	3.7	369
合	計	295	3,246	2,273	642	―	―

(配点)　500 点満点（大学入学共通テスト 200 点＋東京理科大学独自試験 300 点）。

■■グローバル方式入試（英語の資格・検定試験＋東京理科大学独自試験）

学部・学科		募集人員	志願者数	受験者数	合格者数	競争率	合格最低点
理第一部	数	5	57	52	11	4.7	243
	物理	5	60	52	8	6.5	252
	化	5	57	49	15	3.2	246
	応用数理	5	89	80	16	5.0	208
	応用物理	5	37	34	11	3.0	233
	応用化	5	71	64	10	6.4	261
工	建築	5	85	77	10	7.7	253
	工業化	5	52	44	12	3.6	245
	電気工	5	50	44	13	3.3	229
	情報工	5	119	101	14	7.2	256
	機械工	5	61	51	11	4.6	252
薬	薬	5	46	35	6	5.8	255
	生命創薬科	5	48	41	13	3.1	251
理工	数	5	46	46	23	2.0	185
	物理	5	38	37	8	4.6	232
	情報科	5	59	53	8	6.6	250
	応用生物科	5	51	45	14	3.2	228
	建築	5	56	50	15	3.3	227
	先端化	5	30	29	7	4.1	238
	電気電子情報工	7	57	53	13	4.0	209
	経営工	5	57	51	13	3.9	251
	機械工	5	65	55	15	3.6	218
	土木工	5	59	52	9	5.7	244
先進工	電子システム工	5	105	99	12	8.2	238
	マテリアル創成工	5	68	62	8	7.7	244
	生命システム工	5	99	88	19	4.6	232
経営	経営	12	84	74	13	5.6	206
	ビジネスエコノミクス	8	143	130	30	4.3	215
	国際デザイン経営	15	86	79	20	3.9	203
合	計	167	1,935	1,727	377	—	—

（配点） 325点満点（東京理科大学独自試験300点＋英語の資格・検定試験25点）

2020年度 入試状況

■ B方式入試（東京理科大学独自試験）

学部・学科		募集人員	志願者数	受験者数	合格者数	競争率	合格最低点
理第一部	数　　　学	49	887	852	238	3.5	180
	物　　　理	49	1,418	1,361	376	3.6	207
	化　　　学	49	1,073	1,008	291	3.4	＊221
	応　用　数　理	49	688	665	186	3.5	176
	応　用　物　理	49	751	717	285	2.5	180
	応　用　化	49	1,470	1,403	390	3.5	＊250
工	建　　　築	46	1,413	1,317	285	4.6	208
	工　業　化	46	656	617	264	2.3	181
	電　気　工	46	1,729	1,638	329	4.9	209
	情　報　工	46	2,158	2,014	418	4.8	213
	機　械　工	46	2,213	2,080	444	4.6	213
薬	薬	40	1,028	935	262	3.5	212
	生　命　創　薬　科	40	688	646	237	2.7	203
理工	数　　　学	49	911	879	311	2.8	＊＊262
	物　　　理	49	1,215	1,170	411	2.8	187
	情　　報　　科	49	1,567	1,492	366	4.0	218
	応　用　生　物　科	49	1,228	1,174	393	2.9	202
	建　　　築	49	1,044	991	214	4.6	217
	先　　端　　化	49	1,059	1,005	292	3.4	206
	電気電子情報工	67	1,623	1,542	493	3.1	208
	経　　営　　工	49	1,064	1,026	270	3.8	208
	機　　械　　工	49	1,766	1,688	470	3.5	216
	土　　木　　工	49	995	946	322	2.9	198
基礎工	電　子　応　用　工	49	794	769	211	3.6	204
	材　　料　　工	49	1,138	1,097	263	4.1	207
	生　　物　　工	49	775	739	295	2.5	196
経営	経　　　営	132	1,755	1,695	328	5.1	#262
	ビジネスエコノミクス	62	1,054	1,022	139	7.3	217
理第二部	数　　　学	64	310	259	113	2.2	167
	物　　　理	64	304	273	138	1.9	162
	化	69	231	200	131	1.5	148
合　　　　　　計		1,650	35,005	33,220	9,165	—	—

（備考）　合格者数・合格最低点には補欠合格者を含む。
（配点）　試験各教科 100 点満点，3 教科計 300 点満点。ただし，以下を除く。
• 理学部第一部化学科・応用化学科（＊）は 350 点満点（化学 150 点，他教科各 100 点）。
• 理工学部数学科（＊＊）は 400 点満点（数学 200 点，他教科各 100 点）。
• 経営学部経営学科（#）は 350 点満点（英語 150 点，他教科各 100 点）。

東京理科大／大学情報　11

■C方式入試（大学入試センター試験＋東京理科大学独自試験）

学部・学科		募集人員	志願者数	受験者数	合格者数	競争率	合格最低点
理第一部	数	10	90	72	18	4.0	384
	物　理	10	132	102	14	7.2	410
	化	10	110	86	27	3.1	381
	応　用　数　理	10	88	68	25	2.7	379
	応　用　物　理	10	60	47	18	2.6	376
	応　用　化	10	161	117	34	3.4	390
工	建　築	10	146	112	26	4.3	401
	工　業　化	10	75	53	20	2.6	371
	電　気　工	10	184	142	37	3.8	393
	情　報　工	10	205	152	30	5.0	404
	機　械　工	10	210	159	40	3.9	390
薬	薬	10	182	133	20	6.6	396
	生　命　創　薬　科	10	106	83	24	3.4	379
理工	数	10	79	68	19	3.5	378
	物　理	10	84	60	10	6.0	392
	情　報　科	10	115	81	22	3.6	385
	応　用　生　物　科	10	173	125	35	3.5	366
	建　築	10	113	91	24	3.7	398
	先　端　化	10	90	72	20	3.6	371
	電気電子情報工	13	91	65	16	4.0	374
	経　営　工	10	96	79	20	3.9	369
	機　械　工	10	145	118	25	4.7	390
	土　木　工	10	69	54	12	4.5	387
基礎工	電　子　応　用　工	10	115	87	24	3.6	377
	材　料　工	10	165	132	10	13.2	395
	生　物　工	10	120	97	32	3.0	358
経営	経　営	24	208	172	25	6.8	387
	ビジネスエコノミクス	13	181	148	23	6.4	383
合　計		300	3,593	2,775	650	—	—

（配点）　500点満点（大学入試センター試験200点＋東京理科大学独自試験300点）。

■■グローバル方式入試（英語の資格・検定試験＋東京理科大学独自試験）

学部・学科		募集人員	志願者数	受験者数	合格者数	競争率	合格最低点
理第一部	数　　　　　理	5	56	52	7	7.4	270
	物　　　　　理	5	66	61	7	8.7	269
	化	5	58	50	13	3.8	235
	応　用　数　理	5	68	63	17	3.7	236
	応　用　物　理	5	37	34	9	3.7	253
	応　　用　　化	5	69	59	12	4.9	238
工	建　　　　　築	5	79	74	10	7.4	253
	工　業　　　化	5	44	40	12	3.3	213
	電　気　　　工	5	107	100	15	6.6	250
	情　報　　　工	5	91	76	12	6.3	254
	機　械　　　工	5	80	75	10	7.5	266
薬	薬	5	59	45	8	5.6	242
	生　命　創　薬　科	5	43	37	9	4.1	221
理工	数　　　　　理	5	33	31	8	3.8	234
	物　　　　　理	5	38	33	7	4.7	246
	情　　報　　科	5	50	46	7	6.5	242
	応　用　生　物　科	5	78	68	13	5.2	224
	建　　　　　築	5	68	61	9	6.7	252
	先　　端　　化	5	45	40	9	4.4	230
	電気電子情報工	7	62	52	15	3.4	233
	経　　営　　工	5	50	43	10	4.3	228
	機　　械　　工	5	65	57	11	5.1	251
	土　　木　　工	5	76	71	14	5.0	222
基礎工	電　子　応　用　工	5	94	88	21	4.1	227
	材　　料　　工	5	76	68	5	13.6	239
	生　　物　　工	5	60	53	13	4.0	217
経営	経　　　　　営	12	177	162	12	13.5	236
	ビジネスエコノミクス	7	110	104	20	5.2	228
合　　　　　　計		151	1,939	1,743	315	―	―

（配点）　320 点満点（東京理科大学独自試験 300 点＋英語の資格・検定試験 20 点）

東京理科大／大学情報　13

2019年度 入試状況

■■B方式入試（東京理科大学独自試験）

学部・学科		募集人員	志願者数	受験者数	合格者数	競争率	合格最低点
理第一部	数　　　　学	49	864	827	203	4.0	186
	物　　　　理	49	1,260	1,192	330	3.6	198
	化　　　　学	49	1,118	1,064	269	3.9	＊250
	応　用　数　理	49	641	612	154	3.9	182
	応　用　物　理	49	774	733	256	2.8	173
	応　用　化　学	49	1,444	1,381	347	3.9	＊229
工	建　　築	46	1,456	1,379	215	6.4	192
	工　業　化	46	727	685	246	2.7	172
	電　気　工	46	1,563	1,478	353	4.1	179
	情　報　工	46	2,394	2,262	329	6.8	196
	機　械　工	46	2,269	2,148	522	4.1	186
薬	薬	40	1,066	978	226	4.3	184
	生 命 創 薬 科	40	682	633	253	2.5	164
理工	数　　　　学	49	959	919	293	3.1	＊＊230
	物　　　　理	49	1,196	1,141	355	3.2	203
	情　報　科	49	1,424	1,359	313	4.3	218
	応 用 生 物 科	49	1,111	1,062	464	2.2	201
	建　　築	49	1,141	1,070	198	5.4	218
	先　端　化	49	1,118	1,071	349	3.0	208
	電気電子情報工	67	1,758	1,675	413	4.0	213
	経　営　工	49	1,035	992	221	4.4	211
	機　械　工	49	1,860	1,768	395	4.4	218
	土　木　工	49	931	888	301	2.9	203
基礎工	電 子 応 用 工	49	972	950	179	5.3	202
	材　料　工	49	1,035	1,002	267	3.7	199
	生　物　工	49	688	658	233	2.8	188
経営	経　　　　営	132	2,509	2,391	219	10.9	＃273
	ビジネスエコノミクス	62	969	932	124	7.5	217
理第二部	数　　　　学	64	334	297	97	3.0	174
	物　　　　理	64	298	250	136	1.8	166
	化　　　　学	69	243	208	141	1.4	154
合　　　　　計		1,650	35,839	34,005	8,401	—	—

（備考）　合格者数・合格最低点には補欠合格者を含む。
（配点）　試験各教科100点満点，3教科計300点満点。ただし，以下を除く。
• 理学部第一部化学科・応用化学科（＊）は350点満点（化学150点，他教科各100点）。
• 理工学部数学科（＊＊）は350点満点（数学150点，他教科各100点）。
• 経営学部経営学科（＃）は350点満点（英語150点，他教科各100点）。

14 東京理科大／大学情報

▓▓ C方式入試（大学入試センター試験＋東京理科大学独自試験）

学部・学科		募集人員	志願者数	受験者数	合格者数	競争率	合格最低点
理第一部	数	10	138	113	10	11.3	423
	物　　　理	10	185	131	18	7.2	415
	化	10	210	162	17	9.5	413
	応　用　数	10	133	112	16	7.0	399
	応　用　物　理	10	113	82	10	8.2	397
	応　　用　　化	10	194	142	26	5.4	415
工	建　　　築	10	235	196	31	6.3	421
	工　業　化	10	125	97	27	3.5	395
	電　気　工	10	182	138	39	3.5	398
	情　報　工	10	279	209	20	10.4	424
	機　械　工	10	225	170	38	4.4	405
薬	薬	10	204	142	22	6.4	414
	生　命　創　薬　科	10	122	99	29	3.4	395
理工	数	10	158	134	11	12.1	410
	物　　　理	10	147	113	20	5.6	397
	情　　報　　科	10	131	101	21	4.8	398
	応　用　生　物　科	10	163	118	39	3.0	387
	建　　　築	10	140	112	20	5.6	412
	先　　端　　化	10	173	141	26	5.4	401
	電気電子情報工	13	149	120	18	6.6	401
	経　　営　　工	10	128	96	20	4.8	392
	機　　械　　工	10	183	145	20	7.2	412
	土　　木　　工	10	105	76	20	3.8	389
基礎工	電　子　応　用　工	10	137	115	21	5.4	388
	材　　料　　工	10	119	84	31	2.7	371
	生　　物　　工	10	152	117	26	4.5	388
経営	経　　　　　営	24	222	177	70	2.5	376
	ビジネスエコノミクス	13	226	189	45	4.2	389
合　　　　　　　計		300	4,678	3,631	711	—	—

（配点）　500 点満点（大学入試センター試験 200 点＋東京理科大学独自試験 300 点）。

東京理科大／大学情報　15

■■グローバル方式入試（英語の資格・検定試験＋東京理科大学独自試験）

学部・学科		募集人員	志願者数	受験者数	合格者数	競争率	合格最低点
理第一部	数	5	44	40	6	6.6	274
	物　　　理	5	81	77	10	7.7	259
	化	5	75	67	10	6.7	249
	応　用　数　理	5	61	55	5	11.0	274
	応　用　物　理	5	53	50	5	10.0	246
	応　　　用　　　化	5	67	61	10	6.1	254
工	建　　　築	5	75	69	6	11.5	276
	工　業　化	5	39	36	11	3.2	242
	電　気　工	5	49	43	17	2.5	237
	情　報　工	5	97	88	9	9.7	270
	機　械　工	5	83	71	12	5.9	258
薬	薬	5	67	53	6	8.8	260
	生　命　創　薬　科	5	35	27	7	3.8	239
理工	数	5	46	42	5	8.4	274
	物　　　理	5	76	72	7	10.2	255
	情　報　科	5	73	63	7	9.0	261
	応　用　生　物　科	5	57	51	13	3.9	233
	建　　　築	5	99	90	7	12.8	272
	先　端　化	5	85	82	16	5.1	242
	電気電子情報工	7	75	68	9	7.5	251
	経　営　工	5	74	69	7	9.8	261
	機　械　工	5	76	65	7	9.2	259
	土　木　工	5	61	58	7	8.2	243
基礎工	電　子　応　用　工	5	87	84	14	6.0	238
	材　料　工	5	54	45	9	5.0	240
	生　物　工	5	47	43	9	4.7	234
経営	経　　　営	12	81	74	23	3.2	230
	ビジネスエコノミクス	7	57	52	10	5.2	240
合　　　　計		151	1,874	1,695	264	―	―

（配点）　320 点満点（東京理科大学独自試験 300 点＋英語の資格・検定試験 20 点）

16 東京理科大／大学情報

2018年度 入試状況

■■ B方式入試（東京理科大学独自試験）

学部・学科		募集人員	志願者数	受験者数	合格者数	競争率	合格最低点
理第一部	数	49	904	859	216	3.9	192
	物　　　　理	49	1,276	1,212	364	3.3	181
	化	49	1,078	1,002	330	3.0	＊223
	応　用　数　理	49	549	523	182	2.8	157
	応　用　物　理	49	694	670	296	2.2	138
	応　　用　　化	49	1,368	1,321	361	3.6	＊185
工	建　　　　築	46	1,664	1,510	202	7.4	191
	工　業　化	46	925	792	253	3.1	185
	電　気　工	46	1,533	1,387	333	4.1	180
	情　報　工	52	2,169	2,015	323	6.2	190
	機　械　工	46	2,590	2,379	433	5.4	191
薬	薬	40	1,201	1,090	290	3.7	194
	生 命 創 薬 科	40	702	663	270	2.4	176
理工	数	49	833	816	359	2.2	＊＊184
	物　　　　理	49	1,078	1,044	408	2.5	178
	情　報　科	49	1,605	1,545	283	5.4	195
	応 用 生 物 科	49	1,189	1,144	435	2.6	179
	建　　　　築	49	1,250	1,211	216	5.6	186
	先　端　化	49	1,029	982	385	2.5	173
	電気電子情報工	67	1,790	1,705	520	3.2	170
	経　営　工	49	1,025	992	279	3.5	181
	機　械　工	49	1,909	1,847	432	4.2	182
	土　木　工	49	1,026	996	267	3.7	174
基礎工	電 子 応 用 工	49	1,044	1,016	238	4.2	194
	材　料　工	49	1,132	1,105	297	3.7	215
	生　物　工	49	806	775	227	3.4	212
経営	経　　　　営	132	2,042	1,975	325	6.0	＃247
	ビジネスエコノミクス	62	1,013	994	142	7.0	209
理第二部	数	64	247	206	99	2.0	173
	物　　　　理	64	303	260	115	2.2	＃＃136
	化	69	259	226	128	1.7	＃＃137
合　　　　計		1,656	36,233	34,262	9,008	－	－

（備考）　合格者数・合格最低点には補欠合格者を含む。
（配点）　試験各教科100点満点，3教科計300点満点。ただし，以下を除く。
• 理学部第一部化学科・応用化学科（＊）は350点満点（化学150点，他教科各100点）。
• 理工学部数学科（＊＊）は350点満点（数学150点，他教科各100点）。
• 経営学部経営学科（＃）は350点満点（英語150点，他教科各100点）。
• 理学部第二部物理学科・化学科（＃＃）は200点満点（高得点の2教科各100点）。

東京理科大／大学情報　17

■C方式入試（大学入試センター試験＋東京理科大学独自試験）

学部・学科		募集人員	志願者数	受験者数	合格者数	競争率	合格最低点
理第一部	数	10	108	91	22	4.1	386
	物 理	10	118	87	20	4.3	383
	化	10	79	57	25	2.2	358
	応 用 数	10	60	38	19	2.0	343
	応 用 物 理	10	63	48	23	2.0	352
	応 用 化	10	100	81	24	3.3	394
工	建 築	10	142	100	28	3.5	377
	工 業 化	10	86	69	25	2.7	372
	電 気 工	10	82	73	31	2.3	365
	情 報 工	10	153	119	25	4.7	396
	機 械 工	10	205	166	26	6.3	402
薬	薬	10	144	102	24	4.2	393
	生 命 創 薬 科	10	85	66	32	2.0	362
理工	数	10	88	74	26	2.8	355
	物 理	10	73	53	29	1.8	322
	情 報 科	10	138	116	15	7.7	380
	応 用 生 物 科	10	160	117	25	4.6	389
	建 築	10	100	79	19	4.1	383
	先 端 化	10	82	67	31	2.1	345
	電 気 電 子 情 報 工	13	104	84	25	3.3	364
	経 営 工	10	106	90	22	4.0	372
	機 械 工	10	123	104	35	2.9	368
	土 木 工	10	59	43	17	2.5	360
基礎工	電 子 応 用 工	10	69	55	16	3.4	360
	材 料 工	10	103	80	14	5.7	372
	生 物 工	10	138	100	25	4.0	375
経営	経 営	24	87	66	25	2.6	340
	ビジネスエコノミクス	13	119	91	18	5.0	372
合 計		300	2,974	2,316	666	―	―

（配点）　500点満点（大学入試センター試験200点＋東京理科大学独自試験300点）。

■■グローバル方式入試（英語の資格・検定試験＋東京理科大学独自試験）

学部・学科		募集人員	志願者数	受験者数	合格者数	競争率	合格最低点
理第一部	数　　　　　学	5	67	63	7	9.0	274
	物　　　　　理	5	48	45	10	4.5	211
	化　　　　　学	5	47	45	16	2.8	222
	応　用　数　学	5	42	38	16	2.3	230
	応　用　物　理	5	21	19	9	2.1	199
	応　　用　　化	5	50	48	16	3.0	235
工	建　　　　　築	5	68	62	8	7.7	228
	工　　業　　化	5	40	38	10	3.8	225
	電　気　工　工	5	41	37	10	3.7	223
	情　報　工　工	5	84	76	10	7.6	240
	機　械　　　工	5	70	63	7	9.0	243
薬	薬	5	56	52	12	4.3	247
	生　命　創　薬　科	5	32	29	11	2.6	226
理工	数　　　　　学	5	44	43	11	3.9	232
	物　　　　　理	5	25	22	10	2.2	199
	情　報　　　科	5	50	46	10	4.6	236
	応　用　生　物　科	5	42	35	10	3.5	227
	建　　　　　築	5	52	51	10	5.1	208
	先　端　　　化	5	34	31	14	2.2	197
	電気電子情報工	7	43	40	12	3.3	196
	経　営　　　工	5	50	46	12	3.8	224
	機　械　　　工	5	51	48	11	4.3	213
	土　木　　　工	5	48	43	12	3.5	203
基礎工	電　子　応　用　工	5	65	58	14	4.1	203
	材　料　　　工	5	56	51	8	6.3	240
	生　物　　　工	5	52	40	6	6.6	240
経営	経　　　　　営	12	80	70	12	5.8	232
	ビジネスエコノミクス	7	87	74	9	8.2	244
合　　　　　計		151	1,445	1,313	303	—	—

（配点）　320点満点（東京理科大学独自試験300点＋英語の資格・検定試験20点）

東京理科大／大学情報　19

2017年度　入試状況

■B方式入試（東京理科大学独自試験）

学部・学科		募集人員	志願者数	受験者数	合格者数	競争率	合格最低点
理第一部	数	70	907	872	298	2.9	144
	物　　　　理	70	1,284	1,222	381	3.2	161
	化	70	1,274	1,211	313	3.8	＊160
	応　用　数	70	608	591	207	2.8	182
	応　用　物　理	70	652	630	308	2.0	150
	応　用　化	70	1,598	1,533	445	3.4	＊230
工	建　　　　築	64	1,616	1,459	299	4.8	189
	工　業　化	64	928	789	371	2.1	177
	電　気　工	64	1,504	1,377	462	2.9	173
	情　報　工	52	1,901	1,738	351	4.9	187
	機　械　工	64	2,617	2,411	591	4.0	187
薬	薬	55	1,086	1,011	306	3.3	191
	生　命　創　薬　科	55	797	763	340	2.2	175
理工	数	66	831	813	357	2.2	＊＊215
	物　　　　理	66	1,139	1,087	425	2.5	188
	情　報　科	66	1,411	1,361	352	3.8	208
	応　用　生　物　科	66	1,349	1,301	477	2.7	207
	建　　　　築	66	1,325	1,290	272	4.7	205
	先　端　化	66	1,019	974	355	2.7	198
	電気電子情報工	90	1,942	1,875	628	2.9	189
	経　営　工	66	1,139	1,110	359	3.0	200
	機　械　工	66	1,978	1,909	508	3.7	205
	土　木　工	66	1,067	1,034	353	2.9	193
基礎工	電　子　応　用　工	60	759	735	229	3.2	194
	材　料　工	60	1,014	998	293	3.4	209
	生　物　工	60	646	617	261	2.3	200
経営	経　　　　営	140	2,177	2,102	359	5.8	＃265
	ビジネスエコノミクス	60	1,150	1,115	169	6.5	215
理第二部	数	55	236	209	80	2.6	166
	物　　　　理	60	308	268	115	2.3	＃＃127
	化	80	244	214	122	1.7	＃＃117
合	計	2,097	36,506	34,619	10,386	―	―

（備考）
● 合格者数，合格最低点には補欠合格者を含む。
（配点）
試験各教科100点満点，3教科計300点満点。ただし，以下を除く。
● 理学部第一部化学科・応用化学科（＊）は350点満点（化学150点，他教科各100点）。
● 理工学部数学科（＊＊）は350点満点（数学150点，他教科各100点）。
● 経営学部経営学科（＃）は350点満点（英語150点，他教科各100点）。
● 理学部第二部物理学科・化学科（＃＃）は200点満点（高得点の2教科各100点）。

20 東京理科大／大学情報

■■C方式入試（大学入試センター試験＋東京理科大学独自試験）

学部・学科		募集人員	志願者数	受験者数	合格者数	競争率	合格最低点
理第一部	数	10	94	75	29	2.5	369
	物　　　　理	10	121	103	36	2.8	392
	化	10	106	88	21	4.1	388
	応　用　数	10	59	39	17	2.2	367
	応　用　物　理	10	64	49	21	2.3	364
	応　用　化	10	99	76	17	4.4	393
工	建　　築	12	176	144	35	4.1	396
	工　業　化	12	71	52	27	1.9	359
	電　気　工	12	94	81	25	3.2	385
	情　報　工	9	151	115	27	4.2	391
	機　械　工	12	207	166	64	2.5	378
薬	薬	10	146	127	31	4.0	392
	生　命　創　薬　科	10	107	95	29	3.2	385
理工	数	10	66	56	27	2.0	340
	物　　　　理	10	91	78	26	3.0	386
	情　報　科	10	104	80	32	2.5	353
	応　用　生　物　科	10	117	88	46	1.9	359
	建　　築	10	117	96	23	4.1	389
	先　端　化	10	84	64	30	2.1	352
	電気電子情報工	13	113	86	22	3.9	374
	経　営　工	10	76	61	28	2.1	346
	機　械　工	10	134	108	31	3.4	380
	土　木　工	10	86	72	17	4.2	370
基礎工	電　子　応　用　工	10	76	64	17	3.7	365
	材　料　工	10	83	60	16	3.7	353
	生　物　工	10	97	73	31	2.3	346
経営	経　　　　営	24	147	118	30	3.9	368
	ビジネスエコノミクス	10	82	68	24	2.8	336
合　　　　計		304	2,968	2,382	779	—	—

（配点）　500点満点（大学入試センター試験200点＋東京理科大学独自試験300点）。

■■グローバル方式入試

学部・学科		募集人員	志願者数	受験者数	合格者数	競争率	合格最低点
経営	ビジネスエコノミクス	20	181	164	37	4.4	75

（備考）
• アカデミック英語能力判定試験（TEAP）のスコアを出願基準とし，東京理科大学独自試験を行う。
（配点）　100点満点。

募集要項(出願書類)の入手方法

◎一般選抜(A方式・B方式・C方式・グローバル方式)

　Web 出願サイトより出願を行います。募集要項は大学ホームページよりダウンロードしてください(11月中旬公開予定)。

◎学校推薦型選抜(指定校制・公募制)

　Web 出願サイトより出願を行います。募集要項は7月上旬頃，大学ホームページで公開。

〔Web 出願の手順〕
Web 出願サイトより出願情報を入力
⇨入学検定料等を納入⇨出願書類を郵送⇨完了

◎上記入学試験以外(帰国生入学者選抜や編入学など)

　Web 出願には対応していません。願書(紙媒体)に記入し，郵送により出願します。募集要項は大学ホームページから入手してください。

問い合わせ先

　〒162-8601　東京都新宿区神楽坂1-3
　　東京理科大学　入試課
　　TEL 03-5228-7437　　FAX 03-5228-7444
　ホームページ　https://www.tus.ac.jp/

東京理科大学のテレメールによる資料請求方法

スマートフォンから　QRコードからアクセスしガイダンスに従ってご請求ください。

パソコンから　教学社 赤本ウェブサイト(akahon.net)から請求できます。

合格体験記 募集

　2022年春に入学される方を対象に，本大学の「合格体験記」を募集します。お寄せいただいた合格体験記は，編集部で選考の上，小社刊行物やウェブサイト等に掲載いたします。お寄せいただいた方には小社規定の謝礼を進呈いたしますので，ふるってご応募ください。

応募方法

下記URLまたはQRコードより応募サイトにアクセスできます。
ウェブフォームに必要事項をご記入の上，ご応募ください。
折り返し執筆要領をメールにてお送りします。
(※入学が決まっている一大学のみ応募できます)

⇨ http://akahon.net/exp/

応募の締め切り

総合型選抜・学校推薦型選抜	2022年2月23日
私立大学の一般選抜	2022年3月10日
国公立大学の一般選抜	2022年3月25日

 受験川柳 募集

　受験にまつわる川柳を募集します。
　入選者には賞品を進呈！　ふるってご応募ください。

応募方法

http://akahon.net/senryu/ にアクセス！

在学生メッセージ

大学ってどんなところ？ 大学生活ってどんな感じ？
ちょっと気になることを，在学生に聞いてみました。

✉ 2020年度 入学者

2020年度に入学した大学1年生に，オンライン授業や健康管理などの大学生活についてお聞きしました。

(注) 2020年11月時点でのアンケートです。各大学の新型コロナウイルス感染防止対策については，時期によって変更がありますことをご了承ください。

大学生になったと実感！

所属する建築学科に関する専門科目が新しく加わって，とても楽しいです。さらにOBの方をはじめとした，現在業界の第一線で働いていらっしゃる専門職の方の講演が授業の一環で週に1回あります。そもそも授業の先生も業界で有名な方です。

オンライン授業に必要なもの

パソコンです。途中まではタブレットだけでしたが，アプリとしてのZoomはできることに制限があるので，やりづらさを感じることがあります（背景を変更できなかったり，チャットをすぐに送りにくかったりします）。金銭的に余裕のない学生に対しては，大学がルーターやタブレットを貸し出していると聞きました。授業に関しては先生の裁量ですべてが決まります。課題量が多い先生もいれば，授業のなかで課題を提出できるように構成されている先生もいます。

───メッセージを書いてくれた先輩───
《理工学部》K. N. さん

オンライン授業を受けるときの工夫

できるだけ集中した状態で授業を受けることにしています。録画の授業であれば，眠いときは仮眠をとってから取り組んだり，わからないところは一度動画を止めて教科書やネットのサイトを参考に理解を深めたりしています。

オンライン授業でよかったこと

デザインの授業です。自宅で作業して作品を発表する授業なのですが，対面の授業なら大学に作品を持っていき，大勢の前で緊張しながら紹介しなければならなかったところ，オンラインになったことで作品を自分の一番紹介したい角度で共有して，落ち着いて発表できました。その点ではよかったです。

いま「これ」を頑張っています

課題と授業の理解だけで1週間が終わっています。賢くて要領のいい人ならすぐに終わるのかもしれませんが，後期は授業を上限近くまでとったこともあって忙しい日々を過ごしています。ただ，自分で料理を作ることや，自由な時間も毎日の隙間に確保はできています。

キャンパスでしたいこと

とにかく友達を作りたいです。地方から上京しているので，後期になっても友達と言えるほどの間柄の同級生がいないのは少し寂しさを感じます。おそらくこのまま1年生のうちは授業で友達を作る機会はなさそうなので，サークルやバイトなど自主的に行動して自分から友達を作りたいと思っています。

健康維持のために

体育の授業をとることです。運動不足になりがちなのに，運動は課題等でついつい後回しになってしまうので，体育の授業を受けることによって何とか健康を維持しています。ほかに気分転換として，動画サイトを参考にして意識的に自炊するようにしています。

大学の学びで困ったこと＆対処法

数学や物理でわからないことがあったときは，SNSでつながっている学科の友人に助けを求めたり，高校時代の頭のよかった友人に質問したりします。他の教科の課題の量もかなり多めなので，早めに対処することが一番大事です。

～2019年度 入学者

2019年度以前のアンケートに基づくものです。新型コロナウイルス感染症が拡大する前のキャンパスライフとしてご参考にしてください。

うちの大学・学生はこんな感じです

真面目で落ち着いた学生が多いです。皆，東京理科大の特徴である関門科目（進級に必要な必修科目）の存在を知って入学してきているので，サークルや趣味，バイトに時間を使いながらも普段の勉強時間をしっかり確保できる学生が多いと思います。また，東京理科大の研究実績は本当にすばらしく，大学院へ進学する学生も非常に多いです。自分の学びたい分野をとことん究めたい人にはうってつけの大学だと思います。(M. O. さん)

東京理科大学は「実力主義」の学校です。他大学に比べて単位の取得は大変です。遊んでばかりいては簡単に単位を落としますから，普段からの勉強習慣がモノを言います。休み時間や放課後に学生たちが食堂や共有スペース，自習室などに集まって勉強会を開き，ともに勉強している姿もよく見ます。週末も「勉強していたらいつの間にか終わってた」ということもしばしば…。とは言うものの，たまにおいしいランチを食べに行ったり，休み時間や放課後に楽しくおしゃべりしたり，遊んだりすることもありますので，学生同士はとても仲がいいですよ。(R. H. さん)

入学してやっぱりよかった

質の高い学習ができるところです。「実力主義」の名の下で，密度の濃い授業を受けられます。さらに，意欲的な学生が多いため，休み時間に一緒にレポートを仕上げるときやグループ学習の授業のときなど，周りからいい刺激をもらいながら勉強することができて，満足しています。また，神楽坂キ

──────メッセージを書いてくれた先輩方──────
《理学部第一部》M. O. さん／R. H. さん
《経営学部》Y. U. さん

東京理科大／在学生メッセージ　27

ャンパス周辺は，都心のど真ん中ということもあり，おいしいお店がたくさんあります。空きコマの時間などに少し贅沢をして，大人な食事を楽しむ学生もいるようです。（M. O. さん）

　学びたいことをトコトン突き詰めて学べることです。東京理科大学では，学生も学ぶ意欲が高い人が多く，教授もそれぞれの分野で活躍している方が多いので，常にトップクラスの教育環境で学べます。実験設備も整っていて，学生のみならず教授でさえも使用するたびに恐る恐る扱うような高価な精密機器もあります。また，安全面にもとても気を配ってくれています。（R. H. さん）

これは想像していなかった…

　理科大といえば，在学中に書くレポートの量がものすごいというイメージがありましたが，僕の所属している数学科は実験がなく，レポートは週に1枚程度課される数学のレポートのみなので，日々レポートや課題に追われる大学生活とは違って驚いています。ただ，期末テストのときまでにはすべてを提出していないと単位取得に関わるので，溜めないように努力しています（笑）。一方，実験のある学科や，建築，機械系の学科はやはり日々課題で忙しいようです。しかし，同じサークルの友達や先輩は，サークル活動やバイトと日々の課題を両立できているよ

うなので，すごいなあと思います。（M. O. さん）

　他の大学とは異なり，あまりスポーツが盛んでないため，文化部出身の人が多いのではないかと予想していましたが，実際は運動部出身の人が多いということです。一般科目である体育実技では卓球・バドミントンの科目やバスケットボール・バレーボールの科目はもちろん，シーズンスポーツのスキーをしたりする科目もあり，スポーツ系統に関してもかなり多くの科目が用意されています。（Y. U. さん）

「これ」頑張ってます

　高校生のときから学びたかったことを東京理科大学の学生になって，すばらしい環境下で学ぶことができているので，それに打ち込み，熱中して学んでいます。今は勉強することが一番楽

しいです。通学中の電車やバスの車内，週末は家でもずっと参考書を読んでいたり，授業ノートを読み返してみたり，計算問題を解いたりしています。本気で学びたい，という強い思いがあるな

らば，東京理科大学は学生のそんな思いを叶えてくれる大学だと思います。

（R. H. さん）

🏠 大学生の日常生活

《R. H. さんのとある1日》

★私の場合は自宅から大学までバス30分＋電車90分なので，遅延などの万が一に備えて早めに家を出ています。電車などの遅延が遅刻の原因であっても欠席扱いにする教授もいるので，早めの行動が大切です。
☆2人1組で実験をしています。早く終わった組から順に帰宅し，最後に残った5組は掃除なので，それぞれ実験内容の予習をしてきて，丁寧で繊細かつスピーディーな手つきで実験を進めていきます。

《Y. U. さんのとある1日》

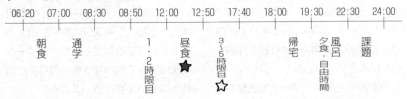

★ほぼ毎日学食を利用しています。神楽坂キャンパスには神楽坂校舎の8号館と10号館，富士見校舎と3つの学食がありますが，いずれも混んでいます。
☆前期の火曜日は必修科目のみで1～5時限がすべて埋まりました。

大学生になると「ここ」が変わる

　自由度だと思います。大学は基本的に顧問の先生などはいないので，部活動やサークル，学校行事などは学生が主体となって運営していきます。自分たちで考え，楽しいことをどんどんやるというのが大学生活の醍醐味の一つだと思います。しかし，自由度が高いのが裏目に出ることもあり，例えば授業に出席しなくても咎める先生がいないので，自己管理が重要になります。大学生は自由な時間が多いからといって，翌日の授業に支障が出るくらい前日に遊んだりしてしまうと非常に危険です。やはり高校までと同じように，学習と遊びのメリハリをつけるのは大事です。(M. O. さん)

オススメ・お気に入りスポット

■神楽坂キャンパス
☺１号館図書館
　研究の参考となる図書が非常に充実しており，また，映画の DVD も貸し出ししています。自習スペースもあり，試験前などはお世話になっています。(M. O. さん)

☺談話室
　白を基調としたカウンター席と大きな丸テーブルがいくつもあり，大きな窓ガラスがあるので明るい雰囲気です。ここではおしゃべりしたり，コンセントでスマホの充電をしながら仮眠をとったり，ご飯を食べたり，レポートを書いたりします。(R. H. さん)

☺８号館 B1F の食堂
　パンとアイスを売ってます。１階と２階の食堂に比べて空いているので，穴場です。一人で食堂に行っても，カウンター席から見える塀に数式が書いてあるので，それを解いていれば寂しくありません。(R. H. さん)

大学のあんなこと，こんなこと

　学生たちで常々言っているのは，「社会に出た後，理科大より強い新卒はいない」です。理由はお察しの通り，とても厳しい大学なので，忍耐力がつくからです。また，７月７日は某大学の○○デーに対抗して「チェックシャツデー」とされており，男子はジーパンにバンダナまでする人も。女子はチェックシャツで可愛く決めます。(R. H. さん)

　毎年七夕はチェックシャツデーです。ノリのいい学生は自慢のチェックシャツで授業を受けます。(Y. U. さん)

合格体験記

みごと合格を手にした先輩に，入試突破のためのカギを伺いました。入試までの限られた時間を有効に活用するために，ぜひ役立ててください。
（注）ここでの内容は，先輩が受験された当時のものです。2022年度入試では当てはまらないこともありますのでご注意ください。

アドバイスをお寄せいただいた先輩

山中祐示さん 理学部（物理学科）
B方式2021年度合格，横浜栄高校（神奈川）出身

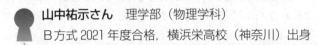

　合格のポイントは，自分の能力で志望校合格に何が足りないのかしっかり分析できたところです。受験では合格するかしないかを偏差値で見がちですが，偏差値はあくまでそのときの全国の受験者との比較でしかありません。自分がとても行きたい大学があるのなら，過去問をただ漫然とやるのではなく，その大学での頻出分野の自分の出来や，自分の苦手分野と過去の出題内容との組み合わせなど，しっかり分析してやることを意識してみてください。応援しています。

その他の合格大学　早稲田大（人間科，教育），明治大（理工），青山学院大（理工），中央大（理工），芝浦工業大（工）

R. S. さん 理学部（物理学科）
B方式2021年度合格，東京都出身

　まずは基礎。基礎レベルの参考書の1周目は中〜終盤にかけてかなり心がやられるかもしれないけど，その分飛躍も大きい。演習では問題ごとにそれに対する解法，プロセスを考えついた理由を説明できるようにすることが大事。

K. N. さん　理工学部（建築学科）
B方式 2020 年度合格，静岡県出身

　受験にはいいことも悪いことも含めていろいろなことがあります。落ちたなと思っても試験では絶対にあきらめないことが一番大事です。

その他の合格大学　芝浦工業大（建築），法政大（デザイン工）

 M. I. さん　基礎工学部＊　＊2021 年に先進工学部に名称変更
B方式 2018 年度合格，静岡県出身

　合格のポイントは，入試までにこなしておく参考書または問題集の計画を立て，自分を信じて最後まで勉強し続けてきたことです。

その他の合格大学　中央大（理工），青山学院大（理工）

 ## 入試なんでもＱ＆Ａ

　受験生のみなさんからよく寄せられる，入試に関する疑問・質問に答えていただきました。

Q　「赤本」の効果的な使い方を教えてください。

A　赤本は自分の志望校を数年分演習して，頻出分野が似ていてよりレベルの高い大学の赤本で難度の高い類題も演習していました。難度の高い類題を解くことで自分の志望校を解くときの自信にもなり，さらに余裕が生まれるのでとてもいいと思います。赤本の「傾向と対策」もとても参考になると思います。また，合格者最低点が載っているものもあるので，まずその点数を超えられるように目標を決めるのもいいかもしれません。

（山中さん／理）

A　傾向と時間配分を知るために使っていました。過去問を時間を計って解くことで，当日の時間的プレッシャーや心構えがシミュレーションできて，本番では気持ち的に楽に臨めると思います。例えば，「数学のこの

32　東京理科大-B方式／合格体験記

大問は何分経ったら次にいこう」とかを考えておくと，本番でもスムーズに解けるはずです。ただ，予定どおりにいくことは残念ながらほとんどないということも必ず頭に入れておいてほしいです。それでも一定の効果は期待できると思います。　　　　　　　　　　　　　　（K. N. さん／理工）

Q 1年間の学習スケジュールはどのようなものでしたか？

A　5月から7月までは予備校のテキストや学校配布の参考書など自分で決めたものを完全に理解でき解けるようになるまで何周もやり込みました。8月は共通テスト対策をしてこの段階である程度解けるようにしました。9月から共通テスト1週間前まではほとんど毎日過去問で演習をしていました。二次試験直前期は新しい問題よりも今まで間違えた問題などをやり直していました。また，英語は速読とリスニングのために4月頃からずっと音読をしていました。　　　　　　　　　　　　　　（山中さん／理）

A　数学に関しては春〜秋まで基礎を徹底的にやり尽くした。基礎が大事ということをいろいろな教師から口を酸っぱくして教えられていたので，ほかの受験生が過去問演習に入っていても全く気にならなかった。英語に関しては読解が元々得意だったので，通年毎日音読をすること以外あまりしていなかった。英作文は秋頃から始め，信頼できる暗記用例文集を1冊とにかく周回した。過去問は多くの科目は冬頃から始めたが，物理など得意な科目は夏から始めていた。　　　　　　　　　　　　（R. S. さん／理）

Q 共通テストと個別試験（二次試験）とでは，それぞれの対策の仕方や勉強の時間配分をどのようにしましたか？

A　共通テストで問われるものは個別試験で問われるものの基礎であり，早めに共通テストの勉強をすることは個別試験のためにもなります。また，共通テストと個別試験の勉強の比率は，夏頃9：1，秋〜冬頃1：9などある程度割り切って勉強した方がいいと思います。私は共通テストの模試が2カ月に1回あったので，その模試の1週間くらい前から全体の問題の解き方や時間配分などを頭に入れるようにしていました。個別試験ではあまり出題がないリスニングなどは，数週間に1回問題を解くなどして忘れないよう体にしみこませていました。　　　　　　　　　（山中さん／理）

東京理科大-B方式／合格体験記　33

Q どのように学習計画を立て，受験勉強を進めていましたか？

A　月に1回ある模試を基準に勉強していました。模試の1週間前までは，平日は過去問を演習して苦手な分野や出来が悪い分野を探し，週末にその苦手な分野の類題や参考書の問題を解いて，次の週にはその分野が解けるようになるまで演習を重ねていました。模試の1週間前からは，今までの苦手分野の総ざらいやその模試の形式に合わせた問題を解くようにしていました。また模試の次の日はほとんど勉強しない定休日を作っていました。　　　　　　　　　　　　　　　　　　　　　　　（山中さん／理）

Q 時間をうまく使うためにしていた工夫があれば教えてください。

A　過去問を解いたときに間違えた問題に付せんを貼って，2回目解くときには確実にわかる問題は解かないようにしていました。また，2回目に必ず正解できるように解法をしっかり把握してなぜ間違えたかなどを書くようにしていました。そうすることで3回以上解くことがなくなり，結果として時間の節約になりました。休憩時間中もリスニングの音声を聞いたり，風呂に単語帳を持って行ったりしました。　　　　　（山中さん／理）

A　スマホをうまく活用していたことです。スマホに勉強時間を記録するアプリを入れて，他の人と自分の勉強時間を比較しました。その結果，自分の負けず嫌いな性格を利用して勉強時間を延ばすことができました。また，使用時間を制限するアプリを使い，ほとんどの時間で不必要なアプリを操作できないようにして，スマホに逃げない工夫をし，無意識のうちに勉強するように自分を仕向けていました。これに慣れると苦に思わなくなったのには驚きました。　　　　　　　　　　（K. N. さん／理工）

Q 東京理科大学を攻略する上で，特に重要な科目は何ですか？
また，どのように勉強をしましたか？

A　東京理科大学を攻略する上では数学が一番大事。科目のなかで一番最初に行われる試験だったので，数学の出来不出来が試験後の心の状態を決め，それが英語・理科の点数に繋がった。対策としては過去問が一番有効。マークシート方式の問題は油断してかかると痛い目にあうということ

を過去問を通して知っておくべきだし，記述式問題の計算量がどんなものかを知っておくことで，本番で自分の立式があっているかどうかが何となくわかるようになる。 (R. S. さん／理)

A 英語だと思います。理系科目を得意とする人が多い中，英語を落とさないことが大切です。長文はもちろんですが，東京理科大学の英語は単語・熟語などの知識を問う問題も多いので，そういったところで点をなるべく落とさないように，単語帳・熟語帳をそれぞれ1冊ずつ仕上げておくといいです。英語で高得点が取れれば数理で多少こけたとしても十分合格はねらえると思います。他教科ももちろん重要ですが，一つ自分の得意な教科，安定して点が取れる教科があるとすごく有利に戦えるでしょう。 (M. I. さん／基礎工)

Q 苦手な科目はどのように克服しましたか？

A 自分の場合英語なのですが，英語では満点をねらわず，並べ替えなど苦手な問題を見つけてそれは飛ばし，文法や読解などしっかり得点できるところに時間をかける割り切り方をしたので，低いながらも点数は安定し始めました。また文法や単語はかなり高いレベルまで勉強して苦手分野を少しずつ時間をかけて減らし，他の受験生と同じレベルまで上げることができました。苦手科目ほど基礎がおろそかになっているので，焦らず基礎をコツコツやることが近道だと思います。 (山中さん／理)

Q スランプのときはどのように抜け出しましたか？

A 11月頃にスランプになりました。そのときは今まで解けていた問題が解けずとても焦り，またその焦りのせいでミスも増え負の連鎖になってしまい，どうしたらいいのかわからなくなっていました。しかし自分の中で今焦っても何もいいことがないと割り切り，目の前の問題を解くことだけを考えスランプを脱却しました。受験生に伝えたいのは，受験で一番重要な時期は夏休みや冬休み直前期などではなく今この瞬間なんだということです。不安になるのもわかりますが，とりあえず目の前の1問に全力を尽くして頑張ってみてください。 (山中さん／理)

東京理科大-B方式／合格体験記　35

Q 模擬試験の上手な活用方法を教えてください。

A 解きなおしをしないのは絶対にダメです。模試は現時点での苦手な問題の発見においてとても有効です。わからなかった問題は当然だが，時間がかかった問題や，正解したが自信がなかった問題なども，なぜすぐに正解できなかったかなど自分に何が足りなかったのかを考えることが大切です。例えば時間が足りなかった，知らない事実があった，ミスしたなど解けなかったのには理由があるので，次にその問題が出たときに解けるように分析するのが模試において重要です。　　　　　　　　　（山中さん／理）

A 復習はもちろん大事。自分の使っている参考書に載っていないだけで多くの受験生にとっては常識，みたいなことはよくある。そういうものは模試の講評や解答解説を見ないと案外出合わない。加えて，特に夏頃までの模試に言えることだが，総合点にこだわりすぎる必要はない。英語でいえば総合で偏差値 50 だったとして，「読解，英作文ともに偏差値 50」というのと「読解は 60 取れたけど英作文は 40 だった」であれば，後者の方が今後の方針がたてやすくなる。　　　　　　　　　（R. S. さん／理）

Q 併願する大学を決める上で重視したことは何ですか？

A 数学，英語，物理の試験科目で受けられる大学かつ自分のやりたいことができるということを一番重要視しました。その上で第一志望に落ちてもこの大学なら入学するというラインを決め，そこから上で過去問と相性がいい大学を併願しました。また，試験慣れができるように，決めたラインより難度の低い大学を 1 月中に受け，緊張せずに本番に臨めるようにしました。　　　　　　　　　　　　　　　　　　　　　（山中さん／理）

A 重視したのは，自分の志望する学科に対する大学の力の入れ具合や教授の数，評判です。日程は二の次でした。私立理系志望だったので，とにかく場数を踏むことも戦略の一つだと考えて，親と相談してチャレンジ校，実力相応校，滑り止め校と一般的な受け方をしました。東京理科大学は理科の科目は指定されている学科が多いですが，選択できる大学も少なくないので，大学に合わせてしっかりと本番のシミュレーションを重ねておくことが大切です。　　　　　　　　　　　　　　　　　（K. N. さん／理工）

36 東京理科大-B方式／合格体験記

Q 試験当日の試験場の雰囲気はどのようなものでしたか？
緊張のほぐし方，交通事情，注意点等があれば教えてください。

A 教室が想像以上に寒いことがあるのでブランケットは必須。また，よく暖房のきいた教室では試験前後は緊張で体が火照りがちだが，休み時間に水で濡らしたタオルで顔をふくととても気持ちがよい。

(R. S. さん／理)

A 教室内はとても静かで，勉強をしている人がほとんどでした。私は張りつめた空気が嫌だったので，休み時間などはほとんどヘッドホンで曲を聴いて，あえていつも通りの感じでいるようにしていました。それと，男子トイレがめちゃめちゃ混みます。これは東京理科大学だけでなく他の大学の理系の学部にもいえることなので，考慮しておくといいと思います。試験当日はやはり緊張してしまうものですが，何度もやり込んで黄ばんだ参考書と赤本を見ればそれが自信へと変わるはずです。頑張ってください。

(M. I. さん／基礎工)

Q 受験生へアドバイスをお願いします。

A いろんな人から厳しい言葉を投げかけられたり模試であまりいい結果が出なかったりしたときに，そこで諦めず最後まで走り続けることでゴールできると思います。受験はマラソンと似ています。途中にいろいろな障害があるかもしれませんが，自分はゴールできると信じて1歩1歩足を出していくことで前に進めます。立ち止まりたくなったら歩いてもいいかもしれません。決して止まらず，どんな格好でもいいのでゴール目指して前に進んでください。応援しています。 (山中さん／理)

A どんなに過去の模試の成績が悪くても，受かればチャラ。悪い成績は鬱になるようなものではない。実際その中身を見てみればしょうもないミスの連続だったりする。大事なのはそのしょうもないミスはどこから生まれたのか，次そのしょうもないミスを起こさないために自分ができることは何かを考えること。あと，教師の言うことをそのまま真似してはいけない。人にはハマる勉強法とそうでないものがある。それを考えるのは受験生自身でやらなければいけない。 (R. S. さん／理)

科目別攻略アドバイス

　みごと入試を突破された先輩に，独自の攻略法やおすすめの参考書・問題集を，科目ごとに紹介していただきました。

■英語

> 　結局は単語が一番重要。これがなければ何も始まらない。
> 　　　　　　　　　　　　　　　　　　　　　　　（山中さん／理）

おすすめ参考書　『鉄緑会東大英単語熟語 鉄壁』（KADOKAWA）

> 　高得点勝負になるだろう。共通テストの対策がそのまま引き継げるものが多いが，単語は少し難しくなる。ただ難しい単語がわからなくても解けるようにはなっている。　　　　　　　　（R.S.さん／理）

おすすめ参考書　『多読英語長文』（Z会）

> 　東京理科大学の英語では，長文の読解力が必要なのはもちろんのこと，案外知識を要することもあるので，知らない単語や熟語をこまめに覚えておくことが，他の受験生と差をつけるポイントだと思います。
> 　　　　　　　　　　　　　　　　　　　　　　　（K.N.さん／理工）

おすすめ参考書　『速読英熟語』（Z会）

■数学

> 　ほとんどの理系の学部は微積は間違いなく出るので得意になるととても優位。そして微積は計算が一番重要。　　　　　（山中さん／理）

おすすめ参考書　『1対1対応の演習 数学Ⅲ微積分編』（東京出版）

> 　過去問で他人が解けそうな問題を見極める力を養うことが大事。
> 　　　　　　　　　　　　　　　　　　　　　　　（R.S.さん／理）

■物理

　物理はどれだけ公式を覚えたかや計算ではなく，本質が見える眼が一番重要。　　　　　　　　　　　　　　　　　　　　（山中さん／理）

おすすめ参考書　『やまぐち健一のわくわく物理探検隊 NEO』（技術評論社）

　奇をてらうような出題はされないが，時間制限が厳しいので過去問で時間配分の能力を上げることが大事。　　　　　　　　（R. S. さん／理）

おすすめ参考書　『新・物理入門』（駿台文庫）

　マーク式とはいえ，最初のほうでミスをすると後に大きく響いてきます。また，条件が飲み込みにくい問題が出たときには，落ち着いて状況を把握し，図や途中計算式を丁寧に書いて焦らないようにしましょう。わからなくなったらとりあえずマークして，解けそうな問題に早めに移る潔さも必要です。　　　　　　　　　　　　（K. N. さん／理工）

　捨て問を見極めつつ，取れるところは確実に取ること。
　　　　　　　　　　　　　　　　　　　　　　　　　　（M. I. さん／基礎工）

おすすめ参考書　『良問の風 物理』（河合出版）

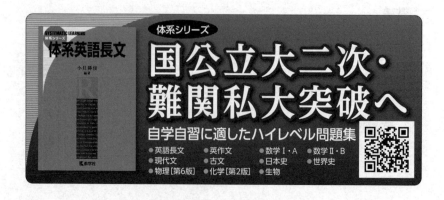

Trend & Steps

傾向と対策

40　東京理科大-理工〈B方式〉／傾向と対策

（注）「傾向と対策」で示している，出題科目・出題範囲・試験時間等については，2021年度までに実施された入試の内容に基づいています。2022年度入試の選抜方法については，各大学が発表する学生募集要項等を必ずご確認ください。

また，新型コロナウイルスの感染拡大の状況によっては，募集時期や選抜方法が変更される可能性もあります。各大学のホームページで最新の情報をご確認ください。

＊　　　＊　　　＊

☆印は全問マークシート法採用，★印は一部マークシート法採用であることを表す。

英　語

年度	学科	番号	項　　目	内　　　　　容
☆ 2021	数・物理・情報科・経営工 応用生物科	〔1〕	読　解	同意表現，空所補充，内容説明，語句整序，省略語句，内容真偽
		〔2〕	会　話　文	語句整序，同意表現，空所補充
		〔3〕	文法・語彙	空所補充
	機械工・土木工・電気電子情報工・建築・先端化	〔1〕	読　解	同意表現，空所補充，語句整序，内容真偽
		〔2〕	読　解	空所補充
		〔3〕	読　解	同意表現，空所補充，語句整序，内容説明，内容真偽
2020	☆数・物理・情報科・経営工 応用生物科	〔1〕	読　解	同意表現，空所補充
		〔2〕	文法・語彙	語句整序
		〔3〕	文法・語彙	空所補充
		〔4〕	読　解	内容真偽
	★機械工・土木工・電気電子情報工・建築・先端化	〔1〕	読　解	同一用法，スペリング，空所補充，同意表現，語形変化，内容真偽
		〔2〕	読　解	語句整序，空所補充，内容説明
		〔3〕	会　話　文	語句整序，同意表現
☆ 2019	数・物理・情報科・経営工 応用生物科	〔1〕	読　解	同意表現，空所補充，内容説明，語句整序，要約文の完成，内容真偽
		〔2〕	発　音	アクセント
		〔3〕	読　解	内容真偽
	機械工・土木工・電気電子情報工・建築・先端化	〔1〕	読　解	内容説明，同意表現，空所補充，内容真偽
		〔2〕	文法・語彙	語句整序
		〔3〕	読　解	内容真偽

東京理科大-理工〈B方式〉／傾向と対策　41

▶読解英文の主題

年度	学　　　　科	番号	主　　　　　　　題
2021	数・物理・情報科・応用生物科・経営工	〔1〕	マインドセットの理論
	建築・先端化・電気電子情報工・機械工・土木工	〔1〕	「走ることで人間は進化した」仮説
		〔2〕	ギターが楽器の中心になった理由
		〔3〕	対流が起こる仕組み
2020	数・物理・情報科・応用生物科・経営工	〔1〕	陰謀論に引き寄せられる心理
		〔4〕	Herbs and More Herbs 社の移転のお知らせ
	建築・先端化・電気電子情報工・機械工・土木工	〔1〕	不老不死への科学的挑戦
		〔2〕	世界経済の西欧支配の終焉
2019	数・物理・情報科・応用生物科・経営工	〔1〕	心の理論による子供の嘘の検証
		〔3〕	ホテル宿泊中のお知らせ
	建築・先端化・電気電子情報工・機械工・土木工	〔1〕	人間の脳を模倣した人工知能
		〔3〕	インターンシップに関する大学生と教授のメール

傾　向　読解では文脈をふまえた正確な解釈が必要　語彙力と基本的な文法事項の理解も必須

1　出題形式は？

　2019・2021年度は全問マークシート法であった。2020年度は建築・先端化・電気電子情報工・機械工・土木工学科で英単語の記述問題が2問出題され，数・物理・情報科・応用生物科・経営工学科は全問マークシート法であった。出題数は大問3，4題で，設問文は全て英文である。試験時間はいずれも60分。

2　出題内容はどうか？

　読解問題は，同意表現，空所補充，内容説明，内容真偽など，内容理解に重点が置かれた問題が中心である。単語レベルの問題にみえても，文脈・文意を把握して答えなければならない傾向がある。特に同意表現は比重が大きく，文レベルの問題では，長めの文の構造を正確に分析して内容を理解する必要がある。逆に短い箇所では，重要表現の知識を問うものもあるが，下線が引かれた難単語の意味を前後から類推させるものもある。また，語句整序や同一用法によって文法・語彙の知識が問われることもある。英文のテーマは自然科学系が多く，やや抽象的で難解

42　東京理科大-理工〈B方式〉／傾向と対策

なものも散見される。共通テスト・センター試験や TOEIC にもみられる実務的な文章が，2019 年度〔3〕や，2020 年度数・物理・情報科・応用生物科・経営工学科〔4〕で出題されている。

文法・語彙問題では，語句レベルの空所補充や，5～7つの選択肢を並べるタイプの語句整序が中心である。いずれも標準的なものだが，語句整序では基本的な文法事項や英文の構造を十分に理解しておく必要がある。

会話文問題は，2021 年度は日常会話であったが，例年はインタビューなどの形式になっていることが多く，会話独特の表現がねらわれるわけではない。どちらかといえば，読解問題に近い。2020 年度は，本文の内容が抽象的でわかりづらい部分があり，選択肢もやや難しい表現が含まれていた。

なお，2019 年度の数・物理・情報科・応用生物科・経営工学科では，アクセント問題が出題された。

③　難易度は？

読解問題は，内容がわかりにくいところが散見される。設問も同意表現や内容説明の下線部には難単語や難熟語，難表現もよく見かけるので，決して楽に解けるものではない。内容真偽も T，F で答えさせるものがよく出題されている。全体的にはやや難といえる。

文法・語彙問題は，空所補充も語句整序も標準レベルといえる。

試験時間が 60 分と長くはなく，また年度や日程によって，文法・語彙や会話文問題などの配点の占める割合が異なるので，臨機応変に時間配分できるようにしたい。

対　策

■　語彙力の充実

語句は，標準レベルの単語帳や熟語帳で一通り学習するのがよい。『まるおぼえ英単語 2600』（KADOKAWA ／中経出版）は同意語の立体的な把握に役立つ。学術的な文章であれば，知らない単語や熟語が出てくるが，設問に関わる部分は，その前後から推測して柔軟に対応したい。また，理系の英単語はできるだけ多く覚えておきたい。

東京理科大-理工〈B方式〉／傾向と対策　43

2 基本的な文法事項の消化

　各学科とも，語句整序問題が出題されている。英文の構造や準動詞の使い方など，基本ではあるが応用力の問われる分野に関しては，完全に理解しておきたい。空所補充問題でも，単語の意味だけでなく，その箇所にふさわしい品詞や語句の形なども考慮できるように準備しておく必要がある。『Next Stage 英文法・語法問題』(桐原書店)，『大学入試　すぐわかる英文法』(教学社) のような問題集や参考書で基礎から標準的な文法事項をしっかり消化し，不明点をその都度チェックすることで，実戦的な力を養っておこう。

3 読解力

　読解の文章は，興味深い論点を扱った読み応えのあるものが多い。したがって，対策としても過去問をはじめ，内容面でやや重みのあるものを，じっくり精読することから始めるとよい。単語の意味をつなげてなんとなく読むのではなく，文構造をきちんと分析し，何が述べられているか納得いくまで考える習慣を身につけよう。試験時間が 60 分と長くはないので，一読で十分読み切れるようになることが最終的な目標である。

数　学

年度	学科	番号	項　　目	内　　　　容
★ 2021	数科・経営応用理工・生物情報科	〔1〕	小問3問	(1)空間座標, 三角比　(2)2次関数, 絶対値, 実数解の個数　(3)整数の性質, 最大公約数
		〔2〕	微・積分法	接線, 面積
		〔3〕	2次関数, 積分法	放物線の移動, 2つの放物線で囲まれる部分の面積
	建築・電気工先端化・機械工子情報土木工	〔1〕	小問3問	(1)空間ベクトル　(2)複素数, 数列　(3)整数の性質, 1次不定方程式
		〔2〕	2次関数, 微分法	放物線の接線と法線, 交点のx座標のとりうる値の範囲
		〔3〕	微・積分法, 数列, 極限	絶対値で表された関数, 面積, 無限級数
★ 2020	数科・経営応用理工・生物情報科	〔1〕	小問3問	(1)数列, 無限級数　(2)集合, 整数の性質　(3)極限, 微分係数の定義, 微分法
		〔2〕	図形と方程式	円と接線, 2つの接点を通る直線
		〔3〕	微・積分法	定積分で表された関数, 絶対値を含む定積分
	建築・電気工先端化・機械工子情報土木工	〔1〕	小問3問	(1)微分法, 合成関数　(2)数列, 3項間漸化式, 極限　(3)整数の性質
		〔2〕	積分法	面積, 回転体の体積
		〔3〕	三角関数, 微分法	空間図形, 三角形の面積の最小値
★ 2019	数科・応用物理・生物科・情報・経営科・工	〔1〕	小問3問	(1)三角関数の最大値・最小値　(2)対数の応用・整数の桁数　(3)確率
		〔2〕	図形と方程式, 微分法	放物線の2接線の一部分を2辺とする三角形, 三角形の内接円の半径
		〔3〕	微・積分法, 極限	積分で定義された関数, 不等式の証明, 定積分の極限値　⇨証明
	建築・電気工先端化・機械工子情報土木工	〔1〕	小問3問	(1)楕円と接線, 接点　(2)部分積分法, 数列の漸化式　(3)整数の正の約数の個数
		〔2〕	ベクトル	線分の内分点・外分点, 3点が同一直線上にあるための条件
		〔3〕	微・積分法, 極限	曲線の法線, 面積, 極限値

東京理科大-理工〈B方式〉／傾向と対策　45

傾　向　微・積分法を中心に幅広く出題

① 出題形式は？

　　例年，大問3題の出題。〔1〕は独立した3問からなる小問集合でマークシート法，〔2〕〔3〕は記述式で，多くは誘導形式となっている。計算問題が主であるが，証明問題や過去には図示問題も出題されている。試験時間は100分。

② 出題内容はどうか？

　　出題範囲は，「数学Ⅰ・Ⅱ・Ⅲ・A・B（数列・ベクトル）」である。

　　全体的に微・積分法からの出題が多く，ほかにも数列，極限，ベクトルなどから幅広く出題されている。また複素数平面，確率からも小問として出題されている。

③ 難易度は？

　　易から難までバランスのよい出題。完答するには教科書＋αの知識，思考力と素早く正確な計算力が必要。全体的なレベルは標準程度であるので，解ける問題は取りこぼさないようにすることが大切である。計算量は多いが，試験時間は100分あるので，見直す時間も含め，自分に合った時間配分を身につけておこう。

対　策

① 基礎学力の充実

　　まずは教科書の定義・定理・公式を理解した上で覚えること。そして，定理・公式は導き出すことができるようにし，さらに応用の方法などを研究しておくこと。これらは数学の問題を解く上での大切な道具である。

② 論理的思考力の錬磨と計算力

　　入試問題を多く解き，別解などを研究して思考力を錬磨しておくことが大切である。特に，「数学Ⅲ」の微・積分法と極限は重点的に学習しておく必要がある。また，計算力が求められており，日頃から，面倒な計算もやり遂げるだけの計算力をつけておきたい。数値の計算であっても，数値が複雑なときは文字を用いた計算を実行し，最後に数値を代入すると，見通しがよいだけでなく計算ミスも防げる。

3 過去問を解く

過去問を解けば傾向や程度を把握でき,入試への対策を立てることができる。高度な問題もみられるので,十分に研究しておく必要がある。

東京理科大-理工〈B方式〉／傾向と対策　47

物　理

年度	学科	番号	項　　目	内　　　　　容
☆ 2021	応用生物科・数物理・情報科・経営工	〔1〕	力　　学	2惑星の運動
		〔2〕	電　磁　気	磁場中を回転する導体円板に生じる電磁誘導
		〔3〕	熱　力　学	ピストンによって分けられた2室での熱サイクル
	建築・子情工・報電・工土・木電機工	〔1〕	力　　学	振り子の運動
		〔2〕	電　磁　気	磁場中を移動する導体棒に生じる電磁誘導
		〔3〕	波　　動	組み合わせレンズでできる像
☆ 2020	応用生物科・数物理・情報科・経営工	〔1〕	力　　学	床に置かれた斜面を持つ台上の物体の運動
		〔2〕	電　磁　気	ダイオードとコンデンサーを含む回路
		〔3〕	原　　子	運動する原子が放出する光の線スペクトル
	建築・子情工・報電・工土・木電機工	〔1〕	力　　学	自由落下する2つの小球の衝突
		〔2〕	電　磁　気	抵抗と温度
		〔3〕	熱　力　学	カルノーサイクル
☆ 2019	応用生物科・数物理・情報科・経営工	〔1〕	力　　学	万有引力
		〔2〕	電　磁　気	コンデンサー，ソレノイド
		〔3〕	原　　子	ド・ブロイ波
	建築・子情工・報電・工土・木電機工	〔1〕	力　　学	ばねでつながれた物体の運動
		〔2〕	電　磁　気	点電荷のつくる電位
		〔3〕	熱　力　学	熱サイクル

傾　向　力学，電磁気が中心
融合問題も頻出

① 出題形式は？

　大問数は，近年各学科とも3題の出題が続いている。全問マークシート法で，正解を解答群から選択して，番号を解答用紙にマークする文章完成形式をとっている。いずれの学科も解答個数が多く，解答群の選択肢も多い。試験時間は80分。

② 出題内容はどうか？

　出題範囲は「物理基礎・物理」である。

　物理の各分野から満遍なく出題されているが，中心は力学と電磁気で

ある。他分野と力学の融合問題や熱力学，波動，原子に関する大問もみられるので注意したい。

3　難易度は？

基本的な問題から難度の高い問題まで混在しているが，全体的に難度は高いといえるだろう。式や文字計算の処理，近似計算などへの対応，問題に与えられた条件を使って解答を導くなど，問題に対する柔軟な考え方が要求される。公式の暗記や物理の法則の表面的な理解では問題は解けない。年度によっては高校の教科書であまり扱われていないような内容が出題されることもある。

解答個数が多いので，解くスピードが求められる。基本・標準的な問題は手早く確実に解き，じっくり考えるべき問題に時間が割けるよう，見直しの時間も含め時間配分を考えておこう。

対　策

1　基本的原理・法則の理解

物理の原理・法則に関する問題が多いので，物理全範囲を系統的にまとめ，法則や公式を導く過程を中心によく理解しておくこと。

2　確実で注意深い処理を

基本的な問題から難度の高い問題まで出題されている。合格するためには，基本・標準的な問題は確実に解答しておきたいが，必ずしも，出題順が易しいものから難しいものへ並んでいるわけではないことにも注意が必要である。また，問題の内容と難易度は例年大きく変わっておらず，過去問と類似した問題も出題されているので，本書を利用して過去問をよく研究しておきたい。

3　高いレベルの問題にも挑戦

平素からいろいろな問題を解いておくことが望ましい。時間のかかる難しい問題も解かねばならない。難問を解いていこうというチャレンジ精神が大切である。

4　問題は丁寧に解く

文章完成形式なので，1つのミスはあとに続く問題に影響する。また，解答群には同じような選択肢が多いので，解答を選ぶ際には，すべての

選択肢に目を通すようにしよう。マークシート法であるため，式の処理，問題を解く過程のミスは致命的なものになりかねない。解答を導く過程をしっかりと書きながら丁寧に解き，正確を期すこと。特に，単位に気をつけて式を立てることを心がけよう。

化　学

年度	学科	番号	項目	内容
☆ 2021	応用生物科・数・情報科・経営工	〔1〕	理論	金属の結晶格子の分類と構造　⇨計算
		〔2〕	理論	蒸気圧降下とラウールの法則, 沸点上昇度⇨計算
		〔3〕	無機	Al とその化合物の性質と反応, 酸化物の分類, 塩素を含むオキソ酸
		〔4〕	理論	H_2O_2 の分解反応の反応速度, 半減期　⇨計算
		〔5〕	有機・理論	$C_4H_{10}O$ の構造決定　⇨計算
		〔6〕	有機	タンパク質と多糖類の構造と性質
	先端化・土木工	〔1〕	理論	物質の構成粒子, 酸化還元反応, 水銀柱と蒸気圧　⇨計算
		〔2〕	理論	体心立方格子, 氷の構造と性質, 物質の三態と状態図　⇨計算
		〔3〕	理論	陽イオン交換膜法による電気分解, 固体の溶解度　⇨計算
		〔4〕	無機	鉄の単体と化合物, 鉄の製錬
		〔5〕	有機	窒素を含む芳香族化合物, ジアゾ化とカップリング
		〔6〕	有機	いろいろな合成高分子化合物の製法
☆ 2020	応用生物科・数・情報科・経営工	〔1〕	理論	H_2S の電離平衡, 硫化物の溶解平衡と溶解度積　⇨計算
		〔2〕	理論	水溶液の濃度, 電離度, 化学反応の量的関係, 酸化還元滴定, 鉛蓄電池　⇨計算
		〔3〕	無機・理論	Si の反応と性質, 結晶格子, CO と CO_2 の性質, 結合エネルギーと反応熱　⇨計算
		〔4〕	理論	気体の法則, 蒸気圧　⇨計算
		〔5〕	有機・理論	エタノールの誘導体の製法と性質　⇨計算
		〔6〕	有機・理論	ビニロンと PET の製法と性質, 浸透圧　⇨計算
	先端化・土木工	〔1〕	無機	Ag, Cu, Fe の反応と性質
		〔2〕	理論	CH_4 の燃焼熱, 中和反応の量的関係, $CuCl_2$ 水溶液の電気分解　⇨計算
		〔3〕	理論・有機	気体の溶解度, 酢酸の電離平衡, 油脂のけん化価とヨウ素価　⇨計算
		〔4〕	理論	リン酸の電離平衡, 緩衝液　⇨計算
		〔5〕	有機	芳香族化合物の分離, $C_5H_{12}O$ の異性体, $C_9H_{10}O_3$ の構造決定
		〔6〕	有機・理論	ポリエチレン, 陽イオン交換樹脂, 合成ゴム　⇨計算

☆ 2019	応用生物科・数・情報科・経営工	〔1〕	理 論	イオン結晶と金属結晶の結晶格子 ⇨計算
		〔2〕	理 論	マグネシウムの燃焼, 酢酸の電離平衡, 溶解度積 ⇨計算
		〔3〕	理 論	Al の融解塩電解, 鉛蓄電池, 水の電気分解 ⇨計算
		〔4〕	無 機	11 族の元素の単体, NH_3 と HNO_3 の工業的製法, 錯イオンの形
		〔5〕	有機・理論	$C_4H_8O_2$ の構造決定, CH_3CHO と C_2H_4 の性質, 有機化合物の沸点 ⇨計算
		〔6〕	有 機	糖類, アミノ酸・タンパク質の性質と構造, 酵素
	先端化・土木工	〔1〕	理 論	原子の構造とイオン, 炭素の同素体, 結晶格子 ⇨計算
		〔2〕	理 論	酸化還元反応, COD の測定 ⇨計算
		〔3〕	理 論	C_2H_2 の燃焼熱, N_2O_4 の解離平衡, H_2O_2 の分解の反応速度
		〔4〕	無 機	第 1 周期から第 4 周期までの元素の単体と化合物
		〔5〕	有機・理論	芳香族化合物の構造決定, 凝固点降下, ルシャトリエの原理 ⇨計算
		〔6〕	有 機	合成高分子化合物の製法と性質

傾 向　空所補充形式が多い
マークシート法による多様な解答形式に注意

1 出題形式は？

　出題数は例年大問 6 題で, 試験時間は 80 分。全問マークシート法となっている。空所補充形式が多いが, 選択肢から適切なものを選ぶといった一般的な形式に加え, 正誤問題や計算問題の数値を指示に従ってマークする設問もある。解答形式が多岐にわたるので, 何が指示されているのか注意を要する。

2 出題内容はどうか？

　出題範囲は「化学基礎・化学」である。

　全分野から出題されているが, 理論分野が比較的多い。年度によって計算問題の出題量には差がある。

　理論では, 全分野からの知識を問う問題, 結晶格子, 反応速度や化学平衡, 気体, 溶液, 中和, 熱化学, 酸化還元反応, 電池, 電気分解の計算問題などが出題されている。

　無機では, 元素の性質, 気体の発生や性質を問うものや, 理論の問題中で物質の性質を問う形の出題などがあるが, 比較的比重は小さい。

52　東京理科大-理工〈B方式〉／傾向と対策

　有機は，高分子も含め，さまざまな有機反応や化合物の性質などが広い範囲から出題されている。元素分析から分子式を決定し，物質を推定する問題は頻出である。

③　難易度は？

　基本ないし標準レベルの内容がほとんどであるが，過去には理論分野に難度の高い出題もみられた。近年はやや易化しているので得点しやすくなってはいるが，出題形式と試験時間には注意が必要である。空所補充形式では空所の数がかなり多いため，解答の糸口をつかむのにコツがいる。

　独特の出題形式に慣れ，また丁寧に速く解くためにも，過去問演習などの際は自分で解答時間を設定して解き，時間配分の感覚を身につけておきたい。

対　策

１　理　論

　近年やや易化しているが，広い範囲から出題されている。典型的な理論の計算演習だけでなく，各分野の本質的な理解に学習の重点をおくこと。問題集だけでなく，教科書や参考書を十分活用する必要がある。

２　無　機

　金属・非金属とも，単体と化合物の性質や反応が小問形式で問われることが多いが，理論の出題の中で無機の知識を問われることもある。単体，化合物，金属イオンの性質をまとめ，しっかり覚えること。また，工業的製法についてもしっかり押さえておきたい。

３　有　機

　基本的な化合物の名称・構造・性質を覚えておくこと。また，官能基ごとに反応性をまとめて理解しておくことも大切である。一般に，高校レベルでは出てこない試薬名などが問題中に見受けられることがあるが，これらは溶媒であったり，触媒であったりと，反応そのものにはかかわらず，解答するにあたり影響がないことがほとんどなので，よく見極めて落ち着いて取り組むようにしよう。このほか，天然・合成高分子化合物がよく出されているので，単量体，高分子の特徴や用途をまとめてお

東京理科大-理工〈B方式〉／傾向と対策　53

くこと。

4　計　算

　基本・標準的なものがほとんどだが，年度によっては難度の高いもの
もみられるので，他の問題との兼ねあいからも，とにかく丁寧に速く解
くことが大切となる。問題集で標準レベルの問題を自分で時間を決めて
数多くこなしておこう。

5　形式に慣れる

　独特のマークシート法なので，指示を正確に速く理解しないと時間の
ロスになる。志望学科以外の過去問も解いて慣れておこう。長文の問題
文が出題されることが多いので，ただ読んでいくだけでなく，問題の流
れや反応の経過などを自分なりに図式化していくと理解しやすくなる。

54 東京理科大-理工〈B方式〉／傾向と対策

生　物

▶数・情報科・応用生物科・経営工学科

年度	番号	項　　目	内　　　　　　　容
☆ *2021*	〔1〕	総　　合	がん細胞に関する小問集合　　　　　　　　　　⇒計算
	〔2〕	総　　合	生物の進化と分類，DNA の複製，細菌叢解析
	〔3〕	遺 伝 情 報， 進化・系統	植物ホルモンと色素合成に関する突然変異
☆ *2020*	〔1〕	遺 伝 情 報	DNA の複製と遺伝子発現，PCR 法，遺伝子多型 ⇒計算
	〔2〕	代　　謝	呼吸と発酵，光合成のしくみ　　　　　　　　　⇒計算
	〔3〕	生　　態， 進化・系統	標識再捕法，群れ，集団遺伝　　　　　　　　　⇒計算
☆ *2019*	〔1〕	遺 伝 情 報	一塩基多型とがん抑制遺伝子　　　　　　　　　⇒計算
	〔2〕	細　　胞， 植物の反応	細胞周期と植物の物質輸送　　　　　　　　　　⇒計算
	〔3〕	代　　謝	カタラーゼのはたらき

傾　　向　　実験データやグラフの解析問題が頻出
資料を読み解く考察力と計算力が不可欠

1　出題形式は？

　大問 3 題の出題で，全問マークシート法。計算問題で解答の数値を直接マークする設問もある。例年，実験のグラフ・図表に関する考察問題と計算問題が多いのが特徴で，両者の融合問題も出題されている。また，問題文の空所に当てはまる用語を選択させる知識問題は必出である。試験時間は 80 分。

2　出題内容はどうか？

　出題範囲は「生物基礎・生物」である。

　出題が多い項目は，細胞，代謝，植物の反応，遺伝情報，進化・系統である。遺伝情報は，細胞や生殖・発生などの項目と結びつきが深い分野で，複数分野にまたがる内容が出題されたり，実験・研究手法としてこれらの項目が含まれていることも多い。また，実験データやグラフの解析が要求されることが多く，計算力も必要である。

東京理科大-理工〈B方式〉／傾向と対策　55

③　難易度は？

　　各大問に複数の枝問が含まれ，実質的な内容はかなり多岐にわたる。また，難度の高い問題や時間を要する問題が混じるので，全体としては難のレベルである。限られた時間内で資料を読み解く力，データを解析する力が必要で，時間配分もポイントになる。確実に解くべき問題と，あとでじっくり考えるべき問題をしっかり見極め，時間を無駄にしないようにしたい。

対　策

1　要注意分野

　　分子生物学の分野がかなり深いところまで扱われている。特に，遺伝情報の分野はしっかりと学習を積んでおきたい。生殖・発生の分野でも，遺伝子レベルで発生のプロセスを理解することが大切である。また，受験生にとってなかなか手がまわらない進化・系統や生態も怠ることなく学習しておいてほしい。

2　やや高度な学習を目標に

　　新しい題材，やや高度な内容が含まれる実験などを積極的に取り入れる傾向がある。まずは教科書の学習を十分した上で，詳しい内容や関連する事柄を図説や参考書で学習しておくことも必要である。特に，酵素や代謝，DNAに関する分野では，しっかりした知識がないと解答できない問題もあるので，曖昧なところを残さないように理解しておくことが大切である。一方で，問題の半分近くは基本的な設問となっており，そこを確実に得点することは大前提であるから，基本的なことを繰り返し見直すことも忘れないようにしよう。

3　実験データやグラフの解析力をつける

　　実験結果やグラフ・図表に関する考察問題では，長い問題文を読み解く力やデータ・グラフの解析力が求められる。図説を使って，なるべく多くの実験手法や題材に触れ，結果やグラフ・図表の読み方など，資料をきちんと解析する練習をしておいてほしい。また，教科書レベルを超えた独自の資料が示されることもあるので，問題集や他大学の過去問などでも実験・考察問題を探して，訓練をしておくとよい。見たことのな

い実験やテーマでも，関連して知っていることがあれば，解答の糸口が見つかることもあるので，さまざまな角度から検討する習慣をつけておこう。

4 計算力をつける

計算問題には独特のものがあり，化学的知識や単位の換算などの物理的センスが要求されるものも年度によって出題されている。十分に問題演習をして，確実な計算力を身につけるようにしておこう。また，先進工学部も含めた過去問に取り組み，出題形式などに慣れておきたい。

2021 年度

問題と解答

東京理科大-理工〈B方式-2月3日〉　　　　2021 年度　問題　*3*

■B方式2月3日実施分：数・物理・情報科・応用生物科・
　　　　　　　　　　　　　　　　　経営工学科

問題編

▶試験科目・配点

教　科	科　　　　　目	配　　点
外国語	コミュニケーション英語 I・II・III，英語表現 I・II	100 点
数　学	数学 I・II・III・A・B	数学科：200 点 その他：100 点
理　科	数・情報科・応用生物科・経営工学科：「物理基礎・物理」，「化学基礎・化学」，「生物基礎・生物」から1科目選択	100 点
	物理学科：物理基礎・物理	

▶備　考

- 英語はリスニングおよびスピーキングを課さない。
- 数学Bは「数列」「ベクトル」から出題。
- 2021 年度入学試験について，教科書において「発展的な学習内容」として記載されている内容から出題する場合，必要に応じ補足事項等を記載するなどの措置を行う。

4 2021 年度 英語　　　　　　　　　　東京理科大-理工〈B方式-2月3日〉

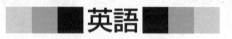

(60 分)

1 Read the following passage and answer the questions below. (58 points)

[1] One of the most influential phenomena in education over the last two decades has been that of the "growth mindset". This refers to the beliefs students have about various capacities such as their intelligence, their ability in areas such as maths, their personality and creative ability. Advocates of the growth mindset believe these capacities can be developed or "grown" through learning and effort. The alternative perspective is the "fixed mindset". This assumes these capacities are fixed and unable to be changed.

[2] The theory of the growth versus fixed mindset was first proposed in 1998 by American psychologist Carol Dweck and surgeon Claudia Mueller. It grew out of studies they led, in which primary school children were engaged in a task, and then praised either for their existing capacities, such as intelligence, or the effort they invested in the task. Researchers monitored how the students felt, thought and behaved in subsequent more difficult tasks. The students who were praised for their effort were more likely to persist with finding a solution to the task. They were also more likely to seek feedback about how to improve. Those praised for their intelligence <u>were less likely to persist with the more difficult tasks and to seek feedback on</u> how their peers did on the
(1)
task. These findings led to the inference that a fixed mindset was less conducive to learning than a growth mindset. This notion has a lot of support in cognitive* and behavioral science.

東京理科大-理工〈B方式-2月3日〉　　　　　　　　　　2021 年度　英語　5

[3] Psychologists have been researching the notion of a mindset — a set of assumptions or methods people have, and how these influence motivations or behavior — for over a century. The growth mindset has its roots in Stanford University psychologist Alan Bandura's 1970s social learning theory of a positive self-efficacy*. This is a person's belief in their ability to succeed in specific situations or accomplish a task. The growth mindset is also a re-branding of the 1980-90s study of achievement orientation. Here, people can adopt either "(**2-a**) orientation" (with the goal of learning more) or "(**2-b**) orientation" (with the goal of showing what they know) to achieve an outcome.

[4] The idea of the growth mindset is consistent with theories of brain plasticity (the brain's ability to change due to experience) and task-positive and task-negative brain network activity (brain networks that are activated during goal-orientated tasks). The growth versus fixed mindset theory is supported by evidence, too — both for its predictions of outcomes and its impact in interventions. Studies show students' mindsets influence their maths and science outcomes, their academic ability and their ability to cope with exams. People with growth mindsets are more likely to cope emotionally, while those who don't view themselves as having the ability to learn and grow are more prone to psychological distress. But the theory has not received universal support A 2016 study showed <u>academic achievements of university students were not associated with their growth mindset</u>. This could, in (3) part, be due to the way it is understood. People can show different mindsets at different times — a growth or fixed — towards a specific subject or task. According to Dweck, "Everyone is actually a mixture of fixed and growth mindsets, and that mixture continually evolves with experience." This suggests the fixed and growth mindsets distinction lies on a continuum*. It also suggests the mindset a person adopts at any one time is dynamic and depends on the context.

6 2021 年度 英語　　　　　　東京理科大-理工〈B方式 - 2 月 3 日〉

[5] The theory has been evaluated in a range of teaching programs. A 2018 analysis reviewed a number of studies that explored whether interventions that enhanced students' growth mindsets affected their
(4)
academic achievements. It found teaching a growth mindset had minimal influence on student outcomes. (5), in some cases, teaching a growth mindset was effective for students from low socio-economic backgrounds or those academically at risk. A 2017 study found teaching a growth mindset had no effect on student outcomes. In fact, the study found students with a fixed mindset showed higher outcomes. Given the complexity of human understanding and learning
(6)
processes, the negative findings are not surprising. Dweck and colleagues have noted that a school's context and culture can be responsible for whether the gains made from a growth mindset intervention are sustained.

[6] Studies show the mindsets of both teachers and parents influence students' outcomes, too. Secondary science students taught by teachers with a growth mindset (1. outcomes 2. achieved 3. than 4. had
(7)
5. whose 6. higher 7. those 8. teachers) a fixed mindset. And a 2010 study showed that the perceptions primary students had of
(8)
their potential for improvement were associated with what their teachers thought of the children's academic ability. In another study, children whose parents were taught to have a growth mindset about their children's literacy skills, and to act accordingly, had improved outcomes.

[7] Mindset theory seems to conflate* two separate phenomena, both of which need to be considered in teaching: a person's actual capacity such as intelligence, and how they think about it. Students should be aware of what they know at any time and value it. They also need to know
(9)
this may be insufficient, that it can be extended and how to do that. Educators and parents need to ensure that their dialogue with their children does not imply that the capacity is fixed.

東京理科大-理工〈Ｂ方式－２月３日〉　　　　　　　　　2021 年度　英語　7

Adapted from *The Conversation*

(Notes)

cognitive : related to the process of knowing, understanding and learning something

self-efficacy : belief in one's own abilities to deal with various situations

continuum : continuous series of elements or items that vary by tiny differences

conflate : to combine two or more things to form a single new thing

(1)　Which of the items below is the closest in meaning to the underlined part

(1) in the passage?　Consider the context and mark the number on your

Answer Sheet.

　1　showed a greater tendency to engage in demanding tasks and ask for a

comment on

　2　were more apt to make a considerable effort on hard tasks and look for

help for

　3　unwillingly approached less difficult tasks and were kept from listening

to a lesson about

　4　tended to be reluctant to carry out challenging tasks and get advice on

(2)　Which of the pairs below correctly fills in the blanks (2-a) and (2-b) in

the passage?　Consider the context and mark the number on your **Answer**

Sheet.

	(2-a)	(2-b)
1	a practice	a stress
2	an intelligence	an ability
3	a mastery	a performance
4	a happiness	a program

出典追記：You can do it! A 'growth mindset' helps us learn, The Conversation on March 10, 2020 by John Munro

(3) How does the author interpret the findings of the 2016 study, which is shown in the underlined part (3) in the passage? Consider the context, choose one from the choices, and mark the number on your **Answer Sheet**.

  1 the university students with a fixed mindset performed as well in a subject as those with a growth mindset

  2 the mindset university students adopted, changed depending on the situation

  3 the results of the experiment relied on the university students' innate abilities

  4 the mindset university students developed was exclusively affected by the learning experience

(4) Which of the items below is the closest in meaning to the underlined part (4) in the passage? Consider the context, choose one from the choices, and mark the number on your **Answer Sheet**.

  1 educational measures   **2** psychological issues

  3 scientific inventions   **4** theoretical assumptions

(5) Which of the items below correctly fills in the blank (5) in the passage? Consider the context and mark the number on your **Answer Sheet**.

  1 Besides   **2** However

  3 Similarly   **4** Therefore

(6) Which of the items below is the closest in meaning to the underlined part (6) in the passage? Consider the context and mark the number on your **Answer Sheet**.

  1 Although we understand and learn things in a complicated way

  2 Considering that how we understand and learn things is not at all simple

  3 If it were not for the elaborate mechanism of understanding and

東京理科大-理工〈B方式-2月3日〉 2021 年度 英語 *9*

learning things

4 Unless we discover the mechanism of understanding and learning things

⑺ Rearrange the words in the underlined part ⑺ in the passage into the correct order. Consider the context and mark the numbers that come at the 1st, 4th and 6th places correctly on your **Answer Sheet**.

⑻ In the underlined part ⑻ in the passage, the relative pronoun (**which**) is omitted. Choose the appropriate position where the relative pronoun can be inserted and mark the number on your **Answer Sheet**.

the perceptions (**1**) primary students had of (**2**) their potential for improvement (**3**) were associated with what their teachers thought of (**4**) the children's academic ability.

⑼ Which of the items below is the closest in meaning to the underlined part ⑼ in the passage? Consider the context and mark the number on your **Answer Sheet**.

1 to be aware of the significance of what they have already achieved, and focus on the amount of knowledge they will acquire in the future

2 to concentrate on what they know today, though they may be less conscious of what they will learn and how it may be learned

3 to evaluate the knowledge they have now, to see what more they will be able to learn and the way it may be expanded on

4 to recognize it is worth acquiring extensive knowledge from now on and pay less attention to the value of their current knowledge

⑽ For each of the following statements, according to the passage above, mark **T** if it is true, or **F** if it is false, on your **Answer Sheet**.

1 The growth vs. fixed mindset theory emerged from the study examining junior high school students, who performed challenging tasks and evaluated their mindsets.

2 The pioneer researchers' studies reported that those who have fixed mindsets can learn more because of their inherent capacities.

3 The idea of mindset has been developed by incorporating diverse notions studied in academic fields for more than a hundred years.

4 Some studies showed that not only scores on academic subjects, but also coping skills for taking exams are affected by the belief students have about their abilities.

5 Based on the idea of the growth vs. fixed mindset, those who think they are incapable of learning and growing are more likely to manage their anxiety.

6 All studies have consistently found the advantage of having the growth mindset.

7 According to some researchers of a growth mindset, context and culture developed in a school can be irrelevant to students' improvements.

8 The author suggests that teachers and parents should avoid talking with children in such a way that leads them to believe their capacity remains static throughout their lives.

東京理科大-理工〈B方式-2月3日〉   2021 年度　英語　*11*

2　Read the following passage and answer the questions below.　(18 points)

Student:　Uh, excuse me, Professor Matsumoto, I know your office hours are the day after tomorrow, but I was wondering if you could give me a hand?

Professor:　Sure, Sato-san.　What did you want to talk about?

Student:　Well, I have some quick questions about how to write a research report I am working on this semester.

Professor:　Oh, what kinds of questions do you have?　I know you have been doing well so far.

Student:　Yes, I've got all my data, so I'm starting to summarize it now, preparing graphs and stuff.　But I'm just ... I'm afraid that it's not enough, but I (1. am　2. can　3. else　4. I　5. not　6. put　7. sure　8. what) in my report.
(1)

Professor:　I hear the same troubles from many students.　Let me see, don't you recall what I told you in my class?　You are the expert on what you've done.　In other words, you know exactly what you need to include in your report.　So, think (1. would　2. if　3. you　4. say　5. need　6. about　7. what　8. to) you
(2)
were going to explain your research to someone with general knowledge about your research, like ... like to your mother. That's usually a rule of thumb.

Student:　OK. I've got it.

Professor:　I hope you are all right with my saying how much you know about the subject.

Student:　Hmm ... Something just came into my mind and went away again.
(3)

Professor:　That happens to me a lot.　So, I often carry a little notebook and write down questions or ideas that occur to me.　For example, I

12 2021 年度　英語　　　　　　　　　　東京理科大-理工〈B方式 - 2 月 3 日〉

went to the dental clinic last week and I knew I wouldn't remember everything I wanted to ask the dentist, so (　**4**　).

Student:　That's a good idea. Since I'm so busy now at the end of the semester, I'm getting pretty forgetful these days.
　　　　　　　　　(5)

Professor:　OK. Keep at it. I'd be happy to look over a draft before you hand
　　　　　　　　　　　　　　　(6)
in the final version, if you like.

Student:　OK. Thanks very much. Well, see you soon.

(1)　Rearrange the words in the underlined part (1) in the passage into the correct order. Consider the context and mark the numbers correctly, from top to bottom, on your **Answer Sheet**.

(2)　Rearrange the words in the underlined part (2) in the passage into the correct order. Consider the context and mark the numbers correctly, from top to bottom, on your **Answer Sheet**.

(3)　Which of the items below is the closest in meaning to the underlined part (3) in the passage? Choose one from the choices and mark the number on your **Answer Sheet**.

　1　Someone gave me a good idea, but I don't agree with it.

　2　An idea occurred to me, but I couldn't keep it in my mind.

　3　Few people paid serious attention to my idea.

　4　People had very different ideas from mine.

(4)　Which of the items below best fills in the blank (4) in the passage? Consider the context, choose one from the choices and mark the number on your **Answer Sheet**.

　1　I don't want to go to the dentist

　2　my dentist always asks me a lot of questions

　3　I need someone to remember what I wanted to ask the dentist

東京理科大-理工〈B方式-2月3日〉　　　　　　　　　　2021 年度　英語　*13*

4　I made a list of things I wanted to ask the dentist

(5)　Which of the items below is the closest in meaning to the underlined part

(5) in the passage?　Choose one from the choices and mark the number on

your **Answer Sheet.**

　1　I am unlikely to forget things

　2　my memory often fails me

　3　I hardly ever forget things

　4　I keep my memory sharp

(6)　Which of the items below is the closest in meaning to the underlined part

(6) in the passage?　Choose one from the choices and mark the number on

your **Answer Sheet.**

　1　I am willing to check your completed, well-written assignment only

　2　I am unwilling to see your assignment unfinished

　3　I am willing to read your incomplete assignment

　4　I am unwilling to revise an unreadable assignment

14 2021 年度 英語 東京理科大-理工〈B方式-2月3日〉

3 Which of the items below correctly fills in the blank in each statement? Choose one from the choices and mark the number on your **Answer Sheet**.

(24 points)

(1) As the government plans to (**1**) the consumption tax soon, people are rushing to buy many products.

1 being raised 　　　　　　　2 being risen

3 raise 　　　　　　　　　　4 rise

(2) The day you suggested (**2**) fine with me, so I can attend the meeting.

1 are 　　　　　　　　　　　2 keep

3 resembles 　　　　　　　　4 seems

(3) The newspaper (**3**) that firefighters saved a cat that had fallen into a hole.

1 discusses 　　　　　　　　2 refers

3 says 　　　　　　　　　　4 talks

(4) I remember (**4**) this tourist resort with my parents five years ago.

1 going 　　　　　　　　　　2 to go

3 to visit 　　　　　　　　　4 visiting

(5) He (**5**) for two hours at the station when his girlfriend came.

1 had been waiting 　　　　2 has waited

3 is waiting 　　　　　　　4 was waited

(6) One reason (**6**) Kenji likes his academic major is that it is directly related to his dream for the future.

東京理科大-理工〈B方式-2月3日〉 2021 年度 英語 *15*

1	which	2	when
3	where	4	why

(7) Don't let your dog be (　7　) to your neighbors. It is against the rules in this apartment building.

1	annoyed	2	annoying
3	feared	4	fearing

(8) (　8　) the first one had numerous grammatical mistakes, the second essay submitted by the student was nearly perfect.

1	Afterward	2	Before
3	Hence	4	While

16　2021 年度　数学　　　　　　　　　東京理科大-理工〈B方式-2月3日〉

数学

（100分）

問題 **1** の解答は解答用マークシートにマークしなさい。

1 次の文章中の ア から ロ までに当てはまる数字 0 ～ 9 を求めて, **解答用マークシートの指定された欄にマークしなさい。** ただし, 分数は既約分数として表しなさい。

(40点, ただし数学科は80点)

(1) 座標空間の点 P(2, −3, 1) から xy 平面, yz 平面, zx 平面に垂線を下ろす。それらの垂線が xy 平面, yz 平面, zx 平面と交わる点を, それぞれ L, M, N とする。このとき,

点 L の座標は $(\boxed{ア}, -\boxed{イ}, \boxed{ウ})$,
点 M の座標は $(\boxed{エ}, -\boxed{オ}, \boxed{カ})$,
点 N の座標は $(\boxed{キ}, \boxed{ク}, \boxed{ケ})$

である。∠MLN = θ ($0° < \theta < 180°$) とすると

$$\cos\theta = \frac{\sqrt{\boxed{コ}}}{\boxed{サ}\,\boxed{シ}}$$

であり, △LMN の面積 S は

$$S = \frac{\boxed{ス}}{\boxed{セ}}$$

である。

(2) 関数 $f(x) = |x^2 - 4| + ax + b$ が $f(1) = -1$ および $f(-3) = 5$ を満たすとする。これより

$$a = -\boxed{ソ}, \quad b = -\boxed{タ}$$

である。

(a) x が $-2 \leqq x \leqq 2$ の範囲を動くとき，$f(x)$ は

$$x = -\frac{\boxed{チ}}{\boxed{ツ}} \text{ で最大値 } \frac{\boxed{テ}}{\boxed{ト}}, \quad x = \boxed{ナ} \text{ で最小値 } -\boxed{ニ}$$

をとる。

(b) 方程式 $f(x) - k = 0$ が実数の範囲で異なる 4 個の解をもつような実数 k の値の範囲は

$$-\boxed{ヌ} < k < \frac{\boxed{ネ}}{\boxed{ノ}}$$

である。

(3) (a) n を自然数とする。次の 条件 A を満たす自然数 x の個数を，$f(n)$ と書くことにする。

条件 A：x は n 以下の自然数であり，かつ，
x, n は互いに素である。

このとき，

$$f(3) = 2, \quad f(4) = 2, \quad f(5) = \boxed{ハ}, \quad f(6) = \boxed{ヒ},$$
$$f(7) = \boxed{フ}, \quad f(8) = \boxed{ヘ}, \quad f(100) = \boxed{ホ}\boxed{マ}$$

である。

(b) n を自然数とする。次の 条件 B を満たす複素数 z の個数を，$g(n)$ と書くことにする。

条件 B：z の実部を x，虚部を y とすると，
x と y はともに n 以下の自然数であり，かつ，
x, y, n の最大公約数は 1 である。

18 2021 年度 数学　　　　　　　　　　　　　東京理科大-理工〈B方式 – 2 月 3 日〉

このとき，

$$g(3) = 8, \quad g(4) = 12, \quad g(5) = \boxed{\text{ミ}\ \text{ム}}, \quad g(6) = \boxed{\text{メ}\ \text{モ}},$$

$$g(7) = \boxed{\text{ヤ}\ \text{ユ}}, \quad g(8) = \boxed{\text{ヨ}\ \text{ラ}}, \quad g(100) = \boxed{\text{リ}\ \text{ル}\ \text{レ}\ \text{ロ}}$$

である。

問題 $\boxed{2}$ の解答は白色の解答用紙に記入しなさい。

$\boxed{2}$　e を自然対数の底とし，$f(x) = xe^{-2x}$ とおく。O を原点とする座標平面上の曲線 $y = f(x)$ を C とおく。C 上の点 $(t, f(t))$ における接線の傾きを $a(t)$ とおく。

(1) $a(t)$ を求めよ。

$a(t)$ が最小となるときの t を t_1 とおく。

(2) t_1 を求めよ。

C 上の点 $\mathrm{P}(t_1, f(t_1))$ における法線を ℓ とおく。ℓ と x 軸の交点を Q とおく。

(3) Q の x 座標を求めよ。

(4) 線分 OQ, QP および曲線 C で囲まれた部分の面積を求めよ。

(30 点，ただし数学科は 60 点)

東京理科大-理工〈B方式 – 2月3日〉　　　　　　　　　　2021 年度　数学　*19*

問題 **3** の解答はクリーム色の解答用紙に記入しなさい。

3　座標平面上の曲線 $y = x^2$ を C_1 とおく。

まず，曲線 C_1 を，x 軸方向に a，y 軸方向に b だけ平行移動して得られる曲線を C_2 とする。

(1)　曲線 C_2 を表す方程式を求めよ。

(2)　C_1 と C_2 が共有点をもたないための必要十分条件を，a, b を用いて表せ。

次に，点 $A(s, t)$ を固定する。点 Q が曲線 C_1 上を動くとき，点 A に関して，点 Q と対称な点 P の軌跡を C_3 とする。

(3)　曲線 C_3 を表す方程式を求めよ。

(4)　C_1 と C_3 が複数の共有点をもつための必要十分条件を，s, t を用いて表せ。

最後に，$a = 0$，$b = -14$，$s = -2$，$t = 13$ のときを考える。

(5)　C_1 と C_3 だけで囲まれる部分の面積を S_1 とおき，C_2 と C_3 だけで囲まれる部分の面積を S_2 とおく。C_1, C_2, C_3 の 3 つの曲線で囲まれる部分の面積 $S_2 - S_1$ を求めよ。

(30 点，ただし数学科は 60 点)

■ 物理 ■

(80 分)

1 　次の問題の □□□□ の中に入れるべき最も適当なものをそれぞれの**解答群**の中から選び，その番号を**解答用マークシート**の指定された欄にマークしなさい。(同じ番号を何回用いてもよい。答えが数値となる場合は最も近い数値を選ぶこと。)　　　　　　　　　　　　　　　　　　　　　　　　　　　　　　(30 点)

　以下では，長さ，質量，時間の単位をそれぞれ m, kg, s とし，その他の物理量に対してはこれらを組み合わせた単位を使用する。

　図 1-1 のように，質量 M の恒星を中心として，二つの惑星 A と B が同一平面内を同じ回転方向にそれぞれ円運動している。惑星の質量に比べて恒星の質量は十分に大きく，恒星は静止しているとしてよい。惑星どうしに働く万有引力や恒星・惑星の大きさ，恒星や惑星の自転も無視できるものとする。万有引力定数 (重力定数) を G として，以下の問いに答えなさい。

(1) 惑星 A の質量を m_A，軌道半径を r_A とすると，惑星 A の公転周期は □**(ア)**□ となり，公転運動の角速度は □**(イ)**□ となる。また，惑星 A の公転軌道の円の面積を周期で割って得られる面積速度は □**(ウ)**□ となる。

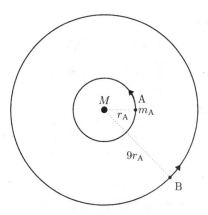

図 1-1 (見やすいよう縮尺は変えてある)

(ア) の解答群

⓪ $\sqrt{\dfrac{r_A}{Gm_A}}$　① $\sqrt{\dfrac{r_A}{GM}}$　② $\sqrt{\dfrac{r_A^3}{Gm_A}}$　③ $\sqrt{\dfrac{r_A^3}{GM}}$

④ $2\pi\sqrt{\dfrac{r_A}{Gm_A}}$　⑤ $2\pi\sqrt{\dfrac{r_A}{GM}}$　⑥ $2\pi\sqrt{\dfrac{r_A^3}{Gm_A}}$　⑦ $2\pi\sqrt{\dfrac{r_A^3}{GM}}$

(イ) の解答群

⓪ $\sqrt{\dfrac{Gm_A}{r_A}}$　① $\sqrt{\dfrac{GM}{r_A}}$　② $\sqrt{\dfrac{Gm_A}{r_A^3}}$　③ $\sqrt{\dfrac{GM}{r_A^3}}$

④ $2\pi\sqrt{\dfrac{Gm_A}{r_A}}$　⑤ $2\pi\sqrt{\dfrac{GM}{r_A}}$　⑥ $2\pi\sqrt{\dfrac{Gm_A}{r_A^3}}$　⑦ $2\pi\sqrt{\dfrac{GM}{r_A^3}}$

(ウ) の解答群

⓪ $\dfrac{1}{2}\sqrt{Gm_A r_A}$　① $\dfrac{1}{2}\sqrt{GM r_A}$　② $\dfrac{1}{2}\sqrt{Gm_A r_A^3}$　③ $\dfrac{1}{2}\sqrt{GM r_A^3}$

④ $\pi\sqrt{Gm_A r_A}$　⑤ $\pi\sqrt{GM r_A}$　⑥ $\pi\sqrt{Gm_A r_A^3}$　⑦ $\pi\sqrt{GM r_A^3}$

(2) 惑星 A の 1 公転周期を 1 惑星年と定義しよう。惑星 B の質量が惑星 A の 4 倍, 惑星 B の軌道半径が惑星 A の 9 倍の時, 惑星 B の公転周期は, （エ） 惑星年となり, （オ） 惑星年毎に惑星 A と惑星 B が最も接近する (惑星間の距離が $8r_A$ になる) ことになる。

(エ) の解答群

⓪ 4　　① 8　　② 9　　③ 12

④ 16　　⑤ 24　　⑥ 27　　⑦ 36

(オ) の解答群

⓪ $\dfrac{27}{26}$　　① $\dfrac{16}{15}$　　② $\dfrac{9}{8}$　　③ $\dfrac{4}{3}$

④ $\dfrac{27}{16}$　　⑤ $\dfrac{16}{9}$　　⑥ $\dfrac{9}{4}$

(3) ここからは，惑星 B がなく，惑星 A だけが中心の恒星のまわりを**小問 (1)** と同じ円軌道で公転している状況を考える。

惑星 A の運動エネルギー，中心恒星の万有引力による惑星 A の位置エネルギー，惑星 A の力学的エネルギーの比は，1 : **(カ)** : **(キ)** である。ただし位置エネルギーはじゅうぶんに遠方の点（無限遠）を基準点（位置エネルギーがゼロとなる点）にとるものとし，符号にも注意しなさい。

(カ), (キ) の解答群

⓪ -3　　① -2　　② $-\dfrac{3}{2}$　　③ -1　　④ $-\dfrac{1}{2}$

⑤ $\dfrac{1}{2}$　　⑥ 1　　⑦ $\dfrac{3}{2}$　　⑧ 2　　⑨ 3

(4) 惑星の軌道が円でないときも，恒星と惑星を結ぶ線分が単位時間に通過する面積として面積速度が定義される。惑星の速さが v のとき，じゅうぶん短い時間 Δt の間に惑星は $v\Delta t$ の距離を移動する。その様子を描いたものが**図 1-2** である。恒星と惑星の距離を r，恒星と惑星を結ぶ線分と惑星の速度ベクトルのなす角度を θ とすると，時間 Δt の間に線分が通過する三角形の面積を考えることで，面積速度は **(ク)** と表される。

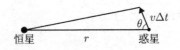

図 1-2（見やすいよう Δt を大きくとって描いてある）

東京理科大-理工〈B方式-2月3日〉 2021 年度 物理 *23*

(ク) の解答群

⓪ $\frac{1}{2}rv$

① $\frac{1}{2}rv\cos\theta$

② $\frac{1}{2}rv\sin\theta$

③ $\frac{1}{2}rv^2$

④ $\frac{1}{2}rv^2\cos\theta$

⑤ $\frac{1}{2}rv^2\sin\theta$

⑥ rv^2

⑦ $rv^2\cos\theta$

⑧ $rv^2\sin\theta$

(5) ある時，突然中心の恒星が爆発して，質量 $kM(0<k<1)$ の天体が中心に静止したまま残ったとしよう。爆発で飛び散った $(1-k)M$ の物質は，瞬時に飛び散り，惑星の質量や恒星爆発直後の惑星の位置と運動量には影響を与えなかったものとする。つまり，恒星爆発直後の惑星 A の面積速度は，**小問 (1)** で求めたものと同じであると考えて良い。しかし，中心に残った天体 (以後天体 C と呼ぶ) の質量が元の恒星より小さくなっているため，恒星爆発後の惑星 A の力学的エネルギーは，爆発前の（ **(ケ)** $\times k-$ **(コ)** ）倍になり，軌道も爆発前のものとは変わってしまう。惑星 A の運動エネルギーが負にならないことと無限遠で位置エネルギーが 0 であることを考慮すると，新たな軌道が無限遠に到達するのは，恒星爆発後の惑星 A の力学的エネルギーが 0 以上のときである。すなわち惑星 A が無限遠に向かって飛んでいってしまうのは，$k\leqq$ **(サ)** のときである。

逆に $k>$ **(サ)** では新たな軌道が無限遠に到達することはなく，楕円 (**図 1-3** は概念図) となる。惑星が天体 C に最も近づく近星点と最も遠ざかる<u>遠星点</u>では天体 C と惑星を結ぶ線分と惑星の運動方向が垂直であること，面積速度と新たな力学的エネルギーがそれぞれ一定に保たれることを使うと，近星点距離 (近星点と天体 C の距離) が **(シ)** $\times r_A$，遠星点距離 (遠星点と天体 C の距離) が **(ス)** $\times r_A$ であることがわかる。

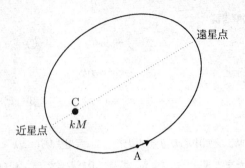

図 1-3 (見やすいよう縮尺は変えてある)

(ケ), (コ), (サ) の解答群

⓪ 0 ① $\dfrac{1}{3}$ ② $\dfrac{1}{2}$ ③ $\dfrac{2}{3}$ ④ 1

⑤ $\dfrac{4}{3}$ ⑥ $\dfrac{3}{2}$ ⑦ $\dfrac{5}{3}$ ⑧ 2 ⑨ $\dfrac{5}{2}$

(シ), (ス) の解答群

⓪ 1 ① $\dfrac{4}{3}$ ② $\dfrac{3}{2}$ ③ $\dfrac{5}{3}$ ④ 2

⑤ $\dfrac{1}{k}$ ⑥ $\dfrac{1}{2k}$ ⑦ $\dfrac{1}{k+1}$ ⑧ $\dfrac{1}{k-1}$ ⑨ $\dfrac{1}{2k-1}$

東京理科大-理工〈B方式－2月3日〉 2021年度 物理 *25*

2 次の問題の ☐ の中に入れるべき最も適当なものをそれぞれの**解答群**の
中から選び，その番号を**解答用マークシート**の指定された欄にマークしなさい。
(同じ番号を何回用いてもよい。) (40点)

以下では，長さ，質量，時間，角度，電流の単位をそれぞれ m，kg，s，rad，
A とし，その他の物理量に対してはこれらを組み合わせた単位を使用する。また，
透磁率は真空の透磁率 μ_0 を用いてよい。

(1) 図 **2-1** のように，厚みが無視できる半径 a の円板の中心に，円板に垂直に太
さの無視できる回転軸が固定されている。円板も回転軸も導体でできており，
回転軸と，円板の縁に導線を接触させて，スイッチ S と抵抗 R(抵抗値 R) をつ
なぐ。R 以外の回路の抵抗は無視できるものとする。また，円板に垂直で，上
向きに磁束密度の大きさ $B_0 \, (> 0)$ の一様な磁場がかかっている。

この円板を，回転軸を中心に，上方から見て反時計回りに一定の角速度 $\omega \, (> 0)$
で回転させた。はじめ，S は開いている。円板と共に回転する円板内の自由電
子は磁場からローレンツ力を受けるため， **(ア)** 向きに移動する。そのた
め，円板の中心と縁の間には， **(イ)** 向きに電場が生じる。円板内の自由
電子の移動が止まったとき，円板上で円板の中心から距離 r の位置における電
場の大きさは，$E =$ **(ウ)** と表される (ここでは，自由電子にはたらく遠
心力は無視して良い)。横軸を r として E のグラフの概形を示したものとして
最もふさわしいものは， **(エ)** である。また，円板の中心と縁に生じる電
位差の大きさ V は，E のグラフの $r = 0$ から $r = a$ までの面積となるから，
$V =$ **(オ)** となる。

次に，円板を回転させたまま S を閉じると，導線に電流が流れた。S を閉じ
てじゅうぶん時間が経ったとき，導線に流れる電流の大きさは，$I =$ **(カ)**
である。S を閉じたまま，ω を変化させて電流を測定したとき，横軸を ω とし
て I のグラフを示したものとして最もふさわしいものは， **(キ)** である。
ただし，ここでは，B_0 以外の磁場の影響は考えないものとする。したがって，
単位時間に R で発生するジュール熱は，$P_J =$ **(ク)** である。P_J は，円板
を回転させている外力の仕事率 P_W と一致する。

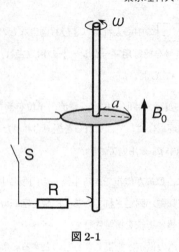

図 2-1

(ア), (イ) の解答群

⓪ 円板の中心から縁に向かう　① 円板の縁から中心に向かう

② 回転軸と平行で上　③ 回転軸と平行で下

(ウ) の解答群

⓪ ωB_0　① $\omega B_0 r$　② $\omega B_0 r^2$　③ ωr

④ ωr^2　⑤ $\dfrac{\omega r}{B_0}$　⑥ $\dfrac{\omega r^2}{B_0}$　⑦ $\dfrac{B_0}{\omega r}$

(エ) の解答群

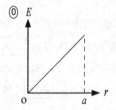 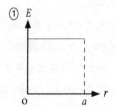

②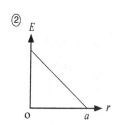

③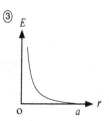

(オ) の解答群

⓪ $\dfrac{\omega a}{B_0{}^2}$ ① $\dfrac{\omega a}{B_0}$ ② ωB_0

③ $\omega B_0 a$ ④ $\omega B_0 a^2$ ⑤ $\dfrac{\omega B_0 a^2}{2}$

⑥ $\dfrac{\omega B_0 a}{2}$ ⑦ $\dfrac{\omega B_0{}^2 a^2}{2}$

(カ) の解答群

⓪ $\dfrac{\omega a}{2R}$ ① $\dfrac{\omega a}{RB_0}$ ② $\omega B_0 R^2$

③ $\dfrac{\omega B_0 a}{R}$ ④ $\dfrac{\omega B_0 a^2}{R}$ ⑤ $\dfrac{\omega B_0 a^2}{2R}$

⑥ $\dfrac{\omega B_0 a}{2R}$ ⑦ $\dfrac{\omega B_0{}^2 a^2}{2R}$

(キ) の解答群

⓪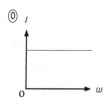

①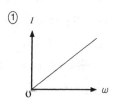

②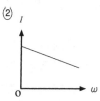

③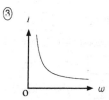

(ク) の解答群

⓪ $\omega B_0 a^2$

① $\omega^2 B_0{}^2 a^4$

② $2R\omega^2 B_0{}^2 a^2$

③ $\omega^2 B_0{}^2 a^2$

④ $\dfrac{\omega^2 B_0{}^2 a^4}{R}$

⑤ $\dfrac{\omega^2 B_0{}^2 a^4}{2R}$

⑥ $\dfrac{\omega^2 B_0{}^2 a^2}{4R}$

⑦ $\dfrac{\omega^2 B_0{}^2 a^4}{4R}$

(2) 次に，**小問 (1)** の円板と回転軸を，**図 2-2** のようにじゅうぶん長いコイル (単位長さあたり n 巻き) の中に置いた。回転軸とコイルの中心は一致しており，円板はコイル内で回転することができる。コイルの一端は回転軸に接しており，反対側の一端には導線がつながれている。導線には抵抗 R(抵抗値 R) がつながれており，導線のもう一方の端はコイル内の円板の縁に接している。R 以外の回路の抵抗は無視できるものとする。また，コイルの置かれた空間には回転軸と平行な方向で，円板に垂直に磁束密度の大きさ B_0 の一様な磁場が上向きにかかっている。コイル内部の磁場は，磁束密度 B_0 の磁場と，コイルに流れる電流がコイル内部に作る磁場の重ねあわせであり，その他の磁場の影響は考えない。

この円板を，回転軸を中心に一定の角速度 ω で回転させると，じゅうぶん時間が経過した後にコイルには一定の電流 I が流れた。このとき，コイルに流れる電流がコイル内部に作る一様な磁場の磁束密度を B_S とする。ここで，ω の符号は，上方から見て円板を反時計回りに回転させるとき，$\omega > 0$，時計回りに回転させるとき，$\omega < 0$ とする。また，B_S の磁場の向きが B_0 の磁場と同じ向きになるときの磁束密度 B_S の向きを正 ($B_S > 0$)，コイルに流れる電流 I の向きを正 ($I > 0$) とする。一方，B_S の磁場の向きが B_0 の磁場と逆向きになるとき，$B_S < 0$，$I < 0$ とする。このとき，$B_S = \boxed{\text{(ケ)}}$ となる。ここで，$B_S > 0$ となるのは，ω が $\boxed{\text{(コ)}}$ の場合である。

コイル内の回転軸に平行な磁場の磁束密度 $B = B_0 + B_S$ を ω を用いて表すと，$B = \boxed{\text{(サ)}}$ となる。ただし，$\omega < \dfrac{2R}{\mu_0 n a^2}$ とする。I を ω を用いて表すと $I = \boxed{\text{(シ)}}$ となる。横軸を ω として I のグラフを示したものとして最もふさわしいものは，$\boxed{\text{(ス)}}$ である。円板を，B_0 の磁場と B_S の磁場が逆向きになる方向に回転させ，ω の大きさを大きくしてゆくと，コイル内の磁場

は，$B=0$ に近づいてゆく。じゅうぶん ω の大きさが大きく，$B=0$ とみなせるとすると，回路に流れる電流は，$I=\boxed{(セ)}$，円板を回し続けるための外力の仕事率は $P_W = \boxed{(ソ)}$ となる。

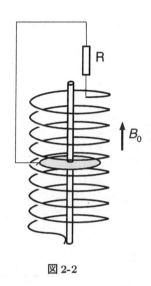

図 2-2

(ケ) の解答群

⓪ $\mu_0 n$ ① $\mu_0 I$ ② $\dfrac{\mu_0 nI}{8}$ ③ $\dfrac{\mu_0 nI}{4}$

④ $\dfrac{\mu_0 nI}{2}$ ⑤ $\mu_0 nI$ ⑥ $2\mu_0 nI$ ⑦ $4\mu_0 nI$

(コ) の解答群

⓪ 正 ① 負

(サ) の解答群

⓪ $\dfrac{2RB_0}{2R-\mu_0 na^2\omega}$ ① $\dfrac{RB_0}{2R+\mu_0 na^2\omega}$ ② $\dfrac{2RB_0}{2R-\mu_0 na\omega}$

③ $\dfrac{2RB_0}{R-\mu_0 na^2\omega}$ ④ $\dfrac{2R-\mu_0 na^2\omega}{2RB_0}$ ⑤ $\dfrac{2R-\mu_0 na\omega}{2RB_0}$

⑥ $\dfrac{R-\mu_0 na^2\omega}{2RB_0}$ ⑦ $\dfrac{2R-\mu_0 na^2\omega}{B_0}$

(シ) の解答群

⓪ $\dfrac{\omega B_0 a^2}{2R + \mu_0 n a^2 \omega}$ ① $\dfrac{B_0 a^2}{2R - \mu_0 n a \omega}$ ② $\dfrac{B_0}{R - \mu_0 n a^2 \omega}$

③ $\dfrac{\omega B_0 a^2}{2R - \mu_0 n a^2 \omega}$ ④ $\dfrac{R - \mu_0 n a^2 \omega}{\omega B_0 a^2}$ ⑤ $\dfrac{R - \mu_0 n a \omega}{2\omega B_0 a^2}$

⑥ $\dfrac{R - \mu_0 n a^2 \omega}{R \omega B_0}$ ⑦ $\dfrac{R - \mu_0 n a^2 \omega}{B_0 a^2}$

(ス) の解答群

⓪ 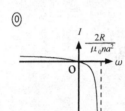 ①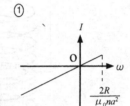

② 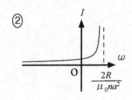 ③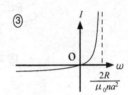

(セ) の解答群

⓪ 0 ① $\dfrac{{B_0}^2}{\mu_0 n}$ ② $-\dfrac{{B_0}^2}{\mu_0 n}$

③ $-\dfrac{2B_0}{\mu_0 n + RB_0}$ ④ $-\dfrac{2B_0}{\mu_0 n - RB_0}$ ⑤ $-\dfrac{2B_0}{\mu_0 n}$

⑥ $-\dfrac{B_0}{\mu_0 n - RB_0}$ ⑦ $-\dfrac{B_0}{\mu_0 n}$

(ソ) の解答群

⓪ 0 ① $\dfrac{R{B_0}^2}{{\mu_0}^2 n^2}$ ② $\dfrac{B_0}{\mu_0 n}$

③ $\dfrac{RB_0}{{\mu_0}^2 n^2}$ ④ $\dfrac{R^2 B_0}{{\mu_0}^2 n^2}$ ⑤ $\dfrac{R^2 {B_0}^2}{\mu_0 n}$

⑥ $\dfrac{R{B_0}^2}{\mu_0 n}$ ⑦ $\dfrac{{B_0}^2}{{\mu_0}^2 n^2}$

東京理科大-理工〈B方式-2月3日〉　　　　　　　　　　2021 年度　物理　*31*

3　　次の問題の　　　　　　　の中に入れるべき最も適当なものをそれぞれの**解答群**の
中から選び，その番号を**解答用マークシート**の指定された欄にマークしなさい。
(同じ番号を何回用いてもよい。)　　　　　　　　　　　　　　　　(30 点)

　　以下では，長さ，質量，時間，温度，物質量の単位をそれぞれ m，kg，s，K，
mol とし，その他の物理量に対してはこれらを組み合わせた単位を使用する。例
えば，圧力の単位 Pa は $kg/(m \cdot s^2)$ と表すことができる。

　　図 3-1（断面図）に示すように，密閉された水平な円筒容器の中になめらかに
動くピストンが入っており，ピストンによって容器内は A 室と B 室に分かれてい
る。A 室と B 室にはそれぞれ熱交換器が設置されており，それぞれ熱交換器 A，
熱交換器 B とする。それぞれの熱交換器を作動させると，各室の気体に熱を加
えたり，各室の気体から熱を奪うことができる。円筒容器は断熱材でできており，
各室の熱交換器を作動させない場合は，各室の気体と外部の間の熱のやりとりは
ない。なお，ピストンも断熱材でできており，A 室と B 室の気体の間の熱のやり
とりはない。また，熱交換器の大きさは無視できるとする。
　　容器内の A 室と B 室には，それぞれ物質量 1 mol の単原子分子理想気体が封
入されている。A 室と B 室の気体の状態はともに，圧力 P_0，体積 V_0，温度 T_0 で
ある。この状態を初期状態とする。
　　なお，気体が断熱変化をするとき，気体の圧力 P と体積 V の間に $PV^\gamma =(一$
定) の関係が成り立つことが知られている。必要であればこのことを用いて良い。
なお，単原子分子理想気体に対しては $\gamma = \dfrac{5}{3}$ である。

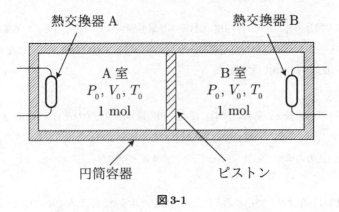

図 3-1

(1) まず,初期状態から,熱交換器 A を作動させずに,熱交換器 B だけを作動させ,**図 3-2** のように,B 室の気体の体積を $(1+\alpha)V_0$ とした $(0 < \alpha < 1)$。この状態を状態 1 とし,初期状態から状態 1 への変化を過程 1 とする。なお,全ての状態変化はじゅうぶんゆっくりと行われるものとする。

過程 1 では熱交換器 A を作動させないので,A 室の気体は断熱変化をする。したがって,状態 1 における A 室の気体の圧力 P_{A1} は $P_{A1} = \boxed{(ア)} \times P_0$ である。ここで,A 室の圧力と B 室の圧力は常に等しいことに気を付けると,過程 1 における B 室の気体の圧力と体積の関係を図示したグラフとして最も適切なものは,**図 3-3** の中の $\boxed{(イ)}$ であり,過程 1 における B 室の気体の状態変化は $\boxed{(ウ)}$。また,状態 1 における A 室の気体の温度 T_{A1} と B 室の気体の温度 T_{B1} はそれぞれ $T_{A1} = \boxed{(エ)} \times T_0$, $T_{B1} = \boxed{(オ)} \times T_0$ である。以上より,過程 1 において,B 室の気体がした仕事 W_{B1} は,$W_{B1} = \boxed{(カ)} \times P_0 V_0$ であり,B 室の気体が吸収した熱量 Q_{B1} は,$Q_{B1} = \boxed{(キ)} \times P_0 V_0$ である。

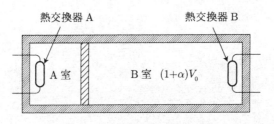

図 3-2

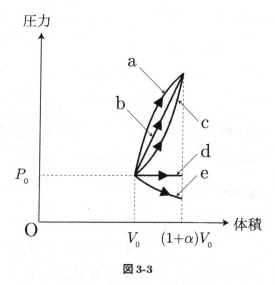

図 3-3

(ア) の解答群

⓪ 1　　① α　　② $(1-\alpha)$　　③ $(1+\alpha)$

④ $(1-\alpha)^{-1}$　⑤ $(1+\alpha)^{-1}$　⑥ $(1-\alpha)^{\gamma}$　⑦ $(1+\alpha)^{\gamma}$

⑧ $(1-\alpha)^{-\gamma}$　⑨ $(1+\alpha)^{-\gamma}$

(イ) の解答群

⓪ a　　① b　　② c　　③ d　　④ e

(ウ) の解答群

⓪ 定圧変化である

① 等温変化である

② 断熱変化である

③ 定圧変化，等温変化，断熱変化のいずれでもない

(エ), (オ) の解答群

⓪ 1　　　　　　　　　　① α

② $(1-\alpha)^{-1}$　　　　　③ $(1+\alpha)^{-1}$

④ $(1-\alpha)^{1-\gamma}$　　　　⑤ $(1+\alpha)^{1-\gamma}$

⑥ $(1+\alpha)(1-\alpha)^{-\gamma}$　　⑦ $(1-\alpha)(1+\alpha)^{-\gamma}$

⑧ $(1+\alpha)(1-\alpha)$　　　⑨ $(1+\alpha)(1-\alpha)^{-1}$

(カ), (キ) の解答群

⓪ 3α　　　　　　　　　① $\dfrac{3}{2}\alpha$

② $3\{(1-\alpha)^{-\gamma}-1\}$　　③ $\dfrac{3}{2}\{(1-\alpha)^{-\gamma}-1\}$

④ $3\{(1-\alpha)^{1-\gamma}-1\}$　　⑤ $\dfrac{3}{2}\{(1-\alpha)^{1-\gamma}-1\}$

⑥ $3\{(1+\alpha)^{-\gamma}-1\}$　　⑦ $\dfrac{3}{2}\{(1+\alpha)^{-\gamma}-1\}$

⑧ $3\{(1+\alpha)(1-\alpha)-1\}$　⑨ $\dfrac{3}{2}\{(1+\alpha)(1-\alpha)-1\}$

(2)　次に，状態 1 から，熱交換器 A や熱交換器 B を必要に応じて作動させ，A 室の気体の温度を T_{A1} に保ちながら，**図 3-4** のように，A 室と B 室の気体の体積をともに V_0 に戻した。この状態を状態 2 とし，状態 1 から状態 2 への変化を過程 2 とする。

　　状態 2 における B 室の気体の温度 T_{B2} は $T_{B2} = \boxed{\text{ (ク) }} \times T_0$ であり，過程 2 において，A 室の気体が吸収した熱量 Q_{A2} と B 室の気体が吸収した熱量 Q_{B2} の和 $Q_{A2} + Q_{B2}$ は，$Q_{A2} + Q_{B2} = \boxed{\text{ (ケ) }} \times P_0 V_0$ である。なお，Q_{B2} の符号を考えると，過程 2 において熱交換器 B については，$\boxed{\text{ (コ) }}$ ことがわかる。（B 室の気体が吸収した熱量を Q_{B2} としているので，もし $Q_{B2} > 0$ であれば B 室の気体に熱が加えられたことを意味し，逆に，もし $Q_{B2} < 0$ であれば B 室の気体から熱が奪われたことを意味する。）

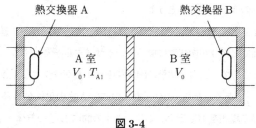

図 3-4

(ク) の解答群

⓪ 1
① α
② $(1-\alpha)^{-1}$
③ $(1+\alpha)^{-1}$
④ $(1-\alpha)^{1-\gamma}$
⑤ $(1+\alpha)^{1-\gamma}$
⑥ $(1+\alpha)(1-\alpha)^{-\gamma}$
⑦ $(1-\alpha)(1+\alpha)^{-\gamma}$
⑧ $(1+\alpha)(1-\alpha)$
⑨ $(1+\alpha)(1-\alpha)^{-1}$

(ケ) の解答群

⓪ $3(1-\alpha)^{-\gamma}$
① $\dfrac{3}{2}(1-\alpha)^{-\gamma}$
② $-3(1-\alpha)^{-\gamma}$
③ $-\dfrac{3}{2}(1-\alpha)^{-\gamma}$
④ $3\alpha(1-\alpha)^{-\gamma}$
⑤ $\dfrac{3}{2}\alpha(1-\alpha)^{-\gamma}$
⑥ $-3\alpha(1-\alpha)^{-\gamma}$
⑦ $-\dfrac{3}{2}\alpha(1-\alpha)^{-\gamma}$
⑧ $3\alpha(1+\alpha)(1-\alpha)^{-\gamma}$
⑨ $\dfrac{3}{2}\alpha(1+\alpha)(1-\alpha)^{-\gamma}$

(コ) の解答群

⓪ B 室の気体に熱を加えるように作動させる必要がある
① B 室の気体から熱を奪うように作動させる必要がある
② B 室の気体と熱をやりとりしないため作動させる必要がない

(3) 最後に,状態 2 から,熱交換器 A と熱交換器 B をともに作動させ,A 室と B 室の気体の体積をともに V_0 に保ちながら,初期状態に戻した。状態 2 から

初期状態への変化を過程3とする。

　A室の気体とB室の気体それぞれに対して，初期状態から，過程1，過程2，過程3を経て，再び初期状態に戻るというサイクルを考察する。A室の気体のサイクルについて，圧力と体積の関係を図示したグラフとして最も適切なものは (サ) である。また，1サイクルの間にA室の気体がB室の気体に対してした仕事の総和を W_A とし，1サイクルの間にB室の気体がA室の気体に対してした仕事の総和を W_B とする。これらの仕事 W_A，W_B について符号を考えると， (シ) である。

(サ) の解答群

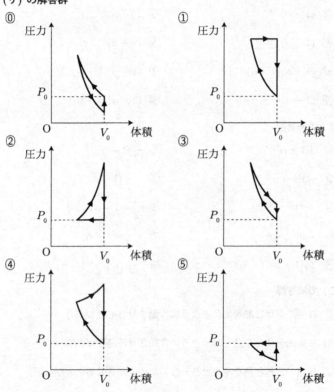

(シ) の解答群

⓪ $W_A < 0$, $W_B < 0$ 　① $W_A < 0$, $W_B = 0$ 　② $W_A < 0$, $W_B > 0$

東京理科大-理工〈B方式-2月3日〉 2021 年度 物理 *37*

③ $W_A = 0$, $W_B < 0$ ④ $W_A = 0$, $W_B = 0$ ⑤ $W_A = 0$, $W_B > 0$

⑥ $W_A > 0$, $W_B < 0$ ⑦ $W_A > 0$, $W_B = 0$ ⑧ $W_A > 0$, $W_B > 0$

化学

(80分)

各設問の計算に必要ならば，下記の数値を用いなさい。

原子量：H 1.0，C 12.0，O 16.0，Na 23.0，Cl 35.5
アボガドロ定数：$6.02 \times 10^{23}/\text{mol}$
気体定数：$8.31 \times 10^3 \, \text{Pa·L}/(\text{K·mol})$
標準状態における理想気体のモル体積：22.4 L/mol

特段の記述がない限り，気体はすべて理想気体としてふるまうものとする。

---

1 次の記述を読み，(ア)〜(ク)にあてはまる最も適当な語句または数値を**A欄**より選び，その番号を**解答用マークシート**にマークしなさい(番号の中の**0**という数字も必ずマークすること)。また，(i)〜(v)にあてはまる最も適当な整数を**解答用マークシート**にマークしなさい。なお，答が1桁の整数の場合，十の位には**0**をマークしなさい。

(17点)

金属結晶の構造のうち，正六角柱の各頂点，上下の面，および中間部に原子が配列した構造を　(ア)　という。その単位格子は，この正六角柱の底面を　(i)　等分した柱状構造に相当し，単位格子中には正味　(ii)　個分の原子が存在する。　(ア)　を構成する原子の配位数は　(iii)　であり，　(イ)　と同様に最密に充填された構造である。なお，　(ア)　をとる金属の例としては，　(ウ)　があげられる。

一方，　(エ)　は，立方体の頂点と重心に原子が配列した構造をしており，　(オ)　などの金属が例としてあげられる。　(エ)　の単位格子中に含まれる原子数は正味　(iv)　個であり，構成原子の配位数は　(v)　である。こ

東京理科大-理工〈B方式-2月3日〉 2021 年度 化学 *39*

の原子の半径が r〔nm〕であるとすると，単位格子1辺の長さは $\boxed{\text{(カ)}} \times r$ 〔nm〕となる。また，単位格子内の充塡率は $\boxed{\text{(キ)}} \pi \times 100 \%$ と求められる。さらに，この結晶の構成原子のモル質量を M〔g/mol〕，アボガドロ定数を N_A〔/mol〕とすると，密度は $\boxed{\text{(ク)}} \times 10^{21} \times \dfrac{M}{N_A r^3}$〔g/cm³〕となる。

A 欄

01 体心立方格子	02 面心立方格子	03 六方最密構造
04 Ag	05 Al	06 Au
07 Cu	08 Fe	09 Zn
10 $2\sqrt{2}$	11 $2\sqrt{3}$	12 $3\sqrt{2}$
13 $3\sqrt{3}$	14 $\dfrac{\sqrt{2}}{3}$	15 $\dfrac{\sqrt{3}}{3}$
16 $\dfrac{\sqrt{2}}{4}$	17 $\dfrac{\sqrt{3}}{4}$	18 $\dfrac{\sqrt{2}}{6}$
19 $\dfrac{\sqrt{3}}{6}$	20 $\dfrac{\sqrt{2}}{8}$	21 $\dfrac{\sqrt{3}}{8}$
22 $\dfrac{\sqrt{2}}{16}$	23 $\dfrac{\sqrt{3}}{16}$	24 $\dfrac{2\sqrt{2}}{3}$
25 $\dfrac{2\sqrt{3}}{3}$	26 $\dfrac{4\sqrt{2}}{3}$	27 $\dfrac{4\sqrt{3}}{3}$
28 $\dfrac{3\sqrt{2}}{8}$	29 $\dfrac{3\sqrt{3}}{8}$	30 $\dfrac{3\sqrt{2}}{16}$
31 $\dfrac{3\sqrt{3}}{16}$	32 $\dfrac{3\sqrt{2}}{32}$	33 $\dfrac{3\sqrt{3}}{32}$
34 $\dfrac{3\sqrt{2}}{64}$	35 $\dfrac{3\sqrt{3}}{64}$	

2 次の記述を読み，(1)〜(5)にあてはまる数値を有効数字が2桁になるように3桁目を四捨五入して求め，次の形式で**解答用マークシートにマークしなさい**。指数 c が 0 の場合の符号 p には＋をマークしなさい。

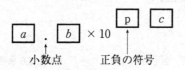

また，(a)〜(c)にあてはまるものの組み合わせとして最も適当なものを**表 A** より選び，その番号を**解答用マークシートの A 欄にマークしなさい**。さらに，(あ)にあてはまる最も適当な記述を **B 欄**より選び，その番号を**解答用マークシートにマークしなさい**。

なお，不揮発性の物質を溶解させた水溶液の質量モル濃度が 1 mol/kg のときの沸点の変化度を 0.52 K，100 ℃ における水の密度を 0.96 g/cm³ として計算しなさい。

(17点)

温度と水の蒸気圧の関係は**図1**のように，標高と大気圧の関係は**図2**のように表されるものとする。これらの関係から，標高 3000 m の高山上では，標高 0 m の地上と比べて水の沸点が (1) ℃ に (あ) することがわかる。

一方，水に不揮発性の物質を溶解させて希薄な水溶液とすると，蒸気圧は下式のように変化する。

$$p = xp_0 \quad ①$$

ただし，p_0 はその温度における純水の蒸気圧，p は希薄水溶液の蒸気圧，x は希薄水溶液における水のモル分率である。この関係式を用いると，希薄水溶液の蒸気圧と純水の蒸気圧の差 Δp は

$$\Delta p = (1-x)p_0 \quad ②$$

と書くことができる。

ここで，1気圧(1.013×10^5 Pa)，100 ℃ において水 2.0 L に塩化ナトリウム 4.68 g を溶解させる場合を考える。この水溶液において塩化ナトリウムは完全

に電離しているとみなせることから，この水溶液の溶媒の物質量と溶質の電離によって生じる粒子の物質量を合わせた全物質量は (2) mol であり，溶質粒子の物質量を全物質量で割って得られる溶質のモル分率は (3) となる。これを②式に代入することにより，この水溶液の蒸気圧は塩化ナトリウムを加える前と比べて (4) Pa (b) していることがわかる。この場合の沸点は，塩化ナトリウムを加える前と比べて (5) ℃ (c) しており，(あ) 。ただし，沸騰にともなう水の重量減少は無視できるものとする。

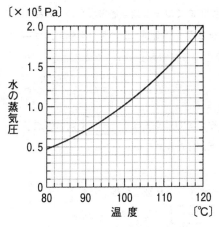

図1：温度と水の蒸気圧の関係

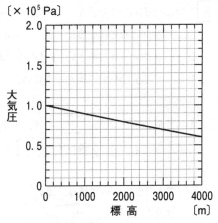

図2：標高と大気圧の関係

表 A

番号	(a)	(b)	(c)
1	上 昇	上 昇	上 昇
2	上 昇	上 昇	降 下
3	上 昇	降 下	上 昇
4	上 昇	降 下	降 下
5	降 下	上 昇	上 昇
6	降 下	上 昇	降 下
7	降 下	降 下	上 昇
8	降 下	降 下	降 下

B 欄

1　大気圧が 0.2 気圧上昇した場合の純水の沸点とほぼ等しい

2　大気圧が 0.1 気圧上昇した場合の純水の沸点とほぼ等しい

3　1 気圧における純水の沸点からほとんど変化していない

4　大気圧が 0.1 気圧低下した場合の純水の沸点とほぼ等しい

5　大気圧が 0.2 気圧低下した場合の純水の沸点とほぼ等しい

3　次の記述(1)～(6)を読み，(1)～(5)の(ア)～(サ)にあてはまる最も適当なものをA欄より，(6)の(シ)にあてはまる最も適当なものをB欄より選び，その番号を**解答用マークシート**にマークしなさい（番号の中の 0 という数字も必ずマークすること）。ただし，同じ番号を何回選んでも良い。　　　　　　　　　　　　　　　　（16 点）

(1)　アルミニウムは　(ア)　族に属する元素で，原子は　(イ)　個の価電子をもち，　(ウ)　価の　(エ)　イオンになりやすい。

(2)　アルミニウムの単体は，鉱石のボーキサイトを精製して得られる　(オ)　と氷晶石（化学式　(カ)　）を用いる　(キ)　により製造される。

(3)　アルミニウムの粉末と酸化鉄（Ⅲ）との混合物にマグネシウムリボンを差し込み，それに点火すると，多量の反応熱が発生し鉄の酸化物が還元され，融解した単体の鉄が得られる。この一連の反応を　(ク)　という。

(4)　強塩基である水酸化ナトリウムの水溶液に水酸化アルミニウムを入れると，　(ケ)　。

(5)　以下の**酸化物群**の中で酸性酸化物の数は　(コ)　個，両性酸化物の数は　(サ)　個である。

東京理科大-理工〈B方式-2月3日〉　　　　　　　　2021 年度　化学　*43*

酸化物群

Al_2O_3, BaO, CO_2, CaO, Cl_2O_7, Fe_2O_3, K_2O, MgO, NO_2, Na_2O, P_4O_{10}, SO_3, SiO_2, ZnO

(6) 分子中に酸素原子を含む酸をオキソ酸という。酸性酸化物が水と反応するとオキソ酸が生じる。塩素を含むオキソ酸の化学式に対して,「名称」,「Cl の酸化数」および「酸の強さ」について, 次の**表**の選択肢から正しい組み合わせを選ぶと　(シ)　となる。

表

化学式	名称				Cl の酸化数		酸の強さ	
$HClO$	塩素酸	過塩素酸	過塩素酸	次亜塩素酸	1	7	弱	強
$HClO_2$	亜塩素酸	塩素酸	次亜塩素酸	亜塩素酸	3	5	▲	▼
$HClO_3$	次亜塩素酸	亜塩素酸	亜塩素酸	塩素酸	5	3		
$HClO_4$	過塩素酸	次亜塩素酸	塩素酸	過塩素酸	7	1	強	弱
選択肢	(a)	(b)	(c)	(d)	(e)	(f)	(g)	(h)

A　欄

01	1	02	2	03	3	04	4
05	5	06	6	07	7	08	8
09	9	10	10	11	11	12	12
13	13	14	14	15	15	16	16
17	17	18	18	19	陽	20	中　性

21　陰　　　　　　　　22　$Na[Al(OH)_4]$　　　　23　Al_2O_3

24　$AlK(SO_4)_2 \cdot 12H_2O$　　25　$Al(OH)_3$　　　　26　Na_3AlF_6

27　$NaAlO_2$　　　　　　28　$Al_2(SO_4)_3$　　　　29　溶融塩(融解塩)電解

30　テルミット反応　　　31　ハーバー・ボッシュ法

32　オストワルト法　　　33　ソルベー法　　　　34　アルマイト

35　ジュラルミン　　　　36　トタン　　　　　　37　反応し溶解する

38　反応し水素を発生しながら塩をつくる

39　反応し酸素を発生する

B 欄

01 (a)−(e)−(g)	02 (a)−(e)−(h)	03 (a)−(f)−(g)
04 (a)−(f)−(h)	05 (b)−(e)−(g)	06 (b)−(e)−(h)
07 (b)−(f)−(g)	08 (b)−(f)−(h)	09 (c)−(e)−(g)
10 (c)−(e)−(h)	11 (c)−(f)−(g)	12 (c)−(f)−(h)
13 (d)−(e)−(g)	14 (d)−(e)−(h)	15 (d)−(f)−(g)
16 (d)−(f)−(h)		

4 次の記述を読み，(i)〜(v)にあてはまる数値を有効数字が3桁になるように4桁目を四捨五入して求め，次の形式で**解答用マークシートにマーク**しなさい。指数 d が0の場合の符号 p には＋をマークしなさい。

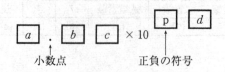

なお，計算には下記の値を用いなさい。
300 K における水の蒸気圧 = 4.00×10^3 Pa
$\log_{10}2 = 0.301$, $\log_{10}e = 0.434$ (17点)

温度 300 K，大気圧 1.013×10^5 Pa の条件で少量の鉄(Ⅲ)イオンを触媒として，6.40×10^{-1} mol/L の過酸化水素水 10.0 mL を反応させた。分解反応で発生する酸素を，水上置換ですべて捕集した。捕集容器内の圧力を大気圧に保って，捕集容器内の気体の体積を求めたところ，以下の表のようになった。

表

反応時間〔s〕	0	60	300	600
捕集容器内の気体の体積〔mL〕	0.00	18.0	58.0	75.0

東京理科大-理工〈B方式-2月3日〉　　　　　　　　2021 年度　化学　*45*

　表より，この実験における反応速度定数を k，各時間における過酸化水素の平均の濃度を $[H_2O_2]$ とすると過酸化水素の平均の反応速度 v は以下の①式となる。

$$v = -\frac{\Delta[H_2O_2]}{\Delta t} = k[H_2O_2] \qquad ①$$

　60 秒後の過酸化水素の濃度は $\boxed{\text{(i)}}$ mol/L であり，0〜60 秒における過酸化水素の平均の濃度は $\boxed{\text{(ii)}}$ mol/L となる。以上より，0〜60 秒における過酸化水素の平均の反応速度 v は $\boxed{\text{(iii)}}$ mol/(L·s) と求まる。

　このとき，$\boxed{\text{(iii)}}$ の値と過酸化水素の 0〜60 秒における平均の濃度より k の値を求めると $\boxed{\text{(iv)}}$ /s となる。

　また，過酸化水素の初濃度を $[H_2O_2]_0$ とすると②式が成り立つ。

$$\log_e \frac{[H_2O_2]}{[H_2O_2]_0} = -kt \qquad ②$$

②式を用いて，過酸化水素の濃度が反応開始時の半分になる時間を求めると $\boxed{\text{(v)}}$ s となる。なお，気体はすべて理想気体としてふるまうものとし，過酸化水素の蒸気圧および分解反応にともなう水溶液の体積変化，ならびに酸素の水への溶解は無視できるものとする。

46 2021 年度 化学　　　　　　　　東京理科大-理工〈B方式−2月3日〉

5　次の記述を読み，(i)〜(iii)にあてはまる**整数**を解答用マークシートにマークしなさい。答が一桁の整数の場合，十の位には0をマークしなさい。また，(ア)〜(シ)にあてはまる最も適当なものを**A欄**より選び，その番号を解答用マークシートにマークしなさい（番号の中の0という数字も必ずマークすること）。　　　(17点)

　分子量が100以下で炭素64.9％，水素13.5％，酸素21.6％からなる脂肪族化合物Aの分子式は$C_{\boxed{(i)}}H_{\boxed{(ii)}}O_{\boxed{(iii)}}$となり，B，C，D，E，F，Gの構造異性体がある。

　単体の金属ナトリウムと反応して水素を発生するのはA，B，C，Dであり，E，F，Gは水素を発生しない。

　硫酸酸性の二クロム酸カリウムを加えて加熱することにより，A，Bからはアルデヒドが得られる。

　濃硫酸を用いて分子内脱水すると，A，B，Dからは1種類，Cからは2種類の生成物が得られる。B，Dから得られる生成物は$\boxed{(ア)}$である。また，Cから得られる生成物の中の1つはAから得られる生成物と同じであり，$\boxed{(イ)}$である。

　Cをヨウ素ヨウ化カリウム水溶液と混合し，水酸化ナトリウム水溶液を溶液が無色になるまで加えてから加熱すると，$\boxed{(ウ)}$が起こり黄色の沈殿を生じる。また，反応後の溶液に含まれるカルボン酸のナトリウム塩を中和してから還元するとHが得られる。HとIは分子式C_3H_8Oで表される脂肪族化合物であり，いずれも水によく溶解し，Hの沸点はIより高い。

　Hを単体の金属ナトリウムと反応してからヨウ化メチルと反応させると，Eとヨウ化ナトリウムが生成する。また，Hの代わりにIを用いて同様の反応を行うとFが得られる。

　以上のことから，Aは$\boxed{(エ)}$，Bは$\boxed{(オ)}$，Cは$\boxed{(カ)}$，Dは$\boxed{(キ)}$，Eは$\boxed{(ク)}$，Fは$\boxed{(ケ)}$，Gは$\boxed{(コ)}$となる。また，Hは$\boxed{(サ)}$，Iは$\boxed{(シ)}$である。

東京理科大-理工〈B方式 - 2月3日〉   2021 年度　化学　*47*

A　欄

01　アセトアルデヒド　　　　　　02　アセトン

03　イソプロピルメチルエーテル　04　エチルメチルエーテル

05　ギ　酸　　　　　　　　　　　06　銀鏡反応

07　酢　酸　　　　　　　　　　　08　ジエチルエーテル

09　脱離反応　　　　　　　　　　10　1-ブタノール

11　2-ブタノール　　　　　　　　12　ブチルアルデヒド

13　1-ブテン　　　　　　　　　　14　2-ブテン

15　1-プロパノール　　　　　　　16　2-プロパノール

17　プロピオン酸　　　　　　　　18　プロピルアルデヒド

19　プロペン　　　　　　　　　　20　1-ペンタノール

21　2-ペンタノール　　　　　　　22　3-ペンタノール

23　ホルムアルデヒド　　　　　　24　2-メチル-1-プロパノール

25　2-メチル-2-プロパノール　　 26　メチルプロピルエーテル

27　2-メチルプロペン　　　　　　28　ヨードホルム反応

29　酪　酸

48 2021年度 化学 　　　　　　　　　東京理科大-理工〈B方式-2月3日〉

6 次の記述(1), (2)を読み, (ア)〜(ソ)にあてはまる最も適当なものをA欄より選び, その番号を**解答用マークシート**にマークしなさい(番号の中の**0**という数字も必ずマークすること)。　　　　　　　　　　　　　　　　　　　　(16点)

(1) タンパク質のポリペプチド鎖は, ペプチド結合の間で　(ア)　することにより, 比較的狭い範囲で規則的に繰り返される立体構造をとる。このような構造を, 　(イ)　という。これにより形成される構造の例として, 　(ウ)　や　(エ)　などの構造がある。　(ウ)　では, ペプチド結合をしている1つのアミノ酸と, そのアミノ酸から4番目のアミノ酸との間の　(ア)　により構造が固定されている。

　また, 筋肉中の酸素貯蔵にはたらくタンパク質である　(オ)　は, ポリペプチド鎖が折り畳まれた　(カ)　を有している。　(カ)　を安定化する結合としては様々なものがあるが, 毛髪に含まれるケラチンでは, システイン間に形成される　(キ)　が構造安定化に寄与している。さらに, 血中に含まれる　(ク)　は, 　(カ)　をとったサブユニットがいくつか集合してできた複合体をつくる。このような構造を　(ケ)　という。

　タンパク質は, 水酸化ナトリウム水溶液と硫酸銅を用いる　(コ)　により検出することができる。

(2) アミロースは, α-グルコースが　(サ)　のヒドロキシ基の間で脱水縮合した鎖状構造をとっている。一方, 　(シ)　はα-グルコースが　(サ)　のヒドロキシ基の間で脱水縮合した鎖状構造と, 　(ス)　のヒドロキシ基の間で脱水縮合した枝分かれ構造をあわせ持つ構造をとる。さらに, セルロースは, β-グルコースが　(サ)　のヒドロキシ基の間で脱水縮合した直鎖構造である。アミロースや　(シ)　の混合物であるデンプンは　(セ)　を示すが, セルロースは　(セ)　を示さない。これは, セルロースが直鎖状の構造をとるためである。セルロース分子は互いに平行に並んで　(ア)　することにより, 部分的に　(ソ)　をとる。

東京理科大-理工〈B方式-2月3日〉　　　　　　　　　2021 年度　化学　*49*

A　欄

01	一次構造	02	二次構造
03	三次構造	04	四次構造
05	α-ヘリックス構造	06	β-シート構造
07	アモルファス構造	08	結晶構造
09	最密構造	10	イオン結合
11	水素結合	12	ジスルフィド結合
13	アミラーゼ	14	アミロペクチン
15	インスリン	16	グリコーゲン
17	ヘモグロビン	18	ミオグロビン
19	1位と2位	20	1位と3位
21	1位と4位	22	1位と5位
23	1位と6位	24	キサントプロテイン反応
25	ニンヒドリン反応	26	ビウレット反応
27	ヨウ素デンプン反応		

生物

（80分）

1 がん細胞に関する次の文章を読み，問題(1)〜(6)に答えなさい。解答はそれぞれ
の指示に従って最も適切なものを**解答群**から選び，その番号を**解答用マークシー**
トの所定欄にマークしなさい。　　　　　　　　　　　　　　　　　　　　　（33点）

　　私たちヒトの体を構成する細胞は，その細胞のおかれた環境に応じて，必要な
ときに増殖し，必要でないときには増殖を停止している。細胞の増殖を指令する
物質(増殖因子)が細胞によって受容されると，増殖を指令する信号が伝達され，
　(i)
細胞内の複数の酵素が活性化される。その信号は，細胞の核の中にある転写調節
因子に伝えられ，細胞周期の進行に関わる遺伝子の転写を促進することによっ
　　　　　　　　(ii)
て，細胞の増殖が起こる。

　　細胞増殖の促進に関わる酵素が過剰に作られたり，必要以上に活性化されたり
(iii)
すると，周囲の環境や必要性とは無関係に細胞の増殖が続けられてしまうことが
ある。この異常な状態が個体の生存をおびやかす場合，その原因となる異常な細
胞をがん細胞と呼ぶ。がんの大半は体の上皮組織を構成する細胞(上皮細胞)から
生じるが，上皮細胞は，細胞接着と呼ばれる，細胞どうしの結合や細胞外物質と
の間の結合を作り，上皮組織を形成している。がん細胞は，生じた場所から動き
　　　　　　　　　　　　　　　　　　　　　　　　　　　　　　　(iv)
出し，血管などを通って体内を移動して，別の場所で増殖を続けることもある。
　(v)

(1)　文章中の下線部(i)について，次の問題(a)，(b)に答えなさい。

　(a)　細胞膜には，これを貫通し細胞の外側と内側に突き出るように存在する膜
　　タンパク質がある。膜タンパク質の中には，細胞の外側で増殖因子と結合す
　　ることで活性化される酵素が多種類含まれる。これらの酵素の1つであるX
　　は，ある種のがんで異常に活性化していたり，過剰に作られていたりするこ

東京理科大-理工〈B方式-2月3日〉　　　　　　　　　　　　　　2021 年度　生物　51

とが知られている。酵素 X は多数のアミノ酸のみからなるタンパク質であ
り，その分子量は 133,100 である。この酵素 X が作られるために必要な
mRNA のうちタンパク質に翻訳される部分の塩基数を計算し，その塩基数
に最も近い数字を**解答群A**から選び，その番号をマークしなさい。なお，脱
水縮合してペプチド結合によりつながれたアミノ酸の平均分子量は 110 とす
る。また，翻訳されたあとのタンパク質の分子量の変化は起こらないものと
する。

解答群A

0	220	1	330	2	400
3	1,210	4	2,420	5	3,630
6	26,620	7	39,930	8	44,370

(b)　酵素 X の過剰な発現が，細胞におよぼす影響を調べるため，酵素 X の設
計図となる遺伝子 X の mRNA をもとに逆転写を行い，遺伝子 X の 1 本鎖
cDNA を得た。次に，この 1 本鎖 cDNA を鋳型にして PCR を行うことで，
遺伝子 X の中でタンパク質に翻訳される部分のすべてを含む，2 本鎖 cDNA
を増幅させることにした。この PCR に使用するプライマー DNA の配列と
して最も適切なものの組み合わせを**解答群B**から選び，その番号をマークし
なさい。なお，遺伝子 X の中でタンパク質に翻訳される部分の両末端付近
の塩基配列は**図1**の通りである。また，プライマー DNA の配列は**図1**の
①〜⑧の通りである。

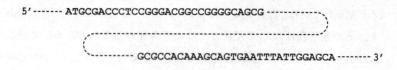

① 5′-TACGCTGGGAGGCCCTGCCG-3′
② 5′-TGCTCCAATAAATTCACTGC-3′
③ 5′-CGGCAGGGCCTCCCAGCGTA-3′
④ 5′-CGTCACTTAAATAACCTCGT-3′
⑤ 5′-ACGAGGTTATTTAAGTGACG-3′
⑥ 5′-ATGCGACCCTCCGGGACGGC-3′
⑦ 5′-GCAGTGAATTTATTGGAGCA-3′
⑧ 5′-GCCGTCCCGGAGGGTCGCAT-3′

図1

解答群B

00 ①,②	01 ①,③	02 ①,④	03 ①,⑤
04 ①,⑥	05 ①,⑦	06 ①,⑧	07 ②,③
08 ②,④	09 ②,⑤	10 ②,⑥	11 ②,⑦
12 ②,⑧	13 ③,④	14 ③,⑤	15 ③,⑥
16 ③,⑦	17 ③,⑧	18 ④,⑤	19 ④,⑥
20 ④,⑦	21 ④,⑧	22 ⑤,⑥	23 ⑤,⑦
24 ⑤,⑧	25 ⑥,⑦	26 ⑥,⑧	27 ⑦,⑧

(2) 文章中の下線部(ii)について，次の問題(a), (b)に答えなさい。

(a) 次の文章中の空欄 (ア) ～ (エ) に当てはまる最も適切な語句を**解答群C**から選び，その番号をマークしなさい。

　生体を構成する細胞は，体細胞分裂を繰り返すことで増えていく。細胞が自身を倍加させ，2つに分裂するまでの一連の過程を細胞周期と呼ぶ。細胞周期は，おもに4つの時期に区切られるが，細胞が分裂を行う時期以外の3つの時期をまとめて (ア) と呼ぶ。S期に複製されて倍になった染色体

東京理科大-理工〈B方式-2月3日〉   2021 年度 生物 *53*

は，分裂期には凝縮して太く短くまとまった染色体を形成する。倍になった
それぞれの染色体は，細胞の中の2つの極から伸びた微小管によって捕まえ
られ均等に分けられる。微小管はアクチンフィラメントや中間径フィラメン
トと並ぶ □(イ)□ の1つで，2種類の □(ウ)□ からなる中空の管である。
微小管の直径は約25ナノメートルであり，3つの □(イ)□ の中では最も
□(エ)□ 。微小管の両端で □(ウ)□ が結合したり解離したりすることで
微小管は伸び縮みするが，この動きは染色体の均等な分配に必要である。複
製してできた2つの染色体が分けられると，やがて細胞質も2つに分けら
れて，2つの娘細胞ができる。がん細胞は，休まず増え続ける性質をもつの
で，分裂期に重要な役割を果たす微小管の伸縮を阻害する化合物は，抗がん
剤として実際に治療に利用されている。この化合物を作用させると，細胞は
分裂期に停止するが，この状態を維持し続けると，倍加した染色体の分配と
細胞質の分裂を行わないまま，次の細胞周期に進入してしまうことがある。

解答群C

0	休止期	1	中 期	2	間 期	3	筋繊維
4	細胞骨格	5	紡錘糸	6	チューブリン	7	ミオシン
8	ダイニン	9	細 い	10	太 い		

(b) 培養したヒトの正常細胞を集め，1つ1つの細胞に含まれるDNAの量を
測定し，DNAの量ごとに分類して細胞数を計測した。この結果をグラフに
表したところ，**図2**の実線のようになった。この細胞集団がある化合物で処
理され，**図2**の破線のような分布を示すようになった場合，細胞はどのよう
な状態になっている可能性があるだろうか。以下の①～⑥の文章に関して，
記述が正しいものの組み合わせとして最も適切なものを**解答群D**から選び，
その番号をマークしなさい。

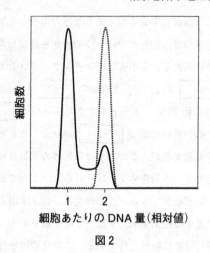

図 2

① G_1 期で細胞周期を停止させる化合物で処理され，G_1 期で細胞周期を停止している。
② DNA 複製を阻害する化合物で処理され，S 期で細胞周期を停止している。
③ G_2 期で細胞周期を停止させる化合物で処理され，G_2 期で細胞周期を停止している。
④ 分裂期の進行を阻害する化合物で処理され，分裂期で細胞周期を停止している。
⑤ 微小管の伸縮を阻害する化合物で継続的に処理され，一度は分裂期に停止した細胞が，倍加した染色体の分配と細胞質の分裂を行わないまま次の細胞周期に進入し G_1 期で停止している。
⑥ 微小管の伸縮を阻害する化合物で継続的に処理され，一度は分裂期に停止した細胞が，倍加した染色体の分配と細胞質の分裂を行わないまま次の細胞周期に進入し G_2 期で停止している。

解答群 D

00　①，②，③　　01　①，②，④　　02　①，②，⑤
03　①，②，⑥　　04　①，③，④　　05　①，③，⑤

東京理科大-理工〈B方式 – 2 月 3 日〉　　　　　　　　　2021 年度　生物　*55*

06	①, ③, ⑥	07	①, ④, ⑤	08	①, ④, ⑥
09	①, ⑤, ⑥	10	②, ③, ④	11	②, ③, ⑤
12	②, ③, ⑥	13	②, ④, ⑤	14	②, ④, ⑥
15	②, ⑤, ⑥	16	③, ④, ⑤	17	③, ④, ⑥
18	③, ⑤, ⑥	19	④, ⑤, ⑥		

(3)　文章中の下線部(ⅲ)に関する次の文章を読み，問題に答えなさい。

　　ある 4 人のがん患者の肺からそれぞれ採取したがん細胞（がん細胞 A～D）と
肺由来の正常細胞を調べたところ，がん細胞 A～D のいくつかで，酵素 X が
過剰に作られていることがわかった。がん細胞では，細胞内の染色体がもつあ
る特定の遺伝子の数が増える，遺伝子増幅と呼ばれる現象が起こることが知ら
れている。がん細胞 A～D のいくつかでみられたこの過剰な酵素 X の産生が，
酵素 X 遺伝子の増幅によるものなのかを調べるため，PCR 法を使った実験を
行った。

　　まず，がん細胞 A～D と，正常細胞をそれぞれ培養して増殖させたのち，細
胞がもつ DNA を 5 種類の細胞集団からそれぞれ取り出した（それぞれの DNA
濃度は必ずしも同じではない）。得られた 5 種類の DNA 溶液からそれぞれ同
じ液量を取り出し，遺伝子 X だけに相補的に結合する 2 つのプライマーを使っ
て PCR を行い，PCR 反応液中の DNA 量をすぐに検出できる機械を使って時
間の経過にともなって変化する PCR 産物の量を測定した。その結果，一定の
PCR 産物量（矢印で示した）を与える PCR のサイクル数は，がん細胞 A，B，
C，D，正常細胞でそれぞれ 28，27，28，30，29 であることがわかった（図 3）。

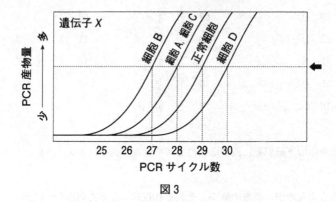

図3

次に，細胞あたりの遺伝子の数が，がん化の過程で変化しないことがわかっているタンパク質 N の遺伝子 N についても同様の PCR を行ったところ，一定の PCR 産物量を与える PCR のサイクル数は，がん細胞 A，B，C，D，正常細胞でそれぞれ 28，26，27，28，27 であった（**図 4**）。

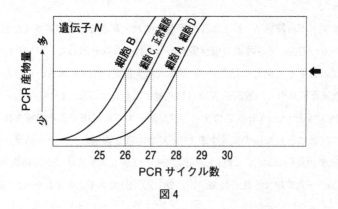

図4

以上の実験結果から，がん細胞 A〜D について，染色体がもつ遺伝子 X の数が正常細胞に比べて増えていると予想されるものの組み合わせとして最も適切なものを**解答群 E** から選び，その番号をマークしなさい。また，遺伝子 X の数が増えていると予想されるがん細胞のうち，正常細胞と比べて最も増加の度合いが大きい細胞について，正常細胞を 1 としたときの倍率として求め，そ

東京理科大-理工〈B方式-2月3日〉 2021 年度 生物 *57*

の倍率に最も近いものを**解答群F**から選び，その番号をマークしなさい。ただ
し，ここではがん細胞 A～D と正常細胞はそれぞれ均一な細胞集団からなる
ものとする。また，がん細胞内で増加した遺伝子 X の塩基配列はすべて野生
型と変わらないものとし，PCR では1サイクルごとに理論値どおりに DNA
が増幅されるものとする。

解答群E

00 A	01 B	02 C
03 D	04 A，B	05 A，C
06 A，D	07 B，C	08 B，D
09 C，D	10 A，B，C	11 A，B，D
12 A，C，D	13 B，C，D	14 A，B，C，D

解答群F

0 2倍	1 3倍	2 4倍	3 5倍
4 6倍	5 7倍	6 8倍	

(4) 文章中の下線部(iv)について，次の問題(a)～(c)に答えなさい。

(a) 消化管の内面や皮膚を構成する細胞は，細胞接着を使って上皮組織を形成
している。この細胞接着は，細胞膜を貫通するように存在する細胞接着分子
と呼ばれるタンパク質どうしが結合したり，細胞接着分子と細胞外のタンパ
ク質が結合したりすることで形づくられるが，発現する接着分子の組成が変
化すると，細胞接着がゆるまり，上皮組織から離脱しやすくなる。細胞接着
は，密着結合，固定結合，ギャップ結合の3つに大きく分類されるが，これ
らの結合様式とそれぞれの機能の組み合わせとして最も適切なものを**解答群
G**から選び，その番号をマークしなさい。

(**機能①**) 細胞間でイオンやアミノ酸などの小分子を交換する。

58 2021 年度 生物　　　　　　　　　　　　東京理科大-理工〈B 方式 - 2 月 3 日〉

（**機能②**）　細胞間や細胞と細胞外基質をつなぎ，組織に強度や伸縮性を与える。

（**機能③**）　細胞間を分子が通過するのを防ぐ。

解答群 G

0　**機能①**：密着結合　　**機能②**：ギャップ結合　　**機能③**：固定結合

1　**機能①**：密着結合　　**機能②**：固定結合　　**機能③**：ギャップ結合

2　**機能①**：固定結合　　**機能②**：ギャップ結合　　**機能③**：密着結合

3　**機能①**：固定結合　　**機能②**：密着結合　　**機能③**：ギャップ結合

4　**機能①**：ギャップ結合　　**機能②**：密着結合　　**機能③**：固定結合

5　**機能①**：ギャップ結合　　**機能②**：固定結合　　**機能③**：密着結合

(**b**)　細胞接着分子の 1 つであるカドヘリンにはいくつかのタイプがある。細胞が発現するカドヘリンのタイプの変化と，がん細胞の上皮組織からの離脱が関係することが知られているが，この分子のタイプの違いは動物の発生における形づくりとも関係が深い。脊椎動物の神経胚の背側の一部から神経管が形成されるようすを説明する以下の **0 ～ 3** の文章に関して，記述が正しいものを**解答群 H** から 1 つ選び，その番号をマークしなさい。

解答群 H

0　神経管が形成される場所では，E-カドヘリンを発現する中胚葉から，N-カドヘリンを発現する神経板が生じるが，発生が進むに従い神経板の両端どうしが接着して神経管が形成される。

1　神経管が形成される場所では，N-カドヘリンを発現する中胚葉から，E-カドヘリンを発現する神経板が生じるが，発生が進むに従い神経板の両端どうしが接着して神経管が形成される。

2　神経管が形成される場所では，E-カドヘリンを発現する外胚葉から，N-カドヘリンを発現する神経板が生じるが，発生が進むに従い神経板の両端どうしが接着して神経管が形成される。

3　神経管が形成される場所では，N-カドヘリンを発現する外胚葉から，E-カドヘリンを発現する神経板が生じるが，発生が進むに従い神経板

の両端どうしが接着して神経管が形成される。

(c) 細胞接着における接着分子のはたらきについて調べるために，以下の実験を行った。まず細胞を液体の培地とともに培養皿に加えたところ，翌日細胞は培養皿の底面に接着した。さらに数日間培養したところ，細胞は増殖を繰り返して細胞どうしが密着するほどまで増えた。

この培養皿から液体培地を完全に吸い取ったのち，カルシウムイオン（Ca^{2+}）が含まれる緩衝液（pH を一定に保つ溶液）を加えたが，細胞に特に変化は認められなかった。しかし，これにトリプシン（接着分子を含むタンパク質を分解する酵素）を加えたところ，細胞はいくつもの塊を作った状態で培養皿の底面から次々とはがれた。

これらの細胞塊を含む液を 2 つに分け，一方に EDTA（Ca^{2+} を捕獲し，そのはたらきを失わせる試薬）を加えたところ，細胞塊は崩れ，細胞は個々に分離した。この状態の細胞液に，EDTA が捕獲しきれないほどの十分量の Ca^{2+} を加えたが，細胞は再度塊を形成することはなかった。

細胞塊を含む液のもう一方には，まずトリプシンの活性を失わせる処理を行ったのち，EDTA を加えたところ，細胞塊は崩れ，細胞は個々に分離した。この状態の細胞液に，EDTA に捕獲されないほどの十分量の Ca^{2+} を加えたところ，細胞は再び塊を形成した。

以上の実験からわかることについて説明した以下の①〜④の文章に関して，記述に**誤り**を含むものをすべて挙げた組み合わせを**解答群 I** から選び，その番号をマークしなさい。

① 細胞どうしの接着にはタンパク質が関わるが，細胞と培養皿底面との接着にはタンパク質は関わらない。

② 細胞接着分子がもつ細胞どうしを接着させる機能には Ca^{2+} は必要ない。

③ 細胞どうしの接着を担当する接着分子は，Ca^{2+} が存在すると，トリプシンにより分解されない。

④ 細胞どうしの接着を担当する接着分子をトリプシンで分解しても，Ca^{2+} が存在すれば細胞どうしの接着は形成される。

60 2021 年度 生物 東京理科大-理工〈B方式-2月3日〉

解答群 I

00 ①		01 ②		02 ③	
03 ④		04 ①, ②		05 ①, ③	
06 ①, ④		07 ②, ③		08 ②, ④	
09 ③, ④		10 ①, ②, ③		11 ①, ②, ④	
12 ①, ③, ④		13 ②, ③, ④		14 ①, ②, ③, ④	

⑸ 文章中の下線部⒱は，がんが転移する様子を記述したものである。発生した臓器からがん細胞が移動する場合，血管でつながれた位置関係が，転移先の臓器を決める1つの原因になると考えられている。いま，大腸がんが転移しやすい臓器を考えたとき，大腸から出たがん細胞が最初に到達する臓器は何か，最も適切なものを**解答群 J**から選び，その番号をマークしなさい。

解答群 J

0 肺	1 腎 臓	2 胃
3 肝 臓	4 心 臓	5 脳

⑹ ある肺がんでは，⑴で示した酵素 X が異常に活性化しており，この肺がんを構成する細胞の増殖が大きく酵素 X に依存していることがわかったため，酵素 X に対する阻害剤を開発し，がんの治療に役立てることを考えた。このように，ある標的分子に作用することで治療薬としてはたらくものは分子標的治療薬と呼ばれる。ヒトの全遺伝子配列を調べたところ，酵素 X とは異なる遺伝子から作られるものの，アミノ酸配列がよく似た酵素 Y と酵素 Z があることがわかった。阻害剤開発の最初のステップとして，多くの化合物の中に X の酵素活性を阻害する可能性のある化合物を求めたところ，8つの候補 a～h が得られた。次に，これらの候補から，治療に役立つ最有力候補を見出すため，酵素 X～Z に対する，化合物 a～h の阻害効果を調べる実験を行った。この実験では，各酵素の活性を測定するための反応液に，様々な濃度の化合物を加え，酵素活性がどのくらい阻害されるかを測定した。最後に，反応液に化合物を加えなかったときの酵素活性を 100 % としたときに，その活性を 50 % にまで低

東京理科大-理工〈B方式 − 2月3日〉 2021年度 生物 *61*

下させるような化合物濃度を算出した（**表1**）。

　この実験結果を受けて，8つの候補化合物の中から酵素Xに対する阻害効率が高いものを選びたいが，その一方で，酵素Yや酵素Zの活性を阻害すると，人体の健康を害する副作用が現れることがわかっている。このような背景をふまえて，酵素Xの分子標的がん治療薬として最も有力な化合物であると判断されるものを**解答群K**から選び，その番号をマークしなさい。

表1

酵素活性を 50 ％にまで低下させる化合物濃度

（単位体積あたりの分子数の相対値）

	酵素 X	酵素 Y	酵素 Z
化合物 a	2.10	7.76	565
化合物 b	474	3.37	422
化合物 c	4.33	355	1.10
化合物 d	1.02	1.35	3.65
化合物 e	2.12	755	573
化合物 f	428	445	2.59
化合物 g	1.70	822	612
化合物 h	525	447	632

解答群K

0 化合物 a	1 化合物 b	2 化合物 c	3 化合物 d
4 化合物 e	5 化合物 f	6 化合物 g	7 化合物 h

62 2021 年度 生物　　　　　　　　　　　東京理科大-理工〈B方式 - 2月3日〉

2　進化，DNA 複製，細菌叢解析に関する次の問題(1)～(3)に答えなさい。解答は
それぞれの指示に従って記述が正しいものの組み合わせとして最も適切なものを
解答群から選び，その番号を**解答用マークシート**の所定欄にマークしなさい。

(33 点)

(1)　進化に関する次の文章を読み，問題(a)～(d)に答えなさい。

　　地球上に，始原生物がどのようにして誕生したのか，その詳細は不明である
が，様々な高分子化合物の中から自己複製システムをもつ高分子化合物が登場
　　　　　　　　　　　　　　　　(i)
したと思われる。そして，自己複製システムをもつ高分子化合物が遺伝情報分
子となり，さらに化学進化した後，始原生物が誕生したと考えられている。こ
の始原生物が進化して生物の種類が増えた結果，現在の地球上には，多様な生
　　　　　(ii)　　　　　　　　　　　　　　　　　　　　　　　　(iii)
物が満ちあふれている。つまり，ただ１つの祖先から多様な生物へと進化した
ということである。したがって，地球上のすべての生物は共通の生命システム
　　　　　　　　　　　　　　　　　　(iv)
をもっている。

(a)　地球上に初めて登場した下線部(i)の高分子化合物の有力候補として考えら
　　れている最も適切な語句を**解答群A**から選び，その番号をマークしなさい。

　　解答群A

　　　0　ポリペプチド　　1　セルロース　　2　DNA　　　　3　脂肪酸

　　　4　アミロース　　　5　RNA　　　　　6　タンパク質　　7　リン脂質

(b)　下線部(ii)の進化に関して記した次の①～⑤の中から，最も適切な組み合わ
　　せを**解答群B**から選び，その番号をマークしなさい。

　　①　ヒトの腕とカモメの翼のように，外観は異なるが発生上の起源が同じ器
　　　　官を相同器官といい，ヒトの眼とイカの眼のように，外観が似ているが発
　　　　生上の起源が異なる器官を相似器官という。

東京理科大-理工〈B方式-2月3日〉　　　　　　　　　　　2021 年度　生物　63

② 海面上昇などにより，生育している場所が分断されて地理的隔離が生じた生物群集は互いに遺伝的な交流がなくなり，やがて出会っても子孫を残すことができない生殖的隔離の状態になる。このようにして種分化が生じる。

③ 生殖細胞に生じた突然変異が進化に関わる。

④ 集団内に変異が見られ，変異に応じて繁殖力や生存率に差があり，それらの変異が遺伝すると，自然選択による進化が起こる。

⑤ 分子進化による DNA の変異は，生存に有利でも不利でもない中立なものが大部分を占めている。

解答群B

00 ①	01 ②	02 ③	03 ④
04 ⑤	05 ①，②	06 ①，③	07 ①，④
08 ①，⑤	09 ②，③	10 ②，④	11 ②，⑤
12 ③，④	13 ③，⑤	14 ④，⑤	
15 ①，②，③	16 ①，②，④	17 ①，②，⑤	
18 ①，③，④	19 ①，③，⑤	20 ①，④，⑤	
21 ②，③，④	22 ②，③，⑤	23 ②，④，⑤	
24 ③，④，⑤	25 ①，②，③，④	26 ①，②，④，⑤	
27 ①，②，④，⑤	28 ①，③，④，⑤	29 ②，③，④，⑤	
30 ①，②，③，④，⑤			

(c) 下線部(ⅲ)に関して，生物の分類について記した次の①〜④の中から，最も適切な組み合わせを**解答群C**から選び，その番号をマークしなさい。

① 原核生物は細菌と古細菌の2つに分けられる。

② 細菌には大腸菌，乳酸菌，粘菌が含まれる。

③ 真核生物は動物と植物の2つに分けられる。

④ 原生生物は複数の系統群の集まりで，光合成を行うものも含まれる。

解答群C

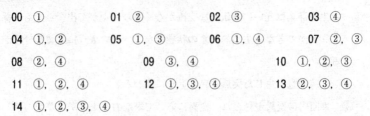

(d) 下線部(iv)のシステムに関して記した次の①〜④の中から，最も適切な組み合わせを**解答群D**から選び，その番号をマークしなさい。

① タンパク質からなる生体膜で囲まれた細胞が生命の単位となっている。
② DNA の遺伝情報を mRNA に転写し，その情報に基づいてアミノ酸が重合してタンパク質が合成される。この情報の流れは一方向である。
③ 外界からの刺激に応答するために，刺激を受容するタンパク質をもつ。
④ 代謝を行うために，高エネルギー物質 ATP を利用する。

解答群D

00 ①	01 ②	02 ③	03 ④
04 ①,②	05 ①,③	06 ①,④	07 ②,③
08 ②,④	09 ③,④		10 ①,②,③
11 ①,②,④	12 ①,③,④		13 ②,③,④
14 ①,②,③,④			

(2) DNA の複製に関する次の文章を読み，問題(a), (b)に答えなさい。

　生物として共通した特徴の1つに自己複製があり，細胞の分裂に先立って，DNA の複製が行われる。
　DNA の複製は　(ア)　により DNA の二重らせん構造がほどかれ，そこに DNA ポリメラーゼが結合して開始する。複製開始時の DNA ポリメラーゼ

東京理科大-理工〈B方式−2月3日〉 2021年度 生物 *65*

が新生鎖を合成するためには，ある程度の長さのプライマーが必要である。そのため，鋳型鎖と相補的な短い RNA がプライマーとして合成される。そして，そこに DNA ポリメラーゼがヌクレオチドを重合して新生鎖の伸長を行っていく。複製は一方向で， (イ) から (ウ) 方向に行われる。 (エ) 鎖は開裂が進む方向と同じ向きに， (オ) に新生鎖が伸長し， (カ) 鎖は開裂が進む方向とは逆向きに， (キ) に新生鎖が伸長する。プライマー RNA は RNA 分解酵素により除去され，その部分は DNA ポリメラーゼが新生鎖を合成するが，除去された場所によっては，その部分の新生鎖を合成できない場合がある。新生鎖が伸長して生じた DNA の断片どうしは (ク) がつなげる。

　さらに，DNA 複製は原核生物タイプと真核生物タイプの大きく2つの様式(i)に分けられる。

　また，DNA 複製は人工的にも行うことができ，その1つの手法が PCR 法である。PCR を行うことで，環境中に存在する DNA を増幅して，その塩基配列を決定することができる。そして，得られた塩基配列と既存の生物由来の塩基配列を比較して，類似度が高いものから結びつけて分子系統樹を作成(分子系統解析)し，環境中から得られた DNA がどのような生物由来であるかを特定することが可能である。このように，ある環境に存在している細菌の種類を調べることを細菌叢解析という。

(a) 空欄 (ア) ～ (ウ) ， (ク) に当てはまる最も適切な語句を**解答群E**，空欄 (エ) ～ (キ) に当てはまる最も適切な語句を**解答群F**から選び，その番号をマークしなさい。

　解答群E

　　0　オペレーター　　1　RNA ポリメラーゼ　　2　ヒストン

　　3　DNA リガーゼ　　4　DNA ヘリカーゼ　　5　3′末端

　　6　C 末端　　　　　7　5′末端　　　　　　8　N 末端

解答群F

0	イントロン	1	リーディング	2	センス	3	エキソン
4	アンチセンス	5	ラギング	6	開放的	7	不連続的
8	連続的	9	閉鎖的					

(b) 下線部(i)に関して記した次の①～④の中から，最も適切な組み合わせを**解答群G**から選び，その番号をマークしなさい。

① 大腸菌は環状の DNA をもち，複製起点が2つある。

② 哺乳類は線状の DNA をもち，複製起点が1つある。

③ 大腸菌の複製の仕組みでは，複製前の DNA の長さとくらべて，複製後の DNA の長さは変化しない。

④ 哺乳類の複製の仕組みでは，複製前の DNA の長さとくらべて，複製後の DNA の長さは短くなる。

解答群G

00 ①		01 ②		02 ③		03 ④	
04 ①，②		05 ①，③		06 ①，④		07 ②，③	
08 ②，④		09 ③，④		10 ①，②，③			
11 ①，②，④		12 ①，③，④		13 ②，③，④			
14 ①，②，③，④							

(3) 浄化槽内の細菌叢解析に関する次の文章を読み，問題(a)～(c)に答えなさい。

　　汚水浄化槽が汚水を浄化する仕組みを調べるため細菌叢解析を行った。この汚水浄化槽は好気槽と嫌気槽からなり，汚水は好気槽，嫌気槽の順に送られて，各槽内の細菌によって処理される。好気槽は汚水中に空気が送り込まれ，酸素濃度が高められている。嫌気槽は空気が送られず，汚水表面で呼吸する細菌が水中の酸素を消費することで，酸素がほとんど存在していない。

　　家庭排水中には，様々な化合物が含まれているが，ここでは窒素化合物に着

目する。タンパク質がアミノ酸に分解され，そのアミノ酸が代謝される際にアンモニウムイオンが生成する。アンモニウムイオンが浄化槽内の様々な細菌により代謝されることで，海や湖の富栄養化を防いでいる。
(i)

今回は，この汚水浄化槽内の細菌叢解析と，槽内の細菌が転写した RNA の解析を行った。まず，細菌叢解析を2通りの方法で行った。

1つめは，各槽から採取した槽内水に生存している細菌を栄養分が含まれている培地で培養して単一の細菌種を得る培養法である。今回用いた培地は2種類で，1つはタンパク質，糖類などの有機物を含む培地(有機物培地)で，もう1つは無機窒素化合物，各種ミネラルなどの無機物だけを含む培地(無機物培地)とした。数日経つと，細菌が増殖して，同一細菌種で構成された塊(コロニー)を形成した。そして，細菌コロニーから DNA を抽出し，分子系統解析により細菌叢を特定した。

2つめは，各槽内水に存在している細菌から直ちに DNA や RNA を抽出する非培養法である。得られた DNA や，RNA の cDNA を PCR で増幅すると，複数の細菌に由来する異なった塩基配列が含まれているので，単一の塩基配列に分離する装置で処理を行った。そして，分子系統解析を行い，細菌叢を特定した。

分子系統解析には，rRNA 遺伝子，アンモニウムイオンを亜硝酸イオンに酸化するアンモニア酸化酵素遺伝子(遺伝子 W)，亜硝酸イオンを硝酸イオンに酸化する亜硝酸酸化酵素遺伝子(遺伝子 X)，硝酸イオンを亜硝酸イオンに還元する硝酸還元酵素遺伝子(遺伝子 Y)，亜硝酸イオンが代謝されて生じた亜酸化窒素を窒素に還元する亜酸化窒素還元酵素遺伝子(遺伝子 Z)を用いた。

培養法により細菌が45種得られた。これら細菌の DNA を PCR で増幅したところ，rRNA 遺伝子が増幅されたのは45種，遺伝子 W が増幅されたのは1種，遺伝子 X が増幅されたのは1種，遺伝子 Y が増幅されたのは20種，遺伝子 Z が増幅されたのは20種であった。増幅された塩基配列をもとに分子系統解析を行い，それぞれの遺伝子ごとに細菌種を特定した(表1)。

表1 培養法で得られた細菌の DNA 塩基配列に基づいた分子系統解析の結果
（アルファベットは属名，数字は種小名を示す。カッコ内は細菌が得られ

68 2021 年度 生物 東京理科大-理工〈B方式 - 2月3日〉

た槽，好気槽：O，嫌気槽：A）

有機物培地で得られた細菌

rRNA 遺伝子	A1～A3，B1～B3，D1～D4，F1～F3，G1～G4，H1～H3，M1～M3，N1～N5，P1，P2，Q1～Q3，S1～S10
遺伝子 W	増幅なし
遺伝子 X	増幅なし
遺伝子 Y	A2(O, A)，B3(O, A)，H2(O, A)，M1～M3(O, A)，N1～N5(O, A)，P2(O, A)，Q3(O, A)，S1～S7(O, A)
遺伝子 Z	A2(O, A)，B3(O, A)，H2(O, A)，M1～M3(O, A)，N1～N5(O, A)，P2(O, A)，Q3(O, A)，S1～S7(O, A)

無機物培地で得られた細菌

rRNA 遺伝子	C1(O)，E1(O)
遺伝子 W	C1(O)
遺伝子 X	E1(O)
遺伝子 Y	増幅なし
遺伝子 Z	増幅なし

　非培養法で得られた DNA をもとに，rRNA 遺伝子を PCR で増幅して，200 種類の塩基配列が得られた。これら塩基配列には，**表1**に記載したすべての細菌種の塩基配列も含まれていた。以下同様に，遺伝子 W では 17 種類，遺伝子 X では 15 種類，遺伝子 Y では 20 種類，遺伝子 Z では 20 種類の塩基配列が得られた。得られた塩基配列をもとに分子系統解析し，それぞれの遺伝子ごとに細菌種を特定した（**表2**）。

表2　非培養法で得られた DNA 塩基配列に基づいた分子系統解析の結果（アルファベットは属名，数字は種小名を示す。カッコ内は PCR で増幅が確認された槽，好気槽：O，嫌気槽：A）

rRNA 遺伝子	200 種類(種, 属などの表記は省略；**表 1** に記載のすべての細菌種を含む)
遺伝子 W	C1〜C9(O), J1〜J8(O)
遺伝子 X	E1〜E7(O), L1〜L8(O)
遺伝子 Y	A2(O, A), B3(O, A), H2(O, A), M1〜M3(O, A), N1〜N5(O, A), P2(O, A), Q3(O, A), S1〜S7(O, A)
遺伝子 Z	A2(O, A), B3(O, A), H2(O, A), M1〜M3(O, A), N1〜N5(O, A), P2(O, A), Q3(O, A), S1〜S7(O, A)

　次に，非培養法で得られた RNA を鋳型にして cDNA を合成し，この cDNA をもとに，各遺伝子を PCR で増幅した。その結果，好気槽からは rRNA，遺伝子 W の mRNA，遺伝子 X の mRNA 由来の塩基配列が増幅された。嫌気槽からは rRNA，遺伝子 Y の mRNA，遺伝子 Z の mRNA 由来の塩基配列が増幅された。得られた塩基配列をもとに分子系統解析し，それぞれの RNA ごとに細菌種を特定した(**表 3**)。

表 3　非培養法で得られた RNA 由来の塩基配列に基づいた分子系統解析の結果(アルファベットは属名，数字は種小名を示す。カッコ内は PCR で増幅が確認された槽，好気槽：O，嫌気槽：A)

rRNA	200 種類(種, 属などの表記は省略；**表 1** に記載のすべての細菌種を含む)
遺伝子 W の mRNA	C1〜C9(O), J1〜J8(O)
遺伝子 X の mRNA	E1〜E7(O), L1〜L8(O)
遺伝子 Y の mRNA	A2(A), B3(A), H2(A), M1〜M3(A), N1〜N5(A), P2(A), Q3(A), S1〜S7(A)
遺伝子 Z の mRNA	A2(A), B3(A), H2(A), M1〜M3(A), N1〜N5(A), P2(A), Q3(A), S1〜S7(A)

(a)　下線部(i)の結果，生態系に悪影響を与える生物が大発生する。その生物と

70 2021 年度 生物　　　　　　　　東京理科大-理工〈B方式-2月3日〉

して最も適切な語句を**解答群H**から選び，その番号をマークしなさい。

解答群H

0　大腸菌　　　　　1　動物プランクトン　　2　植物プランクトン

3　水生植物　　　　4　外来生物

(b) 細菌叢解析の結果に関して記した次の①～⑤の中から，最も適切な組み合わせを**解答群I**から選び，その番号をマークしなさい。

① 今回の解析で用いた培地は浄化槽内に存在するすべての細菌を生育させることはできなかった。

② 今回の解析で確認されたすべての細菌は rRNA を転写していた。

③ 好気槽からは様々な従属栄養細菌が得られた。嫌気槽からは様々な従属栄養細菌と独立栄養細菌が得られた。

④ 遺伝子 W の DNA，遺伝子 X の DNA および遺伝子 W の mRNA，遺伝子 X の mRNA は好気槽のみから検出された。

⑤ 遺伝子 Y の DNA と遺伝子 Z の DNA は好気槽と嫌気槽から検出できたが，遺伝子 Y の mRNA と遺伝子 Z の mRNA は好気槽のみから検出された。

解答群I

00 ①	01 ②	02 ③	03 ④
04 ⑤	05 ①, ②	06 ①, ③	07 ①, ④
08 ①, ⑤	09 ②, ③	10 ②, ④	11 ②, ⑤
12 ③, ④	13 ③, ⑤	14 ④, ⑤	
15 ①, ②, ③	16 ①, ②, ④	17 ①, ②, ⑤	
18 ①, ③, ⑤	19 ①, ③, ⑤	20 ①, ④, ⑤	
21 ②, ③, ④	22 ②, ③, ⑤	23 ②, ④, ⑤	
24 ③, ④, ⑤	25 ①, ②, ③, ④	26 ①, ②, ③, ⑤	
27 ①, ②, ④, ⑤	28 ①, ③, ④, ⑤	29 ②, ③, ④, ⑤	

東京理科大-理工〈B方式-2月3日〉   2021 年度 生物 *71*

30 ①, ②, ③, ④, ⑤

⒞ 細菌叢解析の結果から考えられることを記した次の①〜⑤の中から，最も
適切な組み合わせを**解答群 J** から選び，その番号をマークしなさい。

① 硝化細菌は脱窒素細菌よりも培養が困難な細菌である。

② 硝化細菌は脱窒素細菌よりも rRNA 遺伝子の塩基配列による分子系統解
析でも特定することが容易である。

③ 硝化は別々の細菌属で行い，脱窒は同一種で行う。

④ 硝化細菌は有機物があっても生存できるが，コロニーを形成することは
できない。

⑤ 脱窒素細菌は好気槽や嫌気槽で生存できるが，脱窒は嫌気槽のみで行
う。

解答群 J

00 ①	**01** ②	**02** ③	**03** ④
04 ⑤	**05** ①, ②	**06** ①, ③	**07** ①, ④
08 ①, ⑤	**09** ②, ③	**10** ②, ④	**11** ②, ⑤
12 ③, ④	**13** ③, ⑤	**14** ④, ⑤	
15 ①, ②, ③	**16** ①, ②, ④	**17** ①, ②, ⑤	
18 ①, ③, ④	**19** ①, ③, ⑤	**20** ①, ④, ⑤	
21 ②, ③, ④	**22** ②, ③, ⑤	**23** ②, ④, ⑤	
24 ③, ④, ⑤	**25** ①, ②, ③, ④	**26** ①, ②, ③, ⑤	
27 ①, ②, ④, ⑤	**28** ①, ③, ④, ⑤	**29** ②, ③, ④, ⑤	
30 ①, ②, ③, ④, ⑤			

72 2021 年度 生物　　　　　　　　　東京理科大-理工〈B方式-2月3日〉

3　植物の生理や遺伝に関する問題(1)～(3)に答えなさい。解答はそれぞれの指示に
　　従って最も適切なものを**解答群**から選び，その番号を**解答用マークシート**の所定
　　欄にマークしなさい。　　　　　　　　　　　　　　　　　　　　　　　　（34点）

(1)　種子の発芽におけるホルモンのはたらきを調べるために実験を行った。オオ
　　ムギの種子の種皮をはいだ後，胚を含む断片と胚を含まない断片とに分割し
　　た。このうち胚を含まない断片から胚乳を取り除き，種皮と胚乳に挟まれた部
　　分の試料を得た。この試料を殺菌し，**表1**に示したホルモン A やホルモン B
　　を含む種々の溶液に浸して数日間処理した。**表1**の処理溶液の項の＋はそのホ
　　ルモンを含むこと，－は含まないことを示す。その後，これらの試料から調製
　　した抽出液をそのまま，あるいは煮沸した後，デンプンの水溶液と混合して反
　　応させた。最後にヨウ素液を加えて，呈色反応の有無を調べ，その結果を**表1**
　　に示した。**表1**の呈色反応の項目の○は青紫色の呈色反応を示したこと，×は
　　示さなかったことを意味する。問題(a)，(b)に答えなさい。

表1

実験	処理溶液		呈色反応	
	ホルモン A	ホルモン B	そのまま	煮沸
1	－	－	○	○
2	＋	－	○	○
3	－	＋	×	○
4	＋	＋	○	○

(a)　この実験結果から以下を推論した。空欄　(ア)　～　(キ)　に当ては
　　まる最も適切な語を空欄　(ア)　，　(オ)　，　(カ)　は**解答群A**か
　　ら，空欄　(イ)　は**解答群B**から，空欄　(ウ)　は**解答群C**から，空欄
　　(エ)　，　(キ)　は**解答群D**からそれぞれ選び，その番号をマークし
　　なさい。同じ番号を何回用いてもよい。

東京理科大-理工〈B方式-2月3日〉　　　　　　　2021 年度　生物　*73*

＜推論＞

　　ホルモン　(ア)　は，　(イ)　に作用して，デンプン　(ウ)　酵素
の合成を　(エ)　する。ホルモン　(オ)　は，ホルモン　(カ)　の作
用を　(キ)　する。

解答群A

　　0　A　　　　　1　B

解答群B

　　0　胚　　　1　種　皮　　2　胚　珠　　3　子　房　　4　糊粉層
　　5　胚　乳

解答群C

　　0　合　成　　1　分　解

解答群D

　　0　促　進　　1　抑　制

(b)　ホルモン A，B として最も適切なものを**解答群E**からそれぞれ選び，その
　　番号をマークしなさい。

解答群E

　　0　オーキシン　　　　1　ジベレリン　　　2　ブラシノステロイド
　　3　フィトクロム　　　4　エチレン　　　　5　インスリン
　　6　アブシシン酸　　　7　サイトカイニン　8　フロリゲン
　　9　チロキシン

(2)　(1)で用いたホルモン A やホルモン B の合成やその作用に関与する，それぞ
　　れ単一の遺伝子が欠損した突然変異株 1 ～ 6 の性質を調べるための実験を行
　　い，次の結果を得た。さらに実験結果に基づいて，各突然変異株で欠損してい
　　る遺伝子がコードしているタンパク質の役割や存在している部位などについて
　　推論した。問題(a)，(b)に答えなさい。

74 2021 年度　生物　　　　　　　　　東京理科大-理工〈B方式 - 2 月 3 日〉

〈実験結果〉

(i)　野生型株の生育に適した環境で植物体を生育させ，背丈を比較したところ，突然変異株 1 は野生型株より高く，突然変異株 2 と 3 は野生型株と比べて著しく低かった。突然変異株 4 ～ 6 は，野生型株と同程度だった。

(ii)　野生型株の植物の芽生えにホルモン B を与えたところ，背丈が高くなった。この時，ホルモン B を与えた直後にタンパク質 C が迅速に分解された。薬剤を処理してタンパク質 C の分解を抑制したところ，背丈の伸びが抑制された。突然変異株 2 ～ 6 には野生型株と同程度のタンパク質 C が存在したが，突然変異株 1 には正常なタンパク質 C が存在しなかった。

(iii)　突然変異株 1 と突然変異株 3 にホルモン B を与えても，それらの背丈に明確な変化はなかったが，突然変異株 2 にホルモン B を与えたところ，背丈は野生型株と同程度になった。

(iv)　結実した状態で雨に当たったところ，野生型株や突然変異株 1 ～ 3 では発芽が見られなかったが，突然変異株 4 ～ 6 では発芽が見られた。突然変異株 4 ～ 6 にホルモン A を与えたところ，突然変異株 4 は雨に当たっても発芽が見られなくなったが，突然変異株 5，6 の発芽には変化が見られなかった。

(v)　植物に水をやるのを怠ったところ，突然変異株 4，6 の植物体は，野生型株と比べてしおれやすかったが，突然変異株 1 ～ 3，5 は，野生型株と同様だった。

(vi)　植物体の葉をホルモン A で処理したところ，突然変異株 1 ～ 5 と野生型株では，気孔は閉鎖したが，突然変異株 6 では気孔が開口したままだった。

〈推論〉

　突然変異株　[(ク)]　はホルモン A を，突然変異株　[(ケ)]　はホルモン B をそれぞれ植物体内で合成できない。突然変異株 1 ～ 6 のうち，ホルモン A の受容体が欠損している可能性があるのは突然変異株　[(コ)]　，ホルモン B の受容体が欠損している可能性があるのは突然変異株　[(サ)]　，変異の原因となっている遺伝子がコードしているタンパク質が植物体の中で種子にのみ存在している可能性があるのは突然変異株　[(シ)]　である。

　(1)**表 1** の実験 3 と同様の実験を行うと，野生型株や他の突然変異株では青紫

東京理科大-理工〈B方式-2月3日〉 2021年度 生物 75

色の呈色反応が見られないが，突然変異株 (ス) では青紫色の呈色反応が
見られる。また(1)**表1**の実験4と同様の実験を行うと，野生型株と他の突然変
異株では呈色反応が見られるが，突然変異株 (セ) では見られない。実験
結果(ii)のように，野生型株ではホルモンBを与えた直後にタンパク質Cが迅
速に分解されるが，タンパク質Cをもつ突然変異株のうち，突然変異株
(ソ) では，ホルモンBを与えてもタンパク質Cが分解されにくい。

(a) 空欄 (ク) ～ (ソ) に当てはまる突然変異株の番号として最も適
切なものを**解答群F**から選び，その番号をマークしなさい。同じ番号を何回
用いてもよい。数字が1つだけ書かれている選択肢は，1～6のうち，それ
のみが該当することを示す。

解答群F

00 当てはまるものはない	01 1	02 2	03 3	
04 4	05 5	06 6	07 1と2	08 1と3
09 1と4	10 1と5	11 1と6	12 2と3	13 2と4
14 2と5	15 2と6	16 3と4	17 3と5	18 3と6
19 4と5	20 4と6	21 5と6		

(b) タンパク質Cの果たす役割として最も適切なものを**解答群G**から選び，
その番号をマークしなさい。

解答群G

0 タンパク質Cは，ホルモンAの合成に関与している。

1 タンパク質Cは，ホルモンBの合成に関与している。

2 タンパク質Cには，種子の発芽を促進するはたらきがある。

3 タンパク質Cには，種子の発芽を抑制するはたらきがある。

4 タンパク質Cには，植物体の伸長を促進するはたらきがある。

5 タンパク質Cには，植物体の伸長を抑制するはたらきがある。

(3) ある植物の花弁の色素を分析し，その発現のしくみを調べる実験を行った。この植物の花弁は青色で，色素Aと色素Bの二種類の色素をもつ。花の色が野生型株とは異なる，それぞれ単一の遺伝子が欠損した突然変異株7～11が単離された。各突然変異株の花弁の色素を分析したところ，表2のように，それぞれ色素AまたはBまたはその両方が欠損していた。

表2

	花弁の色	花弁の色素	
		色素A	色素B
野生型株	青色	+	+
突然変異株7	白色	−	−
突然変異株8	濃青色	+	−
突然変異株9	淡黄色	−	+
突然変異株10	白色	−	−
突然変異株11	淡黄色	−	+

　色素AやBは，共通の前駆物質から様々な中間代謝物を経て生合成される。色素AやBの生合成経路における中間代謝物C～Fを各突然変異株に与える実験を行い，以下の結果を得た。なおC～Fはいずれも，ある前駆物質から連続的に合成される無色の物質であり，細胞内によく吸収される。生合成の各化学反応の逆反応は起こらないものとする。

＜実験結果＞

(i) 突然変異株7の花の色は，中間代謝物C，Dを与えても変化しなかったが，Eを与えると濃青色に，またFを与えると青色に変化した。

(ii) 突然変異株8と突然変異株9の花の色は，中間代謝物C～Fのいずれを与えても変化しなかった。

東京理科大-理工〈B方式-2月3日〉　　　　　　　　　　　2021 年度　生物　77

(iii)　突然変異株 10 の花の色は，中間代謝物 D を与えても変化しなかったが，
　　　中間代謝物 C，F を与えると青色に，E を与えると濃青色に変化した。

(iv)　突然変異株 11 の花の色は，中間代謝物 C，D，F を与えても変化しなかっ
　　　たが，中間代謝物 E を与えると青色に変化した。

　　突然変異株 7 〜11 の性質から推定した色素の生合成経路に関する次の推論
の空欄　(タ)　〜　(ニ)　に当てはまる最も適切な語句を，　(タ)　，
(ツ)　〜　(ニ)　は**解答群H**，　(チ)　は**解答群I**からそれぞれ選
び，その番号をマークしなさい。同じ番号を何回用いてもよい。

<推論>

　　色素 A の生合成経路上で中間代謝物 C の前駆物質は　(タ)　であり，中
間代謝物 C を合成する酵素が欠損しているのは　(チ)　である。突然変異
株 9 は，　(ツ)　を合成する酵素が欠損しており，その花弁には　(テ)
の著しい蓄積が見られると予想される。突然変異株 7 で欠損している酵素の基
質は　(ト)　で，その酵素が触媒する化学反応の生成物は　(ナ)　と考え
られる。また，色素 B の生合成経路は，色素 A の生合成経路の　(ニ)　か
ら分岐していると考えられる。

解答群H

　0　色素 A　　　　　　　1　色素 B　　　　　　　2　中間代謝物 C

　3　中間代謝物 D　　　　4　中間代謝物 E　　　　5　中間代謝物 F

解答群 I

　0　野生型株　　　　　　1　突然変異株 7　　　　2　突然変異株 8

　3　突然変異株 9　　　　4　突然変異株 10　　　5　突然変異株 11

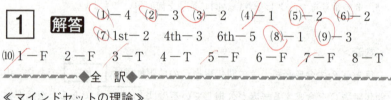

(注) 解答につきましては，東京理科大学から提供のあった情報を掲載しております。

1 解答

(1)—4　(2)—3　(3)—2　(4)—1　(5)—2　(6)—2
(7) 1st—2　4th—3　6th—5　(8)—1　(9)—3
(10) 1—F　2—F　3—T　4—T　5—F　6—F　7—F　8—T

◆全　訳◆

≪マインドセットの理論≫

［1］　過去20年間の教育界で最も影響力が大きかった現象の1つが，「成長型マインドセット」現象である。これが指す考え方によれば，生徒には，知能，数学などの分野学力，個性，創造性など，さまざまな能力がある。成長型マインドセットの支持者によれば，こういった能力は，学習や努力を通じて，伸長つまり「成長」可能である。それと反対の見方が「固定型マインドセット」であり，この見方によれば，それらの能力は固定されており，改変不能である。

［2］　成長型 vs 固定型マインドセットの理論を1998年に最初に提唱したのは，アメリカの心理学者キャロル=ドウェックと外科医クラウディア=ミューラーである。この理論のルーツは，2人が主導した研究であり，その研究では，小学生が課題に取り組んだ後，知能などの自分の能力，もしくは自分が課題に注ぎ込んだ努力のいずれかを褒められた。そして，その後のもっと難しい課題における生徒の気分，考え，行動を研究者は観測した。努力を褒められた生徒の方が，課題の解き方を見つけようと頑張り抜くことが多く，さらに，どうやったら良くなるかに関するフィードバックを求めることも多かった。これに対して，知能を褒められた生徒の方は，もっと難しい課題で頑張り抜こうとしたり，仲間が課題をどうやったかに関するフィードバックを求めたりすることが少なかった。これらの研究結

果から推測されるのは，固定型マインドセットは，成長型マインドセットよりも学習につながりにくいということだ。こうした考え方は，認知科学や行動科学で広く支持されている。

［3］　心理学者は，マインドセットの概念について，すなわち人々が持つ一連の前提や方法，そして，それらがどのようにやる気や行動に影響を与えるかについて，100年以上にわたって研究してきた。成長型マインドセットのルーツは，スタンフォード大学の心理学者アラン＝バンデューラが1970年代に発表した，前向きな自己効力感に関する社会的学習理論である。自己効力感とは，特定の状況において成功できたり，課題を達成できたりする能力に対して人々が持つ信念である。さらに，成長型マインドセットは達成への志向に関する1980～90年代の研究の焼き直しでもある。この場合，人々は結果を出すために「習得志向」（もっと多くを学ぶことが目標），もしくは「成果志向」（自分の知識を示すことが目標）のいずれかを採用できる。

［4］　成長型マインドセットの概念と軌を一にしているのは，脳の可塑性（脳の持つ経験によって変わる能力）や課題に対する正負の脳のネットワーク活動（目標志向の課題の最中に活性化する脳のネットワーク）に関する理論である。成長型 vs 固定型マインドセット理論はエビデンスにも支えられており，成績の予測に関するエビデンスも，介入における影響に関するエビデンスもある。さまざまな研究によれば，生徒のマインドセットが影響を与えるのは，数学や理科のテスト成績，学力，テストの処理能力である。成長型マインドセットがある人は情緒的に対応することが多いのに対し，学習して成長する能力が自分にはないと考えている人は精神的苦痛を感じやすい。しかし，この理論は普遍的に受け入れられているわけではない。2016年のある研究によれば，大学生の学業成績と成長型マインドセットに相関関係はなかった。この理由の1つには，成長型マインドセットの理解のされ方がある。特定の科目や課題に対して，成長型もしくは固定型という異なるマインドセットを異なるときに人々は示している。ドウェックによれば，「すべての人が実際には固定型と成長型のマインドセットが混ざっており，その混じり具合は経験とともに進化し続けている」ということだ。ここからわかるのは，固定型と成長型のマインドセットの違いは連続体の上にあり，さらには，ある特定のときに人が採用するマイ

ンドセットは動的であって，状況次第だということである。

［５］　成長型マインドセット理論は，さまざまな教育プログラムでも評価されてきた。2018年のある分析は，多数の研究をレビューして，生徒の成長型マインドセットを高める介入が学業成績に影響するかどうかを調べた。その結果，判明したところでは，成長型マインドセットを教えることは，生徒の成績に最小限の影響しか与えていなかった。しかし，一部の事例においては，成長型マインドセットを教えることは，社会経済的に底辺層の生徒や，学業成績が危ぶまれている生徒には効果があった。2017年のある研究によれば，成長型マインドセットを教えることは生徒の成績に全く影響がなかった。それどころか，固定型マインドセットの生徒の方が成績が良かった。人間の理解・学習過程の複雑さを考えると，否定的な研究結果は驚きではない。ドウェックと同僚が記しているように，学校の状況や文化が，成長型マインドセットの介入によって得られた成長が維持されるかどうかを決定している場合もある。

［６］　さまざまな研究によれば，教師と親のマインドセットも，生徒の成績に影響を与えている。中学・高校の理科では，成長型マインドセットを持つ教師に教わった生徒の方が，固定型マインドセットを持つ教師に教わった生徒よりも成績が良かった。さらに，2010年のある研究によれば，小学生が自分の成績が伸びる可能性に関して持っている考え方と，教師がその子の学力をどう考えているかには相関関係があった。別の研究では，子どもの読み書き能力に関して成長型マインドセットを持ち，それに従って行動するように親が教わっている子どもは，成績が伸びた。

［７］　マインドセット理論は２つの別々の現象を合成しているようであり，その２つはどちらも教育上，考慮する必要がある。すなわち，知能などの個人の実際の能力と，それについてどう考えるかである。生徒は，どんなときでも自分が知っていることに気づき，それを大事にすべきであり，さらに，それだけでは不十分かもしれないこと，拡張可能であること，そしてそのやり方も知っている必要がある。教育者と親が努める必要があるのは，子どもと対話する際に，能力が固定されているとほのめかさないことだ。

◀解　説▶

⑴１．「難しい課題に取り組んだり，コメントを求めたりする傾向をより

東京理科大-理工〈B方式-2月3日〉　2021 年度　英語〈解答〉*81*

強く示した」

２．「難しい課題に大いに努力したり，助けを求めたりする傾向がより強かった」

３．「さほど難しくない課題には取り組みたがらず，授業を聞かせてもらえなかった」

４．「難しい課題を実行したり，アドバイスをもらったりしたがらない傾向にあった」

4が正解。「難しい課題をやりたがらない」が骨子であり，１・２．「難しい課題をやりたがる」，３・４．「難しい課題をやりたがらない」となっている。demanding ≒ challenging ≒ difficult「難しい」 be reluctant to *do*「〜したがらない」（＝ be hesitant〔unwilling〕to *do*）

(2)１．「練習，実践」「強調，ストレス」　２．「知性」「能力」　３．「習得」「成果，成績」　４．「幸福」「プログラム」

3が正解。それぞれ直後の内容と重ね合わせる。mastery「習得」≒ learning, performance「成果，成績」≒ showing what they know という関係である。

(3)「本文下線部(3)に示された 2016 年の研究結果を筆者はどう解釈しているか」

１．「固定型マインドセットの大学生は成長型マインドセットの大学生と同じくらい学科の成績が良かった」

２．「大学生が採用するマインドセットは状況次第で変化した」

３．「実験結果は大学生の生まれつきの能力に頼っていた」

４．「大学生が伸長させたマインドセットは，学習経験のみの影響を受けた」

2が下線部直後から同段最終文（This could, in … on the context.）に一致。

(4)１．「教育手段」　２．「精神的問題」　３．「科学的発明」　４．「理論的前提」

1が正解。interventions that enhanced students' growth mindsets「生徒の成長型マインドセットを高める介入」を直後の文で teaching a growth mindset「成長型マインドセットを教えること」と言い換えている。

(5) 1.「その上」 2.「しかし」 3.「同様に」 4.「したがって」

2 が正解。直前文の had minimal influence on student outcomes「生徒の成績に最小限の影響しか与えていなかった」に対して，この文では was effective「効果があった」と述べているので，逆接の関係である。

(6) 1.「我々は物事を複雑なやり方で理解し学習するが」

2.「我々が物事を理解し学習する方法が全く単純でないことを考慮すると」

3.「物事を理解し学習する複雑な仕組みがなければ」

4.「物事を理解し学習する仕組みを発見しなければ」

2 が正解。Given (that) ～ ≒ Considering (that) ～「～を考慮すると」，the complexity of ～「～の複雑さ」≒ ～ is not at all simple「～は全く単純でない」という関係。

(7) (Secondary science students taught by teachers with a growth mindset) achieved higher outcomes than those whose teachers had (a fixed mindset.)

①Secondary science students ②taught by teachers with ③a growth mindset「（中学・高校の理科で）③成長型マインドセット②を持つ教師に教わった①生徒」と②those ②whose teachers had ③a fixed mindset「③固定型マインドセット②を持つ教師に教わった①生徒」を比較している。

①・②はそれぞれ言い換えであり，③のみ内容が異なる。

(8)「本文下線部(8)で関係代名詞 which が省略されている。関係代名詞が挿入可能な適切な場所を選びなさい」

下線部全体の大きな構造は(3)と同様，A were associated with B「A と B には相関関係があった」である。A＝the perceptions primary students had of their potential for improvement「小学生が自分の成績が伸びる可能性に関して持っている考え方」，B＝what their teachers thought of the children's academic ability「教師がその子の学力をどう考えているか」であり，A は primary students had the perceptions of their potential for improvement を名詞構文にしたもの。したがって，1 に関係詞目的格の which が省略されていると言える。

(9) 1.「自分がすでに達成したことの意義に気づき，将来自分が学ぶ知識の量に注目する」

東京理科大-理工〈B方式-2月3日〉 2021 年度　英語〈解答〉　*83*

2．「将来自分が学ぶことや，その学び方はあまり意識していないかもしれないが，自分が現在知っていることに注目する」

3．「自分が現在持っている知識を評価し，今後自分がどれだけ多く学べるか，そして，それが拡張可能な方法を知る」

4．「今から幅広い知識を習得することに価値があると気づき，自分の現在の知識の価値にはあまり注意を払わない」

3 が正解。本文の下線部は know の目的語として①(that) this may be insufficient, ② that it can be extended, ③ how to do that という3つの名詞節が並んでいる（①・②は that 節，③は how 節）。1・2・4 はいずれも下線部が不適。

⑽1．「成長型 vs 固定型マインドセットの理論の出発点は中学生を調べた研究であり，中学生は難しい課題を行い，自分のマインドセットを評価した」第2段第2文（It grew out …）に矛盾。junior high school students「中学生」ではなく，primary school children「小学生」である。

2．「先行研究者の研究の報告では，固定型マインドセットを持つ人は，その内在的能力ゆえに，より多くを学べる」第2段第6・7文（Those praised for … a growth mindset.）に矛盾。学べる量は少ないと考えられている。

3．「マインドセットの概念は，100 年以上にわたって学術分野で研究されてきたさまざまな概念を取り入れることで発展してきた」第3段（Psychologists have been … achieve an outcome.）に一致。「さまざまな概念」の具体例として，1970 年代の自己効力感に関する社会的学習理論や，達成への志向に関する 1980〜90 年代の研究が挙げられている。

4．「さまざまな研究によれば，学科目の点数だけでなく，受験のための技術も，生徒が自分の能力に関して持っている考えに影響されている」第4段第3文（Studies show students' …）に一致。students' mindsets「生徒のマインドセット」を the belief students have about their abilities「生徒が自分の能力に関して持っている考え」と言い換えている。

5．「成長型 vs 固定型マインドセットの概念に基づけば，自分は学習して成長できないと考える人の方が，自分の不安を管理しやすい」第4段第4文（People with growth …）に矛盾。incapable「できない」ではなく capable「できる」であれば，同文前半に一致する。

84 2021 年度　英語〈解答〉　　　　　　　　　　東京理科大-理工〈B方式-2月3日〉

6．「すべての研究は，成長型マインドセットを持つことの利点を一貫して発見している」　第4段第5文（But the theory …）に矛盾。

7．「成長型マインドセットの研究者の一部によれば，学校で発達した状況や文化は，生徒の成績の伸びとは無関係なことがある」　第5段最終文（Dweck and colleagues …）に矛盾。irrelevant「無関係な」ではなくrelevant「関係がある」。

8．「筆者の提案によれば，子どもの能力は生涯ずっと変わらないと子どもに信じさせるようなやり方で子どもと話すことを，教師や親は避けるべきだ」　最終段最終文（Educators and parents …）に一致。static「静的な，変わらない」（⇔dynamic「動的な」）

2 **解答** (1) 1→5→7→8→3→4→2→6
(2) 6→7→3→1→5→8→4→2
(3)— 2　(4)— 4　(5)— 2　(6)— 3

━━━━━━◆全　訳◆━━━━━━━━━━━━

≪レポート作成への教授からの助言≫

学生：あの，すみません，マツモト教授。教授のオフィスアワーが明後日なのは知ってるんですが，ちょっとご相談してもよろしいでしょうか？

教授：もちろんですよ，サトウさん。何について話したいんですか？

学生：えぇと，今学期に取り組んでいる研究レポートの書き方について，いくつか簡単な質問がありまして。

教授：あら，どんな種類の質問ですか？　今までのところは順調なのは知っていますが。

学生：ええ，データは全部集めたので，今，要約を始めているところで，グラフなどを準備しています。ただ，ちょっと，不十分ではないかと思うのです。他に何をレポートに入れられるのかがわかりません。

教授：同じような悩みを多くの学生から聞きます。では，私が授業であなた方に言ったことを覚えていますか？　あなた方は自分がやってきたことに関して専門家です。言い換えれば，自分のレポートに何を含める必要があるか，ちゃんとあなたはわかっています。ですから，あなたの研究を，それに関して一般的知識がある誰か，そうですね，

東京理科大-理工〈B方式-2月3日〉　　　　　　　　2021 年度　英語〈解答〉　*85*

　　　　例えば，あなたのお母さんとかに説明するなら，<u>何を言う必要があ</u>
　　　　<u>るだろうか</u>と考えてみるのです。それで普通はうまくいきます。

学生：なるほど。わかりました。

教授：テーマについてあなたがどれだけ多く知っているか，私が言ったこ
　　　　とで，気が楽になるといいのですが。

学生：えぇと，何かをパッと思いついては，また忘れてしまいます。

教授：そういうことは私にもよくあります。なので，私はよく小型のノー
　　　　トを携帯して，思いついた疑問やアイデアを書き留めておきます。
　　　　例えば，先週，歯科医院に行ったんですが，歯医者さんに聞きたい
　　　　ことすべてを覚えてはいられないことがわかっていたので，歯医者
　　　　さんに聞きたいことのリストを作っておきました。

学生：それはいいアイデアですね。学期末で今とても忙しいので，最近，
　　　　ずいぶん忘れっぽくなっているんです。

教授：では頑張ってください。もしよかったら，最終版を出す前に，喜ん
　　　　で原稿に目を通しますよ。

学生：それはどうもありがとうございます。では，また近いうちに。

■━━━━━◀解　説▶━━━━━■

(1) (…, but I) am not sure what else I can put (in my report.)

直後の教授の第 3 発言第 4 文 (In other words, …) の you ①know exactly ②what you need to ③include in your report に対応して，I ①am not sure ②what else I can ③put in my report となる。what を強調して what else「他の何」(something else と同様，else は名詞の後に置く)。include〔put〕A in B「A を B（の中）に含める」

(2) (So, think) about what you would need to say if (you were going to explain …)

think は自動詞なので，think what 節とは続けられず，think about what 節の形にする。what you <u>would</u> need to say <u>if</u> you <u>were going to</u> explain …は仮定法過去。この what は疑問詞とも関係詞とも解せる。what you would need to say「あなたが何を言う必要があるだろうか，あなたが言う必要があるだろうこと」

(3) 1.「誰かが私にいいアイデアをくれたが，私は反対だ」

　 2.「あるアイデアが思い浮かんだが，覚えていられなかった」

3.「私のアイデアにまじめに注目してくれた人はほとんどいない」

4.「人々が私とは全く違う考えを持っていた」

2が正解。something を an idea と言い換えている。1の someone や，3・4の people では言い換えにならない。

(4) 1.「歯医者さんに行きたくない」

2.「歯医者さんはいつも私にたくさん質問してくる」

3.「歯医者さんに質問したいことを覚えてくれる誰かが必要だ」

4.「歯医者さんに聞きたいことのリストを作った」

直前に I wouldn't remember everything I wanted to ask the dentist「歯医者さんに聞きたいことすべてを覚えてはいられない」とあるので記憶に関わる内容の3か4だが，3はあまりにも不自然。

(5) 1.「私は物事を忘れにくい」

2.「私はよく物忘れをする」

3.「私はめったに物忘れをしない」

4.「私は記憶をずっとはっきりさせておく」

forgetful「忘れっぽい」の言い換えだが，1・3・4は文意が逆である。2が正解で，「私の記憶はよく私を裏切る」が直訳。

(6) 1.「よく書けた完成された課題のみを確認してあげます」

2.「課題が未完なのを見たくありません」

3.「不完全な課題を読んであげます」

4.「読めない課題を書き直したくありません」

be happy to *do*「喜んで～する」≒be willing to *do*「～するのをいとわない」で1・3に絞られ，最終版の前の原稿を your incomplete assignment「不完全な課題」と言い換えた3が正解。look over ～「～に目を通す」

3 **解答** (1)―3 (2)―4 (3)―3 (4)―4 (5)―1 (6)―4
(7)―2 (8)―4

◀解　説▶

(1)「政府が間もなく消費税を上げる予定なので，人々は急いで多くの品物を買っている」

plan to *do*「～を予定〔計画〕する」 rise「上がる」が自動詞，raise「～

を上げる」が他動詞。raise a tax「税金を上げる〔増税する〕」は，他動詞＋目的語の関係。

(2)「あなたが提案してくれた日は私も大丈夫だと思うので，会議に出席できます」

$_S$The day you suggested $_V$seems $_C$fine with me の第2文型。day と you の間に関係詞目的格の省略。seem fine「よく思える」（≒ seem good）

(3)「新聞によれば，穴に落ちた猫を消防士が救助したとのことだ」

The newspaper says that ～「新聞によれば，～だ」（＝ According to the newspaper, ～）

(4)「5年前に両親と一緒にこの観光地を訪れたことを覚えている」

① remember to *do*「（これから）～することを覚えている」，② remember *doing*「（過去に）～したことを覚えている」の区別は頻出。five years ago とあるので②を使う。visit「～を訪れる」（≒ go to ～）

(5)「ガールフレンドが来たとき，彼は駅で2時間待っていた」

when his girlfriend came とあるので過去形に相当する1か4だが，wait は自動詞なので，受動態の be waited にはならない。正解の1は過去完了進行形。

(6)「ケンジが自分の大学での専攻分野が好きな理由の1つは，自分の将来の夢に直結しているからだ」

a reason why S V「S が V する理由」 関係副詞の why である。

(7)「飼い犬がご近所さんに迷惑になるようなことをしてはいけません。それはこのマンションの規則違反です」

let *A do*「A に～させる」 your dog is annoying to your neighbors（≒ your dog annoys your neighbors）という関係になっている。annoying は分詞形容詞で「迷惑な」。

(8)「学生が出した1本目の作文は多数の文法ミスがあったが，2本目はほぼ完璧だった」

the first one ⇔ the second essay と，had numerous grammatical mistakes ⇔ was nearly perfect という明確な対比があるので，対比の接続詞 while「～な一方，～だが」が入る（≒ whereas）。

❖講 評

　2021 年度は，2020 年度④にあった実務的な文章の問題が消えて，大問数は 3 題。読解問題，会話文問題，文法・語彙問題各 1 題で，全問マークシート法である。

　① the growth mindset「成長型マインドセット」と the fixed mindset「固定型マインドセット」を比較した約 900 語の文章。心理学・教育学よりの内容で，2020 年度ほど理系色の強い英文ではない。(1)・(3)・(6)・(9)のような長めの下線部の同意表現を選択する問題が毎年定着しており，着実に正解していきたい。(4)は下線部だけで考えないこと。(6)の given は頻出。(8)の which の省略箇所を指摘する問題は珍しい。(9)はやや難。(10)の T/F 判定は本文の記述の順番通りに選択肢が並んでいるので，本文をある程度読んでみて，その範囲だけで解くことも可能だろう。

　② 大学教授と学生の会話文で約 420 語。(1)の語句整序は対応箇所を発見できると平易。(5) my memory fails me「物忘れをする」は決まり文句。

　③ 文法・語彙問題 8 問。いずれも素直な問題で，全問正解を目指したい。

東京理科大-理工〈B方式-2月3日〉 2021 年度　数学〈解答〉　89

数学

(注)　解答につきましては，東京理科大学から提供のあった情報を掲載しております。

1　解答

(1)ア. 2　イ. 3　ウ. 0　エ. 0　オ. 3　カ. 1
キ. 2　ク. 0　ケ. 1　コ. 2　サシ. 10
(コ. 8　サシ. 20 も可)　ス. 7　セ. 2
(2)ソ. 1　タ. 3　(a)チ. 1　ツ. 2　テ. 5　ト. 4　ナ. 2　ニ. 5
(b)ヌ. 1　ネ. 5　ノ. 4
(3)(a)ハ. 4　ヒ. 2　フ. 6　ヘ. 4　ホマ. 40
(b)ミム. 24　メモ. 24　ヤユ. 48　ヨラ. 48　リルレロ. 7200

◀解　説▶

≪小問 3 問≫

(1)　P(2, −3, 1) より

L(2, −3, 0), M(0, −3, 1), N(2, 0, 1)　(→ア〜ケ)

よって

$$LM = \sqrt{2^2 + 1^2} = \sqrt{5},\ \ LN = \sqrt{3^2 + 1^2} = \sqrt{10},\ \ MN = \sqrt{2^2 + 3^2} = \sqrt{13}$$

△LMN の∠MLN で余弦定理を用いて

$$\cos\theta = \frac{LM^2 + LN^2 - MN^2}{2 \cdot LM \cdot LN} = \frac{5 + 10 - 13}{2 \cdot \sqrt{5} \cdot \sqrt{10}} = \frac{\sqrt{2}}{10}　(→コ〜シ)$$

0°<θ<180° より sinθ>0 であるから

$$\sin\theta = \sqrt{1 - \cos^2\theta} = \sqrt{1 - \frac{2}{100}} = \frac{7\sqrt{2}}{10}$$

$$S = \frac{1}{2} \cdot LM \cdot LN \sin\theta = \frac{1}{2} \cdot \sqrt{5} \cdot \sqrt{10} \cdot \frac{7\sqrt{2}}{10} = \frac{7}{2}　(→ス・セ)$$

(2)　$f(1) = 3 + a + b = -1$

$f(-3) = 5 - 3a + b = 5$

連立して解いて

$a = -1,\ b = -3$　(→ソ・タ)

よって

$f(x)=|x^2-4|-x-3$

$-2 \leq x \leq 2$ のとき

$$f(x)=-(x^2-4)-x-3=-x^2-x+1=-\left(x+\frac{1}{2}\right)^2+\frac{5}{4}$$

$x<-2$, $2<x$ のとき

$$f(x)=(x^2-4)-x-3=x^2-x-7=\left(x-\frac{1}{2}\right)^2-\frac{29}{4}$$

また $f(-2)=-1$, $f(2)=-5$

よって, $y=f(x)$ のグラフは右図のようになる。

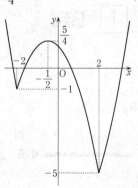

(a) 図より

$x=-\dfrac{1}{2}$ で最大値 $\dfrac{5}{4}$ （→チ～ト）

$x=2$ で最小値 -5 （→ナ・ニ）

(b) $f(x)-k=0$, つまり, $f(x)=k$ の実数解は, $y=f(x)$ のグラフと直線 $y=k$ の交点の x 座標である。交点が4個となるような k の値を求めればよいから, 図より

$-1<k<\dfrac{5}{4}$ （→ヌ～ノ）

(3)(a) $n=5$, 6, 7, 8 のとき, 条件Aを満たす x を具体的に調べると

$n=5$ のとき, $x=1$, 2, 3, 4 で $f(5)=4$ （→ハ）

$n=6$ のとき, $x=1$, 5 で $f(6)=2$ （→ヒ）

$n=7$ のとき, $x=1$, 2, 3, 4, 5, 6 で $f(7)=6$ （→フ）

$n=8$ のとき, $x=1$, 3, 5, 7 で $f(8)=4$ （→ヘ）

$n=100$ のとき, x を100以下の自然数とする。$100=2^2 \cdot 5^2$ だから, x が条件Aを満たさないとすると, x は2か5の倍数である。

2の倍数の個数は $\dfrac{100}{2}=50$

5の倍数の個数は $\dfrac{100}{5}=20$

また, 2と5の最小公倍数は10で, 10の倍数の個数は

$\dfrac{100}{10}=10$

東京理科大-理工〈B方式-2月3日〉 2021 年度 数学〈解答〉 *91*

よって，条件Aを満たさない x の個数は

$$50+20-10=60$$

したがって

$$f(100)=100-60=40 \quad (\rightarrow ホマ)$$

(b) 自然数の組 (x, y) が異なれば複素数 $z=x+yi$ は異なるから，(x, y) の個数を求めればよい。

$n=5$ のとき

x, y を 5 以下とする。5 は素数だから，(x, y) が条件Bを満たさないとすると，x, y はともに 5 の倍数，つまり，$x=y=5$ である。よって

$$g(5)=5^2-1=24 \quad (\rightarrow ミム)$$

$n=6$ のとき

x, y を 6 以下とする。条件Bを満たす (x, y) を具体的に調べると

x	1	2	3	4	5	6
y	1, 2, 3, 4, 5, 6	1, 3, 5	1, 2, 4, 5	1, 3, 5	1, 2, 3, 4, 5, 6	1, 5

よって $g(6)=24 \quad (\rightarrow メモ)$

$n=7$ のとき

7 は素数だから，$n=5$ の場合と同様に

$$f(7)=7^2-1=48 \quad (\rightarrow ヤユ)$$

$n=8$ のとき

x, y を 8 以下とする。$n=2^3$ だから，(x, y) が条件Bを満たさないとすると，x, y はともに 2 の倍数である。8 以下の 2 の倍数は 2，4，6，8 の 4 通りだから

$$g(8)=8^2-4^2=48 \quad (\rightarrow ヨラ)$$

$n=100$ のとき

(x, y) を 100 以下の自然数の組とする。$n=2^2 \cdot 5^2$ だから，(x, y) が条件Bを満たさないとすると，x, y がともに 2 の倍数か，ともに 5 の倍数である。(a)より，100 以下の 2，5，10 の倍数はそれぞれ 50 個，20 個，10 個だから，条件Bを満たさない (x, y) の個数は

$$50^2+20^2-10^2=2800$$

したがって

$$g(100)=100^2-2800=7200 \quad (\rightarrow リ\sim ロ)$$

92 2021 年度 数学〈解答〉 東京理科大-理工〈B方式-2月3日〉

参考 (3)(a)の $f(n)$ は一般的にオイラー関数とよばれ，次の性質がある。

m, n を互いに素な自然数とすると，$f(mn)=f(m)f(n)$ が成り立つ。

p が素数，k が自然数のとき，$f(p^k)=p^k-p^{k-1}$ が成り立つ。

これを用いて

$$f(100)=f(2^2 \cdot 5^2)=f(2^2)f(5^2)=(2^2-2)(5^2-5)=40$$

と計算される。

2 解答 (1)$(1-2t)e^{-2t}$ (2)1 (3)$1-\dfrac{1}{e^4}$

(4)$\dfrac{1}{4}-\dfrac{3}{4e^2}-\dfrac{1}{2e^6}$

※計算過程の詳細については省略。

◀解 説▶

《接線，面積》

(1) $f(x)=xe^{-2x}$ より

$$f'(x)=1 \cdot e^{-2x}+x \cdot e^{-2x} \cdot (-2)=(1-2x)e^{-2x} \quad \cdots\cdots①$$

よって

$$a(t)=f'(t)=(1-2t)e^{-2t} \quad \cdots\cdots(答)$$

(2) (1)より

$$a'(t)=-2 \cdot e^{-2t}+(1-2t) \cdot e^{-2t} \cdot (-2)=4(t-1)e^{-2t}$$

$a'(t)=0$ とすると $t=1$

また，$e^{-2t}>0$ だから，増減表は右のようになる。

よって，$t=1$ のとき最小だから

$$t_1=1 \quad \cdots\cdots(答)$$

t	$\cdots$	1	$\cdots$
$a'(t)$	$-$	0	$+$
$a(t)$	$\searrow$	$a(1)$	$\nearrow$

(3) $f(1)=e^{-2}$ より $P(1, e^{-2})$

l の法線の傾きは

$$-\frac{1}{a(1)}=-\frac{1}{-e^{-2}}=e^2$$

よって，l の方程式は

$$y=e^2(x-1)+e^{-2}$$

$y=0$ とすると

$$0=e^2(x-1)+e^{-2} \qquad x=1-e^{-4}$$

よって，Qの x 座標は　　$1-e^{-4}$　……(答)

(4) ①より，$f'(x)=0$ とすると　　$x=\dfrac{1}{2}$

また，$e^{-2x}>0$ だから，$0 \leqq x \leqq 1$ での増減表は以下のようになり，したがって，グラフは右下図のようになる。

x	0	$\cdots$	$\dfrac{1}{2}$	$\cdots$	1
$f'(t)$		+	0	−	
$f(x)$	0	↗	$\dfrac{1}{2e}$	↘	e^{-2}

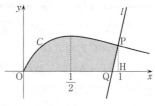

Pから x 軸に下ろした垂線と x 軸の交点をHとすると

$\quad$ QH $= 1-(1-e^{-4}) = e^{-4}$

よって

$\quad \triangle$PQH $= \dfrac{1}{2} \cdot e^{-4} \cdot e^{-2} = \dfrac{1}{2}e^{-6}$

また，$0 \leqq x \leqq 1$ の範囲で $y=f(x)$ のグラフと x 軸で挟まれる部分の面積を S とすると

$$\begin{aligned} S &= \int_0^1 xe^{-2x}dx = \int_0^1 x \cdot \left(-\dfrac{1}{2}e^{-2x}\right)'dx \\ &= \left[x \cdot \left(-\dfrac{1}{2}e^{-2x}\right)\right]_0^1 - \int_0^1 x' \cdot \left(-\dfrac{1}{2}e^{-2x}\right)dx \\ &= -\dfrac{1}{2}e^{-2} + \int_0^1 \dfrac{1}{2}e^{-2x}dx \\ &= -\dfrac{1}{2}e^{-2} + \left[-\dfrac{1}{4}e^{-2x}\right]_0^1 \\ &= \dfrac{1}{4} - \dfrac{3}{4}e^{-2} \end{aligned}$$

よって，求める面積は

$\quad S - \triangle$PQH $= \dfrac{1}{4} - \dfrac{3}{4}e^{-2} - \dfrac{1}{2}e^{-6}$　……(答)

94 2021 年度 数学〈解答〉　　　　　　　　　東京理科大-理工〈B方式-2月3日〉

3 **解答** (1)$y = x^2 - 2ax + a^2 + b$

(2)$a = 0$ かつ $b \neq 0$

(3)$y = -x^2 + 4sx + 2t - 4s^2$　(4)$s^2 < t$　(5)$\dfrac{296}{3}$

※計算過程の詳細については省略。

━━━━━◀解　説▶━━━━━

≪放物線の移動，2つの放物線で囲まれる部分の面積≫

(1)　曲線 C_2 を表す方程式は

$$y = (x-a)^2 + b = x^2 - 2ax + a^2 + b \quad \cdots\cdots(答)$$

(2)　共有点の x 座標は，方程式

$$x^2 = (x-a)^2 + b$$

の実数解である。変形して

$$2ax = a^2 + b \quad \cdots\cdots①$$

①が実数解をもたないような a, b の条件を求めればよい。

(ⅰ)　$a \neq 0$ のとき

①を変形して　$x = \dfrac{a^2 + b}{2a}$

よって，①は実数解をもつ。

(ⅱ)　$a = 0$ のとき

①に代入して　$b = 0$

よって，$b = 0$ のとき実数解は実数全体，$b \neq 0$ のとき実数解は存在しない。

(ⅰ), (ⅱ)より，①が実数解をもたない，つまり，C_1 と C_2 が共有点をもたない条件は

$$a = 0 \quad かつ \quad b \neq 0 \quad \cdots\cdots(答)$$

(3)　$P(x, y)$, $Q(p, q)$ とする。P，QはAに関して対称だから

$$\frac{x+p}{2} = s, \quad \frac{y+q}{2} = t$$

よって

$$p = 2s - x, \quad q = 2t - y \quad \cdots\cdots②$$

Qは C_1 上の点だから　$q = p^2$

②を代入して

$$2t - y = (2s - x)^2$$

$$y = -(x-2s)^2 + 2t \quad \cdots\cdots ③$$

よって，Pは放物線③の上の点である。

逆に，計算を逆にたどると，放物線③の上の点Pは条件を満たす。

以上より，Pの軌跡 C_3 は放物線③で

$$y = -(x-2s)^2 + 2t = -x^2 + 4sx + 2t - 4s^2 \quad \cdots\cdots(答)$$

(4) (3)より C_1 と C_3 の共有点の x 座標は，方程式

$$x^2 = -(x-2s)^2 + 2t$$

の実数解である。変形して

$$x^2 - 2sx + 2s^2 - t = 0 \quad \cdots\cdots ④$$

④が異なる2つの実数解をもつような s, t の条件を求めればよい。判別式を D とすると $D > 0$

$$\frac{D}{4} = s^2 - (2s^2 - t) > 0 \qquad s^2 < t \quad \cdots\cdots(答)$$

(5) 各値を代入して

$$C_2 : y = x^2 - 14, \quad C_3 : y = -(x+4)^2 + 26$$

C_1 と C_3 の交点の x 座標は

$$x^2 = -(x+4)^2 + 26$$

これを解いて $x = 1, -5$

C_2 と C_3 の交点の x 座標は

$$x^2 - 14 = -(x+4)^2 + 26$$

これを解いて $x = 2, -6$

よって

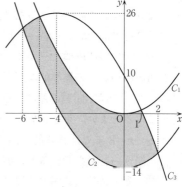

$$S_1 = \int_{-5}^{1} \{-(x+4)^2 + 26 - x^2\} dx$$

$$= -2\int_{-5}^{1} (x-1)(x+5) dx$$

$$= -2\left(\left[(x-1) \cdot \frac{1}{2}(x+5)^2\right]_{-5}^{1} - \int_{-5}^{1} \frac{1}{2}(x+5)^2 dx\right)$$

$$= \int_{-5}^{1} (x+5)^2 dx = \left[\frac{1}{3}(x+5)^3\right]_{-5}^{1} = \frac{6^3}{3} = \frac{216}{3}$$

$$S_2 = \int_{-6}^{2} \{-(x+4)^2 + 26 - (x^2 - 14)\} dx$$

$$= -2\int_{-6}^{2} (x-2)(x+6) dx$$

96　2021 年度　数学〈解答〉　　　　　　　　　　　東京理科大-理工〈B方式-2月3日〉

$$= -2\left(\left[(x-2)\cdot\frac{1}{2}(x+6)^2\right]_{-6}^{2} - \int_{-6}^{2}\frac{1}{2}(x+6)^2dx\right)$$

$$= \int_{-6}^{2}(x+6)^2dx = \left[\frac{1}{3}(x+6)^3\right]_{-6}^{2} = \frac{8^3}{3} = \frac{512}{3}$$

$$S_2 - S_1 = \frac{512}{3} - \frac{216}{3} = \frac{296}{3} \quad \cdots\cdots(答)$$

別解 (3)　C_1 上のすべての点を A に関して対称移動させた点の集合が C_3 だから，C_3 は A に関して C_1 と対称な放物線である。よって，原点に関して C_1 と対称な放物線 $C_4 : y = -x^2$ を平行移動すると C_3 が得られる。C_1 の頂点は原点だから，C_3 の頂点は $(2s, 2t)$ である。C_4 の頂点は原点だから，C_3 は C_4 を x 軸方向に $2s$，y 軸方向に $2t$ だけ平行移動して

$$y = -(x-2s)^2 + 2t$$

❖講　評

　2021 年度も，記述式 2 題，マークシート法 1 題（独立した内容の小問 3 問）という構成であった。各単元での基本的な知識が幅広く問われている。また，応用問題では小問による誘導がついている。計算量が多くなりやすいため，できるだけ計算が簡単になるよう工夫しつつ，丁寧に計算を進めたい。

　[1]　(1)は空間座標と三角比についての基本的な問題，(2)は絶対値を含む関数についての標準的な問題，(3)は約数についての発展的な問題である。(3)(a)では，問題の意図を正しくつかむために，$n=3$，4 のときも求めてみるとよい。正しい値がわかっているので，勘違いなどのミスも防げる。$n=8$ までは具体的に調べればよく，その過程で条件を満たす値（の組）の特徴を考えると，$n=100$ での解き方につながる。

　[2]　微・積分法に関する標準的な問題である。微分係数と接線の傾き，増減表とグラフ，面積と定積分，部分積分といった微・積分全般での基本事項が幅広く出題されているが，一つ一つの難易度は高くない。(4)では図を描いて，積分の計算が簡単になるように工夫したい。$0 \le x \le 1 - e^{-4}$ と $1 - e^{-4} \le x \le 1$ で分けてもよいが，煩雑になる。

　[3]　2 次関数の移動や軌跡についての標準的な問題である。(2)は答えが予想できても，論証で迷うかもしれない。グラフを動かしてみると

東京理科大-理工〈B方式-2月3日〉　　　　　　2021 年度　数学〈解答〉　*97*

　　　　(A)$a \neq 0$，(B)$a = 0$ かつ $b \neq 0$，(C)$a = 0$ かつ $b = 0$
で場合分けするとよいことがわかる。(B)と(C)では，グラフで説明しても
よい。(3)では，軌跡の基本的な求め方に従って，軌跡を求める点 P を
(x, y) とおき，x と y の関係式を求め，逆を確かめる。〔別解〕のよう
に，図形の対称移動として求めてもよい。(5)では，公式

$\displaystyle\int_a^b (x-a)(x-b)\,dx = -\frac{1}{6}(b-a)^3$ を用いると S_1，S_2 を簡単に計算でき

るが，計算過程を記す場合は〔解答〕のように部分積分を用いるとよい。

物理

(注) 解答につきましては，東京理科大学から提供のあった情報を掲載しております。

◀解 説▶

≪2惑星の運動≫

(1)(ア) 惑星Aの速度を v_A とすると，円運動の運動方程式より

$$m_A \frac{v_A{}^2}{r_A} = G\frac{m_A M}{r_A{}^2} \quad \therefore \quad v_A = \sqrt{\frac{GM}{r_A}} \quad \cdots\cdots(*)$$

よって，惑星Aの公転周期 T_A は

$$T_A = \frac{2\pi r_A}{v_A} = 2\pi\sqrt{\frac{r_A{}^3}{GM}}$$

(イ) 惑星Aの公転運動の角速度 ω_A は

$$\omega_A = \frac{2\pi}{T_A} = \sqrt{\frac{GM}{r_A{}^3}}$$

(ウ) 面積速度は

$$\frac{\pi r_A{}^2}{T_A} = \frac{1}{2}\sqrt{GMr_A}$$

(2)(エ) (ア)より，惑星の公転周期は，惑星の質量に依らず，軌道半径の $\frac{3}{2}$ 乗に比例するので，惑星Bの公転周期は

$$9^{\frac{3}{2}}T_A = 27T_A$$

(オ) (イ)より，惑星の公転運動の角速度は，惑星の質量に依らず，軌道半径の $-\frac{3}{2}$ 乗に比例するので，惑星Bの公転運動の角速度 ω_B は

$$\omega_B = 9^{-\frac{3}{2}}\omega_A = \frac{1}{27}\omega_A$$

東京理科大−理工〈B方式−2月3日〉 2021 年度 物理〈解答〉 99

よって，惑星Aと惑星Bの相対位置が変化する周期は

$$\frac{2\pi}{\omega_A - \omega_B} = \frac{2\pi}{\omega_A - \frac{1}{27}\omega_A} = \frac{27}{26} \cdot \frac{2\pi}{\omega_A} = \frac{27}{26} T_A$$

(3)(カ) 惑星Aの運動エネルギー K は，(＊)より

$$K = \frac{1}{2} m_A v_A{}^2 = \frac{1}{2} \frac{G m_A M}{r_A}$$

中心恒星の万有引力による惑星Aの位置エネルギーは

$$-\frac{G m_A M}{r_A} = -2K$$

(キ) 惑星Aの力学的エネルギーは，運動エネルギーと位置エネルギーの和なので

$$K + (-2K) = -K$$

(4)(ク) 時間 Δt の間に線分が通過する三角形の面積は

$$\frac{1}{2} r \cdot v \Delta t \sin\theta$$

よって，面積速度は

$$\frac{\frac{1}{2} r v \Delta t \sin\theta}{\Delta t} = \frac{1}{2} r v \sin\theta$$

(5)(ケ)・(コ) 中心恒星の万有引力による惑星Aの位置エネルギーは

$$-\frac{G m_A \cdot k M}{r_A} = k\left(-\frac{G m_A M}{r_A}\right) = k(-2K)$$

惑星Aの運動エネルギーは変化しないので，惑星Aの力学的エネルギーは

$$K + k(-2K) = (2k-1)(-K)$$

(サ) 惑星Aの力学的エネルギーが0以上なので

$$(2k-1)(-K) \geqq 0 \quad \therefore \quad k \leqq \frac{1}{2}$$

(シ)・(ス) 近星点または遠星点における惑星Aの運動を考える。このときの速度を v，天体Cと惑星Aの距離を r とすると，恒星爆発直後と面積速度は等しいので

$$\frac{1}{2}rv = \frac{1}{2}r_A v_A \qquad \therefore \quad v = \frac{r_A}{r}v_A$$

よって，惑星 A の運動エネルギーは

$$\frac{1}{2}m_A v^2 = \frac{1}{2}m_A\left(\frac{r_A}{r}v_A\right)^2 = \left(\frac{r_A}{r}\right)^2 \cdot \frac{1}{2}m_A v_A^2 = \left(\frac{r_A}{r}\right)^2 K$$

また，中心恒星の万有引力による惑星 A の位置エネルギーは

$$-\frac{Gm_A \cdot kM}{r} = k\frac{r_A}{r} \cdot \left(-\frac{Gm_A M}{r_A}\right) = k\frac{r_A}{r}(-2K)$$

恒星爆発直後と力学的エネルギーも等しいので

$$\left(\frac{r_A}{r}\right)^2 K + k\frac{r_A}{r}(-2K) = (2k-1)(-K)$$

$$\left(\frac{r_A}{r}-1\right)\left(\frac{r_A}{r}+1-2k\right) = 0$$

$$\therefore \quad r = r_A, \ \frac{1}{2k-1}r_A$$

$\dfrac{1}{2} < k < 1$ より $r_A < \dfrac{1}{2k-1}r_A$ なので，近星点距離は r_A，遠星点距離は

$\dfrac{1}{2k-1}r_A$ となる。

② 解答

(1)(ア)—① (イ)—① (ウ)—① (エ)—⓪ (オ)—⑤ (カ)—⑤ (キ)—① (ク)—⑦

(2)(ケ)—⑤ (コ)—⓪ (サ)—⓪ (シ)—③ (ス)—③ (セ)—⑦ (ソ)—①

◀解　説▶

≪磁場中を回転する導体円板に生じる電磁誘導≫

(1)(ア)　円板内の自由電子は，円板とともに上方から見て反時計回りに回転するので，自由電子の電荷が負であることに注意すると，フレミングの左手の法則より，ローレンツ力は円板の縁から中心に向かう向きにはたらく。

(イ)　円板の縁から中心に向かって自由電子が移動するので，円板の縁は正に，中心は負に帯電する。よって，円板の縁から中心に向かう向きに電場が生じる。

(ウ)　円板の中心から距離 r の位置における自由電子の速度は $r\omega$ となる。

東京理科大-理工〈B方式-2月3日〉　　　　　2021 年度　物理〈解答〉　101

自由電子にはたらくローレンツ力は電場から受ける力とつり合うので，自由電子の電荷を $-e$ とすると

$$-e \cdot r\omega \cdot B_0 = -eE \qquad \therefore \quad E = \omega B_0 r$$

(エ)　電場の大きさ E は距離 r に比例するので⓪のグラフが正しい。

(オ)　三角形の面積なので，(ウ)より

$$V = \frac{1}{2}a \cdot \omega B_0 a = \frac{\omega B_0 a^2}{2}$$

(カ)　円板の中心に対して縁の電位差は V なので

$$I = \frac{V}{R} = \frac{\omega B_0 a^2}{2R}$$

(キ)　電流の大きさ I は角速度 ω に比例するので①のグラフが正しい。

(ク)　$$P_J = RI^2 = R\left(\frac{\omega B_0 a^2}{2R}\right)^2 = \frac{\omega^2 B_0{}^2 a^4}{4R}$$

(2)(ケ)　電流 I が流れるコイル内に生じる磁束密度 B_S は $\mu_0 n I$ である。

(コ)　$B_S > 0$ となるとき，コイル内に生じる磁場は上向きなので，右ねじの法則より，コイルを流れる電流の向きは，上方から見て反時計回りの向きである。そのような向きに電流が流れるとき，円板の縁は中心よりも電位が高くなるので，円板は(1)と同じ向きに回転していることがわかる。よって，ω は正である。

(サ)　コイル内の磁場によって円板に生じる誘導起電力の大きさは，(オ)より $\dfrac{\omega B a^2}{2}$ なので

$$\frac{\omega B a^2}{2} = RI \qquad \therefore \quad I = \frac{\omega B a^2}{2R} \quad \cdots\cdots(*)$$

よって，コイル内の磁場の磁束密度は(ケ)より

$$B = B_0 + B_S = B_0 + \mu_0 n I = B_0 + \mu_0 n \cdot \frac{\omega B a^2}{2R}$$

$$\therefore \quad B = \frac{2RB_0}{2R - \mu_0 n a^2 \omega}$$

(シ)　$(*)$より

$$I = \frac{\omega B a^2}{2R} = \frac{\omega \dfrac{2RB_0}{2R - \mu_0 n a^2 \omega} a^2}{2R} = \frac{\omega B_0 a^2}{2R - \mu_0 n a^2 \omega}$$

(ス) (シ)より I を ω を変数とする分数関数として変形すると

$$I = -\frac{2RB_0}{\mu_0{}^2 n^2 a^2} \cdot \frac{1}{\omega - \dfrac{2R}{\mu_0 na^2}} - \frac{B_0}{\mu_0 n}$$

よって，$I = -\dfrac{B_0}{\mu_0 n}$ と $\omega = \dfrac{2R}{\mu_0 na^2}$ を漸近線とするグラフとなり，③のグラフが正しい。

(セ)
$$\lim_{\omega \to -\infty} I = -\frac{B_0}{\mu_0 n}$$

(注) （＊）に $B=0$ を代入して $I=0$ としてはならない。B が 0 に近づくに従い ω の絶対値は無限に大きくなるため，ωB が 0 になるとは限らない。

(ソ) エネルギー保存則より，単位時間にRで発生するジュール熱は円板を回転させている外力の仕事率と一致するので

$$P_{\mathrm{W}} = RI^2 = R\left(-\frac{B_0}{\mu_0 n}\right)^2 = \frac{RB_0{}^2}{\mu_0{}^2 n^2}$$

3 解答 (1)(ア)—⑧ (イ)—② (ウ)—③ (エ)—④ (オ)—⑥ (カ)—⑤ (キ)—②

(2)(ク)—④ (ケ)—⑥ (コ)—①

(3)(サ)—③ (シ)—⑥

━━━━◀解 説▶━━━━

≪ピストンによって分けられた2室での熱サイクル≫

(1)(ア) 状態1におけるA室の気体の体積は $(1-\alpha)V_0$ となるので，断熱変化の関係式より

$$P_{\mathrm{A1}}\{(1-\alpha)V_0\}^\gamma = P_0 V_0{}^\gamma$$

$$\therefore \quad P_{\mathrm{A1}} = (1-\alpha)^{-\gamma} P_0$$

(イ) 過程1におけるA室の気体の圧力と体積の関係を図3-3の中で考えると，断熱変化なので，圧力 P_0，体積 V_0 の点から左上に向かって下に凸のグラフとなる。A室の圧力とB室の圧力は等しく，体積の V_0 からの変化量は絶対値が等しく逆符号となるので，B室の気体の圧力と体積の関係のグラフはA室のグラフと体積 V_0 の線に対して線対称となる。よって，cのグラフが正しい。

東京理科大-理工〈B方式-2月3日〉　　　　　　2021 年度　物理〈解答〉　103

(ウ)　グラフの形は，定圧変化のとき水平に，等温変化や断熱変化の場合は
傾きが負の曲線となる。(イ)より，いずれにも当てはまらないので，B室の
状態変化は定圧変化，等温変化，断熱変化のいずれでもない。

(エ)　ボイル・シャルルの法則より

$$\frac{P_0 V_0}{T_0} = \frac{P_{A1} \cdot (1-\alpha)\, V_0}{T_{A1}}$$

$$T_{A1} = \frac{P_{A1}}{P_0} \cdot (1-\alpha) \cdot T_0 = (1-\alpha)^{1-\gamma} T_0$$

(オ)　B室の圧力も P_{A1} なので，ボイル・シャルルの法則より

$$\frac{P_0 V_0}{T_0} = \frac{P_{A1} \cdot (1+\alpha)\, V_0}{T_{B1}}$$

$$T_{B1} = \frac{P_{A1}}{P_0} \cdot (1+\alpha) \cdot T_0 = (1+\alpha)(1-\alpha)^{-\gamma} T_0$$

(カ)　過程 1 において，B室の気体がした仕事は，A室の気体がされた仕事
と等しい。また，A室の気体は断熱変化なので，A室の気体がされた仕事
は，A室の気体の内部エネルギーの増加量と等しい。気体定数を R とす
ると

$$W_{B1} = \frac{3}{2} R\left(T_{A1} - T_0\right) = \frac{3}{2} R\{(1-\alpha)^{1-\gamma} T_0 - T_0\}$$

$$= \frac{3}{2} R\{(1-\alpha)^{1-\gamma} - 1\} T_0$$

理想気体の状態方程式より $P_0 V_0 = R T_0$ なので

$$W_{B1} = \frac{3}{2}\{(1-\alpha)^{1-\gamma} - 1\} P_0 V_0$$

(キ)　エネルギー保存則より，B室の気体が吸収した熱量は，B室の気体が
した仕事とB室の気体の内部エネルギーの増加量の和に等しいので

$$Q_{B1} = W_{B1} + \frac{3}{2} R\left(T_{B1} - T_0\right)$$

$$= W_{B1} + \frac{3}{2} R\{(1+\alpha)(1-\alpha)^{-\gamma} T_0 - T_0\}$$

$$= \frac{3}{2}\{(1-\alpha)^{1-\gamma} - 1\} P_0 V_0 + \frac{3}{2}\{(1+\alpha)(1-\alpha)^{-\gamma} - 1\} P_0 V_0$$

$$= 3\{(1-\alpha)^{-\gamma} - 1\} P_0 V_0$$

(2)(ク)　状態 2 において，A室の気体とB室の気体は圧力と体積が等しい

ので，温度も等しくなるから

$$T_{B2} = T_{A1} = (1-\alpha)^{1-\gamma}T_0$$

㈯ A室の気体とB室の気体が吸収した熱量は，それぞれの内部エネルギーの増加量の和に等しい。A室の気体は等温変化であることに注意すると

$$Q_{A2} + Q_{B2} = \frac{3}{2}R(T_{B2} - T_{B1})$$

$$= \frac{3}{2}R\{(1-\alpha)^{1-\gamma}T_0 - (1+\alpha)(1-\alpha)^{-\gamma}T_0\}$$

$$= -3\alpha(1-\alpha)^{-\gamma}P_0V_0$$

㈡ A室の気体は等温変化なので，A室の気体が吸収した熱量はA室の気体がする仕事と等しくなるから，$Q_{A2} > 0$ となる。㈯より $Q_{A2} + Q_{B2} < 0$ なので，$Q_{B2} < 0$ となる。よって，B室の気体から熱を奪うように作動させる必要がある。

(3)㈷ ㈡より，$T_{B2} > T_0$ に注意すると，過程3においてA室の気体とB室の気体は，どちらも定積変化で温度と圧力が減少することがわかる。A室の気体は過程1で断熱変化，過程2で等温変化，過程3で定積変化なので，③のグラフが正しい。

㈲ 1サイクルの間にA室の気体がB室の気体に対してした仕事の総和は③のグラフの内部の面積に等しく正である。よって，$W_A > 0$ となる。また，$W_A + W_B = 0$ より $W_B < 0$ となる。

❖講 評

例年通り，試験時間80分で，大問3題の構成である。

1 2つの惑星の運動に関する問題である。(1)は万有引力を向心力として円運動する惑星についての基本的な問題である。(2)は公転周期と惑星の物理量の関係についての基本的な問題である。(3)は惑星の運動エネルギー・位置エネルギー・力学的エネルギーの関係を求める基本的な問題である。(4)は面積速度についての基本的な問題である。(5)は恒星の質量が瞬時に減少するという設定であまり見かけない問題である。恒星の爆発の前後で惑星の運動エネルギーは変化しないが，位置エネルギーは変化する。㈲・(ス)では，惑星の楕円運動について問われている。爆発の瞬間に位置エネルギーが増加したため，惑星は恒星から離れることがで

東京理科大-理工〈B方式-2月3日〉　　　　　　　　2021 年度　物理〈解答〉　*105*

きるようになる。よって，爆発の瞬間の惑星の位置が近星点に対応する
ことがわかる。遠星点を考えるためには，力学的エネルギー保存則と面
積速度一定の法則を連立させて2次方程式を解く必要がある。

　2　磁場中を回転する導体円板に生じる電磁誘導の問題である。(1)は
電磁誘導の基本的な理解を問う問題だが，導体円板に生じる電磁誘導の
問題に慣れている必要があるだろう。(2)はコイルを組み合わせることで，
設定が複雑になっている。(ケ)・(コ)はコイルに生じる磁場の基本的な問題。
後半は，外部磁場とコイルに生じる磁場が重ね合わさった磁場を考える
ため，表式も少し複雑になる。丁寧に計算を進めたい。(ス)のグラフを考
えるには，(シ)の I の表式から，$\omega = 0$ のとき $I = 0$ となることや，ω が
$\dfrac{2R}{\mu_0 n a^2}$ に小さい方から近づくとき I が無限大になることを読み取れれば，
式変形する必要はなくなる。(セ)では数学における，極限の理解も必要だ
ろう。

　3　ピストンによって分けられた2室での熱サイクルの問題である。
B室の気体の P-V グラフはA室の気体の P-V グラフと体積が V_0 の直
線に対して線対称となることが理解できると，考えやすいだろう。(1)は
断熱変化の標準的な問題。式変形では，分数の形にせず，解答群にある
ように負の指数を使う方が計算がしやすい。(2)・(3)はエネルギーの関係
式を使う問題で，(1)よりも易しい。

　全体的に，ほぼ例年通りの内容であり，難易度も例年並みであった。
計算がやや複雑な問題もあるので，見通しのよい式変形を心がけたい。

化学

（注）解答につきましては，東京理科大学から提供のあった情報を掲載しております。

1 解答

(ア)—03 (イ)—02 (ウ)—09 (エ)—01 (オ)—08 (カ)—27
(キ)—21 (ク)—33
(i) 03 (ii) 02 (iii) 12 (iv) 02 (v) 08

◀解 説▶

≪金属の結晶格子の分類と構造≫

(ア)・(i) 六方最密構造の単位格子は，右図の太線部分に示したような，正六角柱を3等分した柱状構造に相当する。

(ii) 正六角柱に存在する原子の数は

$$\frac{1}{6}\times 12+\frac{1}{2}\times 2+1\times 3=6 \text{ 個}$$

であるから，単位格子中に存在する原子の数は

$$6\times \frac{1}{3}=2 \text{ 個}$$

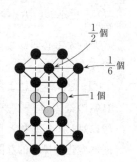

(iii) 右図のように，正六角柱を縦に2つ重ね，●で示した原子に注目して考えると，1つの●は正六角形の頂点にある6個の○と，上下の三角形の頂点にある計6個の○の，合計12個の○に囲まれている。

(イ) 六方最密構造と面心立方格子はともに充塡率が74％であり，最密構造である。体心立方格子の充塡率は68％である。

(ウ) Mg, Zn, Cd, Co などが六方最密構造をとる。

(エ)・(オ) アルカリ金属とFe, Baなどが体心立方格子をとる。なお，Ag, Al, Au, Cu は面心立方格子をとる。

(カ) 単位格子の1辺の長さを a〔nm〕とおくと，次の図から

$$4r = \sqrt{3}a \quad \therefore \quad a = \frac{4}{\sqrt{3}}r = \frac{4\sqrt{3}}{3}r \text{ (nm)}$$

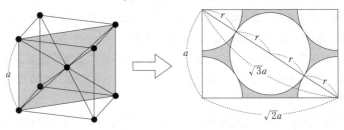

(キ) $\dfrac{r}{a} = \dfrac{\sqrt{3}}{4}$ であることに注意すると，体心立方格子の充塡率は

$$\frac{\text{単位格子中の原子の体積}}{\text{単位格子の体積}} \times 100 = \frac{\dfrac{4}{3}\pi r^3 \times 2}{a^3} \times 100$$

$$= \frac{8}{3}\pi \left(\frac{r}{a}\right)^3 \times 100$$

$$= \frac{8}{3}\pi \left(\frac{\sqrt{3}}{4}\right)^3 \times 100$$

$$= \frac{\sqrt{3}}{8}\pi \times 100 \text{ (\%)}$$

(ク) $a \text{ (nm)} = a \times 10^{-7} \text{ (cm)}$ であることに注意すると，求める密度は

$$\frac{\text{単位格子中の原子の質量 (g)}}{\text{単位格子の体積 (cm}^3)} = \frac{\dfrac{M}{N_A} \times 2}{(a \times 10^{-7})^3}$$

$$= \frac{\dfrac{2M}{N_A}}{\left(\dfrac{4}{\sqrt{3}}r \times 10^{-7}\right)^3}$$

$$= \frac{3\sqrt{3}}{32} \times 10^{21} \times \frac{M}{N_A r^3} \text{ (g/cm}^3)$$

2 解答

(1) $9.0 \times 10^{+1}$ (2) $1.1 \times 10^{+2}$ (3) 1.5×10^{-3}
(4) $1.5 \times 10^{+2}$ (5) 4.3×10^{-2}

(a)〜(c)：7　(あ)—3

108 2021 年度 化学〈解答〉　　　　　　　　　東京理科大-理工〈B方式-2月3日〉

■━━■ ◀解　説▶ ■━━■

≪蒸気圧降下とラウールの法則，沸点上昇度≫

(1)・(a)　図2より，標高が3000mのときの大気圧は0.7×10^5Paである。沸点は大気圧と蒸気圧が等しくなるときの温度であるから，図1において蒸気圧が0.7×10^5Paとなる温度を読み取ると，このときの沸点は90℃とわかる。標高0mのときの水の沸点は100℃であるから，沸点は10℃だけ降下している。

(2)　溶解させたNaCl（式量58.5）は完全に電離していることに注意すると，溶質粒子の物質量は

$$\frac{4.68}{58.5} \times 2 = 0.16 〔mol〕$$

水の密度は$0.96 \mathrm{g/cm^3}$であるから，溶媒である水2.0Lの質量は

$$0.96 \times 2.0 \times 10^3 = 1920 〔g〕$$

よって，溶媒の物質量は

$$\frac{1920}{18.0} = 106.6 〔mol〕$$

したがって，溶媒の物質量と溶質粒子の物質量を合わせた全物質量は

$$0.16 + 106.6 = 106.76 ≒ 1.1 \times 10^2 〔mol〕$$

(3)　溶質のモル分率は

$$\frac{0.16}{106.76} = 1.49 \times 10^{-3} ≒ 1.5 \times 10^{-3}$$

(4)　「（水のモル分率x）＋（溶質のモル分率）＝1」であるから，(3)で求めた溶質のモル分率は②式における$1-x$である。よって

$$1-x = 1.49 \times 10^{-3}, \quad p_0 = 1.013 \times 10^5 〔Pa〕$$

を②式に代入すると，純水とNaCl水溶液の蒸気圧の差Δpは

$$\Delta p = 1.49 \times 10^{-3} \times 1.013 \times 10^5 = 1.50 \times 10^2 ≒ 1.5 \times 10^2 〔Pa〕$$

なお，①式で表される法則をラウールの法則という。

(b)　$\Delta p = (1-x)p_0 = p_0 - xp_0 = p_0 - p > 0$から$p < p_0$である。よって，NaCl水溶液の蒸気圧は，純水の蒸気圧よりも1.5×10^2Paだけ降下する。

(5)・(c)・(あ)　蒸気圧が降下したことにより，蒸気圧が大気圧と等しくなるときの温度が高くなるので，沸点は上昇する。溶媒である水の質量は1920〔g〕＝1.92〔kg〕，溶質粒子の物質量は0.16molであるから，NaCl水

東京理科大-理工〈B方式-2月3日〉　　　　　　2021 年度　化学〈解答〉　109

溶液の沸点上昇度 Δt〔℃〕は

$$\Delta t = 0.52 \times \frac{0.16}{1.92} = 4.33 \times 10^{-2} \fallingdotseq 4.3 \times 10^{-2}\,〔℃〕$$

となり，純水の沸点からほとんど変化していないことがわかる。

3 解答 (1)(ア)—13　(イ)—03　(ウ)—03　(エ)—19
(2)(オ)—23　(カ)—26　(キ)—29
(3)(ク)—30　(4)(ケ)—37　(5)(コ)—06　(サ)—02　(6)(シ)—13

◀解　説▶

≪Al とその化合物の性質と反応，酸化物の分類，塩素を含むオキソ酸≫

(2)　Al はイオン化傾向が大きいので，Al^{3+} を含む水溶液を電気分解して
も，陰極に Al の単体は析出せず，代わりに H_2O が還元されて H_2 が発生
する。そこで，ボーキサイト（$Al_2O_3 \cdot nH_2O$）から得られる Al_2O_3 を高温
で融解させて電気分解することで Al の単体を得る。その際，Al_2O_3 の融
点を下げる目的で，氷晶石 Na_3AlF_6 を用いる。このような電気分解を溶
融塩（融解塩）電解という。

(3)　イオン化傾向は Fe よりも Al のほうが大きいので，Al 粉末と Fe_2O_3
の混合物に点火すると，次のように反応して単体の Fe が得られる。

$$2Al + Fe_2O_3 \longrightarrow Al_2O_3 + 2Fe$$

この際，多量の熱が発生する。この反応をテルミット反応という。

(4)　$Al(OH)_3$ は両性水酸化物であるから，酸とも塩基とも反応して溶解
する。NaOH 水溶液とは次のように反応する。

$$Al(OH)_3 + NaOH \longrightarrow Na[Al(OH)_4]$$

これは中和反応と考えることができ，単体の H_2 や O_2 は発生しない（単
体が発生する反応は酸化還元反応である）。

(5)　酸性酸化物は非金属元素の酸化物である（ただし，CO と NO は除
く）から，CO_2，Cl_2O_7，NO_2，P_4O_{10}，SO_3，SiO_2 の 6 個である。両性酸
化物は両性元素（Al，Zn，Sn，Pb）の酸化物であるから，Al_2O_3，ZnO
の 2 個である。なお，両性元素以外の金属元素の酸化物は，塩基性酸化物
に分類される。

(6)　塩素のオキソ酸の酸性は，Cl の酸化数が大きいものほど強い。次亜
塩素酸 HClO は弱酸であるが，強い酸化作用をもち，殺菌・漂白作用を示

110 2021 年度 化学〈解答〉

す。

4 解答

(i) 5.00×10^{-1}　(ii) 5.70×10^{-1}　(iii) 2.34×10^{-3}
(iv) 4.11×10^{-3}　(v) $1.69 \times 10^{+2}$

※解法・計算順序等により別解がある。

────◀解 説▶────

≪H_2O_2 の分解反応の反応速度，半減期≫

(i)　H_2O_2 の分解反応は次の反応式で表される。

$$2H_2O_2 \longrightarrow 2H_2O + O_2$$

また，捕集容器内は水蒸気で飽和しているので，捕集した O_2 の分圧は

$$1.013 \times 10^5 - 4.00 \times 10^3 = 9.73 \times 10^4 \, [\text{Pa}]$$

よって，60 秒後までに発生した O_2 の物質量は，気体の状態方程式から

$$\frac{9.73 \times 10^4 \times 18.0 \times 10^{-3}}{8.31 \times 10^3 \times 300} = 7.025 \times 10^{-4} \, [\text{mol}]$$

であるから，分解した H_2O_2 の物質量は

$$7.025 \times 10^{-4} \times 2 = 1.405 \times 10^{-3} \, [\text{mol}]$$

となり，0〜60 秒における H_2O_2 の濃度の減少量は

$$1.405 \times 10^{-3} \times \frac{1000}{10.0} = 1.405 \times 10^{-1} \, [\text{mol/L}]$$

である。したがって，60 秒後の H_2O_2 の濃度は

$$6.40 \times 10^{-1} - 1.405 \times 10^{-1} = 4.995 \times 10^{-1} \fallingdotseq 5.00 \times 10^{-1} \, [\text{mol/L}]$$

(ii)　0〜60 秒における H_2O_2 の平均の濃度 $[H_2O_2]$ は

$$[H_2O_2] = \frac{6.40 \times 10^{-1} + 4.995 \times 10^{-1}}{2}$$

$$= 5.697 \times 10^{-1} \fallingdotseq 5.70 \times 10^{-1} \, [\text{mol/L}]$$

(iii)　0〜60 秒における H_2O_2 の平均の反応速度 v は

$$v = \frac{H_2O_2 \text{ の濃度の減少量}}{反応時間} = \frac{1.405 \times 10^{-1}}{60}$$

$$= 2.341 \times 10^{-3} \fallingdotseq 2.34 \times 10^{-3} \, [\text{mol/(L·s)}]$$

(iv)　$v = k[H_2O_2]$ より，反応速度定数 k の値は

$$k = \frac{2.341 \times 10^{-3}}{5.697 \times 10^{-1}} = 4.109 \times 10^{-3} \fallingdotseq 4.11 \times 10^{-3} \, [\text{/s}]$$

(v) $[H_2O_2] = \dfrac{1}{2}[H_2O_2]_0$ となる時間を求めればよい。②式の左辺に $[H_2O_2] = \dfrac{1}{2}[H_2O_2]_0$ を代入すると

$$(左辺) = \log_e \dfrac{\frac{1}{2}[H_2O_2]_0}{[H_2O_2]_0} = \log_e \dfrac{1}{2} = -\log_e 2 = -\dfrac{\log_{10} 2}{\log_{10} e}$$

となるので,求める時間を $t_{\frac{1}{2}}$〔s〕とすると

$$-\dfrac{\log_{10} 2}{\log_{10} e} = -k t_{\frac{1}{2}}$$

$$\therefore\ t_{\frac{1}{2}} = \dfrac{\log_{10} 2}{k \log_{10} e} = \dfrac{0.301}{4.109 \times 10^{-3} \times 0.434} = 1.687 \times 10^2 \fallingdotseq 1.69 \times 10^2 \text{〔s〕}$$

 解答 (i) 04 (ii) 10 (iii) 01
(ア)—27 (イ)—13 (ウ)—28 (エ)—10 (オ)—24 (カ)—11
(キ)—25 (ク)—26 (ケ)—03 (コ)—08 (サ)—15 (シ)—16

◀解 説▶

≪$C_4H_{10}O$ の構造決定≫

(i)〜(iii) A の分子式を $C_xH_yO_z$ とおくと

$$x : y : z = \dfrac{64.9}{12.0} : \dfrac{13.5}{1.0} : \dfrac{21.6}{16.0} = 5.40 : 13.5 : 1.35 = 4 : 10 : 1$$

であるから,分子式は $(C_4H_{10}O)_n$ となり,分子量が 100 以下であることから

$$74n \leq 100$$

よって,$n=1$ となり,A の分子式は $C_4H_{10}O$ とわかる。

(ア)〜(シ) 分子式が $C_4H_{10}O$ で表される化合物には,下図に示すようにアルコール 4 種とエーテル 3 種の計 7 つの構造異性体が存在する。単体の金属ナトリウムと反応して H_2 を発生する A,B,C,D はアルコール,H_2 を発生しない E,F,G はエーテルである。

アルコール（A,B,C,D）

①$CH_3-CH_2-CH_2-CH_2-OH$ ②$CH_3-CH_2-CH-CH_3$
　　　　1-ブタノール　　　　　　　　　　　　　　　　　$|$
　　　　　　　　　　　　　　　　　　　　　　　　　　OH
　　　　　　　　　　　　　　　　　　　　　2-ブタノール

③ CH₃−CH−CH₂−OH   ④
        |
       CH₃

③ $CH_3-\underset{\underset{CH_3}{|}}{CH}-CH_2-OH$
2-メチル-1-プロパノール

④ $CH_3-\underset{\underset{CH_3}{|}}{\overset{\overset{OH}{|}}{C}}-CH_3$
2-メチル-2-プロパノール

<u>エーテル（E，F，G）</u>

⑤ $CH_3-CH_2-CH_2-O-CH_3$
メチルプロピルエーテル

⑥ $CH_3-\underset{\underset{CH_3}{|}}{CH}-O-CH_3$
イソプロピルメチルエーテル

⑦ $CH_3-CH_2-O-CH_2-CH_3$
ジエチルエーテル

A，Bは硫酸酸性の$K_2Cr_2O_7$により酸化するとアルデヒドが得られたので，第一級アルコール（①か③）とわかる。

Cはヨードホルム反応を示したことから，$CH_3-\underset{\underset{OH}{|}}{CH}-$ の構造をもつ②と決まる。よって，Dは④とわかる。

次に，①～④を分子内脱水して得られる生成物（アルケン）は次のようになる。

① $CH_3-CH_2-CH_2-CH_2-OH \xrightarrow{-H_2O} CH_3-CH_2-CH=CH_2$
                                                            1-ブテン

② $CH_3-CH_2-\underset{\underset{OH}{|}}{CH}-CH_3 \xrightarrow{-H_2O}$ $CH_3-CH_2-CH=CH_2$
                                         1-ブテン
化合物 C $CH_3-CH=CH-CH_3$
                                         2-ブテン

③ $CH_3-\underset{\underset{CH_3}{|}}{CH}-CH_2-OH \xrightarrow{-H_2O} CH_3-\underset{\underset{CH_3}{|}}{C}=CH_2$
                                                        2-メチルプロペン

④ $CH_3-\underset{\underset{CH_3}{|}}{\overset{\overset{OH}{|}}{C}}-CH_3 \xrightarrow{-H_2O} CH_3-\underset{\underset{CH_3}{|}}{C}=CH_2$
化合物 D   2-メチルプロペン

Cから得られる生成物の1つがAから得られる生成物と同じであることから，Aは①の1-ブタノールと決まり，その生成物は1-ブテンである。よって，Bは③の2-メチル-1-プロパノールとなり，B，Dから得られる生

東京理科大-理工〈B方式-2月3日〉　　　2021 年度　化学〈解答〉　*113*

成物はともに 2-メチルプロペンである。

C はヨードホルム反応により，炭素数が 1 つ減ったカルボン酸，つまりプロピオン酸のナトリウム塩となる。

$$CH_3-CH_2-CH-CH_3 \xrightarrow{\text{ヨードホルム反応}} CH_3-CH_2-\underset{\underset{O}{\|}}{C}-ONa$$
$$\underset{OH}{|}$$

化合物 C（2-ブタノール）　　　　　　　　プロピオン酸ナトリウム

これに強酸を加えて酸性にすると，弱酸の遊離反応によってプロピオン酸が遊離する。プロピオン酸を還元すると，第一級アルコールである 1-プロパノール C_3H_8O が得られる。これが H である。

$$CH_3-CH_2-\underset{\underset{O}{\|}}{C}-ONa \xrightarrow{\text{弱酸の遊離}} CH_3-CH_2-\underset{\underset{O}{\|}}{C}-OH$$

プロピオン酸

$$\xrightarrow{\text{還元}} CH_3-CH_2-CH_2-OH$$
化合物 H
（1-プロパノール）

分子式が C_3H_8O で表される化合物の構造異性体には，1-プロパノール，2-プロパノール，エチルメチルエーテルがあるが，エーテルは水に溶けにくいので，水によく溶解する I は 2-プロパノールであるとわかる。

$$CH_3-CH_2-CH_2-OH \qquad CH_3-\underset{\underset{OH}{|}}{CH}-CH_3 \qquad CH_3-O-CH_2-CH_3$$
化合物 H　　　　　　　　　　　　　　　　エチルメチルエーテル
（1-プロパノール）　　　　　　　　　　　化合物 I
　　　　　　　　　　　　　　　　　　　（2-プロパノール）

炭素数が同じアルコールでは，直鎖状のもののほうが水素結合を形成しやすく，分子間力が強くなるので沸点が高くなる。したがって，H（1-プロパノール）の沸点は I（2-プロパノール）の沸点より高い。

1 プロパノールと金属ナトリウムは，次のように反応する。

$$2CH_3-CH_2-CH_2-OH + 2Na \longrightarrow 2CH_3-CH_2-CH_2-ONa + H_2$$

このとき生成した化合物をヨウ化メチル CH_3I と反応させると，化合物中の Na がメチル基に置換され，メチルプロピルエーテルが生成する。これが E である。

$$CH_3-CH_2-CH_2-ONa + CH_3I \longrightarrow CH_3-CH_2-CH_2-O-CH_3 + NaI$$
化合物 E
（メチルプロピルエーテル）

2-プロパノールを用いて同様の反応を行うと，次のような一連の反応によりイソプロピルメチルエーテルが得られる。これがFである。

$$2CH_3-CH(CH_3)-OH + 2Na \longrightarrow 2CH_3-CH(CH_3)-ONa + H_2$$

$$CH_3-CH(CH_3)-ONa + CH_3I \longrightarrow CH_3-CH(CH_3)-O-CH_3 + NaI$$
化合物F
(イソプロピルメチルエーテル)

これでエーテル3種のうちEが⑤，Fが⑥と決まったので，残りのGは⑦のジエチルエーテルとわかる。

6 解答

(1)(ア)—11 (イ)—02 (ウ)—05 (エ)—06 (オ)—18 (カ)—03
(キ)—12 (ク)—17 (ケ)—04 (コ)—26
(2)(サ)—21 (シ)—14 (ス)—23 (セ)—27 (ソ)—08

◀解説▶

≪タンパク質と多糖類の構造と性質≫

(1)(ア)~(エ) タンパク質のポリペプチド鎖におけるアミノ酸の配列順序を一次構造といい，α-ヘリックス構造やβ-シート構造のような，ポリペプチド鎖にみられる規則正しい部分構造を二次構造という。α-ヘリックス構造は，右図のようならせん構造であり，ある1つのアミノ酸と，そのアミノ酸から見て4番目のアミノ酸との間に水素結合が繰り返されている。

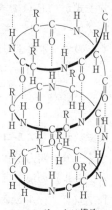

α-ヘリックス構造

(オ)・(カ) 三次元的な空間配置まで含めた，1本のポリペプチド鎖全体の構造を三次構造という。筋肉中で酸素を蓄積するはたらきをもつタンパク質であるミオグロビンは，1本のポリペプチド鎖が6カ所で折れ曲がった三次構造をもつ。

(キ) 2個のシステインの-SHから形成された-S-S-の結合をジスルフィド結合という。

(ク)・(ケ) いくつかの三次構造が集合してできた，大きな集合体がつくる構

東京理科大-理工〈B方式-2月3日〉　　　　　　　2021 年度　化学〈解答〉　*115*

造を四次構造という。血液中で酸素を運搬するはたらきをもつヘモグロビンは，4 個のサブユニットが集まって四次構造をつくっている。

㈡　3 個以上のアミノ酸からなるペプチドやタンパク質の水溶液に，NaOH 水溶液と $CuSO_4$ 水溶液を少量加えると，赤紫色を呈する。この反応をビウレット反応という。

(2)㈹〜㈽　アミロースは α-グルコースの 1 位と 4 位のヒドロキシ基の間で縮合してグリコシド結合をつくっており，直鎖状の構造をとる。アミロペクチンは，これに加えて 1 位と 6 位のヒドロキシ基の間でもグリコシド結合を形成しているので，枝分かれの多い構造となる。

㈾　アミロースやアミロペクチンはらせん構造をとっており，そのらせん構造の中に I_2 分子が入り込んで，青〜青紫色に呈色するヨウ素デンプン反応を示す。一方，セルロースは直鎖状の構造をとるため，ヨウ素デンプン反応を示さない。

㈿　セルロースは，分子鎖間で水素結合を形成することで，部分的に分子が規則正しく配列した結晶構造をつくる。

❖講　評

　試験時間は 80 分。例年通り大問数は 6 題であった。2021 年度は，$\boxed{1}$ $\boxed{2}$ $\boxed{4}$ が理論，$\boxed{3}$ が無機，$\boxed{5}$ $\boxed{6}$ が有機の出題であった。

　$\boxed{1}$ は金属の結晶格子についての問題であり，いずれも基本的な問題である。ただ，それぞれの結晶構造をとる金属の例については覚えられていない受験生もいたかもしれない。また，解答に直接の影響はないが，密度の計算では，単位格子の 1 辺の長さの単位を nm から cm に変換して行うことに注意したい。

　$\boxed{2}$ は希薄水溶液における蒸気圧降下と沸点上昇に関する問題であった。計算問題がメインであるが，NaCl が完全に電離することに注意して溶質粒子の物質量を 0.16 mol として計算しないと，大きく失点することになる。ラウールの法則については初見の受験生もいたと思われるが，問題文をきちんと読めば，前提知識がなくても無理なく解けたはずである。

　$\boxed{3}$ は Al，酸化物の種類，塩素を含むオキソ酸に関する問題であった。教科書レベルの基本事項のみが問われており，解答に時間のかかる設問

もないので，ここは短時間で完答しておきたい。(4)の $Al(OH)_3$ と NaOH の反応については，Al と NaOH の反応と間違えて，「水素を発生しながら」の選択肢を選ばないようにしたい。

4は過酸化水素の分解の反応速度に関する問題であった。同じような問題を必ず一度は問題集等で解いているはずなので，方針に迷うことはなかったと思われるが，解答の有効数字が3桁なので，計算が非常に煩雑になる。落ち着いて丁寧に計算を行いたい。また，半減期の計算においては，対数の底を e から10に変換する必要があった。

5は分子式が $C_4H_{10}O$ で表される化合物およびその誘導体の構造決定に関する問題であった。〔解説〕のように，$C_4H_{10}O$ の構造異性体をすべて書き出してから考えると解きやすい。ヨウ化メチルを用いて，アルコキシド（R-ONa）からエーテルE，Fを合成する反応はやや難しいが，炭素骨格に注目すれば解答は予想できたはずである。

6はタンパク質と多糖類に関する問題であった。すべて平易な問題であるから，3と同様，短時間で処理したい。(オ)のミオグロビンや(ク)のヘモグロビンについては少し選択に迷った受験生もいたかもしれない。三次構造，四次構造をとる例としてよく取り上げられるので，資料集等で確認しておきたい。

東京理科大-理工〈B方式-2月3日〉　　　　　2021 年度　生物〈解答〉　*117*

生物

(注)　解答につきましては，東京理科大学から提供のあった情報を掲載しております。

1 **解答**
(1)(a)— 5　　(b)—10
(2)(a)(ア)— 2　　(イ)— 4　　(ウ)— 6　　(エ)—10　　(b)—16
(3)解答群 E：10　解答群 F：2
(4)(a)— 5　　(b)— 2　　(c)—11
(5)— 3　　(6)— 6

◀解　説▶

≪がん細胞に関する小問集合≫

(1)(a)　ペプチド結合によりつながれたアミノ酸の平均分子量が 110 なので，酵素 X（分子量 133100）のアミノ酸数は 133100÷110＝1210。よって，酵素 X のアミノ酸を指定する塩基数は 1210×3＝3630 となる。

(b)　図 1 の塩基配列の相補鎖も含めて両端の 20 塩基分を示すと下図のようになり，プライマーは鋳型鎖の 3′ 末端側に結合する。これよりプライマー 1 は選択肢②，プライマー 2 は選択肢⑥とわかる。

5′-ATGCGACCCTCCGGGACGGC------GCAGTGAATTTATTGGAGCA-3′
　　　　　　　　　　　　　　　3′-[　　　　　プライマー 1　　　　　]-5′
5′-[　　　　　プライマー 2　　　　　]-3′
3′-TACGCTGGGAGGCCCTGCCG------CGTCACTTAAATAACCTCGT-5′

(2)(a)(ウ)　微小管は，α チューブリンと β チューブリンと呼ばれる 2 種類の球状タンパク質が多数結合した中空の管である。

(エ)　細胞骨格は，微小管，中間径フィラメント，アクチンフィラメントの 3 種類があり，その太さは，微小管＞中間径フィラメント＞アクチンフィラメントとなる。

(b)　細胞あたりの DNA 量が 1 の細胞は G_1 期，1〜2 の細胞は S 期，2 の細胞は G_2 期または M 期（分裂期）の状態にある。図 2 の破線をみると，DNA 量がほぼすべて 2 なので，ほとんどの細胞は G_2 期または M 期の状態にある。よって，選択肢①〜④のうち③と④が正しいといえる。ところ

で，分裂期に現れる紡錘糸は微小管からなるので，選択肢⑤や⑥のように，微小管の伸縮を阻害するとM期で停止する（DNA量2の状態で停止する）。一度M期で停止した細胞が細胞質分裂を行わないまま次の細胞周期に進入し，G_1期で停止するとDNA量は2の状態のままとなり，G_1期で停止することなくS期を経過してG_2期で停止するとDNA量は4となる。これより⑤が正しいといえる。

(3)　がん細胞A〜Dと，正常細胞から取り出したDNA濃度は同じではないとある。そこでまず遺伝子Nに注目する。遺伝子Nは，細胞あたりの（一定量のDNAに含まれる）遺伝子数がどの細胞も同じなので，取り出したDNA濃度とそこに含まれる遺伝子Nの数は比例する。そこで，がん細胞A〜Dと正常細胞から取り出したDNAに含まれる遺伝子Nの数をN_A，N_B，N_C，N_D，$N_正$とする。PCRを1サイクル行うごとに遺伝子Nの数は倍化し，PCR産物（遺伝子Nの数）が一定値に達するまでに，細胞Bでは26サイクル，細胞Cと正常細胞では27サイクル，細胞Aと細胞Dでは28サイクル経過している。よって，以下の式が成り立つ。

$$N_B \times 2^{26} = N_C \times 2^{27} = N_正 \times 2^{27} = N_A \times 2^{28} = N_D \times 2^{28}$$

これを簡単な比にすると，$N_B : N_C : N_正 : N_A : N_D = 4 : 2 : 2 : 1 : 1$となる。遺伝子$N$の数と最初に取り出したDNA濃度は比例するので，各細胞のDNA濃度の比は以下のようになる。

　　細胞A：細胞B：細胞C：細胞D：正常細胞＝1：4：2：1：2

……①

次に，遺伝子Xをみる。がん細胞A〜Dと正常細胞から取り出したDNAに含まれる遺伝子Xの数をX_A，X_B，X_C，X_D，$X_正$とする。PCR産物（遺伝子Xの数）が一定値に達するまでに，細胞Bでは27サイクル，細胞Aと細胞Cでは28サイクル，正常細胞では29サイクル，細胞Dでは30サイクル行っているので，以下の式が成り立つ。

$$X_B \times 2^{27} = X_A \times 2^{28} = X_C \times 2^{28} = X_正 \times 2^{29} = X_D \times 2^{30}$$

これを簡単な比にすると，$X_B : X_A : X_C : X_正 : X_D = 8 : 4 : 4 : 2 : 1$となる。よって，各細胞から取り出したDNAに含まれる遺伝子Xの数の比は以下のようになる。

　　細胞A：細胞B：細胞C：細胞D：正常細胞＝4：8：4：1：2

……②

①と②の結果を並べて考える。
DNA量
　　　　細胞A：細胞B：細胞C：細胞D：正常細胞＝1：4：2：1：2
遺伝子Xの数
　　　　細胞A：細胞B：細胞C：細胞D：正常細胞＝4：8：4：1：2
これより，DNA量に対する遺伝子Xの数の比が正常細胞に比べて増加しているのは，細胞A，B，Cとわかる。また，増加の度合いが最も大きいのは細胞Aの4倍とわかる。

(4)(a) 密着結合は，小さな分子も通れないほど細胞どうしを結合させる結合である。固定結合は，細胞間や細胞と細胞外基質をつなぐ結合で，細胞内では細胞骨格と結合しており，組織に強度や伸縮性を与える。ギャップ結合は，中空の膜貫通タンパク質からなり，細胞間でイオンやアミノ酸などの小分子を交換する。

(b) たとえばカエルの場合，神経管形成の前では，外胚葉の細胞すべての細胞接着面でE-カドヘリンが発現している。発生が進むと，神経板の細胞でN-カドヘリンの発現が始まり，この部分から細胞層がへこみ始める。へこみが進行する部分では，N-カドヘリンの発現が増え，もともとあったE-カドヘリンと置き換わる。さらにへこみが深くなると，へこみの左右の縁が盛り上がり，盛り上がった部分どうしが出会うと，同じ型のカドヘリンをもった細胞どうしが接着し，神経管が形成される。

(c) 実験の流れを以下に示す。

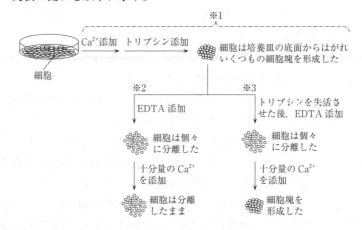

120 2021 年度　生物〈解答〉　　　　　　東京理科大-理工〈B方式-2月3日〉

※1をみると，トリプシンを添加すると細胞が培養皿からはがれたので，細胞と培養皿を接着させる接着分子は，Ca^{2+} 存在下でトリプシンによって分解されるとわかる（①は誤り）。※3をみると，トリプシンを失活させた状態で，Ca^{2+} がなければ細胞は分離し，十分量の Ca^{2+} を添加すると細胞塊が形成されている。よって，細胞どうしを接着させる接着分子が機能するには Ca^{2+} が必要とわかる（②は誤り）。さらに，※1のトリプシン処理で，細胞どうしを接着させる接着分子は分解されていなかったとわかる（③は正しい）。また，※2のように Ca^{2+} を除くと，すでに添加されていたトリプシンが細胞どうしを接着させる接着分子を分解し，十分量の Ca^{2+} を添加しても細胞塊が形成されないとわかる（④は誤り）。

(5)　肝臓には，消化管（小腸や大腸など）やひ臓からの血液が肝門脈を通って流れ込む。

(6)　主に酵素Xを阻害し，酵素Yと酵素Zはあまり阻害しない化合物を選ぶ。表1の数値は，酵素活性を50％にまで低下させるのに必要な化合物の濃度であり，この値が小さいほど，阻害効率が高い（少ない量で阻害する）。よって，酵素Xに対しては小さい値を示し（阻害効率が高く），酵素YやZに対しては大きい値を示す（阻害効率が低い）化合物を探すと，化合物 g があてはまる。

2 解答

(1)(a)― 5　(b)―30　(c)―06　(d)―13
(2)(a)(ア)― 4　(イ)― 7　(ウ)― 5　(エ)― 1　(オ)― 8
(カ)― 5　(キ)― 7　(ク)― 3　(b)―09
(3)(a)― 2　(b)―16　(c)―30

◀解　説▶

≪生物の進化と分類，DNA の複製，細菌叢解析≫

(1)(a)　初期の生物では，RNA が遺伝情報を担うとともに，代謝の調節も行う自己複製システムを持っていたと考えられている。

(b)①　正文。哺乳類の眼は神経管からできた眼杯によってつくられるのに対し，イカの眼は表皮が陥没してできる。このように，起源は異なるが同じような形態やはたらきをもつ器官を相似器官という。

③　正文。体細胞で生じた突然変異は次世代に受け継がれないが，生殖細胞で生じた突然変異は次世代に受け継がれる場合がある。このため，進化

に関わるのは生殖細胞に生じた突然変異といえる。

(c)② 誤文。五界説では，粘菌は原生生物界に分類される。

③ 誤文。五界説では，動物界，植物界，菌界，原生生物界の生物はすべて真核生物である。

④ 正文。光合成を行うミドリムシや藻類は原生生物界に分類される。

(d)① 誤文。生体膜はタンパク質とリン脂質からなる。

② 正文。遺伝情報が DNA→RNA→タンパク質の順に一方向に伝達されることは，すべての生物に共通するものでセントラルドグマという。なお，ウイルスは RNA→DNA へと逆転写を行うが，ウイルスは生物ではない。

④ 正文。ATP が生体内でエネルギーの受け渡しを仲立ちしていることは，すべての生物に共通している。このことは，すべての生物は共通の祖先から生じたことを物語っている。

(2)(b) 大腸菌などの原核生物の DNA は環状で，複製起点は1箇所であるのに対し，哺乳類などの真核生物の DNA は線状で，複製起点は複数ある。よって，①，②は誤り。真核生物の DNA の複製では，RNA からなるプライマーは分解され，そのすき間を DNA ポリメラーゼが埋めていく。ただ，DNA ポリメラーゼはすでにあるヌクレオチド鎖を伸長させることはできるが，ラギング鎖の $5'$ 末端側のように何もないところからヌクレオチド鎖を伸長させることができない。そのため新生鎖は鋳型鎖よりも短くなる。そこで DNA の両末端には，ある特定の塩基配列の繰り返し（テロメア）が存在し，複製を繰り返してもテロメアの部分が短くなるだけで，重要な遺伝子は影響を受けないようになっている。一方，原核生物の DNA は環状なので（末端がないので），複製を繰り返しても短くなることはない。③，④は正しい。

(3)(b) 亜硝酸菌は NH_4^+ を NO_2^- に酸化した際に生じる化学エネルギーを，硝酸菌は NO_2^- を NO_3^- に酸化した際に生じる化学エネルギーを利用して炭酸同化を行う独立栄養生物である。よって，表中の遺伝子 W は亜硝酸菌がもち，遺伝子 X は硝酸菌がもつと考えられる。一方，脱窒素細菌では，NO_3^- や NO_2^- を O_2 の代わりに利用する呼吸（硝酸呼吸や亜硝酸呼吸という）を行い，その結果 N_2 が生じる。たとえば，ある脱窒素細菌では，NO_3^- を細胞内に取り込み，$NO_3^- \rightarrow NO_2^- \rightarrow N_2O$（亜酸化窒素）$\rightarrow N_2$ へと還元する過程で電子を受容し，有機物を酸化しエネルギー

を得ている。しかし，炭酸同化は行っていないので，脱窒素細菌は従属栄養生物といえる。よって，表中の遺伝子 Y や遺伝子 Z は脱窒素細菌がもつと考えられる。

　次に，表1～3を確認する。まず表2は，DNA（rRNA 遺伝子）を検出することで浄化槽内の細菌の種類を調べている。表3は，RNA（rRNA や mRNA）を解析することで，どの遺伝子がどのような条件で転写されるかを調べている。表1は，どの細菌がどのような条件で増殖するかを調べており，遺伝子 W，遺伝子 X が有機物培地で増殖せず，遺伝子 Y，遺伝子 Z は無機物培地で増殖していないことを示している。以上のことを踏まえて各選択肢をみていく。

① 正文。表2より浄化槽内には 200 種類の細菌が確認されたが，表1の培養法では，45 種類の細菌しか増殖できなかった。

② 正文。表2より rRNA 遺伝子の種類（細菌の種類）が 200 種類あり，表3より rRNA の種類も 200 種類ある。よって，すべての細菌が rRNA 遺伝子の転写を行っている。もし，rRNA の種類が 200 種類より少なければ，一部の細菌は rRNA 遺伝子の転写を行っていないことになる。

③ 誤文。遺伝子 W や X は亜硝酸菌や硝酸菌（独立栄養生物）がもち，遺伝子 Y や Z は脱窒素細菌（従属栄養生物）がもつ。また，細菌が得られたかどうかは表2をみる。表2の好気槽(O)の記号を確認すると，遺伝子 W，X，Y，Z（独立栄養生物と従属栄養生物）に(O)が記されている。つまり，好気槽からは独立栄養生物と従属栄養生物の両方が得られる。一方，表2の嫌気槽(A)の記号を確認すると，遺伝子 Y と Z（従属栄養生物）だけに(A)が記されている。よって，嫌気槽からは従属栄養生物のみが得られる。

④ 正文。DNA の検出は表2を，RNA の検出は表3をみる。表2で，遺伝子 W や X（亜硝酸菌や硝酸菌）が検出されたのはすべて好気槽(O)であり，表3で，遺伝子 W や X の mRNA が検出されたのもすべて好気槽(O)である。つまり，亜硝酸菌と硝酸菌は好気槽にしか存在せず，そこで遺伝子 W や X の転写も行っている。

⑤ 誤文。表2で，遺伝子 Y や Z（脱窒素細菌）は好気槽(O)からも嫌気槽(A)からも検出されるが，表3で，遺伝子 Y や Z の mRNA が検出されたのはすべて嫌気槽(A)である。つまり，脱窒素細菌は好気槽にも嫌

気槽にも存在するが，遺伝子 Y や Z の転写を行う（脱窒を行う）のは嫌気槽といえる。

(c)① 正文。表中の数字は種小名を示す。表2をみると，遺伝子 W をもつ亜硝酸菌は17種類，遺伝子 X をもつ硝酸菌は15種類得られている。しかし，表1をみると，亜硝酸菌と硝酸菌は，無機物培地においてそれぞれ1種類ずつしか増殖していない。よって，硝化細菌は培養が困難といえる。また，表2をみると，遺伝子 Y と Z をもつ脱窒素細菌は20種類あり，表1の有機物培地でも20種類増殖している。よって，脱窒素細菌は培養が容易といえる。

② 正文。表2をみると，遺伝子 W や X（亜硝酸菌や硝酸菌）の種類は，遺伝子 Y や Z（脱窒素細菌）に比べて少ない。遺伝子の種類が少ない方が解析しやすいので，遺伝子 W，X，Y，Z を利用すれば，脱窒素細菌よりも硝化細菌の方が解析しやすい。

③ 正文。表2をみると，遺伝子 W をもつ細菌と遺伝子 X をもつ細菌の種類は異なっている。一方，遺伝子 Y をもつ細菌と遺伝子 Z をもつ細菌の種類は重複している。つまり，脱窒素細菌は，遺伝子 Y と遺伝子 Z の両方をもち，以下の反応が一つの細胞内で行われている。

$$\underset{\Downarrow}{\text{遺伝子 } Y} \qquad\qquad\qquad\qquad \underset{\Downarrow}{\text{遺伝子 } Z}$$
$$NO_3{}^- \longrightarrow NO_2{}^- \longrightarrow N_2O \;(\text{亜酸化窒素}) \longrightarrow N_2$$

④ 正文。表1をみると，遺伝子 W や X をもつ硝化細菌は有機物培地ではコロニーを形成していない（増殖していない）。しかし，表2，表3では遺伝子や mRNA が検出されているので，生存はできると判断される。

⑤ 正文。(b)の選択肢⑤の〔解説〕を参照。

$\boxed{3}$ **解答** (1)(a)(ア)—1　(イ)—4　(ウ)—1　(エ)—0　(オ)—0
(カ)—1　(キ) 1　(b)A—6　B—1
(2)(a)(ク)—04　(ケ)—02　(コ)—21　(サ)—03　(シ)—05　(ス)—03　(セ)—21
(ソ)—03　(b)—5
(3)(タ)—3　(チ)—4　(ツ)—0　(テ)—4　(ト)—2　(ナ)—5　(ニ)—5

124 2021 年度 生物〈解答〉 東京理科大-理工〈B方式-2月3日〉

■——————————————— ◀解 説▶ ————————————————■

≪植物ホルモンと色素合成に関する突然変異≫

(1) ホルモンAはアブシシン酸で，ホルモンBはジベレリンである。種皮と胚乳に挟まれた部分とは糊粉層のことであり，糊粉層にジベレリンを作用させると，デンプン分解酵素であるアミラーゼが合成される。アミラーゼのはたらきによってデンプンが分解されると，呈色反応（ヨウ素デンプン反応）は起こらない。なお，煮沸するとアミラーゼが失活するので，呈色反応がみられる。

(2) 変異株1～6はそれぞれ単一の遺伝子が欠損している。実験結果を以下にまとめてみる。

(i)ジベレリンは伸長成長を促進する。変異株1の背丈は野生型より高く，変異株2，3は著しく低いので以下のようにまとめられる。

	ジベレリンの効果
変異株1	高い
変異株2	低い
変異株3	低い

(ii)ホルモンB（ジベレリン）はタンパク質Cを分解することで，伸長成長を促進するとわかる。変異株1では，正常なタンパク質Cが存在しないため，伸長成長を抑制できず，背丈が異常に高くなったと考えられる。

(iii)変異株2，3はジベレリンの効果が低い。そこで，ジベレリンの合成または受容のどちらに変異が生じているか考えてみる。変異株2にジベレリンを与えると背丈は野生型と同程度になったので，変異株2，3は以下のようにまとめられる。

	ジベレリンの合成	ジベレリンの受容
変異株2	×	○
変異株3	○	×

(iv)ふつう，結実した種子はアブシシン酸のはたらきにより発芽が抑制されている。よって，変異株4～6の種子は十分なアブシシン酸の効果がみられない。この変異株にアブシシン酸を与えると，変異株4は発芽が抑制された。よって，変異株4～6の種子は以下のようにまとめられる。

東京理科大-理工〈B方式-2月3日〉　　2021 年度　生物〈解答〉　*125*

	アブシシン酸の合成	アブシシン酸の受容
変異株 4	×	○
変異株 5	○	×
変異株 6	○	×

(v)・(vi)乾燥状態になるとアブシシン酸のはたらきにより気孔が閉鎖するが，変異株 4，6 はアブシシン酸の効果がみられない。この変異株にアブシシン酸を与えたところ，変異株 4 の気孔は閉鎖したが，変異株 6 の気孔は開口したままだった。よって，変異株 4，6 の気孔は以下のようにまとめられる。

	アブシシン酸の合成	アブシシン酸の受容
変異株 4	×	○
変異株 6	○	×

(a)(ク)・(ケ)　ホルモン A（アブシシン酸）を合成できないのは変異株 4 で，ホルモン B（ジベレリン）を合成できないのは変異株 2 である。

(コ)・(サ)　アブシシン酸の受容体が欠損している可能性があるのは変異株 5，6 で，ジベレリンの受容体が欠損している可能性があるのは変異株 3 である。

(シ)　変異株 4〜6 は種子に変異が認められるが，そのうち変異株 4，6 は気孔にも変異が認められる。よって，変異が種子のみに存在している可能性があるのは変異株 5 である。

(ス)　実験 3 は，ホルモン B（ジベレリン）を加えており，変異株 2 では受容体はあると考えられるので，種子の発芽についても同様であれば，アミラーゼは合成され呈色反応はみられない。しかし変異株 3 では受容体が変異しているのでアミラーゼが合成されず，青紫色の呈色反応がみられる。

(セ)　変異株 5，6 はアブシシン酸を受容できない。よって，表 1 の実験 4 のようにアブシシン酸とジベレリンの両方を与えても，ジベレリンのみを与えた実験 3 と同様の結果になり，呈色反応はみられない。

(ソ)　変異株 3 はジベレリンの受容に変異がある。ただ，この受容は，ジベレリンの受容体そのものに変異がある場合と，ジベレリンを受容した後の情報伝達の経路に変異がある場合が考えられる。タンパク質 C が分解されにくいということは，後者があてはまる。

(b) ジベレリンはタンパク質Cを分解することで，伸長成長を促進する。よって，タンパク質Cは伸長を抑制するはたらきがある。

(3) 表2より，色素Aは濃青色，色素Bは淡黄色の色素であり，両者がそろうと花弁は青色になる。実験結果を確認する。

(i) 変異株7
- もともと白色なので，濃青色も淡黄色も合成できない。
- C，Dから濃青色や淡黄色の合成に関わる酵素が欠損している。
- Eから濃青色の合成に関わる酵素は正常にはたらく。
- Fから濃青色や淡黄色の合成に関わる酵素は正常にはたらく。

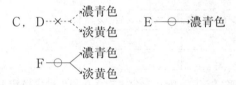

(ii) 変異株8
- もともと濃青色は合成できるが，淡黄色は合成できない。
- C～Fのうちから淡黄色の合成に関わる酵素が欠損している。

　　前駆物質──○→濃青色　　C～F‥‥×‥→淡黄色

変異株9
- もともと淡黄色は合成できるが，濃青色は合成できない。
- C～Fのうちから濃青色の合成に関わる酵素が欠損している。

　　前駆物質──○→淡黄色　　C～F‥‥×‥→濃青色

(iii) 変異株10
- もともと白色なので，濃青色も淡黄色も合成できない。
- Dから濃青色や淡黄色の合成に関わる酵素が欠損している。
- C，Fから濃青色や淡黄色の合成に関わる酵素は正常にはたらく。
- Eから濃青色の合成に関わる酵素は正常にはたらく。

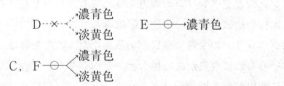

(iv) 変異株11
- もともと淡黄色は合成できるが，濃青色は合成できない。

- C，D，Fから濃青色の合成に関わる酵素が欠損している。
- Eから濃青色の合成に関わる酵素は正常にはたらく。

　　　　前駆物質──○→淡黄色　　　E──○→濃青色
　　　　C，D，F····×····濃青色

これらをもとに，濃青色と淡黄色の合成経路を考える。まず，下図に示す変異株7と変異株10の実験結果を比べることで，C，D，Fの順番と，酵素の欠損箇所（下図の⇧で示された箇所）がわかる。

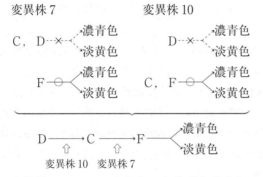

また，変異株7，10にEを与えると濃青色が生じるので，Eは濃青色の合成経路上にあると考えられ，反応経路は以下のように考えられる。

次に，変異株8は，C～Fのどれを加えても濃青色のままであり，変異株9は，C～Fのどれを加えても淡黄色のままである。よって，変異株8は淡黄色の合成経路の最後の反応に関する酵素が，変異株9は濃青色の合成経路の最後の反応に関する酵素が欠損していると考えられる。

最後に，変異株11の実験結果をみると，FからEの合成に関わる酵素が欠損していることがわかる。

◆講 評

2021年度も例年通り大問3題であった。例年多くみられた基本的な知識問題が減り，やや難度の高い考察問題が大幅に増加したため，やや難化した。

1 (1)は基本的な問題なので完答したい。(2)(a)は基本的な知識問題であるが，(b)は選択肢⑤，⑥の判断がやや難しい。(3)は設問文から，遺伝子 X と遺伝子 N の違いをどのように処理してよいかかなり迷ったと思われる。やや難。(4)の(a)と(b)はともに基礎〜標準レベルなので完答したい。特に(b)のカドヘリンの発現は頻出パターンであり，しっかり押さえておきたい。(5)は基本的。(6)は設問文を丁寧に読まないと，非常に間違えやすい。やや難。

2 (1)はすべて基本的なので完答したい。(2)(a)は標準的な知識問題。(b)はテロメアの知識があれば解きやすいが，やや難しい。(3)は与えられた情報量が非常に多く，どのように解けばよいか苦しんだと思われる。(a)は正解したいが，(b)と(c)にあまり時間をかけすぎるのは得策とはいえない。

3 (1)の(a)と(b)はどちらも基本的であり完答したい。(2)は実験内容を自分なりに表にまとめながら理解していけば，大半は完答できる。ただ，時間的にはかなり厳しい。この問題で差がついたと思われる。(3)もまた時間的にかなり厳しい。

最後までしっかり考えつつ解き切った受験生は少なかったと思われる。知識問題でどれだけ正解できるかがカギである。

東京理科大-理工〈B方式-2月6日〉　　　　　　　　2021 年度　問題　*129*

■B方式2月6日実施分：建築・先端化・電気電子情報工・
機械工・土木工学科

問題編

▶試験科目・配点

教　科	科　　　　　目	配　点
外国語	コミュニケーション英語Ⅰ・Ⅱ・Ⅲ，英語表現Ⅰ・Ⅱ	100 点
数　学	数学Ⅰ・Ⅱ・Ⅲ・A・B	100 点
理　科	建築・電気電子情報工・機械工学科：物理基礎・物理	100 点
	先端化学科：化学基礎・化学	
	土木工学科：「物理基礎・物理」，「化学基礎・化学」から1科目選択	

▶備　考

- 英語はリスニングおよびスピーキングを課さない。
- 数学Bは「数列」「ベクトル」から出題。
- 2021 年度入学試験について，教科書において「発展的な学習内容」として記載されている内容から出題する場合，必要に応じ補足事項等を記載するなどの措置を行う。

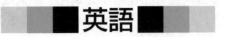

(60分)

1 Read the following passage, and answer the questions below. (57 points)

　　The annual Boston Marathon will take place in April, with about 30,000 participants and a half million spectators. The top finishers should complete the tiring 42.1-kilometer course in just over 2 hours by clocking a pace of under three minutes per kilometer. I know. It's painful to imagine. Most of us couldn't maintain that speed for one kilometer — forget 42 of them. But take heart, recreational runners of the world. Your endurance abilities are extraordinary, when compared to the rest of the animal kingdom. True, <u>other creatures boast greater strength, agility and raw speed. Human beings are relatively pathetic athletes by all measures</u>(1). But when it comes to long distance locomotion, we're remarkable. After 15 minutes of sustained running, fit humans can outlast nearly all mammals, especially in hot weather. That's more than <u>a useful tip</u>(2) for betting on a hypothetical Interspecies Marathon (or the actual Man vs. Horse Marathon). Rather, it's the basis for an important idea in human evolution studies. Let's call it the "running made us human" hypothesis: (3) some scientists, distance running was key to our ancestors' evolutionary success. They say adaptations for endurance allowed early members of the human family to hunt long before the invention of complex weapons. Regular access to meat spurred brain growth, and ultimately, humanity as we know it.

　　The role of running in human evolution has been most intensely investigated by Daniel Lieberman, a Harvard University evolutionary biologist and nine-time Boston Marathon runner. Lieberman and others hypothesize

東京理科大-理工〈B方式-2月6日〉   2021 年度 英語 *131*

that roughly 2 million years ago our ancestors, armed with sharpened sticks and stones, were able to kill prey by persistence hunting. This strategy, practiced in some recent hunter-gatherer societies, entails pursuing tasty grass-eating animals in the midday sun until the animal collapses from exhaustion and heat stroke. Hunters can then <u>finish it off with simple</u> <u>weapons</u>. This scenario could solve a major puzzle in human evolution: how did our ancestors get meat? Researchers assume they hunted because archaeological* sites, between 2 and 1 million years old, have yielded plenty of butchered animal bones. Yet stone tools back then were heavy implements, like the hand axe — technology better suited for processing dead animals than attacking moving targets. Projectile weapons, like the bow and arrow, were probably not invented until the past 80,000 years. It's hard to imagine human beings with a hand axe catching much prey, especially <u>since they would have</u> <u>been competing with lions, hyenas and other African meat-eating animals</u>.

(4)

(5)

But persistence hunting might have been the secret. To avoid overheating, most predators refrain from hunting during the hottest hours. Humans — and potentially earlier human beings — can handle heat thanks to adaptations such as furless bodies and increased sweat glands. Around high noon, while most carnivores* napped, our human ancestors could have hunted by persistently chasing and tracking prey.

Ethnographic* studies have noted persistence hunts in some recent hunter-gatherer societies, including Kalahari Bushmen, Aboriginal Australians and Native American groups in the American Southwest and Mexico. A 2006 *Current Anthropology* paper provided the first real data on the matter, based on 10 persistence hunts in the Kalahari of Botswana. These hunts, which were successful five out of 10 times, lasted up to 6 hours and covered between 16-32 kilometers in temperatures over 37℃. <u>During the chases, prey would</u> <u>sprint ahead in short bursts punctuated by rests</u>. Meanwhile the humans slowly and steadily pursued, averaging paces of 6 to 9 minutes per kilometer. Though the hunters periodically lost sight of the animal, signs like footprints

(6)

132 2021 年度　英語　　　　　　　　　東京理科大-理工〈B方式 - 2 月 6 日〉

and indented grass indicated its path. The ethnographic studies prove that persistence hunting works （　7　）. Even then, the practice is rare among hunter-gatherers today. To some anthropologists, these points are enough to refute the hypothesis. They argue that persistence hunting is too uncommon and effective in too few habitats to have been an important force in human evolution. Others counter that, just because the strategy is rare today, it doesn't mean that was the case 2 million years ago in our ancestral environments.
(8)

So (**1.** ancestors **2.** did **3.** let's **4.** our **5.** run **6.** say **7.** that) down their prey. What is the evidence that they were the first species to embrace this strategy? In a 2004 *Nature* paper, Lieberman and biologist Dennis Bramble, now a retired professor at the University of Utah, identified skeletal* features in early humans' fossils that indicate running abilities. These include a narrow pelvis*, short toes, expanded attachment for the buttocks and fluid-filled ear chambers that help us stay balanced while moving. Most of these adaptations for running appeared around 2 million years ago, rather than earlier species such as the Australopithecus*. This suggests our ancestors were the first endurance athletes in our lineage. But certainly not the last, as the Boston Marathon's 30,000 competitors will remind you.
(9)
(10)

Adapted from *Discover*

（Notes)

archaeological : related to the study of ancient societies by examining what remains of their buildings, graves, and tools

carnivore : an animal that eats meat

ethnographic : related to the scientific study of peoples and cultures with their customs, habits, and mutual differences

skeletal : frame of bones

pelvis : the set of large wide curved bones at the base of your back bone, to which your legs are joined

出典追記 : Running Made Us Human : How We Evolved to Run Marathons, Discover on April 13, 2019 by Bridget Alex

東京理科大-理工〈B方式-2月6日〉　　　　　　　2021 年度　英語　*133*

Australopithecus：a creature living in Africa millions of years ago, that could walk on two feet and had characteristics of both apes and human beings

⑴　Which of the items below is the closest in meaning to the underlined part ⑴ in the passage?　Consider the context, choose one from the choices and mark the number on your **Answer Sheet**.

　1　compared with other powerful animals, human beings are inferior in physical abilities such as moving quickly or running fast

　2　just as modern human beings are strong enough to run long distances at high speed, our ancestors showed similar abilities

　3　although some animals are superior to human beings in physical ability, human beings can exceed them in terms of psychological ability

　4　since our ancestors had greater physical abilities in power, agility, and speed; modern human beings might get defeated

⑵　Which of the items below is the closest in meaning to the underlined part ⑵ in the passage?　Consider the context, choose one from the choices and mark the number on your **Answer Sheet**.

　1　an insufficient cause

　2　a helpful hint

　3　a good chance

　4　an adequate reward

⑶　Which of the items below best fills in the blank ⑶ in the passage? Consider the context, choose one from the choices and mark the number on your **Answer Sheet**.

　1　According to　　　　　　　2　Besides

　3　However　　　　　　　　　4　Similar to

134 2021 年度 英語　　　　　　　東京理科大-理工〈B方式-2月6日〉

(4) Which of the items below is the closest in meaning to the underlined part (4) in the passage? Consider the context, choose one from the choices and mark the number on your **Answer Sheet**.

　1　continue chasing animals with weapons such as bows and arrows

　2　kill their prey with weapons such as sticks and stones

　3　set the animals free without the use of weapons such as bows and arrows

　4　sharpen weapons such as sticks and stones

(5) Which of the items below is the closest in meaning to the underlined part (5) in the passage? Consider the context, choose one from the choices and mark the number on your **Answer Sheet**.

　1　because human beings probably hunted the same prey as the other meat-eating animals living in Africa

　2　because human beings probably found it difficult to run long distances at the same rate as the other African animals

　3　because human beings probably began running long distances with the other meat-eating animals in Africa

　4　because human beings probably wanted to risk the possibility of falling prey to other African animals

(6) Which of the items below is the closest in meaning to the underlined part (6) in the passage? Consider the context, choose one from the choices and mark the number on your **Answer Sheet**.

　1　While being hunted, animals tried to hide from predators by running long distances

　2　While being hunted, animals repeatedly rushed forward with breaks

　3　While hunting, animals ran faster than usual, taking occasional rests

　4　While hunting, animals waited for a chance to counterattack

東京理科大-理工〈B方式-2月6日〉　　　　2021 年度　英語　*135*

(7)　Which of the items below is most likely to fill in the blank (7) in the passage?　Consider the context, choose one from the choices and mark the number on your **Answer Sheet**.

　1　but only in desert regions

　2　but only in hot, grassland-like environments

　3　especially in deep woods in moderate temperatures

　4　especially on plains covered with ice and snow

(8)　Which of the items below is the closest in meaning to the underlined part (8) in the passage?　Consider the context, choose one from the choices and mark the number on your **Answer Sheet**.

　1　it seems probable that persistence hunting is now common and works well all over the world, and this has been proved to have helped human evolution

　2　hunting over long distance is not effective, nor do many societies practice it, though this hunting style has been repeatedly observed in our history

　3　it is hardly convincing that hunting over long distances has pushed forward human beings' development, because this hunting style is employed by few societies and works well in few areas

　4　persistence hunting was effective in ancient times to drive human evolution, even though it is not common or effective nowadays

(9)　Rearrange the words in the underlined part (9) in the passage into the correct order.　Consider the context, and mark the numbers correctly, from top to bottom, on your **Answer Sheet**.

(10)　The sentence below is a possible interpretation of the underlined part (10). Which of the items below best fills in the blank?　Consider the context, choose one from the choices and mark the number on your **Answer Sheet**.

136 2021 年度　英語　　　　東京理科大-理工〈B 方式 - 2 月 6 日〉

it is certain that our ancestors' physical endurance in distance running

(　　　) in modern humans,

1　does not exist

2　has been reduced

3　has not been improved

4　is still present

(11)　For each of the following statements, according to the passage above, mark **T** if it is true, or **F** if it is false, on your **Answer Sheet**.

1　Some scientists believe that running to hunt for more than 15 minutes could make it possible for ancient humans to obtain and eat meat regularly, and thereby increase their brain size.

2　Human beings could not catch prey before inventing complex weapons.

3　Having less body hair allows human beings to move for a longer time than prey animals during the hottest hours.

4　Researchers have yet to reach complete agreement on the extent to which our ancestors carried out persistence hunting.

5　These days, there is no hunter-gatherer society in the world that still practices persistence hunting.

6　The research on some tribes shows that persistence hunting was successful about eighty percent of the time that the temperature was above 30 degrees Celsius.

東京理科大-理工〈B方式−2月6日〉　　　　　　　　　　2021 年度　英語　*137*

2　Which of the items below correctly fills in each blank in the passage? Choose one from the following choices and mark the number on your **Answer Sheet**. Each choice cannot be used more than once.　　　　　(18 points)

　　These days, people who enjoy popular music generally know the guitar ((a)) the central and most common musical instrument in blues and rock.

　　In the jazz era of the 1920s, very loud instruments ((b)) as the saxophone and trumpet dominated most musical arrangements.

　　In live performances, the guitar could barely be heard ((c)) other instruments.

　　The ability to amplify the sound of the guitar ((d)) electrical means made the later rise in popularity of the guitar possible.

　　We have come to think ((e)) the trumpet in terms of musical accompaniment. The guitar is likely to maintain its position ((f)) many years to come.

　　1　through　　2　such　　3　over　　4　of　　5　for　　6　as

138 2021 年度 英語　　　　東京理科大-理工〈B方式 - 2 月 6 日〉

3 Read the following passage, and answer the questions below. （25 points）

If you can position a cup of hot, black coffee so that light strikes it at an angle, you should see a whitish sheen* on the surface. (This works even better with a cup of clear tea.) There's something more to this sheen than (1)first meets the eye. It makes a pattern on the surface of the coffee, with patches of this lighter color separated from other patches by dark lines. The patches are usually a centimeter or so across.

These patches are what scientists call "convection cells", namely small areas where warm fluid is rising and cold is sinking. (2)Convection is what the weather is all about, not to mention ocean currents, and the same thing in miniature happens in your coffee. As the surface layer cools from contact with the air above it, it becomes denser and sinks, forcing warmer, less dense coffee up to the surface. But this doesn't happen in a haphazard* or confusing way. Rather, the areas of upflow and downflow organize themselves into roughly similar sized columns, one beside the other. In the coffee cup, the areas with the whitish sheen are rising columns of hot coffee, and it's the heat of that coffee that creates the sheen, although saying it in that straightforward way misses the point: (3)(1. played　2. out　3. is　4. being　5. at 6. a drama) the surface of your coffee.

The sheen is actually a thin layer of tiny water droplets*, droplets that have condensed just above the surface of the coffee and are hovering there, less than a millimeter above the surface. It's whitish because so much light reflects from the surfaces of the droplets. The droplets form when the water evaporates from the hot surface of the liquid, cools suddenly, and condenses. The drops that form do not fall back onto the surface of the coffee because they are kept floating by the trillions of water molecules still rising up underneath them. Held there, suspended above the surface, they are clouds on a scale so minute that only careful lighting reveals them. It （ 4 ） an

東京理科大-理工〈B方式-2月6日〉　　　　　　2021 年度　英語　*139*

incredible experience to be there in tiny space under the droplets but above the liquid coffee. It （　4　） extremely hot for one thing, but you'd also be battered by stuff evaporating from the surface, and concerned all the while about slipping into the downstream convection (the black lines separating the clouds) and vanishing into the blackness of the coffee below. Even from our everyday perspective (simply looking down on the cup) it should have been apparent from the start that the drops were hovering — you would have noticed that a breath scatters them instantly, like clouds before the wind, but they form again just as quickly.

(5)

The only place （　6　） you can see right down to the coffee surface is along the black lines, as if you are seeing the surface of Venus through a sudden break in its impenetrable clouds. The cool coffee sinks in those black lines, completing the convection cell . . .

Adapted from *The Velocity of Honey* by Jay Ingram, Penguin Canada

（**Notes**）

sheen：a soft glow on a surface

haphazard：lacking any organization

droplet：a very small drop of a liquid

⑴　Which of the items below is the closest in meaning to the underlined part ⑴ in the passage? Choose one from the choices and mark the number on your **Answer Sheet**.

1　you reject at first glance

2　you take your time and judge

3　it seems to you initially

4　it comes to you quickly

⑵　The sentence below is a restatement of the underlined part ⑵ in the passage. Which of the items below best fills in the blank? Consider the context, choose one from the choices and mark the number on your **Answer Sheet**.

Convection is (   ) the weather,

1　the fundamental factor to cause

2　the final result from

3　only one of the causes to create

4　merely a result of

⑶　Rearrange the words in the underlined part ⑶ in the passage into the correct order. Consider the context, and mark the numbers correctly, from top to bottom, on your **Answer Sheet**.

⑷　Which of the items below best fills in the blanks ⑷ in the passage? Consider the context and mark the number on your **Answer Sheet**.

1　had been　　　　　　　2　was

3　would be　　　　　　　4　would have been

⑸　Which of the items below is the most appropriate as a possible interpretation of the underlined part ⑸ in the passage? Choose one from the choices and mark the number on your **Answer Sheet**.

1　it seemed obvious at first sight that the drops were hovering but the reality was actually different

2　it had to be made clear in the first place that the drops were hovering but you couldn't realize that

3　it was noticeable from the beginning that the drops were hovering but you didn't see that

4　it may have been obvious at the beginning that the drops were hovering but it gradually became difficult to observe

東京理科大-理工〈B方式-2月6日〉　　　　　　　　　2021 年度　英語　*141*

(6)　Which of the items below is **NOT** appropriate to fill in the blank (6) in the passage?　Consider the context and mark the number on your **Answer Sheet**.

　　1　at which　　　2　if　　　　　3　that　　　　　4　where

(7)　According to the passage, which of the items below is **NOT** true?　Choose one from the choices and mark the number on your **Answer Sheet**.

　　1　Convection frequently occurs in a cup of hot, black coffee.

　　2　Convection follows a systematic process when it occurs.

　　3　A sheen on the surface of the coffee is about one centimeter in depth.

　　4　The sheen consists of minute water drops which actually form clouds above the coffee.

142 2021 年度　数学　　　　　　　　　東京理科大-理工〈B方式 − 2 月 6 日〉

■ 数学 ■

(100 分)

問題 | 1 | の解答は解答用マークシートにマークしなさい。

| 1 |　次の文章中の | ア | から | ヲ | までに当てはまる数字 0 ～ 9 を求めて，解答用マークシートの指定された欄にマークしなさい。ただし，分数は既約分数として表しなさい。なお，| セ | などは既出の | セ | を表す。

(40 点)

(1)　座標空間の 5 点 O$(0,0,0)$, A$(6,-6,0)$, B$(-8,9,0)$, C$(-1,1,-1)$, P(a,b,c) が

$$\overrightarrow{OP} \cdot \overrightarrow{OA} = \overrightarrow{OP} \cdot \overrightarrow{OB} = \overrightarrow{OP} \cdot \overrightarrow{OC} = 6$$

を満たすとする。このとき，$a = $ | ア | イ |, $b = $ | ウ | エ |, $c = -$ | オ | である。さらに，点 D(t^3, t^2, t) が

$$\overrightarrow{OP} \cdot \overrightarrow{OD} = 6$$

を満たすのは，$t = -$ | カ |, $-\dfrac{\boxed{キ}}{\boxed{ク}}, \dfrac{\boxed{ケ}}{\boxed{コ}}$ のときである。

(2)　$z = 1 + i$ とおく。ただし，i は虚数単位である。

$z + z^2 + z^3 + z^4 = -$ | サ | $+$ | シ | i であり，自然数 m に対し $z^{4m} = \left(-\boxed{ス}\right)^m$ となる。

次に，自然数 n に対し $S_n = \displaystyle\sum_{k=1}^{n} z^k$ とおく。このとき，自然数 m に対し

$$S_{4m} = \left(-\boxed{セ}\right)^m - \boxed{ソ} - \left(\left(-\boxed{セ}\right)^m - \boxed{タ}\right)i$$

であり，0 以上の整数 m に対し

東京理科大-理工〈B方式-2月6日〉 2021 年度 数学 *143*

$$S_{4m+1} = \boxed{チ}\left(-\boxed{セ}\right)^m - \boxed{ツ} + i$$

$$S_{4m+2} = \boxed{テ}\left(-\boxed{セ}\right)^m - \boxed{ト} + \left(\boxed{ナ}\left(-\boxed{セ}\right)^m + \boxed{ニ}\right)i$$

$$S_{4m+3} = -\boxed{ヌ} + \left(-\left(-\boxed{セ}\right)^{m+\boxed{ネ}} + \boxed{ノ}\right)i$$

となる。よって，S_n の実部の絶対値が 100 を超える最小の自然数 n は $\boxed{ハ\,\vert\,ヒ}$ である。

(3) $\sqrt{360n}$ が整数となる自然数 n のうち 2 番目に小さいものは $\boxed{フ\,\vert\,ヘ}$ である。$\ell = \sqrt{m^2 + \boxed{フ\,\vert\,ヘ}}$ が整数となる自然数 m は小さい方から順に $\boxed{ホ}$ と $\boxed{マ}$ で，$m = \boxed{ホ}$ のとき $\ell = \boxed{ミ}$，$m = \boxed{マ}$ のとき $\ell = \boxed{ム\,\vert\,メ}$ である。整数 x, y が条件

$$\boxed{マ}\,x + \boxed{ム\,\vert\,メ}\,y = 1$$

を満たすとき，$x + y$ の絶対値がとり得る値は小さい方から順に

$$\boxed{モ}, \quad \boxed{ヤ}, \quad \boxed{ユ}, \quad \cdots\cdots$$

であり，$x + y$ の絶対値が $\boxed{ユ}$ となるのは $x = \boxed{ヨ\,\vert\,ラ}$，$y = -\boxed{リ\,\vert\,ル}$ のときと $x = -\boxed{レ\,\vert\,ロ}$，$y = \boxed{ワ\,\vert\,ヲ}$ のときである。

144 2021 年度　数学　　　　　　　　　　東京理科大-理工〈B方式 − 2 月 6 日〉

問題 $\boxed{2}$ の解答は白色の解答用紙に記入しなさい。

$\boxed{2}$　放物線 $D : y = x^2$ と，D 上を動く点 $A(a, a^2)$ を考える。ただし，以下では a は常に

$$0 < a < 1$$

の範囲を動くとする。

点 A における D の法線と D の交点のうち，A 以外の点を $B(b, b^2)$ とおく。

(1)　b を a を用いて表せ。また，b のとり得る値の範囲を求めよ。

点 A における D の接線と，点 B における D の接線の交点を P とおく。

(2)　点 P の座標を a を用いて表せ。

(3)　△ABP の面積を S とおく。S を a を用いて表せ。また，S の最小値を求めよ。

(4)　点 B における D の法線と D の交点のうち，B 以外の点を $C(c, c^2)$ とおく。
c のとり得る値の範囲を求めよ。

(30 点)

東京理科大-理工〈B方式 – 2 月 6 日〉   2021 年度　数学　*145*

問題　$\boxed{3}$　の解答はクリーム色の解答用紙に記入しなさい。

$\boxed{3}$　関数 $f(x)$ を $f(x) = |x \sin x|$ で定める。

(1)　$x \sin x$ の導関数 $(x \sin x)'$ と不定積分 $\displaystyle\int x \sin x \, dx$ を求めよ。

座標平面において，原点 O から曲線 $y = f(x)$ に傾きが正の接線を引く。その接点
の x 座標を小さい順に

$$x_0, \ x_1, \ x_2, \ \cdots\cdots, \ x_n, \ \cdots\cdots$$

とおき，

$$I_n = \int_{x_{2n}}^{x_{2n+1}} f(x) \, dx \qquad (n = 0, \ 1, \ 2, \ \cdots\cdots)$$

とおく。

(2)　x_n を求めよ。

(3)　I_n を求めよ。

(4)　$\displaystyle\sum_{n=0}^{\infty} \frac{1}{I_n I_{n+1}}$ を求めよ。

(30 点)

（80分）

1 次の問題の ◯◯◯ の中に入れるべき最も適当なものをそれぞれの**解答群**の中から選び，その番号を**解答用マークシート**の指定された欄にマークしなさい。(同じ番号を何回用いてもよい。)　　　　　　　　　　　　　　　　(35点)

以下では，長さ，質量，時間，角度の単位をそれぞれ m, kg, s, rad とし，その他の物理量に対してはこれらを組み合わせた単位を使用する。例えば，加速度の単位は m/s² である。

図 1-1 のように，長さ ℓ の糸の一端に，質量 m の小球をつけて他端を点 O に固定する。糸がたるまないように小球をもちあげて静かにはなし，鉛直面内で運動させる。糸と鉛直方向のなす角度を θ とし，この角度を使って小球の位置を表す。糸は伸縮せず，その質量は無視できる。空気の抵抗は考えなくてよいものとし，重力加速度の大きさを g とする。また，必要であれば，角度 ϕ の大きさがじゅうぶんに小さいときに成立する近似式 $\sin\phi \fallingdotseq \phi$ を用いてよい。

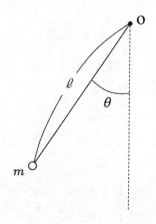

図 1-1

(1) 図 1-2 のように,糸を張った状態で $\theta = \dfrac{\pi}{2}$ の位置から静かに小球をはなすと,小球は糸の張力と重力の影響を受けながら円周にそった運動を行った。$\theta = 0$ となる点 A を通過するときの小球の速さは (ア) である。この瞬間までに糸の張力が小球にした仕事は (イ) であり,重力がした仕事は (ウ) である。また,点 A を通過する瞬間における糸の張力の大きさは (エ) である。

小球にはたらく力(糸の張力と重力の合力)を,図 1-2 に示すように,円運動の中心方向を向いた成分 F_1 と接線方向を向いた成分 F_2 に分解して考えよう。小球が角度 θ で表される位置にあるとき,$F_1 = $ (オ) $\times mg$,$F_2 = $ (カ) $\times mg$ である。したがって,$0 \leqq \theta \leqq \dfrac{\pi}{2}$ の範囲において,糸の張力と重力の合力の大きさが最大となるのは,θ が $\cos\theta = $ (キ) を満たすときであり,そのときの合力の大きさは (ク) $\times mg$ である。

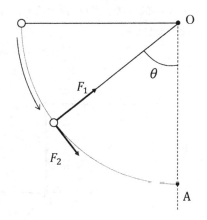

図 1-2

(ア), (イ), (ウ) の解答群

⓪ 0 ① $\sqrt{g\ell}$ ② $\sqrt{2g\ell}$ ③ $2\sqrt{g\ell}$

④ $\dfrac{1}{2}mg\ell$ ⑤ $mg\ell$ ⑥ $\dfrac{1}{2}g\ell$ ⑦ $g\ell$

(エ) の解答群

⓪ 0 　　① $\frac{1}{4}mg$ 　　② $\frac{1}{3}mg$ 　　③ $\frac{1}{2}mg$

④ mg 　　⑤ $2mg$ 　　⑥ $3mg$ 　　⑦ $4mg$

(オ), (カ) の解答群

⓪ $\cos\theta$ 　　① $2\cos\theta$ 　　② $3\cos\theta$ 　　③ $4\cos\theta$

④ $\sin\theta$ 　　⑤ $2\sin\theta$ 　　⑥ $3\sin\theta$ 　　⑦ $4\sin\theta$

(キ), (ク) の解答群

⓪ 0 　　① $\frac{1}{4}$ 　　② $\frac{1}{3}$ 　　③ $\frac{1}{2}$

④ 1 　　⑤ 2 　　⑥ 3 　　⑦ 4

(2) 次に図 1-3 のように線分 OA 上にある点 O′ に太さの無視できる釘（くぎ）が固定されている場合の運動を考えよう。ただし，点 O′ から点 A までの長さは $a\ell$ $(0 < a < 1)$ である。また，点 O′ を原点とし，水平右方向に x 軸，鉛直上向き方向に y 軸を設定する。

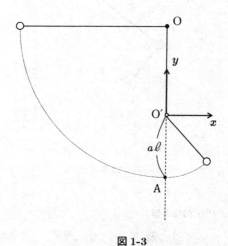

図 1-3

小問 (1) と同様に $\theta = \dfrac{\pi}{2}$ の位置から静かに小球をはなした。小球が点 A を通過した直後における糸の張力は $\boxed{(ケ)} \times mg$ である。点 A を通過した後も小球は運動を続け、図 1-4 に示すように、x 軸から角度が $\dfrac{\pi}{6}$ の位置 (点 B とする) において糸がたるんだ。このことから、$a = \boxed{(コ)}$ であることがわかる。また、点 B における小球の速さを v_B とすると、$v_B = \sqrt{\boxed{(サ)} \times g\ell}$ である。

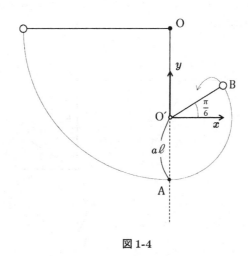

図 1-4

(ケ) の解答群

⓪ 1 ① $(1+a)$ ② $(2+a)$ ③ $(1+2a)$

④ $\dfrac{1}{a}$ ⑤ $\left(1+\dfrac{1}{a}\right)$ ⑥ $\left(2+\dfrac{1}{a}\right)$ ⑦ $\left(1+\dfrac{2}{a}\right)$

(コ), (サ) の解答群

⓪ $\dfrac{1}{2}$ ① $\dfrac{1}{3}$ ② $\dfrac{2}{3}$ ③ $\dfrac{2}{5}$

④ $\dfrac{3}{5}$ ⑤ $\dfrac{2}{7}$ ⑥ $\dfrac{4}{7}$ ⑦ $\dfrac{5}{7}$

点 B を通過した後、糸がたるんでいる間は小球は放物運動を行う。そこで、いったん糸や釘 (くぎ) の存在を無視して、放物運動の解析をしよう。小球が

点 B を通過した瞬間の時刻を $t=0$ とすると,時刻 t における小球の x 座標と y 座標は,$a\ell$ と v_B を用いて表すと,$x=$ (シ) ,$y=$ (ス) である。小球の x 座標が 0 となる時刻 t_0 は,$a=$ (コ) と $v_B=\sqrt{\text{(サ)}}\times g\ell$ を代入して計算すると,$t_0=$ (セ) $\times\sqrt{\dfrac{\ell}{g}}$ となる。また,この時刻における y 座標を y_0 とすると,$y_0=$ (ソ) である。時刻 t_0 における座標位置 $(0, y_0)$ を点 C とし,糸の存在を再度考える。点 C の位置と糸の長さを考えると,$t>0$ において最初に糸のたるみがなくなるときの小球の位置は (タ) ことがわかる。

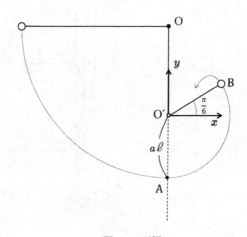

図 1-4 (再掲)

(シ) の解答群

- ⓪ $v_B t + a\ell$
- ① $-v_B t + a\ell$
- ② $\dfrac{1}{2}v_B t$
- ③ $-\dfrac{1}{2}v_B t$
- ④ $\dfrac{1}{2}v_B t + \dfrac{\sqrt{3}}{2}a\ell$
- ⑤ $-\dfrac{1}{2}v_B t + \dfrac{\sqrt{3}}{2}a\ell$
- ⑥ $\dfrac{\sqrt{3}}{2}v_B t + \dfrac{1}{2}a\ell$
- ⑦ $-\dfrac{\sqrt{3}}{2}v_B t + \dfrac{1}{2}a\ell$

(ス) の解答群

- ⓪ $\dfrac{1}{2}v_B t + \dfrac{\sqrt{3}}{2}a\ell$
- ① $-\dfrac{1}{2}v_B t + \dfrac{\sqrt{3}}{2}a\ell$

東京理科大-理工〈B方式-2月6日〉　　　　　　　　　2021 年度　物理　**151**

② $\dfrac{\sqrt{3}}{2}v_\mathrm{B}t + \dfrac{1}{2}a\ell$　　　　　　③ $-\dfrac{\sqrt{3}}{2}v_\mathrm{B}t + \dfrac{1}{2}a\ell$

④ $-\dfrac{1}{2}gt^2 + \dfrac{1}{2}v_\mathrm{B}t + \dfrac{\sqrt{3}}{2}a\ell$　　　⑤ $\dfrac{1}{2}gt^2 + \dfrac{1}{2}v_\mathrm{B}t + \dfrac{\sqrt{3}}{2}a\ell$

⑥ $-\dfrac{1}{2}gt^2 + \dfrac{\sqrt{3}}{2}v_\mathrm{B}t + \dfrac{1}{2}a\ell$　　　⑦ $\dfrac{1}{2}gt^2 + \dfrac{\sqrt{3}}{2}v_\mathrm{B}t + \dfrac{1}{2}a\ell$

(セ) の解答群

⓪ $2\sqrt{\dfrac{1}{5}}$　　　① $2\sqrt{\dfrac{3}{5}}$　　　② $4\sqrt{\dfrac{1}{5}}$　　　③ $4\sqrt{\dfrac{3}{5}}$

④ $\sqrt{\dfrac{5}{7}}$　　　⑤ $\sqrt{\dfrac{6}{7}}$　　　⑥ $2\sqrt{\dfrac{5}{7}}$　　　⑦ $2\sqrt{\dfrac{6}{7}}$

(ソ) の解答群

⓪ $-\dfrac{1}{5}\ell$　　　① $-\dfrac{2}{5}\ell$　　　② $-\dfrac{3}{5}\ell$　　　③ $-\dfrac{7}{5}\ell$

④ $-\dfrac{1}{7}\ell$　　　⑤ $-\dfrac{2}{7}\ell$　　　⑥ $-\dfrac{4}{7}\ell$　　　⑦ $-\dfrac{9}{7}\ell$

(タ) の解答群

⓪ 線分 OA よりも左側である　　　① 点 A に等しい

② 線分 OA よりも右側である

(3)　今度は**図 1-5** のように，点 O' の位置を**小問 (2)** のときよりも高くした場合
の運動を考える。小球を静かにはなすときの角度は $\theta = \theta_0$ であるとし，このと
きの小球の位置は点 O' よりも低い。また，小球が線分 OA よりも右側にある
とき，糸と鉛直方向のなす角度を $\theta'(> 0)$ と表し，小球が最も右側に振れたと
きの θ' を θ_0' とする。**図 1-5** では見やすくするために大きく描いているが，θ_0
と θ_0' がじゅうぶん小さい場合を考える。また，点 A を原点として，右方向が
正となるように x' 軸を設定する。

　小球が線分 OA よりも左にあり，糸の角度が θ であるとき，重力の糸に垂直な
方向成分は　 **(カ)** 　$\times mg$ である。この小問では θ_0 がじゅうぶん小さい場合を
考えているため，小球の運動は x' 軸にそった運動であると近似的に考えてよい。
このとき力の x' 軸方向の成分 $F_{x'}$ は，符号にも注意すると $F_{x'} \fallingdotseq$　 **(チ)** 　$\times x'$
と近似できる。小球が線分 OA より右側にあるときにも同様な計算を行うと，
小球の運動は，線分 OA の左側と右側でばね定数が異なるばねの復元力による

運動とみなすことができる。線分 OA の左側のばね定数を k, 右側のばね定数を k' とすると, $\dfrac{k}{k'} =$ (ツ) である。また, 時刻 $t = 0$ において小球をはなし, $t = T$ で初めて小球が同じ位置に戻ってきたとすると $T =$ (テ) である。

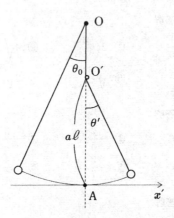

図 1-5
見やすくするために, 角度 θ_0 と θ' は大きく描いている。

(チ) の解答群

⓪ $-\dfrac{\ell}{mg}$ ① $-\dfrac{mg}{\ell}$ ② $-\dfrac{\ell}{g}$ ③ $-\dfrac{g}{\ell}$

④ $\dfrac{\ell}{mg}$ ⑤ $\dfrac{mg}{\ell}$ ⑥ $\dfrac{\ell}{g}$ ⑦ $\dfrac{g}{\ell}$

(ツ) の解答群

⓪ 0 ① 1 ② a

③ a^2 ④ $\dfrac{1}{a}$ ⑤ $\dfrac{1}{a^2}$

(テ) の解答群

⓪ $2\pi\sqrt{\dfrac{g}{\ell}}$ ① $2\pi\sqrt{\dfrac{g}{a\ell}}$ ② $2\pi(1+\sqrt{a})\sqrt{\dfrac{g}{\ell}}$

③ $\pi(1+\sqrt{a})\sqrt{\dfrac{g}{\ell}}$ ④ $2\pi\sqrt{\dfrac{\ell}{g}}$ ⑤ $2\pi\sqrt{\dfrac{a\ell}{g}}$

⑥ $2\pi(1+\sqrt{a})\sqrt{\dfrac{\ell}{g}}$ ⑦ $\pi(1+\sqrt{a})\sqrt{\dfrac{\ell}{g}}$

東京理科大-理工〈B方式-2月6日〉　　　　　　　　　　2021 年度　物理　*153*

2　　　次の問題の□□□□□の中に入れるべき最も適当なものをそれぞれの**解答群**の
中から選び，その番号を**解答用マークシート**の指定された欄にマークしなさい。

(35 点)

　　以下では，長さ，質量，時間，電流，物質量の単位をそれぞれ m, kg, s, A, mol
とし，その他の物理量に対してはこれらを組み合わせた単位を使用する。例えば，
仕事の単位 J は $kg \cdot m^2/s^2$ と表すことができる。

(1) 導体内に流れる電流に関する簡単なモデルを用いて，電流と電圧との関係
（オームの法則）について考察しよう。電流は導体内の電子やイオンなどの荷
電粒子の流れであり，電流の大きさは，導体の断面を単位時間あたりに通過す
る電気量の総量で決まる。断面積 S の導体中に単位体積あたり n 個の自由電
子（電気量 $-e < 0$）が含まれており，それらの自由電子が平均の速さ $\bar{v}$ で移
動するとき，電流の大きさは　**(ア)**　のように表すことができる。

　　図 2-1 のように，長さ ℓ，断面積 S の導体の両端に電圧 V (> 0) を加える
と，導体内部に一様な電場が生じる。ここで，導体以外の導線の電気抵抗は無
視できるとする。導体内部に生じた電場の大きさは　**(イ)**　と表される。**図
2-1** のように x 軸を設定する。導体内の自由電子は，電場によって x 軸の負の
向きに運動し，導体内部で熱振動している陽イオンとの衝突を繰り返しながら
進んでいく。自由電子が速さ v で x 軸の負の向きに移動しているとき，自由
電子は電場から力を受けながら，じゅうぶんに短い時間の間に陽イオンと何度
も衝突を繰り返す。この時間内において，自由電子が陽イオンから受ける力を
平均すると，自由電子は陽イオンから大きさ kv の抵抗力（$k > 0$）を受けてい
ると近似することができる。電圧を加えた後，じゅうぶんに時間が経過すると，
陽イオンから受ける抵抗力と電場から受ける力がつりあい，自由電子は一定の
速さ　**(ウ)**　で運動することになる。したがって，このときの電流の大きさ
は　**(エ)**　となる。つまり，断面積 S，導体の長さ ℓ，単位体積当たりの自
由電子の個数 n を一定に保ち，加える電圧 V を変化させると，電流の大きさ
は電圧に比例するというオームの法則が成立することがわかる。この導体の電
気抵抗は　**(オ)**　である。

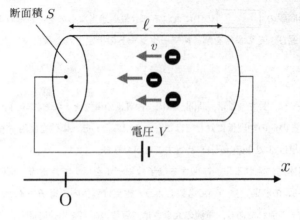

図 2-1

(ア) の解答群

⓪ $enS\bar{v}$ ① $\dfrac{enS\bar{v}}{2}$ ② $\dfrac{eS\bar{v}}{n}$ ③ $\dfrac{eS\bar{v}}{2n}$

④ $\dfrac{en\bar{v}}{S}$ ⑤ $\dfrac{en\bar{v}}{2S}$ ⑥ $\dfrac{e\bar{v}}{Sn}$ ⑦ $\dfrac{e\bar{v}}{2nS}$

(イ) の解答群

⓪ $V\ell$ ① $\dfrac{V\ell}{2}$ ② $\dfrac{V}{\ell}$ ③ $\dfrac{V}{2\ell}$

④ $\dfrac{\ell}{V}$ ⑤ $\dfrac{\ell}{2V}$

(ウ) の解答群

⓪ $\dfrac{eV\ell}{k}$ ① $\dfrac{eVk}{\ell}$ ② $\dfrac{ek\ell}{V}$ ③ $\dfrac{Vk\ell}{e}$

④ $\dfrac{eV}{k\ell}$ ⑤ $\dfrac{e\ell}{kV}$ ⑥ $\dfrac{V\ell}{ke}$ ⑦ $\dfrac{ek}{V\ell}$

⑧ $\dfrac{Vk}{e\ell}$ ⑨ $\dfrac{k\ell}{eV}$

(エ) の解答群

⓪ $\dfrac{e^2nVS\ell}{k}$ ① $\dfrac{e^2nVkS}{\ell}$ ② $\dfrac{e^2Vk\ell S}{n}$ ③ $\dfrac{e^2nVk\ell}{S}$

④ $enVk\ell S$ ⑤ $\dfrac{e^2nVS}{k\ell}$ ⑥ $\dfrac{e^2nV\ell}{kS}$ ⑦ $\dfrac{e^2VS\ell}{kn}$

⑧ $\dfrac{enVS\ell}{k}$ ⑨ $\dfrac{e^2nVk}{S\ell}$

(オ) の解答群

⓪ $\dfrac{e^2 nS\ell}{k}$ ① $\dfrac{\ell}{e^2 nkS}$ ② $\dfrac{e^2 k\ell S}{n}$ ③ $\dfrac{S}{e^2 nk\ell}$

④ $enk\ell S$ ⑤ $\dfrac{k\ell}{e^2 nS}$ ⑥ $\dfrac{e^2 n\ell}{kS}$ ⑦ $\dfrac{kn}{e^2 S\ell}$

⑧ $\dfrac{S\ell}{e^2 nk}$ ⑨ $\dfrac{e^2 k\ell}{Sn}$

(2) 一様な磁場中を運動する導線に生じる誘導起電力を自由電子に働くローレンツ力をもとに考えてみよう。図 2-2 のように，互いに直交する x 軸，y 軸，z 軸を設定する。z 軸の正の向きの一様な磁場（磁束密度の大きさ B）の中で導線 PQ を速さ v_e で動かす。導線 PQ が動く向きは x 軸正方向であり，導線 PQ は y 軸に沿っている。導線内の個々の自由電子（電気量 $-e < 0$）も磁場中を速さ v_e で x 軸の正の向きに動いているとする。このとき，導線内の自由電子が磁場より受けるローレンツ力の大きさは **(カ)** であり，**(キ)** の向きである。この力を受けて自由電子は導線 PQ 内を移動し，導線内には電場が生じる。導線内の自由電子は，この電場による力とローレンツ力がつりあうまで導線内を移動する。つりあいの状態では，電場の大きさは **(ク)** となる。導線の長さを L とすると，PQ 間の電位差の大きさは **(ケ)** と求められる。このようにして磁場中を動く導線に生じる誘導起電力を求めることができる。

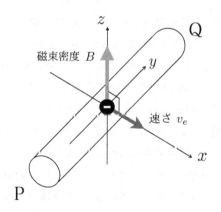

図 2-2

(カ) の解答群

⓪ ev_eB　　　① $\dfrac{v_eB}{e}$　　　② $\dfrac{eB}{v_e}$　　　③ $\dfrac{ev_e}{B}$

(キ) の解答群

⓪ x 軸の正　　① x 軸の負　　② y 軸の正　　③ y 軸の負

④ z 軸の正　　⑤ z 軸の負

(ク) の解答群

⓪ v_eB　　① $\dfrac{v_eB}{e^2}$　　② $\dfrac{B}{v_e}$　　③ $\dfrac{v_e}{B}$

④ eB　　⑤ $\dfrac{B}{e}$　　⑥ $\dfrac{eB}{v_e^2}$　　⑦ $\dfrac{e}{Bv_e}$

⑧ ev_e　　⑨ $\dfrac{v_e}{eB}$

(ケ) の解答群

⓪ ev_eBL　　① v_eBL　　② $\dfrac{v_eBL}{e^2}$　　③ $\dfrac{BL}{v_e}$

④ $\dfrac{v_eL}{B}$　　⑤ $\dfrac{ev_eB}{L}$　　⑥ $\dfrac{v_eB}{e^2L}$　　⑦ $\dfrac{B}{v_eL}$

⑧ $\dfrac{v_e}{BL}$

(3) 一様な磁場中を横切る導線を含む回路に流れる電流について考えよう。**図 2-3**のように，磁束密度の大きさが B である一様な磁場中に，じゅうぶんに長い 2本のなめらかな金属のレールを水平な床の上に間隔 ℓ_0 で平行に置く。レールの向きは磁場に垂直であるとする。その上に，長さ L $(L > \ell_0)$，質量 M の密度が一様な円柱状の導体棒 PQ と P'Q' をレールの向きに垂直になるようにのせた。導体棒 PQ の抵抗は無視できるほど小さいとする。一方，導体棒 P'Q' の断面積は S，抵抗率は ρ である。**図 2-4** のように，二つの導体棒がレールと接触する点をそれぞれ a, b, c, d とする。導体棒 P'Q' の ab 間の抵抗値 R は

$R =$ （コ） となる。以下の設問では，抵抗値は R として解答してよい。

これらの導体棒はレールの上を転がらずになめらかに動くことができる。導体棒に流れる電流は一様であり，レールの電気抵抗は無視できるほど小さく，回路に流れる電流がつくる磁場は無視できるものとする。

まず，導体棒 P'Q' を動かないように固定し，導体棒 PQ を静かに置き，図 2-4 のように導体棒 PQ の中点に大きさ F の一定の外力をレールに平行で導体棒 P'Q' から離れる向きに加えた。導体棒 PQ の速さが v であるとき，流れる電流の大きさ I は $I =$ (サ) となる。導体棒 PQ の加速度の大きさを a とし，I や B などを用いると，導体棒 PQ の運動方程式は $Ma =$ (シ) となる。力を加えてからじゅうぶんに長い時間が経過すると，導体棒は速度一定の定常状態となる。この定常状態での導体棒の速さは (ス) となる。

次に，導体棒 P'Q' の固定を外し，自由に動けるようにする。PQ と P'Q' を静かに置き，導体棒 PQ にのみ導体棒 PQ の中点に大きさ F の一定の外力をレールと平行で導体棒 P'Q' から離れる向きに加えると，導体棒 PQ が運動するとともに回路 abcd に電流が流れ，それにより導体棒 P'Q' も運動を始めた。ある時刻での導体棒 PQ の加速度の大きさを a_1，速さを v_1，導体棒 P'Q' の加速度の大きさを a_2，速さを v_2 とする。ただし，$v_1 > v_2$ であり，導体棒 PQ と P'Q' が接触することはない。このとき，回路 abcd に流れる電流の大きさは (セ) となる。二つの棒の運動方程式を立て，それらの差を考えると，$a_1 - a_2 =$ (ソ) となる。力を加えてからじゅうぶんに長い時間が経過すると，$a_1 - a_2$ の値は 0 に近づき，二つの導体棒の相対速度は一定となる。このとき，回路 abcd に流れる電流の大きさは (タ) である。

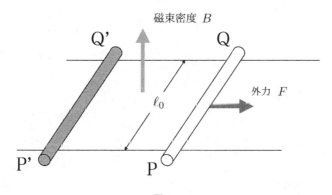

図 2-3

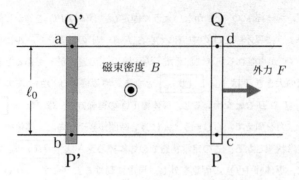

図 2-4

(コ) の解答群

⓪ $\dfrac{\ell_0}{\rho S}$ ① $\dfrac{L}{\rho S}$ ② $\dfrac{S}{\rho \ell_0}$ ③ $\dfrac{S}{\rho L}$

④ $\dfrac{\rho \ell_0}{S}$ ⑤ $\dfrac{\rho L}{S}$ ⑥ $\dfrac{\rho S}{\ell_0}$ ⑦ $\dfrac{\rho S}{L}$

(サ) の解答群

⓪ $\dfrac{evB}{R}$ ① $\dfrac{vB\ell_0}{R}$ ② $\dfrac{vB\ell_0}{e^2 R}$ ③ $\dfrac{B\ell_0}{vR}$ ④ $\dfrac{v\ell_0}{BR}$

⑤ $\dfrac{evB}{RL}$ ⑥ $\dfrac{vBL}{R}$ ⑦ $\dfrac{BL}{vR}$ ⑧ $\dfrac{vL}{BR}$

(シ) の解答群

⓪ $F + IB\ell_0$ ① $F + \dfrac{IB}{\ell_0}$ ② $F + IBL$

③ $F - IB\ell_0$ ④ $F - \dfrac{IB}{\ell_0}$ ⑤ $F - IBL$

(ス) の解答群

⓪ $\dfrac{FR}{B\ell_0}$ ① $\dfrac{B\ell_0}{FR}$ ② $\dfrac{FR}{B^2\ell_0^2}$ ③ $\dfrac{B^2\ell_0^2}{FR}$

④ $\dfrac{FR}{BL}$ ⑤ $\dfrac{BL}{FR}$ ⑥ $\dfrac{FR}{B^2L^2}$ ⑦ $\dfrac{B^2L^2}{FR}$

(セ) の解答群

⓪ $\dfrac{ev_1 B\ell_0}{R}$ ① $\dfrac{e(v_1 + v_2)B\ell_0}{R}$ ② $\dfrac{e(v_1 - v_2)B\ell_0}{R}$

③ $\dfrac{v_1 B\ell_0}{R}$ ④ $\dfrac{(v_1 + v_2)B\ell_0}{R}$ ⑤ $\dfrac{(v_1 - v_2)B\ell_0}{R}$

東京理科大-理工〈B方式-2月6日〉　　　　　　　　　　2021 年度　物理　*159*

⑥ $\dfrac{v_1 B}{R\ell_0}$ 　　　　　⑦ $\dfrac{(v_1 + v_2)B}{R\ell_0}$ 　　　　　⑧ $\dfrac{(v_1 - v_2)B}{R\ell_0}$

(ソ) の解答群

⓪ $\dfrac{F}{M}$ 　　　　　　　　　　　① $\dfrac{2(v_1 - v_2)B^2 \ell_0^2}{MR}$

② $-\dfrac{2(v_1 - v_2)B^2 \ell_0^2}{MR}$ 　　　③ $\dfrac{F}{M} + \dfrac{2(v_1 - v_2)B^2 \ell_0^2}{MR}$

④ $\dfrac{F}{M} - \dfrac{2(v_1 - v_2)B^2 \ell_0^2}{MR}$

(タ) の解答群

⓪ 0 　　　　① $\dfrac{F}{B\ell_0}$ 　　　　② $\dfrac{2F}{B\ell_0}$ 　　　　③ $\dfrac{F}{2B\ell_0}$

④ $\dfrac{F}{B\ell_0 R}$ 　　　⑤ $\dfrac{2F}{B\ell_0 R}$ 　　　⑥ $\dfrac{F}{2B\ell_0 R}$

3 　次の問題の ☐ の中に入れるべき最も適当なものをそれぞれの**解答群**の中から選び，その番号を**解答用マークシート**の指定された欄にマークしなさい。(同じ番号を何回用いてもよい。答えが数値となる場合は最も近い数値を選ぶこと。) 　　　　　　　　　　　　　　　　　　　　　　　　　　　(30 点)

　以下では，物体やその像とレンズの間の距離，およびレンズの焦点距離は常に正の値であり，その単位は cm である。

(1) 凸レンズには次にあげるような性質がある。**図 3-1** に示すように，物体 AB の A から出た光のうち，(i) 光軸に平行な光線 AP はレンズを通過後，レンズの焦点 F′ を通り，(ii) レンズの中心 O を通る光線はそのまま直進し，(iii) レンズの焦点 F を通る光線はレンズを通過後，光軸に平行な光線 P′A′ となる。これらの性質により，焦点距離 f_1 の凸レンズの前方（図の左方）の距離 $a\ (> f_1)$ にある物体 AB は，光軸に沿ってレンズの後方（図の右方）の距離 b にある位置に像 A′B′（実像）を結ぶ（**図 3-1**）。このとき，△ABO と △A′B′O が相似であることから，線分 AB，A′B′ の長さをそれぞれ $\overline{\text{AB}}$ および $\overline{\text{A′B′}}$ とすると，$\dfrac{\overline{\text{A′B′}}}{\overline{\text{AB}}} = $ **(ア)** が成り立つ。一方，△OPF′ と △B′A′F′ が相似であることから，線分 OP の長さを $\overline{\text{OP}}$ とすると，$\dfrac{\overline{\text{A′B′}}}{\overline{\text{OP}}} = $ **(イ)** が成り立つ。以上

のことから，a, b, f_1 の間には (ウ) という関係が成立することが分かる。

　焦点距離 f_2 の凹レンズの場合，図 3-2 に示すように，レンズの前方（図の左方）の距離 a にある物体 AB の A から出た光のうち，(i) 光軸に平行な光線 AP は，レンズを通過後，レンズの焦点 F から来たように進み，(ii) レンズの中心 O を通る光線はそのまま直進し，(iii) 焦点 F′ に向かって進む光は，屈折後，光軸に平行に進む。レンズの後方（図の右方）から凹レンズを通して物体を見ると，レンズの前方の距離 b の位置に像 A′B′（虚像）が見える（図 3-2）。△ABO と △A′B′O が相似であることから，$\dfrac{\overline{A'B'}}{\overline{AB}} =$ (エ) である。一方，△OPF と △B′A′F が相似であることから $\dfrac{\overline{A'B'}}{\overline{OP}} =$ (オ) が成り立つ。以上のことから，a, b, f_2 の間には (カ) という関係が成立する。

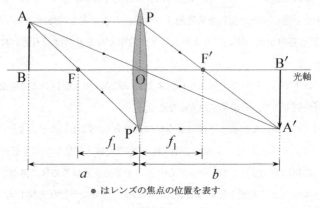

● はレンズの焦点の位置を表す

図 3-1

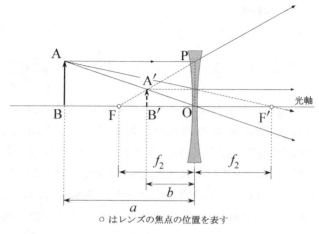

○ はレンズの焦点の位置を表す

図 3-2

(ア) の解答群

⓪ $\dfrac{b}{a}$　　① $\dfrac{a}{b}$　　② $\dfrac{a}{a+b}$　　③ $\dfrac{b}{a+b}$

(イ) の解答群

⓪ $\dfrac{f_1}{b}+1$　　① $\dfrac{b}{f_1}+1$　　② $\dfrac{f_1}{b}-1$

③ $\dfrac{b}{f_1}-1$　　④ $1-\dfrac{f_1}{b}$　　⑤ $1-\dfrac{b}{f_1}$

(ウ) の解答群

⓪ $\dfrac{1}{a}-\dfrac{1}{b}=\dfrac{1}{f_1}$　　① $\dfrac{1}{a}+\dfrac{1}{b}=\dfrac{1}{f_1}$　　② $\dfrac{1}{a-b}+\dfrac{1}{a}=\dfrac{1}{f_1}$

③ $\dfrac{1}{a}-\dfrac{1}{b}=-\dfrac{1}{f_1}$　　④ $\dfrac{1}{a}+\dfrac{1}{b}=-\dfrac{1}{f_1}$　　⑤ $\dfrac{1}{a-b}-\dfrac{1}{b}=-\dfrac{1}{f_1}$

(エ) の解答群

⓪ $\dfrac{b}{a}$　　① $\dfrac{a}{b}$　　② $\dfrac{a}{a+b}$　　③ $\dfrac{b}{a+b}$

(オ) の解答群

⓪ $1+\dfrac{f_2}{b}$　　① $1+\dfrac{b}{f_2}$　　② $1-\dfrac{f_2}{b}$

③ $1-\dfrac{b}{f_2}$　　④ $\dfrac{f_2}{b}-1$　　⑤ $\dfrac{b}{f_2}-1$

162 2021 年度　物理　　　　　　　　　　　東京理科大-理工〈B方式 − 2 月 6 日〉

(カ) の解答群

⓪ $\dfrac{1}{a} - \dfrac{1}{b} = \dfrac{1}{f_2}$　　　① $\dfrac{1}{a} + \dfrac{1}{b} = \dfrac{1}{f_2}$　　　② $\dfrac{1}{a-b} + \dfrac{1}{b} = \dfrac{1}{f_2}$

③ $\dfrac{1}{a} - \dfrac{1}{b} = -\dfrac{1}{f_2}$　　④ $\dfrac{1}{a} + \dfrac{1}{b} = -\dfrac{1}{f_2}$　　⑤ $\dfrac{1}{a-b} + \dfrac{1}{b} = -\dfrac{1}{f_2}$

(2)　**小問 (1)** で得た知見などに基づいて，異なる焦点距離のレンズを 2 つ組み合わせた光学系について考えてみよう。**図 3-3** のように，焦点距離 f_1 の凸レンズ L_1 の右方に，焦点距離 f_2 ($< f_1$) の凹レンズ L_2 を光軸を一致させるように配置することを考える。L_1 と L_2 の距離を d とし，$d > f_1 + f_2$ とする。まず，凸レンズ L_1 のみが作る像について考える（**図 3-4**）。このとき，L_1 の前方（図の左方）の距離 a ($> f_1$) にある物体 AB は，L_1 によってレンズの後方（図の右方）に実像 A′B′ を結ぶ。L_2 の位置から像 A′B′ までの距離を b とすると，a, b, d, f_1 の間には　（**キ**）　という関係が成り立つ。物体 AB に対する像 A′B′ の倍率は a, b, d を用いて　（**ク**）　と求められる。

　次に，凹レンズ L_2 を含めた場合に，L_2 の左側に作られる像について考える。凹レンズ L_2 の 2 つの焦点はいずれも像 A′B′ の左側にあるとする。**小問 (1)** では，レンズの前方（図の左方）にある物体の 1 点から広がる光が入射する場合を扱ってきた。一方，レンズの前方から，後方の一点に向かって収束するような光が入射する場合（虚光源）に関する像についても，作図によりその像を求めることができる。上で求めた実像 A′B′ の点 A′ を虚光源とした場合に得られる像について考える。**図 3-5** はレンズ L_2 とその周囲の光線の様子を拡大したものである。点 A′ に向かって光軸に平行に入射し，レンズ L_2 で屈折した光線 r_1 を逆に延長した光線と，レンズ L_2 の中心 O を通る光線 r_2 の交点などから，その像 A″B″ が求められる。レンズ L_1，L_2 によってレンズ L_1 の右方の距離 c の位置に物体 AB の像 A″B″ が結ばれたとする。このとき，△A′B′O と △A″B″O が相似であることから，線分 A′B′，A″B″ の長さをそれぞれ $\overline{\text{A′B′}}$ および $\overline{\text{A″B″}}$ とすると，$\dfrac{\overline{\text{A″B″}}}{\overline{\text{A′B′}}} =$　（**ケ**）　が成り立つ。同様に，線分 OP′ の長さを $\overline{\text{OP′}}$ とすると，△OP′F と △B″A″F の相似から $\dfrac{\overline{\text{A″B″}}}{\overline{\text{OP′}}} =$　（**コ**）　が成り立つ。以上のことから，b, c, d, f_2 の間には　（**サ**）　という関係が成り立つことが分かる。$f_1 = 10$ cm，$f_2 = 2$ cm，$a = 22$ cm，$d = 16$ cm の場合，物体 AB の　（**シ**）　した　（**ス**）　が $c =$　（**セ**）　cm の位置に結ばれる。得

られた像の大きさは物体の大きさの (ソ) 倍になる。

このしくみの望遠鏡はガリレオ式望遠鏡と呼ばれており，オペラグラスなどに用いられている。

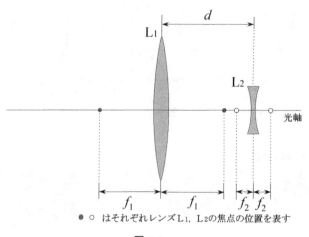

● ○ はそれぞれレンズL_1，L_2の焦点の位置を表す

図 3-3

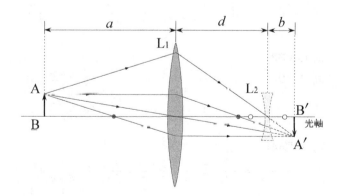

● ○ はそれぞれレンズL_1，L_2の焦点の位置を表す

図 3-4

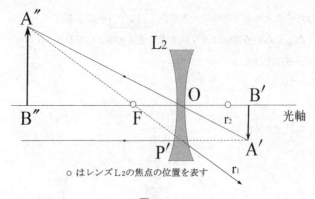

○ はレンズ L_2 の焦点の位置を表す

図 3-5

(キ) の解答群

⓪ $\dfrac{1}{a+b} + \dfrac{1}{d} = \dfrac{1}{f_1}$ ① $\dfrac{1}{a-b} + \dfrac{1}{d} = \dfrac{1}{f_1}$ ② $\dfrac{1}{a} + \dfrac{1}{b} = \dfrac{1}{f_1}$

③ $-\dfrac{1}{a} + \dfrac{1}{b+d} = \dfrac{1}{f_1}$ ④ $\dfrac{1}{a} + \dfrac{1}{b-d} = \dfrac{1}{f_1}$ ⑤ $\dfrac{1}{a} + \dfrac{1}{b+d} = \dfrac{1}{f_1}$

(ク) の解答群

⓪ $\dfrac{a+b}{d}$ ① $\dfrac{d}{a+b}$ ② $\dfrac{b+d}{a}$ ③ $\dfrac{a}{b+d}$

(ケ) の解答群

⓪ $\dfrac{d+c}{b}$ ① $\dfrac{b}{d+c}$ ② $\dfrac{d-c}{b}$ ③ $\dfrac{b}{d-c}$

(コ) の解答群

⓪ $\dfrac{d+c}{f_2} + 1$ ① $\dfrac{f_2}{d+c} + 1$ ② $\dfrac{d-c}{f_2} + 1$

③ $\dfrac{d+c}{f_2} - 1$ ④ $\dfrac{f_2}{d+c} - 1$ ⑤ $\dfrac{d-c}{f_2} - 1$

(サ) の解答群

⓪ $\dfrac{1}{d} - \dfrac{1}{b+c} = -\dfrac{1}{f_2}$ ① $\dfrac{1}{d} + \dfrac{1}{b-c} = \dfrac{1}{f_2}$ ② $\dfrac{1}{d+c} + \dfrac{1}{b} = \dfrac{1}{f_2}$

③ $\dfrac{1}{d-c} - \dfrac{1}{b} = \dfrac{1}{f_2}$ ④ $\dfrac{1}{d-c} + \dfrac{1}{b} = \dfrac{1}{f_2}$ ⑤ $\dfrac{1}{d-c} - \dfrac{1}{b} = -\dfrac{1}{f_2}$

東京理科大-理工〈B方式 - 2 月 6 日〉 2021 年度 物理 *165*

(シ) の解答群

⓪ 正立 ① 倒立

(ス) の解答群

⓪ 実像 ① 虚像

(セ), (ソ) の解答群

⓪ 2 ① 2.5 ② 3 ③ 3.5 ④ 4

⑤ 4.5 ⑥ 5 ⑦ 5.5 ⑧ 6 ⑨ 6.5

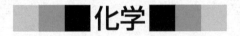

(80分)

各設問の計算に必要ならば,下記の数値を用いなさい。

原子量：H 1.0, C 12.0, O 16.0, Na 23.0, Cl 35.5, K 39.1, Sn 118.7

ファラデー定数：9.65×10^4 C/mol
アボガドロ定数：6.02×10^{23} /mol
気体定数：8.31×10^3 Pa·L/(K·mol)
標準状態における理想気体のモル体積：22.4 L/mol

特段の記述がない限り,気体はすべて理想気体としてふるまうものとする。

東京理科大-理工〈B方式 - 2月6日〉　　　2021 年度　化学　*167*

1　次の記述の(ア)〜(サ)にあてはまる整数を**解答用マークシート**にマークしなさい。
　　ただし，答が1桁の数値の場合，十の位には0をマークしなさい。　　（16点）

(1)　ケイ素は，周期表上で第 | (ア) | 周期， | (イ) | 族に属する。

(2)　塩素原子は | (ウ) | 個の価電子を持つ。塩素分子では，各原子が
　　 | (エ) | 個ずつの電子を出し合って結合が形成されている。

(3)　リン原子において，L殻に入っている電子の数は | (オ) | 個，M殻に
　　入っている電子の数は | (カ) | 個である。

(4)　N殻に収容可能な電子の最大数は | (キ) | 個である。

(5)　2族元素の中で電気陰性度が最も大きな元素の原子番号は | (ク) | であ
　　る。

(6)　硫酸酸性水溶液中での過マンガン酸カリウムと過酸化水素の反応により酸素
　　分子が生成する反応において，過酸化水素分子中の酸素原子の酸化数は
　　 | (ケ) | だけ増加し，マンガンの酸化数は | (コ) | だけ減少する。

(7)　1.013×10^5 Pa，25 ℃の条件で，片方の端を閉じた充分に長いガラス管に
　　水銀を満たし，水銀を入れた容器の中で倒立させると，水銀柱は76 cmの高
　　さとなる。また，この状態から，エタノールをガラス管中に注入していき，倒
　　立させたガラス管の上部が25 ℃におけるエタノールの飽和蒸気で満たされた
　　とする。この時，水銀柱の高さは，小数点以下を四捨五入すると | (サ) |
　　cmとなる。なお，25 ℃におけるエタノールの飽和蒸気圧を 7.97×10^3 Paと
　　し，ガラス管中の液体のエタノールの重量，体積，ならびに水銀の蒸気圧は無
　　視できるものとする。

2 次の記述(1)〜(3)を読み，(a)〜(d)にあてはまる最も適当な数字をA欄より，(ア)〜(キ)にあてはまるものをB欄より，(あ)にあてはまる文をC欄より選び，その番号を解答用マークシートにマークしなさい（番号の中の0という数字も必ずマークすること）。同じ番号を何回選んでもよい。また，(i)〜(iii)にあてはまる語の組み合わせとして最も適当なものを表Dより選び，その番号を解答用マークシートの①欄にマークしなさい。さらに，(I)，(II)にあてはまる数値を有効数字が2桁になるように3桁目を四捨五入して求め，次の形式で解答用マークシートにマークしなさい。指数 c が0の場合の符号 p には＋をマークしなさい。　　　　　　　　　　　（17点）

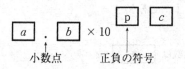

なお，計算には下記の数値を用いなさい。
$\sqrt{2} = 1.41$, $\sqrt{3} = 1.73$, $(1.23)^3 = 1.86$, $(4.29)^3 = 79.0$

(1) ナトリウムの結晶構造は体心立方格子であり，その配位数は (a) である。また，原子量は23.0，単位格子の一辺の長さは 4.29×10^{-8} cm，単位格子中に存在するナトリウム原子は (b) 個であることから，1 mol あたりの体積は (I) cm³，密度は (II) g/cm³ と求められる。同じく1族元素であるカリウムの結晶構造もナトリウムと同様に体心立方格子であり，原子量は39.1，単位格子の一辺の長さはナトリウムの1.23倍である。よって，カリウムの密度はナトリウムより (ア) く，また，水より (イ) い。

(2) 水（H_2O）の結晶である氷は， (ウ) などと同様に (エ) 結晶の一種であり，1個の H_2O と結合している H_2O の数は (オ) の配位数と同じく (c) である。氷の密度は液体の水より (カ) く，このため，氷にかかる圧力が (キ) くなるほど融点は高くなる。

(3) 水と同様に第16族元素の水素化合物である硫化水素(H₂S)の状態図は下図のように表され，その三重点は温度 −85.5℃，圧力 2.33 × 10⁴ Pa である。常温・常圧は，状態図中の点 (d) に対応する。つまり，硫化水素は (あ) 。一方，同じく第16族元素の水素化合物であるセレン化水素(H₂Se)が，常圧で気体に状態変化する温度は硫化水素より (i) 。この理由は，硫化水素よりセレン化水素の方が，分子間にはたらく (ii) が (iii) ためであると説明できる。

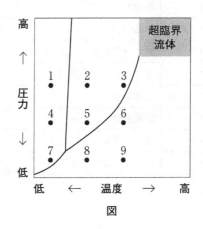

図

A 欄

01 1	02 2	03 3	04 4	05 5
06 6	07 7	08 8	09 9	10 10
11 11	12 12	13 13	14 14	15 15
16 16	17 24	18 32	19 48	20 64

B 欄

1 イオン　　2 共有結合　　3 金　属
4 分　子　　5 塩化ナトリウム　　6 ナトリウム
7 ダイヤモンド　　8 ドライアイス　　9 高
10 低

C 欄

1 常圧では気体・液体・固体のいずれの状態にもなり得る

2 常圧では温度を変化させても液体の状態にならない

3 常圧では温度を変化させても固体の状態にならない

表 D

番号	(i)	(ii)	(iii)
1	高 い	水素結合	強 い
2	高 い	水素結合	弱 い
3	高 い	ファンデルワールス力	強 い
4	高 い	ファンデルワールス力	弱 い
5	低 い	水素結合	強 い
6	低 い	水素結合	弱 い
7	低 い	ファンデルワールス力	強 い
8	低 い	ファンデルワールス力	弱 い

3 次の記述(1)〜(4)を読み，(ア)〜(オ)にあてはまる最も適当なものをA欄より選び，その番号を**解答用マークシート**にマークしなさい。同じ番号を何回選んでもよい。また，(i)〜(iv)にあてはまる数値を有効数字が3桁になるように4桁目を四捨五入して求め，次の形式で**解答用マークシート**にマークしなさい。指数 d が 0 の場合の符号 p には＋をマークしなさい。　　　　　　　　　　　　　　　　(17点)

(1) 水酸化ナトリウムは，図に示すようなイオン交換膜法で塩化ナトリウム水溶液を電気分解してつくられる。イオン交換膜法で，塩化ナトリウム水溶液を電気分解すると，陽極では (ア) が生成し，陰極では (イ) と (ウ) が生成する。電解槽内部は (エ) によって陽極室と陰極室に仕切られており，陽極および陰極で生成したものが混ざり合うことはない。また，(オ) のみが選択的に (エ) を通過するため，電気分解によって陰極室では (イ) と (オ) の濃度が高くなる。

A　欄

1　H^+　　　　2　Na^+　　　　3　OH^-　　　　4　Cl^-
5　H_2　　　　6　O_2　　　　7　Cl_2　　　　8　H_2O
9　陽イオン交換膜　　　　10　陰イオン交換膜

(2) イオン交換膜法で，5.00 A の電流で 386 秒間電気分解したところ，水酸化ナトリウムが (i) mol 生成した。また，このとき両極から発生した気体の体積の合計は，標準状態で (ii) L であった。ただし，発生した気体の水への溶解は無視できるものとする。

(3) イオン交換膜法で，陰極室へ毎分 10.0 g ずつ水を供給して，陰極室からの流出液における水酸化ナトリウムの質量モル濃度を 5.00 mol/kg に保つためには， (iii) A の電流で電気分解を行えばよい。なお，反応は理論どおりに進むものとする。

(4) 図中の(エ)を多孔質の素焼き板に変えて電気分解を行った場合，純度の高い水酸化ナトリウム水溶液を得るためには蒸発濃縮によって塩化ナトリウムを析出させて除く必要がある。この方法で電気分解を行った後に，陰極室から 1000 g の流出液を取り出したところ，塩化ナトリウムおよび水酸化ナトリウムの質量パーセント濃度はそれぞれ 16.6 %，12.4 % であった。25 ℃ で水酸化ナトリウムの飽和水溶液となるようにするには，陰極室から取り出した溶液を加熱して水を少なくとも (iv) g 蒸発させる必要がある。

なお，塩化ナトリウムおよび水酸化ナトリウムの水への 25 ℃ における溶解度は，それぞれ 35.9 g/100 g 水，114 g/100 g 水であるとし，混合溶液中でも溶解度は変わらないものとする。また，析出物はすべて塩化ナトリウムとする。

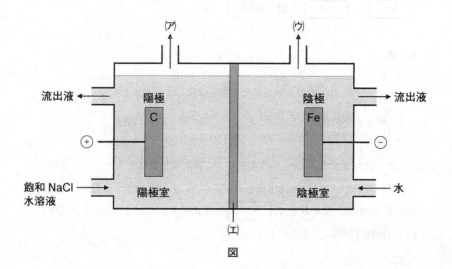

図

東京理科大-理工〈B方式-2月6日〉　　　　　　　　2021 年度　化学　*173*

4 　次の記述(1)～(3)を読み，(ア)～(タ)にあてはまる最も適当なものをA欄より選び，
その番号を**解答用マークシート**にマークしなさい(番号の中の0という数字も必
ずマークすること)。ただし，同じ番号を何回選んでもよい。　　　　　　(17点)

(1)　鉄(Fe)は　(ア)　族に属する元素で，地殻中に酸化物や硫化物として約
　　5％含まれており，地殻中の構成比率では，　(イ)　，　(ウ)　，Alに
　　次いで4番目に多い。

(2)　鉄には酸化数が＋　(エ)　と＋　(オ)　の化合物が存在する。酸化鉄
　　(Ⅲ)の鉄の酸化数は＋　(オ)　のみであるが，四酸化三鉄は酸化数が
　　＋　(エ)　と＋　(オ)　の鉄イオンが両方共存しており，酸化数の決め
　　方に基づいて計算すると，酸化数＋　(エ)　の鉄イオンに対して酸化数
　　＋　(オ)　の鉄イオンが　(カ)　倍含まれることがわかる。酸化数
　　＋　(エ)　の鉄イオンを含む水溶液に水酸化ナトリウム水溶液やアンモニア
　　水を加えると，　(キ)　色の　(ク)　が沈殿する。同じように，酸化数
　　＋　(オ)　の鉄イオンを含む水溶液に水酸化ナトリウム水溶液やアンモニア
　　水を加えると，　(ケ)　色の　(コ)　が沈殿する。

(3)　単体の鉄は，酸化鉄(Ⅲ)を主成分とする　(サ)　や四酸化三鉄を主成分と
　　する　(シ)　などの酸化物を多く含む鉄鉱石を，コークスや石灰石とともに
　　溶鉱炉へ入れ，燃焼から生じた　(ス)　により還元して得ることができる。
　　溶鉱炉の底で融解して得られる，炭素の含有量が約4％である鉄を　(セ)
　　とよぶ。また，高温にした　(セ)　を転炉に入れて　(ソ)　を吹き込み，
　　炭素の含有量を0.02～2％にしたものを　(タ)　とよぶ。

A 欄

01　1	02　2	03　3	04　4
05　5	06　6	07　7	08　8
09　9	10　10	11　11	12　12

13　13	14　14	15　15	16　16
17　17	18　18	19　H	20　Li
21　Be	22　B	23　C	24　N
25　O	26　F	27　Na	28　Mg
29　Al	30　Si	31　P	32　Cl
33　O_2	34　N_2	35　CO	36　CO_2
37　NO	38　NO_2	39　銑　鉄	40　鋼
41　ステンレス鋼	42　ジュラルミン		43　トタン
44　黒	45　黄	46　赤　褐	47　緑　白
48　青　白	49　濃　青	50　血　赤	51　黄　褐
52　水素化物	53　酸化物	54　水酸化物	55　窒化物
56　赤鉄鉱	57　褐鉄鉱	58　磁鉄鉱	59　鱗鉄鉱

5　次の記述を読み，(1)～(8)の問いに答えなさい。解答はそれぞれの選択肢から最も適当なものを選び，その番号を**解答用マークシート**にマークしなさい。

(17 点)

　乾いた大型試験管に2 mL の **X** を入れ，ビーカーの水で冷やしながら2 mL の
(1)
Y を少しずつ加えて振り混ぜる。さらに，1 mL のベンゼンを1滴ずつ加えて振り混ぜる。ときどき振り混ぜながら60 ℃ の温水で10 分加熱した後，反応溶液を分液ろうとに入れた50 mL の冷水に注ぎ込む。水層から分離してニトロベン
(2)
ゼンを得る。

　乾いた大型試験管に2 g のスズを入れ，さらに1 mL のニトロベンゼンを入れ
(3)
て温水で60 ℃ に加熱する。温水からはずし，ここに6 mL の 12 mol/L 塩酸を
0.5 mL ずつ 12 回に分けて加えて振り混ぜる。ときどき振り混ぜながら60 ℃ の温水で1時間加熱した後，1 mL の水を加え，40 % 水酸化ナトリウム水溶液を入れてアルカリ性にする。溶液をろ過したろ液を分液ろうとに入れて水層から分離
(4)
してアニリンを得る。
(5)
　100 mL ビーカーを3個用意する。一つ目の 100 mL ビーカーに 0.5 mL のアニ

東京理科大-理工〈B方式-2月6日〉 2021 年度 化学 *175*

リンと 6 mL の 2 mol/L 塩酸を入れて良く混合し，2 cm 角程度の氷の塊を 3 個
加える(溶液 A)。二つ目の 100 mL ビーカーに 4 mL の 10 ％ 亜硝酸ナトリウム
　　(6)
水溶液を入れ，ここにも氷を 1 片入れる(溶液 B)。三つ目の 100 mL ビーカーに
10 mL の 2 mol/L 水酸化ナトリウム水溶液を入れ，0.25 g のフェノールを溶か
す(溶液 C)。溶液 A に溶液 B を少しずつ良く攪拌しながら加え，次いでこの溶
　　　　(7)　　　　　　　　　　　　　　　　かくはん
液を溶液 C に少しずつ攪拌しながら加える。10 分攪拌した後 6 mL の 2 mol/L
塩酸を加えて酸性として生成物を得る。
　　　　　　　　(8)

(1) 下線部(1)に示す **X** および **Y** に適する化合物の組合せを次の **1 ～ 4** からひと
　つ選びなさい。

　1 **X**：濃硝酸，**Y**：濃塩酸

　2 **X**：濃塩酸，**Y**：濃硝酸

　3 **X**：濃硝酸，**Y**：濃硫酸

　4 **X**：濃硫酸，**Y**：濃硝酸

(2) 下線部(2)に示すニトロベンゼンの性質について正しいものを次の **1 ～ 4** から
　ひとつ選びなさい。

　1 常温常圧では淡黄色の液体である。

　2 常温常圧で水によく溶ける。

　3 水より密度が低い。

　4 高い還元性を有する。

(3) 下線部(3)に示すスズの価数について正しいものを次の **1 ～ 4** からひとつ選び
　なさい。

　1 反応により還元されて 0 価から 4 価になる。

　2 反応により還元されて 4 価から 0 価になる。

　3 反応により酸化されて 0 価から 4 価になる。

　4 反応により酸化されて 4 価から 0 価になる。

(4) 下線部(4)に示すアルカリ性にしたときの溶液の状態について正しいものを次

176 2021 年度　化学　　　　　　　　　東京理科大-理工〈B方式 - 2月6日〉

の1～4からひとつ選びなさい。

　1　アニリンが黄色液体として遊離する。

　2　アニリン塩酸塩が黄色液体として遊離する。

　3　アニリンが黄色固体として遊離する。

　4　アニリン塩酸塩が黄色固体として遊離する。

⑸　下線部⑸に示すアニリンの性質について正しいものを次の1～4からひとつ
　選びなさい。

　1　弱酸性を示す。

　2　ジエチルエーテルに難溶である。

　3　さらし粉の水溶液を加えると赤紫色に呈色する。

　4　高い酸化性を有する。

⑹　下線部⑹に示す氷を加えて反応を行う理由について正しいものを1～4から
　ひとつ選びなさい。

　1　アニリンの酸化を防ぐため。

　2　フェノールの生成を防ぐため。

　3　塩化水素の揮発を防ぐため。

　4　ジアゾカップリング反応を促進するため。

⑺　下線部⑺に示す操作をしたときの溶液について正しいものを1～4からひと
　つ選びなさい。

　1　塩化ベンゼンジアゾニウムが生成し，赤色に呈色する。

　2　塩化ベンゼンジアゾニウムが生成し，淡黄色に呈色する。

　3　アニリン塩酸塩が生成し，赤色に呈色する。

　4　アニリン塩酸塩が生成し，淡黄色に呈色する。

⑻　下線部⑻に示す生成物について正しいものを1～4からひとつ選びなさい。

　1　*m*-ヒドロキシアゾベンゼンの液体である。

　2　*m*-ヒドロキシアゾベンゼンの固体である。

東京理科大-理工〈B方式－2月6日〉　　　　　2021 年度　化学　*177*

　3　*p*-ヒドロキシアゾベンゼンの液体である。

　4　*p*-ヒドロキシアゾベンゼンの固体である。

6　次の記述の(ア)～(ケ)にあてはまる最も適当なものをＡ欄から選び，その番号を**解答用マークシートにマーク**しなさい(番号の中の**0**という数字も必ずマークすること)。なお，同じ番号は一回しか選んではいけません。　　　　　(16 点)

　　(ア)　の付加重合で得られる樹脂は上下水パイプなどの管に用いられ，(イ)　とエチレングリコールの縮合重合で得られる樹脂はペットボトルに用いられる。(ウ)　とホルムアルデヒドを付加縮合させた後に硬化剤を入れて加熱した樹脂は電気のソケット，プリント基板などに用いられる。(エ)　と(オ)　の共重合体にスルホ基などの官能基を導入したものは，イオン交換樹脂の材料の一つである。(イ)　を塩素化させたものと(カ)　を縮合重合させたものは航空機の複合材料，防弾チョッキなどに用いられる。(イ)　の異性体である(キ)　の酸無水物とグリセリン(1, 2, 3-プロパントリオール)から得られる高分子材料は，硬さの制御が可能であるため，自動車用塗料，接着剤，油絵具など種々の製品に応用されている。また，(エ)　と(ク)　よりなる合成ゴムは耐摩耗性に優れているので，タイヤなどに用いられる。ヘキサメチレンジアミンと(ケ)　を縮合重合させた高分子は，釣り糸やギターの弦などに用いられる。

Ａ　欄

01　アジピン酸　　　02　アニリン　　　　03　安息香酸

04　塩化ビニル　　　05　キシレン　　　　06　クメン

07　酢酸ビニル　　　08　サリチル酸　　　09　サリチル酸メチル

10　*p*-ジビニルベンゼン　11　スチレン　　　12　テレフタル酸

13　ニトロトルエン　14　ニトロベンゼン　15　*p*-フェニレンジアミン

16　フェノール　　　17　1, 3-ブタジエン　18　フタル酸

19　ヘキサメチレンジアミン　　　　　　20　ベンジルアルコール

21　ベンゼンスルホン酸

178 2021 年度 英語〈解答〉　　　　　　　東京理科大-理工〈B方式-2月6日〉

解答編

英語

(注)　解答につきましては，東京理科大学から提供のあった情報を掲載しております。

1 解答

(1)—1　(2)—2　(3)—1　(4)—2　(5)—1　(6)—2
(7)—2　(8)—3　(9) 3 → 6 → 7 → 4 → 1 → 2 → 5
(10)—4　(11) 1 —T　　2 —F　　3 —T　　4 —T　　5 —F　　6 —F

◆全　訳◆

≪「走ることで人間は進化した」仮説≫

　毎年4月にボストンマラソンが行われ，参加者は約3万人，見物人は50万人である。1位でゴールする人は1キロ3分未満のペースを維持して，42.1キロのしんどいコースを2時間あまりで完走しなくてはならない。それはわかっている。想像するのも痛々しい。我々のほとんどはそんなスピードを1キロ維持することもできない。42キロなど論外だ。しかし，趣味で走っている世界中のランナーの皆さん，ご安心を。人間の持久力は，その他の動物界と比べると並外れている。確かに，他の動物の方が強さや敏捷さや理論速度は優れており，人類はどう見ても相対的に不十分な身体能力の持ち主だ。しかし，長距離移動ということになると，人類は優れている。走り続けて15分もすると，健康な人間はほとんどすべての哺乳類よりも長く走ることができる，特に炎天下では。これは理論上の異種間マラソン（あるいは，実際にあるヒト・馬対抗マラソン）で賭けをするには相当に有益なアドバイスである。もっと正確に言えば，人類の進化の研究に重要なアイデアを与える基盤である。これを「走ることで人間は進化した」仮説と呼ぶことにしよう。一部の科学者たちによれば，長距離を走ることが，人類の先祖が進化に成功した鍵であった。彼らによれば，持久力を備えるように適応したことで，初期の人類は複雑な武器が発明されるはるか以前に狩猟ができていた。定期的に肉を得られることで，脳が

東京理科大-理工〈B方式-2月6日〉　　　　　2021 年度　英語〈解答〉　*179*

成長し，そして最終的に，我々の知る人類が誕生したのだ。

　走ることが人類の進化に果たした役割を最も熱心に研究しているのはハーバード大学の進化生物学者ダニエル=リーバーマンであり，彼はボストンマラソンにも9回出場している。リーバーマンたちの仮説によれば，約200万年前，人類の先祖は尖った棒や石で武装し，長時間の狩りで獲物を倒すことができた。このやり方は最近の狩猟採集社会の一部でも実践されているが，真昼の太陽が照りつける中で，うまそうな草食動物を追いかけて，最終的に動物が疲労と熱中症で倒れる，というものだ。それから狩人たちは単純な武器で最後の仕上げを行えるのだ。このシナリオによって，人類の進化の大きな謎，すなわち，人類の先祖がいかにして肉を入手したのかが解明された。研究者たちが人類の先祖が狩りをしていたと考える理由は，200～100万年前の考古学的遺跡から解体された動物の骨が大量出土していることにある。しかし，当時の石器は手斧のような重たい道具であり，この技術は動く標的を攻撃するよりも，死んだ動物を解体するのに向いていた。弓矢のような投器が発明されたのは，おそらく8万年前のことである。手斧を持った人類がたくさんの獲物を捕まえているのは想像しがたい。特に，人類はライオン，ハイエナ，その他のアフリカの肉食動物と競合していたに違いないのであるから。

　しかし，長時間の狩りが，その秘密だったのかもしれない。熱中症を避けるために，ほとんどの捕食動物は1日で一番暑い時間には狩りを控える。しかし，人類は，そしてひょっとすると初期の人類も，毛皮のない身体，汗腺の増加などの適応のおかげで熱を処理できる。日が一番高く，ほとんどの肉食動物が昼寝をしているとき，人類の先祖は獲物を長時間追跡して，狩っていたのかもしれない。

　民族誌的研究では，最近の狩猟採集社会でも長時間の狩りを記録している。例えば，カラハリ砂漠のブッシュマン，オーストラリアのアボリジニ，アメリカ南西部やメキシコのネイティブアメリカンなどだ。2006年の『現代人類学』誌の論文は，この問題に関する最初の実証的データを提示した。ベースとなっているのは，ボツワナのカラハリ砂漠における10回に及ぶ長時間の狩りだ。狩りは10回のうち5回成功したが，6時間にも及び，37℃を超す中で16～32キロを走るものであった。追われている間，獲物は一気に全速力で駆け出し，飛び飛びに休憩していた。一方，人間は

ゆっくりと堅実に追跡し，平均して6～9分に1キロのペースで進んでいた。狩人たちは定期的に獲物を見失ったが，足跡や草のへこみなどのしるしで経路がわかった。民族誌的研究で判明したところでは，長時間の狩りが成功しているのは，暑い草原のような環境のみであり，その場合でも，今日の狩猟採集者はめったに長時間の狩りは行わない。一部の人類学者からすれば，こうした点は仮説の反証に十分である。彼らによれば，長時間の狩りはあまりにも一般性を欠き，あまりにも少数の居住地でしか効果がないのだから，人類の進化の重要な原動力となりえなかった。これに対する反論としては，長時間の狩りが今日めったに行われないからといって，人類の先祖が暮らしていた200万年前の環境でもそうであったことにはならない。

　そこで，人類の先祖が獲物を実際に追いかけていたとしてみよう。このやり方を最初に採用した種が人類であったという証拠は何か？　2004年の『ネイチャー』誌の論文で，リーバーマンと生物学者で現在ユタ大学名誉教授のデニス=ブランブルは初期人類の化石に走る能力があったことを示す骨格上の特徴を特定した。例えば，狭い骨盤，短い足の指，臀部の拡大，液体の詰まった耳腔などであり，これらは移動中にバランスを保つのに役立っている。走ることに対するこうした適応の大部分は，アウストラロピテクスのような初期の種ではなく，約200万年前に現れた。ここから言えることは，人類の先祖が，人類史上初めて持久力を得たということだ。しかし，ボストンマラソンの3万人の参加者たちが思い起こさせてくれるように，持久力は今日の人類に確かに受け継がれている。

■━━━━━━━━◀解　説▶━━━━━━━━■

⑴1．「他の強い動物と比べると，人類は迅速に動いたり速く走ったりという身体能力では劣っている」

2．「現生人類が高速で長距離を走れるほど強靭なのと同様の能力を，人類の先祖も示していた」

3．「身体能力で人類に勝る動物もいるが，人類は心理的能力で動物に勝てる」

4．「人類の先祖の方が体力・敏捷性・速度といった身体能力は高かったので，現生人類は負けるかもしれない」

other creatures「他の動物」と Human beings「人類」の比較なので1と

3 に絞られる（2 と 4 は modern human beings「現生人類」と our ancestors「人類の先祖」の比較になっている）。下線部は 2 文とも physical ability「身体能力」の話しかしていないので，1 が正解。pathetic athletes「（哀れなほど）不十分な身体能力の持ち主」

(2) 1．「不十分な原因」　2．「役立つヒント」　3．「好機」　4．「十分な報酬」

2 が正解。tip「アドバイス」≒ hint「ヒント」

(3) 1．「〜によれば」　2．「〜に加えて」　3．「しかし」　4．「〜に似て」

1 が正解。according to 〜「〜によれば」の〜には情報源がくる（例：according to the newspaper「新聞によれば」）。

(4) 1．「弓矢などの武器で動物を追いかけ続ける」

2．「棒や石などの武器で獲物を殺す」

3．「弓矢などの武器を使わずに動物を解放する」

4．「棒や石などの武器を尖らせる」

2 が正解。2 文前の our ancestors, armed with sharpened sticks and stones, were able to kill prey by persistence hunting「人類の先祖は尖った棒や石で武装し，長時間の狩りで獲物を倒すことができた」の言い換え。

(5) 1．「人類はおそらく，アフリカにいる他の肉食動物と同じ獲物を狩っていたから」

2．「人類はおそらく，アフリカの他の動物と同じペースで長距離を走るのは難しいとわかっていたから」

3．「人類はおそらく，アフリカの他の肉食動物と一緒に長距離を走り始めたから」

4．「人類はおそらく，アフリカの他の動物の餌食になりうるというリスクを冒したかったから」

1 が正解。ここで言う「競合していた」は，下線部直前の catching much prey「たくさんの獲物を捕まえている」ことに関するものである。

(6) 1．「狩りをされている間，動物は長距離を走ることで捕食者から隠れようとした」

2．「狩りをされている間，動物は何度も突進しては休憩した」

3．「狩りをしている間，動物は普段より速く走り，時々休憩した」

4．「狩りをしている間，動物は反撃の機会を待っていた」

prey「獲物」＝animals「動物」なので，During the chases の言い換えは3・4の While hunting「狩りをしている間」ではなく，1・2の While being hunted「狩りをされている間」である。would sprint「駆け出した」≒rushed「突進した」，rests≒breaks「休憩」より，2が正解。

(7)1．「砂漠地帯のみで」

2．「暑い草原のような環境のみで」

3．「特に温和な気温の深い森で」

4．「特に氷や雪で覆われた草原で」

第4段第3文（These hunts, which …）に in temperatures over 37℃「37℃を超す中で」とあり，直前文（Though the hunters …）に footprints and indented grass「足跡や草のへこみ」とあるので，2が正解。

(8)1．「長時間の狩りは現在では一般的であり，世界中で成功しているように思われ，このことが人類の進化に役立ったと証明されている」

2．「長距離にわたる狩りは効果的ではなく，多くの社会でも実践していないが，この狩りのやり方が人類史上では繰り返し観測されている」

3．「長距離にわたる狩りが人類の進化を促してきたというのはほとんど説得力がない。なぜならば，この狩りのやり方を採用している社会はほとんどなく，ほとんどの地域で成功していないからだ」

4．「長時間の狩りは，今日では一般的でも効果的でもないにもかかわらず，古代に人類の進化を促す上では効果的だった」

中心構造は too … to do「あまりにも…なので～できない」であり，3の hardly「ほとんど～ない」が正しい言い換え。なお，1・2・4は下線部が，第4段第8文（Even then, the …），同段第10文（They argue that …）より不適。persistence hunting「長時間の狩り」≒hunting over long distances「長距離にわたる狩り」

(9)(So) let's say that our ancestors did run (down their prey.)

let's say (that) ～「～だと言ってみよう，～だと仮定してみよう」（≒suppose (that) ～）　did run down their prey「獲物を実際に追いかけていた」（＝really ran down their prey）　この did は強調の助動詞。

(10)「確実なのは，人類の先祖の長距離を走る身体的持久性が，現生人類で

は（　　　）ことだ」

1．「存在しない」　2．「減少している」　3．「改善されていない」　4．「依然として存在している」

the Boston Marathon's 30,000 competitors「ボストンマラソンの3万人の参加者たち」には physical endurance in distance running「長距離を走る身体的持久性」があるのだから，4が正解。

⑾1．「一部の科学者たちの考えでは，狩りのために15分以上走ることで，古代人は定期的に肉を入手して食べることが可能になり，それによって脳が大きくなった」　第1段第11～最終文（After 15 minutes … we know it.）に一致。

2．「人類は複雑な武器を発明する前は，獲物を捕まえられなかった」　第1段最後から2文目（They say adaptations …）に矛盾。持久力のおかげで，複雑な武器の発明のはるか以前に狩猟ができていたとある。

3．「体毛が減ることで，人類は1日で一番暑い時間に動ける時間が，獲物の動物よりも長くなっている」　第3段最終2文（Humans ─ and potentially … and tracking prey.）に一致。

4．「人類の先祖が長時間の狩りをどの程度行っていたかに関して，研究者たちはまだ完全な合意には達していない」　第4段最終文（Others counter that, …）に一致。counter（that）～「～だと言って反論する」

5．「今日，依然として長時間の狩りを行っている狩猟採集社会は世界に存在しない」　第4段第7・8文（The ethnographic studies … among hunter-gatherers today.）に矛盾。rare「珍しい」のであって，ゼロではない。

6．「一部の部族を対象にした調査が示すところでは，長時間の狩りは気温が摂氏30℃以上のときには，成功率80％だった」　第4段第3文（These hunts, which …）に摂氏37℃以上で成功率50％とあるが，摂氏30℃以上の場合の成功率は不明。

184 2021 年度　英語〈解答〉　　　　　　　東京理科大-理工〈B方式-2月6日〉

2 **解答**　(a)— 6　(b)— 2　(c)— 3　(d)— 1　(e)— 4　(f)— 5

━━━━━━◆全　訳◆━━━━━━

≪ギターが楽器の中心になった理由≫

　今日，ポップスを楽しむ人たちは一般的に，ギターをブルースやロックの中心的かつ最も一般的な楽器として知っている。

　ジャズ隆盛の 1920 年代，サックスやトランペットなどの非常に音の大きな楽器がほとんどの演奏の中心だった。

　ライブ演奏では，ギターは他の楽器にかき消されて，ほとんど聞こえなかった。

　電気的手段によってギターの音を増幅できたことで，ギターの人気が後に上昇することが可能になった。

　トランペットは伴奏するものと考えられるようになった。ギターは現在の地位を今後も長年にわたって，保ち続ける可能性が高い。

━━━━━━◀解　説▶━━━━━━

(a) know *A* as *B*「*A* を *B* として知っている」

(b) *A* such as *B*「*B* のような *A*，*A* たとえば *B*」　この表現は①(4)の全ての選択肢などでも使われている。

(c) hear the guitar <u>over</u> other instruments「ギターが他の楽器<u>越しに</u>聞こえる」という表現の受動態。他の楽器が出す音を<u>上回るように</u>ギターの音が聞こえる，というイメージ。

(d) through electrical means「電気的手段によって〔を通して〕」

(e) think of *A* in terms of *B*「*A* を *B* の観点から考える」

(f) for many years to come「今後も長年にわたって」

3 **解答**　(1)— 3　(2)— 1　(3) 6 → 3 → 4 → 1 → 2 → 5
　　　　　　(4)— 3　(5)— 3　(6)— 2　(7)— 3

━━━━━━◆全　訳◆━━━━━━

≪対流が起こる仕組み≫

　熱々のブラックコーヒーが入ったカップを，光が一定の角度で当たるような位置に置くと，表面が白っぽく輝くのが見える。（透き通ったお茶が入ったカップだと，一層はっきり見える。）この輝きには，最初の見た目

以上のものがある。コーヒーの表面には紋様ができ，明るい色の紋様と，もっと濃い線の紋様に分かれている。通常，1つの紋様は幅1センチくらいである。

こうした紋様を科学者たちは「対流セル」と呼んでいる。すなわち，温かい液体が上昇し，冷たい液体が沈下する小さな領域のことである。対流は，海流はもとより，天候の本質であり，小規模の同じようなことはあなたのコーヒーにも起きている。表層が上部の空気と触れて冷却されることで，濃くなって沈下し，もっと温かくて薄いコーヒーが表面に上昇してくる。しかし，これはランダムにわかりにくく起きるわけではない。正確に言えば，上昇する部分と下降する部分はまとまって大体同じ大きさの柱状になっており，お互いに隣り合っている。コーヒーカップの中では，白っぽく輝いている部分が熱いコーヒーの上昇中の柱状であり，コーヒーの熱によって輝いているのだが，こんな風に単純に言うのは的外れだ。コーヒーの表面で，ドラマが展開中なのだ。

輝いているのは，実は，小さな水滴の薄い層である。この水滴は，コーヒーの表面の真上で凝縮され，表面の1ミリ上に満たないところに浮かんでいる。これが白っぽく見えるのは，あまりにも大量の光が水滴の表面から反射しているからだ。水滴が形成されるのは，水が液体の熱い表面から蒸発し，急に冷却されて凝縮されるときだ。形成された水滴がコーヒーの表面に落ちることはない。なぜならば，下からまだ上昇中の無数の水分子によって浮かんだままにされているからだ。水滴はコーヒーの表面上に浮かんだままそこに固定され，非常に小規模の雲になっているので，入念に光を当てないとわからない。水滴の下だが，コーヒーの液体の上という小さな空間にいるのは，ものすごい体験だろう。まずもって，とてつもなく熱いだろうが，それだけでなく，表面からの蒸発物がどんどん当たってくるだろうし，その間に，下降する対流（雲を隔てる黒い線）に落ち込んだり，下にあるコーヒーの黒さの中に消えたりする心配もある。（単にカップの上から覗き込むという）我々の日常的観点から見ても，水滴が浮かんでいるのは最初から明らかだっただろう。水滴に息をかけると，風に当たった雲のように，すぐに散り散りになるが，同じくらいすぐに再びまとまることに，あなたは気づいただろう。

コーヒーの表面を見下ろせる唯一の場所は黒い線沿いであり，これは切

れ目ない雲が突如裂けたところから金星の表面を見ているようなものだ。冷めたコーヒーはこの黒い線の中に沈下して，対流セルを完成させるのだ。

◀ 解　説 ▶

(1) 1.「一目見て拒否する」 2.「時間をかけて判断する」 3.「あなたに最初に見える」 4.「あなたにすぐにやって来る」

first に対応するのは，1 の at first glance と 3 の initially だが，1 の reject「拒否する」の要素はないので，3 が正解。(There is) more to ～ than meets the eye.「～は見た目以上だ」

(2)「以下の文は本文下線部(2)の言い換えである。『対流は天候（　　　）だ』」

1.「～を生み出す根本的要因」 2.「～の最終結果」

3.「～を生み出す原因の1つにすぎない」 4.「～の単なる結果」

下線部は一種の強調構文で，the weather is all about convection「天候は対流に関するものだ」とつながるので，convection「対流」→weather「天候」という因果関係になる。したがって，1 か 3 であり，強調であることを踏まえると 1 の fundamental「根本的な」が最適。

(3) A drama is being played out at (the surface of your coffee.)

play (out) a drama「ドラマを演じる」という表現が受動態かつ現在進行形になった形。out は強調の副詞。at the surface of ～「～の表面で」

(4) 3 が正解。2 箇所目の空所の後の… but you'd〔＝you would〕also be battered by ～ に時制を一致させて，いずれも仮定法過去にする。

(5)「本文の下線部(5)の可能な解釈として，以下のうちで最適なのはどれか」

1.「水滴が浮かんでいるのは一見すると明らかなように見えたが，現実は本当は違った」

2.「水滴が浮かんでいることはそもそも明らかにされなくてはならなかったが，実現できなかった」

3.「水滴が浮かんでいるのは最初から気づきやすかったが，あなたには見えなかった」

4.「水滴が浮かんでいるのは最初は明らかだったかもしれないが，次第に観測しにくくなっていった」

it should have been apparent from the start that ～「～は最初から明ら

東京理科大-理工〈B方式-2月6日〉　　　　2021 年度　英語〈解答〉　*187*

かだっただろう」は直後の you would have noticed that 〜「〜にあなた
は気づいただろう」と同様，仮定法過去完了であり，過去の事実とは異な
る内容の仮定を表す。したがって，1 か 3 だが，apparent「明らか」や
notice「気づく」という内容は〈人〉に関するものなので，1 よりも 3 が
適切。本来，気づくべきものに意識を払っていなかったから気づかなかっ
た，ということ。

(6)「本文の空所(6)に入れるのに，以下のうちで不適切なものはどれか」
The only place を修飾する形容詞節を作る語句なので，1．at which
（前置詞＋関係代名詞），3．that（関係副詞の代用），4．where（関係
副詞）はすべて可能。2．if「もし〜ならば」「〜かどうか」のみ意味が
異なる。

(7)「本文によれば，以下のうちで正しくないのはどれか」
1．「対流は熱々のブラックコーヒーのカップの中で頻繁に発生している」
第 1 段第 1 文〜第 2 段第 1 文（If you can … cold is sinking.）に一致。第
2 段第 1 文に These patches「（コーヒーの表面の）紋様」＝convection
「対流」の関係が示されている。

2．「対流は発生するとき，体系立ったプロセスに従っている」　第 2 段第
4 文（But this doesn't …）に一致。haphazard or confusing「ランダム
にわかりにくく」⇔ systematic「体系的に」

3．「コーヒーの表面の輝きの深さは約 1 センチである」　第 1 段最終文
（The patches are …）に矛盾。across とあるので，depth「深さ」では
なく width「幅」である。また，第 3 段第 1 文（The sheen is …）にコ
ーヒーの表面の輝きの元である水滴は「表面の 1 ミリ上に満たないところ
に浮かんでいる」とあることからも，本文の内容に反している。

4．「輝きを作っているのは細かな水滴であり，これが実際にはコーヒー
の上の雲を作っている」　第 3 段第 5 文（Held there, suspended …）に一
致。

❖講 評

　大問3題の出題で，すべて読解問題。2020年度は2問だけ英単語の記述問題があったが，2021年度は全問マークシート法である。

　1　830語程度の文章。ボストンマラソンの話を端緒に，persistence hunting「長時間の狩り」が人類の進化に与えた利点を述べている。人類の進化は，大学入試英語頻出の話題である。(1)・(4)・(5)・(6)・(8)のような長めの下線部の同意表現を選択する問題が毎年定着しており，着実に正解していきたい。(4)・(5)・(7)は実質的には直前表現の言い換え。(6)は能動・受動の違いを読み取る必要がある。(8)も結局は too … to *do* や hardly という基本表現の読み取りに帰着する。(11)の T/F 判定はおおむね本文の記述の順番通りに選択肢が並んでいるので，本文をある程度読んでみて，その範囲だけで解くことも可能だろう。

　2　ギターの地位向上に関する約110語の読解問題で，空所補充6問。前置詞中心の選択肢6個から重複なしで選ぶ形式なので，慎重に進めていきたい。(b) such as は頻出で，他の大問中にもある。(c) over の使い方が見慣れないかもしれないが，他は基本的なので消去法で詰められるはず。

　3　ホットコーヒーの表面にある whitish sheen「白っぽい輝き」＝ patches「紋様」を端緒に，convection「対流」の原理について説明した約550語の文章。(1)・(2)はいずれもややハイレベル。(4)，(5)はいずれも仮定法絡み。(7)は across と depth の違いに気づけるかがポイント。

東京理科大-理工〈B方式-2月6日〉　　　　　2021 年度　数学〈解答〉　*189*

(注)　解答につきましては，東京理科大学から提供のあった情報を掲載しております。

1　解答

(1)アイ. 15　ウエ. 14　オ. 7
　　カ. 1　キ. 3　ク. 5　ケ. 2　コ. 3
(2)サ. 5　シ. 5　ス. 4　セ. 4　ソ. 1　タ. 1　チ. 2　ツ. 1
テ. 2　ト. 1　ナ. 2　ニ. 1　ヌ. 1　ネ. 1　ノ. 1　ハヒ. 13
(3)フヘ. 40　ホ. 3　マ. 9　ミ. 7　ムメ. 11　モ. 1　ヤ. 3
ユ. 5　ヨラ. 27　リル. 22　レロ. 28　ワヲ. 23

◀解　説▶

≪小問3問≫

(1)　条件より　　$6a - 6b = -8a + 9b = -a + b - c = 6$

これを解いて

$$a = 15, \ b = 14, \ c = -7 \quad (\rightarrow \text{ア} \sim \text{オ})$$

このとき

$$15t^3 + 14t^2 - 7t = 6$$
$$(t+1)(15t^2 - t - 6) = 0$$
$$(t+1)(5t+3)(3t-2) = 0$$
$$t = -1, \ -\frac{3}{5}, \ \frac{2}{3} \quad (\rightarrow \text{カ} \sim \text{コ})$$

(2)　$z = 1 + i$ より

$$z^2 = (1+i)^2 = 1 + 2i - 1 = 2i$$
$$z^3 = z \cdot z^2 = (1+i) \cdot 2i = -2 + 2i$$
$$z^4 = (z^2)^2 = (2i)^2 = -4$$

よって

$$z + z^2 + z^3 + z^4 = -5 + 5i \quad (\rightarrow \text{サ} \cdot \text{シ})$$
$$z^{4m} = (z^4)^m = (-4)^m \quad (\rightarrow \text{ス})$$
$$S_{4m} = \sum_{k=1}^{4m} z^k$$

$$= (z + z^2 + z^3 + z^4) + (z^5 + z^6 + z^7 + z^8)$$
$$+ \cdots + (z^{4m-3} + z^{4m-2} + z^{4m-1} + z^{4m})$$
$$= (z + z^2 + z^3 + z^4) + (z + z^2 + z^3 + z^4) z^4$$
$$+ \cdots + (z + z^2 + z^3 + z^4) z^{4(m-1)}$$
$$= (z + z^2 + z^3 + z^4)(1 + z^4 + z^8 + \cdots + z^{4(m-1)})$$
$$= (z + z^2 + z^3 + z^4) \cdot \frac{z^{4m} - 1}{z^4 - 1}$$
$$= (-5 + 5i) \cdot \frac{(-4)^m - 1}{-4 - 1}$$
$$= (1 - i)((-4)^m - 1)$$
$$= (-4)^m - 1 - ((-4)^m - 1) i \quad (\rightarrow セ \sim タ)$$

$$S_{4m+1} = S_{4m} + z^{4m+1} = S_{4m} + z^{4m} \cdot z$$
$$= (-4)^m - 1 - ((-4)^m - 1) i + (-4)^m (1 + i)$$
$$= 2(-4)^m - 1 + i \quad (\rightarrow チ \cdot ツ)$$

$$S_{4m+2} = S_{4m+1} + z^{4m+2} = S_{4m+1} + z^{4m} \cdot z^2$$
$$= 2(-4)^m - 1 + i + (-4)^m \cdot 2i$$
$$= 2(-4)^m - 1 + (2(-4)^m + 1) i \quad (\rightarrow テ \sim ニ)$$

$$S_{4m+3} = S_{4m+2} + z^{4m+3} = S_{4m+2} + z^{4m} \cdot z^3$$
$$= 2(-4)^m - 1 + (2(-4)^m + 1) i + (-4)^m \cdot (-2 + 2i)$$
$$= -1 + (-(-4)^{m+1} + 1) i \quad (\rightarrow ヌ \sim ノ)$$

S_{4m}, S_{4m+1}, S_{4m+2}, S_{4m+3} の実部はそれぞれ

$$(-4)^m - 1, \ 2(-4)^m - 1, \ 2(-4)^m - 1, \ -1$$

である。$m = 1, \ 2, \ 3, \ \cdots$ として実部を求めると

$$(-4)^1 - 1 = -5, \ 2(-4)^1 - 1 = -9$$
$$(-4)^2 - 1 = 15, \ 2(-4)^2 - 1 = 31$$
$$(-4)^3 - 1 = -65, \ 2(-4)^3 - 1 = -129$$

よって，条件を満たすのは $m = 3$ での S_{4m+1} のときで

$$n = 4 \cdot 3 + 1 = 13 \quad (\rightarrow ハヒ)$$

(3) $\sqrt{360n}$ が整数になるのは $360n$ が平方数になるときである。$360 = 2^3 \cdot 3^2 \cdot 5$ だから

$$n = 2 \cdot 5 \cdot a^2 \quad (a \ は自然数)$$

よって，2 番目に小さい n は，$a = 2$ のときで

東京理科大-理工〈B方式-2月6日〉　　　　　　　2021 年度　数学〈解答〉　*191*

$$n = 2 \cdot 5 \cdot 2^2 = 40 \quad (\to フへ)$$

$l = \sqrt{m^2 + 40}$ より

$$l^2 = m^2 + 40 \qquad (l-m)(l+m) = 40$$

l, m は自然数だから $l-m$ と $l+m$ は偶奇が一致する。また，$l-m < l+m$ だから

$$(l-m, \ l+m) = (2, \ 20), \ (4, \ 10)$$

$$(l, \ m) = (11, \ 9), \ (7, \ 3) \quad (\to ホ \sim メ)$$

x, y は条件 $9x + 11y = 1$ を満たす。

$9 \cdot 5 - 11 \cdot 4 = 1$ だから

$$9(x-5) + 11(y+4) = 0 \qquad 9(x-5) = -11(y+4)$$

9 と 11 は互いに素だから

$$x = 5 - 11b, \ y = -4 + 9b \quad (b は整数)$$

と表せて

$$|x+y| = |1-2b| = 1, \ 3, \ 5, \ \cdots \quad (\to モ \sim ユ)$$

$|x+y| = 5$ とすると

$$|1-2b| = 5 \qquad b = -2, \ 3$$

$b = -2$ のとき $\quad x = 27, \ y = -22 \quad (\to ヨ \sim ル)$

$b = 3$ のとき $\quad x = -28, \ y = 23 \quad (\to レ \sim ヲ)$

2 解答

(1) $b = -a - \dfrac{1}{2a}$ $\quad b \leqq -\sqrt{2}$

(2) $P\left(-\dfrac{1}{4a}, \ -a^2 - \dfrac{1}{2}\right)$ (3) $S = \dfrac{1}{32}\left(\dfrac{4a^2+1}{a}\right)^3$ $\quad S$ の最小値は 2

(4) $c \geqq \dfrac{5\sqrt{2}}{4}$

※計算過程の詳細については省略。

◀解　説▶

≪放物線の接線と法線，交点の x 座標のとりうる値の範囲≫

(1) $y = x^2$ より $\quad y' = 2x$

A における D の接線の傾きは $2a$ だから，法線の傾きは $\quad -\dfrac{1}{2a}$

よって，法線の方程式は

$$y - a^2 = -\frac{1}{2a}(x-a)$$

法線と D の共有点の x 座標は

$$x^2 - a^2 = -\frac{1}{2a}(x-a) \qquad (x-a)\left(x+a+\frac{1}{2a}\right)=0$$

$$x = a, \quad -a-\frac{1}{2a}$$

$x = a$ のときが点Aだから

$$b = -a-\frac{1}{2a} \quad \cdots\cdots(答)$$

$f(a) = -a-\dfrac{1}{2a}$ とすると，$b = f(a)$ で

$$f'(a) = -1+\frac{1}{2a^2} = \frac{1-2a^2}{2a^2}$$

$f'(a) = 0$ とすると $\quad a = \pm\dfrac{1}{\sqrt{2}}$

また，$2a^2 > 0$ だから，$0 < a < 1$ での増減表は
右のようになる。
ここで

a	0	$\cdots$	$\dfrac{1}{\sqrt{2}}$	$\cdots$	1
$f'(a)$		+	0	−	
$f(a)$		↗	$-\sqrt{2}$	↘	

$$\lim_{a\to +0} f(a) = \lim_{a\to +0}\left(-a-\frac{1}{2a}\right) = -\infty$$

よって，$b = f(a)$ のとりうる値の範囲は

$$b \leq -\sqrt{2} \quad \cdots\cdots(答)$$

(2) Aにおける D の接線の傾きは $2a$ だから，接線の方程式は

$$y - a^2 = 2a(x-a)$$
$$y = 2ax - a^2 \quad \cdots\cdots①$$

同様に，Bにおける D の接線の方程式は

$$y = 2bx - b^2 \quad \cdots\cdots②$$

①と②の交点の x 座標は

$$2ax - a^2 = 2bx - b^2$$
$$2(a-b)x = (a-b)(a+b)$$

$a \neq b$ だから $\quad x = \dfrac{a+b}{2}$

①より　　$y = 2a \cdot \dfrac{a+b}{2} - a^2 = ab$

よって　　$\mathrm{P}\left(\dfrac{a+b}{2},\ ab\right)$

(1)より

$$\dfrac{a+b}{2} = \dfrac{1}{2}\left(a - a - \dfrac{1}{2a}\right) = -\dfrac{1}{4a}$$

$$ab = a\left(-a - \dfrac{1}{2a}\right) = -a^2 - \dfrac{1}{2}$$

よって　　$\mathrm{P}\left(-\dfrac{1}{4a},\ -a^2 - \dfrac{1}{2}\right)$ ……(答)

(3) (2)より，$\mathrm{P}\left(\dfrac{a+b}{2},\ ab\right)$ と表せる。次図のような長方形を考えて

$$S = (a-b)(b^2 - ab) - \dfrac{1}{2}(a-b)(b^2 - a^2)$$

$$\qquad - \dfrac{1}{2}\left(a - \dfrac{a+b}{2}\right)(a^2 - ab) - \dfrac{1}{2}\left(\dfrac{a+b}{2} - b\right)(b^2 - ab)$$

$$= -b(b-a)^2 + \dfrac{a+b}{2}(a-b)^2 - \dfrac{a}{4}(a-b)^2 + \dfrac{b}{4}(a-b)^2$$

$$= \dfrac{1}{4}(a-b)^3 = \dfrac{1}{4}\left(2a + \dfrac{1}{2a}\right)^3 \quad \text{……(答)}$$

$2a + \dfrac{1}{2a}$ が最小のとき，S も最小である。$2a > 0$ だから，相加平均と相乗平均の関係より

$$2a + \dfrac{1}{2a} \geqq 2\sqrt{2a \cdot \dfrac{1}{2a}} = 2$$

等号が成り立つのは $2a = \dfrac{1}{2a}$ のときで

$$a^2 = \dfrac{1}{4}$$

$0 < a < 1$ より　　$a = \dfrac{1}{2}$

よって，S の最小値は

$$S = \dfrac{1}{4} \cdot 2^3 = 2 \quad \text{……(答)}$$

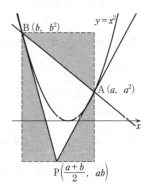

(4) (1)で a を b で置き換えて

$$c = -b - \frac{1}{2b} \quad (b \leqq -\sqrt{2})$$

$f(b) = -b - \dfrac{1}{2b}$ とする。(1)より, $c = f(b)$ の

$b \leqq -\sqrt{2}$ での増減表は右のようになる。

ここで

b	$\cdots$	$-\sqrt{2}$
$f'(b)$	$-$	
$f(b)$	$\searrow$	$\dfrac{5\sqrt{2}}{4}$

$$\lim_{b \to -\infty} f(b) = \lim_{b \to -\infty} \left(-b - \frac{1}{2b} \right) = \infty$$

よって, $c = f(b)$ のとりうる値の範囲は

$$c \geqq \frac{5\sqrt{2}}{4} \quad \cdots\cdots (\text{答})$$

別解 (1)＜その 1 ＞

$F(a) = a + \dfrac{1}{2a}$ とおく。$a > 0$ だから, 相加平均と相乗平均の関係より

$$F(a) = a + \frac{1}{2a} \geqq 2\sqrt{a \cdot \frac{1}{2a}} = \sqrt{2}$$

等号成立条件は $a = \dfrac{1}{2a}$ より $\quad a = \dfrac{1}{\sqrt{2}}$

$0 < a < 1$ より, 最小値は $\quad F\left(\dfrac{1}{\sqrt{2}} \right) = \sqrt{2}$

また, a を $\dfrac{1}{\sqrt{2}}$ から連続的に 0 に近づけていくと $\dfrac{1}{2a}$ は限りなく大きくなっていく。

よって, $0 < a < 1$ のとき $\quad F(a) \geqq \sqrt{2}$, $b = -F(a) \leqq -\sqrt{2}$

＜その 2 ＞

$b = -a - \dfrac{1}{2a}$ より $\quad 2a^2 + 2ba + 1 = 0$

$G(a) = 2a^2 + 2ba + 1$ とすると

$$G(0) = 1, \quad G(a) = 2\left(a + \frac{b}{2} \right)^2 + 1 - \frac{b^2}{2}$$

よって, $y = G(x)$ のグラフより, 方程式 $G(a) = 0$ が $0 < a < 1$ の範囲に解をもつための必要十分条件は

$G(1)<0$ または $\begin{cases} 0<-\dfrac{b}{2}<1 \\ 1-\dfrac{b^2}{2}\leq 0 \end{cases}$

これを解いて　　$b\leq -\sqrt{2}$

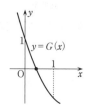
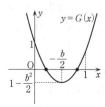

参考　座標平面上の三角形の面積に関して，次のような公式がある。

公式：原点と2点 (a, b), (p, q) を頂点とする三角形の面積は

$\dfrac{1}{2}|aq-bp|$

これを用いると，(3)は次のように計算できる。

x 軸方向に $-\dfrac{a+b}{2}$，y 軸方向に $-ab$ だけ平行移動すると，P，A，Bはそれぞれ原点，$A'\left(\dfrac{a-b}{2},\ a^2-ab\right)$，$B'\left(\dfrac{b-a}{2},\ b^2-ab\right)$ に移る。よって

$S=\triangle OA'B'=\dfrac{1}{2}\left|\dfrac{a-b}{2}\cdot(b^2-ab)-(a^2-ab)\cdot\dfrac{b-a}{2}\right|=\dfrac{1}{4}(a-b)^3$

3　解答　(1) $(x\sin x)'=\sin x+x\cos x$

$\displaystyle\int x\sin x\,dx=-x\cos x+\sin x+C$　　（C：積分定数）

(2) $x_n=\dfrac{\pi}{2}+n\pi$　(3) $I_n=2(2n+1)\pi$　(4) $\displaystyle\sum_{n=0}^{\infty}\dfrac{1}{I_nI_{n+1}}=\dfrac{1}{8\pi^2}$

※計算過程の詳細については省略。

◀解　説▶

≪絶対値で表された関数，面積，無限級数≫

(1)　$(x\sin x)'=(x)'\sin x+x(\sin x)'=\sin x+x\cos x$　……（答）

$\displaystyle\int x\sin x\,dx=\int x(-\cos x)'\,dx$

$$= x(-\cos x) - \int (x)'(-\cos x)\,dx$$

$$= -x\cos x + \int \cos x\,dx$$

$$= -x\cos x + \sin x + C \quad (C:\text{積分定数}) \quad \cdots\cdots(\text{答})$$

(2) $g(x) = x\sin x$ とし，曲線 $y = f(x)$ を C_1，曲線 $y = g(x)$ を C_2 とする。$f(x) = |g(x)|$ より，C_2 で $y < 0$ の部分を x 軸に関して対称移動させた曲線が C_1 である。

$$g'(x) = \sin x + x\cos x$$

$x = t$ での C_2 の接線の方程式は

$$y - t\sin t = (\sin t + t\cos t)(x - t)$$

$$y = (\sin t + t\cos t)x - t^2\cos t$$

接線が原点を通るとすると

$$-t^2\cos t = 0$$

$$t = 0,\ \frac{2k+1}{2}\pi \quad (k \text{ は整数})$$

(ⅰ) $t = 0$ のとき

$g'(0) = 0$ より，C_2 の $x = 0$ での接線の傾きは 0。よって，C_1 の $x = 0$ での接線も傾きが 0 で条件を満たさない。

(ⅱ) $t = \dfrac{2k+1}{2}\pi$ のとき

$$f\left(\frac{2k+1}{2}\pi\right) = \left|\frac{2k+1}{2}\pi\sin\frac{2k+1}{2}\pi\right| = \frac{|2k+1|}{2}\pi$$

C_2 の $x = \dfrac{2k+1}{2}\pi$ での接線は原点を通るから，C_1 の $\left(\dfrac{2k+1}{2}\pi,\ \dfrac{|2k+1|}{2}\pi\right)$ での接線も原点を通る。

$k < 0$ のとき接点は第3象限の点だから，傾きが負となり不適。

$k \geqq 0$ のとき接点は第1象限の点だから，傾きは正で条件を満たす。

(ⅰ)，(ⅱ)より，接点の x 座標は

$$x = \frac{2k+1}{2}\pi \quad (k = 0,\ 1,\ 2,\ \cdots)$$

よって $\quad x_n = \dfrac{2n+1}{2}\pi \quad \cdots\cdots(\text{答})$

参考 $-1 \leqq \sin x \leqq 1$ より $-x \leqq x \sin x \leqq x$ で，$x = \dfrac{2n+1}{2}\pi$ のとき一方の等号が成り立つことから，曲線 $y = x \sin x$ は 2 つの直線 $y = x$, $y = -x$ に $x = \dfrac{2n+1}{2}\pi$ で接する右図のようなグラフになることがわかる。

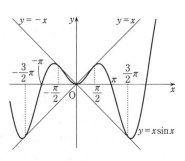

(3) (2)より
$$x_{2n} = \frac{4n+1}{2}\pi = \frac{\pi}{2} + 2n\pi$$
$$x_{2n+1} = \frac{2(2n+1)+1}{2}\pi = \frac{3}{2}\pi + 2n\pi$$

ここで
$$\frac{\pi}{2} + 2n\pi \leqq x \leqq \pi + 2n\pi \text{ のとき} \quad \sin x \geqq 0$$
$$\pi + 2n\pi < x \leqq \frac{3}{2}\pi + 2n\pi \text{ のとき} \quad \sin x < 0$$

よって
$$I_n = \int_{\frac{\pi}{2}+2n\pi}^{\frac{3}{2}\pi+2n\pi} |x \sin x|\, dx$$
$$= \int_{\frac{\pi}{2}+2n\pi}^{\pi+2n\pi} x \sin x\, dx - \int_{\pi+2n\pi}^{\frac{3}{2}\pi+2n\pi} x \sin x\, dx$$

(1)より
$$I_n = \Big[-x\cos x + \sin x\Big]_{\frac{\pi}{2}+2n\pi}^{\pi+2n\pi} - \Big[-x\cos x + \sin x\Big]_{\pi+2n\pi}^{\frac{3}{2}\pi+2n\pi}$$
$$= \pi + 2n\pi - 1 - (-1 - \pi - 2n\pi) = 2(2n+1)\pi \quad \cdots\cdots\text{(答)}$$

(4) (3)より
$$\frac{1}{I_n I_{n+1}} = \frac{1}{2(2n+1)\pi \cdot 2(2n+3)\pi} = \frac{1}{8\pi^2}\left(\frac{1}{2n+1} - \frac{1}{2n+3}\right)$$

よって
$$\sum_{n=0}^{\infty} \frac{1}{I_n I_{n+1}} = \lim_{m \to \infty} \sum_{n=0}^{m} \frac{1}{8\pi^2}\left(\frac{1}{2n+1} - \frac{1}{2n+3}\right)$$

$$= \lim_{m \to \infty} \frac{1}{8\pi^2} \left(1 - \frac{1}{2m+3} \right) = \frac{1}{8\pi^2} \quad \cdots\cdots (\text{答})$$

❖講 評

2021年度も，記述式2題，マークシート法1題（独立した内容の小問3問）という構成であった。各単元での基本的な知識が幅広く問われている。また，応用問題では小問による誘導がついている。計算量が多くなりやすいため，できるだけ計算が簡単になるよう工夫しつつ，丁寧に計算を進めたい。

1 (1)は空間ベクトルに関する基本的な問題，(2)は複素数に関する発展的な問題，(3)は整数と1次不定方程式に関する標準的な問題である。(2)は，式が長くなり計算ミスをしやすいので注意したい。S_n の実部の絶対値は比較的早く100を超えるため，n の最小値は具体的に計算し求めるとよい。(3)の x, y の求め方は1次不定方程式の基本である。しっかりとできるようにしておきたい。

2 微分法に関する発展的な問題である。(1)・(4)での値の範囲は，増減表を用いるとわかりやすい。(1)は〔別解〕のように相加平均と相乗平均の関係や解の存在条件を用いる方法もある。一方，(3)では相加平均と相乗平均の関係を用いるのが簡単でよいが，等号成立条件の確認を忘れないようにしよう。(2)・(3)では，条件の対称性から a と b を用いて計算を進めるとよい。(3)で S を求める方法はいろいろ考えられる。〔参考〕のような公式を用いる方法もある。

3 積分法に関する発展的な問題である。(2)は，$f(x)$ が $y \geqq 0$ の領域にある曲線であることから，$x > 0$ の範囲を調べればよいことがわかる。〔参考〕のようにしてグラフの形を大まかにでも考えると，x_n の値はすぐにわかる。(3)の絶対値を含む関数の積分は，値が正，負になる区間で分けて積分する。範囲に n を含むため把握しにくいが，$\sin x$ の正負を丁寧に調べるとよい。(4)は部分分数分解を用いる基本的な計算である。無限級数の計算は，部分和 $\sum_{n=1}^{m}$ を求めてから $m \to \infty$ とすることを忘れないようにしたい。

東京理科大-理工〈B方式-2月6日〉　　　　　　　2021 年度　物理〈解答〉　*199*

物理

(注)　解答につきましては，東京理科大学から提供のあった情報を掲載しております。

1　解答　(1)(ア)—② 　(イ)—⓪ 　(ウ)—⑤ 　(エ)—⑥ 　(オ)—① 　(カ)—④
(キ)—④ 　(ク)—⑤

(2)(ケ)—⑦ 　(コ)—⑥ 　(サ)—⑤ 　(シ)—⑤ 　(ス)—⑥ 　(セ)—⑦ 　(ソ)—⑥ 　(タ)—①

(3)(チ)—① 　(ツ)—② 　(テ)—⑦

◀解　説▶

≪振り子の運動≫

(1)(ア)　小球が点 A を通過するときの速さを v とすると，力学的エネルギー保存則より

$$mgl = \frac{1}{2}mv^2 \qquad \therefore \quad v = \sqrt{2gl}$$

(イ)　糸の張力の方向は小球の運動の方向に垂直なので，糸の張力が小球にした仕事は 0 となる。

(ウ)　重力の大きさは mg で小球は重力の方向に l だけ移動するので，重力がした仕事は mgl となる。

(エ)　糸の張力と重力の合力が向心力となるので，糸の張力を T_1 とすると円の運動方程式は

$$T_1 - mg = m\frac{v^2}{l}$$

$$T_1 = mg + m\frac{\sqrt{2gl}^2}{l} = 3mg$$

(オ)　角度 θ の位置における小球の速度を v_θ とすると，力学的エネルギー保存則より

$$mgl\cos\theta = \frac{1}{2}mv_\theta^2 \qquad \therefore \quad v_\theta = \sqrt{2gl\cos\theta}$$

小球にはたらく力の円運動の中心方向を向いた成分は向心力となるので

$$F_1 = m\frac{v_\theta^2}{l} = m\frac{\sqrt{2gl\cos\theta}^2}{l} = 2\cos\theta \times mg$$

(カ)　糸の張力は F_2 方向の成分をもたないので，F_2 は重力の接線方向を向いた成分と等しいため

$$F_2 = \sin\theta \times mg$$

(キ)　小球にはたらく力の大きさの2乗を考えると

$$F_1{}^2 + F_2{}^2 = (2\cos\theta \times mg)^2 + (\sin\theta \times mg)^2 = (3\cos^2\theta + 1) \times m^2 g^2$$

よって，大きさが最大となるのは $\cos\theta = 1$ を満たすときである。

(ク)　$\cos\theta = 1$ を代入すると，合力の大きさは

$$\sqrt{F_1{}^2 + F_2{}^2} = \sqrt{(3+1) \times m^2 g^2} = 2mg$$

参考　$\theta = 0$ のとき，合力の大きさが最大となる。このとき，(エ)より糸の張力は大きさが $3mg$ で鉛直上向き，重力は大きさが mg で鉛直下向きであるから，合力の大きさは $2mg$ と求めることもできる。

(2)(ケ)　小球が点Aを通過した直後の運動は，速さ v のまま，半径が al の円運動になることに注意すると，向心力は $m\dfrac{v^2}{al}$ となる。糸の張力と重力の合力が向心力となるので，糸の張力を T_2 とすると円の運動方程式は

$$T_2 - mg = m\frac{v^2}{al}$$

$$T_2 = mg + m\frac{\sqrt{2gl}^2}{al} = \left(1 + \frac{2}{a}\right) \times mg$$

(コ)　小球の点Bにおける速度を v_B とすると，力学的エネルギー保存則より

$$mg\left(l - al - al\sin\frac{\pi}{6}\right) = \frac{1}{2}mv_B{}^2$$

$$\therefore \quad v_B = \sqrt{2gl\left(1 - \frac{3}{2}a\right)} \quad \cdots\cdots(*)$$

点Bにおいて糸の張力が0となり，重力の円運動の中心方向を向いた成分のみが向心力となるので，円の運動方程式は

$$mg\sin\frac{\pi}{6} = m\frac{v_B{}^2}{al}$$

$$\frac{mg}{2} = \frac{m\sqrt{2gl\left(1 - \frac{3}{2}a\right)}^2}{al}$$

東京理科大-理工〈B方式-2月6日〉　　　　　　2021 年度　物理〈解答〉　201

$$\therefore \quad a = \frac{4}{7}$$

(サ)　(＊)に，a を代入すると

$$v_B = \sqrt{2gl\left(1 - \frac{3}{2}\cdot\frac{4}{7}\right)} = \sqrt{\frac{2}{7}\times gl}$$

(シ)　小球の運動の x 方向の成分は等速運動なので

$$x = al\cos\frac{\pi}{6} - v_B\sin\frac{\pi}{6}\times t = -\frac{1}{2}v_Bt + \frac{\sqrt{3}}{2}al$$

(ス)　小球の運動の y 方向の成分は等加速度運動なので

$$y = al\sin\frac{\pi}{6} + v_B\cos\frac{\pi}{6}\times t - \frac{1}{2}gt^2 = -\frac{1}{2}gt^2 + \frac{\sqrt{3}}{2}v_Bt + \frac{1}{2}al$$

(セ)　x 座標が 0 となるとき，(シ)より

$$0 = -\frac{1}{2}\sqrt{\frac{2}{7}\times gl}\cdot t_0 + \frac{\sqrt{3}}{2}\cdot\frac{4}{7}l$$

$$\therefore \quad t_0 = 2\sqrt{\frac{6}{7}}\times\sqrt{\frac{l}{g}}$$

(ソ)　(ス)より

$$y_0 = -\frac{1}{2}g\left(2\sqrt{\frac{6}{7}}\times\sqrt{\frac{l}{g}}\right)^2 + \frac{\sqrt{3}}{2}\sqrt{\frac{2}{7}\times gl}\times\left(2\sqrt{\frac{6}{7}}\times\sqrt{\frac{l}{g}}\right) + \frac{1}{2}\cdot\frac{4}{7}l$$

$$= -\frac{4}{7}l$$

(タ)　(ソ)より点Cは点Aに一致するので，最初に糸のたるみがなくなるときの小球の位置は点Aである。

(3)(チ)　接線方向の成分は x' 軸方向の成分とも近似的にみなせるので

$$F_{x'} \fallingdotseq mg\sin\theta \fallingdotseq mg\left(-\frac{x'}{l}\right) = -\frac{mg}{l}\times x'$$

(ツ)　線分 OA の左側におけるばね定数は(チ)より

$$k - \frac{mg}{l}$$

線分 OA の右側におけるばね定数も同様に考えて

$$k' = \frac{mg}{al}$$

よって　　$\dfrac{k}{k'} = a$

(テ) 線分 OA の左側と右側の運動は，それぞれ，ばね定数 k と k' の単振動の半周期に対応するので

$$T = \frac{1}{2} \times 2\pi \sqrt{\frac{m}{k}} + \frac{1}{2} \times 2\pi \sqrt{\frac{m}{k'}}$$

$$= \frac{1}{2} \times 2\pi \sqrt{\frac{m}{\dfrac{mg}{l}}} + \frac{1}{2} \times 2\pi \sqrt{\frac{m}{\dfrac{mg}{al}}}$$

$$= \pi (1 + \sqrt{a}) \sqrt{\frac{l}{g}}$$

$\boxed{2}$ **解答** (1)(ア)—⓪ (イ)—② (ウ)—④ (エ)—⑤ (オ)—⑤
(2)(カ)—⓪ (キ)—② (ク)—⓪ (ケ)—①
(3)(コ)—④ (サ)—① (シ)—③ (ス)—② (セ)—⑤ (ソ)—④ (タ)—③

◀解 説▶

≪磁場中を移動する導体棒に生じる電磁誘導≫

(1)(ア) 単位時間の間に，導体棒の長さ $\bar{v}$ の領域に含まれる自由電子の電気量が導体棒の断面を通過するので，電流の大きさは $enS\bar{v}$ となる。

(イ) 電場と長さの積が電位差となるので，導体内部の電場の大きさは $\dfrac{V}{l}$ である。

(ウ) 力のつり合いより

$$kv = e\frac{V}{l} \qquad \therefore \quad v = \frac{eV}{kl}$$

(エ) (ウ)の結果を(ア)に代入すると，電流の大きさ I は

$$I = enSv = enS \cdot \frac{eV}{kl} = \frac{e^2 nVS}{kl}$$

(オ) (エ)より，$I = \dfrac{e^2 nS}{kl} V$ であり，オームの法則より，導体の電気抵抗は $\dfrac{kl}{e^2 nS}$ である。

(2)(カ)・(キ) 自由電子の電荷は負であることに注意すると，フレミングの左手の法則より，ローレンツ力は大きさ $ev_e B$ で y 軸の正の向きとなる。

(ク) 電場の大きさを E とすると，力のつり合いより

東京理科大-理工〈B方式-2月6日〉　　　　　2021 年度　物理〈解答〉　*203*

$$ev_eB = eE \qquad \therefore \quad E = v_eB$$

(ケ) 電場と長さの積が電位差となるので，PQ 間の電位差の大きさは v_eBL となる。

(3)(コ) 電流が流れるのは ab 間であることに注意すると

$$R = \frac{\rho l_0}{S}$$

(サ) (ク)より，cd 間に生じる電場の大きさは vB なので，誘導起電力の大きさは vBl_0 となる。また，導体棒 PQ の cd 間を流れる電流は d から c の向きであり，大きさは

$$I = \frac{vBl_0}{R}$$

(シ) 導体棒 PQ を流れる電流が磁場から受ける力は外力と逆向きで大きさ IBl_0 となるので，導体棒 PQ の運動方程式より

$$Ma = F - IBl_0$$

(ス) 定常状態において加速度は 0 となるので

$$M \cdot 0 = F - IBl_0 \qquad 0 = F - \frac{vBl_0}{R} \cdot Bl_0$$

$$\therefore \quad v = \frac{FR}{B^2 l_0{}^2}$$

(セ) cd 間に生じる誘導起電力の大きさは v_1Bl_0，ba 間に生じる誘導起電力の大きさは v_2Bl_0 なので，回路を流れる電流の大きさを i とすると

$$iR = v_1Bl_0 - v_2Bl_0 \qquad \therefore \quad i = \frac{(v_1 - v_2)Bl_0}{R}$$

(ソ) 導体棒 PQ の運動方程式より　　$Ma_1 = F - iBl_0$

導体棒 P'Q' の運動方程式より　　$Ma_2 = iBl_0$

よって

$$Ma_1 - Ma_2 = (F - iBl_0) - iBl_0$$

$$a_1 - a_2 = \frac{F}{M} - \frac{2iBl_0}{M} = \frac{F}{M} - \frac{2\dfrac{(v_1 - v_2)Bl_0}{R}Bl_0}{M}$$

$$= \frac{F}{M} - \frac{2(v_1 - v_2)B^2 l_0{}^2}{MR}$$

(タ) $a_1 - a_2 = 0$ のとき

204　2021 年度　物理〈解答〉　　　　　　　　東京理科大-理工〈B方式-2月6日〉

$$0 = \frac{F}{M} - \frac{2\,(v_1 - v_2)\,B^2 l_0{}^2}{MR} \qquad \therefore \quad v_1 - v_2 = \frac{FR}{2B^2 l_0{}^2}$$

(セ)に代入して

$$i = \frac{\dfrac{FR}{2B^2 l_0{}^2} B l_0}{R} = \frac{F}{2Bl_0}$$

$\boxed{3}$ 　**解答**　　(1)(ア)—⓪　(イ)—③　(ウ)—①　(エ)—⓪　(オ)—③　(カ)—③
　　　　　　　(2)(キ)—⑤　(ク)—②　(ケ)—②　(コ)—⑤　(サ)—④　(シ)—⓪
　　　　　(ス)—①　(セ)—⓪　(ソ)—⑥

◀**解　説**▶

≪組み合わせレンズでできる像≫

(1)(ア)　線分 OB, OB′ の長さをそれぞれ $\overline{\mathrm{OB}}$, $\overline{\mathrm{OB}'}$ とすると

$$\frac{\overline{\mathrm{A}'\mathrm{B}'}}{\overline{\mathrm{AB}}} = \frac{\overline{\mathrm{OB}'}}{\overline{\mathrm{OB}}} = \frac{b}{a}$$

(イ)　線分 B′F′, OF′ の長さをそれぞれ $\overline{\mathrm{B}'\mathrm{F}'}$, $\overline{\mathrm{OF}'}$ とすると

$$\frac{\overline{\mathrm{A}'\mathrm{B}'}}{\overline{\mathrm{OP}}} = \frac{\overline{\mathrm{B}'\mathrm{F}'}}{\overline{\mathrm{OF}'}} = \frac{b - f_1}{f_1} = \frac{b}{f_1} - 1$$

(ウ)　$\overline{\mathrm{AB}} = \overline{\mathrm{OP}}$ より

$$\frac{b}{a} = \frac{b}{f_1} - 1 \qquad \therefore \quad \frac{1}{a} + \frac{1}{b} = \frac{1}{f_1}$$

(エ)　$$\frac{\overline{\mathrm{A}'\mathrm{B}'}}{\overline{\mathrm{AB}}} = \frac{\overline{\mathrm{OB}'}}{\overline{\mathrm{OB}}} = \frac{b}{a}$$

(オ)　線分 B′F, OF の長さをそれぞれ $\overline{\mathrm{B}'\mathrm{F}}$, $\overline{\mathrm{OF}}$ とすると

$$\frac{\overline{\mathrm{A}'\mathrm{B}'}}{\overline{\mathrm{OP}}} = \frac{\overline{\mathrm{B}'\mathrm{F}}}{\overline{\mathrm{OF}}} = \frac{f_2 - b}{f_2} = 1 - \frac{b}{f_2}$$

(カ)　$\overline{\mathrm{AB}} = \overline{\mathrm{OP}}$ より

$$\frac{b}{a} = 1 - \frac{b}{f_2} \qquad \therefore \quad \frac{1}{a} - \frac{1}{b} = -\frac{1}{f_2}$$

(2)(キ)　(ウ)より　$\dfrac{1}{a} + \dfrac{1}{b + d} = \dfrac{1}{f_1}$

(ク)　物体 AB に対する像 A′B′ の倍率は，それぞれのレンズまでの距離の

東京理科大-理工〈B方式-2月6日〉　　　　　2021 年度　物理〈解答〉　205

比と等しく $\dfrac{b+d}{a}$ となる。

㈷　線分 OB′, OB″ の長さをそれぞれ $\overline{\mathrm{OB}'}$, $\overline{\mathrm{OB}''}$ とすると

$$\frac{\overline{\mathrm{A}''\mathrm{B}''}}{\overline{\mathrm{A}'\mathrm{B}'}} = \frac{\overline{\mathrm{OB}''}}{\overline{\mathrm{OB}'}} = \frac{d-c}{b}$$

㈡　線分 B″F, OF の長さをそれぞれ $\overline{\mathrm{B}''\mathrm{F}}$, $\overline{\mathrm{OF}}$ とすると

$$\frac{\overline{\mathrm{A}''\mathrm{B}''}}{\overline{\mathrm{OP}'}} = \frac{\overline{\mathrm{B}''\mathrm{F}}}{\overline{\mathrm{OF}}} = \frac{(d-c)-f_2}{f_2} = \frac{d-c}{f_2} - 1$$

㈻　$\overline{\mathrm{A}'\mathrm{B}'} = \overline{\mathrm{OP}'}$ より

$$\frac{d-c}{b} = \frac{d-c}{f_2} - 1 \qquad \therefore \quad \frac{1}{d-c} + \frac{1}{b} = \frac{1}{f_2}$$

㈾　像 $\mathrm{A}''\mathrm{B}''$ は像 AB と向きが同じなので正立像である。

㈿　像 $\mathrm{A}''\mathrm{B}''$ には像 AB から発せられた光が実際には集まっていないので, 虚像である。

㈼　㈭に数値を代入すると

$$\frac{1}{22} + \frac{1}{b+16} = \frac{1}{10} \qquad \therefore \quad b = \frac{7}{3}$$

㈻に数値を代入すると

$$\frac{1}{16-c} + \frac{1}{\dfrac{7}{3}} = \frac{1}{2} \qquad \therefore \quad c = 2 \,[\mathrm{cm}]$$

㈽　物体 AB の大きさに対する, 像 $\mathrm{A}''\mathrm{B}''$ の大きさの比は, 線分 AB の長さを $\overline{\mathrm{AB}}$ とすると

$$\frac{\overline{\mathrm{A}''\mathrm{B}''}}{\overline{\mathrm{AB}}} = \frac{\overline{\mathrm{A}'\mathrm{B}'}}{\overline{\mathrm{AB}}} \cdot \frac{\overline{\mathrm{A}''\mathrm{B}''}}{\overline{\mathrm{A}'\mathrm{B}'}} = \frac{b+d}{a} \cdot \frac{d-c}{b}$$

$$= \frac{\dfrac{7}{3}+16}{22} \cdot \frac{16-2}{\dfrac{7}{3}} = 5 \,倍$$

❖講 評

例年通り，試験時間 80 分で，大問 3 題の構成である。

1 振り子の運動に関する問題である。(1)は振り子の運動についての基本的な問題である。(2)は小球が最下点に来たときに振り子の長さが変化する設定である。最下点を通過する前後で，小球の速度は変わらないが，振り子の長さが変わるので，向心力も変わることに注意する。後半は斜方投射の基本的な問題である。(3)は角振幅が十分小さいという近似のもとで，周期を求めさせる問題である。線分 OA の左右での運動が，それぞれ異なるばね定数の単振動の半周期に対応することが理解できれば，難しくない。

2 磁場中を移動する導体棒に生じる電磁誘導に関する問題である。(1)は電磁気に関する基本的な問題である。(2)は電磁誘導に関する基本的な問題である。(3)は磁場中で 2 本の金属のレール上を移動する 2 本の導体棒に生じる電磁誘導の問題である。導体棒の長さは L だが，抵抗や電磁誘導に寄与するのはレールとの 2 つの接点の間の距離 l_0 であることに注意する。誘導に従って計算すれば，特に難しくはないだろう。

3 組み合わせレンズでできる像に関する問題である。(1)は凸レンズと凹レンズにおけるレンズの式の導出の問題。ほぼ同じ計算の繰り返しである。(2)は凸レンズと凹レンズを組み合わせた設定となっている。(ケ)～(サ)は凹レンズにおけるレンズの式の導出の問題で，(1)とほぼ同じ計算の繰り返しである。(ス)では光線 r_1 が点 A″ に向かわないことから，虚像とわかる。あくまで，点 A″ に光線が集まるように見えるだけである。

全体的に，ほぼ例年通りの内容であり，難易度も例年並みであった。計算がやや複雑な問題もあるので，見通しのよい式変形を心がけたい。

東京理科大-理工〈B方式-2月6日〉　　　　2021 年度　化学〈解答〉　*207*

化学

(注)　解答につきましては，東京理科大学から提供のあった情報を掲載しております。

1 解答

(1)(ア) 03　(イ) 14　(2)(ウ) 07　(エ) 01　(3)(オ) 08　(カ) 05
(4)(キ) 32　(5)(ク) 04　(6)(ケ) 01　(コ) 05　(7)(サ) 70

◀解　説▶

≪物質の構成粒子，酸化還元反応，水銀柱と蒸気圧≫

(2)　Cl_2 分子では，下図に示すように Cl 原子が不対電子を 1 個ずつ出し合って共有電子対が形成されている。

$$:\overset{..}{\underset{..}{Cl}}\cdot + \cdot\overset{..}{\underset{..}{Cl}}: \longrightarrow :\overset{..}{\underset{..}{Cl}}:\overset{..}{\underset{..}{Cl}}:$$

(3)　P 原子は原子番号が 15 なので，K 殻に 2 個，L 殻に 8 個，M 殻に 5 個の電子が入っている。

(4)　内側から n 番目の電子殻に収容可能な電子の最大数は $2n^2$ と表される。

(5)　電気陰性度は，周期表の右上にある元素ほど大きくなる傾向がみられ，2 族元素では原子番号 4 の Be が最大となる。

(6)　酸化剤の $KMnO_4$ は次のように反応し，Mn の酸化数は +7 から +2 に変化する。

$$MnO_4{}^- + 8H^+ + 5e^- \longrightarrow Mn^{2+} + 4H_2O$$

H_2O_2 は酸化剤としても還元剤としてもはたらくが，相手物質が強力な酸化剤である $KMnO_4$ の場合は還元剤として次のように反応する。このとき，O の酸化数は −1 から 0 に変化する。

$$H_2O_2 \longrightarrow 2H^+ + O_2 + 2e^-$$

(7)　1.013×10^5 Pa は 76 cm の水銀柱による圧力に相当するので，25℃におけるエタノールの飽和蒸気圧 7.97×10^3 Pa は

$$76 \times \frac{7.97 \times 10^3}{1.013 \times 10^5} = 5.97 \,(cm)$$

の水銀柱による圧力に相当する。よって，水銀柱はエタノールの飽和蒸気

208 2021 年度　化学〈解答〉　　　　　　　　　東京理科大-理工〈B方式-2月6日〉

に押されて 5.97 cm だけ低くなるので，求める高さは

$$76 - 5.97 = 70.03 ≒ 70 〔cm〕$$

2 解答

(1)(a)—08　(b)—02　(ア)—10　(イ)—10
(I) $2.4 \times 10^{+1}$　(II) 9.7×10^{-1}

(2)(c)—04　(ウ)— 8　(エ)— 4　(オ)— 7　(カ)—10　(キ)—10

(3)(d)—06　(あ)— 1　(i)〜(iii)：3

※(1)の(II)の計算について，解法・計算順序等により別解がある。

◀解　説▶

≪体心立方格子，氷の構造と性質，物質の三態と状態図≫

(1)(I)　単位格子 1 個分，つまり Na 原子 2 個分の体積は

$$(4.29 \times 10^{-8})^3 = 79.0 \times 10^{-24} 〔cm^3〕$$

であるから，1〔mol〕$= 6.02 \times 10^{23}$ 個あたりの体積は

$$79.0 \times 10^{-24} \times \frac{6.02 \times 10^{23}}{2} = 23.7 ≒ 24 〔cm^3〕$$

(II)　Na 原子 1 mol の質量は 23.0 g であるから，求める密度は

$$\frac{1 \text{mol あたりの質量}}{1 \text{mol あたりの体積}} = \frac{23.0}{23.7} = 0.970 ≒ 0.97 〔g/cm^3〕$$

(ア)・(イ)　単位格子の 1 辺の長さを a〔cm〕，アボガドロ定数を N_A〔/mol〕とすると，体心立方格子をとる原子量 M の金属の密度は

$$\frac{\text{単位格子の質量}}{\text{単位格子の体積}} = \frac{\dfrac{M}{N_A} \times 2}{a^3} = \frac{2M}{a^3 N_A} 〔g/cm^3〕$$

と表されるので，密度は原子量に比例し，単位格子の 1 辺の長さの 3 乗に反比例する。よって，カリウムの密度はナトリウムの密度の

$$\frac{\dfrac{39.1}{23.0}}{1.23^3} = 0.91 \text{ 倍}$$

となり，カリウムの密度の方が低くなる。また，水の密度は 1.0 g/cm³ であるから，密度の大小関係は

水の密度＞ナトリウムの密度＞カリウムの密度

となる。

(2)(オ)・(c)　氷において，1 個の H_2O 分子は周囲の 4 個の H_2O 分子と水素

東京理科大-理工〈B方式-2月6日〉　　　　　　　　　　2021 年度　化学〈解答〉　209

結合によりつながり，正四面体構造が形成されている。また，ダイヤモンドは 1 個の C 原子が周囲の 4 個の C 原子と共有結合をし，やはり正四面体構造をつくっている。

㈎　氷は方向性のある水素結合により，隙間の多い構造をとる。氷が溶けて液体の水になると，水素結合の一部が切断され，隙間が少なくなる。そのため，氷の密度は液体の水よりも低い。

㈑　氷に圧力をかけると，水素結合が切断されて，液体の水になる。つまり，圧力を高くすることで，低い温度でも氷は融解するので，融点は低くなる。したがって，氷にかかる圧力が低くなるほど融点は高くなる。

(3)(d)・(あ)　三重点は 3 本の曲線の交点であり，そこでの温度が -85.5℃，圧力が 2.33×10^4 Pa である。常温・常圧は 25℃，1.013×10^5 Pa であり，H_2S はこの条件では気体であることから，状態図中の点 6 に対応する。この状態から温度を下げていくと，点 6（気体）→点 5（液体）→点 4（固体）と状態が変化するので，H_2S は常圧では気体・液体・固体のいずれの状態にもなり得る。

(i)～(iii)　H_2Se と H_2S は構造は似ているが，H_2Se の方が分子量が大きいため，分子間にはたらくファンデルワールス力が強く，沸点が高くなる。

3　解答　(1)(ア)— 7　(イ)— 3　(ウ)— 5　(エ)— 9　(オ)— 2

(2)(i)2.00×10^{-2}　(ii)4.48×10^{-1}

(3)(iii)$7.38 \times 10^{+1}$　(4)(iv)$6.01 \times 10^{+2}$

◀解　説▶

≪陽イオン交換膜法による電気分解，固体の溶解度≫

(1)(ア)　陽極室では Cl^- が酸化されて，Cl_2 が生成する。

$$2Cl^- \longrightarrow Cl_2 + 2e^-$$

(イ)・(ウ)　陰極室では H_2O が還元されて，H_2 と OH^- が生成する。

$$2H_2O + 2e^- \longrightarrow H_2 + 2OH^-$$

H_2 は電解槽の外部へ出ていくので，図から(イ)が OH^-，(ウ)が H_2 である。

(エ)・(オ)　電気分解が進むと，陽極室では Cl^- が減少して Na^+ が余るため，溶液が正に帯電する。一方，陰極室では OH^- の生成により溶液が負に帯電する。そこで，電荷のバランスを保つために Na^+ が陽極室から陰極室へ，OH^- が陰極室から陽極室へ移動しようとするが，陽イオン交換膜で

両室を仕切ることで，Na^+ のみが陰極室へ移動することになる。これにより，陰極室では Na^+ と OH^- の濃度が高くなり，NaOH が生成されることとなる。

(2)(i) 生成する NaOH の物質量は，陰極で生成する OH^- の物質量に等しい。陰極で起こる反応は

$$2H_2O + 2e^- \longrightarrow H_2 + 2OH^-$$

であり，流れた電子と生成する OH^- の物質量は等しいので，求める物質量は

$$\frac{5.00 \times 386}{9.65 \times 10^4} = 2.00 \times 10^{-2} \, [mol]$$

(ii) 陰極から発生した H_2 の物質量は

$$2.00 \times 10^{-2} \times \frac{1}{2} = 1.00 \times 10^{-2} \, [mol]$$

陽極で起こる反応は

$$2Cl^- \longrightarrow Cl_2 + 2e^-$$

であるから，陽極から発生した Cl_2 の物質量は

$$2.00 \times 10^{-2} \times \frac{1}{2} = 1.00 \times 10^{-2} \, [mol]$$

よって，両極から発生した気体の物質量の合計は 2.00×10^{-2} mol であるから，その標準状態における体積は

$$22.4 \times 2.00 \times 10^{-2} = 4.48 \times 10^{-1} \, [L]$$

(3) 陰極で起こる反応から，電子が 1 mol 流れると，H_2O が 1 mol（$= 18.0$ g）反応し，NaOH が 1 mol 生成する。流れる電子を $x \, [mol]$ とおくと，生成する NaOH は $x \, [mol]$，反応により減少する H_2O は $18.0x$ 〔g〕であるから，NaOH の質量モル濃度が 5.00 mol/kg より

$$\frac{NaOH \, の物質量〔mol〕}{水の質量〔kg〕} = \frac{x}{\dfrac{10.0}{1000} - \dfrac{18.0x}{1000}} = 5.00$$

$$\therefore \quad x = \frac{5}{109} \, [mol]$$

よって，求める電流の強さを $I \, [A]$ とおくと

$$I \times 60 = \frac{5}{109} \times 9.65 \times 10^4 \quad \therefore \quad I = 73.77 \fallingdotseq 73.8 \, [A]$$

(4) 取り出した 1000g の溶液中に溶解している NaCl と NaOH の質量はそれぞれ

$$NaCl : 1000 \times \frac{16.6}{100} = 166 [g], \quad NaOH : 1000 \times \frac{12.4}{100} = 124 [g]$$

よって，溶液中の水の質量は

$$1000 - (166 + 124) = 710 [g]$$

$x[g]$ の水を蒸発させたときにちょうど NaOH の飽和水溶液になるとすると，飽和水溶液における $\frac{溶質の質量}{水の質量}$ は一定であることから

$$\frac{124}{710-x} = \frac{114}{100} \quad \therefore \quad x = 601.2 \fallingdotseq 6.01 \times 10^2 [g]$$

 解答 (1)(ア)―08　(イ)―25　(ウ)―30
(2)(エ)―02　(オ)―03　(カ)―02　(キ)―47　(ク)―54　(ケ)―46
(コ)―54
(3)(サ)―56　(シ)―58　(ス)―35　(セ)―39　(ソ)―33　(タ)―40

◀解　説▶

≪鉄の単体と化合物，鉄の製錬≫

(1)(ア)　Fe は第4周期8族に属し，原子番号は 26 である。

(イ)・(ウ)　地殻中の元素存在量は O が最も多く，Si，Al，Fe と続く。

(2)(エ)～(カ)　酸化鉄(Ⅲ) Fe_2O_3 の Fe の酸化数は +3 である。四酸化三鉄 Fe_3O_4 については，Fe の酸化数の合計が +8 になることから，Fe^{2+} と Fe^{3+} が 1:2 の割合で含まれていることがわかる。

(キ)～(コ)　Fe^{2+} を含む水溶液に塩基の水溶液を加えると，緑白色の水酸化鉄(Ⅱ) $Fe(OH)_2$ が沈殿する。

$$Fe^{2+} + 2OH^- \longrightarrow Fe(OH)_2$$

Fe^{3+} を含む水溶液に塩基の水溶液を加えると，赤褐色の水酸化鉄(Ⅲ) $Fe(OH)_3$ が沈殿する。

$$Fe^{3+} + 3OH^- \longrightarrow Fe(OH)_3$$

なお，これらの沈殿は NaOH 水溶液やアンモニア水を過剰に加えても溶解しない。

(3)　Fe_2O_3 を主成分とする鉱石を赤鉄鉱，Fe_3O_4 を主成分とする鉱石を磁

鉄鉱という。鉄の単体は，これらの鉱石を，溶鉱炉で CO によって還元することにより得られる。

$$Fe_2O_3 + 3CO \longrightarrow 2Fe + 3CO_2$$

こうして得られた鉄は銑鉄といい，炭素を多く含んでいてもろい。そこで，融解した銑鉄を転炉に移して O_2 を吹き込み，炭素を CO_2 として取り除く。このとき得られる，炭素の含有量を 0.02〜2 ％にした鉄を鋼という。

5 解答　(1)—3　(2)—1　(3)—3　(4)—1　(5)—3　(6)—2
(7)—2　(8)—4

◀解　説▶

《窒素を含む芳香族化合物，ジアゾ化とカップリング》

(1) ニトロ化の試薬には濃硝酸と濃硫酸の混合物である混酸を用いるが，濃硫酸は溶解熱が大きく，他の水溶液を加えると激しく発熱して危険なため，混酸を調製する際には，濃硝酸に少しずつ濃硫酸を加えていく。

(2) ニトロベンゼンは，水より密度の高い淡黄色の液体であり，水に溶けにくい。また，酸化剤としてはたらき，自身は還元されるので，還元性はもたない。

(3) ニトロベンゼンにスズと濃塩酸を加えて加熱すると，ニトロベンゼンが還元されてアニリン塩酸塩が生成する。この際，還元剤としてはたらくスズは酸化されて塩化スズ(Ⅳ) $SnCl_4$ となるので，価数は 0 価から 4 価になる。

$$2\,C_6H_5NO_2 + 3Sn + 14HCl \longrightarrow 2\,C_6H_5NH_3Cl + 3SnCl_4 + 4H_2O$$

(4) アニリン塩酸塩は，弱塩基であるアニリンの塩であるから，強塩基である NaOH 水溶液を加えると，弱塩基の遊離反応が起こって，アニリンが液体として遊離する。

$$C_6H_5NH_3Cl + NaOH \longrightarrow C_6H_5NH_2 + NaCl + H_2O$$

(5) アニリンは弱塩基性であり，水には溶けにくいがエーテルには溶けやすい。また，空気中に放置すると酸化されて褐色になり，硫酸酸性の $K_2Cr_2O_7$ 水溶液により酸化されて黒色の物質（アニリンブラック）となる。

東京理科大-理工〈B方式-2月6日〉　　　　　　2021 年度　化学〈解答〉　*213*

つまり，アニリンは酸化されやすい性質をもつので，酸化性ではなく還元性を有する。

(6)・(7)　アニリンの希塩酸溶液（溶液A）に亜硝酸ナトリウム水溶液（溶液B）を加えると，塩化ベンゼンジアゾニウムが生成して淡黄色に呈色する。この反応をジアゾ化という。

$$\text{\Large⟨⟩}-NH_2 + NaNO_2 + 2HCl \longrightarrow \left[\text{\Large⟨⟩}-N{\equiv}N\right]Cl + NaCl + 2H_2O$$

塩化ベンゼンジアゾニウムは高温では不安定で，5℃を超えると次のように加水分解してフェノールになってしまうので，ジアゾ化を行う際は，氷を加えて5℃以下に保たなければならない。

$$\left[\text{\Large⟨⟩}-N{\equiv}N\right]Cl + H_2O \longrightarrow \text{\Large⟨⟩}-OH + N_2 + HCl$$

(8)　塩化ベンゼンジアゾニウムの水溶液を，ナトリウムフェノキシドの水溶液（溶液C）に加えると，カップリング（ジアゾカップリング）が起こり，*p*-ヒドロキシアゾベンゼンが生成する。

$$\left[\text{\Large⟨⟩}-N{\equiv}N\right]Cl + \text{\Large⟨⟩}-ONa \longrightarrow \text{\Large⟨⟩}-N{=}N-\text{\Large⟨⟩}-OH + NaCl$$

この水溶液に塩酸を加えて酸性にすると，*p*-ヒドロキシアゾベンゼンが赤橙色の固体として析出する。

6　**解答**　(ア)—04　(イ)—12　(ウ)—16　(エ)—11　(オ)—10　(カ)—15
　　　　　　　(キ)—18　(ク)—17　(ケ)—01

◀解　説▶

≪いろいろな合成高分子化合物の製法≫

(ア)　塩化ビニルを付加重合させると，ポリ塩化ビニルが得られる。

$$n\,CH_2{=}CHCl \longrightarrow +CH_2-CHCl+_n$$

(イ)　テレフタル酸とエチレングリコールを縮合重合させると，ポリエチレンテレフタラート（PET）が得られる。

$$n\,HO{-}\underset{O}{C}{-}\text{\Large⟨⟩}{-}\underset{O}{C}{-}OH + n\,HO{-}CH_2{-}CH_2{-}OH$$

$$\longrightarrow \left[\underset{O}{C}{-}\text{\Large⟨⟩}{-}\underset{O}{C}{-}O{-}CH_2{-}CH_2{-}O\right]_n + 2n\,H_2O$$

㈦ フェノールとホルムアルデヒドを，酸触媒を用いて付加重合させると，中間生成物のノボラックが生成する。その後，硬化剤を加えて加熱すると，重合反応が進んでフェノール樹脂が得られる。

$$\text{OH} + \text{HCHO} \xrightarrow[\text{酸性}]{} \left[\begin{array}{c} \text{OH} \\ \text{CH}_2 \end{array} \right]_n \xrightarrow[\text{加熱}]{\text{硬化剤}} -\text{CH}_2 \begin{array}{c} \text{OH} \\ \text{CH}_2 \\ \text{CH}_2 \end{array} \text{CH}_2-$$

ノボラック　　　　　　　　フェノール樹脂

㈢・㈣ スチレンと p-ジビニルベンゼンを共重合させると，架橋構造をもつ三次元網目状構造の合成樹脂が生成する。これにスルホ基などの官能基を導入すると，イオン交換樹脂となる。

$$-\text{CH}-\text{CH}_2-\text{CH}-\text{CH}_2-\text{CH}-\text{CH}_2-$$

Xが SO_3H（スルホ基）
　：陽イオン交換樹脂
Xが $CH_2-N(CH_3)_3OH$
　：陰イオン交換樹脂

㈥ テレフタル酸を塩素化させたテレフタル酸ジクロリドと p-フェニレンジアミンを縮合重合させると，超高強度，超高弾性，耐熱性に優れるといった特徴をもつ，アラミド繊維の一つであるケブラーが得られる。

$$n\text{Cl}-\underset{\text{O}}{\text{C}}-\underset{\text{O}}{\text{C}}-\text{Cl} + n\text{H}-\underset{\text{H}}{\text{N}}-\underset{\text{H}}{\text{N}}-\text{H}$$

$$\longrightarrow \left[\underset{\text{O}}{\text{C}}-\underset{\text{O}}{\text{C}}-\underset{\text{H}}{\text{N}}-\underset{\text{H}}{\text{N}} \right]_n + 2n\text{HCl}$$

㈦ 無水フタル酸とグリセリンを縮合重合させると，グリプタル樹脂が得られる。

㈧ スチレンと 1,3-ブタジエンを共重合させると，合成ゴムの一つであるスチレンブタジエンゴム（SBR）が得られる。

$$m\begin{array}{c}\text{CH}=\text{CH}_2\\ \\ \end{array} \qquad + n\text{CH}_2=\text{CH}-\text{CH}=\text{CH}_2$$

$$\longrightarrow \left[CH-CH_2 \right]_m \left[CH_2-CH=CH-CH_2 \right]_n$$

（ケ）　アジピン酸とヘキサメチレンジアミンを縮合重合させると，ナイロン 66（6,6-ナイロン）が得られる。

$$n\text{HO-C-}(CH_2)_4\text{-C-OH} + n\text{H-N-}(CH_2)_6\text{-N-H}$$

$$\longrightarrow \left[C-(CH_2)_4-C-N-(CH_2)_6-N \right]_n + 2n\text{H}_2\text{O}$$

❖講　評

　試験時間は 80 分。例年通り大問数は 6 題であった。2021 年度は，①〜③が理論，④が無機，⑤⑥が有機の出題であった。

　①は物質の構成粒子，酸化還元反応，水銀柱と蒸気圧に関する出題であった。(1)〜(6)までは基本的な問題であり落とせない。(7)は水銀柱の高さと圧力が比例関係にあることを利用することがポイントである。

　②は体心立方格子，氷の構造と性質，物質の三態と状態図に関する問題であった。(1)のカリウムの密度については，具体的に密度を求めるのではなく，必要な情報だけを取り出して計算したい。(2)・(3)は特に解答に迷う設問はなかった。

　③は陽イオン交換膜法による電気分解，固体の溶解度に関する問題であった。(1)では陽イオン交換膜法についての基本的な理解が問われている。(2)の計算問題は基本的であるが，(3)・(4)はやや難しい。(3)では，電気分解によって溶媒である水が消費されることに気づけたか。(4)では，水を蒸発させる前後で NaOH の質量が変化しないことに注目して立式する。

　④は鉄の単体と化合物，鉄の製錬に関する問題であった。いずれの設問も基本的な知識を問うものであるから，ここは素早く解答したい。(ア)の Fe が何族かを問う問題は覚えていなかった受験生もいたかもしれない。周期表は Kr までは記憶しておこう。

　⑤は窒素を含む芳香族化合物，ジアゾ化とカップリングに関する問題であった。アニリンと p-ヒドロキシアゾベンゼンの合成実験というオ

ーソドックスなテーマの問題であり，全体的に素直な設問で構成されている。

6はいろいろな合成高分子化合物の製法に関する問題であった。合成高分子に関する幅広い知識が求められるが，すべて基本的な知識のみで解ける問題であり，きちんと対策をした受験生には容易な問題といえる。

2020 年度

問題と解答

東京理科大-理工〈B方式-2月3日〉 2020 年度　問題　*3*

■B方式2月3日実施分：数・物理・情報科・応用生物科・
　　　　　　　　　　　　　　　　　　　経営工学科

問題編

2月3日

問題編

▶試験科目・配点

教　科	科　　　　　　目	配　　点
外国語	コミュニケーション英語Ⅰ・Ⅱ・Ⅲ，英語表現Ⅰ・Ⅱ	100 点
数　学	数学Ⅰ・Ⅱ・Ⅲ・A・B	数学科：200 点 その他：100 点
理　科	数・情報科・応用生物科・経営工学科：「物理基礎・物理」，「化学基礎・化学」，「生物基礎・生物」から1科目選択 物理学科：物理基礎・物理	100 点

▶備　考

- 英語はリスニングおよびスピーキングを課さない。
- 数学Bは「数列」「ベクトル」から出題。

(60分)

1 Read the following passage and answer the questions below.　(52 points)

[1]　A believer in flat-Earth conspiracies made another attempt at shooting himself toward the stratosphere* in a homemade rocket. Once again, it fell flat.
　　　　　　　　　　　　　　　　　　　　　　　　　　　　　　　　(1)

[2]　Mike Hughes, a self-proclaimed daredevil* who rejects the fact that the Earth is round, posted a video on his Facebook page about two weeks ago saying that he planned to launch himself from private property to an altitude of 1,800 feet (550 meters) on Saturday, Feb. 3. Hughes had canceled and delayed launches before, so it wasn't really clear (　2　) Saturday's event would happen. His homemade rocket sat on the "launchpad" in Amboy, California, for about 11 minutes before it ... didn't go anywhere, as shown on a live video of the event. Nevertheless, it spotlights a subculture that is increasingly gaining notoriety online.
　　　　　　　　　　　　　　　　　　　　　　　　　　　　　(3)

[3]　That subculture is flat-Earthers, people who argue that centuries of observations that the Earth is round are either mistaken or part of a vast cover-up. Instead, flat-Earthers argue, the planet is a disk. Exactly what this looks like varies by who is theorizing, but many flat-Earthers
　　　　　　　　　　　　　　　　　(4)
say that walls of ice surround the edge of the disk, and that the planets, moons and stars hover in a sort of dome above Earth, much closer to Earth than they really are.

[4]　So, what is the appeal? For many believers, it's a matter of distrust of the scientific elite and they desire to see the evidence with their own eyes. And, psychologists say, flat-Earth conspiracy theorists may be chasing many of the same (　5　) as believers in other conspiracies:

東京理科大-理工〈B方式-2月3日〉   2020 年度 英語 *5*

social belonging, meaning and control, and feelings of safety in an uncertain world.

[5] Psychologists have studied why conspiracy theories are appealing, in general. The reasons (　6　) three main categories, said Karen Douglas, a social psychologist at the University of Kent in Canterbury, England.

[6] The first reason has to do with the search for knowledge and certainty. <u>People who feel uncertain tend to be drawn to conspiracy theories,</u>
(7)
Douglas said. This happens on both small and large scales: when people are induced to feel out of control in a psychology study, they become more open to conspiracy beliefs, 2015 research found. There is also evidence that the number of conspiracy believers <u>spikes</u> during times of societal crisis.
(8)
[7] Conspiracy theories also seem to offer believers the promise of knowledge and insight that others lack, Douglas said. "<u>You have a need</u>
(9)
<u>for security and control, and you don't have it, so you try to compensate</u>
<u>for it,</u>" she said.

[8] Finally, conspiracy theories can give believers a self-esteem boost and allow them to feel good about the groups they belong to. Some studies (　10　) that narcissism* and conspiracy belief are linked, Douglas said, and many conspiracies divide the world into "good guys" (e.g., the moral YouTube star setting out to find the truth) and "bad guys" (e.g., the government).

[9] Vivren Swami, a social psychologist at Anglia Ruskin University said, "If you read flat-Earth discussion groups, you'll find people talking about NASA, and they really hate NASA." Part of the problem, Swami said, is that understanding the physics of the universe is very difficult, and flat-Earthers are, to some extent, right that science is elitist: it (　11　) money, knowledge and time in higher education to be in a position to launch a satellite into space or understand the math that shows why the planet is round.

[10] Unfortunately, (　12　) a conspiracy belief is established, it's hard to change, said Swami; people tend to hold on to their beliefs. Arguments

6 2020 年度 英語　　　　　　　　東京理科大-理工〈B方式-2月3日〉

and discussions only tend to entrench* those beliefs, as people tend to engage in what's called "psychological reactance*," Swami said, spending time <u>honing their own arguments and convincing themselves</u> even (13) further of their own rightness.

[11] Prevention instead seems to be key, Swami said. Analytical and critical thinkers have been shown to be <u>less susceptible to conspiracy beliefs</u>, he (14) said. "It's really, really key that we teach critical-thinking skills and analytic skills," he said.

Adapted from "Flat Earth: What Fuels the Internet's Strangest Conspiracy Theory?"

(**Notes**)

stratosphere：the second layer of Earth's atmosphere

daredevil：a person who enjoys doing dangerous things, in a way that other people may think is stupid

narcissism：self-centeredness

entrench：to fix firmly

psychological reactance：a person's negative response to rules and facts that restrict his or her freedom

(1)　Which of the items below is the closest in meaning to the underlined part (1) in the passage? Consider the context, choose one from the following answer choices, and mark the number on your **Answer Sheet**.

　1　failed　　　　2　impressed　　　3　assisted　　　4　succeeded

(2)　Which of the items below most correctly fills in the blank (2) in the passage? Consider the context, choose one from the following answer choices, and mark the number on your **Answer Sheet**.

　1　weather　　　2　wherever　　　3　whenever　　　4　whether

東京理科大-理工〈B方式-2月3日〉　　　　　　　2020 年度　英語　7

(3)　Which of the items below is the closest in meaning to the underlined part
　(3) in the passage?　Consider the context, choose one from the following
　answer choices, and mark the number on your **Answer Sheet**.
　　1　shows members of a subculture how to become famous
　　2　focuses attention on a group that is becoming more well-known
　　3　raises issues about the problems of meeting strangers
　　4　promotes the unusual beliefs of people seeking fame

(4)　Which of the items below is the closest in meaning to the underlined part
　(4) in the passage?　Consider the context, choose one from the following
　answer choices, and mark the number on your **Answer Sheet**.
　　1　Numerous world views are the same on the subject of the Earth's shape
　　2　Different people have various understandings about who is making flat-
　　　Earth theories
　　3　Various theorists have different ideas about flat-Earthers
　　4　The flat-Earth community has no single theory about the appearance of
　　　the Earth

(5)　Which of the items below most correctly fills in the blank (5) in the
　passage?　Consider the context, choose one from the following answer
　choices, and mark the number on your **Answer Sheet**.
　　1　statistics　　　2　facts　　　　3　needs　　　　4　theories

(6)　Which of the items below most correctly fills in the blank (6) in the
　passage?　Consider the context, choose one from the following answer
　choices, and mark the number on your **Answer Sheet**.
　　1　reach out　　　　　　　　2　hurry through
　　3　mix up　　　　　　　　　4　fall into

(7)　Which of the items below is the closest in meaning to the underlined part

(7) in the passage? Consider the context, choose one from the following answer choices, and mark the number on your **Answer Sheet**.

1　People not certain about their beliefs are often attracted to conspiracy theories

2　Most people are uncertain about why they are interested in conspiracy theories

3　People who are certain of their own knowledge are not pulled towards to conspiracy theories

4　Joining a conspiracy is certainly one way to find the truth about the world

(8)　Which of the items below is the closest in meaning to the underlined part (8) in the passage? Consider the context, choose one from the following answer choices, and mark the number on your **Answer Sheet**.

1　remains unchanged　　　　　2　always falls suddenly

3　increases only slightly　　　　4　rises sharply

(9)　Which of the items below is the closest in meaning to the underlined part (9) in the passage? Consider the context, choose one from the following answer choices, and mark the number on your **Answer Sheet**.

1　Some people will believe conspiracy theories to make up for a lack of feelings of safety and confidence

2　One way of compensating for believing in conspiracy theories is to give up control and safety

3　One reason people are attracted to conspiracy theories is that they do not want to feel secure and in control

4　When people do not feel secure, conspiracy theories provide a reason to give up

(10)　Which of the items below most correctly fills in the blank (10) in the

東京理科大-理工〈B方式-2月3日〉   2020 年度　英語　*9*

passage?　Consider the context, choose one from the following answer choices, and mark the number on your **Answer Sheet.**

　1　recommend　　2　turn　　　　3　order　　　　4　suggest

(11)　Which of the items below most correctly fills in the blank (11) in the passage?　Consider the context, choose one from the following answer choices, and mark the number on your **Answer Sheet.**

　1　builds　　　　2　moves　　　　3　presses　　　4　takes

(12)　Which of the items below most correctly fills in the blank (12) in the passage?　Consider the context, choose one from the following answer choices, and mark the number on your **Answer Sheet.**

　1　then　　　　　2　before　　　　3　during　　　　4　once

(13)　Which of the items below is the closest in meaning to the underlined part (13) in the passage?　Consider the context, choose one from the following answer choices, and mark the number on your **Answer Sheet.**

　1　considering only their own point of view and deceiving others

　2　sharpening the points of their arguments until they are believable to them

　3　considering all the reasons why they might be wrong and making a careful decision

　4　giving up their beliefs, after carefully analyzing the evidence from all sides

(14)　Which of the items below is the closest in meaning to the underlined part (14) in the passage?　Consider the context, choose one from the following answer choices, and mark the number on your **Answer Sheet.**

　1　harder to be convinced of conspiracies

　2　less critical of conspiracy theorists

3　more likely to find conspiracies

4　no more easy than others to convince of conspiracy theories

2　Choose one item from the answer choices below to fill in each blank in the sentence and complete the phrase in the best possible way.　Mark the numbers on your **Answer Sheet**.　　　　　　　　　　　(22 points)

(1)　Rome was (　(a)　) to (　(b)　) (　(c)　) (　(d)　) its (　(e)　) (　(f)　).

　　1　maintain　　　2　control　　　　3　empire

　　4　able　　　　　5　over　　　　　　6　vast

(2)　Rome's military technology (　(a)　) (　(b)　) (　(c)　) (　(d)　) (　(e)　) (　(f)　) (　(g)　) and regions.

　　1　countries　　　2　other　　　　3　of　　　　　4　superior

　　5　that　　　　　6　to　　　　　　7　was

(3)　The Romans also (　(a)　) (　(b)　) (　(c)　) (　(d)　) (　(e)　) advanced (　(f)　) and highly organized styles of combat.

　　1　had　　　　　2　learned　　　3　soldiers

　　4　tactics　　　　5　well-trained　6　who

(4)　Furthermore, the Roman Empire could move its troops on (　(a)　) (　(b)　) (　(c)　) (　(d)　) (　(e)　) (　(f)　) often (　(g)　) and alarmed its enemies.

　　1　that　　　　　2　lightning　　3　roads　　　　4　speed

　　5　surprised　　　6　well-made　　7　with

東京理科大-理工〈B方式-2月3日〉　　　　　　　　2020 年度　英語　*11*

3 For each sentence below, which of the following items correctly fills in the blank in the best possible way? Choose one from the choices and mark the number on your **Answer Sheet**.　　　　　　　　　　(18 points)

(1) Recently, many bestselling books are also (　1　) in audio format, which can be listened to on the same devices people use to listen to music.

　　1　available　　　　　　　　　2　ambitious

　　3　identifying　　　　　　　　4　printed

(2) Many people love reading books printed on paper, but audiobooks, as they are (　2　), have many good points.

　　1　labelling　　　　　　　　　2　called

　　3　paid　　　　　　　　　　　4　showing

(3) First, audiobooks can be (　3　) online and downloaded to your listening device.

　　1　exceeded　　　　　　　　　2　purchased

　　3　turned　　　　　　　　　　4　solved

(4) Second, whereas books are heavy, audiobooks (　4　) nothing and you can carry hundreds in your pocket.

　　1　listen　　　　　　　　　　2　draw

　　3　weigh　　　　　　　　　　4　sound

(5) However, there are (　5　) to reading books in the traditional printed medium.

　　1　destinations　　　　　　　2　advantages

　　3　estimates　　　　　　　　4　occurrences

(6) For example, while the devices used to listen to audiobooks require an (6) source, books require no energy, except the strength to turn the pages.

1 electrical
2 entire
3 elementary
4 eventual

(7) Also, using earphones for an (7) time can make our ears tired, but printed books can be enjoyed for hours with no difficulty.

1 excitement
2 example
3 exiting
4 extended

(8) For these reasons, many people continue to (8) paper books over audiobooks.

1 supply
2 share
3 prefer
4 allow

(9) Therefore, although audiobooks have become a (9) format for many people, printed paper books are not likely to come to an end anytime soon.

1 cooling
2 popular
3 traditional
4 talented

東京理科大-理工〈B方式-2月3日〉 2020 年度 英語 *13*

4 Read the poster below. Read each sentence that follows the poster and mark T, if it is true, and mark F, if it is false, on your **Answer Sheet**. (8 points)

We are moving.

Between October 15 and October 22, 2019, *Herbs and More Herbs* is moving into a facility more than double our present size to accommodate our growing demand from our customers who enjoy international cooking.

Our customer service and shipping department will be closed between October 16 and October 22. You may call and leave a message or you can order online at herbsherbsherbs.com. We will ship your product as soon as we are able. We apologize for the inconvenience and we look forward to serving you after our move. Your satisfaction is our highest priority.

Herbs and More Herbs
For all your International Kitchen needs!

Our new address! 1625 East Madison Avenue, Suite 66, Santa Cruz, CA 95060.
Email: customer@herbsherbsherbs.com

---

(1) The reason *Herbs and More Herbs* is moving is that their business has increased and they require a building with a larger area.

(2) The space of the new location will be over twice that of their present address.

(3) After October 22, *Herbs and More Herbs* will no longer be located at 1625 East Madison Avenue.

(4) This announcement informs customers that no services will be provided on October 15.

(5) If a customer orders online between October 16 and 22, *Herbs and More Herbs* will ship the product as quickly as possible.

(6) *Herbs and More Herbs* does not believe that their relocation will trouble any customers.

(7) *Herbs and More Herbs* claims that making their customers happy is the most important thing for them.

(8) *Herbs and More Herbs* sells items that customers need to prepare food from a variety of countries.

東京理科大-理工〈B方式-2月3日〉　　　　　　　　2020年度　数学　*15*

数学

（100分）

問題 $\boxed{1}$ の解答は解答用マークシートにマークしなさい。

$\boxed{1}$ 　次の文章中の $\boxed{ア}$ から $\boxed{ミ}$ までに当てはまる数字 $0 \sim 9$ を求めて，**解答用マークシートの指定された欄にマークしなさい。** ただし，分数は既約分数として表しなさい。なお，$\boxed{ア}$ などは既出の $\boxed{ア}$ を表す。

（40点，ただし数学科は80点）

(1) 数列 $\{a_n\}$ は

$$\begin{cases} a_1 = \dfrac{1}{12} \\[2mm] \dfrac{1}{a_{n+1}} = \dfrac{1}{a_n} + 4n + 8 \quad (n = 1, 2, 3, \cdots\cdots) \end{cases}$$

を満たしているとする。$b_n = \dfrac{1}{a_n}$ とおいて，b_n を求めると

$$b_n = \boxed{ア}\, n^2 + \boxed{イ}\, n + \boxed{ウ}$$

である。したがって，

$$a_n = \cfrac{1}{\boxed{ア}\, n^2 + \boxed{イ}\, n + \boxed{ウ}}$$

となる。このとき，

$$\sum_{n=1}^{\infty} a_n = \cfrac{\boxed{エ}}{\boxed{オ}}$$

である。

16 2020 年度 数学　　　　　　　　　　　　　　　　東京理科大-理工〈B方式-2月3日〉

(2) 自然数 $a, b\,(a < b)$ に対し

$$U = \{x \mid a \leqq x \leqq b, \ x \text{ は自然数}\}$$

を全体集合とし，U の部分集合

$$A = \{x \mid a \leqq x \leqq b, \ x \text{ は 3 の倍数}\}$$
$$B = \{x \mid a \leqq x \leqq b, \ x \text{ は 8 の倍数}\}$$
$$C = \{x \mid a \leqq x \leqq b, \ x \text{ は素数}\}$$
$$D = \{x \mid a \leqq x \leqq b, \ x \text{ は奇数}\}$$

を考える。また U の部分集合 F に対し，$\overline{F}$ で F の補集合を表し，$n(F)$ は F の要素の個数を表すとする。

(a) $a = 50$，$b = 100$ のとき，$n(A) = \boxed{カ\ キ}$，$n(B) = \boxed{ク}$，$n(A \cap B) = \boxed{ケ}$，$n(A \cup B) = \boxed{コ\ サ}$，$n(A \cap \overline{B}) = \boxed{シ\ ス}$ である。

(b) $a = \boxed{セ}$，$b = \boxed{ソ\ タ}$ のとき，$n(C) = n(D) = \boxed{チ}$ かつ $n(\overline{D}) = 7$ となる。また，このとき C の部分集合で要素の個数が 2 となるものは全部で $\boxed{ツ\ テ}$ 個ある。

(3) $f(x)$, $g(x)$ はすべての実数 x で微分可能な関数とする。また，$g(x)$ は常に $g(x) > 0$ であるとする。さらに，

$$f(0) = 0, \quad f'(0) = \frac{3}{4}, \quad f(1) = \frac{5}{7}, \quad f'(1) = \frac{3}{7}$$
$$g(0) = 1, \quad g'(0) = \frac{1}{4}, \quad g(1) = \frac{7}{5}, \quad g'(1) = \frac{1}{5}$$

を満たすとする。ただし，$f'(x)$, $g'(x)$ はそれぞれ $f(x)$, $g(x)$ の導関数を表す。このとき次の極限値を求めよ。ただし，$\log$ は自然対数を表す。

(a) $\displaystyle \lim_{h \to 0} \frac{g(f(h)) - 1}{h} = \dfrac{\boxed{ト}}{\boxed{ナ\ ニ}}$

(b) $\displaystyle \lim_{h \to 0} \frac{\log(g(h))}{h} = \dfrac{\boxed{ヌ}}{\boxed{ネ}}$

東京理科大-理工〈B方式-2月3日〉   2020 年度　数学　*17*

(c) $\displaystyle\lim_{h\to 0}\frac{f(1+2h)g(1+2h)-1}{h}=\frac{\boxed{\text{ノ}}\,|\,\boxed{\text{ハ}}}{\boxed{\text{ヒ}}\,|\,\boxed{\text{フ}}}$

(d) $\displaystyle\lim_{h\to 0}\frac{\sin(f(3h))}{h}=\frac{\boxed{\text{ヘ}}}{\boxed{\text{ホ}}}$

(e) $\displaystyle\lim_{h\to 0}\frac{12^{g(h)}-12}{h}=\boxed{\text{マ}}\log 2+\boxed{\text{ミ}}\log 3$

問題　$\boxed{2}$　の解答は白色の解答用紙に記入しなさい。

$\boxed{2}$　座標平面上に，方程式 $x^2+y^2=4$ の表す円 C と，動点 $\mathrm{P}(t,-t-2)$ $(t\geqq -4)$ がある。

(1)　$t=-4$ のとき，P を通る C の 2 本の接線の方程式をそれぞれ求めよ。

(2)　P を通る C の接線の本数が，$-4\leqq t<t_1$ では 2，$t=t_1$ では 1 となるとする。 t_1 の値を求めよ。

以下，t_1 は **(2)** で求めたものとし，$-4\leqq t<t_1$ とする。

(3)　P を通る C の 2 本の接線の接点を結ぶ直線 ℓ の方程式を，t を用いて表せ。

(4)　**(3)** の直線 ℓ は，t の値によらず定点 Q を通る。Q の座標を求めよ。

(30 点，ただし数学科は 60 点)

18 2020 年度 数学   東京理科大-理工〈B方式-2月3日〉

問題 3 の解答はクリーム色の解答用紙に記入しなさい。

3　定数 $k\,(k>0)$ に対し，関数 $f(x)$ を定積分

$$f(x) = \int_0^k |e^t - x| \, dt$$

により定義する。ただし，e は自然対数の底とする。

(1)　$x < 1$ のとき，上の定積分を計算し，$f(x)$ を x と k を用いて表せ。

(2)　$1 \le x \le e^k$ のとき，上の定積分を計算し，$f(x)$ を x と k を用いて表せ。

(3)　区間 $1 \le x \le e^k$ における $f(x)$ の最小値を k を用いて表せ。

(4)　(3) で求めた最小値が 1 となる k の値を求めよ。

(5)　k を (4) で求めた値とする。このとき，座標平面において，曲線 $y = f(x)$，x 軸，直線 $x = 1$，および，直線 $x = e^k$ で囲まれた部分の面積を求めよ。

(30 点，ただし数学科は 60 点)

物理

(80 分)

1 次の問題の □ の中に入れるべき最も適当なものをそれぞれの**解答群**の中から選び，その番号を**解答用マークシート**の指定された欄にマークしなさい。(同じ番号を何回用いてもよい。) (34 点)

以下では，長さ，質量，時間の単位をそれぞれ m，kg，s とし，その他の物理量に対してはこれらを組み合わせた単位を使用する。例えば，力の単位 N は，kg·m/s^2 と表すことができる。なお，角度はラジアンで測るものとする。

以下では**図 1-1** に示すように，水平な床の上にある台 (または斜面) と，台 (または斜面) の上に置いた物体の運動について考える。なお，台または斜面上の物体は，**小問 (1)** では大きさを考えない小物体とし，**小問 (2)** では大きさのある物体とする。なお，本問題の全ての図は鉛直断面図であり，この面内での運動を考える。図中の x-y 軸，ならびに X-Y 軸は，この断面と同じ面内にあるものとする。x-y 軸に関しては，水平な床に対し平行な向きに x 軸を，床に対し鉛直な向きに y 軸をとり，また，X-Y 軸に関しては，斜面に平行な向きに X 軸を，斜面に垂直な向きに Y 軸をとり，それぞれ矢印の向きを正の向きとする。以下では，**物体の運動に対する空気による抵抗力の影響は無視できるものとし**，重力加速度の大きさを g とする。

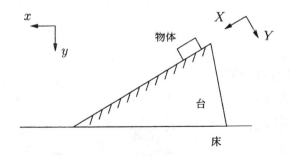

図 1-1

(1) 図 1-2 に示すように，水平な床の上に，水平面に対し角度 θ だけ傾いた斜面をもつ台がある。水平面と斜面の間の角度（以降では斜面の角度とよぶ）θ は，$0 < \theta < \dfrac{\pi}{2}$ の間で任意の角度になめらかに変えられるものとする。なお，床と台の間には摩擦力は働かないものとし，斜面と小物体の間には摩擦力が働くものとする。斜面上の点 P は，はじめに小物体が置かれている位置を，また，斜面上の点 Q は，点 P よりも高さが h だけ低い位置を表す。

以下では，台と小物体の質量をそれぞれ M, m, 台の斜面と小物体の間の静止摩擦係数と動摩擦係数をそれぞれ μ_1, μ_1' $(\mu_1 > \mu_1')$ とする。

(a) はじめに，台を水平な床に対して動かないように固定した状態で，斜面上の点 P に，小物体を静かにおいて手を離したところ，小物体は斜面上で静止した。この状態から，斜面の角度 θ を少しずつ大きくしたところ，$\theta = \theta_0$ をこえたところで，点 P で静止していた小物体は動き出し，点 Q を通過すべり落ちて行った。このことから，台の斜面と小物体の間の静止摩擦係数が $\mu_1 = \boxed{(ア)}$ であることがわかる。

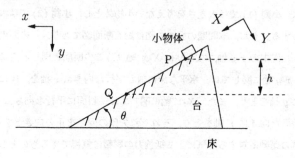

図 1-2

(ア) の解答群

⓪ $g\sin\theta_0$ ① $g\cos\theta_0$ ② $g\tan\theta_0$

③ $\sin\theta_0$ ④ $\dfrac{1}{\sin\theta_0}$ ⑤ $\cos\theta_0$

⑥ $\dfrac{1}{\cos\theta_0}$ ⑦ $\tan\theta_0$ ⑧ $\dfrac{1}{\tan\theta_0}$

(b) 次に，斜面の角度を $\theta > \theta_0$ を満たす角度 θ に固定した。いったん小物体を点 P の位置に戻し，台と小物体が動かないように手で支えた状態から，手を離したところ，小物体が斜面をすべり落ちると同時に，台が床に対して一定の加速度で運動した。

まず，台の運動について考える。床の上で静止している観測者から見た台の x 軸方向の運動方程式は，台の x 軸方向の加速度を α_x，小物体が台の斜面から受ける垂直抗力の大きさを N とすると，

$$M\alpha_x = \boxed{(イ)}$$

と表すことができる。

次に，小物体の運動について考える。斜面上に静止している観測者から見た小物体の X 軸方向の運動方程式は，小物体の X 軸方向の加速度を β_X とすると，

$$m\beta_X = \boxed{(ウ)}$$

と表すことができる。一方，小物体の Y 軸方向の加速度を β_Y とすると，小物体が斜面上で運動することから，$\beta_Y = 0$ と表すことができる。このことから，小物体に働く Y 軸方向の力のつり合いを考えると，垂直抗力の大きさ N は，

$$N = \boxed{(エ)}$$

と表すことができる。

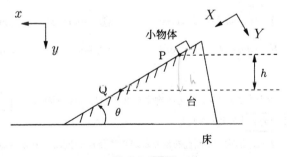

図 1-2 (再掲)

(イ) の解答群

⓪ $-N\sin\theta$ ① $-N\cos\theta$ ② $\mu_1'N\cos\theta - N\sin\theta$

③ $\mu_1'N\cos\theta - N\cos\theta$ ④ $\mu_1'N\sin\theta - N\sin\theta$ ⑤ $\mu_1'N\sin\theta - N\cos\theta$

⑥ $-\mu_1'N\cos\theta - N\sin\theta$ ⑦ $-\mu_1'N\cos\theta - N\cos\theta$ ⑧ $-\mu_1'N\sin\theta - N\sin\theta$

⑨ $-\mu_1'N\sin\theta - N\cos\theta$

(ウ) の解答群

⓪ $mg\sin\theta - \mu_1'N$ ① $mg\cos\theta - \mu_1'N$

② $mg\sin\theta + \mu_1'N$ ③ $mg\cos\theta + \mu_1'N$

④ $mg\sin\theta - \mu_1'N - m\alpha_x\cos\theta$ ⑤ $mg\cos\theta - \mu_1'N - m\alpha_x\cos\theta$

⑥ $mg\sin\theta - \mu_1'N - m\alpha_x\sin\theta$ ⑦ $mg\cos\theta - \mu_1'N - m\alpha_x\sin\theta$

⑧ $mg\sin\theta + \mu_1'N + m\alpha_x\cos\theta$ ⑨ $mg\cos\theta + \mu_1'N + m\alpha_x\cos\theta$

(エ) の解答群

⓪ $mg\sin\theta$ ① $mg\cos\theta$

② $mg\sin\theta - m\alpha_x\cos\theta$ ③ $mg\cos\theta - m\alpha_x\cos\theta$

④ $mg\sin\theta + m\alpha_x\sin\theta$ ⑤ $mg\cos\theta + m\alpha_x\sin\theta$

⑥ $-mg\sin\theta + m\alpha_x\cos\theta$ ⑦ $-mg\cos\theta + m\alpha_x\cos\theta$

⑧ $-mg\sin\theta - m\alpha_x\cos\theta$ ⑨ $-mg\cos\theta - m\alpha_x\cos\theta$

以上のことから，台と小物体の加速度は，それぞれ $\alpha_x =$ **(オ)** ，$\beta_X =$ **(カ)** と求められる。

また，小物体が斜面を滑りながら時間 t_1 の間に点 P から点 Q へ移動したとすると，$t_1 = \sqrt{\dfrac{2h}{g}} \times$ **(キ)** と求められる。また，小物体が斜面をすべり始めると同時に，台は床の上を移動し始めるが，時間 t_1 の間に水平方向に距離   **(ク)** だけ移動する。

東京理科大-理工〈B方式-2月3日〉 2020年度 物理 23

(オ) の解答群

⓪ $\dfrac{m}{M}g\sin\theta\cos\theta$

① $-\dfrac{m}{M}g\sin\theta\cos\theta$

② $\dfrac{mg\sin\theta\cos\theta}{M+m\sin^2\theta}$

③ $-\dfrac{mg\sin\theta\cos\theta}{M-m\sin^2\theta}$

④ $\dfrac{m}{M}g\cos\theta\,(\sin\theta+\mu_1'\cos\theta)$

⑤ $-\dfrac{m}{M}g\cos\theta\,(\sin\theta-\mu_1'\cos\theta)$

⑥ $\dfrac{mg\cos\theta\,(\sin\theta+\mu_1'\cos\theta)}{M-m\sin\theta\,(\sin\theta+\mu_1'\cos\theta)}$

⑦ $-\dfrac{mg\cos\theta\,(\sin\theta-\mu_1'\cos\theta)}{M+m\sin\theta\,(\sin\theta-\mu_1'\cos\theta)}$

⑧ $\dfrac{mg\cos\theta\,(\sin\theta+\mu_1'\cos\theta)}{M+m\sin\theta\,(\sin\theta+\mu_1'\cos\theta)}$

⑨ $-\dfrac{mg\cos\theta\,(\sin\theta-\mu_1'\cos\theta)}{M-m\sin\theta\,(\sin\theta-\mu_1'\cos\theta)}$

(カ) の解答群

⓪ $g\sin\theta$

① $g\cos\theta$

② $g\,(\sin\theta-\mu_1'\cos\theta)$

③ $g\,(\sin\theta+\mu_1'\cos\theta)$

④ $\dfrac{g(M+m)(\sin\theta-\mu_1'\cos\theta)}{M+m\sin\theta\,(\sin\theta-\mu_1'\cos\theta)}$

⑤ $\dfrac{g(M+m)(\sin\theta+\mu_1'\cos\theta)}{M+m\sin\theta\,(\sin\theta+\mu_1'\cos\theta)}$

⑥ $\dfrac{g(M+m)(\sin\theta-\mu_1'\cos\theta)}{M-m\sin\theta\,(\sin\theta-\mu_1'\cos\theta)}$

⑦ $\dfrac{g(M+m)(\sin\theta+\mu_1'\cos\theta)}{M-m\sin\theta\,(\sin\theta+\mu_1'\cos\theta)}$

⑧ $\dfrac{g(M+m-\mu_1'm\sin\theta\cos\theta)(\sin\theta-\mu_1'\cos\theta)}{M+m\sin\theta\,(\sin\theta-\mu_1'\cos\theta)}$

⑨ $\dfrac{g(M+m-\mu_1'm\sin\theta\cos\theta)(\sin\theta+\mu_1'\cos\theta)}{M+m\sin\theta(\sin\theta+\mu_1'\cos\theta)}$

(キ) の解答群

⓪ $\dfrac{1}{\sqrt{\sin\theta-\mu_1'\cos\theta}}$

① $\dfrac{1}{\sqrt{\sin\theta+\mu_1'\cos\theta}}$

24 2020 年度 物理 東京理科大-理工〈B方式-2月3日〉

② $\sqrt{\dfrac{M + m\sin\theta\,(\sin\theta - \mu_1'\cos\theta)}{\sin\theta\,(M + m)(\sin\theta - \mu_1'\cos\theta)}}$

③ $\sqrt{\dfrac{M + m\sin\theta\,(\sin\theta + \mu_1'\cos\theta)}{\sin\theta\,(M + m)(\sin\theta + \mu_1'\cos\theta)}}$

④ $\sqrt{\dfrac{M - m\sin\theta\,(\sin\theta - \mu_1'\cos\theta)}{\sin\theta\,(M + m)(\sin\theta - \mu_1'\cos\theta)}}$

⑤ $\sqrt{\dfrac{M - m\sin\theta\,(\sin\theta - \mu_1'\cos\theta)}{\sin\theta\,(M + m)(\sin\theta + \mu_1'\cos\theta)}}$

⑥ $\sqrt{\dfrac{M + m\sin\theta\,(\sin\theta - \mu_1'\cos\theta)}{\sin\theta\,(M + m - \mu_1'\,m\sin\theta\cos\theta)(\sin\theta - \mu_1'\cos\theta)}}$

⑦ $\sqrt{\dfrac{M + m\sin\theta\,(\sin\theta + \mu_1'\cos\theta)}{\sin\theta\,(M + m - \mu_1'\,m\sin\theta\cos\theta)(\sin\theta + \mu_1'\cos\theta)}}$

(ク) の解答群

⓪ $\dfrac{mh\tan\theta}{M}$ 　　　　① $\dfrac{mh}{M\tan\theta}$

② $\dfrac{mh\tan\theta}{M + m}$ 　　　③ $\dfrac{mh}{(M + m)\tan\theta}$

④ $\dfrac{Mh\tan\theta}{M + m}$ 　　　⑤ $\dfrac{Mh}{(M + m)\tan\theta}$

⑥ $\dfrac{mh\cos\theta}{M(\sin\theta + \mu_1'\cos\theta) + m\sin\theta}$ 　　⑦ $\dfrac{mh\cos\theta}{M(\sin\theta - \mu_1'\cos\theta) - m\sin\theta}$

⑧ $\dfrac{Mh\cos\theta}{m(\sin\theta + \mu_1'\cos\theta) + M\sin\theta}$ 　　⑨ $\dfrac{Mh\cos\theta}{m(\sin\theta - \mu_1'\cos\theta) - M\sin\theta}$

(2) ここでは，小物体ではなく，物体の大きさを考慮する問題について考える。ただし，この問題で扱う物体は，力を加えても変形しない理想的な物体 (剛体) とする。また，台は床に固定されており動かないものとする。この**小問 (2)** で扱う物体は，一辺の長さが $2a$ の正方形を底面とした高さが $2H$ の一様な直方体 $(a < H)$ で，質量が M のものとする。以下では，紙面に対し垂直につき出る向き (紙面から手前に向かってくる向き) を z 軸の正の向きとする。

この物体を斜面に静かにおいたところ，すべることも倒れることもなく静止した。この状態を初期状態とよぶ。図 1-3 は初期状態を表しており，物体の重心を通る断面図である。物体の谷側の辺の両端のうち，斜面と接している方を点 P，もう一方を点 Q とする。なお，斜面の角度 θ は，$0 < \theta < \dfrac{\pi}{2}$ の間で任意の角度になめらかに変えられるものとする。また，物体と斜面との間には摩擦力が働くものとし，静止摩擦係数を μ_2 とする。

(a) まず，初期状態から斜面の角度 θ を少しずつ大きくしたところ，$\theta = \theta_2$ をこえたところで，物体が倒れることなくすべり始めたとする。この倒れることなく物体が斜面をすべり出す条件について考える。

斜面の角度が $\theta = \theta_2$ の時に，物体に働く重力を，斜面に対し平行な向きと垂直な向きに，それぞれ分解したものを力 $\vec{F_1}$, $\vec{F_2}$ とよぶと，力 $\vec{F_1}$ と $\vec{F_2}$ の点 P のまわりの力のモーメントは，それぞれ **(ケ)** ， **(コ)** である。ただし，**(ケ)**，**(コ)** は，点 P を通る z 軸に対し反時計回りを正 (図の点線の矢印の向き) とし，正負の符号をつけるものとする。

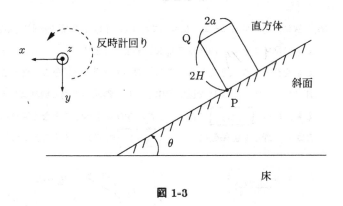

図 1-3

よって，角度 θ が $\theta = \theta_2$ をわずかにこえても物体が倒れないためには，**(サ)** である。

(ケ), (コ) の解答群

⓪ 0 ① $Mga\cos\theta_2$ ② $Mga\sin\theta_2$

③ $MgH\cos\theta_2$ ④ $MgH\sin\theta_2$ ⑤ $-Mga\sin\theta_2$

⑥ $-Mga\cos\theta_2$ ⑦ $-MgH\sin\theta_2$ ⑧ $-MgH\cos\theta_2$

(サ) の解答群

⓪ $\tan\theta_2 > \dfrac{a}{H}$ ① $\tan\theta_2 < \dfrac{a}{H}$ ② $\tan\theta_2 > \dfrac{H}{a}$

一方，物体に働く力のつり合いから，静止摩擦係数 μ_2 について $\mu_2 =$ **(シ)** の関係があることがわかる。よって，**(サ)** と **(シ)** から，$\theta = \theta_2$ をこえたところで物体が倒れずにすべりだす条件より，斜面と物体の間の静止摩擦係数 μ_2 について **(ス)** の関係であることがわかる。

(b) 次に，物体が倒れる条件について考える。物体と斜面を初期状態に戻し，図1-4 に示すように，物体の点 Q に，斜面に平行な力 $\vec{F}$ を加え，その力の大きさを少しずつ大きくしたところ，力の大きさが F_3 をこえたところで，物体はすべらずに，点 P を回転の中心として斜面の谷側に倒れはじめた。このとき，$F_3 =$ **(セ)** である。また，物体がすべることなく倒れはじめる条件から，静止摩擦係数について **(ソ)** の関係があることがわかる。

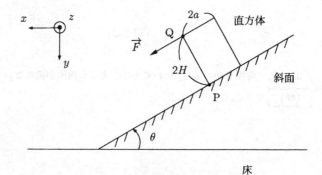

図 1-4

東京理科大-理工〈B方式-2月3日〉　　　　　　　　　　　　2020 年度　物理　*27*

(シ) の解答群

⓪ $g\sin\theta_2$ 　　　　① $g\cos\theta_2$ 　　　　② $g\tan\theta_2$

③ $\sin\theta_2$ 　　　　④ $\dfrac{1}{\sin\theta_2}$ 　　　　⑤ $\cos\theta_2$

⑥ $\dfrac{1}{\cos\theta_2}$ 　　　　⑦ $\tan\theta_2$ 　　　　⑧ $\dfrac{1}{\tan\theta_2}$

(ス) の解答群

⓪ $\mu_2 < \dfrac{a}{H}$ 　　　① $\mu_2 > \dfrac{a}{H}$ 　　　② $\mu_2 > \dfrac{H}{a}$

(セ) の解答群

⓪ $\dfrac{Mg}{H}(a\cos\theta - H\sin\theta)$ 　　　① $\dfrac{Mg}{a}(a\cos\theta - H\sin\theta)$

② $\dfrac{Mg}{2H}(a\cos\theta - H\sin\theta)$ 　　　③ $\dfrac{Mg}{2a}(a\cos\theta - H\sin\theta)$

④ $\dfrac{Mg}{H}(a\sin\theta - H\cos\theta)$ 　　　⑤ $\dfrac{Mg}{a}(a\sin\theta - H\cos\theta)$

⑥ $\dfrac{Mg}{2H}(a\sin\theta - H\cos\theta)$ 　　　⑦ $\dfrac{Mg}{2a}(a\sin\theta - H\cos\theta)$

(ソ) の解答群

⓪ $a < \mu_2$ 　　　　　　　　　　① $a > \mu_2$

② $2\tan\theta - \dfrac{a}{H} < \mu_2$ 　　　③ $\dfrac{1}{2}\left(3\tan\theta - \dfrac{a}{H}\right) < \mu_2$

④ $\dfrac{1}{2}\left(\tan\theta + \dfrac{a}{H}\right) < \mu_2$ 　　　⑤ $\dfrac{1}{2}\left(\tan\theta + \dfrac{H}{a}\right) < \mu_2$

⑥ $\dfrac{1}{\tan\theta}\left(1 + \dfrac{a}{H}\right) - 1 < \mu_2$ 　　　⑦ $\dfrac{1}{\tan\theta}\left(1 - \dfrac{a}{H}\right) + 1 < \mu_2$

⑧ $\dfrac{1}{\tan\theta}\left(1 + \dfrac{a}{2H}\right) - \dfrac{1}{2} < \mu_2$ 　　　⑨ $\dfrac{1}{\tan\theta}\left(1 - \dfrac{a}{2H}\right) + \dfrac{1}{2} < \mu_2$

2 次の問題の ___ の中に入れるべき最も適当なものをそれぞれの**解答群**の中から選び，その番号を**解答用マークシート**の指定された欄にマークしなさい。（同じ番号を何回用いてもよい。）　　　　　　　　　　　　　（36点）

以下では，長さ，質量，時間，電流の単位をそれぞれm, kg, s, Aとし，その他の物理量に対してはこれらを組み合わせた単位を使用する。例えば，電荷（電気量）の単位CはA·sと表すことができる。この問題では，電池の内部抵抗，導線の抵抗，回路の自己インダクタンスは考えない。

整流作用を持つダイオードを含む回路を考える。ダイオードは**図2-1（左）**の電気用図記号で表される。**図2-1（右）**は，この問題であつかうダイオードに電圧を加えた場合の電流と電圧の関係を示したものである。このグラフはダイオードに加える電圧とダイオードに固有の電圧 u ($u > 0$) を用いて，以下のように説明される。

- 点Aの電位 V_A と点Bの電位 V_B が $V_A - V_B > u$ の関係を満たすとき，AからBの方向に電流が流れる。

- 点Aの電位 V_A と点Bの電位 V_B が $V_A - V_B \leqq u$ の関係を満たすとき，AとBの間には電流が流れない。

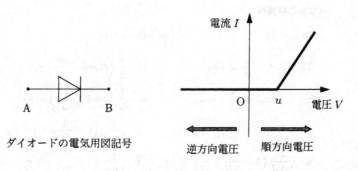

ダイオードの電気用図記号

ダイオードに流れる電流と電圧の関係

図 2-1

以下の問題では，接地された点 G を基準とした電位を考える。点 G の電位は常に 0 である。

(1) 図 2-2 のような起電力 V_0 の電池 ($V_0 > 2u$)，電気容量 C のコンデンサー，図 2-1（右）で示される特性をもつ 2 つのダイオードからなる回路を考える。はじめにスイッチ X とスイッチ Y は開いており，コンデンサーには電荷が蓄えられていないものとする。

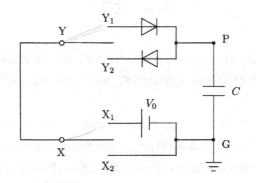

図 2-2

ここでスイッチ X を X_1 側に，スイッチ Y を Y_1 側に閉じたところ（図 2-3），回路に電流が流れた。この状態のまま，じゅうぶんに時間がたつと，回路に流れる電流は 0 になった。このとき，点 P の電位は （ア），コンデンサーに蓄えられている静電エネルギーは （イ） である。

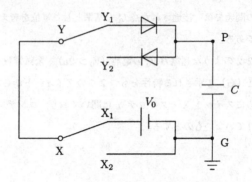

図 2-3

次に，スイッチ Y は Y_1 側に入れたまま，スイッチ X を X_2 側に切り替えた。この状態では回路に電流は流れず，コンデンサーに蓄えられている電気量も変化しない。

さらに，スイッチ X は X_2 側に入れたまま，スイッチ Y を Y_2 側に切り替えたところ，回路に電流が流れた。この状態のまま，じゅうぶんに時間がたつと，回路に流れる電流は 0 になった。このとき，点 P の電位は (ウ) ，コンデンサーに蓄えられている静電エネルギーは (エ) である。

(ア)，(ウ) の解答群

⓪ $\dfrac{1}{2}u$　　① u　　② $2u$　　③ $V_0 - 2u$

④ $V_0 - u$　　⑤ $V_0 - \dfrac{1}{2}u$　　⑥ V_0　　⑦ $V_0 + \dfrac{1}{2}u$

⑧ $V_0 + u$　　⑨ $V_0 + 2u$

(イ) の解答群

⓪ Cu　　① $\dfrac{1}{2}Cu^2$　　② Cu^2

③ $C(V_0 - u)$　　④ $\dfrac{1}{2}C(V_0 - u)^2$　　⑤ CV_0

⑥ $\frac{1}{2}CV_0^2$　　⑦ CV_0^2　　⑧ $C(V_0+u)$

⑨ $\frac{1}{2}C(V_0+u)^2$

(エ) の解答群

⓪ Cu　　① $\frac{1}{2}Cu^2$　　② Cu^2

③ $C(V_0-2u)$　　④ $\frac{1}{2}C(V_0-2u)^2$　　⑤ $C(V_0-u)$

⑥ $\frac{1}{2}C(V_0-u)^2$　　⑦ CV_0　　⑧ $\frac{1}{2}CV_0^2$

⑨ CV_0^2

(2) **小問 (1)** と同じダイオードと起電力 V_0 の電池 ($V_0 > 2u$),電気容量 C の2つのコンデンサー A と B からなる**図 2-4** の回路を考える。コンデンサー A と B のそれぞれ 2 枚の極板を,図に示した「上」「下」により区別する。最初の状態ではコンデンサー A と B には電荷が蓄えられていないものとする。

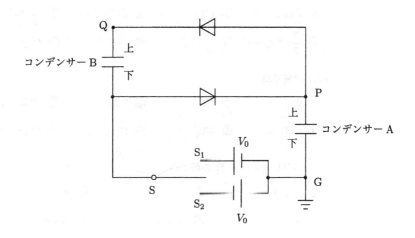

図 2-4

スイッチ S を S_1 側に入れると,電流が流れてコンデンサー A に電荷が蓄え

られる。じゅうぶんに時間がたち，回路内の電荷の移動がなくなった状態で，コンデンサー A に蓄えられている静電エネルギーは $\boxed{\textbf{(オ)}}$ である。この状態を状態 1 とよぶ。

状態 1 からスイッチを S_2 側に切り替えると回路に電流が流れ，じゅうぶんに時間がたつと回路内の電荷の移動がなくなった。この状態を状態 2 とよぶ。コンデンサー A と B の上の極板に蓄えられる電気量の合計は，状態 1 と状態 2 で変化せず，$\boxed{\textbf{(カ)}}$ である。点 G から反時計回りに点 P，点 Q，スイッチ S を通り点 G に戻る経路の起電力と電圧降下を考えると，状態 2 での点 P の電位は $\boxed{\textbf{(キ)}}$，点 Q の電位は $\boxed{\textbf{(ク)}}$ と求められる。

状態 2 から再びスイッチを S_1 側に切り替えた。じゅうぶんに時間がたち，回路内の電荷の移動がなくなった状態での点 P の電位は $\boxed{\textbf{(ケ)}}$，点 Q の電位は $\boxed{\textbf{(コ)}}$ である。

(オ) の解答群

⓪ $C(V_0 - u)$　① CV_0　② $C(V_0 + u)$　③ $\frac{1}{2}Cu^2$

④ $\frac{1}{2}C(V_0 - u)^2$　⑤ $\frac{1}{2}CV_0^2$　⑥ $\frac{1}{2}C(V_0 + u)^2$　⑦ CV_0^2

(カ) の解答群

⓪ 0　　① Cu　　② $2Cu$　　③ $C(V_0 - 2u)$

④ $C(V_0 - u)$　⑤ CV_0　⑥ $C(V_0 + u)$　⑦ $C(V_0 + 2u)$

(キ), (ク), (ケ), (コ) の解答群

⓪ $-V_0 + u$　　① $-u$　　② 0

③ u　　④ $V_0 - u$　　⑤ $2V_0 - u$

⑥ V_0　　⑦ $V_0 + u$　　⑧ $2V_0 + u$

(3) 小問 (2) と同じ回路（図 2-4）を用意し，最初の状態ではコンデンサー A と B に電荷が蓄えられていないものとする。この状態でスイッチ S を S_1 側に入れ，じゅうぶんに時間がたち電荷の移動がなくなるのを待ってから，スイッチ S を S_2 側に切り替える。次に，じゅうぶんに時間がたち電荷の移動がなくなるのを待ってから，スイッチ S を S_1 側に切り替える。同様の手順で，電荷の移動がなくなるのを待ってからスイッチを切り替えるという操作を何回か繰り返した後の，点 P と Q の電位を考えよう。

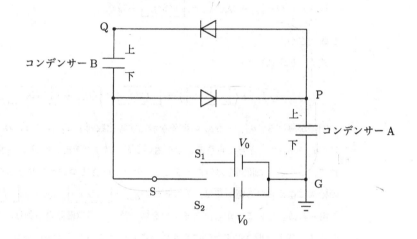

図 2-4（再掲）

スイッチを S_1 側に入れ，回路内の電荷の移動がなくなった状態での点 P の電位は常に　**(ケ)**　である。

スイッチを S_2 側に入れたときにコンデンサーに蓄えられる電気量を求めるため，スイッチを S_2 側に入れた回数を $n\ (\geqq 1)$ とし，n 回目と $n+1$ 回目の電気量を比較する。まず，n 回目にスイッチを S_2 側に入れ，回路内の電荷の移動がなくなった状態でコンデンサー A の上側の極板に蓄えられている電気量を $Q_{A,n}$，コンデンサー B の上側の極板に蓄えられている電気量を $Q_{B,n}$ とする。次にスイッチを S_1 側に入れ，じゅうぶんに時間がたってから再びスイッチを

34 2020 年度 物理　　　　　　　　　　　　　東京理科大-理工〈B方式-2月3日〉

S_2 側に入れる。この操作は $n+1$ 回目の S_2 側への切り替えである。$n+1$ 回目にスイッチを S_2 側に入れ，回路内の電荷の移動がなくなった状態でコンデンサー A の上側の極板に蓄えられている電気量を $Q_{A,n+1}$，コンデンサー B の上側の極板に蓄えられている電気量を $Q_{B,n+1}$ とすると，これらは

$$\frac{Q_{B,n+1}}{C} + \left(\boxed{\textbf{(サ)}} \right) = \frac{Q_{A,n+1}}{C} \tag{1}$$

という関係式を満たす。また，電気量が保存することから

$$Q_{A,n+1} + Q_{B,n+1} = \boxed{\textbf{(シ)}} + Q_{B,n} \tag{2}$$

が成り立つ。

式 (1) と式 (2) から

$$Q_{B,n+1} + \left(\boxed{\textbf{(ス)}} \right) = \boxed{\textbf{(セ)}} \times \left\{ Q_{B,n} + \left(\boxed{\textbf{(ス)}} \right) \right\} \tag{3}$$

の関係が導ける。$a_{n+1} = r a_n$ の関係を満たす等比数列 $\{a_n\}$ $(n \geqq 1)$ の一般項は，$a_n = a_1 r^{n-1}$ と与えられることを用いると，スイッチを n 回目に S_2 側に入れてじゅうぶんに時間をおいたときにコンデンサー A とコンデンサー B の上側の極板に蓄えられる電気量は，それぞれ $Q_{A,n} = \boxed{\textbf{(ソ)}}$，$Q_{B,n} = \boxed{\textbf{(タ)}}$ と得られる。このことから，スイッチを切り替えた際の電荷の移動は，スイッチの切り替えを繰り返すたびに徐々に小さくなっていくことがわかる。

スイッチの切り替えをじゅうぶんに繰り返した後の点 P の電位は，スイッチの向きによらず，$\boxed{\textbf{(ケ)}}$ に近づく。一方，点 Q の電位はスイッチの向きに依存し，スイッチを S_1 側に入れたときは $\boxed{\textbf{(チ)}}$ に，スイッチを S_2 側に入れたときは $\boxed{\textbf{(ツ)}}$ に近づく。

(サ) の解答群

⓪ $-V_0 - u$ 　　　　① $-V_0$ 　　　　② $-V_0 + u$

③ $-u$ 　　　　④ 0 　　　　⑤ u

⑥ $V_0 - u$ 　　　　⑦ V_0 　　　　⑧ $V_0 + u$

東京理科大-理工〈B方式-2月3日〉   2020 年度　物理　35

(シ),（ス) の解答群

⓪ $-2C(V_0 - u)$ 　　① $-C(V_0 + u)$ 　　② $-CV_0$

③ $-C(V_0 - u)$ 　　④ Cu 　　　　　　⑤ $C(V_0 - u)$

⑥ CV_0 　　　　　　⑦ $C(V_0 + u)$ 　　⑧ $2C(V_0 - u)$

(セ) の解答群

⓪ $-\dfrac{1}{2}$ 　　① $-\dfrac{1}{4}$ 　　② $\dfrac{1}{4}$ 　　③ $\dfrac{1}{2}$

④ $\dfrac{3}{4}$ 　　　⑤ 1 　　　　⑥ $\dfrac{3}{2}$

(ソ),（タ) の解答群

⓪ $\dfrac{2^{2n} - 1}{2^{2n-1}} C(V_0 - u)$ 　① $\dfrac{2^n - 1}{2^{n-1}} C(V_0 - u)$ 　② $\dfrac{2^{n-1} - 1}{2^{n-1}} C(V_0 - u)$

③ $\dfrac{1}{2^{n-1}} C(V_0 - u)$ 　④ $\dfrac{1}{2^{n-1}} CV_0$ 　⑤ $\dfrac{1}{2^{n-1}} C(V_0 + u)$

⑥ $\dfrac{2^{2n} - 1}{2^{2n-1}} C(V_0 + u)$ 　⑦ $\dfrac{2^n - 1}{2^{n-1}} C(V_0 + u)$ 　⑧ $\dfrac{2^{n-1} - 1}{2^{n-1}} C(V_0 + u)$

(チ),（ツ) の解答群

⓪ $V_0 - 2u$ 　　① $V_0 - u$ 　　② $2V_0 - u$ 　　③ $2(V_0 - u)$

④ $3V_0 - 2u$ 　　⑤ $3(V_0 - u)$ 　　⑥ $2V_0$ 　　　　⑦ $V_0 + u$

⑧ $V_0 + 2u$

3 次の問題の □ の中に入れるべき最も適当なものをそれぞれの**解答群**の中から選び，その番号を**解答用マークシート**の指定された欄にマークしなさい。(同じ番号を何回用いてもよい。答えが数値となる場合は最も近い数値を選ぶこと。) (30点)

以下では，長さ，質量，時間，温度，物質量の単位をそれぞれ m，kg，s，K，mol とし，その他の物理量に対してはこれらを組み合わせた単位を使用する。仕事の単位 J は $kg \cdot m^2/s^2$ であるが，原子や電子などのエネルギーを表すときには電子ボルト eV（$1eV \fallingdotseq 1.60 \times 10^{-19} J$）の単位も用いる。また，光速を c（単位は m/s），プランク定数を h（単位は $J \cdot s$），気体定数を R（単位は $J/(mol \cdot K)$），ボルツマン定数を k（単位は J/K）とする。

(1) 水素原子の気体から放出される光の線スペクトルを考察しよう。気体中の水素原子（質量 M）は乱雑な運動をしている。いま，**図 3-1** に示すように，x 軸の正の方向に速さ v で直進するエネルギー準位 E_m の励起状態の水素原子が，座標原点 O で進行方向に対して角度 θ の方向に振動数 ν，波長 λ の光子を放出したとする。その原子は光子を放出したのち，より低いエネルギー準位 E_n に遷移し，初めの進行方向から角度 ϕ の方向に向きを変えて速さ u で直進した。ここで，正の整数 $m, n (m > n)$ は量子数である。この反応は x-y 平面内で起こるものとし，角度 θ, ϕ は x 軸からそれぞれ反時計回り，時計回りにラジアンで測ることにする。よって，角度の変域は $0 \leqq \theta \leqq \pi$，$0 \leqq \phi \leqq \pi$ である。

このとき，全体のエネルギーと運動量は反応の前（始状態）と後（終状態）で保存しなければならない。動いている水素原子のエネルギーを求める場合は，運動エネルギーとエネルギー準位の両方を考慮する必要がある。このことに注意して，エネルギー保存の法則を表すと

$$\frac{1}{2}Mv^2 - \frac{1}{2}Mu^2 = \boxed{\quad(\mathbf{ア})\quad} \tag{1}$$

となる。また，x, y 方向それぞれについての運動量保存の法則は

$$Mv = \boxed{(イ)} + Mu\cos\phi \\ \boxed{(ウ)} = Mu\sin\phi \quad\quad (2)$$

で表される。

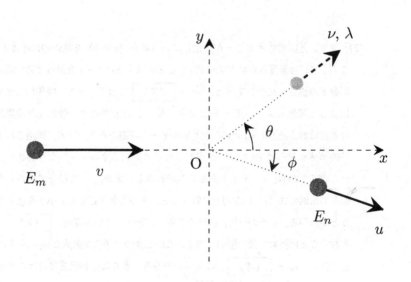

図 3-1

(ア) の解答群

⓪ $h\nu$ 　　① $-h\nu$　　② $-h\nu + E_m + E_n$

③ $-h\nu + E_m - E_n$　　④ $-h\nu - E_m + E_n$　　⑤ $h\nu + E_m - E_n$

⑥ $h\nu - E_m + E_n$　　⑦ $h\nu - E_m - E_n$

(イ)，(ウ) の解答群

⓪ $\dfrac{c}{h\nu}\sin\theta$　　　① $\dfrac{h\nu}{c}\sin\theta$　　　② $-\dfrac{c}{h\nu}\sin\theta$

③ $-\dfrac{h\nu}{c}\sin\theta$　　　④ $\dfrac{c}{h\nu}\cos\theta$　　　⑤ $\dfrac{h\nu}{c}\cos\theta$

⑥ $-\dfrac{c}{h\nu}\cos\theta$　　　⑦ $-\dfrac{h\nu}{c}\cos\theta$

(2) まず，始状態の水素原子が静止している場合 ($v=0$) を具体的に考えよう。このとき，運動量保存の法則の式 (2) と $\cos^2\theta+\sin^2\theta=1$ を使って終状態の水素原子の速さ u を計算すると，$\dfrac{u}{c}=$ 　(エ)　 となる。また，特殊相対性理論によると質量とエネルギー E は同等 ($E=Mc^2$) であり，静止した水素原子の質量はおよそ $9.4\times10^8\,\text{eV}$ のエネルギーと等価である。一方，放出される光子のエネルギーは $13.6\,\text{eV}$ （水素原子のイオン化エネルギー）より小さい。これらのことから，$\dfrac{u}{c}\ll1$ であることがわかる。また，$\dfrac{u}{c}$ を使ってエネルギー保存の法則の式 (1) の左辺を計算すると，その大きさは極めて小さな値となることがわかる。したがって，始状態で原子が静止している場合，　(ア)　 $=0$ とおくことは極めて良い近似である。このときの光子の振動数を ν_0，波長を λ_0 とすると，$\nu_0=$ 　(オ)　，$\lambda_0=\dfrac{c}{\nu_0}$ である。さらに，終状態における光子と水素原子の進行方向は 　(カ)　 で関係づけられる。

(エ) の解答群

⓪ $\dfrac{h\nu}{3Mc^2}$　　　① $\dfrac{h\nu}{2Mc^2}$　　　② $\dfrac{h\nu}{Mc^2}$　　　③ $\dfrac{2h\nu}{Mc^2}$

④ $\dfrac{3h\nu}{Mc^2}$　　　⑤ $\dfrac{Mc^2}{h\nu}$　　　⑥ $\dfrac{Mc^2}{2h\nu}$　　　⑦ $\dfrac{Mc^2}{3h\nu}$

(オ) の解答群

⓪ $\dfrac{E_m-E_n}{ch}$　　　　① $\dfrac{E_n-E_m}{ch}$　　　　② $\dfrac{E_m+E_n}{ch}$

東京理科大-理工〈B方式-2月3日〉　　　　　　　　　　　　2020 年度　物理　39

③ $\dfrac{E_m - E_n}{h}$　　　　　④ $\dfrac{E_n - E_m}{h}$　　　　　⑤ $\dfrac{E_m + E_n}{h}$

⑥ $h(E_m - E_n)$　　　⑦ $h(E_n - E_m)$　　　⑧ $h(E_m + E_n)$

(カ) の解答群

⓪ $\theta + \phi = 0$　　　　① $\theta + \phi = \dfrac{\pi}{2}$　　　　② $\theta + \phi = \pi$

③ $\theta + \phi = \dfrac{3\pi}{2}$　　　④ $\theta + \phi = 2\pi$

(3) 　次に始状態の水素原子の速さが $v \neq 0$ の場合を考察する。例として，太陽のような恒星の表面にある水素原子気体から放出される光の線スペクトルを考えよう。水素原子気体を単原子分子の理想気体とみなすと，その温度が T のときの気体 $1\,\mathrm{mol}$ の内部エネルギーは　**(キ)**　$\times R$ である。ここで，始状態の水素原子の速さ v を気体分子の二乗平均速度 $\sqrt{\overline{v^2}}$ とみなすと，$v = \sqrt{\boxed{\text{(ク)}} \times \dfrac{k}{M}}$ となる。よって，太陽表面付近（温度は $6.0 \times 10^3\,\mathrm{K}$ と仮定する）にある水素原子の速さは，$\dfrac{k}{M} \fallingdotseq 8.3 \times 10^3\,\mathrm{m^2/(K \cdot s^2)}$ を使うと，およそ $v = $ **(ケ)** $\mathrm{m/s}$ である。

　この場合，エネルギー保存と運動量保存の法則の式 (1), (2) から u と ϕ を消去し，$\nu\lambda = \nu_0 \lambda_0$ の関係式と**小問 (2)** の $\nu_0 = $ **(オ)** を使うと，ν_0 と ν の比，または，λ と λ_0 の比は，v, c, θ を用いて

$$\dfrac{\nu_0}{\nu} = \dfrac{\lambda}{\lambda_0} = 1 + (\boxed{\text{(コ)}}) + \dfrac{1}{2} \times \boxed{\text{(エ)}}$$

$$\fallingdotseq 1 + (\boxed{\text{(コ)}})$$

と表すことができる。ここで，右辺の第 2 行目では　**(エ)**　の大きさが他の 2 項の大きさと比べて非常に小さいことを考慮した。この結果から，一定の速さ v で原子が運動している場合，さまざまな方向に放出される光の振動数や波長は一定ではなく，ある広がり（幅）をもってそれぞれの中心値 ν_0, λ_0 のまわりに分布していることがわかる。例えば，$\lambda_0 - \Delta\lambda \leqq \lambda \leqq \lambda_0 + \Delta\lambda$ で波長の幅 $\Delta\lambda\,(> 0)$ を定義すると，$\Delta\lambda = $ **(サ)** $\times \lambda_0$ となる。このとき，水素原子の気体から放出される光の波長の幅 $\Delta\lambda$ は気体温度 T の　**(シ)**　乗に比例

する。

このように，光のスペクトルを詳しく観測すると，その光を放出した気体についての情報を得ることができる。

(キ)，(ク) の解答群

⓪ $\dfrac{1}{2}T$　　① T　　② $\dfrac{3}{2}T$　　③ $2T$

④ $\dfrac{5}{2}T$　　⑤ $3T$　　⑥ $\dfrac{7}{2}T$　　⑦ $4T$

(ケ) の解答群

⓪ 1.2×10^2　　① 6.0×10^2　　② 1.2×10^3

③ 6.0×10^3　　④ 1.2×10^4

(コ) の解答群

⓪ $\dfrac{v}{2c}\sin\theta$　　① $\dfrac{v}{c}\sin\theta$　　② $-\dfrac{v}{2c}\sin\theta$　　③ $-\dfrac{v}{c}\sin\theta$

④ $\dfrac{v}{2c}\cos\theta$　　⑤ $\dfrac{v}{c}\cos\theta$　　⑥ $-\dfrac{v}{2c}\cos\theta$　　⑦ $-\dfrac{v}{c}\cos\theta$

(サ) の解答群

⓪ $\dfrac{c}{2v}$　　① $\dfrac{c}{v}$　　② $\dfrac{2c}{v}$　　③ $\dfrac{1}{2}\left(\dfrac{v}{c}\right)^2$

④ $\left(\dfrac{v}{c}\right)^2$　　⑤ $2\left(\dfrac{v}{c}\right)^2$　　⑥ $\dfrac{v}{2c}$　　⑦ $\dfrac{v}{c}$

⑧ $\dfrac{2v}{c}$

(シ) の解答群

⓪ $\dfrac{1}{2}$　　① 1　　② $\dfrac{3}{2}$　　③ 2　　④ $\dfrac{5}{2}$

東京理科大-理工〈B方式-2月3日〉　　　　　　　　　　　　2020年度　化学　*41*

■化学■

（80分）

各設問の計算に必要ならば，下記の数値を用いなさい。

原子量：H 1.0，C 12.0，N 14.0，O 16.0，Al 27.0，Si 28.1，S 32.1，Cl 35.5，
　　　　Br 80.0，Ag 108，Pb 207

ファラデー定数：9.65×10^4 C/mol

アボガドロ定数：6.02×10^{23}/mol

気体定数：8.31×10^3 Pa·L/(K·mol)

標準状態における理想気体のモル体積：22.4 L/mol

特段の記述がない限り，気体はすべて理想気体としてふるまうものとする。

1 次の記述の(ア)〜(キ)にあてはまる最も適当なものをA欄より選び，その番号を**解答用マークシートにマークしなさい**（番号の中の**0**という数字も必ずマークすること）。 (16点)

(1) 硫化水素 H_2S は弱酸であり，水溶液中で2段階に電離する。

$$H_2S \rightleftarrows H^+ + HS^- \qquad ①$$
$$HS^- \rightleftarrows H^+ + S^{2-} \qquad ②$$

2価の金属イオン X^{2+} と硫化物イオン S^{2-} が難溶性の硫化物 XS を形成するとき，その溶解度は水溶液の pH に依存する。①と②の平衡反応を考慮すると，例えば，酸性の水溶液中では，硫化物イオンの濃度は $\boxed{(ア)}$ なるので，硫化銅(II)のように溶解度積が十分に $\boxed{(イ)}$ が，硫化亜鉛のように溶解度積が比較的 $\boxed{(ウ)}$ 。一方，塩基性の水溶液中では，硫化物イオンの濃度は $\boxed{(エ)}$ なるので，$\boxed{(オ)}$ 。

(2) ①と②の平衡反応をまとめると，以下の平衡反応③になる。

$$H_2S \rightleftarrows 2H^+ + S^{2-} \qquad ③$$

この可逆反応の平衡定数を $K〔(mol/L)^2〕$，水素イオン濃度を $[H^+]〔mol/L〕$，硫化水素の濃度を $[H_2S]〔mol/L〕$，硫化物 XS の溶解度積を $K_{SP}〔(mol/L)^2〕$ としたとき，硫化物 XS の飽和溶液中における X^{2+} の濃度は $\boxed{(カ)}$ 〔mol/L〕になる。

(3) 1価の金属イオン Y^+ と硫化物イオン S^{2-} が難溶性の硫化物 Y_2S を形成しているとき（硫化物 Y_2S の溶解度積も $K_{SP}〔(mol/L)^3〕$ とする），Y_2S の飽和溶液中における Y^+ の濃度は $\boxed{(キ)}$ 〔mol/L〕になる。

東京理科大-理工〈B方式-2月3日〉 2020 年度 化学 *43*

A 欄

01 高 く　　　　　　　　　　02 低 く

03 大きな硫化物は沈殿する　　04 小さな硫化物は沈殿する

05 大きな硫化物は沈殿しない　06 小さな硫化物は沈殿しない

07 硫化銅(Ⅱ)と硫化亜鉛はともに沈殿する

08 硫化銅(Ⅱ)は沈殿するが，硫化亜鉛は沈殿しない

09 硫化銅(Ⅱ)は沈殿しないが，硫化亜鉛は沈殿する

10 硫化銅(Ⅱ)と硫化亜鉛はともに沈殿しない

11 $\dfrac{K_{SP}[H^+]}{K[H_2S]}$ 　　　　　　12 $\dfrac{K[H^+]}{K_{SP}[H_2S]}$

13 $\dfrac{K_{SP}[H_2S]}{K[H^+]}$ 　　　　　　14 $\dfrac{K[H_2S]}{K_{SP}[H^+]}$

15 $\dfrac{K_{SP}[H^+]^2}{K[H_2S]}$ 　　　　　16 $\dfrac{K[H^+]^2}{K_{SP}[H_2S]}$

17 $\dfrac{K_{SP}[H_2S]}{K[H^+]^2}$ 　　　　　18 $\dfrac{K[H_2S]}{K_{SP}[H^+]^2}$

19 $\sqrt{\dfrac{K_{SP}[H^+]}{K[H_2S]}}$ 　　　　20 $\sqrt{\dfrac{K[H^+]}{K_{SP}[H_2S]}}$

21 $\sqrt{\dfrac{K_{SP}[H_2S]}{K[H^+]}}$ 　　　　22 $\sqrt{\dfrac{K[H_2S]}{K_{SP}[H^+]}}$

23 $\sqrt{\dfrac{K_{SP}}{K[H_2S]}}[H^+]$ 　　24 $\sqrt{\dfrac{K}{K_{SP}[H_2S]}}[H^+]$

25 $\sqrt{\dfrac{K_{SP}[H_2S]}{K}}\dfrac{1}{[H^+]}$ 　26 $\sqrt{\dfrac{K[H_2S]}{K_{SP}}}\dfrac{1}{[H^+]}$

2 次の記述の(i)〜(vii)にあてはまる数値を有効数字が2桁になるように3桁目を四捨五入して求め，次の形式で**解答用マークシート**にマークしなさい。指数 c が0の場合の符号 p には＋をマークしなさい。
(21点)

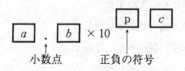

(1) 45gのグルコース($C_6H_{12}O_6$)を水に溶かして500mLにすると，密度1.02g/cm³の水溶液ができた。この水溶液のモル濃度は (i) mol/Lであり，質量パーセント濃度は (ii) ％である。

(2) 1.2gの酢酸を水に溶かして200mLとした水溶液のpHは3.0であった。この酢酸水溶液の電離度は (iii) である。

(3) 5.4gのアルミニウムに塩酸を加えたところ，アルミニウムがすべて反応して水素が発生した。反応した塩化水素は (iv) molであり，発生した水素は標準状態で (v) Lである。

(4) モル濃度が 5.00×10^{-2} mol/Lのシュウ酸水溶液10.0mLに十分な量の希硫酸を加えて温め，モル濃度が不明の過マンガン酸カリウム水溶液をビュレットで滴下したところ，15.0mL加えたところで過マンガン酸カリウムの赤紫色が消失しなくなり，溶液が赤紫色になった。このことから，過マンガン酸カリウム水溶液のモル濃度は (vi) mol/Lであることがわかる。

(5) 十分に容量が大きく，かつ十分に充電された鉛蓄電池を，0.40Aの一定電流で32分10秒間放電したとき，電解液の質量は (vii) g減少した。

3 次の記述の(1)～(4)を読み，(ア)～(オ)にあてはまる最も適当なものをA欄より，(a)～(c)にあてはまる最も適当な組み合わせをB欄より選び，その番号を解答用マークシートにマークしなさい（番号の中の0という数字も必ずマークすること）。ただし，同じ番号を何回用いてもよい。また，(i)，(ii)にあてはまる数値を有効数字が2桁になるように3桁目を四捨五入して求め，次の形式で解答用マークシートにマークしなさい。指数 c が0の場合の符号pには＋をマークしなさい。

(15点)

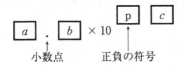

(1) ケイ素Siは (ア) 族に属しており，地殻中において (イ) 番目に多く存在する。その結晶の電気伝導性から (ウ) に分類され，高純度のケイ素は (エ) 電池に用いられる。また，二酸化ケイ素の結晶を約2000℃で融解し，凝固させると (オ) が得られる。

(2) ケイ素の結晶はダイヤモンドと同じ結晶構造である。ケイ素の密度が 2.33 g/cm³，ダイヤモンドの密度が 3.51 g/cm³ であるとき，ケイ素の単位格子の体積はダイヤモンドの単位格子の体積の (i) 倍である。

(3) 一酸化炭素は，高温では強い (a) があり，鉄の製錬などに利用される。二酸化炭素は大気中に含まれる気体であり，実験室では石灰石を (b) と反応させて発生させ，(c) により捕集する。

(4) 気体状態の二酸化炭素の生成熱を，以下の値を用いて求めると，(ii) kJ/mol となる。

C=O の結合エネルギー　　　803 kJ/mol
O=O の結合エネルギー　　　498 kJ/mol

炭素（黒鉛）の昇華熱 　　　　718 kJ/mol

A 欄

01	1	02	2	03	3	04	4
05	13	06	14	07	15	08	16
09	導体	10	半導体	11	絶縁体	12	不動態
13	燃料	14	太陽	15	空気	16	二次
17	シリカゲル	18	石英ガラス	19	水ガラス		
20	アモルファスシリコン						

B 欄

01	(a) 酸化作用	(b) 希塩酸	(c) 水上置換
02	(a) 還元作用	(b) 希塩酸	(c) 水上置換
03	(a) 酸化作用	(b) 希塩酸	(c) 下方置換
04	(a) 還元作用	(b) 希塩酸	(c) 下方置換
05	(a) 酸化作用	(b) 希塩酸	(c) 上方置換
06	(a) 還元作用	(b) 希塩酸	(c) 上方置換
07	(a) 酸化作用	(b) 希硫酸	(c) 水上置換
08	(a) 還元作用	(b) 希硫酸	(c) 水上置換
09	(a) 酸化作用	(b) 希硫酸	(c) 下方置換
10	(a) 還元作用	(b) 希硫酸	(c) 下方置換
11	(a) 酸化作用	(b) 希硫酸	(c) 上方置換
12	(a) 還元作用	(b) 希硫酸	(c) 上方置換

4 次の記述の(i)～(iv)にあてはまる数値を有効数字が2桁になるように3桁目を四捨五入して求め，次の形式で**解答用マークシート**にマークしなさい。指数 c が 0 の場合の符号 p には＋をマークしなさい。　　　　　　　　　　　(12点)

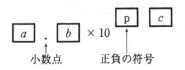

下図のように，丈夫な容器 A と B (ともに容積 1.0 L) が連結されている。連結部のコックを閉じた状態では容器 A と容器 B の中の気体は互いに移動できず，コックを開いた状態では容器 A と容器 B の中の気体は互いに自由に移動できるようになるとする。気体はすべて理想気体とみなし，温度は 300 K とする。連結部の容積は無視できるものとする。必要であれば，300 K における水の飽和蒸気圧を 3.6×10^3 Pa として計算しなさい。

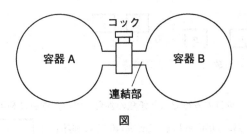

図

(1) 連結部のコックが閉じた状態で，容器 A にはプロパン(C_3H_8) 1.0 mmol，窒素 20.0 mmol，酸素 9.0 mmol の混合気体が，容器 B には気体の窒素 13.0 mmol が入っている。このとき，容器 A 内のプロパンの分圧は　(i)　Pa である。ただし，1 mmol $= 1 \times 10^{-3}$ mol である。

(2) 連結部のコックを閉じた状態で，容器 A 内でプロパンを完全燃焼させた。その後，容器 A 内の温度を 300 K に戻すと，液体の水を生じた。このとき，容器 A 内の圧力は　(ii)　Pa である。なお，液体の水の体積は無視できる

ものとする。

(3) (2)の操作の後，連結部のコックを開けて十分に時間を経過させたところ，容器A内の液体の水の一部が気化した。このとき，容器内の圧力は （iii） Paであり，気体として容器内に存在する水は （iv） mol である。なお，液体の水の体積は無視できるものとする。

5 次の記述の(ア)〜(ケ)にあてはまる最も適当なものをA欄より，(a)〜(e)にあてはまる最も適当なものをB欄より選び，その番号を解答用マークシートにマークしなさい(番号の中の0という数字も必ずマークすること)。ただし，同じ番号を何回用いてもよい。また，(i)〜(iii)にあてはまる数値を有効数字が2桁になるように3桁目を四捨五入して求め，次の形式で解答用マークシートにマークしなさい。指数 c が0の場合の符号 p には＋をマークしなさい。　(23点)

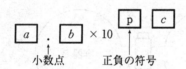

(ア) は無色の液体で水と任意の割合で溶け，飲料に利用されるほか，消毒剤や溶剤などにも用いられる。130〜140℃に加熱した (イ) に (ア) を加えると (a) 反応を起こして，(ウ) が得られる。また，(ア) と (イ) を160〜170℃に加熱すると脱水反応を起こし，(エ) を生じる。臭素水に多量の (エ) を加えると (b) 反応が起こり，臭素水の色が消える。

(エ) に対して触媒を用い酸素雰囲気下で (c) 反応させると，(オ) が生成する。(オ) にアンモニア性硝酸銀水溶液を加えて穏やかに加熱すると，銀イオンが (オ) により (d) され，反応容器の内壁に銀の付着が確認される。この反応容器に希塩酸を加えて酸性にすると，(オ)

東京理科大-理工〈B方式-2月3日〉　　　　　　2020 年度　化学　49

が　(e)　された　(カ)　を生じる。

(カ)　に脱水剤を加えて加熱すると，(キ)　が得られる。(z)　(キ)

に　(ク)　を反応させると，(ケ)　と　(カ)　が生成する。

(1) 下線部(x)について以下の記述を読み，(i)にあてはまる数値を答えなさい。

　　1.20 g の臭素を 20 mL の水に溶解させた臭素水に，標準状態で 0.180 L の　(エ)　を吹き込ませたところ，臭素水の色が消失し，化合物 A が　(i)　g 生成した。

(2) 下線部(y)について以下の記述を読み，(ii)にあてはまる数値を答えなさい。

　　(オ)　に十分な量のアンモニア性硝酸銀水溶液を加えて穏やかに加熱したところ，1.62 g の銀が析出した。消費された　(オ)　の質量は　(ii)　g である。ただし，1 mol の　(オ)　が反応すると電子 2 mol を放出する。また，(オ)　は完全に　(カ)　のイオンになったものとする。

(3) 下線部(z)について以下の記述を読み，(iii)にあてはまる数値を答えなさい。

　　2.50 g の　(ク)　に十分な量の　(キ)　を加えて，穏やかに加熱したところ，解熱鎮痛薬である　(ケ)　が 2.60 g 得られた。この質量は　(ケ)　が完全に得られた場合に予想される質量の　(iii)　% にあたる。

A　欄

01　メタノール　　　　　　　02　エタノール

03　1-プロパノール

04　1,2-エタンジオール(エチレングリコール)

05　1,2,3-プロパントリオール(グリセリン)

06　フェノール　　　　　　　07　ホルムアルデヒド

50 2020年度 化学　　　　　　　　　東京理科大-理工〈B方式-2月3日〉

08 アセトアルデヒド　　　　　09 プロピオンアルデヒド

10 ベンズアルデヒド　　　　　11 アセトン

12 エチルメチルケトン　　　　13 ジメチルエーテル

14 エチルメチルエーテル　　　15 ジエチルエーテル

16 エテン(エチレン)　　　　　17 プロペン(プロピレン)

18 2-メチルプロペン　　　　　19 1-ブテン

20 ニトログリセリン　　　　　21 アセチルサリチル酸

22 サリチル酸メチル　　　　　23 ピクリン酸

24 濃塩酸　　　　　　　　　　25 濃硝酸

26 濃硫酸　　　　　　　　　　27 ギ　酸

28 酢　酸　　　　　　　　　　29 マレイン酸

30 フタル酸　　　　　　　　　31 無水酢酸

32 無水マレイン酸　　　　　　33 無水フタル酸

34 酢酸エチル　　　　　　　　35 サリチル酸

B 欄

1 酸　化　　　2 還　元　　　3 重　合　　　4 縮　合

5 融　解　　　6 付　加　　　7 置　換

6 次の記述の(ア)〜(コ)にあてはまる最も適当なものをA欄より選び、その番号を**解答用マークシートにマークしなさい**(番号の中の0という数字も必ずマークすること)。また、(i)にあてはまる数値を有効数字が2桁になるように3桁目を四捨五入して求め、次の形式で解答用マークシートにマークしなさい。指数 c が 0 の場合の符号 p には＋をマークしなさい。　　　　　　　　　　　　(13点)

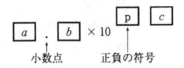

国産初の合成繊維であるビニロンは、原料である (ア) を (イ) 重合した後、けん化して得られる高分子 A を (ウ) で処理することで得られる。ビニロンは 30〜40 % の (エ) 構造を含んでおり、水に (オ) な繊維である。また、ビニロンには多数の (カ) 構造が残っているので、適度な吸湿性を示す。

一方、(キ) から (ク) 重合により得られる合成繊維ポリエチレンテレフタラート (PET) には吸湿性がほとんどない。また、PET はペットボトルなどの合成樹脂としても利用される。PET は加熱により原料になる物質まで分解し、再び化学工業の原料として再利用する (ケ) や、加熱成形して再利用する (コ) が行われている。

高分子の分子量は、高分子溶液の浸透圧を測定することで求められる。例えば、2.00 g の高分子 A を 100 mL の水に溶かした溶液の温度 300 K における浸透圧を測定したところ 250 Pa であった。高分子 A の分子量をモル質量としてファントホッフの法則に適用すると、高分子 A のモル質量は (i) g/mol と求められる。

A 欄

01　ビニルアルコール　　　　02　酢酸ビニル

03　塩化ビニル

52 2020 年度　化学　　　　　　　　　　　東京理科大-理工〈B方式-2月3日〉

04　フタル酸と 1, 2-エタンジオール(エチレングリコール)

05　フタル酸と 1, 2, 3-プロパントリオール(グリセリン)

06　テレフタル酸と 1, 2-エタンジオール(エチレングリコール)

07　テレフタル酸と 1, 2, 3-プロパントリオール(グリセリン)

08　付　加　　　　　　　　　　　　09　開　環

10　縮　合　　　　　　　　　　　　11　ホルムアルデヒド

12　アセトアルデヒド　　　　　　　13　アセトン

14　-O-CH$_2$-O-　　　　　　　　　15　-O-CO-CH$_3$

16　-OH　　　　　　　　　　　　　17　可　溶

18　不　溶　　　　　　　　　　　　19　マテリアルリサイクル

20　ケミカルリサイクル　　　　　　21　サーマルリサイクル

東京理科大-理工〈B方式-2月3日〉　　　　　　　　　2020 年度　生物　*53*

生物

(80 分)

1 次の問題(1)，(2)に答えなさい。解答はそれぞれの指示に従って**解答用マーク
シート**の所定欄にマークしなさい。　　　　　　　　　　　　　　　（35 点）

(1)　DNA の複製と転写・翻訳に関する次の文章を読み，問題(a)～(e)に答えなさ
い。

　　二本鎖の核酸である DNA は DNA ポリメラーゼによって，半保存的に複製
される。1958 年にメセルソンとスタールは，大腸菌を用いて DNA の複製様式
を明らかにした。^{14}N よりも重い自然同位体として ^{15}N がある。彼らは，^{15}N か
らなる塩化アンモニウムを含む培地で大腸菌を培養した。次に，DNA の窒素
がすべて ^{15}N に置き換わった大腸菌を，^{14}N からなる塩化アンモニウムを含む
培地に移した。培地に移してから，大腸菌の細胞分裂が終わるごとに，大腸菌
$\underset{(i)}{\text{から DNA を取り出し，遠心分離により比重の異なる DNA の分子数の比を調}}$
べた。1 回目の分裂後は，^{14}N でできた鎖と ^{15}N でできた鎖からなる DNA のみ
が検出され，2 回目の分裂後は ^{14}N でできた鎖と ^{15}N でできた鎖からなる DNA
と ^{14}N のみを含む DNA が 1：1 の割合で検出された。
　　また，$\underset{(ii)}{\underline{\text{RNA は DNA を鋳型にして RNA ポリメラーゼによって転写される}}}$。
mRNA の連続した 3 個の塩基配列であるコドンはアミノ酸を指定する。$\underline{\text{真核}}$
$\underset{(iii)}{\underline{\text{生物の細胞には核があるので}}}$，原核生物と真核生物には異なる転写と翻訳のメ
カニズムが存在する。

(a)　下線部(i)のように，6 回目の分裂を終えた大腸菌の DNA の比を調べた。
　　^{14}N でできた鎖と ^{15}N でできた鎖からなる DNA，^{14}N のみを含む DNA の比
　　を答えなさい。なお比は最小の整数比とする。また，十の位がない場合は，

0 をマークしなさい。

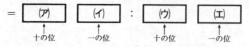

(b) 下線部(i)のように，大腸菌の DNA の比を調べ続けると，¹⁵N を含む DNA の割合が全体の DNA の 0.1 ％以下になった。このとき，大腸菌は最低何回目の細胞分裂をした後か答えなさい。また，十の位がない場合は，0 をマークしなさい。

(c) 下線部(ii)に関して，真核生物の mRNA から翻訳されるタンパク質のアミノ酸数を調べた。3×10^3 ヌクレオチドからなる mRNA から翻訳されたタンパク質のアミノ酸の個数は 330 個であった。この mRNA の何パーセント（％）の領域が翻訳に使われたか答えなさい。また，十の位がない場合は，0 をマークしなさい。

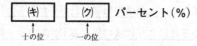

(d) (c)の結果から，真核生物の mRNA は 100 ％ 翻訳に使用されないことがわかる。その**理由**として最も適切な答えの組み合わせを**解答群A**から一つ選び，その番号をマークしなさい。

理由
1　DNA の転写開始点と mRNA の翻訳開始点は同一ではないから。
2　DNA の転写終結点と mRNA の翻訳終結点は同一ではないから。
3　プロモーターと転写開始点が離れているから。
4　イントロンがあるから。
5　RNA ポリメラーゼは 3 種類あるから。

東京理科大-理工〈B方式-2月3日〉 2020年度 生物 *55*

解答群A

00	1，2	01	1，3	02	1，4	03	1，5	04	2，3
05	2，4	06	2，5	07	3，4	08	3，5	09	4，5
10	1，2，3			11	1，2，4			12	1，2，5
13	2，3，4			14	2，3，5			15	3，4，5

(e) 下線部(iii)に関して，核内において起きる**現象**をすべて含む組み合わせを**解答群B**から一つ選び，その番号をマークしなさい。

現象

1　RNA ポリメラーゼによる mRNA 合成

2　RNA ポリメラーゼによる rRNA 合成

3　基本転写因子のプロモーターへの結合

4　アミノ酸を結合した tRNA の mRNA への結合

5　rRNA とタンパク質からなるリボソームによるタンパク質合成

解答群B

00	1，2	01	1，3	02	1，4	03	1，5	04	2，3
05	2，4	06	2，5	07	3，4	08	3，5	09	4，5
10	1，2，3			11	1，2，4	12	1，2，5		
13	2，3，4			14	2，3，5	15	3，4，5		
16	1，2，3，4			17	1，2，3，5	18	1，3，4，5		
19	2，3，4，5			20	1，2，3，4，5				

(2) ポリメラーゼ連鎖反応(PCR)法や遺伝病に関する次の文章を読み，問題(a)〜(h)に答えなさい。なお計算では，4^5 は 1×10^3 に近似するものとする。

　PCR 法は，わずかな DNA から同じ DNA を大量に増幅できる方法である。PCR 法の1サイクルの流れは以下のようになる。

① DNA，増幅させる DNA の各末端とそれぞれ相補的に結合する2種類の

1本鎖DNA（プライマー），耐熱性DNAポリメラーゼ，4種類のヌクレオシド三リン酸の混合液を約95℃に加熱する。

② 混合液を約60℃に冷却する。

③ 混合液を約72℃に加熱する。

このサイクルを30回ほど繰り返すと，プライマーに挟まれた領域のDNAが大量に増幅される。なお，PCR反応ではどのサイクルでもDNAの複製が完全に進行するものとする。

(a) ①〜③で進行する反応をそれぞれ**解答群C**から一つ選び，その番号をマークしなさい。

解答群C

0 1本鎖DNAの複製する領域の5'末端にプライマーが結合する。

1 1本鎖DNAの複製する領域の3'末端にプライマーが結合する。

2 DNAポリメラーゼによりDNA鎖が伸長され，2本鎖DNAを生じる。

3 DNAポリメラーゼにより複数の短いヌクレオチド鎖が断続的に複製される。

4 2本鎖DNAを形成する相補的な塩基同士の水素結合が切れて，2本の1本鎖DNAが生じる。

5 2本鎖DNAを形成する相補的な塩基同士の共有結合が切れて，2本の1本鎖DNAが生じる。

(b) 下線部(i)のヌクレオシド三リン酸の構造で，デオキシリボースを含んだ構造を表す模式図として，最も適切なものを**解答群D**から一つ選び，その番号をマークしなさい。**解答群D**の図中の Ⓟ はリン酸を模式的に示している。

解答群D

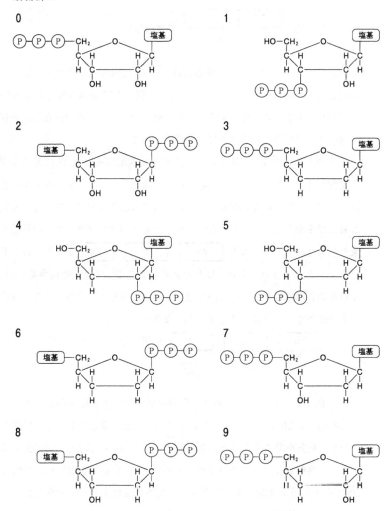

(c) 下線部(ii)に関して，500塩基からなるDNAに対してPCR法のサイクルを30回繰り返し，1×10^{-6} gのDNAを得たい。理論上必要とする鋳型DNAの質量は最低何グラム(g)になるか。次の (ア) (イ) に当てはまる数字をマークしなさい。また，十の位がない場合は，0をマークしなさい。

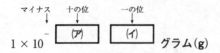

(d) PCR法は単にDNAを増幅するだけでなく，DNA鑑定や病気の診断にも利用されている。その一つに，ゲノム内の同じ配列が繰り返し現れる部分（反復配列）を調べるものがある。反復配列はゲノム中に複数存在し，各反復配列中の塩基配列の反復回数には多様性がある。

　ヒトのゲノムDNAを鋳型にして，ある反復配列をPCR法により増幅する実験を計画した。ゲノム上の特定の1か所だけに結合するプライマーを設計し，プライマーの塩基配列と完全に一致する塩基配列が，標的とする領域以外には出現しないようにしたい。そのために必要なプライマーの塩基数は最低何塩基になるか。次の (ウ) (エ) (オ) に当てはまる数字をマークしなさい。なお，ヒトのゲノムは30億塩基対(60億塩基)とし，4種類の各塩基はゲノム中に同じ確率で存在するものとする。また，百の位や十の位がない場合は，0をマークしなさい。

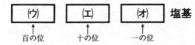

(e) ある遺伝病は遺伝子X内の反復配列が異常伸長する変異が原因である。反復配列はCAGの3塩基が繰り返しており，繰り返し数が多く，配列が長くなると病気を発症することが知られている。図1に示す患者のDNAに対して，反復配列をはさむプライマーを用いてPCR法で増幅した。増幅したDNAをゲル電気泳動にかけたときに予想される結果とその考察として最も適切な記述を**解答群E**から一つ選び，その番号をマークしなさい。

5′-ATGAAGGCCTTCGAGTCCCT---反復配列---GCTGCACCGACCGTGAGTTT-3′

図1

解答群E

　0　DNAはプラスに荷電しているので，電圧をかけるとマイナス極の方

東京理科大-理工〈B方式-2月3日〉　　　　　　2020 年度　生物　*59*

向に移動する。健常人の DNA と比較し，患者の長い DNA はゲルの中
を速く移動する。

1　DNA はマイナスに荷電しているので，電圧をかけるとプラス極の方
向に移動する。健常人の DNA と比較し，患者の長い DNA はゲルの中
を速く移動する。

2　DNA はプラスに荷電しているので，電圧をかけるとマイナス極の方
向に移動する。健常人の DNA と比較し，患者の長い DNA はゲルの中
をゆっくり移動する。

3　DNA はマイナスに荷電しているので，電圧をかけるとプラス極の方
向に移動する。健常人の DNA と比較し，患者の長い DNA はゲルの中
をゆっくり移動する。

4　DNA はプラスにもマイナスにも荷電していないので，電圧をかけて
も移動しない。

(f)　この遺伝病のある患者と健常人のタンパク質 X を比較したところ，患者の
タンパク質 X には，CAG の繰り返し数に相当する長さのポリグルタミン鎖
（グルタミンが長く連続するペプチド）が含まれていた。このポリグルタミン
鎖は β シート構造をとり，ポリグルタミン鎖同士が β シート構造部分で相互
作用しやすい性質をもつ。そのため，患者のタンパク質 X は凝集しやすく，
水に溶けにくい構造へと変化する。しかしながら，シャペロンのはたらきに
よりタンパク質 X の凝集が妨げられる。次の文章 a ～ j の中から，適切な記
述をすべて含んだものを**解答群F**から一つ選び，その番号をマークしなさい。

a　反復配列は遺伝子内のイントロンに存在する。

b　反復配列は遺伝子内のエキソンに存在する。

c　患者のタンパク質 X の一次構造と三次構造は，健常人と同じである。

d　患者のタンパク質 X の一次構造は健常人と同じであるが，三次構造は健
常人と異なる。

e　患者のタンパク質 X の一次構造は健常人と異なるが，三次構造は健常人
と同じである。

f　患者のタンパク質 X の一次構造と三次構造は健常人と異なる。

g βシート構造は，ポリペプチド間のS-S(ジスルフィド)結合により安定化されている。
h βシート構造は，ポリペプチド間の水素結合により安定化されている。
i シャペロンのはたらきによってタンパク質Xの一次構造が変化する。
j シャペロンのはたらきによってタンパク質Xの三次構造が変化する。

解答群F

00 a, c, g, i	01 a, c, g, j	02 a, c, h, i
03 a, d, h, j	04 a, d, g, i	05 a, d, g, j
06 a, e, h, i	07 a, e, h, j	08 a, e, g, i
09 a, f, g, j	10 a, f, h, i	11 a, f, h, j
12 b, c, g, i	13 b, c, g, j	14 b, c, h, i
15 b, d, h, j	16 b, d, g, i	17 b, d, g, j
18 b, e, h, i	19 b, e, h, j	20 b, e, g, i
21 b, f, g, j	22 b, f, h, i	23 b, f, h, j

(g) この遺伝病に関して，ある家系を調べたところ，図2の結果が得られた。遺伝病ではない女性と男性はそれぞれ◯と□，遺伝病の女性と男性は●と■で表している。この遺伝病の遺伝の形式は以下のどれに該当すると考えられるか。最も適切な記述を**解答群G**から一つ選び，その番号をマークしなさい。ただし，遺伝はメンデルの遺伝の法則にしたがうとし，突然変異は起こらないものとする。

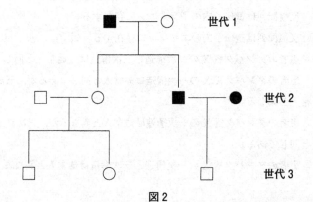

図2

解答群G

0 この遺伝病の原因遺伝子は常染色体上にあり，正常遺伝子に対して優性である。

1 この遺伝病の原因遺伝子は常染色体上にあり，正常遺伝子に対して劣性である。

2 この遺伝病の原因遺伝子はX染色体上にあり，正常遺伝子に対して優性である。

3 この遺伝病の原因遺伝子はX染色体上にあり，正常遺伝子に対して劣性である。

4 この遺伝病の原因遺伝子はY染色体上にある。

(h) この遺伝病の原因遺伝子は致死遺伝子で，ホモ接合体になるとその個体は発生の初期で死んでしまう。また，この遺伝病の50歳での発症率は50％である。原因遺伝子をもつ男性ともたない女性との子供が50歳で発症していない場合，この発症していない50歳の人が原因遺伝子をもつ確率は何パーセント(％)になるか。小数第一位を四捨五入して，次の (カ) (キ) (ク) に当てはまる数字をマークしなさい。また，百の位や十の位がない場合は，0をマークしなさい。

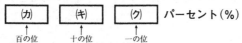

62 2020 年度 生物　　　　　　　　　東京理科大-理工〈B方式-2月3日〉

2 次の問題(1)，(2)に答えなさい。解答はそれぞれの指示に従って**解答用マーク**
シートの所定欄にマークしなさい。　　　　　　　　　　　　　　　　（35点）

(1)　解糖系に関する次の文章を読み，問題(a)～(h)に答えなさい。

　　解糖系は，生物が有機物からエネルギーを獲得するために必要な代謝経路の
一つである。代表的な有機物であるグルコースは炭素数が　(ア)　のピルビ
ン酸にまで変換される。この解糖系では，グルコース1分子あたり　(イ)
分子の二酸化炭素が生成し，差し引き　(ウ)　分子の ATP が生成する。
　　代表的な酵母である *Saccharomyces cerevisiae* は，グルコースからピルビ
　　　　　　　　　　　　　　(i)
ン酸を経てエタノールを生成する性質を有する。ピルビン酸はある化合物に変
換され，その後エタノールに変換される。このピルビン酸からエタノールを生
　(ii)　　　　　　　　　　　　　　　　　　　　　　　　(iii)
成する過程で，解糖系の反応に必要な補酵素を生成する。酵母は，ビール等の
アルコール飲料の製造だけでなく，バイオエタノール燃料の製造にも利用され
ている。バイオエタノール燃料の製造では，原料としてバイオマスのデンプン
やセルロースが用いられる。しかし，多くの酵母はこれらの高分子化合物を分
解することができない。その分解に酵素が利用され，デンプンの分解には
　(エ)　を，セルロースの分解には　(オ)　を用いることができる。

(a)　空欄　(ア)　にあてはまる最も適切な数字をマークしなさい。

(b)　空欄　(イ)　，　(ウ)　にあてはまる最も適切な数字をそれぞれマー
　　クしなさい。ただし，生成しない場合は0をマークしなさい。

(c)　下線部(i)に関して，この生物について最も適切な説明を**解答群A**から一つ
　　選び，その番号をマークしなさい。

　解答群A
　　0　属名は *cerevisiae* である。

東京理科大-理工〈B方式-2月3日〉　　　　　　　　　2020年度　生物　*63*

　　　1　細菌である。

　　　2　多細胞生物である。

　　　3　ミトコンドリアを有する。

　　　4　独立栄養生物である。

(d)　下線部(ii)に関して，この過程について最も適切な説明を**解答群B**から一つ
　　選び，その番号をマークしなさい。

　解答群B

　　　0　この過程で水を生成する。

　　　1　この過程でホルムアルデヒドを生成する。

　　　2　この過程はコエンザイムAを必要とする。

　　　3　この過程は酸素を必要とする。

　　　4　この過程は脱炭酸酵素により触媒される。

　　　5　この過程は脱水素酵素により触媒される。

(e)　下線部(iii)に関して，この過程について最も適切な説明を**解答群C**から一つ
　　選び，その番号をマークしなさい。

　解答群C

　　　0　NADHが電子を受け取り，NAD^+が生成する。

　　　1　NADHが電子を放出し，NAD^+が生成する。

　　　2　NADPHが電子を受け取り，$NADP^+$が生成する。

　　　3　NADPHが電子を放出し，$NADP^+$が生成する。

　　　4　NAD^+が電子を受け取り，NADHが生成する。

　　　5　NAD^+が電子を放出し，NADHが生成する。

　　　6　$NADP^+$が電子を受け取り，NADPHが生成する。

　　　7　$NADP^+$が電子を放出し，NADPHが生成する。

(f)　空欄　　(エ)　，　　(オ)　にあてはまる最も適切な語句を**解答群D**から

64 2020 年度 生物　　　　　　　　　東京理科大-理工〈B方式-2月3日〉

一つ選び，その番号をそれぞれマークしなさい。

解答群D

0	カタラーゼ	**1**	トリプシン	**2**	グルタミン合成酵素
3	制限酵素	**4**	ルビスコ	**5**	セルラーゼ
6	テロメラーゼ	**7**	アミラーゼ	**8**	ATP 合成酵素

(g) グルコースを炭素源として酵母を培養したときに，酸素 64 mg を吸収し，二酸化炭素 220 mg を放出したとすると，この過程で生成したエタノールは何 mg になるか。最も適切なものを**解答群E**から一つ選び，その番号をマークしなさい。ただし，グルコース，酸素，二酸化炭素，水，エタノールの分子量はそれぞれ 180，32，44，18，46 とする。また，中間代謝産物は蓄積していないものとする。

解答群E

0	68 mg	**1**	118 mg	**2**	138 mg
3	158 mg	**4**	178 mg	**5**	208 mg
6	228 mg	**7**	278 mg	**8**	458 mg

(h) デンプン 2430 g を酵素を用いた加水分解によりグルコースに変換し，このうちの 10 % のグルコースが酵母によりエタノールに変換されたとすると，生成したエタノールは何 g になるか。最も適切なものを**解答群F**から一つ選び，その番号をマークしなさい。ただし，グルコース，酸素，二酸化炭素，水，エタノールの分子量はそれぞれ 180，32，44，18，46 とする。また，デンプン中のグルコースの平均分子量は 162 であること，デンプン中のグルコース 1 分子あたり水 1 分子が付加すること，およびデンプンはすべてグルコースに変換することを仮定して計算せよ。

解答群F

0	28 g	**1**	34 g	**2**	60 g

3　64 g　　　4　68 g　　　5　124 g
6　138 g　　　7　243 g　　　8　486 g

(2) カルビン・ベンソン回路に関する次の文章を読み，問題(a)〜(c)に答えなさい。

　カルビンとベンソンは緑藻のクロレラに放射性同位体である ^{14}C を使用した二酸化炭素 $^{14}CO_2$ を取り込ませた。光照射した一定時間後に，クロレラを回収し，$^{14}CO_2$ が取り込まれた物質を同定することで，カルビン・ベンソン回路を明らかにした。$^{14}CO_2$ はリブロース二リン酸(リブロース 1,5-ビスリン酸，リブロースビスリン酸，RuBP)に取り込まれ，ホスホグリセリン酸(PGA)になることがわかった。光を照射している状態でクロレラを時間経過ごとに回収し，PGAの濃度を測定すると，図1の結果であった。

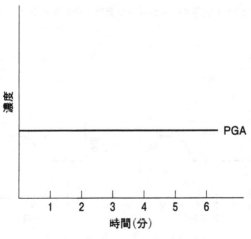

図1　光照射中のPGAの濃度変化

(a) カルビン・ベンソン回路について述べた次の文章のうち，誤りを含む文章を**解答群G**から一つ選び，その番号をマークしなさい。

解答群G

0 取り込まれた CO_2 はリブロース二リン酸カルボキシラーゼ/オキシゲナーゼ（ルビスコ）という酵素のはたらきによって RuBP に取り込まれる。

1 PGA は ATP のエネルギーと NADPH による還元作用によって，グリセルアルデヒドリン酸（グリセルアルデヒド 3-リン酸，GAP）になる。

2 C_4 植物の維管束鞘細胞では，別の経路で CO_2 が固定されるため，カルビン・ベンソン回路ははたらかない。

3 RuBP は炭素を五つもつ C_5 化合物であり，PGA は炭素を三つもつ C_3 化合物である。

4 植物に光が照射されている時，カルビン・ベンソン回路ははたらく。

(b) 初めから 2.5 分後に，$^{14}CO_2$ を含むすべての CO_2 の供給を遮断し，クロレラの PGA の濃度を測定した。この時，クロレラの PGA の濃度変化として最も適切なグラフを**解答群H**から一つ選び，その番号をマークしなさい。

解答群H

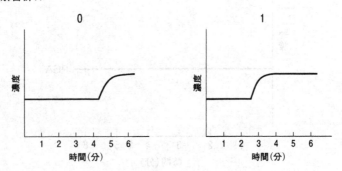

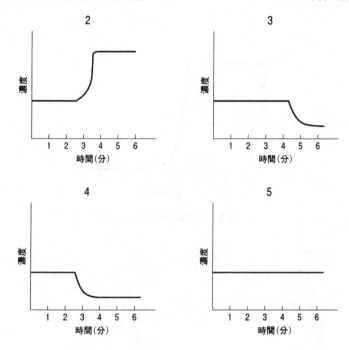

(c) 光照射して 2.5 分後に，光照射を止めて暗黒にして，クロレラの $^{14}CO_2$ の吸収量の変化を測定した（図 2）。別の実験として，初めから $^{14}CO_2$ を含むすべての CO_2 の供給を止めて光照射を 2.5 分間行った後，$^{14}CO_2$ を含む CO_2 の供給を開始すると同時に光照射を止めて暗黒にした。この時，クロレラの $^{14}CO_2$ の吸収量の変化として最も適切なグラフを**解答群 I** から一つ選び，その番号をマークしなさい。

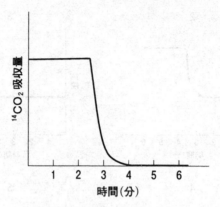

図2 $^{14}CO_2$ の吸収量の変化

解答群Ⅰ

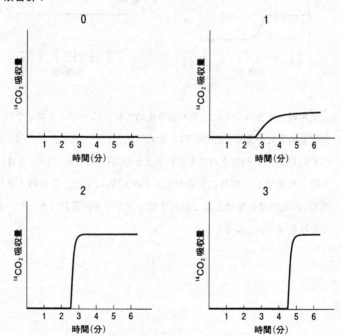

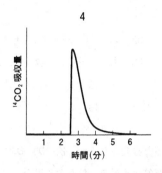
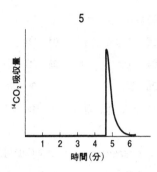

3 次の問題(1), (2)に答えなさい。解答はそれぞれの指示に従って**解答用マークシート**の所定欄にマークしなさい。　　　　　　　　　　　　　　（30点）

(1)　ある地域における単為生殖をしないナメクジの生態を調査し，制御された環境下で生育実験を行った。ある地域のナメクジを標識再捕法により 132 匹捕獲した。それぞれの個体に消えないような標識をした後，同じ場所に放した。<u>一定期間後</u>に，同じ場所で 84 匹捕獲したところ，標識されたナメクジが 3 匹いた。なお，この生育条件ではナメクジの繁殖力に個体差がなく突然変異が起こらないものとする。問題(a)～(f)に答えなさい。

(a)　この結果から，この地域に生息するナメクジ全体の個体数を推測したい。そのための**前提条件**として，不適切な文章を含むものの組み合わせとして正しいものを**解答群A**から一つ選び，その番号をマークしなさい。

前提条件
① 標識をつける個体は無作為に選択すること。
② 標識をつけられた個体と標識をつけられていない個体で行動が変わらないこと。
③ 最初の捕獲と二度目の捕獲では捕獲場所や時間を変えること。
④ 調査期間中は，調査地域以外から，対象とする種の移入や移出が起きないこと。

解答群A

00 ①	01 ②	02 ③	03 ④
04 ①, ②	05 ①, ③	06 ①, ④	07 ②, ③
08 ②, ④	09 ③, ④	10 ①, ②, ③	
11 ①, ②, ④	12 ①, ③, ④	13 ②, ③, ④	

(b) この地域のナメクジは全体で何匹いると推定されるか，次の㈦～㈢にあてはまる数字をマークしなさい。なお，解答が小数第一位を含む場合，小数第一位を四捨五入しなさい。空欄がある位には0をマークしなさい。

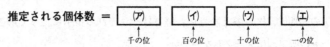

(c) 下線部にある，一定期間あける理由として最も適切なものを**解答群B**から一つ選び，その番号をマークしなさい。

解答群B

0 捕獲時の気象条件を同一にするため。
1 個体間の自由交配に十分な時間を確保するため。
2 個体が移動し，十分混ざりあう期間を確保するため。
3 捕獲者による偏りをなくすため。
4 標識を個体になじませる期間を確保するため。

(d) 捕獲した84匹のナメクジにはオレンジ色の個体と黄色の個体が観察された。このナメクジの体表色は優性遺伝子Aと劣性遺伝子aが支配しており，劣性のホモ接合体の場合にのみオレンジ色になる。84匹中，オレンジ色の個体数が4匹だった。このときの，遺伝子Aの遺伝子頻度を計算し，次の㈲～㈷にあてはまる数字をマークしなさい。$\sqrt{2}=1.41$，$\sqrt{3}=1.73$，$\sqrt{5}=2.24$，$\sqrt{7}=2.65$として計算し，解答が小数第三位を含む場合には，小数第三位を四捨五入し，小数第二位までの数字をマークしなさい。空欄がある位には0をマークしなさい。なお，この生育条件ではナメクジの繁殖力に個体差がな

く突然変異が起こらないものとする。

(e) この黄色のナメクジのみを制御された生育環境下で自由交配させたところ、2世代目のF1ではオレンジ色のナメクジが現れた。このF1世代から黄色のナメクジのみを自由交配させたF2世代でも、オレンジ色のナメクジが現れた。aの遺伝子頻度を0.01以下にするためには、黄色のナメクジのみを最低何世代以上自由交配させる必要があるか計算し、(ク)〜(コ)にあてはまる数字をマークしなさい。なお、空欄がある位には0をマークしなさい。

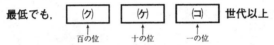

(f) 今回捕獲した84匹と同時に同種の黄色のナメクジを6匹捕獲した。制御された生育環境下で、この6匹を6世代自由交配させたところ、84匹の黄色のナメクジを自由交配させたときと比べてオレンジ色のナメクジがはるかに多くなった。その**理由**として、適切な文章をすべて含むものを**解答群C**から一つ選び、その番号をマークしなさい。

理由

① 個体数が少ないため、生育環境の違いが自然選択(自然淘汰)を促した。
② 個体数が少ないため、たまたま遺伝子aの頻度に偏りがあった。
③ 個体数が少ないため、餌を得るための競争頻度が高かった。
④ 個体数が少ないため、遺伝子プールの構成が異なっていた。
⑤ 個体数が少ないため、適応進化した。

解答群C

00	①	01	②	02	③	03	④
04	⑤	05	①, ②	06	①, ③	07	①, ④

72 2020 年度 生物　　　　　　　　　　　東京理科大-理工〈B方式-2月3日〉

08 ①, ⑤　　　09 ②, ③　　　10 ②, ④　　　11 ②, ⑤

12 ③, ④　　　　　　　13 ③, ⑤　　　14 ④, ⑤

15 ①, ②, ③　　　16 ①, ②, ④　　　17 ①, ②, ⑤

18 ①, ③, ④　　　19 ①, ③, ⑤　　　20 ①, ④, ⑤

21 ②, ③, ④　　　22 ②, ③, ⑤　　　23 ②, ④, ⑤

24 ③, ④, ⑤　　　25 ①, ②, ③, ④　　　26 ①, ②, ③, ⑤

27 ①, ②, ④, ⑤　　　28 ①, ③, ④, ⑤　　　29 ②, ③, ④, ⑤

30 すべて適切

(2) (1)と同じ地域において，(1)で調査したナメクジを好んで食べる鳥の生息を調査した。問題(a)〜(d)に答えなさい。

　　この鳥は群れを作り，群れ同士が縄張りを形成することがわかった。群れを作ることで外敵から身を守るための時間を減らせるが，群れの中での休息場所や食物の奪い合いなど種内競争が増加する。この鳥の行動時間は，種内の個体同士の争い，外敵から身を守るための行動，および摂食行動に分けられた。個体同士の争いおよび外敵から身を守るための行動時間は図1のような関係が見られた。なお，この鳥の行動時間は個体同士の争い，外敵から身を守る行動，摂食行動時間のみからなる。

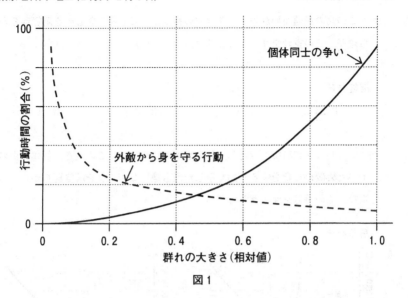

図1

(a) この鳥における，摂食行動時間を追加したグラフとして最も適切なものを**解答群D**から一つ選び，その番号をマークしなさい。

解答群D

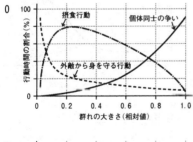
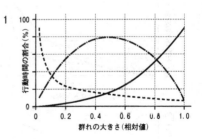
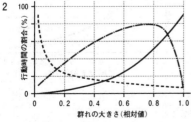
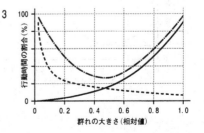

(b) この鳥の最適な群れの大きさはどの程度か，最も適切なものを**解答群E**から選び，その番号をマークしなさい。

解答群E

 0 0.25   1 0.5   2 0.8   3 1.0

(c) この鳥の生育環境が変化し，休息場所が減少した。このとき，個体同士の争いと外敵から身を守る行動を示した最も適切なグラフを**解答群F**から一つ選び，その番号をマークしなさい。

解答群F

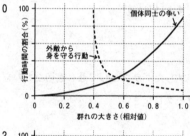
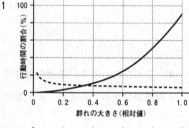
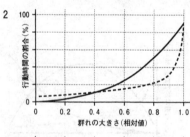
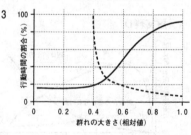
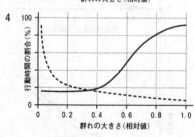
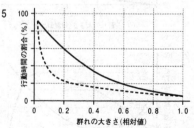

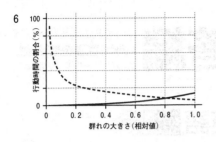
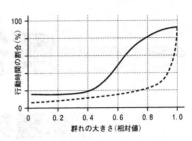

(d) (c)の条件では，最適な群れの大きさはどのように変化すると予想されるか。最も適切なものを**解答群G**から一つ選び，その番号をマークしなさい。

解答群G

0 摂食行動時間のピークが右にシフトするため，最適な群れのサイズは小さくなる。

1 摂食行動時間のピークが左にシフトするため，最適な群れのサイズは小さくなる。

2 摂食行動時間のピークが右にシフトするため，最適な群れのサイズは大きくなる。

3 摂食行動時間のピークが左にシフトするため，最適な群れのサイズは大きくなる。

4 摂食行動時間のピークが右にシフトするが，最適な群れのサイズは変化しない。

5 摂食行動時間のピークが左にシフトするが，最適な群れのサイズは変化しない。

解答編

英語

(注) 解答につきましては,東京理科大学から提供のあった情報を掲載しております。

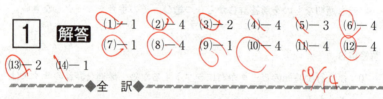

1 解答 (1)—1 (2)—4 (3)—2 (4)—4 (5)—3 (6)—4
(7)—1 (8)—4 (9)—1 (10)—4 (11)—4 (12)—4
(13)—2 (14)—1

◆全 訳◆

≪陰謀論に引き寄せられる心理≫

[1] 地球平面陰謀論者が自家製ロケットで自分を成層圏へ打ち上げようと再び試み,前回同様,失敗に終わった。

[2] 命知らずだと自ら語るマイク=ヒューズは,地球が丸いという事実を認めておらず,2週間ほど前に自分のフェイスブックに投稿したビデオでは,2月3日の土曜日に私有地から高度1800フィート(550メートル)へとロケットで飛び上がる予定だと述べている。ヒューズは以前にもロケット打ち上げを中止や延期しているので,土曜日の打ち上げがなされるかどうかもあまり定かではなかった。彼の自家製ロケットはカリフォルニア州アンボイの「発射台」に約11分鎮座しており,その後…どこへも行くことはなかったのは,このイベントのライブビデオを見ての通りだ。それでも,ネット上で悪評をますます増しているサブカルチャーにスポットライトを当てるものではある。

[3] そのサブカルチャーとは地球平面説信者であり,彼らの主張によれば,地球は丸いという数百年間にわたる観察結果は,間違っている,または,壮大な陰謀の一部なのである。その代わりに地球平面説信者は,地球は円盤だと主張している。これが正確にはどんな外観なのかは論者によって異なるが,地球平面説信者の多くによれば,氷の壁が円盤の縁を取り囲んでおり,惑星や衛星,恒星は一種のドーム状になって地球上空に浮かん

でおり，実際よりもはるかに地球に近いのだという。

［4］ では，何が（地球平面説の）魅力なのか？ 信者の多くにとっては，これはエリート科学者への不信感の問題であり，彼らは自分自身の目で証拠を見たがっている。さらに，心理学者によれば，地球平面陰謀論者が追い求めているニーズの多くは，他の陰謀論者と同じなのかもしれない。すなわち，社会的帰属，意味，支配感，そして，不確かな世界における安心感，である。

［5］ 陰謀論が一般的になぜ魅力があるのか，心理学者は研究してきた。理由は主に3種類に大別されると，英国カンタベリーにあるケント大学の社会心理学者カレン＝ダグラスは言う。

［6］ 第一の理由は，知識や確かさを求めることに関係している。不確かさを感じている人は，陰謀論に引き寄せられる傾向にある，とダグラスは述べる。これは小規模でも大規模でも起こることで，人間は心理学の研究の中でなすすべがないと感じる状態をつくられると，陰謀論に近づいていくことが2015年の研究で判明した。さらに，社会的危機の期間には陰謀論者の数が急増するという証拠もある。

［7］ 陰謀論はまた，信者に対して，他の人にはない知識や洞察を約束しているように見える，とダグラスは言う。「彼らには安心感や支配感が必要ですが，それがないので，（陰謀論で）埋め合わせようとしているのです」と彼女は言う。

［8］ 最後に，陰謀論は信者の自尊心を高め，所属集団への心地よさを感じさせることができる。一部の研究が示唆するところでは，自己愛と陰謀論はつながっており，陰謀論の多くは世界を「善人」（例：真理探究のために立ち上がった気高いYouTubeのスター）と「悪者」（例：政府）に分けている，とダグラスは述べる。

［9］ アングリア・ラスキン大学の社会心理学者ヴィレン＝スワミは「地球平面説のディスカッショングループではNASA（米国航空宇宙局）のことが話されていますが，彼らは心底NASAを憎んでいます」と言う。スワミによれば，問題の一部は宇宙の物理特性の理解は非常に困難であり，地球平面説信者がある程度正しいのは，科学がエリート主義であるという点においてである。人工衛星を宇宙に打ち上げたり，地球が丸い理由を示す数学を理解したりできるには，高等教育における金・知識・時間が必要

なのだ。

[10]　残念なことに，一度陰謀論が定着してしまうと，それを変えるのは難しい，とスワミは言う。人間は自分の信念にしがみつく傾向にあるからだ。スワミによれば，議論や討論をしても，それらの信念はただ固定されがちである。なぜならば，いわゆる「心理的リアクタンス」に陥って，自分の持つ論拠を研ぎ澄まし，自らの正しさへの確信をさらに深めることに時間を費やす傾向にあるからだ。

[11]　その代わりに，予防が重要だろうとスワミは述べる。分析的・批判的に考えられる人は，陰謀論の影響を受けにくいことが示されていると彼は言う。「批判的に考える能力，分析的能力を教えることが，本当に，本当に大切なんです」と。

━━━━━━━━◀解　説▶━━━━━━━━

⑴　1．「失敗した」　2．「印象づけた」　3．「支援した」　4．「成功した」

1が正解。fall flat「落ちて平らになる」という直訳からネガティブな意味になると推測できればよい。

⑵　4が正解。形式主語 it に対応する真主語となる名詞節。whether S V「SがVするかどうか」（＝if S V）　同音異綴語の1．weather「天気」と混同しないこと。

⑶　1．「サブカルチャーのメンバーに有名になる方法を示す」

2．「さらに有名になりつつあるグループに関心を集める」

3．「他人と会うことの問題に関する論点を提起する」

4．「名声を求める人々の異常な信念を普及させる」

2が正解。spotlight「〜にスポットライトを当てる」＝focus attention on 〜「〜に関心を集める」　notoriety は notorious「悪名高い」（＝infamous）の名詞形。

⑷　1．「多数の世界観は，地球の形状という話題に関しては同一だ」

2．「地球平面説を誰が唱えているかに関する人々の理解はまちまちだ」

3．「地球平面説信者に関する理論家の見解はまちまちだ」

4．「地球平面説のコミュニティーは，地球の外観に関して単一の理論を持たない」

4が正解。Exactly what this（＝the planet）looks like「地球が正確には

東京理科大-理工〈B方式-2月3日〉　　　2020 年度　英語〈解答〉　79

どんな外観なのか」の言い換えは，1 の the Earth's shape と 4 の the appearance of the Earth が正しく，vary by 〜「〜によって異なる」の言い換えは 2 〜 4 が正しい。

(5)　1．「統計値」　2．「事実」　3．「ニーズ〔必要性，需要〕」　4．「理論」

3 が正解。具体的な内容がコロン（：）以下で social belonging, meaning and control, and feelings of safety in an uncertain world「社会的帰属，意味，支配感，そして，不確かな世界における安心感」として書かれている。

(6)　1．「〜に手を伸ばす」　2．「〜を急ぎ足で駆け抜ける」　3．「〜をまぜこぜにする」　4．「〜に分類される」

4 が正解。fall into three main categories「3 つの主なカテゴリー〔種類〕に分けられる」その 3 つが第 6 段第 1 文（The first reason …），第 7 段第 1 文（Conspiracy theories also …），第 8 段第 1 文（Finally, conspiracy theories …）で詳述されている。

(7)　1．「自分の信念に確信が持てない人は陰謀論に引き寄せられることが多い」

2．「大抵の人は，自分が陰謀論に関心がある理由はよくわかっていない」

3．「自分の知識に確信のある人は陰謀論には引き寄せられない」

4．「陰謀論に加わることは，世界に関する真理を見つける一つの方法だ」

1 が正解。①People who feel uncertain ②tend to be ③drawn to conspiracy theories＝①People not certain about their beliefs ②are often ③attracted to conspiracy theories という明確な対応関係がある。

(8)　1．「依然として変わらない」　2．「常に急落する」　3．「ごくわずかに増える」　4．「急増する」

4 が正解。直前文で they become more open to conspiracy beliefs「人々は陰謀論に近づいていく」と述べた後で，There is also evidence that the number of conspiracy believers spikes「さらに，陰謀論者の数が（spikes）という証拠もある」と続いていることから推測可能。

(9)　1．「陰謀論を信じることで，安心感や自信の不足を埋め合わせようとする人がいる」

2．「陰謀論信仰を埋め合わせる方法の一つは，支配感と安心感を諦める

ことだ」」

3．「人々が陰謀論に引き寄せられる理由の一つは，安心や支配を感じたくないからだ」

4．「安心を感じないとき，陰謀論は諦める理由を与えてくれる」

1が正解。don't have it（＝security and control）を a lack of feelings of safety and confidence「安心感や自信の不足」，compensate for 〜 を make up for 〜「〜で埋め合わせる，〜で補う」で言い換えている。

⑽　1．「〜を推薦する」　2．「〜を曲げる」　3．「〜を命令する」　4．「〜を示唆する」

4が正解。studies suggest that 〜「研究が〜だと示唆している」は頻出表現。

⑾　4が正解。It takes A＋時間＋to do「A（人）が〜するのに時間がかかる」という頻出構文。take の目的語（money, knowledge and time in higher education）が長いので，わかりにくくなっている。

⑿　1．「そして」　2．「〜前に」　3．「〜の間に」　4．「一度〜すれば」

4が正解。（　12　）<u>a conspiracy belief</u> <u>is established</u>, <u>it</u>'s hard to
　　　　　　　　　　　　　S　　　　　　　V　　　　S V
change となっており，従属接続詞を要する箇所なので，2・4に絞られ，意味上4が適切。1は副詞，3は前置詞である。

⒀　1．「自分の見解だけを考えて，他人を欺くこと」

2．「自分の論拠に磨きをかけて，自分で信じられるまでにすること」

3．「自分が間違っているかもしれないあらゆる理由を考えて，慎重な決断を下すこと」

4．「あらゆる角度からの証拠を入念に分析して，自分の信念を捨てること」

2が正解。同文前半に only tend to entrench those beliefs とあり，(Notes) に entrench : to fix firmly「〜を堅く固定する」とあるので，2の sharpening the points of their arguments「自分の論拠に磨きをかける」が方向性として正しい。hone は名詞で「砥石」，動詞で「〜を砥石で研ぐ，〜を研ぎ澄ます」の意味。convincing themselves「自分自身を説得する」＝believable to them「自分で信じられる」

⒁　1．「陰謀論に説得されにくい」

2.「陰謀論者に対してあまり批判的でない」
3.「陰謀論を見つける可能性が高い」
4.「他人に陰謀論を確信させることと同様に難しい」

1が正解。be susceptible to ~「~の影響を受けやすい」(＝be subject〔vulnerable / prone〕to ~, be easily influenced by ~) は，本文の文脈では be convinced of ~「~に説得される」に近く，下線部の less を harder (＝more difficult) という同じく否定的な語で言い換えている。

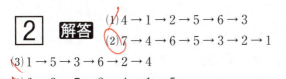

◀解　説▶

(1)〜(4)は一続きの話になっている。
(1) (Rome was) able (to) maintain control over (its) vast empire (.)「ローマはその広大な帝国を支配し続けることができた」
maintain〔exert〕control over ~「~への支配を維持〔行使〕する」名詞構文であり，他動詞の control「~を支配する」とほぼ同義になる。
(2) (Rome's military technology) was superior to that of other countries (and regions.)「ローマの軍事技術は他の国々や地域よりも優れていた」
A is superior to B「A は B よりも優れている」 代名詞 that は military technology を指す。
(3) (The Romans also) had well-trained soldiers who learned (advanced) tactics (and highly organized styles of combat.)「また，ローマにはよく訓練された兵士がおり，彼らは高度な戦術や高度に組織化された戦い方を習得していた」
well-trained soldiers「よく訓練された兵士」，advanced tactics「高度な戦術」，highly organized styles of combat「高度に組織化された戦い方」の3つの -ed は，すべて過去分詞が形容詞化したものである（分詞形容詞）。
(4) (Furthermore, the Roman Empire could move its troops on) well-

82 2020 年度　英語〈解答〉　　　　　　　東京理科大-理工〈B方式-2月3日〉

made roads with lightning speed that (often) surprised (and alarmed its enemies.) 「さらにローマ帝国は，舗装の行き届いた路上に軍隊を電光石火の速さで動かすことができたので，敵軍を往々にして驚かせ，脅えさせた」

move *A* on *B*「*A* を *B* の上で動かす」　troops「軍隊」　speed につく前置詞は with（または at）。that（制限用法：カンマなし）は本来，which（非制限用法：カンマあり）が正しく，直前の内容全体を主語として受けている。

3　解答　(1)—1　(2)—2　(3)—2　(4)—3　(5)—2　(6)—1
　　　　　(7)—4　(8)—3　(9)—2

◀解　説▶

(1)～(9)は一続きの話になっている。

(1)「近年，ベストセラー本の多くはオーディオ形式でも入手可能である。これは，音楽を聴くのに使うのと同じ機器で聞くことができる」

1．available「利用可能な」（＝usable / accessible）が正解。2．「野心的な」　3．「特定する」　4．「印刷された」

(2)「紙に印刷された本を好んで読む人は多いが，いわゆるオーディオブックにも多くの利点がある」

2 が正解。audiobooks, as they are called 全体で what are called audiobooks「いわゆるオーディオブック」とほぼ同義。

(3)「第一に，オーディオブックはオンラインで購入できて，自分が聴く機器にダウンロードできる」

2 が正解。purchase「～を購入する」（＝buy）　1．「超越された」　3．「回転された」　4．「解決された」

(4)「第二に，紙の本が重いのに対して，オーディオブックには重さがなく，何百冊もポケットに入れて持ち運べる」

3 が正解。weigh nothing「重さがない」　weigh は他動詞で「～の重さがある」（例：weigh 3kg「3 キロの重さがある」）

(5)「しかし，伝統的な印刷媒体の本を読むことにも利点がある」

2 が正解。advantages to ～「～の利点〔長所〕」　問題(2)文中の good points の言い換え。1．「目的地」　3．「推計（値）」　4．「発生」

(6) 「例えば，オーディオブックを聞くのに使う機器には電源が必要だが，紙の本はページをめくる力以外にエネルギー不要である」

1 が正解。an electrical source「電源」(electrical は electricity「電気」の形容詞形)　2．「完全な」　3．「初歩的な」　4．「最終的な」

(7) 「さらに，イヤホンを長時間使っていると耳が疲れることがあるが，印刷物は何時間でも支障なく楽しめる」

4 が正解。for an extended time「長時間にわたって」(=for a long time)　1．「興奮」　2．「例」　3．「退出中の，終了中の」

(8) 「こういった理由により，オーディオブックよりも紙の本を好み続けている人が多い」

3 が正解。prefer A over B「A を B よりも好む」　1．「〜を供給する」　2．「〜を共有する」　4．「〜を許可する」

(9) 「したがって，オーディオブックは多くの人に人気のある形式になってはいるが，印刷された紙の本が近い将来なくなることはなさそうだ」

2 が正解。popular「人気のある，大衆向けの，安価な」　1．「冷却用の」　3．「伝統的な」　4．「才能ある」

4 解答　(1)—T　(2)—T　(3)—F　(4)—F　(5)—T　(6)—F　(7)—T　(8)—T

◆全　訳◆

≪Herbs and More Herbs 社の移転のお知らせ≫

移転のお知らせ

　2019 年 10 月 15〜22 日にかけて，Herbs and More Herbs 社は現在の 2 倍以上の施設に移転します。これは，世界各国の料理をお楽しみいただいているお客さまからのますますのご要望にお応えするためです。

　弊社のカスタマーサービスと発送部門は 10 月 16〜22 日はお休みとなります。この期間は，留守番電話サービスにメッセージを残していただくか，herbsherbsherbs.com でオンライン注文していただけます。準備ができ次第，御注文の発送を行います。御不便をおかけして申し訳ございませんが，移転後にお目にかかれるのを楽しみにしております。お客さまの満足を弊社は最優先しております。

84 2020 年度　英語〈解答〉　　　　　　　東京理科大-理工〈B方式-2月3日〉

Herbs and More Herbs
世界各国の料理の必需品が揃っています！

移転先：1625 East Madison Avenue, Suite 66, Santa Cruz, CA 95060.
Email：customer@herbsherbsherbs.com

──────■◀解　説▶■──────

(1)「*Herbs and More Herbs* 社の移転理由は，事業拡張により，もっと大きな場所が必要だからである」

第1段（Between October 15 …）に一致。

(2)「新店舗の面積は現住所の2倍以上になる」

第1段（Between October 15 …）に一致。

(3)「*Herbs and More Herbs* 社の所在地は10月22日以降，1625 East Madison Avenue ではない」

チラシの下から2行目（Our new address! …）に矛盾。1625 East Madison Avenue は旧住所ではなく新住所である。

(4)「このお知らせは顧客に10月15日には業務は行われないと伝えている」

第2段第1文（Our customer service …）に矛盾。

(5)「顧客が10月16〜22日にオンラインで注文したら，*Herbs and More Herbs* 社はできるだけ早く商品を発送する」

第2段第1〜3文（Our customer service … we are able.）に一致。

(6)「*Herbs and More Herbs* 社は移転によって顧客に迷惑がかかるとは考えていない」

第2段第4文（We apologize for …）に矛盾。

(7)「*Herbs and More Herbs* 社は顧客満足が自社の最重要事項だと述べている」

第2段最終文（Your satisfaction is …）に一致。

(8)「*Herbs and More Herbs* 社は，顧客がさまざまな国の食材を調理するのに必要な品々を販売している」

第1段（Between October 15 …）や，チラシの下から3行目（For all your …）に一致。

東京理科大-理工〈B方式-2月3日〉　　　　　　2020 年度　英語〈解答〉 *85*

❖講　評

　2020 年度は大問 4 題の出題であった。読解問題 2 題，文法・語彙問題 2 題で，全問マークシート法である。

　[1]　flat-Earthers「地球平面説信者」を例に conspiracies「陰謀論」に引き寄せられる人の心理を述べ，critical-thinking skills and analytic skills「批判的に考える能力，分析的能力」の重要性を説いた約 650 語の文章。いわゆる pseudo-science「疑似科学」批判であり，理科系の学問に携わる者としては見逃せない話題であろう。小問 14 問は，空所補充 6 問，同意表現の選択 8 問のみで，内容一致問題はないので，ある程度は部分的読解のみでも対処可能であった。空所補充は文法問題が半数近い。同意表現の選択問題は，単熟語の知識が前提となるが，(8) spike，(13) hone などは受験レベルを超えているので，文脈判断が必須である。

　[2]　語句整序 4 問。古代ローマ帝国の軍事力に関する一続きの英文である。(1)，(2)は落とせず，(3)，(4)がやや難。(3)，(4)はいずれも and の共通関係がカギを握る。

　[3]　短文の空所補充 9 問。オーディオブックと紙の本を対比した一続きの英文である。(2)，(4)はやや見慣れない形かもしれない。(6)，(7)はコロケーションの知識に基づいて解答できると非常に心強い。他はすべて基本単語である。

　[4]　店舗移転を知らせるチラシに基づく読解問題 8 問。実務的な文章を利用した問題は，これまでのセンター試験や TOEIC にも類題がある（2019 年度 2 月 3 日実施分，2 月 6 日実施分でも同傾向）。正しいものを T，間違ったものを F とする出題形式で，解答上迷うものはない。

86 2020 年度 数学〈解答〉　　　　　　東京理科大-理工〈B方式-2月3日〉

■■数学■■

(注)　解答につきましては，東京理科大学から提供のあった情報を掲載しております。

1 解答

(1)ア. 2　イ. 6　ウ. 4　エ. 1　オ. 4

(2)(a)カキ. 17　ク. 6　ケ. 2　コサ. 21　シヌ. 15

(b)セ. 2　ソタ. 14　チ. 6　ツテ. 15

(3)(a)ト. 3　ナニ. 16　(b)ヌ. 1　ネ. 4　(c)ノハ. 52　ヒフ. 35

(d)ヘ. 9　ホ. 4　(e)マ. 6　ミ. 3

◀解　説▶

≪小問3問≫

(1) $b_n = \dfrac{1}{a_n}$ より　　$b_1 = \dfrac{1}{a_1} = 12$　かつ　$b_{n+1} = b_n + 4n + 8$

よって，$n \geqq 2$ のとき

$$b_n = b_1 + \sum_{k=1}^{n-1}(4k+8) = 12 + 4 \cdot \frac{(n-1)n}{2} + 8(n-1)$$

$$= 2n^2 + 6n + 4 \quad (n=1 \text{ でも成り立つ}) \quad (\rightarrow \text{ア} \sim \text{ウ})$$

$$a_n = \frac{1}{2n^2+6n+4} = \frac{1}{2(n+1)(n+2)} = \frac{1}{2}\left(\frac{1}{n+1} - \frac{1}{n+2}\right)$$

$$\sum_{n=1}^{m} a_n = \frac{1}{2}\sum_{n=1}^{m}\left(\frac{1}{n+1} - \frac{1}{n+2}\right)$$

$$= \frac{1}{2}\left(\frac{1}{2} - \frac{1}{3} + \frac{1}{3} - \frac{1}{4} + \frac{1}{4} - \frac{1}{5} + \cdots + \frac{1}{m+1} - \frac{1}{m+2}\right)$$

$$= \frac{1}{2}\left(\frac{1}{2} - \frac{1}{m+2}\right)$$

$$\sum_{n=1}^{\infty} a_n = \lim_{m\to\infty}\sum_{n=1}^{m} a_n = \lim_{m\to\infty}\frac{1}{2}\left(\frac{1}{2} - \frac{1}{m+2}\right)$$

$$= \frac{1}{4} \quad (\rightarrow \text{エ・オ})$$

(2)(a)　$100 = 3 \times 33 + 1$, $50 = 3 \times 16 + 2$ より

$n(A) = 33 - 16 = 17$　（→カキ）

東京理科大-理工〈B方式-2月3日〉　　　　　　　2020 年度　数学〈解答〉　*87*

$100 = 8 \times 12 + 4$, $50 = 8 \times 6 + 2$ より

$\qquad n(B) = 12 - 6 = 6$　（→ク）

$A \cap B$ は $50 \leqq x \leqq 100$ をみたす 24 の倍数 x の集合だから，$100 = 24 \times 4 + 4$,

$50 = 24 \times 2 + 2$ より

$\qquad n(A \cap B) = 4 - 2 = 2$　（→ケ）

$\qquad n(A \cup B) = n(A) + n(B) - n(A \cap B) = 17 + 6 - 2$

$\qquad\qquad = 21$　（→コサ）

$n(A) = n(A \cap B) + n(A \cap \overline{B})$ だから

$\qquad n(A \cap \overline{B}) = n(A) - n(A \cap B) = 17 - 2 = 15$　（→シス）

(b)　素数と奇数は小さい方から順に並べると

$\quad$ 素数：$\quad$ 2$\quad$3$\quad$5$\quad$7$\qquad$11$\quad$13$\qquad$17$\quad$19$\qquad$23$\quad$…

$\quad$ 奇数：1$\quad\quad$3$\quad$5$\quad$7$\quad$9$\quad$11$\quad$13$\quad$15$\quad$17$\quad$19$\quad$21$\quad$23$\quad$…

$\overline{D}$ は $a \leqq x \leqq b$ をみたす偶数 x の集合だから，$n(\overline{D}) = 7$ より，$a \leqq x \leqq b$ をみたす偶数 x がちょうど 7 個ある。

$\quad$(i)$a = 1$ のとき

$b = 14$, 15 だが，どちらも $n(C) < n(D)$ となり不適。

$\quad$(ii)$a = 2$ のとき

$b = 14$, 15 である。

$b = 14$ のとき，$n(C) = n(D) = 6$ となり条件をみたす。

$b = 15$ のとき，$n(C) < n(D)$ となり不適。

よって$\qquad b = 14$

$\quad$(iii)$a \geqq 3$ のとき

$a \leqq x \leqq b$ をみたす素数 x はすべて奇数だから，C は D の部分集合である。D は少なくとも 6 個の連続する奇数を要素に持つから 3 より大きい 3 の倍数を要素に持つが，これは素数ではないから，$n(C) < n(D)$ となり不適。

(i)～(iii)より$\qquad a = 2$, $b = 14$, $n(C) = n(D) = 6$　（→セ～チ）

要素の個数が 2 となる C の部分集合は，6 個の要素から 2 個を選ぶ組み合わせを考えて

$\qquad {}_6\mathrm{C}_2 = 15$ 個　（→ツテ）

(3)(a)　$F(x) = g(f(x))$ とすると，$F(0) = g(f(0)) = g(0) = 1$ だから

$$(与式) = \lim_{h \to 0} \frac{F(h) - F(0)}{h - 0}$$

微分係数の定義より

$$\lim_{h \to 0} \frac{F(h) - F(0)}{h - 0} = F'(0)$$

$F'(x) = g'(f(x)) \cdot f'(x)$ だから

$$(与式) = g'(f(0)) \cdot f'(0) = g'(0) \cdot \frac{3}{4} = \frac{1}{4} \cdot \frac{3}{4}$$

$$= \frac{3}{16} \quad (\to \text{ト} \sim \text{ニ})$$

(b) $G(x) = \log g(x)$ とすると，$G(0) = \log g(0) = \log 1 = 0$ だから

$$(与式) = \lim_{h \to 0} \frac{G(h) - G(0)}{h - 0} = G'(0)$$

$G'(x) = \dfrac{g'(x)}{g(x)}$ だから

$$(与式) = \frac{g'(0)}{g(0)} = \frac{1}{4} \quad (\to \text{ヌ} \cdot \text{ネ})$$

(c) $H(x) = f(1+2x)g(1+2x)$ とすると，$H(0) = f(1)g(1) = \dfrac{5}{7} \cdot \dfrac{7}{5} = 1$ だから

$$(与式) = \lim_{h \to 0} \frac{H(h) - H(0)}{h - 0} = H'(0)$$

$H'(x) = 2f'(1+2x)g(1+2x) + 2f(1+2x)g'(1+2x)$ より

$$(与式) = 2f'(1)g(1) + 2f(1)g'(1) = 2 \cdot \frac{3}{7} \cdot \frac{7}{5} + 2 \cdot \frac{5}{7} \cdot \frac{1}{5}$$

$$= \frac{52}{35} \quad (\to \text{ノ} \sim \text{フ})$$

(d) $I(x) = \sin(f(3x))$ とすると，$I(0) = \sin(f(0)) = \sin 0 = 0$ だから

$$(与式) = \lim_{h \to 0} \frac{I(h) - I(0)}{h - 0} = I'(0)$$

$I'(x) = 3f'(3x)\cos(f(3x))$ より

$$(与式) = 3f'(0)\cos(f(0)) = 3 \cdot \frac{3}{4} \cdot \cos 0 = \frac{9}{4} \quad (\to \text{ヘ} \cdot \text{ホ})$$

(e) $J(x) = 12^{g(x)}$ とすると，$J(0) = 12^{g(0)} = 12$ だから

東京理科大-理工〈B方式-2月3日〉　　2020 年度　数学〈解答〉　89

$$(与式) = \lim_{h \to 0} \frac{J(h) - J(0)}{h - 0} = J'(0)$$

$J'(x) = (\log 12) \cdot 12^{g(x)} \cdot g'(x)$ だから

$$(与式) = (\log 12) \cdot 12^{g(0)} \cdot g'(0) = (\log 12) \cdot 12 \cdot \frac{1}{4}$$

$$= 6 \log 2 + 3 \log 3 \quad (\to マ \cdot ミ)$$

2 解答

(1) $y = 2,\quad 4x + 3y + 10 = 0$

(2) $t_1 = -2$

(3) $tx + (-t - 2)y = 4$

(4) $Q(-2,\ -2)$

※計算過程の詳細については省略。

◀解　説▶

≪円と接線，2つの接点を通る直線≫

(1)　$t = -4$ より　　$P(-4,\ 2)$

接点の座標を $(p,\ q)$ とすると　　$p^2 + q^2 = 4$　……①

接線は $px + qy = 4$ で，P を通るから　　$-4p + 2q = 4$　……②

②より $q = 2p + 2$ だから，①に代入して

$$p^2 + (2p + 2)^2 = 4$$

$$p(5p + 8) = 0$$

$$p = 0,\quad -\frac{8}{5}$$

$$(p,\ q) = (0,\ 2),\ \left(-\frac{8}{5},\ -\frac{6}{5}\right)$$

よって，接線は

$$2y = 4,\quad -\frac{8}{5}x - \frac{6}{5}y = 4$$

$$y = 2,\quad 4x + 3y + 10 = 0 \quad ……(答)$$

(2)　P を通る接線の本数は，P が C の外部にあるとき 2，P が C 上にあるとき 1 である。C の中心は原点，半径は 2 だから，P が C の外部にあるとき

$$\sqrt{t^2 + (-t - 2)^2} > 2$$

$$t^2 + (-t - 2)^2 > 4$$

90 2020 年度　数学〈解答〉　　　　　　　　東京理科大-理工〈B方式-2月3日〉

$t(t+2)>0$

$t<-2,\ 0<t$

また，P が C 上にあるとき

$\sqrt{t^2+(-t-2)^2}=2$ より　　$t=0,\ -2$

接線の本数が $-4\leqq t<t_1$ で 2，$t=t_1$ で 1 だから

$t_1=-2$　……(答)

(3) 接点の座標を $(p,\ q)$ とすると，接線 $px+qy=4$ が P を通るから

$tp+(-t-2)q=4$　……③

2 つの接点は直線 OP に関して対称な点だから，l と直線 OP は垂直である。直線 OP の傾きは $\dfrac{-t-2}{t}$ だから，l の傾きは $\dfrac{t}{t+2}$ である。よって，l の方程式は

$$y-q=\frac{t}{t+2}(x-p)$$

$$tx+(-t-2)y=tp+(-t-2)q$$

③より　　$tx+(-t-2)y=4$　……(答)

(4)　$tx+(-t-2)y=4$ より，変形して

$t(x-y)-2y-4=0$

t の値によらず成り立つとすると，t についての恒等式とみて

$x-y=0$　かつ　$-2y-4=0$

連立して解いて　　$x=-2,\ y=-2$

よって　　Q$(-2,\ -2)$　……(答)

参考　(3)の方針としては，次の(i)～(iv)のようなものも考えられる。(1)と同様にして座標を求めようとすると計算が複雑になるため，接点の座標を文字で置いてできる関係式や，円の性質などを利用して進めていきたい。

(i)　接点 $A_1(a_1,\ b_1)$，$A_2(a_2,\ b_2)$ とすると，接線 $a_1x+b_1y=4$，$a_2x+b_2y=4$ がどちらも P$(t,\ -t-2)$ を通るから，$ta_1-(t+2)b_1=4$，$ta_2-(t+2)b_2=4$ が成り立つ。これは，方程式 $tx-(t+2)y=4$ に A_1，A_2 の座標を代入して成り立つことを表しているから，2 点 A_1，A_2 を通る直線 l は $tx+(-t-2)y=4$ である。

(ii)　接点は線分 OP を直径とする円 $x^2-tx+y^2+(t+2)y=0$ と円 $x^2+y^2=4$ の交点だから，k を定数とすると，方程式 $x^2-tx+y^2+(t+2)y$

東京理科大-理工〈B方式-2月3日〉　　　　　　　　　2020 年度　数学〈解答〉　*91*

$+k(x^2+y^2-4)=0$ の表す図形は接点をすべて通る。$k=-1$ のときが直線

l で，$tx+(-t-2)y=4$ である。

(iii)　接点を A，l 上の点を X$(x,\ y)$ とすると，l はベクトル方程式

$\overrightarrow{\mathrm{OP}}\cdot\overrightarrow{\mathrm{AX}}=0$ で表される。$|\overrightarrow{\mathrm{OA}}|=2$，$\overrightarrow{\mathrm{OA}}\cdot\overrightarrow{\mathrm{AP}}=0$ だから，変形して

$\overrightarrow{\mathrm{OP}}\cdot\overrightarrow{\mathrm{OX}}=4$ となる。よって，$tx+(-t-2)y=4$ である。

(iv)　l と OP は垂直だから，l は $y=\dfrac{t}{t+2}x+c$ $(c>0)$ と表せる。接点を A，

OP と l の交点を H とすると，△OAP と △OHA は相似だから，

$\mathrm{OH}=\dfrac{\mathrm{OA}^2}{\mathrm{OP}}$ である。

O と l の距離は OH だから　　　$\dfrac{|c(t+2)|}{\sqrt{t^2+(t+2)^2}}=\dfrac{4}{\sqrt{t^2+(t+2)^2}}$

よって，$c=-\dfrac{4}{t+2}$ で　　$tx+(-t-2)y=4$

なお，l は一般的に「点 P を極とする円 C の極線」とよばれる。

3　解答

(1) $f(x)=-kx+e^k-1$

(2) $f(x)=2x\log x-(2+k)x+1+e^k$

(3) $\left(e^{\frac{k}{2}}-1\right)^2$ $\left(e^k-2e^{\frac{k}{2}}+1\ \text{でも可}\right)$

(4) $k=2\log 2$

(5) $17\log 2-\dfrac{15}{2}$

※計算過程の詳細については省略。

━━━━◀解　説▶━━━━

≪定積分で表された関数，絶対値を含む定積分≫

(1)　$0\leqq t\leqq k$ のとき $e^t\geqq 1$ だから，$x<1$ とすると

$e^t-x>0$

よって

$f(x)=\displaystyle\int_0^k (e^t-x)\,dt=\Big[e^t-xt\Big]_0^k=-kx+e^k-1$ ……(答)

(2)　$e^t=x$ とすると　　$t=\log x$

e^t は単調増加だから，$t\geqq\log x$ のとき $e^t\geqq x$，$t<\log x$ のとき $e^t<x$ である。

よって

$$f(x) = \int_0^{\log x} \{-(e^t - x)\}\, dt + \int_{\log x}^k (e^t - x)\, dt$$

$$= \Big[-e^t + xt\Big]_0^{\log x} + \Big[e^t - xt\Big]_{\log x}^k$$

$$= -e^{\log x} + x\log x + 1 + e^k - xk - e^{\log x} + x\log x$$

$$= 2x\log x - (2+k)x + 1 + e^k \quad \cdots\cdots(\text{答})$$

(3) (2)より $\quad f'(x) = 2(\log x + 1) - (k+2) = 2\log x - k$

$f'(x) = 0$ として $\quad x = e^{\frac{k}{2}}$

$k>0$ より $1 < e^{\frac{k}{2}} < e^k$ だから，増減表は右の
ようになる。

よって，最小値は

x	1	$\cdots$	$e^{\frac{k}{2}}$	$\cdots$	e^k
$f'(x)$		$-$	0	$+$	
$f(x)$		$\searrow$	極小	$\nearrow$	

$$f\left(e^{\frac{k}{2}}\right) = ke^{\frac{k}{2}} - (k+2)e^{\frac{k}{2}} + e^k + 1$$

$$= e^k - 2e^{\frac{k}{2}} + 1 = \left(e^{\frac{k}{2}} - 1\right)^2 \quad \cdots\cdots(\text{答})$$

(4) (3)より

$$e^k - 2e^{\frac{k}{2}} + 1 = 1$$

$$e^{\frac{k}{2}}\left(e^{\frac{k}{2}} - 2\right) = 0$$

$e^{\frac{k}{2}} > 0$ より $\quad e^{\frac{k}{2}} = 2$

$$k = 2\log 2 \quad \cdots\cdots(\text{答})$$

(5) (4)より $e^{\frac{k}{2}} = 2$ だから，$e^k = 4$ で

$$f(x) = 2x\log x - 2(\log 2 + 1)x + 5$$

$1 \leq x \leq 4$ のとき，(3)より最小値は 1 だから，常に $f(x) > 0$ である。よって

$$\int_1^4 (2x\log x - 2(\log 2 + 1)x + 5)\, dx$$

$$= \int_1^4 2x\log x\, dx + \int_1^4 \{-2(\log 2 + 1)x + 5\}\, dx$$

$$= \Big[x^2\log x\Big]_1^4 - \int_1^4 x\, dx + \Big[-(\log 2 + 1)x^2 + 5x\Big]_1^4$$

$$= 4^2\log 4 - \Big[\frac{1}{2}x^2\Big]_1^4 - (\log 2 + 1)\cdot 4^2 + 20 + (\log 2 + 1) - 5$$

$$= 32\log 2 - 8 + \frac{1}{2} - 15\log 2$$

東京理科大-理工〈B方式-2月3日〉　　　　　　　　　　2020 年度　数学〈解答〉　*93*

$$= 17\log 2 - \frac{15}{2} \quad \cdots\cdots (\text{答})$$

❖講　評

　2020 年度も，記述式 2 題，マークシート法 1 題の出題で，マークシート法 1 題は独立した内容の小問 3 問の構成であった。各単元での基礎的な知識と標準的な応用力を問う問題が多い。全体的には計算量が多いように思われる。

　[1]　独立した小問 3 問からなる。それぞれの小問では，誘導の形となるように解答箇所が設けられている。記述式としての出題であればどのように記述するかが難しいところもあるが，誘導に従って解答していけば解きやすい。

　[2]　座標平面での円と接線に関する標準的な問題である。(3)は円に関してよく知られた事実からの出題であった。解答の方針の立て方によって，計算や論証の難易度が大きく変わる。

　[3]　定積分で表された関数に関する応用問題である。変数の扱いで混乱することなく丁寧に場合分けをしながら進められれば，積分の計算自体は易しい。混乱したときは，具体的に x に値を代入してみると考えがまとまりやすい。

物理

(注) 解答につきましては，東京理科大学から提供のあった情報を掲載しております。

1 解答

(1)(a)(ア)―⑦
(b)(イ)―② (ウ)―④ (エ)―⑤ (オ)―⑦ (カ)―④ (キ)―②
(ク)―③
(2)(a)(ケ)―④ (コ)―⑥ (サ)―① (シ)―⑦ (ス)―⓪
(b)(セ)―② (ソ)―④

◀解 説▶

≪床に置かれた斜面を持つ台上の物体の運動≫

(1)(a)(ア) 小物体が動き出す直前において，小物体にかかる力のつり合いを考える。図 i より，斜面に垂直な方向の力のつり合いを考えると，小物体は斜面から $mg\cos\theta_0$ の垂直抗力を受けることがわかるので，小物体が受ける最大静止摩擦力は $\mu_1 mg\cos\theta_0$ となる。よって，斜面に平行な方向の力のつり合いを考えると

$$mg\sin\theta_0 = \mu_1 mg\cos\theta_0$$

∴ $\mu_1 = \tan\theta_0$

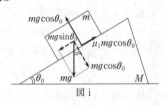

図 i

(b)(イ) 図 ii のように，台は，小物体に及ぼす垂直抗力と摩擦力，それぞれの反作用の力を受ける。これらの力の x 成分が，台の x 軸方向の運動に寄与するので

$$M\alpha_x = \mu_1'N\cos\theta - N\sin\theta$$

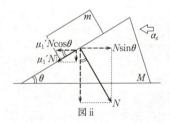

図 ii

(ウ) 斜面上に静止している観測者から見ると，図ⅲのように，小物体には，斜面の加速度と反対方向に慣性力がはたらくように見える。X 軸方向の運動方程式より

$$m\beta_X = mg\sin\theta - \mu_1' N - m\alpha_x\cos\theta$$

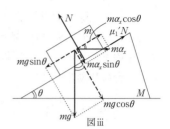

図ⅲ

(エ) Y 軸方向の力のつり合いより

$$N = mg\cos\theta + m\alpha_x\sin\theta$$

(オ) (イ)・(エ)より

$$M\alpha_x = (\mu_1'\cos\theta - \sin\theta)N$$
$$= (\mu_1'\cos\theta - \sin\theta)(mg\cos\theta + m\alpha_x\sin\theta)$$

$$\therefore\ \alpha_x = -\frac{mg\cos\theta\,(\sin\theta - \mu_1'\cos\theta)}{M + m\sin\theta\,(\sin\theta - \mu_1'\cos\theta)}$$

(カ) (ウ)・(エ)より

$$m\beta_X = mg\sin\theta - \mu_1'(mg\cos\theta + m\alpha_x\sin\theta) - m\alpha_x\cos\theta$$
$$= mg(\sin\theta - \mu_1'\cos\theta) - m\alpha_x(\cos\theta + \mu_1'\sin\theta)$$

(オ)より

$$\beta_X = g(\sin\theta - \mu_1'\cos\theta)$$
$$\qquad -\left\{-\frac{mg\cos\theta\,(\sin\theta - \mu_1'\cos\theta)}{M + m\sin\theta\,(\sin\theta - \mu_1'\cos\theta)}\right\}(\cos\theta + \mu_1'\sin\theta)$$
$$= g(\sin\theta - \mu_1'\cos\theta)$$
$$\qquad \cdot\frac{\{M + m\sin\theta\,(\sin\theta - \mu_1'\cos\theta)\} + m\cos\theta(\cos\theta + \mu_1'\sin\theta)}{M + m\sin\theta\,(\sin\theta - \mu_1'\cos\theta)}$$
$$= \frac{g(M+m)(\sin\theta - \mu_1'\cos\theta)}{M + m\sin\theta\,(\sin\theta - \mu_1'\cos\theta)}$$

(キ) 斜面上に静止している観測者から見た小物体の運動は等加速度直線運動なので，PQ 間の距離が $\dfrac{h}{\sin\theta}$ であることに注意すると

$$\frac{h}{\sin\theta} = \frac{1}{2}\beta_X t_1^2$$

$$t_1 = \sqrt{\frac{2h}{\sin\theta}\cdot\frac{1}{\beta_X}}$$

$$\quad = \sqrt{\frac{2h}{\sin\theta}\cdot\frac{M + m\sin\theta\,(\sin\theta - \mu_1'\cos\theta)}{g(M+m)(\sin\theta - \mu_1'\cos\theta)}}$$

$$= \sqrt{\frac{2h}{g}} \times \sqrt{\frac{M+m\sin\theta\,(\sin\theta-\mu_1'\cos\theta)}{\sin\theta(M+m)(\sin\theta-\mu_1'\cos\theta)}}$$

(ク) 床の上で静止している観測者から見た台の運動は等加速度直線運動なので，台の移動距離は

$$\left|\frac{1}{2}a_x t_1{}^2\right| = \left|\frac{1}{2}\cdot\left\{-\frac{mg\cos\theta\,(\sin\theta-\mu_1'\cos\theta)}{M+m\sin\theta\,(\sin\theta-\mu_1'\cos\theta)}\right\}\right.$$

$$\left.\cdot\left\{\frac{2h}{g}\times\frac{M+m\sin\theta\,(\sin\theta-\mu_1'\cos\theta)}{\sin\theta\,(M+m)(\sin\theta-\mu_1'\cos\theta)}\right\}\right|$$

$$=\frac{mh}{(M+m)\tan\theta}$$

(2)(a)(ケ) 図ivより，点Pから力$\vec{F_1}$の作用線に下ろした垂線の長さはHなので，力$\vec{F_1}$のモーメントは

$MgH\sin\theta_2$

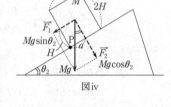

図iv

(コ) 図ivより，点Pから力$\vec{F_2}$の作用線に下ろした垂線の長さはaなので，力$\vec{F_2}$のモーメントは

$-Mga\cos\theta_2$

(サ) 点Pのまわりの重力のモーメントが負であれば，倒れないので

$MgH\sin\theta_2 - Mga\cos\theta_2 < 0$

$$\tan\theta_2 < \frac{a}{H}$$

(シ) 剛体においても，(ア)と同様に考えられるので

$\mu_2 = \tan\theta_2$

(ス) (サ)・(シ)より

$$\mu_2 < \frac{a}{H}$$

(b)(セ) 倒れはじめたときの，点Pのまわりの力のモーメントを考えると，図vより

$F_3 \cdot 2H + MgH\sin\theta - Mga\cos\theta = 0$

∴ $F_3 = \dfrac{Mg}{2H}(a\cos\theta - H\sin\theta)$

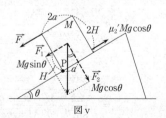

図v

(ソ) 倒れはじめる直前における，斜面に平

行方向の力のつり合いより

$$Mg\sin\theta + F_3 < \mu_2 Mg\cos\theta$$

$$Mg\sin\theta + \frac{Mg}{2H}(a\cos\theta - H\sin\theta) < \mu_2 Mg\cos\theta$$

∴ $\frac{1}{2}\left(\tan\theta + \frac{a}{H}\right) < \mu_2$

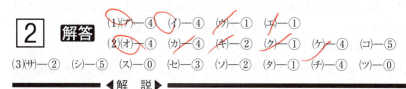

◀解　説▶

≪ダイオードとコンデンサーを含む回路≫

(1)(ア)　はじめは，ダイオードにかかる電圧が u よりも大きいため，電流が流れる。その後，コンデンサーが充電されていくと，ダイオードにかかる電圧が減少し，その値が u となるときに電流が流れなくなる。このとき，点Pの電位は $V_0 - u$ となる。

(イ)　コンデンサーにかかる電圧は $V_0 - u$ なので，コンデンサーに蓄えられている静電エネルギーは

$$\frac{1}{2}C(V_0 - u)^2$$

(ウ)　スイッチXを切り替えたとき，ダイオードには逆方向の電圧がかかるため，電流が流れない。さらに，スイッチYを切り替えると，はじめはダイオードに $V_0 - u$ の電圧がかかり，u よりも大きいため，電流が流れる。その後，コンデンサーが放電していくと，ダイオードにかかる電圧が減少し，その値が u となるときに電流が流れなくなる。このとき，点Pの電位は u となる。

(エ)　コンデンサーにかかる電圧は u なので，コンデンサーに蓄えられている静電エネルギーは

$$\frac{1}{2}Cu^2$$

(2)(オ)　スイッチSを S_1 側に入れると，図2-4の上のダイオードには逆方向の電圧がかかるため電流が流れない。よって，図2-3と同じ回路と

みなせるので，コンデンサーAに蓄えられている静電エネルギーは(イ)と同じく

$$\frac{1}{2}C(V_0-u)^2$$

(カ)　スイッチSをS$_2$側に入れると，図2-4の下のダイオードには逆方向の電圧がかかるため電流が流れない。よって，コンデンサーAとコンデンサーBの上の極板に蓄えられる電気量の合計は変化しない。状態1におけるコンデンサーAの上の極板に蓄えられる電気量を求めればよいので

$$C(V_0-u)$$

(キ)・(ク)　コンデンサーAとコンデンサーBの上の極板に蓄えられる電気量を，それぞれq_A，q_Bとすると，(カ)より

$$q_A+q_B=C(V_0-u)$$

じゅうぶんに時間がたつと，上のダイオードにかかる電圧がuとなり，電荷の移動がなくなる。このとき，点Gから反時計回りに点P，点Q，スイッチSを通り点Gに戻る経路に対して，キルヒホッフの第二法則より

$$\frac{q_A}{C}-u-\frac{q_B}{C}+V_0=0$$

以上より

$$q_A=0,\quad q_B=C(V_0-u)$$

よって，点Pの電位は0，点Qの電位は$-u$となる。このとき，コンデンサーBにかかる電圧はV_0-uである。

(ケ)　再びスイッチSをS$_1$側に入れると，上のダイオードには逆方向の電圧がかかるため電流が流れない。点Pの電位を考えるうえでは，図2-3と同じ回路とみなせるので，点Pの電位は(ア)と同じくV_0-uとなる。

(コ)　コンデンサーBの下の極板の電位はV_0であり，コンデンサーBの上の極板の下の極板に対する電位差は状態2から変わらずV_0-uなので，点Qの電位は

$$V_0+(V_0-u)=2V_0-u$$

(3)(サ)　$n+1$回目にスイッチSをS$_2$側に入れ，じゅうぶんに時間が経過したとき，点Gから反時計回りに点P，点Q，スイッチSを通り点Gに戻る経路に対して，キルヒホッフの第二法則より

$$\frac{Q_{A,\,n+1}}{C} - u - \frac{Q_{B,\,n+1}}{C} + V_0 = 0$$

$$\therefore \quad \frac{Q_{B,\,n+1}}{C} + (-V_0 + u) = \frac{Q_{A,\,n+1}}{C}$$

(シ)　スイッチSをS$_2$側に入れると，図2-4の下のダイオードには逆方向の電圧がかかるため電流が流れない。よって，コンデンサーAとコンデンサーBの上の極板に蓄えられる電気量の合計は変化しない。スイッチSをS$_2$側に入れる直前において，コンデンサーAの上側の極板に蓄えられている電気量は常に$C(V_0 - u)$となるので

$$Q_{A,\,n+1} + Q_{B,\,n+1} = C(V_0 - u) + Q_{B,\,n}$$

(ス)・(セ)　(サ)・(シ)より，$Q_{A,\,n+1}$を消去すると

$$Q_{B,\,n+1} + C(-V_0 + u) = -Q_{B,\,n+1} + C(V_0 - u) + Q_{B,\,n}$$

$$2Q_{B,\,n+1} = Q_{B,\,n} + 2C(V_0 - u)$$

式(3)に合わせて変形すると

$$Q_{B,\,n+1} - 2C(V_0 - u) = \frac{1}{2} \times \{Q_{B,\,n} - 2C(V_0 - u)\}$$

(ソ)・(タ)　式(3)より

$$Q_{B,\,n} - 2C(V_0 - u) = \left(\frac{1}{2}\right)^{n-1} \{Q_{B,\,1} - 2C(V_0 - u)\}$$

$$= \left(\frac{1}{2}\right)^{n-1} \{C(V_0 - u) - 2C(V_0 - u)\}$$

$$= -\frac{1}{2^{n-1}} C(V_0 - u)$$

$$\therefore \quad Q_{B,\,n} = \frac{2^n - 1}{2^{n-1}} C(V_0 - u)$$

(サ)より

$$Q_{A,\,n} = Q_{B,\,n} - C(V_0 - u)$$

$$= \frac{2^n - 1}{2^{n-1}} C(V_0 - u) - C(V_0 - u)$$

$$= \frac{2^{n-1} - 1}{2^{n-1}} C(V_0 - u)$$

(チ)　(タ)より

$$Q_{B,\,n} = \left(2 - \frac{1}{2^{n-1}}\right) C(V_0 - u)$$

よって，スイッチの切り替えをじゅうぶんに繰り返した後，コンデンサーBの上の極板に蓄えられる電気量は $2C(V_0-u)$ となる。つまり，コンデンサーBにかかる電圧は $2(V_0-u)$ となる。スイッチを S_1 側に入れると，コンデンサーBの下の極板の電位は V_0 なので，点Qの電位は

$$V_0+2(V_0-u)=3V_0-2u$$

(ツ) スイッチを S_2 側に入れると，コンデンサーBの下の極板の電位は $-V_0$ なので，点Qの電位は

$$-V_0+2(V_0-u)=V_0-2u$$

◀解　説▶

≪運動する原子が放出する光の線スペクトル≫

(1)(ア)　エネルギー保存則より

$$\frac{1}{2}Mv^2+E_m=\frac{1}{2}Mu^2+E_n+h\nu$$

∴　$\dfrac{1}{2}Mv^2-\dfrac{1}{2}Mu^2=h\nu-E_m+E_n$

(イ)　x 方向の運動量保存則より

$$Mv=\frac{h\nu}{c}\cos\theta+Mu\cos\phi$$

(ウ)　y 方向の運動量保存則より

$$0=\frac{h\nu}{c}\sin\theta-Mu\sin\phi$$

∴　$\dfrac{h\nu}{c}\sin\theta=Mu\sin\phi$

(2)(エ)　$v=0$ に注意すると，(イ)より

$$\frac{h\nu}{c}\cos\theta=-Mu\cos\phi$$

この式と，(ウ)の式のそれぞれを2乗して足し合わせると

$$\left(\frac{h\nu}{c}\cos\theta\right)^2+\left(\frac{h\nu}{c}\sin\theta\right)^2=(-Mu\cos\phi)^2+(Mu\sin\phi)^2$$

$$\frac{h\nu}{c} = Mu$$

$$\frac{u}{c} = \frac{h\nu}{Mc^2}$$

(オ) (ア)より

$$h\nu_0 - E_m + E_n = 0$$

$$\therefore \quad \nu_0 = \frac{E_m - E_n}{h}$$

(カ) 始状態で運動量は 0 なので，運動量保存則より，光子が放出されると，反対方向に水素原子は動く。よって

$$\theta + \phi = \pi$$

(3)(キ) 1 mol の単原子分子理想気体の内部エネルギーは $\dfrac{3}{2}TR$ である。

(ク) 単原子分子の運動エネルギーの平均値は $\dfrac{3}{2}kT$ なので

$$\overline{\frac{1}{2}Mv^2} = \frac{3}{2}kT$$

$$\therefore \quad v = \sqrt{\overline{v^2}} = \sqrt{3T \times \frac{k}{M}}$$

(ケ) 数値を代入すると

$$v = \sqrt{3 \cdot (6.0 \times 10^3) \cdot (8.3 \times 10^3)}$$
$$= \sqrt{1.494} \times 10^4$$
$$\fallingdotseq 1.2 \times 10^4 \, [\mathrm{m/s}]$$

(コ) (イ)より

$$Mu\cos\phi = Mv - \frac{h\nu}{c}\cos\theta$$

この式と，(ウ)の式のそれぞれを 2 乗して足し合わせると

$$(Mu\cos\phi)^2 + (Mu\sin\phi)^2 = \left(Mv - \frac{h\nu}{c}\cos\theta\right)^2 + \left(\frac{h\nu}{c}\sin\theta\right)^2$$

$$M^2u^2 = M^2v^2 + \frac{h^2\nu^2}{c^2} - 2\frac{Mvh\nu}{c}\cos\theta$$

$$\frac{1}{2}Mv^2 - \frac{1}{2}Mu^2 = -\frac{h^2\nu^2}{2Mc^2} + \frac{vh\nu}{c}\cos\theta$$

式(1)より

$$h\nu - E_m + E_n = -\frac{h^2\nu^2}{2Mc^2} + \frac{vh\nu}{c}\cos\theta$$

(オ)より

$$h\nu - h\nu_0 = -\frac{h^2\nu^2}{2Mc^2} + \frac{vh\nu}{c}\cos\theta$$

$$1 - \frac{\nu_0}{\nu} = -\frac{h\nu}{2Mc^2} + \frac{v}{c}\cos\theta$$

$$\therefore\quad \frac{\nu_0}{\nu} = 1 - \frac{v}{c}\cos\theta + \frac{1}{2}\times\frac{h\nu}{Mc^2}$$

(サ) (コ)より

$$\lambda = \lambda_0 - \frac{v}{c}\cos\theta\times\lambda_0$$

$-1 \leqq \cos\theta \leqq 1$ なので

$$\lambda_0 - \frac{v}{c}\times\lambda_0 \leqq \lambda \leqq \lambda_0 + \frac{v}{c}\times\lambda_0$$

よって

$$\Delta\lambda = \frac{v}{c}\times\lambda_0$$

(シ) (サ)より $\Delta\lambda$ は v に比例している。また，(ク)より v は $\sqrt{T}$ に比例している。よって，$\Delta\lambda$ は T の $\frac{1}{2}$ 乗に比例している。

❖講 評

　例年通り，試験時間 80 分で，大問 3 題の構成である。

　1 床に置かれた斜面を持つ台上の物体の運動に関する問題である。(1)(a)は台が固定されており，摩擦のある斜面を物体が滑る条件についての基本的な問題である。(b)は台が摩擦のない床の上を滑るので，小物体の運動を考える際には，台とともに移動する加速度系で考えるとよい。後半は式が複雑になるので，丁寧に計算する必要がある。(2)は台が固定されているが，斜面に置かれた物体の大きさも考慮し，物体が倒れる条件について考える問題である。

　2 ダイオードとコンデンサーを含む回路の問題である。(1)はダイオードの整流作用の基本的な理解を問う問題である。(2)ではコンデンサー

東京理科大-理工〈B方式-2月3日〉　　　　　　2020年度　物理〈解答〉　*103*

の数が増え，少し回路が複雑になる。(3)ではスイッチの切り替えを繰り返すことによってコンデンサーに蓄えられる電気量の変化を問う問題。式(3)で漸化式を計算しやすい形に変形するのだが，特性方程式について知らないと，式変形の意図がわかりにくかったかもしれない。わかってしまえば難しくないのだが，あまり見慣れない形の出題で戸惑った受験生も多かっただろう。

　3　運動する原子が放出する光の線スペクトルの問題である。(1)は光子も含めたエネルギー保存則，運動量保存則を立式させる基本的な問題である。(2)は静止する水素原子が放出する光の線スペクトルの問題である。(3)では水素原子が運動する場合を考えさせており，熱運動する水素原子から放出される光の線スペクトルの幅を求めさせている。

　全体的に，ほぼ例年通りの内容であり，難易度も例年並みであった。計算が複雑な問題もあるので，計算ミスをしないように気をつけたい。

104 2020 年度 化学〈解答〉　　　　　　　東京理科大−理工〈B方式−2月3日〉

■■■ 化学 ■■■

(注)　解答につきましては，東京理科大学から提供のあった情報を掲載しております。

1 解答

(1)(ア)—02　(イ)—04　(ウ)—05　(エ)—01　(オ)—07
(2)(カ)—15　(3)(キ)—23

◀解　説▶

≪H_2S の電離平衡，硫化物の溶解平衡と溶解度積≫

(1)(ア)　水溶液を酸性にして H^+ を増やすと，共通イオン効果により，①，②の平衡が左に移動するので，S^{2-} は減り，$[S^{2-}]$ は小さくなる。

(イ)　CuS は溶解度積が非常に小さい（溶解度が小さい）ので，$[S^{2-}]$ が小さい酸性条件下でも沈殿する。

(ウ)　ZnS は比較的溶解度積が大きい（溶解度が大きい）ので，$[S^{2-}]$ が小さい酸性条件下では沈殿しない。

(エ)・(オ)　水溶液を塩基性にして OH^- を増やすと，中和反応により H^+ が消費されるので，ルシャトリエの原理により，①，②の平衡が右に移動し，$[S^{2-}]$ が大きくなる。そのため，溶解度積の小さい CuS だけでなく，大きい ZnS も沈殿する。

(2)　XS の飽和溶液中においては

$$XS \text{（固）} \rightleftharpoons X^{2+} + S^{2-}$$

で表される溶解平衡が成り立ち

$$[X^{2+}][S^{2-}] = K_{SP}$$

となっている。また，$K = \dfrac{[H^+]^2[S^{2-}]}{[H_2S]}$ から $[S^{2-}] = \dfrac{K[H_2S]}{[H^+]^2}$ となるので，X^{2+} の濃度は

$$[X^{2+}] = \frac{K_{SP}}{[S^{2-}]} = \frac{K_{SP}}{\dfrac{K[H_2S]}{[H^+]^2}} = \frac{K_{SP}[H^+]^2}{K[H_2S]} \text{〔mol/L〕}$$

(3)　Y_2S の飽和溶液中においては

$$Y_2S \text{（固）} \rightleftharpoons 2Y^+ + S^{2-}$$

東京理科大-理工〈B方式-2月3日〉　　　　　　　　　2020 年度　化学〈解答〉　105

で表される溶解平衡が成り立ち

$$[Y^+]^2[S^{2-}] = K_{SP}$$

となっているので，(2)と同様に，Y^+ の濃度は

$$[Y^+] = \sqrt{\frac{K_{SP}}{[S^{2-}]}} = \sqrt{\frac{K_{SP}}{\dfrac{K[H_2S]}{[H^+]^2}}} = \sqrt{\frac{K_{SP}}{K[H_2S]}}\,[H^+]\,(mol/L)$$

2 解答

(1)(i)5.0×10^{-1}　(ii)$8.8 \times 10^{+0}$

(2)(iii)1.0×10^{-2}

(3)(iv)6.0×10^{-1}　(v)$6.7 \times 10^{+0}$

(4)(vi)1.3×10^{-2}

(5)(vii)6.4×10^{-1}

※解法・計算順序等により別解がある。

◀解　説▶

≪水溶液の濃度，電離度，化学反応の量的関係，酸化還元滴定，鉛蓄電池≫

(1)　溶かしたグルコースの物質量は，$C_6H_{12}C_6 = 180.0$ より

$$\frac{45}{180.0} = 0.25\,(mol)$$

であるから，モル濃度は

$$\frac{溶質の物質量\,(mol)}{溶液の体積\,(L)} = \frac{0.25}{\dfrac{500}{1000}} = 0.50 = 5.0 \times 10^{-1}\,(mol/L)$$

次に，水溶液の質量は

$$1.02 \times 500 = 510\,(g)$$

したがって，質量パーセント濃度は

$$\frac{溶質の質量\,(g)}{溶液の質量\,(g)} \times 100 = \frac{45}{510} \times 100 = 8.82 \fallingdotseq 8.8\,(\%)$$

(2)　溶かした酢酸の物質量は，$CH_3COOH = 60.0$ より

$$\frac{1.2}{60.0} = 0.020\,(mol)$$

したがって，酢酸水溶液のモル濃度は

$$\frac{0.020}{\dfrac{200}{1000}} = 0.10\,(mol/L)$$

水溶液の pH が 3.0 なので，水素イオン濃度は 1.0×10^{-3} mol/L である。
よって，求める電離度を α とおくと

$$0.10 \times \alpha = 1.0 \times 10^{-3} \qquad \therefore \quad \alpha = 1.0 \times 10^{-2}$$

(3) アルミニウムに塩酸を加えると，次の反応が起こり，H_2 が発生する。

$$2Al + 6HCl \longrightarrow 2AlCl_3 + 3H_2$$

反応した Al の物質量は

$$\frac{5.4}{27.0} = 0.20 \,(\text{mol})$$

したがって，反応した塩化水素は

$$0.20 \times 3 = 0.60 = 6.0 \times 10^{-1} \,(\text{mol})$$

また，発生した H_2 の標準状態における体積は

$$22.4 \times 0.20 \times \frac{3}{2} = 6.72 \fallingdotseq 6.7 \,(\text{L})$$

(4) $KMnO_4$ は次の反応にしたがって酸化剤としてはたらく。

$$MnO_4{}^- + 8H^+ + 5e^- \longrightarrow Mn^{2+} + 4H_2O$$

$H_2C_2O_4$ は次の反応にしたがって還元剤としてはたらく。

$$C_2O_4{}^{2-} \longrightarrow 2CO_2 + 2e^-$$

$KMnO_4$ 水溶液のモル濃度を $c\,(\text{mol/L})$ とおくと，（酸化剤が受け取る e^- の物質量）＝（還元剤が放出する e^- の物質量）の関係が成り立つので

$$c \times \frac{15.0}{1000} \times 5 = 5.00 \times 10^{-2} \times \frac{10.0}{1000} \times 2$$

$$\therefore \quad c = 1.33 \times 10^{-2} \fallingdotseq 1.3 \times 10^{-2} \,(\text{mol/L})$$

(5) 鉛蓄電池が放電するときの正極と負極における反応は次のようになる。

$$正極：PbO_2 + 4H^+ + SO_4{}^{2-} + 2e^- \longrightarrow PbSO_4 + 2H_2O$$

$$負極：Pb + SO_4{}^{2-} \longrightarrow PbSO_4 + 2e^-$$

これらを 1 つの反応式にまとめると

$$PbO_2 + Pb + 2H_2SO_4 \xrightarrow{\ 2e^-\ } 2PbSO_4 + 2H_2O$$

これより，放電により電子が 1 mol 流れると，電解液である希硫酸中の H_2SO_4 が 1 mol（＝98.1 g）減少し，H_2O が 1 mol（＝18.0 g）増加することにより，電解液全体として

$$98.1 - 18.0 = 80.1 \,(\text{g})$$

減少することがわかる。流れた電子は

$$\frac{0.40 \times (60 \times 32 + 10)}{9.65 \times 10^4} = 8.0 \times 10^{-3} \,〔\mathrm{mol}〕$$

したがって，電解液の質量減少量は

$$80.1 \times 8.0 \times 10^{-3} = 0.640 \fallingdotseq 6.4 \times 10^{-1} \,〔\mathrm{g}〕$$

3 解答

(1)(ア)—06　(イ)—02　(ウ)—10　(エ)—14　(オ)—18
(2)(i)$3.5 \times 10^{+0}$　(3)—04　(4)(ii)$3.9 \times 10^{+2}$

◀解　説▶

≪Si の反応と性質，結晶格子，CO と CO_2 の性質，結合エネルギーと反応熱≫

(1)(イ) 地殻中の元素存在量は O が最も多く，Si，Al，Fe と続く。

(オ) 石英ガラスは純粋な SiO_2 からなる。石英ガラスを繊維状にしたものが光ファイバーであり，光通信ネットワークに利用されている。なお，19の水ガラスは，ケイ酸ナトリウム Na_2SiO_3 の濃い水溶液である。

(2) ケイ素とダイヤモンドの単位格子の体積をそれぞれ $V_{Si}〔\mathrm{cm}^3〕$，$V_C〔\mathrm{cm}^3〕$ とおく。ともに単位格子中に 8 個の原子が含まれるので，アボガドロ定数を $N_A〔/\mathrm{mol}〕$ とすると，それぞれの密度の条件から

ケイ素：$2.33 \times V_{Si} = \dfrac{28.1}{N_A} \times 8$　∴　$V_{Si} = \dfrac{28.1}{N_A} \times 8 \times \dfrac{1}{2.33}$

ダイヤモンド：$3.51 \times V_C = \dfrac{12.0}{N_A} \times 8$　∴　$V_C = \dfrac{12.0}{N_A} \times 8 \times \dfrac{1}{3.51}$

ゆえに，ケイ素の単位格子の体積は，ダイヤモンドの単位格子の体積の

$$\frac{V_{Si}}{V_C} = \frac{\dfrac{28.1}{N_A} \times 8 \times \dfrac{1}{2.33}}{\dfrac{12.0}{N_A} \times 8 \times \dfrac{1}{3.51}} = \frac{28.1 \times 3.51}{12.0 \times 2.33} = 3.52 \fallingdotseq 3.5 \text{ 倍}$$

(3)(a) CO は，高温では他の物質を還元して（酸素を奪って）CO_2 になりやすい性質をもつ。鉄の製錬においては，CO のこの性質を利用し，鉄の酸化物である鉄鉱石を還元して単体の鉄を得る。

$$Fe_2O_3 + 3CO \longrightarrow 2Fe + 3CO_2$$

(b) 石灰石は弱酸の塩である $CaCO_3$ からできているので，希塩酸を加えると，弱酸の遊離反応によって CO_2 が発生する。

$$CaCO_3 + 2HCl \longrightarrow CaCl_2 + H_2O + CO_2$$

(c) CO_2 は空気より重く,水に溶けやすいので下方置換で捕集する。

(4) CO_2(気)の生成熱を Q [kJ/mol] とおくと,CO_2(気)が生成するときの熱化学方程式は,次のように表される。

$$C(黒鉛) + O_2(気) = CO_2(気) + QkJ$$

黒鉛の昇華熱は,黒鉛 1 mol に含まれる共有結合をすべて切断するのに必要なエネルギーに等しいので,(反応熱) = (生成物の結合エネルギーの和) − (反応物の結合エネルギーの和)の関係より

$$Q = 803 \times 2 - (718 + 498) = 390 ≒ 3.9 \times 10^2 \text{ [kJ/mol]}$$

 解答 (1)(i) $2.5 \times 10^{+3}$ (2)(ii) $7.1 \times 10^{+4}$
(3)(iii) $5.3 \times 10^{+4}$ (iv) 2.9×10^{-3}

※(3)(iii)の計算について,解法,計算順序等により別解がある。

━━━━━◀解 説▶━━━━━

≪気体の法則,蒸気圧≫

(1) 求める分圧を $P_{C_3H_8}$ とおくと,C_3H_8 について気体の状態方程式より

$$P_{C_3H_8} = \frac{1.0 \times 10^{-3} \times 8.31 \times 10^3 \times 300}{1.0} = 2.49 \times 10^3 ≒ 2.5 \times 10^3 \text{ [Pa]}$$

(2) C_3H_8 の燃焼による各物質の物質量の変化は次のようになる。

	C_3H_8	+ 5O_2	⟶ 3CO_2	+ 4H_2O	N_2	
反応前	1.0	9.0	0	0	20.0	[mmol]
反応量	−1.0	−5.0	+3.0	+4.0	0	[mmol]
反応後	0	4.0	3.0	4.0	20.0	[mmol]

よって,O_2,CO_2,N_2 の分圧の和を P [Pa] とおくと,気体の状態方程式より

$$P = \frac{(4.0 + 3.0 + 20.0) \times 10^{-3} \times 8.31 \times 10^3 \times 300}{1.0} = 6.73 \times 10^4 \text{ [Pa]}$$

また,液体の水を生じたことから,水蒸気の圧力は飽和蒸気圧で 3.6×10^3 Pa である。ゆえに,容器A内の圧力は

$$6.73 \times 10^4 + 3.6 \times 10^3 = 7.09 \times 10^4 ≒ 7.1 \times 10^4 \text{ [Pa]}$$

(3)(iii) O_2,CO_2,N_2 の分圧の和を P' [Pa] とおくと,気体の状態方程式より

$$P' = \frac{(4.0 + 3.0 + 20.0 + 13.0) \times 10^{-3} \times 8.31 \times 10^3 \times 300}{2.0}$$

東京理科大-理工〈B方式-2月3日〉　　　　　　　　2020 年度　化学〈解答〉　109

$$= 4.98 \times 10^4 \,[\text{Pa}]$$

「容器 A 内の液体の水の一部が気化した」という記述から，液体の水はまだ容器内に存在するので，このときも水蒸気の圧力は飽和蒸気圧で $3.6 \times 10^3 \text{Pa}$ である。ゆえに，容器内の圧力は

$$4.98 \times 10^4 + 3.6 \times 10^3 = 5.34 \times 10^4 \fallingdotseq 5.3 \times 10^4 \,[\text{Pa}]$$

(iv)　気体として存在する水の物質量を $n_g \,[\text{mol}]$ とおくと，気体の状態方程式より

$$n_g = \frac{3.6 \times 10^3 \times 2.0}{8.31 \times 10^3 \times 300} = 2.88 \times 10^{-3} \fallingdotseq 2.9 \times 10^{-3} \,[\text{mol}]$$

5　解答

(ア)—02　(イ)—26　(ウ)—15　(エ)—16　(オ)—08　(カ)—28
(キ)—31　(ク)—35　(ケ)—21
(a)—4　(b)—6　(c)—1　(d)—2　(e)—1
(1)(i)$1.4 \times 10^{+0}$　(2)(ii)3.3×10^{-1}　(3)(iii)$8.0 \times 10^{+1}$

━━━◀解　説▶━━━

≪エタノールの誘導体の製法と性質≫

(ア)～(エ)・(a)　エタノールに濃硫酸を加えて 130～140℃ に加熱すると，2 分子のエタノールから 1 分子の水が脱離する縮合反応が起こり，ジエチルエーテルが生成する。

$$2C_2H_5OH \longrightarrow C_2H_5OC_2H_5 + H_2O$$

温度が 160～170℃ の場合は，エタノール 1 分子から脱水してエチレンが生成する。

$$C_2H_5OH \longrightarrow C_2H_4 + H_2O$$

(b)　エチレンの二重結合に Br_2 が付加する付加反応が起こって 1,2-ジブロモエタン（(1)の化合物 A）が生成し，Br_2 の赤褐色が消える。

$$\begin{matrix} H \\ H \end{matrix} C = C \begin{matrix} H \\ H \end{matrix} + Br_2 \longrightarrow \begin{matrix} H & H \\ | & | \\ H - C - C - H \\ | & | \\ Br & Br \end{matrix}$$

(オ)・(c)　エチレンを酸素で酸化するとアセトアルデヒドが生成する。

$$2C_2H_4 + O_2 \longrightarrow 2CH_3CHO$$

(カ)・(d)・(e)　一般にアルデヒドには還元性があるので，アンモニア性硝酸銀水溶液を加えて加熱すると，Ag^+ が還元されて Ag が生じる（銀鏡反

応）。銀鏡反応によりアセトアルデヒドは酸化されて酢酸イオンになるので，これに希塩酸を加えて酸性にすると，弱酸の遊離反応によって酢酸が生じる。

$$CH_3COO^- + HCl \longrightarrow CH_3COOH + Cl^-$$

(キ) 酢酸2分子が脱水縮合すると無水酢酸が得られる。

$$2CH_3COOH \longrightarrow (CH_3CO)_2O + H_2O$$

(ク)・(ケ) (3)の記述より，無水酢酸と(ク)から得られる(ケ)は解熱鎮痛薬であるから，(ク)はサリチル酸，(ケ)はアセチルサリチル酸であるとわかる。

(1) 溶解させた Br_2 の物質量は，$Br_2 = 160.0$ より

$$\frac{1.20}{160.0} = 7.5 \times 10^{-3} \text{[mol]}$$

吹き込んだエチレンの物質量は

$$\frac{0.180}{22.4} = 8.0 \times 10^{-3} \text{[mol]} > 7.5 \times 10^{-3} \text{mol}$$

エチレンと Br_2 は物質量比1：1で反応するので，Br_2 はすべてエチレンに付加し，7.5×10^{-3} mol の 1,2-ジブロモエタン（分子量 188.0）が生成する。よって，求める質量は

$$188.0 \times 7.5 \times 10^{-3} = 1.41 \doteqdot 1.4 \text{[g]}$$

(2) Ag^+ が還元されて Ag が析出する反応は

$$Ag^+ + e^- \longrightarrow Ag$$

であるから，1mol の Ag^+ が1mol の電子を受け取り，1mol の Ag が析出する。これと，1mol のアセトアルデヒドが反応すると 2mol の電子を放出することから，析出した Ag と消費されたアセトアルデヒドの物質量比は2：1であることがわかる。よって，消費されたアセトアルデヒド（分子量 44.0）の質量は

$$44.0 \times \frac{1.62}{108} \times \frac{1}{2} = 0.33 \doteqdot 3.3 \times 10^{-1} \text{[g]}$$

(3) サリチル酸と無水酢酸からアセチルサリチル酸が得られる反応は次のようになる。

これより，1mol のサリチル酸から 1mol のアセチルサリチル酸が得られ

るので，2.50 g のサリチル酸（分子量 138.0）がすべて無水酢酸と反応した場合に得られるアセチルサリチル酸（分子量 180.0）の質量は $180.0 \times \dfrac{2.50}{138.0}$ g である。よって，求める割合は

$$\dfrac{2.60}{180.0 \times \dfrac{2.50}{138.0}} \times 100 = 79.7 \fallingdotseq 8.0 \times 10 \,〔\%〕$$

6 解答

(ア)—02　(イ)—08　(ウ)—11　(エ)—14　(オ)—18　(カ)—16
(キ)—06　(ク)—10　(ケ)—20　(コ)—19

(i) $2.0 \times 10^{+5}$

◀ 解　説 ▶

≪ビニロンと PET の製法と性質，浸透圧≫

(ア)〜(カ)　ビニロンは次のように合成される。

①酢酸ビニルを付加重合させてポリ酢酸ビニルを得る。

$$n\mathrm{CH_2{=}CH} \atop \underset{\underset{\mathrm{O}}{\|}}{\mathrm{O{-}C{-}CH_3}} \xrightarrow{\text{付加重合}} \left[\mathrm{CH_2{-}CH} \atop \underset{\underset{\mathrm{O}}{\|}}{\mathrm{O{-}C{-}CH_3}} \right]_n$$

酢酸ビニル　　　　　　　　　ポリ酢酸ビニル

②ポリ酢酸ビニルを NaOH でけん化してポリビニルアルコール（高分子 **A**）を得る。

$$\left[\mathrm{CH_2{-}CH} \atop \underset{\underset{\mathrm{O}}{\|}}{\mathrm{O{-}C{-}CH_3}} \right]_n + n\mathrm{NaOH} \longrightarrow \left[\mathrm{CH_2{-}CH} \atop \mathrm{OH} \right]_n + n\mathrm{CH_3COONa}$$

ポリビニルアルコール

③ポリビニルアルコールにホルムアルデヒドの水溶液を加えて，ヒドロキシ基の一部をアセタール化するとビニロンが得られる。

$$\left[\mathrm{CH_2{-}CH} \atop \mathrm{OH} \right]_n \xrightarrow[\text{アセタール化}]{\mathrm{HCHO}} \cdots\mathrm{-CH_2{-}CH{-}CH_2{-}CH{-}CH_2{-}CH{-}}\cdots \atop \mathrm{O{-}CH_2{-}O}\mathrm{OH}$$

ビニロン

ポリビニルアルコールは親水性のヒドロキシ基−OH のために水溶性であるが，HCHO によりヒドロキシ基の一部を−O−CH₂−O−に変えることで，水に不溶な繊維としている。他方，ヒドロキシ基は多数残っているので，

適度な吸湿性を示す。

(キ)・(ク) ポリエチレンテレフタラートは，テレフタル酸とエチレングリコールの縮合重合により得られる。

$$n\text{HO}-\underset{O}{\overset{\text{‖}}{C}}-\text{C}_6\text{H}_4-\underset{O}{\overset{\text{‖}}{C}}-\text{OH} + n\text{HO}-\text{CH}_2-\text{CH}_2-\text{OH}$$

$$\xrightarrow{\text{縮合重合}} \left[\underset{O}{\overset{\text{‖}}{C}}-\text{C}_6\text{H}_4-\underset{O}{\overset{\text{‖}}{C}}-\text{O}-\text{CH}_2-\text{CH}_2-\text{O}\right]_n + 2n\text{H}_2\text{O}$$

ポリエチレンテレフタラート

(ケ)・(コ) 廃プラスチックのリサイクル技術には，マテリアルリサイクル，ケミカルリサイクル，サーマルリサイクルがある。マテリアルリサイクルは，廃プラスチックに熱を加えて融解させるなどして，プラスチックのまま再利用する方法である。ケミカルリサイクルは，廃プラスチックに熱や圧力を加えて，元の単量体に戻してから新しいプラスチックをつくる方法である。そしてサーマルリサイクルは，プラスチックを焼却した際に発生する熱を有効に利用する方法である。

(i) 高分子 **A** はポリビニルアルコールである。そのモル質量を M〔g/mol〕とすると，ファントホッフの法則 $\Pi V = nRT$ より

$$250 \times \frac{100}{1000} = \frac{2.00}{M} \times 8.31 \times 10^3 \times 300$$

$$\therefore \quad M = 1.99 \times 10^5 \fallingdotseq 2.0 \times 10^5 〔\text{g/mol}〕$$

❖講 評

　試験時間は 80 分。例年通り大問数は 6 題であった。2020 年度は，①②④が理論，③が理論と無機，⑤⑥が計算を含む有機の出題であった。

　①は H_2S の電離平衡と硫化物の溶解度積に関する問題であった。(1)はルシャトリエの原理と溶解度積に関する基本的な理解があれば平易である。(2)・(3)も，硫化水素の電離の電離定数と，硫化物の溶解度積の式が書ければ，同じような式変形を繰り返すだけである。

　②は理論のいろいろな分野からの計算問題であった。いずれも教科書や問題集等で一度は解いた経験があるはずの問題であるから，計算ミスに気をつけて確実に得点したい。なお，(5)に関しては，電子が 1 mol

東京理科大-理工〈B方式-2月3日〉　　　　　　2020 年度　化学〈解答〉　*113*

流れたときの電解液の質量変化を記憶していた受験生もいたと思われる。その場合はスピーディに計算ができる。

③はケイ素と炭素がテーマの問題であった。(1)・(3)は基本的な知識を問う問題で落とせない。(2)は立式に迷うことはないと思われるが，計算がやや煩雑なので，慎重に行いたい。(4)の熱の問題は，教科書の例題レベルで平易。

④は気体の法則と蒸気圧に関する計算問題であった。これも一度は同じような問題を解いた経験があるはずであるが，(2)・(3)で圧力を計算する際に N_2 の存在を忘れないように注意が必要である。あとは，水蒸気の圧力が飽和蒸気圧になっていることに留意して，状態方程式を適用していけばよい。

⑤はエタノールをもとに合成されるいろいろな物質の製法や性質に関する問題であった。語句の空所補充問題は，いずれも基本的な知識と理解があれば迷うことはないはずである。(1)～(3)の計算問題も考え方に特に難しいところはないが，計算ミスには注意したい。

⑥は合成高分子のビニロンとポリエチレンテレフタラート，そして浸透圧に関する問題であった。(ア)～(ク)は基本的で落とせないが，(ケ)・(コ)のリサイクル技術については学習が進んでいない受験生もいたと思われる。東京理科大学では合成高分子に関してやや細かい知識も問われるので，満遍なく学習しておきたい。浸透圧に関する計算問題は，ファントホッフの法則を覚えていれば，与えられた数値を代入するだけなので，確実に解きたいところである。

114 2020 年度 生物〈解答〉   東京理科大-理工〈B方式-2月3日〉

生物

(注) 解答につきましては，東京理科大学から提供のあった情報を掲載しております。

1 解答

(1)(a)(ア)(イ) 01   (ウ)(エ) 31   (b)(オ)(カ) 11   (c)(キ)(ク) 33
(d)—00   (e)—10

(2)(a)①—4   ②—1   ③—2   (b)—7
(c)(ア)(イ) 15   (d)(ウ)(エ)(オ) 017
(e)—3   (f)—23   (g)—0
(h)(カ)(キ)(ク) 033

◀解　説▶

≪DNA の複製と遺伝子発現，PCR 法，遺伝子多型≫

(1)(a) ^{14}N でできた鎖と ^{15}N でできた鎖からなる DNA を $^{14}N-^{15}N$，^{14}N の
みを含む DNA を $^{14}N-^{14}N$ とする。1 回目の分裂後から 6 回目の分裂後ま
でについて，$^{14}N-^{15}N$ と $^{14}N-^{14}N$ の比を示すと以下のようになる。

	$^{14}N-^{15}N$	:	$^{14}N-^{14}N$	合計
1 回目の分裂後	2	:	0	2^1 本
2 回目の分裂後	2	:	2	2^2 本
3 回目の分裂後	2	:	6	2^3 本
4 回目の分裂後	2	:	14	2^4 本
5 回目の分裂後	2	:	30	2^5 本
6 回目の分裂後	2	:	62	2^6 本

よって，6 回目の分裂後では

$$^{14}N-^{15}N : {}^{14}N-^{14}N = 1 : 31$$

(b) n 回目の分裂直後での合計は 2^n 本となり，そのうち $^{14}N-^{15}N$ は 2 本
である。よって，合計に占める $^{14}N-^{15}N$ の割合が 0.1% $\left(\dfrac{1}{1000}\right)$ 以下にな
る n の最小値を求めると以下のようになる。

$$\frac{2}{2^n} \leqq \frac{1}{1000}$$

$$2^{n-1} \geqq 1000$$

$n \geqq 11$

よって，n の最小値は 11 となる。

(c) アミノ酸を指定している塩基数は $330 \times 3 = 990$ である。よって，3×10^3 ヌクレオチドからなる mRNA に占める割合は

$$\frac{990}{3 \times 10^3} \times 100 = 33 \ [\%]$$

(d) 1・2．適切。開始コドンと終止コドンは mRNA の途中にあり，リボソームは開始コドンと終止コドンにはさまれた部分だけを翻訳する（mRNA の端から端までを翻訳するわけではない）。そのため，mRNA の塩基配列が 100％翻訳に使用されることはない。

3．不適。RNA ポリメラーゼが結合するプロモーターと転写開始点は実際には少しだけ離れている。ただ，これが離れているからといっても，その及ぼす影響は小さいものである。

4．不適。もともと DNA 上にイントロンがあったとしても，成熟した mRNA ではすでにイントロンは取り除かれている。

5．不適。真核生物には，3種類の RNA ポリメラーゼⅠ～Ⅲが存在し，そのうち RNA ポリメラーゼⅡのみが mRNA の合成に関与する。そのため，RNA ポリメラーゼが3種類存在することと，mRNA 上のどこからどこまでが翻訳されるかについては無関係である。

(e) 4・5．不適。アミノ酸を結合した tRNA の mRNA への結合や，リボソームによるタンパク質合成といった翻訳の過程は核外で行われる。

(2)(a) 混合液を約 95℃に加熱すると2本鎖 DNA の解離が起こり，約 60℃に冷却すると1本鎖 DNA の 3' 末端側にプライマーが結合する。その後，約 72℃に加熱すると，DNA ポリメラーゼがプライマーの 3' 末端側から順に，鋳型となる1本鎖 DNA に相補的なヌクレオチド鎖を伸長させていく。

(b) ヌクレオチドを構成する糖（リボースまたはデオキシリボース）の炭素には右図のように 1'～5' の番号がついている。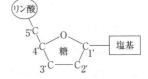
両者ともに 1' の炭素には塩基が，5' の炭素にはリン酸が結合し，リボースでは 2' および 3' の炭素にヒドロキシ基が，デオキシリボースでは 3' の炭素にヒドロキシ

基が結合している。よって，7が適切。DNAポリメラーゼがヌクレオチド鎖を伸長させる場合，デオキシリボースの3′の炭素のヒドロキシ基と次のヌクレオチドのリン酸が結合する。これにより，ヌクレオチド鎖は5′→3′の方向に伸長していく。

(c) 最初の鋳型DNAの質量をx〔g〕とする。1サイクル後のDNA量は$x \times 2^1$〔g〕，2サイクル後のDNA量は$x \times 2^2$〔g〕になるので，30サイクル後のDNA量は$x \times 2^{30}$〔g〕になる。この量が1×10^{-6}gになればよいので，$x \times 2^{30} = 1 \times 10^{-6}$の式が得られる。問題文に$4^5 \doteqdot 1 \times 10^3$とあるので，これを使って解くと

$$x = \frac{1 \times 10^{-6}}{2^{30}} = \frac{1 \times 10^{-6}}{(2^{10})^3} = \frac{1 \times 10^{-6}}{(4^5)^3} \doteqdot \frac{1 \times 10^{-6}}{(10^3)^3} = 1 \times 10^{-15}\,〔g〕$$

(d) ヒトのゲノムは3×10^9塩基対であるから，一方の塩基配列3×10^9塩基と他方の塩基配列3×10^9塩基を合わせた6×10^9塩基の中にプライマーと結合できる場所が1カ所だけ存在するようにプライマーを設計する。たとえば，15塩基からなるプライマーが結合する塩基配列が生じる確率は$\left(\dfrac{1}{4}\right)^{15}$となる。ということは，$4^{15}$塩基すなわち$(4^5)^3 \doteqdot (10^3)^3 = 10^9$塩基に1カ所の割合でプライマーと相補的な塩基配列が存在することになる。6×10^9塩基の中にこのような塩基配列が何カ所あるか計算すると，$\dfrac{6 \times 10^9}{10^9} = 6$カ所となる。

同様に，n塩基からなるプライマーが結合する塩基配列が生じる確率は$\left(\dfrac{1}{4}\right)^n$となる。ということは，$4^n$塩基に1カ所の割合でプライマーと相補的な塩基配列が存在することになる。6×10^9塩基の中にこのような塩基配列が1カ所のみあるいはそれより少なく存在すればよいので，$\dfrac{6 \times 10^9}{4^n} \leqq 1$の式が成り立つ。

$10^9 = (10^3)^3 \doteqdot (4^5)^3$を使うと

$$6 \times (4^5)^3 \leqq 4^n \qquad \text{つまり} \qquad 6 \times 4^{15} = 1.5 \times 4^{16} \leqq 4^n$$

これを満たすnの最小値は17となる。

(e) DNAは，リン酸基のヒドロキシ基が電離してマイナスに荷電してい

るので，電圧をかけるとプラス極の方向に移動する。また，増幅された患者の DNA は長いので，ゲルの繊維の網目に引っかかりやすく，ゆっくり移動する。

(f)　a・b．CAG の反復配列はグルタミンを指定しているので，この反復配列はエキソンに含まれる。

c～f．患者のタンパク質Xにはポリグルタミン鎖が含まれているので，一次構造（アミノ酸の配列順序）は異なる。さらに，ポリグルタミン鎖はβシート構造をとり，このβシート構造部分で相互作用が生じるため，三次構造（βシート構造が疎水結合などでさらに折りたたまれた構造）も患者と健常人では異なると考えられる。

g・h．βシート構造は，ポリペプチド間の水素結合によって形成される。

i・j．ポリペプチドの1本鎖が折りたたまれて（これをフォールディングという）立体構造をつくるとき，正しく折りたたまれるように補助するタンパク質をシャペロンという。シャペロンには様々な種類があり，フォールディングを助けるもの以外に，異常な立体構造をとるタンパク質を正常な立体構造に回復させたり（選択肢 j はこれにあたる），古くなったタンパク質の分解を助けたりするものもある。なお，選択肢 i のようにアミノ酸の配列順序を変化させることはできない。

(g)　この遺伝病に関する優性遺伝子をA，劣性遺伝子をaとする。もし原因遺伝子が劣性のaであれば，世代2の●と■がa遺伝子しかもっていないことから，世代3に□（正常な男性）が生まれることはない。よって，原因遺伝子は優性遺伝子である。また，この遺伝子がX染色体上にあれば，世代1の■（X^{A}Y）の娘は父親からX^{A}を受け継ぐので必ず遺伝病になるはずであるが，娘は遺伝病ではない。よって，この遺伝子はX染色体上にはない。さらに，この遺伝子がY染色体上にあれば，女性に遺伝病の人はいないはずであるが，実際には遺伝病の女性が存在する。したがって，この遺伝子は常染色体上にある。

(h)　原因遺伝子をもつ男性（遺伝子型は Aa）ともたない女性（遺伝子型は aa）から下表のように4人の子が生まれたとする。

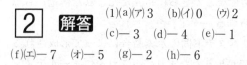

よって，発症していない3人（Aa 1人，aa 2人）のうち，遺伝子Aをもつ割合は

$$\frac{1}{3} \times 100 = 33.3 ≒ 33 \,[\%]$$

2 解答

(1)(a)(ア) 3　(b)(イ) 0　(ウ) 2
(c)― 3　(d)― 4　(e)― 1
(f)(エ)― 7　(オ)― 5　(g)― 2　(h)― 6
(2)(a)― 2　(b)― 4　(c)― 4

━━━━━ ◀解　説▶ ━━━━━

≪呼吸と発酵，光合成のしくみ≫

(1)(b)　解糖系では1分子のグルコースから2分子のピルビン酸が生じる。この過程で差し引き2分子のATPが生じるが，二酸化炭素は生じない。

(c)　*Saccharomyces* が属名で，*cerevisiae* は種小名である。酵母は真核単細胞生物であり，細菌のような原核生物ではない。また，ミトコンドリアをもっているが，光合成を行うことはなく従属栄養生物に分類される。

(d)　アルコール発酵の過程を以下に示す。下線部(ii)の過程は，ピルビン酸からアセトアルデヒドを生成する過程であり，この過程で脱炭酸酵素がはたらく。なお，脱水素酵素がはたらくのは，下線部(iii)のアセトアルデヒドからエタノールを生成する過程である。

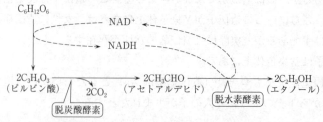

(e)　下線部(iii)の過程では，NADHが電子を放出してNAD$^+$が生じる。

(g)　酸素を64mg吸収したので，呼吸によって放出した二酸化炭素を x

〔g〕とすると，以下の反応式の係数より

$$x = \frac{64 \times 10^{-3}}{32} \times 44 = 88 \times 10^{-3} \text{〔g〕} = 88 \text{〔mg〕}$$

呼吸：$C_6H_{12}O_6 + 6O_2 \longrightarrow 6CO_2 + 12H_2O$

また，放出したすべての二酸化炭素は 220 mg なので，発酵によって放出した分は

$$220 - 88 = 132 \text{〔mg〕}$$

生成したエタノールを y〔g〕とすると，以下の反応式の係数より

$$y = \frac{132 \times 10^{-3}}{44} \times 46 = 138 \times 10^{-3} \text{〔g〕} = 138 \text{〔mg〕}$$

発酵：$C_6H_{12}O_6 \longrightarrow 2C_2H_5OH + 2CO_2$

(h) デンプン $(C_6H_{10}O_5)_n$ の分子量は $162n$ となる。これを加水分解すると，デンプン 1 mol から n〔mol〕のグルコースが生じる。

$$(C_6H_{10}O_5)_n \xrightarrow{\text{加水分解}} nC_6H_{12}O_6$$

よって，2430 g のデンプンから生じるグルコースのモル数は $\frac{2430}{162n} \times n$ = 15〔mol〕となり，このうちの 10 %，つまり 1.5 mol がエタノールに変換される。グルコース 1 mol からは 2 mol のエタノールが生成するので，生成したエタノールの質量は

$$1.5 \times 2 \times 46 = 138 \text{〔g〕}$$

(2)(a) CO_2 の取り込みは，リブロース二リン酸カルボキシラーゼ／オキシゲナーゼ（ルビスコ）のはたらきによって，RuBP（C_5 化合物）から PGA（C_3 化合物）が合成される際に行われる。また，PGA は

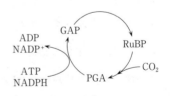

ATP と NADPH を利用して GAP となる。これより，選択肢 0，1，3 は正しい。また，光が照射されると ATP と NADPH がチラコイドから供給されるので，カルビン・ベンソン回路がはたらく。よって選択肢 4 は正しい。C_4 植物の場合，葉肉細胞にある C_4 回路で CO_2 を取り込み，維管束鞘細胞にあるカルビン・ベンソン回路に CO_2 を供給する。よって選択肢 2 は誤り。

(b) CO_2 の供給を遮断すると RuBP→PGA の反応はすぐに停止するが，

120 2020 年度　生物〈解答〉　　　　　　東京理科大-理工〈B方式-2月3日〉

PGA→GAP の反応はしばらく続くので，PGA 濃度はすぐに低下する。よって選択肢 4 が適切。

(c)　問題の図 2 のように，2.5 分後から暗黒にしたとしても，それまでの光照射によって合成された ATP や NADPH が残っているので，2.5～4.0 分の間では CO_2 をまだ吸収することができる。CO_2 の供給を止めて 2.5 分間光照射した後，暗黒下で CO_2 の供給を開始すると，光照射されているときに合成された ATP や NADPH が CO_2 の固定に利用されるので，2.5 分後以降に一時的に CO_2 吸収量が増加する。その後，ATP や NADPH が消費されて CO_2 吸収量は減少する。よって選択肢 4 が適切。

3 解答

(1)(a)—02　(b)(ア)(イ)(ウ)(エ) 3696　(c)—2
(d)(オ).(カ)(キ) 0.78　(e)(ク)(ケ)(コ) 097　(f)—10

(2)(a)—0　(b)—0　(c)—4　(d)—2

◀解　説▶

≪標識再捕法，群れ，集団遺伝≫

(1)(a)　標識再捕法では，次のような条件が必要である。

- 付けた標識がその後の生物の行動に影響を与えない
- 2 度の捕獲は同じ条件で行い，個体が捕獲される確率はどれも等しい
- 他の個体群との間で移出入がない
- 調査期間中，その個体群内では個体の死亡や出生は起こらない

よって，③が誤りといえる。

(b)　ナメクジ全体の個体数を N とすると，$\dfrac{132}{N} = \dfrac{3}{84}$ の式が成り立ち，これを解くと，個体数は 3696 とわかる。

(d)　黄色の遺伝子型は AA と Aa で，オレンジ色の遺伝子型は aa である。A と a の遺伝子頻度を A：a＝p：q（$p+q=1$）とすると，この集団の遺伝子型の割合は

$$\text{AA：Aa：aa} = p^2 : 2pq : q^2$$

84 匹中 4 匹が aa であるので $q^2 = \dfrac{4}{84} = \dfrac{1}{21}$ となり，これを解くと以下のようになる。

$$q = \frac{\sqrt{21}}{21} = \frac{\sqrt{3} \times \sqrt{7}}{21} = \frac{1.73 \times 2.65}{21} = 0.218 \fallingdotseq 0.22$$

よって，Aの遺伝子頻度 p は

$$p = 1 - 0.218 = 0.782 \fallingdotseq 0.78$$

(e) F1の親世代を1世代目と呼ぶことにする。また，1世代目における遺伝子頻度を A：a $= p_1 : q_1$ （$p_1 = 0.78$, $q_1 = 0.22$）とする。

1世代目の遺伝子型の割合は AA：Aa：aa $= p_1{}^2 : 2p_1q_1 : q_1{}^2$ である。

1世代目のうち，aa を除いた AA と Aa で自由交配させて2世代目を得る。AA：Aa $= p_1{}^2 : 2p_1q_1$ の状態における a の遺伝子頻度 q_2 を求めると，以下のようになる。

$$q_2 = \frac{2p_1q_1}{2(p_1{}^2 + 2p_1q_1)} = \frac{p_1q_1}{p_1{}^2 + 2p_1q_1} = \frac{q_1}{p_1 + 2q_1}$$

$$= \frac{q_1}{p_1 + q_1 + q_1} = \frac{q_1}{1 + q_1}$$

このときのAの遺伝子頻度を p_2 とすると $p_2 = 1 - q_2$ となる。

この p_2 と q_2 が2世代目における遺伝子頻度であり，交配により得られる2世代目の遺伝子型の割合は

$$AA：Aa：aa = p_2{}^2 : 2p_2q_2 : q_2{}^2$$

同様にして，3世代目における a の遺伝子頻度 q_3 を求めると以下のようになる。

$$q_3 = \frac{2p_2q_2}{2(p_2{}^2 + 2p_2q_2)} = \frac{q_2}{1 + q_2}$$

ここで $q_2 = \dfrac{q_1}{1 + q_1}$ を代入すると

$$q_3 = \frac{\dfrac{q_1}{1 + q_1}}{1 + \dfrac{q_1}{1 + q_1}} = \frac{q_1}{1 + 2q_1}$$

また，4世代目における a の遺伝子頻度 q_4 を求めると以下のようになる。

$$q_4 = \frac{2p_3q_3}{2(p_3{}^2 + 2p_3q_3)} = \frac{q_3}{1 + q_3}$$

ここで $q_3 = \dfrac{q_1}{1 + 2q_1}$ を代入すると

$$q_4 = \frac{\dfrac{q_1}{1+2q_1}}{1+\dfrac{q_1}{1+2q_1}} = \frac{q_1}{1+3q_1}$$

以上から，n 世代目における a の遺伝子頻度 q_n は

$$q_n = \frac{q_1}{1+(n-1)\,q_1}$$

とわかる。この値が 0.01 以下になればよいので

$$\frac{q_1}{1+(n-1)\,q_1} \leqq 0.01$$

となり，$q_1 = 0.22$ を代入して n を求めると　　　$n \geqq 96.45$

よって，97 世代以上が正解となる。

(f)　黄色のナメクジを多数捕獲すると，遺伝子型の割合は 1 世代目のものに近い値をとるはずである。しかし，わずか 6 匹だけを捕獲した場合，必ずしも同じ割合となるわけではない。たまたま Aa が多い場合（a の遺伝子頻度が高い場合）もありえる。これより，②と④が適切といえる。

(2)(a)　個体同士の争いの時間（実線）と外敵から身を守る行動の時間（破線）を足して，100％から引いた値が摂食行動の時間となる。丁寧にグラフを読むと，選択肢 0 が適切とわかる。

(b)　摂食行動の時間が最大になるときが最適な群れのサイズである。(a)の選択肢 0 のグラフをみると 0.25 付近とわかる。

(c)　リード文に，群れを作ることで休息場所や食物の奪い合いなどの種内競争が増加するとある。休息場所が減少すれば，個体同士の争いの時間が増える。一方，外敵から身を守る行動の時間はそのままと考えられるので，選択肢 4 が適切。

(d)　(c)の選択肢 4 のグラフについて，個体同士の争いの時間（実線）と外敵から身を守る行動の時間（破線）の合計は，群れの大きさが 0.3〜0.4 付近のときに最も短い。つまり，摂食行動の時間のピークは 0.3〜0.4 付近となり，最適な群れのサイズは大きくなる。

東京理科大-理工〈B方式-2月3日〉 2020 年度　生物〈解答〉 *123*

❖講　評

　2020 年度も 2019 年度と同様に，大問 3 題の出題で試験時間 80 分であった。基礎的なレベルだけでなく，やや難しい計算問題や考察問題も出題されている。

　1　(1)(a)〜(c)は基本的な計算問題なので完答したい。(d)は設問の意図を正確に把握しないと間違えやすい。(e)は基本的。(2)(a)と(e)は基本的。(b)はヌクレオシド三リン酸の構造を正確に覚えていないと正解できず，やや難である。(c)は標準レベルであり正解したい。(d)は類題を解いたことがない受験生にとってはかなりの難問である。(f)は正解をすべて含んだ選択肢を選ぶのがやや難しい。(h)は 50％をどのように使えばよいか迷った受験生も多いと思われる。これもやや難である。

　2　(1)はどれも基礎〜標準レベルの問題であるが，(g)と(h)の計算問題をどちらも正解するのはやや難である。(2)(a)はやや詳細な知識が必要であり，間違えやすい。(b)は典型頻出問題であり正解したい。(c)はベンソンの実験に関する問題を過去に解いたことがある受験生にとっては解きやすかったかもしれないが，やや難である。

　3　(1)(a)〜(c)は基本的な問題であり，完答したい。(d)の遺伝子頻度の問題は頻出であり正解したい。(e)はかなりの難問である。過去に類題を解いたことがあれば解法が浮かんだかもしれないが，正解に至った受験生はかなり少ないと思われる。(f)は遺伝的浮動に気づけばよいが，なかなかの難問である。(2)は慌てて解くと，全問不正解になりかねない。落ちついてしっかりと図を読み取るようにしたい。

東京理科大-理工〈B方式-2月6日〉　　　　　　　2020 年度　問題　*125*

■B方式2月6日実施分：建築・先端化・電気電子情報工・
　　　　　　　　　　　　　　　機械工・土木工学科

問題編

▶試験科目・配点

教　　科	科　　　　　　　目	配　点
外国語	コミュニケーション英語Ⅰ・Ⅱ・Ⅲ，英語表現Ⅰ・Ⅱ	100 点
数　　学	数学Ⅰ・Ⅱ・Ⅲ・A・B	100 点
理　　科	建築・電気電子情報工・機械工学科：物理基礎・物理	100 点
	先端化学科：化学基礎・化学	
	土木工学科：「物理基礎・物理」，「化学基礎・化学」から1科目選択	

▶備　考

- 英語はリスニングおよびスピーキングを課さない。
- 数学Bは「数列」「ベクトル」から出題。

2月6日

問題編

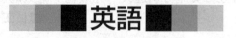

英語

(60 分)

1 Read the following passage and answer the questions below.　(48 points)

[1]　The mechanism of aging is slowly being revealed, and many scientists are cautiously optimistic that it might be controllable sometime in the coming decades. Their research shows that aging, apparently, is nothing but the accumulation of errors in our DNA and our cells, and perhaps one day we can (1)arrest or even reverse this damage. (In fact, some Harvard professors are so optimistic about their research that they have even set up companies in hopes of capitalizing on the advanced aging research being done in their (2)labs.)

[2]　So the fact that our genes play an important role in how long we live is indisputable. The problem arises in identifying which genes are involved in this process, separating out environmental effects, and altering these genes.

[3]　One of the oldest of myths concerning aging is that you can achieve eternal youth by drinking the blood or consuming the soul of the young, as if youth can be transferred from one person to another, as in the vampire legend. The succubus* is a beautiful mythical creature that remains eternally youthful because when it kisses you, it sucks the youth from your body.

[4]　[　A　] In 1956, Clive M. McCay of Cornell University sewed the blood vessels of two rats together, one old and decrepit* and the other young and vigorous. He was astonished to find that the old mouse started to look younger, while the reverse happened to the young mouse.

[5]　Decades later, in 2014, Amy Wagers at Harvard University reexamined this experiment. Much to her surprise, she found the same rejuvenation* effect among mice. She then isolated a protein called GDF11 that seems to underlie

東京理科大-理工〈B方式-2月6日〉　　　　2020 年度　英語　*127*

this process.　〔　**B**　〕　But in the years since this astonishing claim, other groups have tried to duplicate this research, with mixed results.　It remains unclear whether GDF11 will be a valuable weapon in the quest to fight aging.

〔**6**〕　Another controversy involves the human growth hormone (HGH), which has created an enormous fad*, but its effectiveness in preventing aging is based on very few reliable studies.　In 2017, a major study on more than eight hundred subjects by the University of Haifa in Israel found evidence of the opposite effect, that HGH might actually decrease a person's life expectancy. Furthermore, another study indicates that a genetic mutation that results in a reduced HGH level may lengthen the human life span, so the effect of HGH may backfire.
(4)

〔**7**〕　These studies teach us a lesson.　In the past, wild claims concerning aging often faded when analyzed carefully, but today researchers demand that
(5)
all results be testable, reproducible, and falsifiable, the hallmark of true science.

〔**8**〕　Biogerontology, a new science that seeks to find the secret of the aging process, is being (**bear**).　Recently, there has been an explosion of
(6)
activity in this area, and a host of promising genes, proteins, processes, and chemicals are being analyzed, including FOXO3, DNA methylation, mTOR, insulin growth factor, Ras2, acarbose, metformin, alphaestradiol, et cetera.

〔　**C**　〕　Time will tell which avenue promises the best results.

〔**9**〕　Today, the quest for the fountain of youth, a field once populated by mystics*, charlatans*, and quacks*, is now being tackled by the world's leading scientists.　Although a cure for aging does not yet exist, scientists are pursuing many promising avenues of research.　Already, they can extend the life span of certain animals, but it remains to be seen if this can be transferred to humans.

〔10〕　Although the pace of research has been incredible, we are still a long way from being able to solve the mystery of aging.　Eventually, a way might be found to slow down and even stop the aging process using a combination of several of these avenues.　Perhaps the next generation will make the necessary breakthroughs. As an MIT professor, Gerald Sussman, once lamented, "I don't think the time is quite right, but it's close. I'm afraid, unfortunately, that I'm in the last generation to die."

[11]   Scientists concerned with deep space exploration are keenly interested in the research on aging, because the distance between stars is so great that it may take centuries for a ship to complete its voyage. Thus, the process of building a starship, surviving the voyage to the stars, and settling on distant planets might require several lifetimes. In order to survive the journey we would have to build multigenerational ships, put our astronauts and pioneers in suspended animation, or extend their life spans.

[12]   But what happens if we solve the problem of aging? When and if this happens, then the vast distance to the stars may not seem so daunting*. Immortal beings may view interstellar travel in a completely different way than we do. They may view the enormous time required to build starships and send them to the stars as just a small obstacle. In the same way we save up months for a long-awaited vacation, immortal beings may view the centuries necessary to visit the stars as nothing more than an annoyance.

(Adapted from Michio Kaku, *The Future of Humanity: Terraforming Mars, Interstellar Travel, Immortality, and Our Destiny Beyond Earth*)

(Notes) **succubus** : an evil spirit in human form

decrepit : weakened with age

rejuvenation : the action or process of making someone look or feel better, younger, or more vital

fad : enthusiasm

mystics : people who believe in the spiritual understanding of truths that are beyond the intellect

charlatans : people who pretend to have skills or knowledge that they do not have

東京理科大-理工〈B方式-2月6日〉　　　　　　2020 年度　英語　*129*

quacks：people who dishonestly pretend to have medical skills or knowledge

daunting：discouraging

⑴　Which of the following items contains the meaning of the word "arrest" closest to that of the underlined part ⑴ in the passage?　Choose one from the choices, and mark the number on **Answer Sheet A.**

　　1　If this new law passes, it will give the government the authority to **arrest** active protesters.

　　2　The coffee shop is working on a new marketing project to **arrest** the attention of more customers.

　　3　The government must solve these problems quickly to **arrest** the economic slowdown.

　　4　The police were able to **arrest** five suspects following the metropolitan bank robbery.

⑵　Change the word in the underlined part ⑵ into the unshortened form and write it in the box on **Answer Sheet B.**

⑶　Which of the following items best fill in the blanks 〔　**A**　〕〜〔　**C**　〕in the passage?　Choose one item for each blank and mark the number on **Answer Sheet A.**　Notice that there are more choices than necessary.

　　1　These results were so remarkable that *Science* magazine chose it as one of the ten breakthroughs of the year.

　　2　They calculated the age of these animals by analyzing the layers of tissue in their eyes, which grow with time, layer by layer, like an onion.

　　3　Each has generated enormous interest among scientists, but results are still preliminary.

　　4　Modern research indicates there might be a grain of truth to this idea.

130　2020 年度　英語　　　　　　　　　　東京理科大-理工〈B方式-2月6日〉

(4)　Which of the items below is the closest in meaning to the underlined part
　　(4) in the passage?　Choose one from the choices, and mark the number on
　　Answer Sheet A.

　　　1　HGH may build itself up, thereby supporting the living organism

　　　2　HGH may shorten the life span rather than having an anti-aging effect

　　　3　HGH may accelerate its anti-aging effect

　　　4　HGH may explode and destroy the living organism

(5)　The sentence below paraphrases the underlined part (5) in the passage.

　　　In the past, (　(A)　) claims about aging often (　(B)　) when analyzed
　　carefully....

　　　Which of the following items best fill in the blanks (A) and (B)?　Choose one
　　item for each blank and mark the number on **Answer Sheet A.**

　　(A)　1　offensive

　　　　　2　selfish

　　　　　3　evil

　　　　　4　bold

　　(B)　1　became fashionable

　　　　　2　declined in price

　　　　　3　gained support

　　　　　4　lost appeal

(6)　Change the word in the underlined part (6) into the most suitable form in
　　the context and write it in the box on **Answer Sheet B.**

東京理科大-理工〈B方式-2月6日〉   2020 年度 英語 *131*

(7) Which of the following items is true according to the content of paragraph
[9]? Choose one from the choices, and mark the number on **Answer Sheet
A.**

 1 Aging research has proved the existence of immortal creatures that
 appear in mythical stories.

 2 The writer is critical of scientists taking interest in something that was
 mostly pursued by unscientific people.

 3 Some animals can live longer now, thanks to discoveries in successful
 aging research.

 4 If life can be taken out of animals and passed on to humans, scientists
 will be able to extend the length of the latter's lives.

(8) Which of the following items is true according to the content of paragraph
[10]? Choose one from the choices, and mark the number on **Answer Sheet
A.**

 1 Humankind has not yet been able to fully understand the mechanism of
 aging.

 2 To promote breakthroughs, we must single out the most promising
 research method.

 3 The writer is sorry that Gerald Sussman is one of the last people to die.

 4 Gerald Sussman openly confesses that he is afraid of death.

(9) Which of the following items is true according to the content of paragraph
[12]? Choose one from the choices, and mark the number on **Answer Sheet
A.**

 1 Future immortal travelers may have to experience a lot of problems
 and displeasure while preparing to travel into space.

 2 The progress of science including aging research may make possible
 much faster space travel.

 3 When science enables people to become immortal, their attitude towards

132 2020 年度　英語　　　　　　　東京理科大-理工〈B方式-2月6日〉

interstellar travel may change.

　4　Thanks to advanced technology, starships may be constructed much more easily and more quickly in the future.

(10)　For each of the following statements, mark **Answer Sheet A** with either **T** if it is true according to the content of the passage, or **F** if it is false.

　1　The author thinks it is impossible to deny that genes are major determinants of life span.

　2　Some professors at Harvard University have been running a successful anti-aging business.

　3　Before conducting her experiment, Amy Wagers wasn't sure that she would be able to reproduce the same results as McCay's.

　4　Aging research has been generating strong interest among deep space exploration scientists, because the aging of explorers is a huge obstacle to long-distance space travel.

2 Read the following passage and answer the questions that follow.

(24 points)

There are roughly 7 billion people in the world today. Which map shows best where they live? (Each figure represents 1 billion people.)

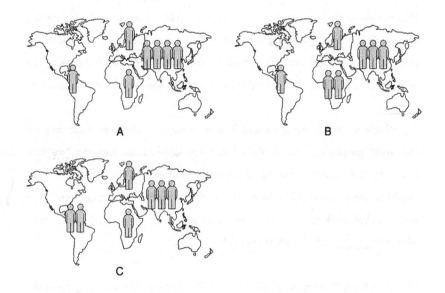

Seventy percent of people still pick the wrong maps, showing 1 billion people on the wrong continent. Seventy percent of people don't know that the majority of mankind lives in Asia. If you really care about a sustainable* future or the plundering* of our planet's natural resources or the global market, how can you afford to lose track of a billion people?

The correct map is **A**, but this situation will change. By the end of this century, the UN ((a)) ((b)) to ((c)) ((d)) almost ((e)) ((f)) in the Americas and Europe, but 3 billion more people in Africa and 1 billion more in Asia. By 2100 the position of the figures on the world map will be different. More than 80 percent of the world's population will live in

Africa and Asia.

If the UN ( ) for population growth are correct, and if incomes in
(2)
Asia and Africa keep growing as now, then the center of gravity of the world
market will shift over the next 20 years from the Atlantic to the Indian Ocean.
Today, the people living in rich countries around the North Atlantic, who
represent 11 percent of the world population, ( ) up 60 percent of the
(3)
high-income consumer market. Already by 2027, if incomes keep growing
worldwide as they are doing now, then that figure will have shrunk to 50
percent. By 2040, 60 percent of high-income consumers will live outside the
West. Yes, I think the Western domination of the world economy will soon be
( ).
(4)

People in North America and Europe need to understand that most of
the world population lives in Asia. In terms of economic muscles "we" are
(5)
becoming the minority, not the majority. But many of "us" can't fit these
numbers into our nostalgic minds. We tend to misjudge our importance in the
future global marketplace. Many of us forget to behave properly with those
who will ( ) the future trade deals.
(6)

(Adapted from Hans Rosling, *Factfulness: Ten Reasons We're Wrong about the
World — and Why Things Are Better Than You Think.*)

(Notes) sustainable : maintainable

plundering : robbing

(1) Fill in blanks (a) to (f) in the underlined part (1) in the passage with the
words below. Choose one item for each blank and mark the number on
Answer Sheet A.

1 been   2 change   3 have   4 no   5 expects   6 there

東京理科大-理工〈B方式-2月6日〉　　　　　　　　　　　　2020年度　英語　*135*

(2)　Which of the following items correctly fills in blank (2) in the passage? Consider the context, choose one from the choices, and mark the number on **Answer Sheet A.**

　1　substitutes　　2　restrictions　　3　forecasts　　4　immigrations

(3)　Which of the following items correctly fills in blank (3) in the passage? Consider the context, choose one from the choices, and mark the number on **Answer Sheet A.**

　1　turn　　　　2　set　　　　3　put　　　　4　make

(4)　Which of the following items correctly fills in blank (4) in the passage? Consider the context, choose one from the choices, and mark the number on **Answer Sheet A.**

　1　about　　　　2　across　　　　3　on　　　　4　over

(5)　Which of the items below correctly describes the region where the underlined part (5) mainly live?　Choose one from the choices, and mark the number on **Answer Sheet A.**

　1　Africa and Asia

　2　from the Atlantic to the Indian Ocean

　3　around the North Atlantic

　4　outside the West

(6)　Which of the following items correctly fills in blank (6) in the passage? Consider the context, choose one from the choices, and mark the number on **Answer Sheet A.**

　1　avoid　　　　2　control　　　　3　ignore　　　　4　obey

136　2020 年度　英語　　　　東京理科大-理工〈B 方式-2 月 6 日〉

3　The following is an excerpt from an interview with a British mathematician and pianist Eugenia Cheng. Read the passage and answer the questions below.

(28 points)

Interviewer:

What do you say to people who think they can get by in everyday life without math?

Cheng:

That is completely true — but I think you can get by better with some math. The principles of abstraction and logic are things that we can all use. Abstraction is how (**(a)**) (**(b)**) (**(c)**) of (**(d)**) (**(e)**) is really saying and make good analogies between things. I think that's what empathy is about: analogies between people. If you can draw an analogy between yourself and somebody else, then you can empathize with them, even if you're not actually in their situation and have never experienced it.

Interviewer:

What can thinking like a mathematician bring to a controversial conversation?

Cheng:

Math has a clear framework for how you unravel* an argument back to its beginnings — which, in life, are your fundamental beliefs. Instead of saying one person is right and one is wrong, (**(a)**) (**(b)**) (**(c)**) what (**(d)**) (**(e)**) an argument that is right, and what starting points make that happen.

Interviewer:

You've used bagels and wine glasses as teaching aids. How can fun help convey complex ideas?

Cheng:

Keeping people amused (1 interested　2 is　3 keeping　4 of 5 one　6 them　7 way). It can also make the material more

東京理科大-理工〈B方式-2月6日〉 2020 年度 英語 *137*

memorable. I've been to plenty of boring talks in my life, but people have particularly low expectations for a math talk. So (1 are   2 laugh   3 ready   4 they   5 very   6 to). I feel that the first thing we (b) should care about in teaching is that students are having a good time. There's a backlash against that idea, but if learning is not fun, then students (4) are going to hate it, and if they hate it, they're not going to learn anything in the long run. They might retain it temporarily, under pressure, but nothing's going to stick. (5)

(**Note**) **unravel**：sort out

(1) Fill in blanks (**a**) to (**e**) in the underlined part (1) in the passage with the words below. Choose one item for each blank and mark the number on **Answer Sheet A.**

   1 an argument   2 the core   3 get to
   4 you   5 what

(2) Fill in blanks (**a**) to (**e**) in the underlined part (2) in the passage with the words below. Choose one item for each blank and mark the number on **Answer Sheet A.**

   1 ask   2 about   3 it is
   4 can   5 we

(3) Put the words in the underlined parts (**a**) and (**b**) into the correct order. Mark the numbers correctly, from top to bottom, on **Answer Sheet A.**

(4) Which of the items below is the closest in meaning to the underlined part (4) in the passage? Choose one from the choices, and mark the number on **Answer Sheet A.**

   1 There are some people who are opposing the notion that studying

138　2020年度　英語　　　　　　　東京理科大-理工〈B方式-2月6日〉

should be enjoyable

2　Not all people agree with the claim that students nowadays are enjoying their studying

3　There are some people who have come to support the concept of pleasurable studying

4　Some people keep going back and forth between denying and accepting the opinion that studying should be fun

⑸　Which of the items below is the closest in meaning to the underlined part ⑸ in the passage?　Choose one from the choices, and mark the number on **Answer Sheet A**.

1　draw students' attention

2　force students to learn

3　stay with students

4　stimulate students

東京理科大-理工〈B方式-2月6日〉　　　　　　　　　　　　2020 年度　数学　*139*

数学

（100 分）

問題 $\boxed{1}$ の解答は解答用マークシートにマークしなさい。

$\boxed{1}$　次の文章中の $\boxed{ア}$ から $\boxed{ム}$ までに当てはまる数字 $0 \sim 9$ を求めて，**解答用マークシートの指定された欄にマークしなさい。** ただし，分数は既約分数として表しなさい。なお，$\boxed{サ}$ などは既出の $\boxed{サ}$ を表す。

(40 点)

(1) $x \geqq 0$ で定義された関数 $f(x)$ を

$$f(x) = xe^{-x^2+2\sqrt{2}x}$$

で定める。ただし，e は自然対数の底とする。

$$f'(x) = \left(-\boxed{ア}x^2 + \boxed{イ}\sqrt{\boxed{ウ}}\,x + \boxed{エ}\right)e^{-x^2+2\sqrt{2}x}$$

なので $f(x)$ は

$$x = \boxed{オ} + \frac{\sqrt{\boxed{カ}}}{\boxed{キ}}$$

において最大値をとる。ただし，$f'(x)$ は $f(x)$ の導関数を表す。

(2) 数列 $\{a_n\}$ を，初項 $a_1 = 5$，公比 3 の等比数列とし，

$$S_n = \sum_{k=1}^{n} a_k \quad (n = 1, 2, 3, \cdots\cdots)$$

とおく。また，数列 $\{b_n\}$ を

$$b_1 = 1, \quad b_2 = 2, \quad b_{n+2} = 6b_{n+1} + 27b_n \quad (n = 1, 2, 3, \cdots\cdots)$$

140 2020年度 数学　　　　　　　　　　　　　　　東京理科大-理工〈B方式-2月6日〉

で定める。

(a) $S_n = \left(\boxed{ク}^{\,n} - 1 \right) \cdot \dfrac{\boxed{ケ}}{\boxed{コ}}$ となる。

(b) 数列 $\{b_n\}$ は

$$b_{n+2} + \boxed{サ}\, b_{n+1} = \boxed{シ}\left(b_{n+1} + \boxed{サ}\, b_n \right),$$

$$b_{n+2} - \boxed{シ}\, b_{n+1} = - \boxed{サ}\left(b_{n+1} - \boxed{シ}\, b_n \right)$$

を満たす。よって一般項は

$$b_n = \boxed{シ}^{\,n} \cdot \dfrac{\boxed{ス}}{\boxed{セ}\,\boxed{ソ}\,\boxed{タ}} - \left(- \boxed{サ} \right)^{\,n} \cdot \dfrac{\boxed{チ}}{\boxed{ツ}\,\boxed{テ}}$$

となる。

(c) 第 n 項が $\dfrac{b_n}{S_n{}^m}$ である数列が収束するような自然数 m のうち最小のものは

$m = \boxed{ト}$ である。また，そのとき $\displaystyle \lim_{n \to \infty} \dfrac{b_n}{S_n{}^{\boxed{ト}}} = \dfrac{\boxed{ナ}}{\boxed{ニ}\,\boxed{ヌ}\,\boxed{ネ}}$ となる。

(3) a, b を自然数とし，$n = 162\,a^5 + 72\,b^5$ とおく。a が 2 でちょうど s 回，b が 2 で
ちょうど t 回割り切れるとする。$162 = 2 \cdot 3^{\boxed{ノ}}$，$72 = 2^{\boxed{ハ}} \cdot 3^{\boxed{ヒ}}$ なので $162\,a^5$ は
2 でちょうど $\left(\boxed{フ}\, s + \boxed{ヘ} \right)$ 回，$72\,b^5$ は 2 でちょうど $\left(\boxed{ホ}\, t + \boxed{マ} \right)$ 回割り切
れる。よって，n が 2 でちょうど 13 回割り切れるための必要十分条件は $s \geqq \boxed{ミ}$
かつ $t = \boxed{ム}$ である。

東京理科大-理工〈B方式-2月6日〉　　　　　　　　　　2020 年度　数学　*141*

問題 $\boxed{2}$ の解答は白色の解答用紙に記入しなさい。

$\boxed{2}$　放物線 $y = x^2 - 2x$ を C，直線 $y = x$ を ℓ とする。C と ℓ の交点のうち，x 座標が正となるものを P とする。C と ℓ が囲む部分を A とし，A を y 軸の周りに1回転して得られる回転体の体積を V_1，A を x 軸の周りに1回転して得られる回転体の体積を V_2 とする。

(1) P の座標を求めよ。

(2) A の面積を求めよ。

(3) V_1 を求めよ。

(4) V_2 を求めよ。

(30 点)

問題 $\boxed{3}$ の解答はクリーム色の解答用紙に記入しなさい。

$\boxed{3}$　a, b, c を正の実数とし，座標空間において，3 点 $\mathrm{A}(a,0,0)$, $\mathrm{B}(0,b,0)$, $\mathrm{C}(0,0,c)$ をとる。三角形 ABC の面積を S とおく。

(1) $\cos\angle\mathrm{BAC}$ と S を，それぞれ a, b, c を用いて表せ。

以下では，$a = \dfrac{1}{\sin\theta}$, $b = \dfrac{1}{\sin\left(\theta + \dfrac{\pi}{4}\right)}$, $c = \dfrac{1}{\cos\left(\theta + \dfrac{\pi}{4}\right)}$ を満たすものとする。ただし，θ は

$$(*)\quad \begin{cases} -\pi < \theta \leqq \pi \\[4pt] \sin\theta > 0 \\[4pt] \sin\left(\theta + \dfrac{\pi}{4}\right) > 0 \\[4pt] \cos\left(\theta + \dfrac{\pi}{4}\right) > 0 \end{cases}$$

142 2020 年度　数学　　　　　　　　　　東京理科大-理工〈B方式-2月6日〉

を満たす範囲を動く。

(2)　条件 $(*)$ を満たす θ の範囲を求めよ。

(3)　$t = a^2$ とおく。S^2 を t についての分数式で表せ。

(4)　S が最小となるときの a^2 の値を求めよ。

(30 点)

東京理科大-理工〈B方式-2月6日〉　　　　　　　　2020 年度　物理　*143*

■■■■物理■■

（80 分）

1　次の問題の □□□ の中に入れるべき最も適当なものをそれぞれの**解答群**の中から選び，その番号を**解答用マークシート**の指定された欄にマークしなさい。(同じ番号を何回用いてもよい。答えが数値となる場合は最も近い数値を選ぶこと。)　　　　　　　　　　　　　　　　　　　　　　　　　　　　　（40 点）

　以下では，長さ，質量，時間の単位をそれぞれ m, kg, s とし，その他の物理量に対してはこれらを組み合わせた単位を使用する。例えば，力の単位 N は $kg \cdot m/s^2$ と表すことができる。

　学校帰りに A 君は公園を通りかかった。そこで，子供達が大小 2 つのボールを弾ませて遊んでいるのを見かけた。小さなボールを大きなボールの上に乗せて地面に向けて落とし，大きなボールの上で弾んだ小さなボールが，まるでロケットの発射のように，勢いよく天高く飛び上がる様子に子供達は大歓声をあげていた。A 君は「上のボールを高く飛び上がらせるには，2 つのボールの質量や最初の位置をどのように選んだらよいのだろう？」と思い，家に戻って，この 2 つのボールの運動のモデル化を試みた。

　さて，我々も A 君にならい，上のボールが勢いよくはね返るための条件を調べ，そして，実際にどのくらい飛び上がるのかを計算してみよう。**図 1-1** のように地面のある一点を原点 O とし，鉛直上方を正の向きとする y 軸を設定する。重力加速度の大きさは g とする。2 つの小球 a, b を考え，小球 a の質量を m とし，小球 b はその α 倍の質量 αm（ただし，$\alpha > 0$）を持つとする。最初，小球 a の y 座標は h，小球 b の y 座標はその β 倍の βh（ただし，$\beta > 1$）であったとする。以下，2 つの小球の運動は y 軸上に限られ，また，空気抵抗は無視できるものとする。なお，小球と地面の間，2 つの小球の間の衝突はともに弾性衝突とする。

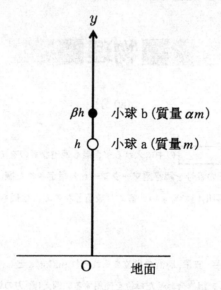

図 1-1

(1) まず，時刻 $t=0$ で，小球 a だけを $y=h$ から自由落下（初速度 0 で落下）させる。小球 a が最初に地面に到達する時刻 t_1 は，$t_1 =$ **(ア)** である。小球 a が時刻 t_1 で地面からはね返った直後の速度は **(イ)** である。

小球 a が地面ではね返ったのち，2度目に地面に到達する時刻は **(ウ)** $\times t_1$ である。時刻が $t_1 \leqq t \leqq$ **(ウ)** $\times t_1$ の範囲にあるとき，小球 a の時刻 t における y 座標は **(エ)** となる。

(ア) の解答群

⓪ $\sqrt{\dfrac{h}{2g}}$ ① $\sqrt{\dfrac{g}{2h}}$ ② $\sqrt{\dfrac{h}{g}}$ ③ $\sqrt{\dfrac{g}{h}}$

④ $\sqrt{\dfrac{3h}{2g}}$ ⑤ $\sqrt{\dfrac{3g}{2h}}$ ⑥ $\sqrt{\dfrac{2h}{g}}$ ⑦ $\sqrt{\dfrac{2g}{h}}$

(イ) の解答群

⓪ gt_1^2 ① $-gt_1^2$ ② $\dfrac{1}{2}gt_1^2$ ③ $-\dfrac{1}{2}gt_1^2$

東京理科大-理工〈B方式-2月6日〉　　　　　　　　2020 年度　物理　*145*

④ gt_1　　　　　⑤ $-gt_1$　　　　　⑥ $2gt_1$　　　　　⑦ $-2gt_1$

(ウ) の解答群

⓪ $\dfrac{3}{2}$　　　　① 2　　　　② $\dfrac{5}{2}$　　　　③ 3

④ $\dfrac{7}{2}$　　　　⑤ 4　　　　⑥ $\dfrac{9}{2}$　　　　⑦ 5

(エ) の解答群

⓪ $g(t-t_1)(t-2t_1)$　　① $g(t-t_1)(2t_1-t)$　　② $g(t-t_1)(t-3t_1)$

③ $g(t-t_1)(3t_1-t)$　　④ $\dfrac{g}{2}(t-t_1)(t-2t_1)$　　⑤ $\dfrac{g}{2}(t-t_1)(2t_1-t)$

⑥ $\dfrac{g}{2}(t-t_1)(t-3t_1)$　　⑦ $\dfrac{g}{2}(t-t_1)(3t_1-t)$

(2) 次に，時刻 $t=0$ で，小球 a（高さ h）と小球 b（高さ βh）を同時に自由落下させる。小球 a は，**小問 (1)** で求めた時刻 t_1 で地面ではね返ったのち，小球 b と衝突する。

(a) 小球 a と小球 b の衝突は，小球 a が 2 度目に地面ではね返る以前に起こると仮定し，2 つの小球の衝突時刻 t_2 を求めると，$t_2 = \left(\boxed{\textbf{(オ)}}\right) \times t_1$ が得られる。

$\beta = \beta_1$ のとき，小球 a が地面ではね返ったのち，位置 $y = h$ で小球 b と衝突したという。このとき，$\beta_1 = \boxed{\textbf{(カ)}}$ である。また，$\beta = \beta_2$ のとき，小球 a が地面に 2 度目に到達した瞬間に 2 つの小球が衝突したという。このとき，$\beta_2 = \boxed{\textbf{(キ)}}$ である。

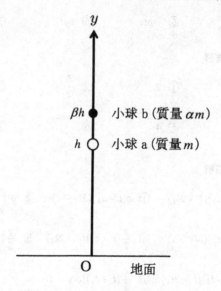

図 1-1 (再掲)

(オ) の解答群

⓪ $\dfrac{1+\beta}{4}$　① $\dfrac{3+\beta}{4}$　② $\dfrac{1+\beta}{3}$　③ $\dfrac{2+\beta}{3}$

④ $\dfrac{3+\beta}{2}$　⑤ $\dfrac{5+\beta}{2}$　⑥ $2+\beta$　⑦ $3+\beta$

(カ), (キ) の解答群

⓪ 3　① 4　② 5　③ 6

④ 7　⑤ 8　⑥ 9　⑦ 10

(b) 時刻 t_2 での衝突の直後の小球 a の速度を V_a, 小球 b の速度を V_b とおき, これらを求めていこう。まず, 時刻 t_2 での衝突の直前における小球 a の速度は $\left(\boxed{(ク)}\right) \times gt_1$, 小球 b の速度は $\boxed{(ケ)} \times gt_1$ である。2 つの小球の衝突は弾性衝突であるから

$$V_b - V_a = \left(\boxed{(コ)}\right) \times gt_1$$

東京理科大-理工〈B方式-2月6日〉 2020 年度 物理 *147*

が成り立つ。また，衝突の前後で2つの小球の運動量の和が保存されること
から，

$$mV_a + \alpha mV_b = \boxed{\textbf{(サ)}} \times mgt_1$$

である。これら2つの条件より

$$V_a = \left(\boxed{\textbf{(シ)}} \right) \times gt_1, \quad V_b = \left(\boxed{\textbf{(ス)}} \right) \times gt_1$$

が得られる。

(ク) の解答群

⓪ $\dfrac{5-\beta}{4}$ ① $\dfrac{3+\beta}{4}$ ② $\dfrac{8-\beta}{4}$ ③ $\dfrac{5+\beta}{4}$

④ $\dfrac{9-\beta}{2}$ ⑤ $\dfrac{7+\beta}{2}$ ⑥ $8-\beta$ ⑦ $5+\beta$

(ケ) の解答群

⓪ $-\dfrac{5-\beta}{4}$ ① $-\dfrac{3+\beta}{4}$ ② $-\dfrac{8-\beta}{4}$ ③ $-\dfrac{5+\beta}{4}$

④ $-\dfrac{9-\beta}{2}$ ⑤ $-\dfrac{7+\beta}{2}$ ⑥ $-(8-\beta)$ ⑦ $-(5+\beta)$

(コ) の解答群

⓪ $\dfrac{1}{4}$ ① 1 ② 2 ③ 3

④ $10-\beta$ ⑤ $\dfrac{7-\beta}{3}$ ⑥ $\dfrac{2+\beta}{4}$ ⑦ $\dfrac{9-\beta}{4}$

(サ) の解答群

⓪ $\dfrac{3-5\alpha+\beta+\alpha\beta}{4}$ ① $\dfrac{5-5\alpha-\beta-\alpha\beta}{4}$ ② $\dfrac{8-3\alpha-\beta-\alpha\beta}{4}$

③ $\dfrac{9-7\alpha-\beta-\alpha\beta}{2}$ ④ $\dfrac{3-20\alpha+\beta-4\alpha\beta}{4}$ ⑤ $\dfrac{8-14\alpha-\beta-2\alpha\beta}{4}$

⑥ $\dfrac{5-3\alpha-\beta-\alpha\beta}{4}$ ⑦ $\dfrac{5-18\alpha+\beta+2\alpha\beta}{4}$

(シ), (ス) の解答群

⓪ $\dfrac{6-10\alpha-\beta-\alpha\beta}{8(1+\alpha)}$

① $\dfrac{13-3\alpha-\beta-\alpha\beta}{4(1+\alpha)}$

② $\dfrac{-5-\alpha+6\beta+6\alpha\beta}{2(1+\alpha)}$

③ $\dfrac{15-2\alpha+2\beta+4\alpha\beta}{4(1+2\alpha)}$

④ $\dfrac{-2-18\alpha-\beta-\alpha\beta}{8(1+\alpha)}$

⑤ $\dfrac{5-11\alpha-\beta-\alpha\beta}{4(1+\alpha)}$

⑥ $\dfrac{-9-5\alpha+6\beta+6\alpha\beta}{2(1+\alpha)}$

⑦ $\dfrac{11-10\alpha+2\beta+4\alpha\beta}{4(1+2\alpha)}$

(c) 小球 a の質量 m と最初の高さ h は固定したまま，小球 b の質量 αm と最初の高さ βh にふくまれる α，β を様々に変え，衝突直後の小球 b の速度 V_b を調べるという実験を行う。ただし，α，β の範囲は $\alpha>0$，$1<\beta\le\beta_1$ とする（ここで，$\beta_1=\boxed{\text{(カ)}}$）。**(b)** の結果によると，$V_\mathrm{b}$ をなるべく大きくするには，小球 b の質量を $\boxed{\text{(セ)}}$ すればよく，また，小球 b の最初の位置を $\boxed{\text{(ソ)}}$。

実際の実験では，α の値は

$$\alpha=2.0,\ 1.0,\ 0.1$$

の 3 点を，β の値は

$$\beta=\beta_1,\ \frac{\beta_1+1}{2},\ \frac{\beta_1+2}{3},\ \frac{\beta_1+39}{40}$$

の 4 点を用いて，これらを組み合わせた合計 $3\times4=12$ 点の実験点に対して測定を行なった。そして，V_b が最も大きくなる実験点を求め，その点に対して，小球 b の衝突直後の運動エネルギー $\dfrac{1}{2}\alpha mV_\mathrm{b}^2$ の，小球 b の最初の位置エネルギー $\alpha\beta mgh$ に対する比 $R=\dfrac{V_\mathrm{b}^2}{2\beta gh}$ の値を計算すると

$$R=\boxed{\text{(タ)}}$$

であることがわかった。なお，$\boxed{\text{(タ)}}\times\beta h$ は，小球 b が衝突した位置から最高到達点までの距離を表している。

東京理科大-理工〈B方式-2月6日〉　　　　　　　　　2020 年度　物理　*149*

(セ) の解答群

⓪ 大きく

① 小球 a と同じに

② 小さく

(ソ) の解答群

⓪ $\beta_1 h$ とすればよい

① $\dfrac{\beta_1 + 1}{2} h$ とすればよい

② $\dfrac{\beta_1 + 2}{3} h$ とすればよい

③ 小球 a の最初の位置 $y = h$ にできるだけ近づければよい

(タ) の解答群

⓪ 0.6　　① 1.0　　② 2.3　　③ 3.5　　④ 4.7　　⑤ 6.2

⑥ 8.5　　⑦ 9.8

150 2020 年度 物理　　　　　　　　東京理科大-理工〈B方式-2月6日〉

2　　次の問題の □□□□ の中に入れるべき最も適当なものをそれぞれの**解答群**の中から選び，その番号を**解答用マークシート**の指定された欄にマークしなさい。(同じ番号を何回用いてもよい。答えが数値となる場合は最も近い数値を選ぶこと。)

(30点)

以下では，長さ，質量，時間，電流の単位をそれぞれ m，kg，s，A とし，その他の物理量に対してはこれらを組み合わせた単位を使用する。例えば，力の単位 N は kg·m/s^2 と表すことができる。温度の単位については，セルシウス度 °C とケルビン K を併用する。

(1) **図 2-1** のような，長さ L，断面積 S の導体 M の抵抗率 ρ を求めたい。この導体 M の抵抗値 R を測定するための回路として適切なものは **(ア)** である。ただし，電流計の内部抵抗はゼロ，電圧計の内部抵抗は無限大であるとする。

まず，導体 M の温度 $T\,[°C]$ を $T = 0\ °C$ に保ち，直流電源の出力電圧を細かく変化させ，回路上の電流計と電圧計の値を読み取ることで電流電圧特性の測定を行った。**図 2-2** の実線のグラフは，その測定結果を示している。これより，$T = 0\ °C$ での導体 M の抵抗率 ρ_0 は $\rho_0 = $ **(イ)** $\Omega\cdot$m と求められる。ただし，$L = 0.4$ m，$S = 0.05$ m^2 であるとし，これらの値は温度変化しないものとする。なお，抵抗率の単位 $\Omega\cdot$m は，m，kg，s，A などを用いて表すと **(ウ)** である。また，導体 M の両端の電位差の大きさ V が $V = 0.4$ V であるとき，導体 M で消費される電力 P は $P = $ **(エ)** W である。この電力は単位時間あたりに生じるジュール熱と等しく，一般的には導体 M の温度を上昇させる効果をもつが，**図 2-2** のグラフの範囲ではジュール熱による温度上昇は無視できるとする。

次に，導体 M を外部熱源を用いて加熱し，導体 M の温度を変えて電流電圧特性の測定を行ったところ，$T = 300\ °C$ および $T = 600\ °C$ において，**図 2-2** の破線と点線の直線がそれぞれ得られた。導体 M の抵抗率の温度依存性は，温度 $T\,[°C]$ を用いて $\rho_0(1 + \alpha T)$ と書けることが分かっており，導体 M の抵抗率の温度係数 $\alpha\,[1/\mathrm{K}]$ は $\alpha = $ **(オ)** /K と求められる。

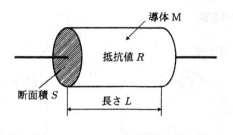

図 2-1

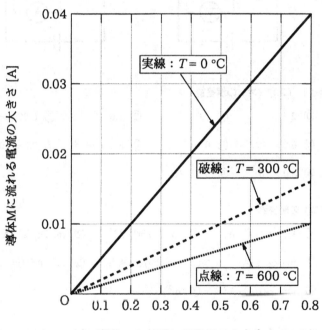

図 2-2

(ア) の解答群

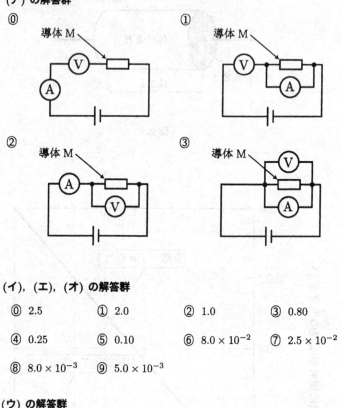

(イ), (エ), (オ) の解答群

⓪ 2.5　　① 2.0　　② 1.0　　③ 0.80

④ 0.25　　⑤ 0.10　　⑥ 8.0×10^{-2}　　⑦ 2.5×10^{-2}

⑧ 8.0×10^{-3}　　⑨ 5.0×10^{-3}

(ウ) の解答群

⓪ $kg/(m^2 \cdot s^2 \cdot A)$　　① $m \cdot kg/(s^3 \cdot A)$　　② $m \cdot kg/(s^3 \cdot A^2)$

③ $m \cdot kg \cdot s/A$　　④ $m^2 \cdot kg/(s \cdot A^2)$　　⑤ $m^2 \cdot A^2/(kg \cdot s^3)$

⑥ $m^3 \cdot kg/(s^3 \cdot A^2)$　　⑦ $m^3 \cdot s^2/(kg \cdot A)$

(2) 導体 M の温度を $T = 0$ °C に戻したのち，直流電源の出力電圧をより大きな値に設定したところ，ジュール熱により導体 M の温度が上昇し，やがて温度が一定の定常状態となった。そこで，導体 M にかかる電圧を変化させ，各電圧値において定常状態となったときに導体 M に流れる電流を測定したところ，**図 2-3** の電流電圧特性のグラフが得られた。このような非直線抵抗が観測された原因は，導体 M にかかる電圧に応じて導体 M の温度が変化し，導体 M

の抵抗率が変化したためである。以下では，電流が流れていない状態の導体Mの温度を$T = 0$ °Cとし，電流が流れているときは，ジュール熱によって導体Mの温度が上昇し，導体Mは温度が一定の定常状態となっているとする。

直流電源の出力電圧を調整したところ，導体Mの温度が$T = 200$ °Cとなった。このとき，導体Mの抵抗率ρは$\rho = $ (カ) $\Omega \cdot$mであり，導体Mの両端の電位差の大きさVは$V = $ (キ) Vである。

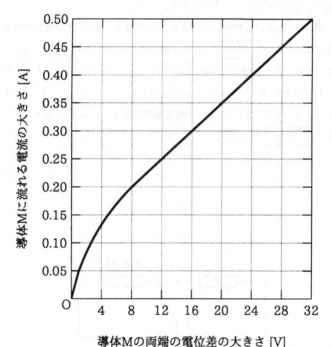

図 2-3

(カ) の解答群

⓪ 10　　① 5.0　　② 2.0　　③ 1.0

④ 0.75　　⑤ 0.50　　⑥ 0.10　　⑦ 7.5×10^{-2}

⑧ 5.0×10^{-2}　　⑨ 2.0×10^{-2}

(キ) の解答群

⓪ 32　　① 28　　② 24　　③ 20

④ 16　　⑤ 12　　⑥ 8.0　　⑦ 4.0

(3) 導体 M を用いて**図 2-4** の回路を構成した。直流電源の出力電圧の大きさを E ($E>0$) とし，電源の内部抵抗は無視できるとする。また，可変抵抗の抵抗値 R_1 は温度変化しないものとする。

導体 M に流れる電流の大きさを I とすると，導体 M の両端の電位差の大きさ V は $V =$ **(ク)** である。**図 2-3** のグラフを用いると，$E = 32$ V，$R_1 = 80$ Ω のとき，$V =$ **(ケ)** V と求められる。このとき，可変抵抗における電力 P_1 と導体 M における電力 P を比べると **(コ)** である。次に，$E = 24$ V として，R_1 の値を調整すると $P_1 = P$ となった。このとき $R_1 =$ **(サ)** Ω である。

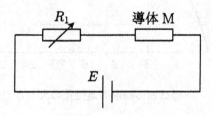

図 2-4

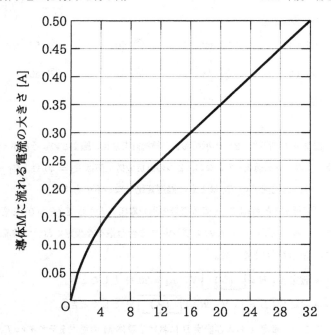

図 2-3（再掲）

(ク) の解答群

⓪ E ① IR_1 ② $E+IR_1$ ③ $E-IR_1$

④ $-E+IR_1$ ⑤ $E+\dfrac{I}{R_1}$ ⑥ $E-\dfrac{I}{R_1}$ ⑦ $-E+\dfrac{I}{R_1}$

(ケ) の解答群

⓪ 28   ① 24   ② 22   ③ 20

④ 18   ⑤ 16   ⑥ 14   ⑦ 12

⑧ 10   ⑨ 8.0

(コ) の解答群

⓪ $P_1 > P$ ① $P_1 = P$ ② $P_1 < P$

(サ)の解答群

⓪ 64　　① 62　　② 60　　③ 57

④ 53　　⑤ 48　　⑥ 44　　⑦ 40

⑧ 32　　⑨ 24

(4) 図 2-4 の回路に，2 つの抵抗および検流計を加え，図 2-5 のようなホイートストンブリッジを構成した。なお，2 つの抵抗の抵抗値は $R_2 = 40\ \Omega$，$R_3 = 80\ \Omega$ であり，抵抗値 R_2，R_3 はともに温度変化しないものとする。

可変抵抗の抵抗値 R_1 と直流電源の出力電圧の大きさ $E\ (E > 0)$ を変化させたところ，以下の設定 A および設定 B を含む様々な設定において検流計に流れる電流はゼロとなった。

- 設定 A：$E = $ (シ) V，$R_1 = 20\ \Omega$ としたとき。
- 設定 B：$E = 18$ V，$R_1 = $ (ス) Ω としたとき。

ここで，設定 A および設定 B における導体 M の温度をそれぞれ $T_A\ [°C]$，$T_B\ [°C]$ とすると， (セ) である。

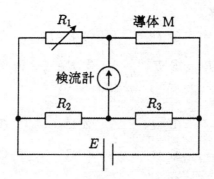

図 2-5

東京理科大-理工〈Ｂ方式-２月６日〉　　　　　　2020 年度　物理　*157*

(シ) の解答群

⓪ 28 　　　　① 24 　　　　② 22 　　　　③ 20

④ 18 　　　　⑤ 16 　　　　⑥ 14 　　　　⑦ 12

⑧ 10 　　　　⑨ 8.0

(ス) の解答群

⓪ 64 　　　　① 62 　　　　② 60 　　　　③ 57

④ 53 　　　　⑤ 48 　　　　⑥ 44 　　　　⑦ 40

⑧ 32 　　　　⑨ 24

(セ) の解答群

⓪ $T_A < T_B$ 　　　　① $T_A = T_B$ 　　　　② $T_A > T_B$

3 　　次の問題の ☐☐☐☐ の中に入れるべき最も適当なものをそれぞれの**解答群**の中から選び，その番号を**解答用マークシート**の指定された欄にマークしなさい。(同じ番号を何回用いてもよい。)　　　　　　　　　　　　　　　　　　(30 点)

　　以下では，長さ，質量，時間，温度，物質量の単位をそれぞれ m, kg, s, K, mol とし，その他の物理量に対してはこれらを組み合わせた単位を使用する。例えば，圧力の単位 Pa は kg/(m · s^2) と表すことができる。また，気体定数を R (単位は J/(mol · K)) とする。

　　図 3-1 のように，容器の中に物質量 n の理想気体が入っている。ピストンは，容器内をなめらかに動くことができるものとする。容器の下部の板は，熱を通す透熱性のものと，熱を通さない断熱性のものとを，交互に入れ替えることができる。なお，板を入れ替えるのに必要な仕事は無視できるとし，そのときの気体の状態変化はないものとする。また，容器の側面の壁とピストンは，それぞれ断熱材でできており，外部と熱のやりとりはない。容器の下側には，熱源があり，下部の板を透熱性のものにすることにより，容器内の理想気体の温度を変えること

ができる。以下では，温度の異なる二つの熱源を用いる。なお，二つの熱源はじゅうぶんに大きく，また，二つの熱源を入れ替えるのに必要な仕事は無視できるものとする。

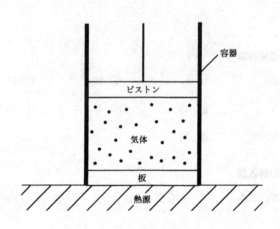

図 3-1

(1) 図 3-1 の下部の板を透熱性のものにして気体の温度 T を一定に保ち，体積を V_0 から V_1 ($0 < V_0 < V_1$) へゆっくりと等温変化させたときの仕事，内部エネルギーの変化，熱量について考察する。この等温変化で容器の中の気体がした仕事は，図 (ア) の斜線部分の面積で与えられる。この面積を計算すると，この等温変化で気体がした仕事は，$nRT \log \left(\dfrac{V_1}{V_0} \right)$ で与えられる。ここで，$\log x$ は x の自然対数である。また，この等温変化での気体の内部エネルギー変化を ΔU，受け取った熱量を Q とすると， (イ) という関係が成立する。

(ア) の解答群

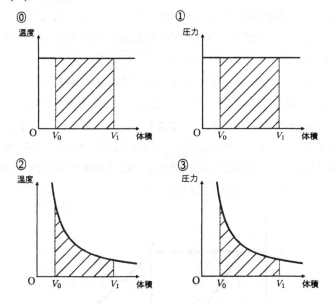

(イ) の解答群

⓪ $\Delta U = 0, Q = 0$　① $\Delta U = 0, Q > 0$　② $\Delta U = 0, Q < 0$

③ $\Delta U < 0, Q = 0$　④ $\Delta U < 0, Q > 0$　⑤ $\Delta U < 0, Q < 0$

⑥ $\Delta U > 0, Q = 0$　⑦ $\Delta U > 0, Q > 0$　⑧ $\Delta U > 0, Q < 0$

(2) 次に，**図 3-1** の熱源として，温度 T_H の高温熱源と温度 T_L ($< T_H$) の低温熱源を用いた熱機関 E_0 を考える。この熱機関 E_0 では，気体の状態を**図 3-2** の $T-V$（温度と体積）図で表されるようなサイクルで変化させる。

最初，下部の板は透熱性のもので，高温熱源と接触させており，気体の温度と体積はそれぞれ T_H，V_A であった（状態 A）。まず，気体の温度 T_H を一定に保ち，気体を状態 A から体積が V_B ($> V_A$) である状態 B へゆっくりと等温変化させた。この等温変化で気体がした仕事を $W_{A \to B}$ とすると，**小問 (1)** より，$W_{A \to B} = nRT_H \log \left(\dfrac{V_B}{V_A} \right)$ であり，気体が受け取った熱量 Q_H は $Q_H =$ **(ウ)** である。次に，下部の板を断熱性のものにして熱源との接触を断ち，気体を状態 B から温度が T_L ($< T_H$) である状態 C へゆっくりと断熱膨張さ

せた。理想気体の断熱変化では，気体の温度 T と体積 V には，$TV^{\gamma-1}=$ (一定) という関係が成立する。この関係をポアソンの式という。ここで，$\gamma\,(>1)$ は定数である。状態 B から C へ断熱膨張したときの内部エネルギーの変化を $\Delta U_{B\to C}$ とすると，気体がした仕事は $\boxed{(エ)}$ となる。

次に，下部の板を再び透熱性のものにして低温熱源と接触させ，気体を状態 C から温度 T_L に保ちながらゆっくりと圧縮し，状態 D へ等温変化させた。この等温変化で低温熱源に放出した熱量を Q_L とし，気体がした仕事を $W_{C\to D}$ とすると $W_{C\to D}=nRT_L\log\left(\dfrac{V_D}{V_C}\right)$ で与えられる。さらに，下部の板を再び断熱性のものにして熱源との接触を断ち，気体を状態 D から最初の状態（状態 A）へゆっくりと断熱圧縮させた。

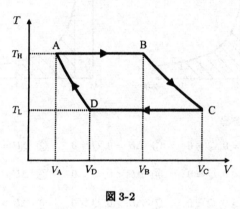

図 3-2

(ウ) の解答群

⓪ 0　　　① $-W_{A\to B}$　　　② $W_{A\to B}$　　　③ $-2W_{A\to B}$

④ $2W_{A\to B}$

(エ) の解答群

⓪ 0　　　① $-\Delta U_{B\to C}$　　　② $\Delta U_{B\to C}$　　　③ $-2\Delta U_{B\to C}$

④ $2\Delta U_{B\to C}$

状態 C と D の体積をそれぞれ V_C と V_D とし，ポアソンの式を用いると，$\dfrac{V_D}{V_C} =$ (オ) となる。したがって，$W_{C \to D}$ は $W_{A \to B}$ を用いると，$W_{C \to D} =$ (カ) と表すことができる。また，状態 D から A へ断熱変化したときに気体がした仕事は (キ) となる。

したがって，熱機関 E_0 の1サイクルでは，高温熱源から熱量 Q_H を受け取り，低温熱源に熱量 Q_L を放出し，外部に仕事をしたことになる（図3-3）。この1サイクルで外部にした仕事を W_0 とすると，$W_0 =$ (ク) となる。熱機関 E_0 の熱効率は，$\eta = \dfrac{W_0}{Q_H}$ と定義されるので，$\eta =$ (ケ) となる。

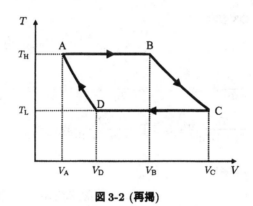

図 3-2 (再掲)

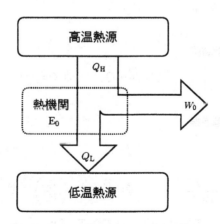

図 3-3

162 2020 年度 物理　　　　　　　　　　東京理科大-理工〈B方式-2月6日〉

(オ) の解答群

⓪ $\left(\dfrac{T_L}{T_H}\right)^\gamma \dfrac{V_A}{V_B}$　　　① $\left(\dfrac{T_H}{T_L}\right)^\gamma \dfrac{V_A}{V_B}$　　　② $\left(\dfrac{T_L}{T_H}\right)^\gamma \dfrac{V_B}{V_A}$

③ $\left(\dfrac{T_H}{T_L}\right)^\gamma \dfrac{V_B}{V_A}$　　　④ $\dfrac{V_A}{V_B}$　　　⑤ $\dfrac{V_B}{V_A}$

⑥ $\left(\dfrac{T_L}{T_H}\right)^{\frac{1}{\gamma-1}} \dfrac{V_A}{V_B}$　　　⑦ $\left(\dfrac{T_H}{T_L}\right)^{\frac{1}{\gamma-1}} \dfrac{V_A}{V_B}$　　　⑧ $\left(\dfrac{T_L}{T_H}\right)^{\frac{1}{\gamma-1}} \dfrac{V_B}{V_A}$

⑨ $\left(\dfrac{T_H}{T_L}\right)^{\frac{1}{\gamma-1}} \dfrac{V_B}{V_A}$

(カ) の解答群

⓪ $-W_{A\to B}$　　　① $W_{A\to B}$　　　② $\dfrac{T_L}{T_H}W_{A\to B}$

③ $-\dfrac{T_L}{T_H}W_{A\to B}$　　　④ $\dfrac{\gamma T_L}{T_H}W_{A\to B}$　　　⑤ $-\dfrac{\gamma T_L}{T_H}W_{A\to B}$

⑥ $\dfrac{T_L}{(\gamma-1)T_H}W_{A\to B}$　　　⑦ $-\dfrac{T_L}{(\gamma-1)T_H}W_{A\to B}$

(キ) の解答群

⓪ 0　　　① $-\Delta U_{B\to C}$　　　② $\Delta U_{B\to C}$　　　③ $-2\Delta U_{B\to C}$

④ $2\Delta U_{B\to C}$

(ク) の解答群

⓪ 0　　　① $Q_H + Q_L$　　　② $Q_H - Q_L$　　　③ $Q_L - Q_H$

(ケ) の解答群

⓪ 0　　　① 1　　　② $\dfrac{T_L - T_H}{T_H}$

③ $\dfrac{T_H - T_L}{T_H}$　　　④ $\dfrac{T_L - T_H}{T_H}\left(\dfrac{V_A}{V_B}\right)$　　　⑤ $\dfrac{T_H - T_L}{T_H}\left(\dfrac{V_A}{V_B}\right)$

⑥ $\dfrac{T_L - T_H}{T_H}\left(\dfrac{V_A}{V_B}\right)^\gamma$　　　⑦ $\dfrac{T_H - T_L}{T_H}\left(\dfrac{V_A}{V_B}\right)^\gamma$　　　⑧ $\gamma\dfrac{T_L - T_H}{T_H}$

東京理科大-理工〈B方式-2月6日〉　　　　　2020 年度　物理　*163*

⑨　$\gamma\dfrac{T_H - T_L}{T_H}$

(3) 熱機関は，熱エネルギーを他のエネルギーへ変換する装置であり，**小問 (2)** の熱機関 E_0 以外にも様々な熱機関がある。例えば，**小問 (2)** の熱機関 E_0 では，すべての状態変化はゆっくりと行われているが，一般的には，そうとは限らない。そこで，一般の熱機関の熱効率にどのような制限があるかを考察するため，熱機関 E_0 と同様の温度 T_H と T_L の熱源を用いた別の熱機関 D の熱効率と熱機関 E_0 の熱効率 η を比較する。以下，熱機関 D の熱効率を e とする。

(a) 熱機関 D の 1 サイクルでは，高温熱源から熱量 Q_H を受け取り，外部に仕事 W を行い，低温熱源に熱量 Q_L' を放出したとする。熱機関 D のサイクルでの状態変化はゆっくりではなく，容器の大きさも熱機関 E_0 のものとは異なっている。このとき，1 サイクルで外部にした仕事 W は，熱機関 D の熱効率 e を用いて，$W =$ 　**(コ)**　と表すことができる。

(b) **小問 (2)** の逆サイクル，つまり，気体の状態を A → D → C → B → A の順にゆっくりと変化させるサイクルで表せられる熱機関（熱機関 E_1）を考える。この逆サイクルは，経路の向きは異なるが，順サイクルと同じ経路をたどる（**図 3-4**）。したがって，熱機関 E_1 での高温熱源や低温熱源との熱や仕事のやりとりは，符号は異なるが熱機関 E_0 におけるそれらの大きさと同じである。つまり，熱機関 E_1 の 1 サイクルでは，低温熱源から熱量 Q_L を受け取り，外から仕事 W_1 をされることにより，高温熱源へ熱量 Q_H を放出する（**図 3-5**）。このとき，W_1 を W_0 を用いて表すと $W_1 =$ 　**(サ)**　となる。さらに，順サイクルで表せられる熱機関（熱機関 E_0）の熱効率 η を用いて，仕事 W_1 は $W_1 =$ 　**(シ)**　と表すことができる。

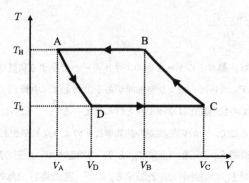

図 3-4

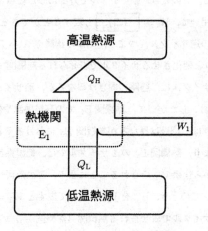

図 3-5

(コ) の解答群

⓪ 0   ① eQ_H ② $-eQ_H$

③ eQ'_L ④ $-eQ'_L$ ⑤ $e(Q_H - Q'_L)$

⑥ $-e(Q_H - Q'_L)$

東京理科大-理工〈B方式-2月6日〉　　　2020年度　物理　*165*

(サ) の解答群

⓪ W_0　　　　① $-W_0$　　　　② $\dfrac{T_H}{T_L}W_0$　　　③ $-\dfrac{T_H}{T_L}W_0$

④ $\dfrac{T_L}{T_H}W_0$　　　⑤ $-\dfrac{T_L}{T_H}W_0$

(シ) の解答群

⓪ ηQ_H　　　　　　① $-\eta Q_H$　　　　　② ηQ_L

③ $-\eta Q_L$　　　　　④ $\eta(Q_H - Q_L)$　　⑤ $-\eta(Q_H - Q_L)$

(c) 熱機関 D で1サイクルを行なったのち，熱機関 E_1 で1サイクルを行うことを考える。この二つのサイクルを組み合わせたものを一つの熱機関ととらえ，これを熱機関 F とよぶ（**図 3-6**）。熱機関 F では，熱機関 D のサイクルで高温熱源から熱量 Q_H を受け取り，熱機関 E_1 のサイクルで高温熱源に熱量 Q_H を放出しているので，高温熱源との熱のやりとりの合計はゼロである。したがって，熱機関 F の1サイクルでは，低温熱源のみと熱のやりとりを行う。もし，$W - W_1 > 0$ であるならば，熱機関 F は，低温熱源のみから熱を吸収し，熱を放出することなしに外部に正の仕事をしたことになる。これは，与えられた熱のすべてを仕事に変換する熱機関は存在しないという熱力学第二法則と矛盾している。したがって，熱機関 D の熱効率 e と熱機関 E_0 の熱効率 η の間には，　(ス)　という関係が必ず成立する。

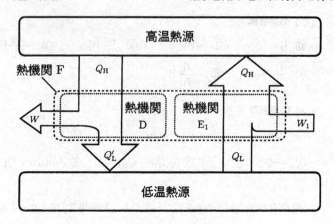

図 3-6

(ス) の解答群

⓪ $e = \eta$ ① $e \leqq \eta$ ② $e \geqq \eta$

③ $e = \dfrac{Q'_L}{Q_H}\eta$ ④ $e \leqq \dfrac{Q'_L}{Q_H}\eta$ ⑤ $e \geqq \dfrac{Q'_L}{Q_H}\eta$

東京理科大-理工〈B方式-2月6日〉　　　　　　　2020年度　化学　*167*

■■■化学■■■

（80分）

　各設問の計算に必要ならば，下記の数値を用いなさい。

原子量：H 1.0，C 12.0，N 14.0，O 16.0，Na 23.0，P 31.0，S 32.1，Cl 35.5，
　　　　K 39.1，Cu 63.6，Br 80.0，I 127

ファラデー定数：9.65×10^4 C/mol
アボガドロ定数：6.02×10^{23}/mol
気体定数：8.31×10^3 Pa·L/(K·mol)
標準状態における理想気体のモル体積：22.4 L/mol

　特段の記述がない限り，気体はすべて理想気体としてふるまうものとする。

168 2020 年度 化学　　　　　　　　　　　　　東京理科大-理工〈B方式-2月6日〉

1　次の(1)～(3)の問に答えなさい。　　　　　　　　　　　　　　　（12 点）

(1)　次の記述のうち，正しいものの番号を過不足なく選んでいる組み合わせを **A 欄**より選び，その番号を**解答用マークシート**にマークしなさい（番号の中の **0** という数字も必ずマークすること）。

① Ag は希硫酸に溶解する。

② 金属イオンとして Ag^+ のみを含む水溶液に，少量の水酸化ナトリウム水溶液を加えると，白色の Ag_2O の沈殿を生成する。

③ Ag_2O は過剰のアンモニア水に溶けて，錯イオンを形成する。

④ 金属イオンとして Ag^+ のみを含む水溶液に H_2S を通じると，酸性，塩基性いずれの条件でも黒色の Ag_2S の沈殿を生成する。

(2)　次の記述のうち，正しいものの番号を過不足なく選んでいる組み合わせを **A 欄**より選び，その番号を**解答用マークシート**にマークしなさい（番号の中の **0** という数字も必ずマークすること）。

① Cu が希硝酸に溶解すると，NO を発生する。

② 金属イオンとして Cu^{2+} のみを含む水溶液に水酸化ナトリウム水溶液を加え，得られた生成物を加熱すると，Cu_2O が得られる。

③ 金属イオンとして Cu^{2+} のみを含む水溶液を塩基性にして，H_2S を通じると，赤褐色の CuS を生成する。

④ CuS は ZnS に比べて，水に対する溶解度積が大きい。

A　欄

01　①	02　②	03　③
04　④	05　①，②	06　①，③
07　①，④	08　②，③	09　②，④
10　③，④	11　①，②，③	12　①，②，④
13　①，③，④	14　②，③，④	15　①，②，③，④

(3) 次の記述は，金属イオンとして Fe^{2+} のみを含む水溶液に関するものである。(ア)～(エ)にあてはまる最も適当な色を**B欄**より選び，その番号を**解答用マークシート**にマークしなさい。ただし，同じ番号を何回用いてもよい。

① $K_3[Fe(CN)_6]$ 水溶液を加えると， (ア) の沈殿を生じる。
② アンモニア水を加えると， (イ) の沈殿を生じる。
③ 塩基性にして H_2S を通じると， (ウ) の沈殿を生じる。
④ Fe^{2+} を Fe^{3+} に酸化して $K_4[Fe(CN)_6]$ 水溶液を加えると， (エ) の沈殿を生じる。

B 欄

1	黒 色	2	濃青色	3	青白色
4	緑白色	5	白 色	6	黄 色
7	橙 色	8	赤褐色	9	血赤色
10	赤紫色				

2 次の記述の(i)～(iv)にあてはまる数値を有効数字が2桁になるように3桁目を四捨五入して求め，次の形式で**解答用マークシート**にマークしなさい。指数 c が 0 の場合の符号 p には**＋**をマークしなさい。 (16 点)

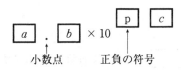

(1) メタン CH_4 (気体)，二酸化炭素 CO_2 (気体)，水 H_2O (液体)の生成熱はそれぞれ 75 kJ/mol，394 kJ/mol，286 kJ/mol である。このとき，メタン CH_4 (気体)の燃焼熱は (i) kJ/mol である。

(2) 体積が 10.0 mL でモル濃度が (ii) mol/L の希塩酸をちょうど中和するには，0.200 mol/L の水酸化ナトリウム水溶液が 8.60 mL 必要である。

(3) 炭素電極を用いて，塩化銅(Ⅱ)水溶液を 0.500 A の電流で　(iii)　秒間電気分解したところ，陰極に 1.27 g の銅が析出した。発生した気体が水に溶解しないとすれば，陽極で発生する気体の体積は標準状態で　(iv)　L である。

3　次の記述の(i)～(iv)にあてはまる数値を有効数字が2桁になるように3桁目を四捨五入して求め，次の形式で**解答用マークシート**にマークしなさい。指数 c が 0 の場合の符号 p には＋をマークしなさい。　　　　　　　　　　　　　（16点）

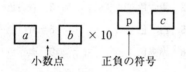

(1) 1.0×10^5 Pa の窒素と酸素は，ある温度で水 1.0 L に 7.0×10^{-4} mol，1.4×10^{-3} mol だけそれぞれ溶解する。この温度条件下，窒素と酸素からなる混合気体が 1.0×10^5 Pa で水 1.0 L に接したところ，この水に溶解した窒素と酸素の質量比は平衡状態で 1.0：16 になった。このとき，この混合気体を構成している窒素と酸素の体積比は，1.0：　(i)　である。ただし，窒素と酸素の水に対する溶解度は十分に小さく，ヘンリーの法則が成り立つものとする。

(2) 1.0 mol/L の酢酸水溶液　(ii)　mL を水で希釈し 1.0 L にすると，pH 3.0 の酢酸水溶液が得られる。ただし，酢酸の電離定数を 2.7×10^{-5} mol/L とし，その電離度の値は 1 よりも十分に小さいものとする。

(3) 油脂 1 g をけん化するのに必要な水酸化カリウムの質量〔mg〕の数値をけん化価という。また，油脂 100 g に付加するヨウ素の質量〔g〕の数値をヨウ素価という。物質量比 1.0：5.0 のステアリン酸（C₁₇H₃₅COOH）とリノール酸

東京理科大-理工〈B方式-2月6日〉 2020年度 化学 *171*

$(C_{17}H_{31}COOH)$から構成されている油脂(平均分子量を 880 とする)のけん化価
は ⎡(iii)⎤ であり，ヨウ素価は ⎡(iv)⎤ である。なお，油脂は高級脂肪酸
と 1, 2, 3-プロパントリオール(グリセリン)のエステルである。

---

4 次の記述の(ア)，(イ)にあてはまる最も適当なものを**A欄**より，(ウ)にあてはまる最
も適当なものを**B欄**より，(エ)，(オ)にあてはまる最も適当なものを**C欄**より選び，
その番号を**解答用マークシート**にマークしなさい。また，(i)にあてはまる数値を
小数第3位を四捨五入して次の形式で**解答用マークシート**にマークしなさい。

(15点)

$$\boxed{a} \overset{\uparrow}{\cdot} \boxed{b} \boxed{c}$$
小数点

リン酸(H_3PO_4)を水に溶かすと，次のように段階的に電離する。

$$H_3PO_4 \rightleftarrows H_2PO_4^- + H^+ \qquad ①$$
$$H_2PO_4^- \rightleftarrows HPO_4^{2-} + H^+ \qquad ②$$
$$HPO_4^{2-} \rightleftarrows PO_4^{3-} + H^+ \qquad ③$$

①，②，③式の電離平衡に対する平衡定数(電離定数)をそれぞれ K_1〔mol/L〕，
K_2〔mol/L〕，K_3〔mol/L〕とする。

(1) リン酸水溶液では①～③式の平衡が同時に成り立っている。リン酸水溶液中
の $H_2PO_4^-$ および PO_4^{3-} の濃度をそれぞれ$[H_2PO_4^-]$〔mol/L〕，$[PO_4^{3-}]$〔mol/L〕
とするとき，その比を H^+ の濃度$[H^+]$〔mol/L〕および K_1, K_2, K_3 を用いて
表すと，

$$\frac{[H_2PO_4^-]}{[PO_4^{3-}]} = \frac{\boxed{(ア)}}{\boxed{(イ)}}$$

となる。

(2) リン酸二水素ナトリウム(NaH_2PO_4)とリン酸水素二ナトリウム(Na_2HPO_4)の混合水溶液は緩衝作用を示すことが知られており、リン酸緩衝液と呼ばれる。NaH_2PO_4 および Na_2HPO_4 のいずれの塩も水溶液中でほぼ完全に電離し、その混合水溶液中では、電離によって生じた $H_2PO_4^-$ と HPO_4^{2-} の間に②式の電離平衡が成立する。この反応に基づいて、リン酸緩衝液は緩衝作用を示す。

一般に、緩衝液は弱酸とその塩、あるいは弱塩基とその塩の混合水溶液からなる。このような組み合わせとしてとらえると、このリン酸緩衝液が示す緩衝作用においては、 (ウ) とみなすことができる。すなわち、このリン酸緩衝液に少量の酸を加えると、

(エ)

の反応により、pH の低下を抑えることができ、また、少量の塩基を加えた場合には、

(オ)

の反応により、pH の上昇を抑えることができる。

(3) ②式の電離定数 K_2 に対し、$-\log_{10}K_2$ で定義される pK_2 の値は 25 ℃ において 7.20 である。この値を用いて計算すると、0.100 mol/L の NaH_2PO_4 水溶液 30.0 mL と 0.100 mol/L の Na_2HPO_4 水溶液 70.0 mL を混合して 100.0 mL としたリン酸緩衝液の pH は 25 ℃ において (i) となる。ただし、水溶液中の NaH_2PO_4 および Na_2HPO_4 は完全に電離し、②式の電離度の値は 1 に比べて十分に小さいと考えなさい。また、ここでは②式の平衡のみを考慮し、①式と③式の平衡は考慮しなくてよい。必要であれば、$\log_{10}3 = 0.477$、$\log_{10}7 = 0.845$ を用いなさい。

A 欄

1 K_1		2 K_2		3 K_3		4 K_1K_2	
5 K_2K_3		6 K_1K_3		7 $K_1K_2K_3$		8 $[H^+]$	
9 $[H^+]^2$		10 $[H^+]^3$					

東京理科大-理工〈B方式-2月6日〉　　　　　　　2020年度　化学　*173*

B 欄

1　$H_2PO_4^-$ を弱酸，NaH_2PO_4 をその塩

2　$H_2PO_4^-$ を弱塩基，NaH_2PO_4 をその塩

3　$H_2PO_4^-$ を弱酸，Na_2HPO_4 をその塩

4　$H_2PO_4^-$ を弱塩基，Na_2HPO_4 をその塩

C 欄

1　$HPO_4^{2-} + H^+ \longrightarrow H_2PO_4^-$

2　$HPO_4^{2-} + OH^- \longrightarrow PO_4^{3-} + H_2O$

3　$H_2PO_4^- + H^+ \longrightarrow H_3PO_4$

4　$H_2PO_4^- + OH^- \longrightarrow HPO_4^{2-} + H_2O$

5 　次の記述の(ア)，(イ)にあてはまる最も適当なものを**A欄**より選び，その番号を**解答用マークシート**にマークしなさい。また，(i)～(iv)にあてはまる最も適当な整数を**解答用マークシート**にマークしなさい。答えが1桁の整数の場合は，十の位に0をマークしなさい。　　　　　　　　　　　　　　　　　　　　　　　　(20点)

(1)　安息香酸，フェノール，ニトロベンゼンを含むジエチルエーテル溶液を分液ロートに入れ，これに炭酸水素ナトリウム水溶液を加えて振り混ぜた後に静置したところ，溶液が二層に分かれた。上層に含まれる化合物は　(ア)　，下層に含まれる化合物は　(イ)　である。

A 欄

1　⬡-COOH　　　　　　　　　2　⬡-OH

3　⬡-NO₂　　　　　　　　　4　⬡-COOH，⬡-OH

5　⬡-COOH，⬡-NO₂　　　　6　⬡-OH，⬡-NO₂

7　⬡-COOH，⬡-OH，⬡-NO₂　8　⬡-COONa

9　⌬-ONa　　　10　⌬-COONa, ⌬-ONa

(2) 分子式 $C_5H_{12}O$ で表される有機化合物のうち，金属ナトリウムと反応して水素を発生するものは [(i)] 個，エタノールと，対応するアルコールとの縮合反応で合成できるものは [(ii)] 個，酸化するとケトンが得られるものは [(iii)] 個ある。ただし，鏡像異性体は区別して数えなさい。

(3) 分子式 $C_9H_{10}O_3$ で表される芳香族化合物 A は塩化鉄(Ⅲ)水溶液を加えると呈色した。また，化合物 A を酸性条件下で加水分解すると，芳香族化合物 B と化合物 C が生成した。化合物 B に炭酸水素ナトリウム水溶液を加えると溶解した。また，化合物 C はヨードホルム反応を引き起こした。これらの条件を満たす芳香族化合物 A の構造異性体は [(iv)] 個ある。

6　次の記述の(ア)〜(ケ)にあてはまる最も適当なものをA欄より選び，その番号を**解答用マークシートにマークしなさい**（番号の中の0という数字も必ずマークすること）。また，①〜⑪にあてはまる最も適当なものを{　}より選び，その番号を**解答用マークシートにマークしなさい**。(i)，(ii)にあてはまる数値を有効数字が2桁になるように3桁目を四捨五入して求め，次の形式で**解答用マークシートにマークしなさい**。指数 c が0の場合の符号 p には＋をマークしなさい。

(21点)

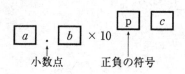

[a].[b] × 10^[p][c]
小数点　　正負の符号

(1) ポリエチレンは [(ア)] 構造の高分子で，熱を加えると①{1　硬化，2　軟化}し，冷却すると②{1　硬く，2　軟らかく}なる [(イ)] 樹脂である。また，エテン（エチレン）を [(ウ)] することでポリエチレンが得られる。③{1　高圧，2　低圧}，高温条件下で作られたポリエチレンは，枝分か

れが多い構造をもち，その結晶性は④{1　高い，2　低い}ことから，⑤{1　硬く，2　軟らかく}，⑥{1　透明，2　半透明}である。また，触媒を加えて，⑦{1　高圧，2　低圧}，低温条件下で作られたポリエチレンは，枝分かれが少ない構造をもち，その結晶性は⑧{1　高い，2　低い}ことから，⑨{1　硬く，2　軟らかく}，⑩{1　透明，2　半透明}である。

(2) スチレンは，工業的には鉄触媒を用いてエチルベンゼンから　(エ)　を脱離させて合成する。スチレンと　(オ)　を共重合させて合成した樹脂に特定の置換基を導入したものは，樹脂がもつイオンと溶液中に存在する同符号の別のイオンとを交換する機能をもつ。この樹脂のベンゼン環に酸性の　(カ)　基を導入したものを⑪{1　陰，2　陽}イオン交換樹脂という。この樹脂をガラス管に詰め，上から塩化ナトリウム水溶液を通すと樹脂中の　(キ)　が水溶液中の　(ク)　と交換し，下から　(ケ)　が流出する。

問1　下線部(x)について以下の記述を読み，(i)にあてはまる数値を答えなさい。

　　スチレンと1,3-ブタジエンを共重合させて合成ゴムを得た。スチレン部位とブタジエン部位の物質量比が1：3であるこの合成ゴムに，十分な量の臭素を加えると45 gの臭素が反応した。臭素と反応した合成ゴムの質量は　(i)　gである。ただし，臭素はベンゼン環と反応しないものとする。

問2　下線部(y)について以下の記述を読み，(ii)にあてはまる数値を答えなさい。

　　5.2 gのスチレンを　(ウ)　させてポリスチレンとし，さらに濃硫酸で処理したところ，ベンゼン環の80％に　(カ)　基が導入されたイオン交換樹脂が得られた。このイオン交換樹脂をガラス円筒に詰め，

176 2020 年度　化学　　　　　　　　　　　東京理科大-理工〈B方式-2月6日〉

0.50 mol/L の酢酸ナトリウム水溶液 70 mL を上から通した。下から得られた流出液をすべて集め，1.0 mol/L の水酸化ナトリウム水溶液で中和滴定したところ，終点までに　(ii)　mL を要した。ただし，スチレンは完全にポリスチレンに変換され，イオン交換は完全に行われたものとする。

A　欄

01　*p*-ジクロロベンゼン　　　　　　02　*p*-ジビニルベンゼン

03　*p*-フェニレンジアミン

04　2-メチル-1, 3-ブタジエン(イソプレン)

05　2-クロロ-1, 3-ブタジエン(クロロプレン)

06　水　素　　　　　　　　　　　07　酸　素

08　窒　素　　　　　　　　　　　09　フッ素

10　希塩酸　　　　　　　　　　　11　希硝酸

12　希硫酸　　　　　　　　　　　13　酢　酸

14　水　　　　　　　　　　　　　15　カリウムイオン

16　水素イオン　　　　　　　　　17　ナトリウムイオン

18　塩化物イオン　　　　　　　　19　水酸化物イオン

20　アミノ　　　　　　　　　　　21　スルホ

22　ヒドロキシ　　　　　　　　　23　ニトロ

24　網目状　　　　　　　　　　　25　架　橋

26　鎖　状　　　　　　　　　　　27　層　状

28　熱可塑性　　　　　　　　　　29　熱硬化性

30　熱変性　　　　　　　　　　　31　開環重合

32　縮合重合　　　　　　　　　　33　付加縮合

34　付加重合

東京理科大-理工〈B方式-2月6日〉　　2020 年度　英語〈解答〉　*177*

解答編

■英語■

（注）　解答につきましては，東京理科大学から提供のあった情報を掲載しております。

1 **解答** (1)— 3　(2) laboratories
(3)A — 4　B — 1　C — 3　(4)— 2
(5)(A)— 4　(B)— 4　(6) born　(7)— 3　(8)— 1　(9)— 3
(10) 1 — T　2 — F　3 — T　4 — T

◆全　訳◆

≪不老不死への科学的挑戦≫

[1]　老化の仕組みが少しずつ解明されつつあり，今後数十年のいずれかの段階で老化は制御可能になるかもしれないと，多くの科学者は慎重に楽観的である。彼らの研究によれば，老化はどうやら，DNA や細胞のエラーの蓄積にすぎないようであり，もしかするといつの日にか，我々は老化を阻止，さらには反転すらできるかもしれない。（実際，ハーバード大学教授の中には，自分たちの研究に楽観的すぎるあまり，会社までつくって，自分たちの研究所で行われている老化の先端研究から利益を出そうと目論んでいる者もいる。）

[2]　確かに，遺伝子がヒトの寿命に重要な役割を果たしているという事実は，疑う余地がない。問題は，どの遺伝子が老化に関与しているのかを特定し，環境効果を切り離し，関与している遺伝子を改変する段階において生じる。

[3]　老化に関する最古の神話の一つは，永遠の若さを手に入れるために，若者の血を飲んだり，魂を吸いとったりするというものだ。これは，若さがあたかも人から人へと移動可能であるというようなもので，吸血鬼の伝説に見られる。サキュバスという美しい神話上の生き物がおり，この生き物は永遠の若さを保っている。なぜならば，この生き物は若者にキスをし

て，その身体から若さを吸い取っているからだ。

［4］　現代の研究によれば，この考え方には一抹の真実があるかもしれない。1956 年，コーネル大学のクライブ=M. マッケイは，2 匹のラットの血管を縫合してみた。1 匹は老いてよぼよぼ，もう 1 匹は若くて元気溌剌としていた。驚いたことに，老いたマウスが若返り始め，若いマウスには逆のことが起こったのだ。

［5］　数十年後の 2014 年，ハーバード大学のエイミー=ウェイガーズはこの実験を再検証した。とても驚いたことに，同じ若返り効果がマウスに見られたのだ。そこで彼女は，この若返りの根底にあると考えられているタンパク質 GDF11 の単離を行った。この結果は非常に注目に値するということで，『サイエンス』誌によって同年の 10 大発見の一つに選ばれた。しかし，この驚くべき主張以後，他のグループもこの研究のコピーを行おうとしてきたが，結果はまちまちだった。GDF11 が老化と闘う冒険に役立つ武器になるのかどうかは依然として不明である。

［6］　他にヒト成長ホルモン（HGH）に関する論争もあり，このホルモンはすさまじい流行を生んでいるが，そのアンチエイジング効果を支える信頼できる研究はほとんどない。2017 年，イスラエルのハイファ大学による被験者 800 人以上の大規模研究は，それとは反対の効果の証拠を発見した。つまり，HGH は実際にはヒトの寿命を縮める可能性がある。さらに，別の研究は，HGH 量の減少をもたらす遺伝子変異によって，ヒトの寿命が延びる可能性を示唆しているので，HGH の効果は裏目に出る可能性がある。

［7］　こうした研究は我々に教訓を教えてくれる。以前は老化に関する突飛な主張がなされ，入念に分析されると下火になることが多かったが，今日の研究者たちは，すべての結果が検証可能・再現可能・反証可能であることを要求している。これこそが，本物の科学の品質証明である。

［8］　老化の秘密を解明しようとする新たな科学「生物老年学」が生まれつつある。近年，この分野での活動が相次いでおり，FOXO3，DNA メチル化，mTOR，インスリン増殖因子，Ras2，アカルボース，メトホルミン，α-エストラジオール，などの有望な遺伝子，タンパク質，作用，化学物質が大量に分析されている。いずれも科学者たちの間で多大な関心を呼び起こしているが，結果はまだ準備段階である。どの方法をたどれば最

東京理科大-理工〈B方式-2月6日〉　　　　2020 年度　英語〈解答〉　*179*

善の結果になるのかは，時が経たないとわからない。

[9]　不老不死への探究は，以前は神秘主義者やペテン師やニセ医者がうようよしていた分野だが，現代では世界でもトップクラスの科学者たちが取り組んでいる。老化の治療法はまだ存在していないが，科学者たちは多くの有望な研究方法を追求している。すでに，一部の動物の寿命を延ばすことは可能だが，これがヒトに転移可能かどうかはまだわからない。

[10]　研究の速度は目覚ましいものだが，老化の謎を解けるようになるにはまだ長い道のりがある。最終的には，こうした方法のいくつかを組み合わせて，老化を遅らせ，さらには停止させる方法が見つかるかもしれない。次の世代が必要な大発見をする可能性もある。MIT（マサチューセッツ工科大学）の教授ジェラルド=サスマンがかつて嘆いたように「時期尚早だろうが，もうすぐだろう。不幸にして，私は死ぬ最後の世代なのかもしれない」のである。

[11]　深宇宙探査に携わっている科学者たちは老化研究に強い関心を抱いている。なぜならば，星間の距離はあまりにも膨大なので，宇宙船がその旅を完了するには数百年を要する可能性があるからだ。それゆえ，宇宙船をつくり，星々への旅を生き残り，はるか彼方の惑星に定住するという作業には，人生数回分が必要となる可能性がある。その旅を生き残るには，数世代が乗る宇宙船をつくるか，宇宙飛行士や未来の入植者たちを人工冬眠させるか，彼らの寿命を延ばすかする必要があるだろう。

[12]　しかし，老化問題を解決したら，どうなるだろうか？　これが実現したとしたら，星間の膨大な距離もそんなに恐ろしく感じないかもしれない。不死身の人間ならば，星間飛行を我々とは全く違う風に考えるかもしれない。彼らからすれば，宇宙船をつくって自分たちが宇宙に行くのに必要な膨大な時間は，単なる小さな障害にすぎないかもしれない。我々が待ちに待ったバカンスのために数カ月我慢するのと同じような感覚で，不死身の人間は宇宙に行くのに必要な数百年をちょっと面倒くさい程度にしか思わないかもしれないのだ。

◀解　説▶

(1)　3 が正解。arrest のここでの意味は「～を阻止する，～を食い止める」（＝stop / prevent）である。arrest the economic slowdown「景気の後退を食い止める」

180 2020 年度 英語〈解答〉 東京理科大-理工〈B方式-2月6日〉

1・4は「～を逮捕する」(protesters「抗議者」, suspects「容疑者」),
2は arrest the attention of ～ で「～の注意を引く」(＝draw 〔attract〕
the attention of ～) の意味。

(2) 日本語でも「ラボ」と言うが, これは laboratory「実験室, 研究所」
の略語である。

(3) A. 4が正解。Modern research の例として, 直後の文 (In 1956,
…) や第5段第1文 (Decades later, …) の記述がある。
B. 1 が 正解。so ～ that … 「あ ま り に ～ な の で … だ」構 文。
breakthrough「大発見」を, 直後の文で this astonishing claim「この驚
くべき主張」として受けている。
C. 3が正解。Each は直前文のさまざまな化学物質を受けている。

(4) 1.「HGH (ヒト成長ホルモン) は自己生成することによって, 生命
体を支える可能性がある」
2.「HGH はアンチエイジング効果がなく, 寿命を縮める可能性がある」
3.「HGH はアンチエイジング効果を加速させる可能性がある」
4.「HGH は生命体を爆破して破壊する可能性がある」
2が正解。直前文の後半 that HGH might actually decrease a person's
life expectancy「HGH は実際にはヒトの寿命を縮める可能性がある」を
言い換えている。

(5) (A)1.「攻撃的な」 2.「利己的な」 3.「邪悪な」 4.「大胆な」
4が正解。wild claims「荒々しい〔突飛な〕主張」≒bold claims「大胆な
主張」
(B)1.「流行した」 2.「価格が下がった」 3.「支持を得た」 4.「魅
力を失った」
4が正解。fade は「(花などが) しぼむ」が基本的な意味。

(6) Biogerontology, …, is being born. とつながる (カンマで挟まれた名
詞句は主語と同格)。bear「～を産む」の活用は bear-bore-born である
(*A* is born「*A* が生まれる」)。問題文は現在進行形かつ受動態。

(7) 1.「老化研究は神話に出てくる不死身の生き物の存在を証明した」
2.「非科学的な人々が普通は追求している事物に科学者たちが関心を持
つことに対して, 筆者は批判的である」
3.「老化研究の成功による発見のおかげで, 今では寿命が延びた動物も

いる」

4．「生命を動物から取り出してヒトに移すことが可能ならば，科学者たちはヒトの寿命を延ばせるようになるだろう」

3が第9段第3文（Already, they can …）に一致。

(8)　1．「人類は老化の仕組みをまだ十分には理解できていない」

2．「大発見を促進するために，我々は最も有望な研究法を選び出さなくてはならない」

3．「ジェラルド=サスマンが死にゆく最後の人々の一人であることを筆者は残念に思っている」

4．「ジェラルド=サスマンは死を恐れていると公言している」

1が第10段第1文（Although the pace …）に一致。be a long way from 〜「〜からは程遠い」

(9)　1．「将来の不死身の旅人たちは，宇宙旅行の準備中に多くの問題や不満を経験しなくてはならないかもしれない」

2．「老化研究を含む科学の進歩によって，現在よりもはるかに迅速な宇宙旅行が可能になるかもしれない」

3．「科学によって人類が不死身になれば，人類の星間飛行への考え方は変わるかもしれない」

4．「技術の進歩のおかげで，将来，宇宙船は今よりもはるかに簡単かつ迅速につくられるかもしれない」

3が第12段第3〜最終文（Immortal beings may … than an annoyance.）に一致。

(10)　1．「筆者の考えでは，遺伝子が寿命の主な決定要因であることは否定できない」

第2段第1文（So the fact …）に一致。indisputable「議論の余地なく正しい」

2．「ハーバード大学の教授の中には，アンチエイジングの事業経営に成功している者もいる」

第1段第3文（(In fact, some …）から，ここまでは言えない。

3．「エイミー=ウェイガーズは実験を行う前は，マッケイと同じ結果を得られるとは思っていなかった」

第5段第1・2文（Decades later, … effect among mice.）に一致。

Much to her surprise「彼女がとても驚いたことには」

4.「老化研究が深宇宙探査に携わっている科学者たちに強い関心を呼び起こしている理由は，宇宙探査に行く人たちの老化が長距離宇宙飛行の大きな障害だからだ」

第11段第1文（Scientists concerned with …）に一致。

2 解答

(1) 5 → 6 → 3 → 1 → 4 → 2
(2)— 3　(3)— 4　(4)— 4　(5)— 3　(6)— 2

◆全 訳◆

≪世界経済の西欧支配の終焉≫

　今日の世界の人口は約70億人である。その分布を最も適切に表した地図はどれだろうか？　（地図上の人1人で10億人を表すものとする。）

（地図A～C：省略）

　70％の人々が依然として，10億人が違う大陸にいる間違った地図を選ぶ。70％の人々は人口の過半数がアジアに住んでいることを知らないのである。持続可能な未来，地球の天然資源の略奪，世界市場といったことを本当に気にかけているならば，10億人を見逃すことなどどうしてできようか？

　正解の地図はAだが，この状況も変わる見込みである。国連の予測では，今世紀末にはアメリカ大陸とヨーロッパではほとんど変化はないが，アフリカの人口は30億人，アジアの人口は10億人増える。2100年には，世界地図上の人の配置も異なったものになっている。世界人口の80％以上がアフリカとアジアに住んでいることになる。

　国連の人口成長予測が正しく，アジアとアフリカの所得が現在並みに成長を続ければ，今後20年で世界市場の重心は大西洋からインド洋へと移ることになる。現在，北大西洋を囲む豊かな国々に住む人々は世界人口の11％だが，高所得消費者市場の60％を占めている。世界全体の所得が現在並みに成長を続ければ，2027年にはこの数値はもう50％へと減少する。2040年には，高所得消費者の60％は西欧以外で暮らすことになる。そう，世界経済の西欧支配はまもなく終わると考えざるを得ない。

　北アメリカとヨーロッパに住む人々は，世界人口のほとんどがアジアに住んでいるということを理解する必要がある。経済力の観点からすると，

東京理科大-理工〈B方式-2月6日〉　　　2020 年度　英語〈解答〉 *183*

「我々」は多数派ではなく少数派になりつつある。しかし「我々」の多くはこうした数値と我々の懐古的精神との折り合いをつけられない。我々は将来の世界市場における自分たちの重要性の判断を誤る傾向にある。我々の多くは，将来の取引を支配することになる人々に対して礼を失しているのだ。

━━━━◀解　説▶━━━━

(1)　(… the UN) expects there (to) have been (almost) no change (in the Americas and Europe, …)

expect *A* to *do*「*A* が～することを期待する」　*A* to *do* の部分に there 構文が用いられている。文の冒頭に By the end of this century とあるので，この to have been の時制は未来完了形に相当する（＝the UN expects (that) there will have been …）。

(2)　1.「代用品」　2.「制限」　3.「予測」　4.「移民」

3 が正解。the forecasts for population growth「人口成長予測」　fore は「前」という意味の接頭辞（*cf.* before）。

(3)　4 が正解。make up ～「～を構成する」（＝compose / constitute）

(4)　4 が正解。be over「終わる」（＝finish / end）

(5)　1.「アフリカとアジア」　2.「大西洋からインド洋まで」　3.「北大西洋周辺」　4.「西欧以外」

3 が正解。前段最終文（Yes, I think …）で「世界経済の西欧支配はまもなく終わる」と述べた後で，「『我々』は少数派になりつつある」と述べているので，「我々」とは西欧人である。その居住地は，3 の「北大西洋周辺」である（北大西洋の東側にはヨーロッパ，西側にはアメリカがある）。

(6)　1.「～を避ける」　2.「～を支配する」　3.「～を無視する」　4.「-に従う」

2 が正解。those who will control the future trade deals「将来の取引を支配することになる人々」とは，「西欧以外の人々」すなわち「アジア・アフリカの人々」を指している。

3　解答

(1)4→3→2→5→1　(2)5→4→1→3→2

(3)(a)2→5→7→4→3→6→1

(b)4→1→5→3→6→2

184 2020 年度　英語〈解答〉　　　　　　　東京理科大-理工〈B方式-2月6日〉

(4)ー1　　(5)ー3

━━━━◆全　訳◆━━━━━━━━━━━━━

≪数学は楽しく教えるべき≫

　（以下は，イギリスの数学者・ピアニストであるユージニア＝チェンのインタビューの抜粋である。）

インタビュアー：数学なんかなくたって日常生活はやっていけると考えている人たちに対して言いたいことはありますか？

チェン：それは全くその通りです。でも，いくらか数学ができると，もっとうまくやっていけると思いますよ。抽象化や論理の原則は，私たち全員が使えるものです。抽象化というのは，ある主張で言われていることの核心に到達したり，物事の類似性を上手く発見したりする方法なのです。それが共感の本質なんだと思います。人間同士の類似性ですね。自分と他人の類似性を見つけられれば，他人に共感することができます。たとえ，実際にはその人の立場にいなくて，その人の立場を一度も経験したことがなくても，です。

インタビュアー：数学者のように考えることで，いさかいにどんな効果がもたらされますか？

チェン：数学には，ある主張をいかに整理して初めに戻すかの明確な枠組みがあります。主張の初めというのは，実際には，その人が持つ基本的な考え方です。片方が正しくて片方が間違っていると言うのではなく，ある主張に関して何が本当に正しいのか，そして，どこから出発すればそうなるのか，を問うことができるのです。

インタビュアー：ベーグルやワイングラスを教材に使っておられますね。複雑な概念の伝達に楽しいことはどう役立っていますか？

チェン：楽しんでもらうことは，興味を持ってもらう方法の一つです。それに，教材を記憶しやすくもできます。私は今まで数多くの退屈な講義に出てきましたが，数学の講義への人々の期待値は特に低いです。なので，すぐに笑ってくれます。教育でまず気にかけるべきことは，学生が楽しんでいることだと思います。こう言うと反対する人もいるのですが，学びが楽しくなければ，学生は学ぶことが嫌いになりますし，嫌いになってしまったら，結局は何も学びません。プレッシャーを与えれば一時的には記憶するかもしれませんが，何も残りません。

東京理科大-理工〈B方式-2月6日〉　　　2020 年度　英語〈解答〉　*185*

■■■■■■■■■ ◀解　説▶ ■■■■■■■■■

(1)　(Abstraction is how) you get to the core (of) what an argument (is really saying and …)

get to ～「～に到達する」(＝arrive at / reach)　what 節は名詞節。

(2)　we can ask (what) it is about (an argument that is right, …)

what 節（名詞節）に it is … that ～ の強調構文が合体した形。about an argument は what を修飾しており，it is X about an argument that is right「ある主張に関して正しいのはXだ」という文のXが疑問詞の what になったと考えるとよい。

(3)　(a)(Keeping people amused) is one way of keeping them interested.

Keeping people amused と keeping them interested はいずれも keep O C「OをCの状態に保つ」の第5文型（amused と interested はいずれも分詞形容詞）。one way of *doing*「～する方法の一つ」(＝one way to *do*)

(b)(So) they are very ready to laugh.

be ready to *do*「～する準備ができている，すぐに～する」

(4)　1．「学びは楽しいものであるべきだという考えに反対する人がいる」

2．「今日の学生が学びを楽しんでいるという主張に全員が賛成しているわけではない」

3．「楽しい学びという概念を支持するようになった人がいる」

4．「学びが楽しいものであるべきという意見の否定と受容の間で揺れ動いている人がいる」

1が正解。that idea は直前文（I feel that …）の内容を指しているので，その言い換えは1・3・4が正しい。また，backlash の back というニュアンスが出るのは，1の oppose「～に反対する」か2の Not all people agree「全員が賛成しているわけではない」である。

(5)　1．「学生の関心を引く」　2．「学生に学びを強制する」　3．「学生とともにある」　4．「学生を刺激する」

3が正解。直前文の they're not going to learn anything in the long run「学生たちは結局何も学びません」と重ねて考える（not ～ anything＝nothing）。stick には「（糊などが）貼りつく」という意味があり，そこか

186 2020 年度　英語〈解答〉　　　　　　東京理科大-理工〈B方式-2月6日〉

ら「(物事が) 記憶に残る」という意味にもなる。

❖講　評

　2020 年度は大問 3 題の出題であった。読解問題 2 題，会話文問題 1 題で，ほぼマークシート法だが，2 問だけ英単語の記述問題がみられた。

　① アンチエイジングに科学的に挑む biogerontology「生物老年学」に関する約 870 語の論説文。筆者は日系の物理学者で，終盤では deep space exploration「深宇宙探査」の話題も出る。全体的に語彙レベルが高く，特に化学物質の名称など専門用語が多い。小問は(1)～(10)だが，一部はさらに細問に分かれる。(1)語彙の同一用法選択や，(3)文の空所補充など例年以上にバリエーションに富んでいる。(2)，(6)に英単語の記述問題があり，(2)「研究所，実験室」は理系の必須語彙だが，正しく書けたであろうか？（複数形になることも忘れずに！）　内容真偽の(7)～(9)は参照すべき段落が示されている分，通常よりは解きやすい。(10)の T/F 判定 4 問が合否を分けそうである。

　② 21 世紀の世界の人口動向に関する約 330 語の読解問題で，語句整序 1 問，空所補充 4 問，内容説明 1 問。内容説明の(5)は面白い問題で，問題文中にもヒントはあるが，世界地理の一般常識といった側面もある。the Atlantic「大西洋」以外にも，the Pacific「太平洋」，the Arctic「北極」，the Antarctic「南極」などは基本知識としたい。

　③ 女性数学者へのインタビューを素材とした 300 語程度の会話文問題で，語句整序 4 問と同意表現 2 問。(1)，(2)は並べ替える部分が飛び飛びになっているので，意外と解きにくい。(4)の backlash や(5)の stick の意味は標準的な受験知識ではないので，文脈から意味を割り出す必要がある。

　なお，①はミチオ=カク（斉藤隆央訳）『人類，宇宙に住む―実現への 3 つのステップ』（NHK 出版，2019 年），②はハンス=ロスリング，オーラ=ロスリング，アンナ=ロスリング=ロンランド（上杉周作，関美和訳）『FACTFULNESS―10 の思い込みを乗り越え，データを基に世界を正しく見る習慣』（日経 BP 社，2019 年）として翻訳されており，③もユージニア=チェン（上原ゆうこ訳）『数学教室 π の焼き方―日常生活の数学的思考』（原書房，2016 年）で詳しく紹介されている。

東京理科大-理工〈B方式-2月6日〉　　　　　2020 年度　数学〈解答〉　**187**

数学

(注)　解答につきましては，東京理科大学から提供のあった情報を掲載しております。

1 解答

(1)ア. 2　イ. 2　ウ. 2　エ. 1
　　オ. 1　カ. 2　キ. 2
(2)(a)ク. 3　ケ. 5　コ. 2
(b)サ. 3　シ. 9　ス. 5　セソタ. 108　チ. 7　ツテ. 36
(c)ト. 2　ナ. 1　ニヌネ. 135
(3)ノ. 4　ハ. 3　ヒ. 2　フ. 5　ヘ. 1　ホ. 5　マ. 3
ミ. 3　ム. 2

◀解　説▶

≪小問3問≫

(1)　$f(x) = xe^{-x^2+2\sqrt{2}x}$ より

$$f'(x) = e^{-x^2+2\sqrt{2}x} + xe^{-x^2+2\sqrt{2}x}(-2x+2\sqrt{2})$$
$$= (-2x^2+2\sqrt{2}x+1)e^{-x^2+2\sqrt{2}x} \quad (\to \text{ア}\sim\text{エ})$$

すべての実数 x で $e^{-x^2+2\sqrt{2}x} > 0$ だから，$f'(x) = 0$ とすると

$$-2x^2+2\sqrt{2}x+1 = 0, \quad 2x^2-2\sqrt{2}x-1 = 0$$

$$x = \frac{\sqrt{2} \pm 2}{2} = \pm 1 + \frac{\sqrt{2}}{2}$$

$-1 + \dfrac{\sqrt{2}}{2} < 0$ だから，$x \geqq 0$ での増減表は右
のようになる。

x	0	$\cdots$	$1+\dfrac{\sqrt{2}}{2}$	$\cdots$
$f'(x)$		+	0	−
$f(x)$	0	↗	極大	↘

増減表より，$f(x)$ は $x = 1 + \dfrac{\sqrt{2}}{2}$ で最大値をとる。　（→オ〜キ）

(2)(a)　$a_n = 5 \cdot 3^{n-1}$ だから

$$S_n = \frac{5(3^n-1)}{3-1} = (3^n-1) \cdot \frac{5}{2} \quad (\to \text{ク}\sim\text{コ})$$

(b)　p, q を定数として，$b_{n+2} - pb_{n+1} = q(b_{n+1} - pb_n)$ と表されるとすると

$$b_{n+2} = (p+q)b_{n+1} - pqb_n$$

$b_{n+2} = 6b_{n+1} + 27b_n$ より，係数を比較して

$$p + q = 6, \quad pq = -27$$

解と係数の関係より，p, q は x についての方程式 $x^2 - 6x - 27 = 0$ の 2 つの解である。変形して

$$(x+3)(x-9) = 0$$

$$x = -3, \ 9$$

よって，$(p, \ q) = (-3, \ 9), \ (9, \ -3)$ として

$$b_{n+2} + 3b_{n+1} = 9(b_{n+1} + 3b_n) \quad \cdots\cdots ① \quad (\to \text{サ・シ})$$

$$b_{n+2} - 9b_{n+1} = -3(b_{n+1} - 9b_n) \quad \cdots\cdots ②$$

①より，数列 $\{b_{n+1} + 3b_n\}$ は初項 $b_2 + 3b_1$，公比 9 の等比数列なので

$$b_{n+1} + 3b_n = (b_2 + 3b_1) \cdot 9^{n-1}$$

$$b_{n+1} + 3b_n = 5 \cdot 9^{n-1} \quad \cdots\cdots ③$$

②より，数列 $\{b_{n+1} - 9b_n\}$ は初項 $b_2 - 9b_1$，公比 -3 の等比数列なので

$$b_{n+1} - 9b_n = (b_2 - 9b_1) \cdot (-3)^{n-1}$$

$$b_{n+1} - 9b_n = -7 \cdot (-3)^{n-1} \quad \cdots\cdots ④$$

③，④の両辺を引いて

$$12b_n = 5 \cdot 9^{n-1} + 7 \cdot (-3)^{n-1}$$

$$b_n = 9^n \cdot \frac{5}{108} - (-3)^n \cdot \frac{7}{36} \quad (\to \text{ス}\sim\text{テ})$$

(c) (a), (b)より

$$S_n = 3^n \cdot \frac{5}{2}\left\{1 - \left(\frac{1}{3}\right)^n\right\}, \quad b_n = 9^n\left\{\frac{5}{108} - \frac{7}{36}\left(-\frac{1}{3}\right)^n\right\}$$

だから

$$\frac{b_n}{S_n{}^m} = \left(\frac{9}{3^m}\right)^n \cdot \frac{\left\{\dfrac{5}{108} - \dfrac{7}{36}\left(-\dfrac{1}{3}\right)^n\right\}}{\left(\dfrac{5}{2}\right)^m\left\{1 - \left(\dfrac{1}{3}\right)^n\right\}^m}$$

ここで

$$\lim_{n\to\infty} \frac{\dfrac{5}{108} - \dfrac{7}{36} \cdot \left(-\dfrac{1}{3}\right)^n}{\left(\dfrac{5}{2}\right)^m\left\{1 - \left(\dfrac{1}{3}\right)^n\right\}^m} = \frac{5}{108}\left(\frac{2}{5}\right)^m$$

東京理科大-理工〈B方式-2月6日〉　　　　　　　　　2020 年度　数学〈解答〉　*189*

より，$\dfrac{b_n}{S_n{}^m}$ が収束するのは $\dfrac{9}{3^m}\leqq 1$ のときだから，$m\geqq 2$ である。

よって，最小の自然数 m は　　　$m=2$　（→ト）

また，そのとき

$$\lim_{n\to\infty}\frac{b_n}{S_n{}^2}=1\cdot\frac{5}{108}\left(\frac{2}{5}\right)^2=\frac{1}{135}\quad（→ナ～ネ）$$

(3)　　　$162=2\cdot 3^4,\ 72=2^3\cdot 3^2$　（→ノ～ヒ）

2 でちょうど割り切れる回数は，162 が 1 回，72 が 3 回，a^5 が $5s$ 回，b^5 が $5t$ 回だから，$162a^5$ は $(5s+1)$ 回，$72b^5$ は $(5t+3)$ 回である。（→フ～マ）

$p=5s+1,\ q=5t+3$ とする。$p\neq q$ であり

$$162a^5=2^pA,\ 72b^5=2^qB\quad（A,\ B\text{ は奇数}）$$

と表せる。

(i)　$p<q$ のとき

　$q-p>0$ だから

$$n=2^pA+2^qB=2^p(A+2^{q-p}B)=2^p\times（\text{奇数}）$$

　n は 2 でちょうど p 回割り切れる。

　$p=5s+1=13$ となる整数 s は存在しないので不適。

(ii)　$p>q$ のとき

　$p-q>0$ だから

$$n=2^pA+2^qB=2^q(2^{p-q}A+B)=2^q\times（\text{奇数}）$$

　n は 2 でちょうど q 回割り切れる。

　$q=5t+3=13$ として　　　$t=2$

　$p=5s+1>13$ より　　　$s\geqq 3$

(i)，(ii)より，必要十分条件は $s\geqq 3$　かつ　$t=2$ である。（→ミ・ム）

② 解答　(1)（3，3）(2)$\dfrac{9}{2}$　(3)$\dfrac{27}{2}\pi$　(4)$\dfrac{20}{3}\pi$

※計算過程の詳細については省略。

◀解　説▶

≪面積，回転体の体積≫

(1)　　　$x^2-2x=x$　　　$x(x-3)=0$

$x = 0, 3$

$x > 0$ より　$x = 3$

よって　P(3, 3) ……(答)

(2) C と l は P 以外に原点で交わる。右図より，A の面積は

$$\int_0^3 \{x - (x^2 - 2x)\}dx = \int_0^3 (-x^2 + 3x)dx$$

$$= \left[-\frac{1}{3}x^3 + \frac{3}{2}x^2\right]_0^3$$

$$= -9 + \frac{27}{2}$$

$$= \frac{9}{2} \quad \cdots\cdots(答)$$

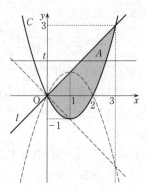

参考　公式 $\int_a^b (x-a)(x-b) = -\frac{1}{6}(b-a)^3$ を用いると

$$\int_0^3 \{x - (x^2 - 2x)\}dx = -\int_0^3 x(x-3)dx$$

$$= \frac{1}{6} \cdot (3-0)^3 = \frac{9}{2}$$

(3)　$C : y = (x-1)^2 - 1$ は頂点 $(1, -1)$ である。直線 $y = t$ ($-1 < t < 3$) と C の交点の x 座標は

$$x^2 - 2x = t$$

$$x = 1 \pm \sqrt{1+t}$$

図より，A の境界線と直線 $y = t$ は $-1 < t \leqq 0$ のとき C 上の 2 点で，$0 < t < 3$ のとき点 $(1+\sqrt{1+t},\ t)$ と l 上の点 $(t,\ t)$ で交わる。よって，V_1 は

$$V_1 = \pi \int_{-1}^0 \{(1+\sqrt{1+t})^2 - (1-\sqrt{1+t})^2\}dx$$

$$\qquad\qquad + \pi \int_0^3 \{(1+\sqrt{1+t})^2 - t^2\}dx$$

$$= \pi \left\{\int_{-1}^0 4\sqrt{1+t}\,dx + \int_0^3 (2 + t - t^2 + 2\sqrt{1+t})dx\right\}$$

$$= \pi \left\{\left[\frac{8}{3}(1+t)^{\frac{3}{2}}\right]_{-1}^0 + \left[2t + \frac{1}{2}t^2 - \frac{1}{3}t^3 + \frac{4}{3}(1+t)^{\frac{3}{2}}\right]_0^3\right\}$$

$$= \pi \left(\frac{8}{3} + 6 + \frac{9}{2} - 9 + \frac{32}{3} - \frac{4}{3}\right)$$

東京理科大-理工〈B方式-2月6日〉　　　2020 年度　数学〈解答〉　*191*

$$= \frac{27}{2}\pi \quad \cdots\cdots(答)$$

(4)　直線 $y=-x$ と C は原点と $(1,-1)$ で交わる。図より，V_2 は，$0<x\leqq 1$ のとき C と x 軸で，$1<x\leqq 2$ のとき l と x 軸で，$2<x<3$ のとき C と l で挟まれる部分を回転させた立体の体積である。よって，V_2 は

$$V_2 = \pi \int_0^1 (x^2-2x)^2 dx + \pi \int_1^2 x^2 dx + \pi \int_2^3 \{x^2-(x^2-2x)^2\} dx$$

$$= \pi \left\{ \int_0^1 (x^4-4x^3+4x^2)\,dx + \int_1^2 x^2 dx + \int_2^3 (-x^4+4x^3-3x^2)\,dx \right\}$$

$$= \pi \left\{ \left[\frac{1}{5}x^5 - x^4 + \frac{4}{3}x^3 \right]_0^1 + \left[\frac{1}{3}x^3 \right]_1^2 + \left[-\frac{1}{5}x^5 + x^4 - x^3 \right]_2^3 \right\}$$

$$= \pi \left(\frac{1}{5} - 1 + \frac{4}{3} + \frac{8}{3} - \frac{1}{3} - \frac{243}{5} + 3^4 - 3^3 + \frac{32}{5} - 2^4 + 2^3 \right)$$

$$= \frac{20}{3}\pi \quad \cdots\cdots(答)$$

3 解答

(1) $\cos\angle\mathrm{BAC} = \dfrac{a^2}{\sqrt{(a^2+b^2)(a^2+c^2)}}$

$\qquad S = \dfrac{\sqrt{a^2b^2+b^2c^2+c^2a^2}}{2}$

(2) $0<\theta<\dfrac{\pi}{4}$　(3) $S^2 = \dfrac{t^2(t+1)}{(t-2)^2}$　(4) $a^2 = 3+\sqrt{13}$

※計算過程の詳細については省略。

━━━━━━━ ◀解　説▶ ━━━━━━━

≪空間図形，三角形の面積の最小値≫

(1)　$\mathrm{AB}=\sqrt{a^2+b^2}$，$\mathrm{AC}=\sqrt{a^2+c^2}$，$\mathrm{BC}=\sqrt{b^2+c^2}$ だから，余弦定理より

$$\cos\angle\mathrm{BAC} = \frac{\mathrm{AB}^2+\mathrm{AC}^2-\mathrm{BC}^2}{2\cdot\mathrm{AB}\cdot\mathrm{AC}} = \frac{(a^2+b^2)+(a^2+c^2)-(b^2+c^2)}{2\sqrt{(a^2+b^2)(a^2+c^2)}}$$

$$= \frac{a^2}{\sqrt{(a^2+b^2)(a^2+c^2)}} \quad \cdots\cdots(答)$$

$$\sin\angle\mathrm{BAC} = \sqrt{1-\cos^2\mathrm{BAC}} = \sqrt{1-\frac{a^4}{(a^2+b^2)(a^2+c^2)}}$$

$$= \sqrt{\frac{a^2b^2+b^2c^2+c^2a^2}{(a^2+b^2)(a^2+c^2)}}$$

$$S = \frac{1}{2} \cdot AB \cdot AC \cdot \sin \angle BAC = \frac{1}{2} \sqrt{a^2+b^2} \cdot \sqrt{a^2+c^2} \cdot \sqrt{\frac{a^2b^2+b^2c^2+c^2a^2}{(a^2+b^2)(a^2+c^2)}}$$

$$= \frac{1}{2} \sqrt{a^2b^2+b^2c^2+c^2a^2} \quad \cdots\cdots (答)$$

別解 $\overrightarrow{AB} = (-a,\ b,\ 0),\ \overrightarrow{AC} = (-a,\ 0,\ c)$ だから

$$|\overrightarrow{AB}|^2 = a^2+b^2,\quad |\overrightarrow{AC}|^2 = a^2+c^2,\quad \overrightarrow{AB}\cdot\overrightarrow{AC} = a^2$$

よって

$$S = \frac{1}{2}\sqrt{|\overrightarrow{AB}|^2|\overrightarrow{AC}|^2 - \left(\overrightarrow{AB}\cdot\overrightarrow{AC}\right)^2} = \frac{1}{2}\sqrt{(a^2+b^2)(a^2+c^2)-a^4}$$

$$= \frac{1}{2}\sqrt{a^2b^2+b^2c^2+c^2a^2}$$

(2)　$-\pi < \theta \leqq \pi$　かつ　$\sin\theta > 0$ より　　$0 < \theta < \pi$

このとき，$\dfrac{\pi}{4} < \theta + \dfrac{\pi}{4} < \dfrac{5}{4}\pi$ だから

$$\sin\left(\theta + \frac{\pi}{4}\right) > 0 \quad かつ \quad \cos\left(\theta + \frac{\pi}{4}\right) > 0 \text{ より}$$

$$\frac{\pi}{4} < \theta + \frac{\pi}{4} < \frac{\pi}{2}$$

よって　　$0 < \theta < \dfrac{\pi}{4}$　$\cdots\cdots$(答)

(3)　(1)より　　$S^2 = \dfrac{a^2(b^2+c^2)+b^2c^2}{4}$

$$b = \frac{1}{\sin\left(\theta+\dfrac{\pi}{4}\right)} = \frac{1}{\sin\theta\cos\dfrac{\pi}{4}+\cos\theta\sin\dfrac{\pi}{4}} = \frac{\sqrt{2}}{\sin\theta+\cos\theta}$$

$$c = \frac{1}{\cos\left(\theta+\dfrac{\pi}{4}\right)} = \frac{1}{\cos\theta\cos\dfrac{\pi}{4}-\sin\theta\sin\dfrac{\pi}{4}} = \frac{\sqrt{2}}{\cos\theta-\sin\theta}$$

$$bc = \frac{2}{(\sin\theta+\cos\theta)(\cos\theta-\sin\theta)} = \frac{2}{\cos^2\theta-\sin^2\theta} = \frac{2}{1-2\sin^2\theta}$$

$$= \frac{2}{1-\dfrac{2}{a^2}} = \frac{2}{1-\dfrac{2}{t}} = \frac{2t}{t-2}$$

東京理科大-理工〈B方式-2月6日〉　　　　2020 年度　数学〈解答〉**193**

$$b^2 + c^2 = \frac{1}{\sin^2\left(\theta + \frac{\pi}{4}\right)} + \frac{1}{\cos^2\left(\theta + \frac{\pi}{4}\right)} = \frac{\cos^2\left(\theta + \frac{\pi}{4}\right) + \sin^2\left(\theta + \frac{\pi}{4}\right)}{\sin^2\left(\theta + \frac{\pi}{4}\right)\cos^2\left(\theta + \frac{\pi}{4}\right)}$$

$$= \frac{1}{\sin^2\left(\theta + \frac{\pi}{4}\right)\cos^2\left(\theta + \frac{\pi}{4}\right)} = b^2 c^2$$

$$S^2 = \frac{a^2 b^2 c^2 + b^2 c^2}{4} = \frac{(a^2 + 1) b^2 c^2}{4} = \frac{t^2 (t + 1)}{(t - 2)^2} \quad \cdots\cdots (答)$$

(4)　$0 < \theta < \dfrac{\pi}{4}$ より　　$0 < \sin\theta < \dfrac{1}{\sqrt{2}}$

よって，$a > \sqrt{2}$ だから，$t = a^2$ とすると　　$t > 2$

(3)より，$S^2 = f(t)$ とすると

$$f'(t) = \frac{(3t^2 + 2t)(t - 2)^2 - t^2(t + 1) \cdot 2(t - 2)}{(t - 2)^4} = \frac{t(t^2 - 6t - 4)}{(t - 2)^3}$$

$t > 2$ より，$f'(t) = 0$ とすると

$\quad t^2 - 6t - 4 = 0$

$\quad t = 3 \pm \sqrt{13}$

$3 - \sqrt{13} < 2$ であり，$t > 2$ のとき $t > 0$ かつ
$t - 2 > 0$ だから，増減表は右のようになる。
よって，$t = 3 + \sqrt{13}$ のとき $f(t) = S^2$ は最
小である。

t	(2)	$\cdots$	$3 + \sqrt{13}$	$\cdots$
$f'(t)$		$-$	0	$+$
$f(t)$		$\searrow$	極小	$\nearrow$

$S > 0$ だから，このとき S も最小で，$t = a^2$ より

$\quad a^2 = 3 + \sqrt{13} \quad \cdots\cdots (答)$

参考　＜その１＞

$$\sin\left(\theta + \frac{\pi}{4}\right)\cos\left(\theta + \frac{\pi}{4}\right) = \frac{1}{2}\sin\left(2\theta + \frac{\pi}{2}\right) = \frac{1}{2}\cos 2\theta$$

$$= \frac{1 - 2\sin^2\theta}{2}$$

＜その２＞　$0 < \theta < \dfrac{\pi}{4}$ より，$\sin\theta > 0$，$\cos\theta > 0$ だから

$$\sin\theta = \frac{1}{\sqrt{t}}, \quad \cos\theta = \sqrt{1 - \sin^2\theta} = \sqrt{1 - \frac{1}{t}} = \frac{\sqrt{t - 1}}{\sqrt{t}}$$

$$\sin\left(\theta+\frac{\pi}{4}\right)=\frac{1}{\sqrt{2}}\sin\theta+\frac{1}{\sqrt{2}}\cos\theta=\frac{1+\sqrt{t-1}}{\sqrt{2t}}$$

$$\cos\left(\theta+\frac{\pi}{4}\right)=\frac{1}{\sqrt{2}}\cos\theta-\frac{1}{\sqrt{2}}\sin\theta=\frac{\sqrt{t-1}-1}{\sqrt{2t}}$$

$$a=\sqrt{t}\ ,\quad b=\frac{\sqrt{2t}}{\sqrt{t-1}+1},\quad c=\frac{\sqrt{2t}}{\sqrt{t-1}-1}$$

❖講　評

　2020年度も，記述式2題，マークシート法1題の出題で，マークシート法1題は独立した内容の小問3問の構成であった。各単元での基礎的な知識と標準的な応用力を問う問題が多い。全体的にはかなり計算量が多い。

　[1]　独立した小問3問からなる。それぞれの小問では，誘導の形となるように解答箇所が設けられている。記述式としての出題であればどのように記述するかが難しいところもあるが，誘導に従って解答していけば解きやすい。

　[2]　回転体に関する標準的な問題である。回転体の体積を求める公式はいろいろと知られているが，図を描いて標準的な方法で丁寧に計算を進めていけば難しくない。

　[3]　主として三角関数に関する計算の応用問題である。三角関数は様々な公式があり，どのような公式を用いるかで多少難易度が変わる。

東京理科大-理工〈B方式-2月6日〉　　　　　　　　　2020 年度　物理〈解答〉　*195*

物理

(注)　解答につきましては，東京理科大学から提供のあった情報を掲載しております。

1　解答

(1)(ア)—⑥　(イ)—④　(ウ)—③　(エ)—⑦
(2)(a)(オ)—①　(カ)—②　(キ)—⑥
(b)(ク)—⓪　(ケ)—①　(コ)—②　(サ)—⑥　(シ)—⑤　(ス)—①
(c)(セ)—②　(ソ)—③　(タ)—⑤

◀解　説▶

≪自由落下する2つの小球の衝突≫

(1)(ア)　自由落下運動なので

$$h = \frac{1}{2}gt_1{}^2$$

$$\therefore \quad t_1 = \sqrt{\frac{2h}{g}}$$

(イ)　はね返る直前の速度は $-gt_1$ である。弾性衝突なので，はね返った直後の速度は符号が反転し gt_1 となる。

(ウ)　はね返ってから最高点に達するまでの時間と，最高点に達してから2度目に地面に到達するまでの時間は，それぞれ t_1 となるので，2度目に地面に到達する時刻は $3t_1$ である。

(エ)　時刻 $t=t_1$ において，位置 0 から初速度 gt_1，加速度 $-g$ で等加速度直線運動を始めたと考えると

$$gt_1(t-t_1) - \frac{1}{2}g(t-t_1)^2 = \frac{g}{2}(t-t_1)(3t_1-t)$$

(2)(a)(オ)　時刻 t における小球 b の y 座標は $\beta h - \frac{1}{2}gt^2$ なので，(エ)より

$$\beta h - \frac{1}{2}gt_2{}^2 = \frac{g}{2}(t_2-t_1)(3t_1-t_2)$$

(ア)より h を消去すると

$$\beta \frac{1}{2}gt_1{}^2 - \frac{1}{2}gt_2{}^2 = \frac{g}{2}(t_2-t_1)(3t_1-t_2)$$

$$\beta t_1{}^2 = 4t_1 t_2 - 3t_1{}^2$$

$$\therefore \quad t_2 = \frac{3+\beta}{4} t_1$$

(カ) 位置 $y=h$ に小球 a が到達したとき $t=2t_1$ となるので，(オ)より

$$2t_1 = \frac{3+\beta_1}{4} t_1$$

$$\therefore \quad \beta_1 = 5$$

(キ) 小球 a が地面に 2 度目に到達したとき $t=3t_1$ となるので，(オ)より

$$3t_1 = \frac{3+\beta_2}{4} t_1$$

$$\therefore \quad \beta_2 = 9$$

(b)(ク) 小球 a は，時刻 $t=t_1$ において，位置 0 から初速度 gt_1，加速度 $-g$ で等加速度直線運動を始めたと考えると，衝突の直前の速度は

$$gt_1 - g(t_2 - t_1) = gt_1 - g\left(\frac{3+\beta}{4} t_1 - t_1\right)$$

$$= \frac{5-\beta}{4} gt_1$$

(ケ) 小球 b も等加速度直線運動をするので，衝突の直前の速度は

$$-gt_2 = -\frac{3+\beta}{4} gt_1$$

(コ) 弾性衝突なので，衝突の前後で相対速度が反転するから

$$V_b - V_a = -\left(-\frac{3+\beta}{4} gt_1 - \frac{5-\beta}{4} gt_1\right)$$

$$= 2gt_1$$

(サ) 運動量保存則より

$$mV_a + \alpha m V_b = m\frac{5-\beta}{4} gt_1 + \alpha m\left(-\frac{3+\beta}{4} gt_1\right)$$

$$= \frac{5-3\alpha-\beta-\alpha\beta}{4} mgt_1$$

(シ) (サ)より

$$V_a + \alpha V_b = \frac{5-3\alpha-\beta-\alpha\beta}{4} gt_1$$

(コ)より V_b を消去すると

東京理科大-理工〈B方式-2月6日〉　　　　　　　2020 年度　物理〈解答〉　*197*

$$V_a + \alpha\,(V_a + 2gt_1) = \frac{5 - 3\alpha - \beta - \alpha\beta}{4}gt_1$$

$$\therefore\quad V_a = \frac{5 - 11\alpha - \beta - \alpha\beta}{4\,(1 + \alpha)}gt_1$$

(ス)　(シ)を(コ)に代入して

$$V_b = \frac{5 - 11\alpha - \beta - \alpha\beta}{4\,(1 + \alpha)}gt_1 + 2gt_1 = \frac{13 - 3\alpha - \beta - \alpha\beta}{4\,(1 + \alpha)}gt_1$$

(c)(セ)・(ソ)　(ス)より

$$V_b = \left(\frac{4}{1 + \alpha} - \frac{1}{4}\beta - \frac{3}{4}\right)gt_1$$

よって，V_b を大きくするには α も β も小さくすればよい。つまり，小球 b の質量を小さくすればよく，また，小球 b の最初の位置を小球 a の最初の位置 $y = h$ にできるだけ近づければよい。

(タ)　(セ)より，α は 0.1 の場合を考えればよい。(カ)より $\beta_1 = 5$ なので，β の値は 5，3，$\frac{7}{3}$，1.1 を取りうるが，(ソ)より β は 1.1 の場合を考えればよい。

$$R = \frac{V_b{}^2}{2\beta gh}$$

$$= \frac{\left\{\left(\dfrac{4}{1 + \alpha} - \dfrac{1}{4}\beta - \dfrac{3}{4}\right)gt_1\right\}^2}{2\beta g\left(\dfrac{1}{2}gt_1{}^2\right)}$$

$$= \frac{1}{\beta}\left(\frac{4}{1 + \alpha} - \frac{1}{4}\beta - \frac{3}{4}\right)^2$$

$$= \frac{1}{1.1}\left(\frac{4}{1 + 0.1} - \frac{1.1}{4} - \frac{3}{4}\right)^2$$

$$= 6.19 \fallingdotseq 6.2$$

2　**解答**　(1)(ア)—② 　(イ)—⓪ 　(ウ)—⑥ 　(エ)—⑧ 　(オ)—⑨
　　　　　　　(2)(カ)—① 　(キ)—⑥
(3)(ク)—③ 　(ケ)—⑦ 　(コ)—⓪ 　(サ)—⑤
(4)(シ)—⑦ 　(ス)—⑨ 　(セ)—⓪

◀ 解　説 ▶

≪抵抗と温度≫

⑴㋐　測定しようとする電気部品に対して，電流計は直列，電圧計は並列に接続する。

㋑　抵抗値 R を抵抗率 ρ を使って表すと

$$R=\frac{\rho L}{S}$$

数値を代入すると

$$R=\frac{0.4}{0.05}\rho=8\rho$$

$T=0℃$ におけるグラフは $(0.2\,\mathrm{V},\ 0.01\,\mathrm{A})$ の点を通るので

$$0.2=0.01\times 8\rho_0$$

$$\therefore\quad \rho_0=2.5\,〔Ω・m〕$$

㋒　電流〔A〕と時間〔s〕の積は電気量〔A・s〕である。電気量と電圧の積はエネルギー〔kg・m²/s²〕になることから，電圧の単位は〔m²・kg/(s³・A)〕である。さらに，電流と抵抗値の積が電圧になることから，抵抗値の単位は〔m²・kg/(s³・A²)〕となる。抵抗値は抵抗率に長さ〔m〕をかけて断面積〔m²〕で割ったものなので，抵抗率の単位は〔m³・kg/(s³・A²)〕となる。

㋓　グラフより，$0.4\,\mathrm{V}$ のとき，$0.02\,\mathrm{A}$ となるので

$$P=0.4\times 0.02=8.0\times 10^{-3}〔\mathrm{W}〕$$

㋔　$T=300℃$ におけるグラフは $(0.5\,\mathrm{V},\ 0.01\,\mathrm{A})$ の点を通るので

$$0.5=0.01\times 8\rho$$

$$=0.01\times 8\times 2.5(1+\alpha\times 300)$$

$$\therefore\quad \alpha=5.0\times 10^{-3}〔1/\mathrm{K}〕$$

⑵㋕　$\rho=2.5\{1+(5.0\times 10^{-3})\cdot 200\}=5.0〔Ω・m〕$

㋖　導体Mの抵抗値は

$$R=8\rho=4.0\times 10$$

そこで，原点と点 $(4\,\mathrm{V},\ 0.10\,\mathrm{A})$ を結ぶ直線がグラフと交わる点を探すと，点 $(8\,\mathrm{V},\ 0.20\,\mathrm{A})$ で交わるので，導体Mの両端の電位差の大きさは $8.0\,\mathrm{V}$ である。

⑶㋗　キルヒホッフの第二法則より

$$V = E - IR_1$$

(ケ) (ク)より

$$V = 32 - 80I$$

点 (0 V, 0.40 A) と点 (32 V, 0 A) を結ぶ直線がグラフと交わる点を探すと, 点 (12 V, 0.25 A) で交わるので, 導体Mの両端の電位差の大きさは 12 V である。

(コ) 可変抵抗と導体Mには同じ大きさの電流が流れているので, 電圧降下の大きい可変抵抗の方が電力も大きくなる。よって

$$P_1 > P$$

(サ) 可変抵抗と導体Mには同じ大きさの電流が流れているので, 電力が等しいなら電圧降下や抵抗値も等しい。よって, 導体Mの両端の電位差の大きさは 12 V である。このとき電流は 0.25 A となるので

$$R_1 = R = \frac{12}{0.25} = 48〔\Omega〕$$

(4)(シ) ホイートストンブリッジの検流計に電流が流れない条件より, 可変抵抗の抵抗値と導体Mの抵抗値の比は R_2 と R_3 の比と等しい。よって, 導体Mの抵抗値は 40 Ω となる。そこで, 原点と点 (4 V, 0.10 A) を結ぶ直線がグラフと交わる点を探すと, 点 (8 V, 0.20 A) で交わるので, 導体Mを流れる電流の大きさは 0.20 A である。可変抵抗と導体Mの合成抵抗の抵抗値は 60 Ω となるので

$$E = 0.20 \times 60 = 12〔V〕$$

(ス) 可変抵抗と導体Mには同じ大きさの電流が流れるので, 電圧降下の比は抵抗値の比と等しい。ホイートストンブリッジの検流計に電流が流れない条件より, 可変抵抗の抵抗値と導体Mの抵抗値の比は R_2 と R_3 の比と等しい。よって, 導体Mの両端の電位差の大きさは 12 V である。このとき電流は 0.25 A となるので

$$R = \frac{12}{0.25} = 48〔\Omega〕$$

よって, $R_1 = 24〔\Omega〕$ となる。

(セ) 導体Mの抵抗値は設定Aのとき 40 Ω, 設定Bのとき 48 Ω なので, 設定Bの方が大きい。抵抗値・抵抗率は温度とともに上昇するので $T_A < T_B$ となる。

200 2020 年度 物理〈解答〉 　　　　　　　　 東京理科大-理工〈B方式-2月6日〉

3 解答

(1)(ア)—③　(イ)—①

(2)(ウ)—②　(エ)—①　(オ)—④　(カ)—③　(キ)—②　(ク)—②

(ケ)—③

(3)(a)(コ)—①　(b)(サ)—⓪　(シ)—⓪　(c)(ス)—①

━━━━◀解　説▶━━━━

≪カルノーサイクル≫

(1)(ア)　仕事は P-V グラフと V 軸で挟まれた面積で表される。等温変化なので、反比例のグラフとなっているものを選ぶ。

(イ)　等温変化では、内部エネルギーは変化しないので、$\Delta U = 0$ となる。気体は体積が増加するので、外部に対して仕事をする。熱力学第一法則より、外部にした仕事と受け取った熱量は等しくなるので $Q > 0$ となる。

(2)(ウ)　等温変化なので、受け取った熱量は外部にした仕事と等しいから

$$Q_H = W_{A \to B}$$

(エ)　断熱変化なので、気体がした仕事は内部エネルギーの減少量と等しく $-\Delta U_{B \to C}$ となる。

(オ)　状態 D から A、状態 B から C について、それぞれポアソンの式より

$$T_L V_D{}^{\gamma-1} = T_H V_A{}^{\gamma-1}, \quad T_L V_C{}^{\gamma-1} = T_H V_B{}^{\gamma-1}$$

2 式より

$$\frac{V_D}{V_C} = \frac{V_A}{V_B}$$

(カ)
$$W_{C \to D} = nRT_L \log\left(\frac{V_D}{V_C}\right)$$

$$= -\frac{T_L}{T_H} nRT_H \log\left(\frac{V_B}{V_A}\right)$$

$$= -\frac{T_L}{T_H} W_{A \to B}$$

(キ)　断熱変化なので、気体がした仕事は内部エネルギーの減少量と等しく $-\Delta U_{D \to A} = \Delta U_{B \to C}$ となる。

(ク)　高温熱源から受け取ったエネルギーの一部で外部に仕事をし、残りは低温熱源に放出するので

$$W_0 = Q_H - Q_L$$

(ケ)　状態 C から D への変化は等温変化なので、低温熱源に放出する熱量は

外部からされた仕事と等しいから

$$Q_L = -W_{C \to D} = \frac{T_L}{T_H} W_{A \to B} = \frac{T_L}{T_H} Q_H$$

よって

$$\eta = \frac{W_0}{Q_H} = \frac{Q_H - Q_L}{Q_H} = \frac{T_H - T_L}{T_H}$$

(3)(a)(コ)　熱効率の定義より

$$W = e Q_H$$

(b)(サ)　逆サイクルにすると，仕事についても大きさは等しく逆符号となる。ここでは W_1 を外からされる仕事量と定義しているので

$$W_1 = W_0$$

(シ)　　$W_1 = W_0 = \eta\, Q_H$

(c)(ス)　熱力学第二法則を満たすためには

$$W - W_1 \leqq 0$$

$$e Q_H - \eta\, Q_H \leqq 0$$

$$\therefore\quad e \leqq \eta$$

❖講　評

　例年通り，試験時間 80 分で，大問 3 題の構成である。

　1　自由落下する 2 つの小球の衝突に関する問題である。(1)は小球の自由落下の基本的な問題である。(2)は自由落下する 2 つの小球の衝突についての問題であり，(a)では衝突のタイミングについて，(b)では衝突後の速度について，(c)では導出された衝突後の速度についての定性的な理解について出題されている。後半はやや式が複雑になる。

　2　温度によって抵抗値が変わる導体についての問題である。(1)は通常のオーム型抵抗の基本的な問題である。(2)は非オーム型抵抗の基本的な問題である。(3)・(4)は非オーム型抵抗を組み込んだ回路における問題である。非オーム型抵抗の場合はグラフから数値を読み取る必要があるが，内容的には難しくない。

　3　カルノーサイクルを使った熱効率に関する問題である。(1)は等温変化に関する基本的な問題である。(2)はカルノーサイクルについての問題である。(3)はカルノーサイクルを持つ熱機関と一般の熱機関を組み合

わせることで，一般の熱機関について熱効率に上限があることを示す問題である。(3)(b)の逆サイクルを考えるところでは，符号の選択を誤らないよう，丁寧に問題文を読む必要があるだろう。内容は，典型的な出題である。

全体的に，ほぼ例年通りの内容であり，難易度も例年並みであった。計算がやや複雑な問題もあるので，計算ミスをしないように気をつけたい。

東京理科大-理工〈B方式-2月6日〉 2020 年度　化学〈解答〉　*203*

化学

(注)　解答につきましては，東京理科大学から提供のあった情報を掲載しております。

1 解答

(1)—10　(2)—01
(3)(ア)— 2　(イ)— 4　(ウ)— 1　(エ)— 2

◀解　説▶

≪Ag, Cu, Fe の反応と性質≫

(1)①　誤文。Ag はイオン化傾向が H_2 よりも小さいので，希硫酸には溶解しない。硝酸や熱濃硫酸には溶解する。

②　誤文。Ag_2O が沈殿するのは正しいが，色は褐色である。Ag_2O の沈殿が生成する反応は次のイオン反応式で表される。

$$2Ag^+ + 2OH^- \longrightarrow Ag_2O + H_2O$$

③　正文。Ag_2O は次の反応にしたがって過剰のアンモニア水に溶け，錯イオンであるジアンミン銀（Ⅰ）イオンを形成する。

$$Ag_2O + 4NH_3 + H_2O \longrightarrow 2[Ag(NH_3)_2]^+ + 2OH^-$$

④　正文。Ag_2S は溶解度積が小さく，どの液性でも沈殿を生成する。

(2)①　正文。Cu は希硝酸と次のように反応する。

$$3Cu + 8HNO_3 \longrightarrow 3Cu(NO_3)_2 + 4H_2O + 2NO$$

②　誤文。Cu^{2+} を含む水溶液に NaOH 水溶液を加えると，青白色の水酸化銅（Ⅱ）$Cu(OH)_2$ が生成する。これを加熱すると CuO が得られる。

$$Cu(OH)_2 \longrightarrow CuO + H_2O$$

ただし，1000℃以上になると Cu_2O が得られる。

③　誤文。CuS が生成するのは正しいが，色は黒色である。

④　誤文。CuS は ZnS よりも水に対する溶解度積が小さいので，水に溶けにくく，沈殿を生成しやすい。

(3)(ア)　ターンブルブルーと呼ばれる濃青色の沈殿が生じる。

(イ)　緑白色の水酸化鉄（Ⅱ）$Fe(OH)_2$ が沈殿する。

(ウ)　黒色の硫化鉄（Ⅱ）FeS が沈殿する。

(エ)　プルシアンブルーまたは紺青と呼ばれる濃青色の沈殿が生じる。

2 解答

(1)(i) $8.9 \times 10^{+2}$　(2)(ii) 1.7×10^{-1}
(3)(iii) $7.7 \times 10^{+3}$　(iv) 4.5×10^{-1}

◆━━━ 解　説 ▶━━━━━━━━━━━

≪CH_4 の燃焼熱，中和反応の量的関係，$CuCl_2$ 水溶液の電気分解≫

(1) メタンの燃焼熱を Q〔kJ/mol〕とおくと，メタンの燃焼の熱化学方程式は次のように表される。

$$CH_4（気）+2O_2（気）=CO_2（気）+2H_2O（液）+Q\,kJ$$

（反応熱）＝（生成物の生成熱の和）−（反応物の生成熱の和）の関係より

$$Q=394+2 \times 286-75=891 \fallingdotseq 8.9 \times 10^2 〔kJ/mol〕$$

(2) 希塩酸のモル濃度を c〔mol/L〕とおくと

$$1 \times c \times \frac{10.0}{1000}=1 \times 0.200 \times \frac{8.60}{1000}$$

∴　$c=0.172 \fallingdotseq 1.7 \times 10^{-1}$〔mol/L〕

(3)(iii) 陰極に析出した銅の物質量は

$$\frac{1.27}{63.6}=1.996 \times 10^{-2} \fallingdotseq 2.00 \times 10^{-2}〔mol〕$$

陰極で起こる反応は

$$Cu^{2+}+2e^- \longrightarrow Cu$$

したがって，電気分解で流れた電子の物質量は

$$2.00 \times 10^{-2} \times 2=4.00 \times 10^{-2}〔mol〕$$

よって，電気分解に要した時間を t 秒とすると

$$0.500 \times t=9.65 \times 10^4 \times 4.00 \times 10^{-2}$$

∴　$t=7720 \fallingdotseq 7.7 \times 10^3$ 秒

(iv) 陽極で起こる反応は

$$2Cl^- \longrightarrow Cl_2+2e^-$$

であるから，陽極で発生した気体は塩素であり，その物質量は

$$4.00 \times 10^{-2} \times \frac{1}{2}=2.00 \times 10^{-2}〔mol〕$$

よって，その標準状態における体積は

$$22.4 \times 2.00 \times 10^{-2}=0.448 \fallingdotseq 4.5 \times 10^{-1}〔L〕$$

東京理科大-理工〈B方式-2月6日〉　　　　　　　　2020 年度　化学〈解答〉　205

3 解答

(1)(i)$7.0 \times 10^{+0}$　(2)(ii)$3.7 \times 10^{+1}$

(3)(iii)$1.9 \times 10^{+2}$　(iv)$1.4 \times 10^{+2}$

※解法，計算順序等により別解がある。

━━━━━━━◀解　説▶━━━━━━━

≪気体の溶解度，酢酸の電離平衡，油脂のけん化価とヨウ素価≫

(1) $1.0 \times 10^5\,\mathrm{Pa}$ の混合気体中の N_2 の分圧を $x \times 10^5\,\mathrm{Pa}$ とおくと，O_2 の分圧は $(1.0-x) \times 10^5\,\mathrm{Pa}$ とおける。このとき，ヘンリーの法則から，水 $1.0\,\mathrm{L}$ に溶解した N_2 の質量と O_2 の質量はそれぞれ

N_2：$28.0 \times 7.0 \times 10^{-4} \times \dfrac{x \times 10^5}{1.0 \times 10^5} = 28.0 \times 7.0 \times x \times 10^{-4}\,\mathrm{(g)}$

O_2：$32.0 \times 1.4 \times 10^{-3} \times \dfrac{(1.0-x) \times 10^5}{1.0 \times 10^5}$

$$= 32.0 \times 1.4 \times (1.0-x) \times 10^{-3}\,\mathrm{(g)}$$

よって，質量比の条件から

$$\frac{32.0 \times 1.4 \times (1.0-x) \times 10^{-3}}{28.0 \times 7.0 \times x \times 10^{-4}} = 16 \quad \therefore \quad x = \frac{1}{8}$$

ゆえに，N_2 の分圧は $\dfrac{1}{8} \times 10^5\,\mathrm{Pa}$，$O_2$ の分圧は $\dfrac{7}{8} \times 10^5\,\mathrm{Pa}$ となるので，求める体積比は

$N_2 : O_2 = 1.0 : 7.0$

(2) 希釈した後の酢酸水溶液の濃度を $C\,\mathrm{(mol/L)}$ とおく。この水溶液の pH が 3.0 であるので，水素イオン濃度は $[\mathrm{H^+}] = 1.0 \times 10^{-3}\,\mathrm{(mol/L)}$ である。酢酸の電離定数を K_a とすると，その電離度が 1 よりも十分小さいときには $[\mathrm{H^+}] = \sqrt{CK_a}$ の関係が成り立つので

$$1.0 \times 10^{-3} = \sqrt{C \times 2.7 \times 10^{-5}} \quad \therefore \quad C = \frac{1}{27}\,\mathrm{(mol/L)}$$

つまり，希釈後の $1.0\,\mathrm{L}$ の水溶液には CH_3COOH が $\dfrac{1}{27}\,\mathrm{mol}$ 溶けていることがわかる。希釈の前後で溶質の物質量は変化しないので，希釈する前の $1.0\,\mathrm{mol/L}$ の酢酸水溶液中にも，CH_3COOH が $\dfrac{1}{27}\,\mathrm{mol}$ 溶けていたことになる。よって，求める体積を $v\,\mathrm{(mL)}$ とおくと

$$1.0 \times \frac{v}{1000} = \frac{1}{27} \qquad \therefore \quad v = 37.0 \doteqdot 3.7 \times 10 \,(\text{mL})$$

(3)(iii) 1 mol の油脂をけん化するのに必要な KOH（式量 56.1）は 3 mol であるから，求めるけん化価は

$$\frac{1}{880} \times 3 \times 56.1 \times 10^3 = 191 \doteqdot 1.9 \times 10^2$$

(iv) ヨウ素が付加するのは，炭素間二重結合を含むリノール酸の炭化水素基（$C_{17}H_{31}-$）である。1 分子の油脂には，3 分子の高級脂肪酸がグリセリンとエステル結合しているので，100 g の油脂に含まれるリノール酸の炭化水素基の物質量は

$$\frac{100}{880} \times 3 \times \frac{5}{6} = \frac{25}{88} \,(\text{mol})$$

リノール酸 1 分子に 2 つの炭素間二重結合が存在するので，100 g の油脂に付加する I_2 の質量は

$$\frac{25}{88} \times 2 \times 254 = 144 \doteqdot 1.4 \times 10^2 \,(\text{g})$$

すなわち，ヨウ素価は 1.4×10^2 となる。

4 解答

(1)(ア)— 9　(イ)— 5

(2)(ウ)— 3　(エ)— 1　(オ)— 4

(3)(ⅰ) 7.57

◀解　説▶

≪リン酸の電離平衡，緩衝液≫

(1) ①〜③式の電離平衡の電離定数はそれぞれ次のように表せる。

$$K_1 = \frac{[H_2PO_4{}^-][H^+]}{[H_3PO_4]}, \quad K_2 = \frac{[HPO_4{}^{2-}][H^+]}{[H_2PO_4{}^-]}, \quad K_2 = \frac{[PO_4{}^{3-}][H^+]}{[HPO_4{}^{2-}]}$$

これより　$K_2 K_3 = \dfrac{[PO_4{}^{3-}][H^+]^2}{[H_2PO_4{}^-]}$

$$\therefore \quad \frac{[H_2PO_4{}^-]}{[PO_4{}^{3-}]} = \frac{[H^+]^2}{K_2 K_3}$$

(2) ②式において，電離して H^+ を生じる $H_2PO_4{}^-$ は弱酸とみなせる。また，塩である Na_2HPO_4 は次のように完全に電離して $HPO_4{}^{2-}$ を生じる。

$$Na_2HPO_4 \longrightarrow HPO_4{}^{2-} + 2Na^+$$

これにより，水溶液中に多量に $HPO_4{}^{2-}$ が供給されるので，共通イオン効果によって②式の平衡が大きく左に偏り，$H_2PO_4{}^-$ の電離が抑えられる。こうして水溶液中には，$H_2PO_4{}^-$ と，Na_2HPO_4 の電離により生じた $HPO_4{}^{2-}$ が多量に存在することになる。これは，$H_2PO_4{}^-$ を弱酸，Na_2HPO_4 をその塩とみなした緩衝液と考えることができる。

この緩衝液に少量の酸を加えると，多量に存在する $HPO_4{}^{2-}$ が H^+ と反応して $H_2PO_4{}^-$ になるので，pH はあまり低下しない。

$$HPO_4{}^{2-} + H^+ \longrightarrow H_2PO_4{}^-$$

少量の塩基を加えると，多量に存在する $H_2PO_4{}^-$ が OH^- と中和反応するので，pH はあまり上昇しない。

$$H_2PO_4{}^- + OH^- \longrightarrow HPO_4{}^{2-} + H_2O$$

(3) Na_2HPO_4 の電離によって生じた多量の $HPO_4{}^{2-}$ のために，②式の平衡は圧倒的に左に偏るので，$H_2PO_4{}^-$ の電離によって生じた $HPO_4{}^{2-}$ は無視できるくらい少ないと考えてもよい。よって，$[HPO_4{}^{2-}] \fallingdotseq [Na_2HPO_4]$ と近似できるので

$$K_2 = \frac{[HPO_4{}^{2-}][H^+]}{[H_2PO_4{}^-]} \fallingdotseq \frac{[Na_2HPO_4][H^+]}{[H_2PO_4{}^-]}$$

$$\therefore \quad [H^+] = \frac{[H_2PO_4{}^-]}{[Na_2HPO_4]} K_2$$

緩衝液の体積は $30.0 + 70.0 = 100$〔mL〕であることに注意して

$$[H^+] = \frac{0.100 \times \dfrac{30.0}{100}}{0.100 \times \dfrac{70.0}{100}} K_2 = \frac{3}{7} K_2 〔mol/L〕$$

よって

$$pH - \log_{10} \frac{3}{7} K_2 = -\log_{10}3 + \log_{10}7 - \log_{10}K_2$$

$$= -0.477 + 0.845 + 7.20 = 7.568 \fallingdotseq 7.57$$

208 2020 年度　化学〈解答〉　　　　　　　東京理科大-理工〈B方式-2月6日〉

⑤ 解答
(1)(ア)— 6　(イ)— 8
(2)(i) 11　(ii) 02　(iii) 05　(3)(iv) 03

◀解　説▶

≪芳香族化合物の分離，$C_5H_{12}O$ の異性体，$C_9H_{10}O_3$ の構造決定≫

(1)　$NaHCO_3$ 水溶液と反応するのは，炭酸よりも強い酸である安息香酸である。このとき，安息香酸は安息香酸ナトリウムとなって水に溶けるようになるので，下層に含まれることになる。

$$\langle\!\!\langle\;\rangle\!\!\rangle\text{-COOH} + NaHCO_3 \longrightarrow \langle\!\!\langle\;\rangle\!\!\rangle\text{-COONa} + H_2O + CO_2$$

炭酸より弱い酸であるフェノールと，中性のニトロベンゼンは反応せず，ジエチルエーテル溶液に溶けたままなので，上層に含まれる。

(2)(i)　分子式が $C_5H_{12}O$ で表される有機化合物にはアルコールとエーテルがあるが，金属ナトリウムと反応するのはアルコールである。$C_5H_{12}O$ のアルコールは，下のように8個ある。なお，不斉炭素原子には＊をつけて表している。

①$CH_3-CH_2-CH_2-CH_2-CH_2-OH$　　②$CH_3-CH_2-CH_2-\overset{*}{C}H-CH_3$
　　　　　　　　　　　　　　　　　　　　　　　　　　　　$\underset{OH}{|}$

③$CH_3-CH_2-CH-CH_2-CH_3$　　④$CH_3-CH-CH_2-CH_2-OH$
　　　　　　　$\underset{OH}{|}$　　　　　　　　　　　$\underset{CH_3}{|}$

⑤$CH_3-CH-\overset{*}{C}H-CH_3$　　⑥$CH_3-\overset{OH}{\overset{|}{C}}-CH_2-CH_3$
　　　　$\underset{CH_3}{|}\;\underset{OH}{|}$　　　　　　　　　　$\underset{CH_3}{|}$

⑦$HO-CH_2-\overset{*}{C}H-CH_2-CH_3$　　⑧$CH_3-\overset{CH_3}{\overset{|}{C}}-CH_2-OH$
　　　　　　　　$\underset{CH_3}{|}$　　　　　　　　　　　$\underset{CH_3}{|}$

(ii)　アルコールどうしの縮合反応で得られるのはエーテルであるが，アルコールの一方がエタノール CH_3-CH_2-OH である場合，得られるエーテルは CH_3-CH_2-O- の構造をもつ。$C_5H_{12}O$ のエーテルのうち，そのような構造をもつものは，下に示した2個である。

$$CH_3-CH_2-O-CH_2-CH_2-CH_3 \quad CH_3-CH_2-O-\underset{CH_3}{\overset{|}{C}H}-CH_3$$

(iii)　酸化するとケトンが得られるのは，(i)のアルコールのうち，第二級ア

東京理科大-理工〈B方式-2月6日〉　　　　　　2020 年度　化学〈解答〉　*209*

ルコールである②，③，⑤であるが，②，⑤には不斉炭素原子が 1 個ずつ
あるので，鏡像異性体が 1 組ずつ存在する。よって，それらを区別すると，
酸化してケトンになるアルコールは 5 個となる。

(3)　芳香族化合物 A は塩化鉄（Ⅲ）水溶液を加えて呈色したことから，フェ
ノール性ヒドロキシ基をもつ。さらに，化合物 A は加水分解されたことか
らエステルである。加水分解により生成した芳香族化合物 B は $NaHCO_3$
水溶液に溶解したことからカルボン酸とわかり，化合物 C はヨードホルム
反応を示したことから，CH_3-CH-R の構造をしたアルコールとわかる。
　　　　　　　　　　　　　　　　　　　　　　　　$\overset{|}{OH}$

芳香族化合物 B には少なくとも 7 個の炭素原子（ベンゼン環の 6 個とカル
ボキシ基の 1 個）が含まれることと，化合物 A に含まれる炭素原子が 9 個
であることから，芳香族化合物 B に含まれる炭素原子は 7 個，化合物 C に
含まれる炭素原子は 2 個と決まる。

以上のことから，芳香族化合物 B はベンゼン環にヒドロキシ基とカルボキ
シ基が結合した二置換体，化合物 C はエタノールであり，芳香族化合物 A
はこれらのエステルとなる。

芳香族化合物 B の異性体

CH_3-CH_2-OH
　　化合物 C
　（エタノール）

芳香族化合物 B には置換基の位置により *o-*，*m-*，*p-* の 3 個の構造異性体
が存在することから，芳香族化合物 A の構造異性体は下のように 3 個ある。

210　2020 年度　化学〈解答〉　　　　　　　　東京理科大-理工〈B方式-2 月 6 日〉

$$
\begin{array}{c}
\text{OH} \\
\text{（ベンゼン環）} \\
\text{C-O-CH}_2\text{-CH}_3 \\
\text{O}
\end{array}
$$

6　解答　(1)(ア)—26　(イ)—28　(ウ)—34
①—2　②—1　③—1　④—2　⑤—2　⑥—1
⑦—2　⑧—1　⑨—1　⑩—2
(2)(エ)—06　(オ)—02　(カ)—21　(キ)—16　(ク)—17　(ケ)—10
⑪—2
問 1．$2.5 \times 10^{+1}$
問 2．$3.5 \times 10^{+1}$

◀解　説▶

≪ポリエチレン，陽イオン交換樹脂，合成ゴム≫

(1)　加熱すると軟らかくなる熱可塑性樹脂は，一次元鎖状構造を特徴とする。ポリエチレンはエチレンが付加重合した高分子化合物であり，熱可塑性樹脂に分類される。一方，熱硬化性樹脂は三次元網目状構造であり，加熱すると硬化する。

高温・高圧条件下で合成されたポリエチレンは低密度ポリエチレンと呼ばれ，結晶部分が少なく，軟らかく透明であり，ゴミ袋や食品用ラップなどに用いられている。一方，低温・低圧条件下で合成されたポリエチレンは高密度ポリエチレンと呼ばれ，結晶部分が多く，硬くて不透明であり，バケツやスーパーのレジ袋などに用いられている。

(2)　エチルベンゼンから水素を脱離させると，次のようにスチレンが生成する。

$$
\begin{array}{ccc}
\text{CH}_2\text{-CH}_3 & & \text{CH=CH}_2 \\
\text{（ベンゼン環）} & \longrightarrow & \text{（ベンゼン環）} \quad +\text{H}_2 \\
\text{エチルベンゼン} & & \text{スチレン}
\end{array}
$$

スチレンと p-ジビニルベンゼンの共重合体にスルホ基を導入したものは陽イオン交換樹脂であり，ガラス管の上から通した溶液中の陽イオンと，スルホ基の H^+ が交換される。NaCl 水溶液を通した場合は，Na^+ と H^+

東京理科大-理工〈B方式-2月6日〉　　　　　　2020 年度　化学〈解答〉　*211*

が交換されるので，下からは HCl 水溶液，つまり希塩酸が流出する。

問 1. スチレン（分子量 104.0）と 1,3-ブタジエン（分子量 54.0）を共重合させて得られた合成ゴムは，下に示すスチレン-ブタジエンゴムである。

ブタジエン部位に炭素間二重結合が含まれるので，ここに Br_2 が付加する。付加した Br_2 の物質量は

$$\frac{45}{160.0}=\frac{9}{32}\,(\text{mol})$$

であり，ブタジエン部位 1 個に 1 分子の Br_2 が付加するので，合成ゴム中のブタジエン部位の物質量も $\frac{9}{32}$ mol となる。よって，スチレン部位の物質量は

$$\frac{9}{32}\times\frac{1}{3}=\frac{3}{32}\,(\text{mol})$$

となる。ゆえに，合成ゴムの質量は

$$104.0\times\frac{3}{32}+54.0\times\frac{9}{32}=24.9\fallingdotseq 2.5\times10\,(\text{g})$$

問 2. 導入されたスルホ基の物質量は

$$\frac{5.2}{104.0}\times\frac{80}{100}=0.040\,(\text{mol})$$

通した CH_3COONa 水溶液に含まれる Na^+ の物質量は

$$0.50\times\frac{70}{1000}=0.035\,(\text{mol})<0.040\,(\text{mol})$$

よって，通した CH_3COONa 水溶液中のすべての Na^+ が H^+ と交換されることになるので，求める NaOH 水溶液の体積を $v\,(\text{mL})$ とおくと

$$1.0\times\frac{v}{1000}=0.035\qquad\therefore\quad v=3.5\times10\,(\text{mL})$$

❖講　評

　試験時間は 80 分。例年通り大問数は 6 題であった。2020 年度は，1 が無機，2 4 が理論，3 が理論と計算を含む有機，5 が有機，6 が計算を含む有機の出題であった。

　1 は Ag, Cu, Fe の単体やイオン，化合物の反応や性質に関する問題であった。いずれも基本的な知識があれば迷わず解答できるものばかりなので，ここは正確な知識をもとに短時間で処理したいところである。(2)④の溶解度積に関する選択肢は少し判断に迷ったかもしれない。

　2 は熱化学，中和滴定，電気分解に関する計算問題であった。どれも教科書の例題レベルの問題で落とせない。(1)，(2)はよく使われる「公式」を利用すれば容易に答えが出る。(3)も陽極と陰極の反応式が書ければスムーズに解ける。

　3 は気体の溶解度，酢酸の電離平衡，油脂に関する計算問題であった。(1)は「溶解量＝溶解度×圧力比×溶媒の体積比」を用いればよい。(2)は，$[H^+] = \sqrt{CK_a}$ を利用し，希釈前後で溶質の量が変わらないことに注目して計算する。(3)は，けん化価とヨウ素価のいずれにおいても，油脂はグリセリン 1 分子に 3 分子の高級脂肪酸がエステル結合していることに注意する必要がある。

　4 はリン酸の電離平衡とリン酸の緩衝液に関する問題であった。(1)はそれぞれの電離の電離定数が書ければ容易。(2)，(3)は，緩衝液に関する深い理解が求められる。解法を暗記するのではなく，原理からしっかり理解することが大切である。

　5 は芳香族化合物の分離，異性体，構造決定の問題であった。(1)は下層が水層であり，塩が溶解することが理解できていれば容易。(2)は鏡像異性体を区別して数えることに注意が必要である。(3)の構造決定は基本的。$FeCl_3$ 水溶液での呈色やヨードホルム反応など，わかりやすい手がかりが示されているので，炭素数にも注意して手早く解答したい。

　6 はポリエチレン，陽イオン交換樹脂，合成ゴムに関する問題であった。(1)，(2)はいずれも基本的な知識があれば解けるが，高密度ポリエチレンと低密度ポリエチレンに関する問題は，やや踏み込んだところまで問われている。問 1，問 2 の計算問題は，問題集などでもよく見られる典型問題であるから，確実に得点しておきたい。

2019 年度

問題と解答

東京理科大-理工〈B方式-2月3日〉　　　　　　　　　　2019 年度　問題　*3*

■B方式 2 月 3 日実施分：数・物理・情報科・応用生物科・
　　　　　　　　　　　　　　　　　　経営工学科

問題編

2
月
3
日

問題編

▶試験科目・配点

教　　科	科　　　　　　　目	配　　　点
外国語	コミュニケーション英語Ⅰ・Ⅱ・Ⅲ，英語表現Ⅰ・Ⅱ	100 点
数　　学	数学Ⅰ・Ⅱ・Ⅲ・A・B	数学科：150 点 その他：100 点
理　　科	数・情報科・応用生物科・経営工学科：「物理基礎・物理」， 「化学基礎・化学」，「生物基礎・生物」から 1 科目選択	100 点
	物理学科：物理基礎・物理	

▶備　考

- 英語はリスニングおよびスピーキングを課さない。
- 数学Bは「数列」「ベクトル」から出題。

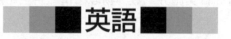

(60 分)

1 Read the following passage and answer the questions below.　(68 points)

[1]　Child-rearing trends might seem to blow with the wind, but most adults would agree that preschool children who have learned to talk shouldn't lie. But learning to lie, it turns out, is an important part of learning in general — and something to consider apart from *fibbing's ethical implications.

[2]　The ability to bend the truth is <u>a developmental milestone</u>, much like
(a)
walking and talking. Research led by Kang Lee, a psychology professor at the University of Toronto, shows that lying begins early in *precocious children. Among <u>verbal 2-year-olds</u>, 30% try to pull the wool over their parents' eyes at
(b)
some point. At age 3, 50% regularly try it. Fibbing is common among 80% of 4-year-olds and is seen in nearly all healthy 5- to 7-year-olds.

[3]　(　1　), lying is nothing unusual in small children. (　2　), younger children who tell tales have a cognitive advantage over the truth-tellers, Dr. Lee said. "Lying requires <u>two ingredients</u>. Children need to understand what's
(c)
in someone else's mind — to know what they know and what they don't know. We call this ability theory of mind. The children who are better at theory of mind are also better at lying."

[4]　The second requirement, according to Dr. Lee, is executive function — the power to plan ahead and curb unwanted actions. "The 30% of the under-3s who can lie have <u>higher executive function abilities</u>," he said,
(d)
"specifically the ability to inhibit the urge to tell the truth and to switch to lying."

[5]　Such cognitive sophistication means that these early liars will be

東京理科大-理工〈B方式-2月3日〉　　　　　　　　2019 年度　英語　*5*

(**3**) in school and in their dealings with other kids on the playground, he added.

[**6**]　Though Dr. Lee had known for decades that children who excel at theory-of-mind tasks are better liars, he didn't know which came first. Does lying make children better at guessing what other people are thinking? After all, trying half-truths on for size would *elicit feedback from adults that would
(e)
reveal something about their mental states. Or is it that if you teach people to imagine what's going on in others' minds, they then become better fabricators? He tested that notion in an experiment that he published in the journal, *Psychological Science.*

[**7**]　Theory-of-mind training has become a popular tool for helping children who have difficulty relating to others as well as those with behavioral problems. The training walks children through situations that help them to discover that
(f)
other people could have knowledge or beliefs different from their own. In Dr. Lee's lab the children are also read stories rich in information about people's mental states. "So we asked, what are the side effects? Can we induce lying by training theory of mind?" Dr. Lee said.

[**8**]　He and a team of researchers from Canada, the U.S. and China divided a group of 58 preschoolers from a city in mainland China into two groups after testing them for such things as intelligence, lying ability and executive function. Half of the children received six sessions of theory-of-mind training and the other half received an equal number of sessions devoted to teaching number and spatial problem-solving skills.

[**9**]　After six sessions over eight weeks, the researchers found that the children in the theory-of-mind group had not only become better liars but also were significantly better at lies than the control-group children were. The
(g)
effects lasted a month. Dr. Lee (**1**　these results　**2**　follow　**3**　intends
(h)
4　to see　**5**　persist　**6**　up　**7**　if　**8**　to).

[**10**]　"The first occasion of your child telling a lie is not an occasion to be alarmed but an occasion for celebration. It's a teachable moment," he told me,

6 2019 年度 英語　　　　　　　　　　東京理科大-理工〈B方式-2月3日〉

"a time to discuss what is a lie, what is the truth and what are the implications for other people."

(Adapted from *Wall Street Journal*)

Notes

fibbing < fib : to tell a relatively insignificant lie

precocious : showing mental development much earlier than usual

elicit : get information or a reaction

(1) Which of the items below is the closest in meaning to the underlined part (a)? Choose one from the choices and mark the number on your **Answer Sheet**.

1 an observable event in the growth of children

2 a hardship in taking care of children

3 a major hurdle in raising children

4 an encouragement in bringing up children

(2) Which of the items below is the closest in meaning to the underlined part (b)? Choose one from the choices and mark the number on your **Answer Sheet**.

1 2-year-old children who cannot communicate well with others

2 2-year-old children having almost no understandings of language

3 2-year-old children having enough vocabulary for basic communication

4 2-year-old children who often misunderstand their parents' instruction

(3) Which of the pairs below correctly fills in the blank (　1　) and (　2　)? Choose one from the choices and mark the number on your **Answer Sheet**.

	(　1　)	(　2　)
1	In other words	What's more
2	However	Consequently

東京理科大-理工〈B方式-2月3日〉 2019 年度 英語 7

3 Instead   Incidentally

4 All the same   Conversely

(4) Which of the items below are the "two ingredients" in the underlined part
(c)? Choose **two** from the choices and mark the numbers on your **Answer
Sheet**.

  1 skill at taking advantage of truth-telling

  2 potential for guessing the thoughts of others

  3 capacity to acquire knowledge of the self

  4 talent for taking actions for others

  5 ability to avoid unwelcome situations in the future

  6 efforts in acquiring theory of mind

(5) What is the distinctive feature of the children who have "higher executive
function abilities" in the underlined part (d)? Choose one from the choices
and mark the number on your **Answer Sheet**.

  1 They can spot someone else's lie and encourage people to be honest.

  2 They can tell the truth instead of telling a lie.

  3 They can restrain themselves from telling the truth and tell a lie instead.

  4 They can deprive others of an opportunity to tell the truth.

(6) Which of the items below correctly fills in the blank (3)? Choose
one from the choices and mark the number on your **Answer Sheet**.

  1 more isolated   **2** more successful

  3 less practical   **4** less imaginative

(7) Which of the items below is the closest in meaning to the underlined part
(e)? Choose one from the choices and mark the number on your **Answer
Sheet**.

  1 telling the truth without fail   **2** telling the truth accidentally

8　2019 年度　英語　　　　　　　　　　東京理科大-理工〈B方式-2月3日〉

3 telling a lie without a specific goal　**4** telling a lie on a trial basis

(8)　Which of the sentences below best explains the underlined part (f)? Consider the context, choose one from the choices, and mark the number on your **Answer Sheet**.

　1 The children doing the training go around together and meet a diverse range of people so that they might realize their own identity.

　2 The training gets children to close any gap between them and another person by sharing detailed information.

　3 The children doing the training experience a set of situations that will possibly improve their awareness of how people think in various ways.

　4 The training gets children to put up with possible situations in which they are totally misunderstood because of their lack of ability to relate to others.

(9)　What does the underlined part (g) exactly refer to? Choose one from the choices and mark the number on your **Answer Sheet**.

　1 the children who have mental and behavioral disorders

　2 a group of 58 preschoolers from a city in mainland China

　3 the children who received six sessions of theory-of-mind training

　4 the children who received six sessions devoted to teaching number and spatial problem-solving skills

(10)　Put the words and phrases in the underlined part (h) into the correct order. Mark the numbers correctly, from top to bottom, on your **Answer Sheet**.

(11)　The sentence below is a summary of paragraph [10].

　　When you realize your child is telling a lie for the first time, you should not be worried because parents can take advantage of the occasion to (　　　).

東京理科大-理工〈B方式-2月3日〉　　　　　　　　　　2019 年度　英語　9

Which of the items below correctly fills in the blank? Choose one from the choices and mark the number on your **Answer Sheet**.

1　show the child the importance of trusting those who never tell a lie

2　give the child a chance to explore the nature of lying and truth-telling

3　instruct the child how to avoid telling a lie and how to be honest

4　encourage the child to pay attention to the drawbacks of telling a lie

(12)　For each of the following statements, mark your **Answer Sheet** with either **T** if it is true, or **F** if it is false.

1　According to the author, it looks like trends in child-rearing are subject to change.

2　The author claims that learning to lie should be a significant factor in moral education.

3　Half of 3-year-old children repeatedly attempt to cheat their parents.

4　Before the experiment, Dr. Lee was not sure whether children's ability to read the thoughts of others was promoted by the potential of lying, or the other way round.

5　Only theory-of-mind group children were checked for their intellectual status prior to the experiment.

6　The reactions brought by the theory-of-mind training remain permanently active.

2　Which of the underlined part in each word should be stressed most? Choose one and mark the number on your **Answer Sheet**.　　　　　　(8 points)

(1)　in-dex
　　　(1) (2)

(2)　ca-reer
　　　(1) (2)

(3)　mo-bile
　　　(1) (2)

(4)　tech-nique
　　　(1) (2)

(5)　al-ler-gy
　　　(1) (2) (3)

(6)　en-gi-neer
　　　(1) (2) (3)

(7)　vi-ta-min
　　　(1) (2) (3)

(8)　dif-fi-cul-ty
　　　(1) (2) (3) (4)

3 Read the following notice and answer the questions below.   (24 points)

While Mr. Aoki was taking a rest in a hotel room on the evening of Feb. 20, 2018, he noticed the following flyer slipped under his door.

Dear Guests,

Due to unexpected repairs to our water supply system, the water throughout the guestrooms is scheduled to be shut off tomorrow, Wednesday, February 21, 2018 between the hours of 10:00 am and 4:00 pm.

The water will be shut off for approximately 6 hours (This will NOT affect the toilet).

Please note that

NONE of the services (laundry, shops and restaurants, etc.) in our hotel will stop operation.

We will attempt to call all in-room guests to inform them about the progress of the work, only if by some chance we are not able to finish on-time, as planned.

We are terribly sorry about this. Please feel free to enjoy complimentary refreshments in the lobby in way of apology. They have just been prepared and will be ready for a couple of days.

If you have any questions or concerns about the water supply during your stay, please contact the front desk by dialing "0".

Thank you,

Hotel Management.

Below are Mr. Aoki's responses to the notice above. Mark your **Answer Sheet** with either **C** if his thought is based on the correct understanding of the notice, or **M** if it is based on a misunderstanding of the notice.

1 "It's a shame. The hotel should have told me about this when I made a reservation a month ago."

2 "Tomorrow morning I must finish taking a shower by 10:00 am at the latest."

3 "Because the toilet in my room won't flush, I will have to use the restroom in the lobby after 10:00 am tomorrow."

4 "The Cafeteria on the 2nd floor will be closed at lunchtime tomorrow."

5 "I'm out from around 10:30 am to 5:30 pm tomorrow. So, in fact, the shut off is not a big deal and I don't worry about it."

6 "After I get back here tomorrow I will get a phone call from the front desk telling me that the repair is duly done."

7 "I'm getting a bit hungry. I think I'm going to go to the lobby and grab some cookies right away."

8 "Oh, is it just me or does the water look brownish? I've got to call 0."

12 2019 年度　数学　　　　　　　　　　　　東京理科大-理工〈B方式-2月3日〉

数学

(100 分)

問題 $\boxed{1}$ の解答は解答用マークシートにマークしなさい。

$\boxed{1}$ 次の文章中の $\boxed{ア}$ から $\boxed{ロ}$ までに当てはまる数字 0 ～ 9 を求めて，**解答用マークシートの指定された欄にマークしなさい。** ただし，分数は既約分数として表しなさい。なお，$\boxed{テ}$ などは既出の $\boxed{テ}$ を表す。

(40 点，ただし数学科は 60 点)

(1) $0 \leqq \theta \leqq \pi$ のとき 関数

$$y = \sin^3 \theta + \cos^3 \theta - 2 \sin 2\theta$$

の最大値と最小値を求めよう。

まず $x = \sin \theta + \cos \theta$ とおくと $x = \sqrt{\boxed{ア}} \sin \left(\theta + \dfrac{\pi}{\boxed{イ}} \right)$ と変形できるので x のとり得る範囲は $-\boxed{ウ} \leqq x \leqq \sqrt{\boxed{エ}}$ となる。

次に y を変形して x で表すと

$$y = -\dfrac{\boxed{オ}}{\boxed{カ}} x^3 - \boxed{キ} x^2 + \dfrac{\boxed{ク}}{\boxed{ケ}} x + 2$$

となる。これを微分して因数分解すると

$$\dfrac{dy}{dx} = -\dfrac{3}{2} \left(x - \dfrac{\boxed{コ}}{\boxed{サ}} \right) \left(x + \boxed{シ} \right)$$

となる。これらのことより，y の最大値は $\dfrac{\boxed{ス}\,\boxed{セ}}{\boxed{ソ}\,\boxed{タ}}$，最小値は $-\boxed{チ} + \dfrac{1}{2} \sqrt{\boxed{ツ}}$ である。

東京理科大-理工〈B方式-2月3日〉   2019 年度　数学　*13*

(2) $\log_{10} 2 = 0.3010,\ \log_{10} 3 = 0.4771$ とする。2^{36} は $\boxed{\text{テ}\ |\ \text{ト}}$ 桁の整数である。
3^n が $\boxed{\text{テ}\ |\ \text{ト}}$ 桁の整数となる最小の自然数 n は $\boxed{\text{ナ}\ |\ \text{ニ}}$ であり，$2^{36}+6 \times 3^{\boxed{\text{ナ}\ \text{ニ}}}$
は $\boxed{\text{ヌ}\ |\ \text{ネ}}$ 桁の整数である。

(3)　3 つのさいころを同時に投げる。

(**a**)　出る目がすべて同じになる確率は $\dfrac{\boxed{\text{ノ}}}{\boxed{\text{ハ}\ |\ \text{ヒ}}}$，すべて異なる確率は $\dfrac{\boxed{\text{フ}}}{\boxed{\text{ヘ}}}$
である。出る目のうち ちょうど 2 つが一致し他は異なる確率は $\dfrac{\boxed{\text{ホ}}}{\boxed{\text{マ}\ |\ \text{ミ}}}$
である。

(**b**)　出る目の最小値が 3 以上となる確率は $\dfrac{\boxed{\text{ム}}}{\boxed{\text{メ}\ |\ \text{モ}}}$，最小値が 3 となる確率
は $\dfrac{\boxed{\text{ヤ}\ |\ \text{ユ}}}{\boxed{\text{ヨ}\ |\ \text{ラ}\ |\ \text{リ}}}$，最小値が 3 で最大値が 5 となる確率は $\dfrac{\boxed{\text{ル}}}{\boxed{\text{レ}\ |\ \text{ロ}}}$ である。

問題 $\boxed{2}$ の解答は白色の解答用紙に記入しなさい。

$\boxed{2}$　放物線 $C : y = \dfrac{1}{4}x^2 - x$ と直線 $y = k\,(k > 0)$ の交点を x 座標の小さい方から
A, B とする。点 A, B における C の接線をそれぞれ ℓ, m とし，ℓ と m の交点を P と
する。

(1)　直線 ℓ, m の方程式と，点 P の座標をそれぞれ求めよ。

(2)　△ABP が正三角形となるような k の値を求めよ。

(3)　∠PAB $= 75°$ となるような k の値を求めよ。

(4)　△ABP の内接円の半径 r が $2k$ 以上となるような k の最大値を求めよ。

(30 点，ただし数学科は 45 点)

問題 3 の解答はクリーム色の解答用紙に記入しなさい。

3 関数 $f(x)$ を

$$f(x) = \int_0^x \frac{dt}{1 + t^2}$$

と定める。

(1) $t = \tan\theta$ とおく置換積分法により $f(1) = \int_0^1 \frac{dt}{1 + t^2}$ の値を求めよ。

(2) $0 < a < 1$ とし，m を自然数とするとき，以下の不等式が成り立つことを示せ。

$$f(a) \int_a^1 x^m dx < \int_a^1 f(x) x^m dx < \int_0^1 f(x) x^m dx < f(1) \int_0^1 x^m dx$$

(3) $\displaystyle \lim_{m \to \infty} \left(1 - \frac{1}{\sqrt{m}}\right)^m$ を求めよ。必要ならば $s > 1$ のとき

$$\left(1 - \frac{1}{s}\right)^s < \frac{1}{2}$$

となることを用いてよい。

(4) $\displaystyle \lim_{m \to \infty} m \int_{1 - \frac{1}{\sqrt{m}}}^1 f(x) x^m dx$ を求めよ。

(30 点，ただし数学科は 45 点)

東京理科大-理工〈B方式-2月3日〉　　　　　　　　　　　　　2019 年度　物理　*15*

■■■■物理■■■■

（80 分）

1　次の問題の　　　　　の中に入れるべき最も適当なものをそれぞれの**解答群**の中から**選び**，その番号を**解答用マークシートの指定された欄にマーク**しなさい。（同じ番号を何回用いてもよい。）　　　　　　　　　　　　　　　（35 点）

　以下では，長さ，質量，時間の単位をそれぞれ m, kg, s とし，その他の物理量に対してはこれらを組み合わせた単位を使用する。例えば，速さの単位は m/s である。

　小球を発射する装置をある惑星の表面に設置する。図 1-1 に示すように，この装置を用いて，質量 m の小球を惑星の表面に対して角度 θ の向きに，初速度の大きさ v_0 で発射する。$\theta = 90°$ のとき，小球は惑星の表面に対して鉛直上向きに発射される。惑星は質量 M，半径 R の球形で密度分布は一様であり，表面はすべてなめらかであるものとする。m は M よりもじゅうぶんに小さい。惑星の大気中での空気抵抗は無視できるとし，惑星の公転やこの惑星以外の天体による影響は考えない。万有引力定数を G とする。

(1)　小球の最高点の地表からの高さが，惑星の半径に比べて無視できる場合の小球の運動を考える。この小問では，惑星の表面を平坦とみなし，小球を発射する位置を点 A，打ち上げられた小球が再び惑星の表面に到達する位置を点 B とする。また，小球の初速度の大きさは v_0 で固定し，打ち上げる角度 θ は，$0° < \theta \leqq 90°$ の範囲とする。

　この惑星の表面での重力加速度の大きさは万有引力定数を用いて　**(ア)**　と与えられる。この小問では，小球の最高点の地表からの高さが惑星の半径に比べて無視できるので，重力加速度は　**(ア)**　のまま一定であると考えて良い。小球が地表から最も高い地点まで到達するのは $\theta = 90°$ の向きに発射した

ときであり，その高さは (イ) である。水平方向の飛距離 AB が最も大きくなるのは，θ = (ウ) で発射したときであり，その距離は (エ) となる。

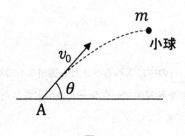

図 1-1

(ア) の解答群

⓪ $\dfrac{GM^2}{R^2}$　　① $\dfrac{GM^2}{R}$　　② GM^2

③ $\dfrac{GM}{R^2}$　　④ $\dfrac{GM}{R}$　　⑤ GM

⑥ G

(イ), (エ) の解答群

⓪ $\dfrac{v_0^2 R}{2GM}$　　① $\dfrac{2v_0^2 R}{GM}$　　② $\dfrac{v_0^2 R^2}{4GM}$　　③ $\dfrac{v_0^2 R^2}{2GM}$

④ $\dfrac{v_0^2 R^2}{GM}$　　⑤ $\dfrac{\sqrt{3}v_0^2 R^2}{2GM}$　　⑥ $\dfrac{2v_0^2}{GM}$　　⑦ $\dfrac{v_0^2}{GM}$

⑧ $\dfrac{2v_0^2}{G}$　　⑨ $\dfrac{v_0^2}{G}$

(ウ) の解答群

⓪ 15°　　① 30°　　② 45°　　③ 55°　　④ 60°

(2) 小球の最高点の地表からの高さが，惑星の半径に比べて無視できない場合の小球の運動を考える。この小問では，惑星の中心を点 O，小球を発射する位置を点 A とし，点 A で惑星に対して静止した観測者から見た小球の運動を考える。打ち上げられた小球が再び惑星に戻り，その表面に衝突した場合，その後の運動は考えないものとする。

(a) まずは惑星が自転していない場合を考える。小球の初速度の大きさを第二宇宙速度と同じ $v_0 = \sqrt{\dfrac{2GM}{R}}$ とすると，小球は無限遠方まで飛び続ける。

小球を初速度の大きさ $v_0 = \sqrt{\dfrac{GM}{R}}$ で鉛直上向き（$\theta = 90°$）に発射したとき，小球は惑星の中心から $\boxed{(オ)}$ の距離の点まで到達し，その後，惑星の表面に落下する。

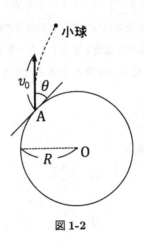

図 1-2

図 1-2 に示すように，小球を角度 θ（$0° \leq \theta < 90°$）の方向に発射するとき，小球は楕円軌道で運動する。面積速度一定の法則によると，惑星の中心 O と小球を結ぶ線分（動径）が単位時間あたりに描く面積は一定である。これは，図 1-3 に示すように，動径と速度のなす角度を ϕ とし，惑星の中心 O から小球までの距離を r，小球の速さを u とすると，動径が単位時間あたりに描く面積 $\dfrac{1}{2} r u \sin\phi$ が軌道上の各点で一定であることを意味する。

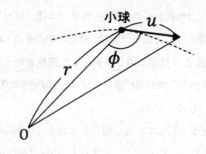

図 1-3

　角度 $\theta = 30°$，初速度の大きさ $v_0 = \sqrt{\dfrac{GM}{R}}$ で発射された小球が，惑星の中心からもっとも離れたときの位置を点 L とする。惑星の中心 O から点 L までの距離 OL は (カ)，点 L における小球の速さは (キ) となる。

　小球は惑星の中心を焦点のひとつとした楕円軌道をとるが，そのままだと地表に衝突する。小球を惑星を中心とした円軌道に乗せるためには，点 L において，じゅうぶんに短い時間で，速度の向きは変えずに速さを (ク) にすればよい。

(オ)，(カ) の解答群

⓪ $\dfrac{R}{2}$　　　① $\dfrac{\sqrt{3}R}{2}$　　　② R

③ $\sqrt{2}R$　　　④ $\dfrac{3R}{2}$　　　⑤ $2R$

⑥ $\left(1+\dfrac{\sqrt{3}}{2}\right)R$　　　⑦ $4R$

(キ)，(ク) の解答群

⓪ 0　　　① $\dfrac{1}{2+\sqrt{3}}\sqrt{\dfrac{GM}{R}}$　　　② $\dfrac{1}{2}\sqrt{\dfrac{GM}{R}}$

③ $\sqrt{\dfrac{GM}{3R}}$　　　④ $\sqrt{\dfrac{GM}{2R}}$　　　⑤ $\sqrt{\dfrac{2GM}{3R}}$

東京理科大-理工〈B方式-2月3日〉　2019 年度　物理　19

$$⑥ \quad \sqrt{\frac{GM}{R}} \qquad\qquad ⑦ \quad \sqrt{\frac{2GM}{R}} \qquad\qquad ⑧ \quad \sqrt{\frac{3GM}{2R}}$$

(b) 次に，惑星が自転している場合を考える。発射装置を赤道上に設置した場合の小球の打ち上げを考えよう。赤道上での自転速度の大きさを V とする。V は惑星の外に静止した別の観測者から見た発射装置の動く速さであり，$V < \sqrt{\dfrac{GM}{R}}$ をみたすものとする。小球を発射装置に対して初速度の大きさ v_0 で発射する。角度 $\theta = 0°$ で惑星の自転速度と同じ向きに小球を発射するとき，小球を無限遠方に到達させるために必要な最低限の初速度の大きさは $v_0 = \boxed{\text{（ケ）}}$ である。また，同じく赤道上から角度 $\theta = 90°$ で惑星の表面に対して鉛直上向きに発射する場合，小球を無限遠方に到達させるために必要な最低限の初速度の大きさは $v_0 = \boxed{\text{（コ）}}$ である。

　この惑星を地球に見立てる。上の計算結果をもとにして他の条件でも同様に考えると，自転を利用して，発射装置に対し最小限の速さで宇宙遠方へロケットを飛ばすには，$\boxed{\text{（サ）}}$ のがよいと考えられる。

（ケ），（コ）の解答群

$$⓪ \quad \sqrt{\frac{2GM}{R}} - V \qquad ① \quad \sqrt{\frac{2GM}{R} - V^2} \qquad ② \quad \sqrt{\frac{2GM}{R}}$$

$$③ \quad \sqrt{\frac{2GM}{R} + V^2} \qquad ④ \quad \sqrt{\frac{2GM}{R}} + V$$

（サ）の解答群

⓪ 発射装置を北極点もしくは南極点に設置し，地表に対して鉛直な方向に発射する

① 発射装置を赤道上に設置し，西に向けて発射する

② 発射装置を赤道上に設置し，地表に対して鉛直な方向に発射する

③ 発射装置を赤道上に設置し，東に向けて発射する

④ 発射装置を設置する場所に関係なく，地表に対して鉛直な方向に発射する

(3) 静止した惑星の周りを楕円軌道で周回する衛星の運動を考える。面積速度一定の法則を用いて，衛星の公転周期を導出してみよう。

図 1-4 の点 O は楕円の中心を表し，AA', BB' はそれぞれ楕円の長軸と短軸を表す。惑星は焦点の一つである点 C に位置し，衛星は実線で示される楕円軌道を周回するものとする。楕円の長軸の長さを $2a$，短軸の長さを $2b$ とすると，この楕円の面積は πab である。また，楕円の中心 O から焦点 C までの距離を c とすると，$c = \sqrt{a^2 - b^2}$ の関係が成り立つ。

衛星が楕円軌道を一周する間の速さは軌道上の位置によって変わり，衛星が惑星に最も近づいた点 A での速さは，最も離れた点 A' での速さの 3 倍であった。衛星が惑星に最も近づいたときの惑星の中心からの距離 CA を r とすると，面積速度一定の法則により，a と b は r を用いてそれぞれ $a =$ （シ） $\times r$，$b =$ （ス） $\times r$ と表すことができる。また，点 A と点 A' での力学的エネルギーが同じであることから，衛星が惑星に最も近づいた点 A での速さは （セ） である。

以上のことから，衛星が楕円軌道を一周する間の面積速度が一定であることを用いて，衛星が惑星を周回する公転周期は （ソ） となる。

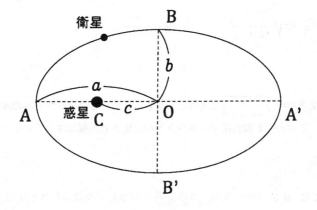

図 1-4

(シ), (ス) の解答群

⓪ $\dfrac{1}{2}$ ① $\dfrac{\sqrt{2}}{2}$ ② 1   ③ $\sqrt{2}$

④ $\sqrt{3}$ ⑤ 2   ⑥ 3   ⑦ 4

(セ) の解答群

⓪ $\sqrt{\dfrac{GM}{2r}}$ ① $\sqrt{\dfrac{3GM}{2r}}$ ② $\sqrt{\dfrac{2GM}{r}}$

③ $\sqrt{\dfrac{3GM}{r}}$ ④ $\sqrt{\dfrac{GM}{2r^2}}$ ⑤ $\sqrt{\dfrac{3GM}{2r^2}}$

⑥ $\sqrt{\dfrac{2GM}{r^2}}$ ⑦ $\sqrt{\dfrac{3GM}{r^2}}$

(ソ) の解答群

⓪ $2\pi r\sqrt{\dfrac{2}{GM}}$ ① $4\pi r\sqrt{\dfrac{1}{3GM}}$ ② $4\pi r\sqrt{\dfrac{2}{GM}}$

③ $2\pi\sqrt{\dfrac{2r^3}{GM}}$ ④ $4\pi\sqrt{\dfrac{r^3}{3GM}}$ ⑤ $4\pi\sqrt{\dfrac{2r^3}{GM}}$

⑥ $8\pi\sqrt{\dfrac{r^3}{GM}}$ ⑦ $8\pi\sqrt{\dfrac{2r^3}{GM}}$

2 次の文章中の □ に入れるべき最も適切なものをそれぞれの**解答群**から選んで，その番号を**解答用マークシート**の指定された欄にマークしなさい。

(30 点)

以下では，長さ，時間，電流，エネルギー（仕事）の単位をそれぞれ m，s，A，J とし，その他の単位はこれらから組み立てたり誘導されたりしたものを用いる。たとえば，電荷（電気量）の単位は C = A・s，電圧や電位差の単位は V = J/C とする。また，真空の誘電率（電気定数）と透磁率（磁気定数）を，それぞれ ε_0 と μ_0 （単位はそれぞれ F/m と H/m）とする。

図 2-1 のような半径 r，厚さ D の円板状の空間領域を考え，これを要素とした場合の電磁気現象を考える。D は r よりもじゅうぶんに小さい，つまり，領域はじゅうぶんに薄いものとする。また，以下では領域内部は真空であるとする。

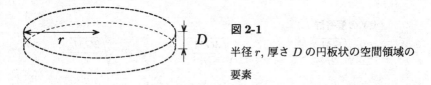

図 2-1
半径 r，厚さ D の円板状の空間領域の要素

(1) まず，円板状領域の上下の面を，D に比べて厚さが無視できる半径 r の導体円板を極板とした1つのコンデンサーを考えよう。極板間の領域は真空と考えてよく，最初は両極板に電荷は蓄えられておらず，電位差もないとする。この状態から，時間 t_1 のあいだ一定の電流 $I_1(>0)$ を，上の極板から下の極板に向けて流すと，両極板には大きさ $Q_1 = $ □(ア) の電荷が蓄えられて，上の極板から見て下の極板の電位は $V_1 = $ □(イ) $\times I_1$ となり，極板間の領域には強さ $E_1 = \dfrac{V_1}{D}$ の一様な電場（電界）が生じている。

最初の電荷が蓄えられていなかった状態から，電荷 $\pm Q_1$ が各極板に蓄えられた状態にするまでに必要な仕事は，グラフ (ウ) の斜線部面積で与えられる。

(ア) の解答群

⓪ $\dfrac{I_1}{2t_1^2}$ ① $\dfrac{I_1}{t_1}$ ② $\dfrac{t_1}{I_1}$

③ $\dfrac{1}{2}I_1 t_1^2$ ④ $I_1 t_1$ ⑤ $\dfrac{1}{2}I_1 t_1$

(イ) の解答群

⓪ $\dfrac{\pi\varepsilon_0 r^2}{Dt_1}$ ① $\dfrac{\pi\varepsilon_0 r}{Dt_1}$ ② $\dfrac{r^2}{\pi\varepsilon_0 Dt_1}$

③ $\dfrac{rt_1}{\pi\varepsilon_0 D}$ ④ $\dfrac{Dt_1}{\pi\varepsilon_0 r^2}$ ⑤ $\dfrac{\pi\varepsilon_0 Dt_1}{r^2}$

(ウ) の解答群

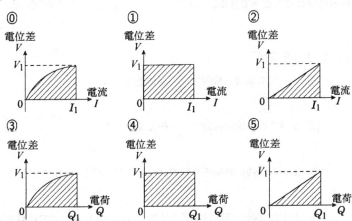

次に，多数の同じ導体円板を間隔 D をとって，長さ X まで積み重ねて固定した円柱状のもの（図2-2）を考える（X は D よりじゅうぶん大きい）。最初

はすべての円板に電荷はないものとする。上端の導体円板（極板）から下端の極板に向けて，外部の導線を通じて時間 t_1 のあいだ一定の電流 $I_1(>0)$ を流したとき，隣接円板間に生じる電場の強さは，$E_1 = \dfrac{V_1}{D}$ と比べて （エ）。この状態で，上端と下端の極板間に抵抗 R の抵抗器をつないで放電させたときに発生する熱量は （オ） である。

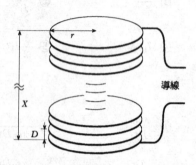

図 2-2 厚さが無視できる半径 r の導体円板を間隔 D をとって長さ X まで重ねたもの。上端と下端の導体円板には導線が接続されていて，電源または抵抗器につなぐことができる。

(エ) の解答群

⓪ すべての隣接円板間で $\dfrac{X}{D}$ 倍に増加する

① すべての隣接円板間で $\dfrac{D}{X}$ 倍に減少する

② 上下の両端の隣接円板間では変わらないが中央付近では増加する

③ 上下の両端の隣接円板間では変わらないが中央付近では減少する

④ 同じである

(オ) の解答群

⓪ $\dfrac{XV_1^2}{DR}$ ① RQ_1^2 ② $\dfrac{X^2Q_1V_1^2}{2D^2}$

③ $\dfrac{X^2Q_1V_1^2}{D^2}$ ④ $\dfrac{XQ_1V_1}{2D}$ ⑤ $\dfrac{XQ_1V_1}{D}$

(2) 図 2-3 のような半径 r の円筒側面に，r よりもじゅうぶん長い軸長 X にわたって，直径 D の導線を密に巻きつけたソレノイド（コイル）を考える。D は r よりもじゅうぶん小さいとする。導線の表面は，電源などに接続する末端を除き，ごく薄い絶縁膜で被覆してあり，また導線の抵抗は無視できるとする。このソレノイドの導線に，上から見て反時計回りになるように電流 I が流れているとき，両端付近を除いて，内部には (カ) 向きで大きさ $B =$ (キ) の一様な磁束密度が生じていて，外部の磁束密度は無視できる。ソレノイドの 1 巻き分をとり出すと，半径 r，厚さ D の円板状領域の側面を周回する電流 I が流れていると見なすことができる（図 2-3 右）。ソレノイド両端付近以外で，一様な大きさ B の磁束密度が貫いている断面積 πr^2 と B の積 $\Phi = \pi r^2 B$ を磁束の大きさと呼ぶことにすると，$\Phi =$ (ク) $\times I$ が成り立っている。

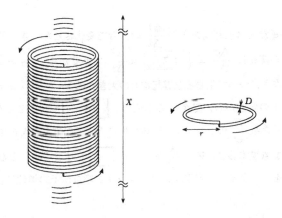

図 2-3 ソレノイド（コイル）。右の図は 1 巻き分をとりだしたものである。導線に沿った矢印は電流の向きを示す。

26 2019 年度 物理　　　　　　　　　　　　　東京理科大-理工〈B方式-2月3日〉

(カ) の解答群

⓪ 上　　　　　　　　　　　① 下

② 放射状に外　　　　　　　③ 中心に向かって内

④ 上から見て反時計回りの　⑤ 上から見て時計回りの

(キ) の解答群

⓪ $\pi\mu_0 r I^2$　　　　　① $\dfrac{\mu_0 I}{D}$　　　　② $\dfrac{\mu_0 r I}{D}$

③ $\pi r I^2$　　　　　　④ $\dfrac{I}{D}$　　　　　⑤ $\dfrac{rI}{D}$

(ク) の解答群

⓪ $\pi\mu_0 r^2 D$　　　① $\dfrac{2\pi\mu_0 r^2}{D}$　　② $\dfrac{\pi\mu_0 r^2}{D}$

③ $\pi r^2 D$　　　　④ $\dfrac{2\pi r^2}{D}$　　　⑤ $\dfrac{\pi r^2}{D}$

　　周回する電流を単位時間あたり $\dfrac{\Delta I}{\Delta t}$ の割合で変化させたとき，磁束の単位時間あたりの変化は $\dfrac{\Delta \Phi}{\Delta t} = \boxed{\text{(ク)}} \times \dfrac{\Delta I}{\Delta t}$ であるから，$L_D = \boxed{\text{(ク)}}$ として，1 巻きについて生じる誘導起電力の大きさは $V_D = \dfrac{\Delta \Phi}{\Delta t} = L_D \times \dfrac{\Delta I}{\Delta t}$ となる。以上の記述から，磁束 Φ の単位は，$\boxed{\text{(ケ)}}$ であることがわかる。このとき，巻き数 $\dfrac{X}{D}$ のソレノイド全体で生じる誘導起電力の大きさは，両端付近の影響を無視すると，$V = \dfrac{X}{D} \times V_D = \boxed{\text{(コ)}} \times \dfrac{\Delta I}{\Delta t}$ となる。$L = \boxed{\text{(コ)}}$ をこのコイルの自己インダクタンスと呼び，その単位は $\boxed{\text{(サ)}}$ である。

　　最初は導線に電流が流れていなかったとする。この状態から，電源をつないでソレノイド全体に一定の電位差 V_2 を与えると，導線に流れる電流が増加していく。

東京理科大-理工〈B方式-2月3日〉　　　　　　2019 年度　物理　27

電位差 V_2 を与えてから時間 t_2 が経過したときには，磁束は $\Phi_2 = \boxed{\text{(シ)}} \times V_2$
となり，電流は $I_2 = \dfrac{\Phi_2}{L_D}$ となる。ここまでにコイルの 1 巻きに対して電源が
する仕事は，グラフ $\boxed{\text{(ス)}}$ の斜線部面積に等しい。この状態のソレノイド
の両端に，電源に替えて抵抗 R の抵抗器をつなぐと，抵抗では熱量 $\boxed{\text{(セ)}}$
が発生する。

(ケ) の解答群

⓪ Wb = V / s　　　① Wb = V · s　　　② Wb = V^2 · s

③ T = A / m　　　④ T = A · m　　　⑤ T = A / m^2

(コ) の解答群

⓪ $\dfrac{2\pi\mu_0 X}{D}$　　　① $\dfrac{2\pi\mu_0 rX}{D}$　　　② $\dfrac{2\pi\mu_0 rX}{D^2}$

③ $\dfrac{\pi\mu_0 rX}{D}$　　　④ $\dfrac{\pi\mu_0 r^2 X}{D}$　　　⑤ $\dfrac{\pi\mu_0 r^2 X}{D^2}$

(サ) の解答群

⓪ H = A · m / V　　① Wb = A · m / V　② T = A · m / V

③ H = V · s / A　　④ Wb = V · s / A　⑤ T = V · s / A

(シ) の解答群

⓪ t_2　　　① $\dfrac{t_2}{X}$　　　② $\dfrac{t_2}{D}$

③ $\dfrac{t_2 D}{X}$　　　④ $\dfrac{t_2 X}{D}$　　　⑤ $\dfrac{t_2 D^2}{X^2}$

(ス) の解答群

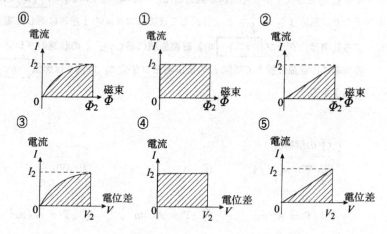

(セ) の解答群

⓪ $\dfrac{X\Phi_2 I_2}{2D}$　　① $\dfrac{X\Phi_2 I_2^2}{2D}$　　② $\dfrac{X\Phi_2}{2DI_2}$

③ $\dfrac{XRI_2^2}{D}$　　④ $\dfrac{XR\Phi_2^2}{D}$　　⑤ $\dfrac{XR\Phi_2}{DI_2}$

次の (a) から (d) のうち，上記で扱ったソレノイドとほぼ等しい自己インダクタンスをもつと考えられるものは，（ソ）である。

(a) 半径 $\dfrac{r}{2}$ の円筒側面に，軸長 $2X$ にわたって，直径 D の同じ導線を密に巻いたもの

(b) 半径 $\dfrac{r}{2}$ の円筒側面に，軸長 $4X$ にわたって，直径 D の同じ導線を密に巻いたもの

(c) 半径 r の円筒側面に，軸長 $2X$ にわたって，直径 $2D$ の導線を密に巻いたもの

(d) 半径 r の円筒側面に，軸長 $4X$ にわたって，直径 $2D$ の導線を密に巻いたもの

(ソ) の解答群

⓪ (a) だけ   ① (b) だけ   ② (c) だけ

③ (d) だけ   ④ (a) と (b)   ⑤ (a) と (c)

⑥ (a) と (d)   ⑦ (b) と (c)   ⑧ (b) と (d)

⑨ (c) と (d)

---

3   次の問題の □□□□□ の中に入れるべき最も適当なものをそれぞれの**解答群**の中から選び，その番号を**解答用マークシート**の指定された欄にマークしなさい。（同じ番号を何回用いてもよい。）   (35 点)

   以下では，長さ，質量，時間，電流の単位をそれぞれ m, kg, s, A とし，その他の物理量に対してはこれらを組み合わせた単位を使用する。例えば，仕事の単位は $J = kg \cdot m^2/s^2$ である。また，プランク定数を h（単位は $J \cdot s$），真空中の光速を c（単位は m/s）とする。

   20 世紀になり，原子や電子のミクロなスケールの世界には，従来の力学や電磁気学だけでは説明できない現象があることがわかってきた。それらを説明するため量子力学が建設され，量子力学は現代物理学の基盤となっている。量子力学の建設の過程で最も重要なことは，粒子と波動の二重性が認識されたことである。以下，水素原子，及び，x 軸上を運動する電子を例として，粒子と波動の二重性が，電子のエネルギーの離散化（量子化）をもたらすことを見ていこう。

(1)   水素原子は電子と水素原子核からなる。電子の質量を m，電荷を $-e$ とする。原子核の電荷は $+e$ である。その質量は電子と比べて十分に大きく，以下，原子核は空間のある一点に固定されているものとする。

   (a)   水素原子の模型として，水素原子核を中心として電子が等速円運動をして

30 2019 年度　物理　　　　　　　　　　　東京理科大-理工〈B方式-2月3日〉

いるというものを考える。その等速円運動の半径（回転半径）を r とする。

　まず，電子の速さ v を求めることを考える。真空中のクーロンの法則の比例定数を k_0 として，電子が原子核から受ける静電気力の大きさは　(ア)　である。この静電気力が円運動の向心力となっていることを用いて，v を r の関数として表すと $v =$　(イ)　が得られる。

　次に，電子のエネルギー E を考える。エネルギー E は，運動エネルギー $\frac{1}{2}mv^2$ と静電気力による位置エネルギー U の和である。位置エネルギー U の基準を無限遠としたとき，$U =$　(ウ)　である。エネルギー E を（v は使わずに）r などで表すと $E =$　(エ)　となる。従来の力学の枠内では回転半径に制限はなく，したがってエネルギー E の値も電子の回転半径に応じてあらゆる値をとることが可能である。原子核の周りを電子が回っているという描像は，ラザフォードによる α 粒子の散乱実験に基づいており，ラザフォードの原子モデルと呼ばれる（1911 年）。一方，電磁気学によると，電荷をもった粒子が加速度運動したとき，電磁波を放出し，エネルギーを失うことが知られている。これを考慮すると，時間の経過とともに電子の回転半径は　(オ)　し，最終的にエネルギー E は　(カ)　となる。このように，従来の電磁気学とラザフォードの原子モデルは相容れないものであり，これが量子力学建設の発端となった。

(ア) の解答群

⓪ $\dfrac{k_0 e}{r}$　　　① $\dfrac{k_0 e}{r^2}$　　　② $\dfrac{k_0 e}{2r}$　　　③ $\dfrac{k_0 e}{2r^2}$

④ $\dfrac{k_0 e^2}{r}$　　　⑤ $\dfrac{k_0 e^2}{r^2}$　　　⑥ $\dfrac{k_0 e^2}{2r}$　　　⑦ $\dfrac{k_0 e^2}{2r^2}$

(イ) の解答群

⓪ $e\sqrt{\dfrac{k_0}{mr}}$　　① $e\sqrt{\dfrac{m}{k_0 r}}$　　② $\dfrac{e}{r}\sqrt{\dfrac{k_0}{m}}$　　③ $\dfrac{e}{r}\sqrt{\dfrac{m}{k_0}}$

④ $e\sqrt{\dfrac{k_0}{2mr}}$　　⑤ $e\sqrt{\dfrac{m}{2k_0 r}}$　　⑥ $\dfrac{e}{2r}\sqrt{\dfrac{k_0}{m}}$　　⑦ $\dfrac{e}{2r}\sqrt{\dfrac{m}{k_0}}$

(ウ), (エ) の解答群

⓪ $\dfrac{k_0 e^2}{r}$　　① $\dfrac{k_0 e^2}{r^2}$　　② $\dfrac{k_0 e^2}{2r}$　　③ $\dfrac{k_0 e^2}{2r^2}$

④ $-\dfrac{k_0 e^2}{r}$　　⑤ $-\dfrac{k_0 e^2}{r^2}$　　⑥ $-\dfrac{k_0 e^2}{2r}$　　⑦ $-\dfrac{k_0 e^2}{2r^2}$

(オ) の解答群

⓪ 増加　　　　　　① 減少

(カ) の解答群

⓪ 0　　　　　　　① ∞　　　　　　② $-\infty$

(b) 水素原子を加熱し，出てくる光（電磁波）の波長を調べてみると離散的な線スペクトルが得られる。1890 年，リュードベリは輝線の波長 λ が

$$\frac{1}{\lambda} = R\left(\frac{1}{n'^2} - \frac{1}{n^2}\right) \quad (n' = 1, 2, 3, \cdots ;\ n\ \text{は}\ n'\ \text{より大きい整数})$$

と表せることを指摘した。ここで，R はリュードベリ定数である。

1913 年，ボーアはこの関係式に基づき仮説を提出した。その仮説とは，プランク定数 h，真空中の光速 c を用いて，水素原子にはエネルギー

$$E_n = -\frac{hcR}{n^2} \quad (n = 1, 2, 3, \cdots)$$

を持った定常状態が存在し，電子がある定常状態から別の定常状態へ移るとき，状態間のエネルギー差に相当する波長を持った光（電磁波）が放出される，というものである。従来の力学では電子の円運動のとりうるエネルギー・回転半径は連続的だが，対照的にミクロな世界では，エネルギーは離散化（量子化）され，回転半径は特定のもののみが許されるというわけである。

1924 年，ド・ブロイは，この軌道半径に対する制限を，電子の波動性のあらわれだと考え，電子の速さが v で大きさ $p = mv$ の運動量を持つとき，電子波の波長 λ_e は $\lambda_e = \dfrac{h}{p}$ で与えられるという仮説を提唱した。電子の円軌道の周の長さ $2\pi r$ が波長 λ_e の $1, 2, 3, \cdots$ 倍のとき，定常状態が実現される

とするのである。小問 (a) の結果を用いると $p = m \times$ $\boxed{(イ)}$ によって p と回転半径 r が関係付けられることに注意し，正の整数 n $(n = 1, 2, \cdots)$ として，定常状態での回転半径は $\boxed{(キ)}$ となる。また，これを小問 (a) で得たエネルギーの式 $E =$ $\boxed{(エ)}$ に代入すると，リュードベリ定数 R に対して $R =$ $\boxed{(ク)}$ という式が得られる。

(キ) の解答群

⓪ $\dfrac{nh^2}{2\pi^2 me^2 k_0}$　① $\dfrac{n^2 h^2}{2\pi^2 me^2 k_0}$　② $\dfrac{nh^2}{4\pi^2 me^2 k_0}$　③ $\dfrac{n^2 h^2}{4\pi^2 me^2 k_0}$

④ $\dfrac{nmh^2}{2\pi^2 e^2 k_0}$　⑤ $\dfrac{n^2 mh^2}{2\pi^2 e^2 k_0}$　⑥ $\dfrac{nmh^2}{4\pi^2 e^2 k_0}$　⑦ $\dfrac{n^2 mh^2}{4\pi^2 e^2 k_0}$

(ク) の解答群

⓪ $\dfrac{\pi^2 me^2 k_0^2}{hc}$　① $\dfrac{\pi^2 me^4 k_0}{h^2 c}$　② $\dfrac{\pi^2 me^3 k_0^2}{h^3 c}$　③ $\dfrac{\pi^2 me^4 k_0^2}{h^3 c}$

④ $\dfrac{2\pi^2 me^2 k_0^2}{hc}$　⑤ $\dfrac{2\pi^2 me^4 k_0}{h^2 c}$　⑥ $\dfrac{2\pi^2 me^3 k_0^2}{h^3 c}$　⑦ $\dfrac{2\pi^2 me^4 k_0^2}{h^3 c}$

(2)　ド・ブロイの電子波の考え方を，他の場合に適用してみよう。x 軸上で運動する電子を考える。ただし，電子は区間 $0 \leqq x \leqq L$ で力を受けずに運動し，$x < 0$, $x > L$ には侵入できないものとする。このとき電子波は，$x = 0, L$ が節である正弦波となることが要求され，従って，その波長 λ_e は，正の整数 n $(n = 1, 2, \cdots)$ を用いて $\lambda_e =$ $\boxed{(ケ)}$ $\times L$ である。また，電子の運動量の大きさ p を用いると $\lambda_e = \dfrac{h}{p}$ なので，電子のエネルギー（今の場合，運動エネルギーと同一）は $\boxed{(コ)}$ $\times \dfrac{h^2}{8mL^2}$ となる。

小問 **(1)** では水素原子を加熱して出てくる光について考えた。同様に，今考えている "x 軸上の有限区間を運動する電子" を加熱し，出てくる光を観測したとしよう。電子がある定常状態から別の定常状態に移るとき，一方の電子波の節の数が偶数で，もう一方が奇数の場合に主要な輝線が観測されることが知ら

れている。輝線の波長を λ とすると，その光子エネルギーは $\dfrac{hc}{\lambda}$ である。エネルギーの次元を持つ量 $\dfrac{h^2}{8mL^2}$ で光子エネルギーを割って得られる無次元量を $\dfrac{8mL^2c}{\lambda h} = A$ とおく。A を横軸として主要な輝線スペクトルをプロットしたとすると，実際に観測されるものは （サ） となる。

エネルギーが最も低い定常状態に着目し，この状態での電子の運動量の大きさを p_g と表す。電子の存在する区間の長さ L と運動量の大きさ p_g の積 Lp_g の値は （シ） である。すなわち，電子を閉じ込める区間が狭くなるほど，電子の運動量の大きさは （ス） なる。これは，ド・ブロイ波長の関係式からの帰結であり，ミクロな世界に特有の現象である。

その後，建設されていった量子力学で，電子波のしたがう方程式として "シュレディンガー方程式" が発見された（1926年）。この小問で考えた x 軸上の有限区間を運動する電子のエネルギー準位や，小問(1) で取り扱った水素原子のエネルギー準位の結果は，もちろんシュレディンガー方程式から出発して導出することができる。なお，小問(1) の取り扱いで水素原子の問題が完全に解決されていたわけではないが，それら残された問題点も，シュレディンガー方程式に基づく量子力学によって解決されていくことになる。

(ケ), (コ) の解答群

⓪ n　① $2n$　② n^2　③ $2n^2$　④ $\dfrac{1}{n}$　⑤ $\dfrac{2}{n}$　⑥ $\dfrac{1}{n^2}$　⑦ $\dfrac{2}{n^2}$

(サ) の解答群

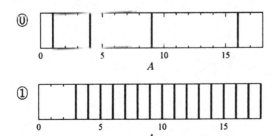

②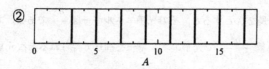

③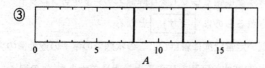

④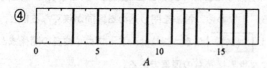

⑤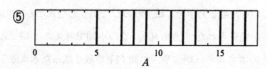

(シ) の解答群

⓪ $\dfrac{h}{2}$ ① h ② $\dfrac{3h}{2}$ ③ $2h$

(ス) の解答群

⓪ 大きく   ① 小さく

化学

(80 分)

各設問の計算に必要ならば下記の数値を用いなさい。

原子量：H 1.0, C 12.0, N 14.0, O 16.0, Na 23.0, Mg 24.3, Al 27.0,
S 32.1, Cl 35.5, Ag 107.9, Pb 207.2
アボガドロ定数 N_A：6.02×10^{23}/mol
ファラデー定数：9.65×10^4 C/mol
標準状態における理想気体のモル体積：22.4 L/mol

1

次の記述(1)〜(2)を読み，(ア)〜(キ)にあてはまる最も適当なものを**A欄**より選び，その番号を**解答用マークシート**にマークしなさい（番号の中の**0**という数字も必ずマークすること）。また，(i)〜(iii)にあてはまる数値を有効数字が3桁になるように4桁目を四捨五入して求め，次の形式で**解答用マークシート**にマークしなさい。指数 d が 0 の場合の符号 p には＋をマークしなさい。　　　(16 点)

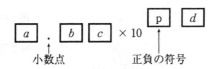

なお，下記の数値を用いなさい。

$\sqrt{2} = 1.414$, $\sqrt{3} = 1.732$, $(0.420)^3 = 7.409 \times 10^{-2}$

(1) 単位格子の一辺が 0.420 nm の立方体からなるイオン結晶について考える。単位格子中に陽イオン 4 個，陰イオン 4 個のイオンが含まれていたことから，このイオン結晶は　(ア)　型構造であると決定される。この化合物の式量が 40.3 であるとすると，この結晶の密度は　(i)　g/cm³ となる。この結晶

は，陽イオンと陰イオンが接しているのと同時に，最も近い陰イオンどうしも接している。このとき，陰イオンの半径は　(ii)　nm，陽イオンの半径は　(iii)　nm となる。

(2) ある金属原子を球体と見立て，最もすき間が少なくなるように接した第1層，第2層および第3層がある。図1は第1層のすき間の上に第2層を重ねたものである。第2層のすき間の上に第3層を重ねて最密充填構造を作るとき，図2(a)は　(イ)　，図2(b)は　(ウ)　となる。なお，　(ウ)　は単位格子あたりに含まれる原子数が　(エ)　個であり，一つの原子は　(オ)　個の原子に囲まれている。この原子半径が r〔nm〕であるとすると，単位格子の一辺の長さは　(カ)　$× r$〔nm〕となる。この結晶の構成原子のモル質量を M〔g/mol〕とすると，密度は　(キ)　$× 10^{21} × M/(N_A r^3)$〔g/cm³〕となる。

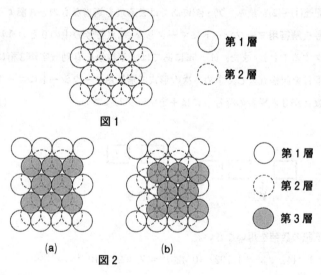

図1

図2

A 欄

01	CsCl	02	NaCl	03	CaF₂
04	体心立方格子	05	面心立方格子	06	六方最密構造
07	2	08	4	09	6	10	8
11	10	12	12	13	14	14	16

東京理科大-理工〈B方式-2月3日〉　　　　　　　　　2019年度　化学　37

15	$\sqrt{2}$	16	$\sqrt{3}$	17	$\sqrt{6}$
18	$2\sqrt{2}/3$	19	$2\sqrt{3}/3$	20	$2\sqrt{6}/3$
21	$4\sqrt{2}/3$	22	$4\sqrt{3}/3$	23	$4\sqrt{6}/3$
24	$5\sqrt{2}/3$	25	$5\sqrt{3}/3$	26	$5\sqrt{6}/3$
27	$2\sqrt{2}$	28	$2\sqrt{3}$	29	$2\sqrt{6}$
30	$\sqrt{2}/2$	31	$\sqrt{3}/2$	32	$\sqrt{6}/2$
33	$\sqrt{2}/4$	34	$\sqrt{3}/4$	35	$\sqrt{6}/4$
36	$\sqrt{2}/8$	37	$\sqrt{3}/8$	38	$\sqrt{6}/8$
39	$\sqrt{2}/16$	40	$\sqrt{3}/16$	41	$\sqrt{6}/16$
42	$\sqrt{2}/32$	43	$\sqrt{3}/32$	44	$\sqrt{6}/32$
45	$3\sqrt{2}/32$	46	$3\sqrt{3}/32$	47	$3\sqrt{6}/32$
48	$5\sqrt{2}/32$	49	$5\sqrt{3}/32$	50	$5\sqrt{6}/32$

2　次の記述の(ア)～(オ)にあてはまる数値を求めなさい。解答は有効数字が2桁になるように3桁目を四捨五入し，次の形式で**解答用マークシート**にマークしなさい。指数 c が0の場合の符号pには+をマークしなさい。　　　　　　(17点)

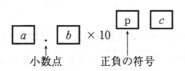

なお，必要ならば下記の数値を用いなさい。
　$\log_{10}2 = 0.30$，$\log_{10}3 = 0.48$

(1)　マグネシウム 4.86 g を，標準状態で 3.36 L の酸素と密閉容器中ですべて反応させた。この時生成する酸化マグネシウムの質量は (ア) g と計算される。また，反応後に残存する未反応物質の質量は (イ) g と求められる。

(2) 酢酸 0.18 g を水に溶かして 100 mL とし，(ウ) mol/L の水溶液を得た。この水溶液の電離平衡時の pH は (エ) である。ただし，酢酸の電離定数 K_a は，2.7×10^{-5} mol/L とし，電離度 α は十分小さいため計算過程で $1-\alpha \fallingdotseq 1$ と近似しなさい。

(3) 2.0×10^{-7} mol/L の塩化ナトリウム水溶液 1.0 mL に，(オ) mol/L 以上の濃度の硝酸銀水溶液 1.0 mL を加えると塩化銀の沈殿が生じる。なお，塩化銀の溶解度積は，$1.8 \times 10^{-10} (\text{mol/L})^2$ とする。

3

次の記述の(ア)，(イ)にあてはまる最も適当なものを A 欄より選び，その番号を**解答用マークシートにマークしなさい**。また，(i)～(vi)にあてはまる数値を有効数字が 2 桁になるように 3 桁目を四捨五入して求め，次の形式で**解答用マークシート**にマークしなさい。指数 c が 0 の場合の符号 p には＋をマークしなさい。

(17 点)

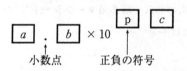

(1) アルミニウム，ナトリウムなどのイオン化傾向の大きい金属は，その塩類の水溶液を電気分解すると，陰極では (ア) のみを生じ，金属は析出しない。このため，化合物を高温で融解状態にして電気分解を行う。アルミニウムの場合，電極に炭素(黒鉛)を用いて，アルミナに氷晶石を加えて約 1000 ℃ で電気分解を行う。このとき陰極では融解状態のアルミニウムが得られる。ここで陽極では，以下の反応によって電極の黒鉛と酸素が反応して，二酸化炭素と一酸化炭素が生成する。

$$C + 2O^{2-} \longrightarrow CO_2 + 4e^-$$
$$C + O^{2-} \longrightarrow CO + 2e^-$$

東京理科大-理工〈B方式-2月3日〉 2019年度 化学 39

　　上記の系にて電気分解を行ったところ，標準状態で二酸化炭素と一酸化炭素の体積比が 3：2 である 1120 L の気体が発生した。このとき，陰極で生成したアルミニウムは ┃ (i) ┃ kg であった。また，溶融塩電解によって消費された黒鉛の質量は ┃ (ii) ┃ kg となった。なお，この電気分解において，100 A の電流を 50 時間流したとすると，流した電気量のうち，実際にアルミニウムの生成に使われた電気量の割合は ┃ (iii) ┃ ％ となる。

(2)　鉛蓄電池によって，陰極および陽極に白金電極を用いて硝酸銀水溶液を電気分解したところ，陰極に 2.70 g の銀が析出した。流した電気量のうち，銀の析出反応に使われた電気量の割合は 100 ％ であるとすると，このとき鉛蓄電池の電解液中の硫酸の物質量は ┃ (iv) ┃ mol 減少し，正極の質量は ┃ (v) ┃ g 増加した。

　　鉛蓄電池では，充電時に大電流を流すと，正極および負極において充電反応と共に水の電気分解が生じる。放電後の鉛蓄電池に 10.0 A の電流を 1.00×10^4 秒流して充電したところ，副反応である水の電気分解が生じて正極から ┃ (イ) ┃ が発生した。発生した ┃ (イ) ┃ を捕集し，乾燥剤にて水分を完全に除去した後に体積を測定したところ，標準状態で 0.560 L であった。このとき正極の充電に使われた電気量は ┃ (vi) ┃ C となる。なお，すべての実験中において電解液中の水の蒸発は無視できるものとし，気体はすべて理想気体としてふるまうものとする。

A　欄

　　1　水　素　　　　2　窒　素　　　　3　酸　素　　　　4　塩　素

40 2019 年度 化学　　　　　　　　　　　　東京理科大-理工〈B方式-2月3日〉

4　次の記述(i)〜(iii)の(a)〜(f)にあてはまる最も適当なものを**A欄**より，(ア)〜(ウ)にあてはまる最も適当なものを{　　}内よりそれぞれ選び，その番号を**解答用マークシート**にマークしなさい（番号の中の **0** という数字も必ずマークすること）。同じ番号を何回選んでもよい。また，(1)〜(13)に最も適する **1〜10** の整数を**解答用マークシート**にマークしなさい。ただし，化学反応式中の係数が **1** の場合，**1** という数字をマークすること。同じ整数を何回用いてもよい。また，[　　　]内が空欄のときは答える必要はない。　　　　　　　　　　　　(17 点)

(i)　周期表 11 族に属する Cu および [(a)] の単体は，いずれも電気，熱の良導体である。Cu のイオンは主に ＋[(1)] および ＋[(2)] の酸化数をとり，天然では化合物として産出することが多い。Cu の単体は熱濃硫酸に溶け，＋[(1)] の酸化数のイオンとなる。一方，[(a)] の単体は熱濃硫酸には溶解しない。

(ii)　N は －[(3)] から ＋[(4)] の酸化数をとる。N の化合物である [(b)] を工業的に製造する方法である(ア){1　ソルベー法　2　テルミット反応　3　ニンヒドリン反応　4　ハーバー・ボッシュ法}では，Fe を含む触媒の存在下で N_2 を [(c)] と反応させる。一方，[(b)] を原料として下記の反応の繰り返しにより [(d)] を工業的に製造する方法をオストワルト法という。

$$[(5)]\ [(b)]\ +\ [\ ]\ O_2\ \longrightarrow\ [(6)]\ [(e)]\ +\ [(7)]\ H_2O$$

$$[(8)]\ [(e)]\ +\ O_2\ \longrightarrow\ [(8)]\ [(f)]$$

$$[(9)]\ [(f)]\ +\ H_2O\ \longrightarrow\ [(10)]\ [(d)]\ +\ [(11)]\ [(e)]$$

(iii)　Cu の単体に薄い [(d)] の水溶液を反応させると，Cu [(12)] mol あたり [(13)] mol の [(d)] が反応し，(イ){1　無色で水に溶けやすい

東京理科大-理工〈B方式-2月3日〉 2019 年度 化学 *41*

2 褐色で水に溶けやすい   3 無色で水に溶けにくい   4 褐色で水に溶け
にくい} ‎ $\boxed{(e)}$ ‎ を生じる。また，得られた溶液に過剰の ‎ $\boxed{(b)}$ ‎ を加え
ると，Cu のイオンは(ウ){1 正四面体形   2 正八面体形   3 正方形   4
直線形}の錯イオンとなる。

A 欄

01 Ag	02 Au	03 Hg
04 NO	05 NO_2	06 N_2O
07 N_2O_3	08 HNO_2	09 HNO_3
10 N_2	11 NH_3	12 NH_4Cl
13 Cl_2	14 H_2	15 HCl

$\boxed{5}$　次の記述の(i)〜(iii)に最も適する数値を**解答用マークシートにマークし**，(1)〜(3)
の問いに答えなさい。(i)，(ii)は小数第 2 位を四捨五入して求め，次の形式で**解答
用マークシートにマークしなさい。**

$$\boxed{a}\ .\ \boxed{b}$$
$$\uparrow$$
$$小数点$$

また，(iii)の数値が 1 桁のときは十の位に 0 をマークしなさい。　　　　(16 点)

　炭素，水素，酸素からなる化合物 A は 100 より小さい分子量を有し，8.80 mg
の化合物 A を完全燃焼すると二酸化炭素が 17.60 mg と水が 7.20 mg 生成す
る。このとき，8.80 mg の化合物 A に含まれる炭素の質量は ‎ $\boxed{(i)}$ ‎ mg，酸
素の質量は ‎ $\boxed{(ii)}$ ‎ mg となる。

　化合物 A を水酸化ナトリウム存在下で加水分解すると化合物 B のナトリウム
塩と化合物 C が生成する。

　化合物 B を還元して得られる化合物 D をさらに還元すると化合物 C が生じる。

　化合物 C を濃硫酸と混合して加熱すると脱水して化合物 E や F が生成する。

42 2019 年度　化学　　　　　　　　　　東京理科大-理工〈B方式-2月3日〉

　炭化カルシウムと水を反応させると気体の化合物が生成する。この化合物に触媒存在下で水を付加すると化合物 D が，触媒存在下で水素を付加すると化合物 E が生成する。

　なお，化合物 A の分子量は　　(iii)　　となる。

(1)　次の化合物 D に関する①〜④の記述について正しいものの組み合わせを A 欄から選び，その番号をマークしなさい。なお，番号の中の 0 という数字も必ずマークすること。

　①　銀鏡反応を示す。

　②　ヨードホルム反応を示す。

　③　ビウレット反応を示す。

　④　フェーリング液を還元する。

(2)　化合物 C，化合物 E，化合物 F の沸点について，最も適するものを B 欄から選び，その番号をマークしなさい。なお，B 欄において「化合物 X ＜ 化合物 Y ＜ 化合物 Z」は化合物 X，化合物 Y，化合物 Z の順に沸点が高くなることを表すものとする。

(3)　次の反応①〜④について，化合物 E の特徴として正しいものの組み合わせを A 欄から選び，その番号をマークしなさい。なお，番号の中の 0 という数字も必ずマークすること。

　①　十分な量を臭素水に通すと溶液が無色になる。

　②　触媒存在下で水と反応すると化合物 C を生成する。

　③　開環重合により高分子化合物を生成する。

　④　赤熱した鉄と反応すると 3 分子が縮合して芳香族化合物を生成する。

A　欄

01　①	02　②	03　③	04　④
05　①, ②	06　①, ③	07　①, ④	08　②, ③
09　②, ④	10　③, ④	11　①, ②, ③	12　①, ②, ④

東京理科大-理工〈B方式-2月3日〉 2019年度 化学 *43*

13 ①, ③, ④　　14 ②, ③, ④　　15 ①, ②, ③, ④

B 欄

1 化合物 C < 化合物 E < 化合物 F

2 化合物 C < 化合物 F < 化合物 E

3 化合物 E < 化合物 C < 化合物 F

4 化合物 E < 化合物 F < 化合物 C

5 化合物 F < 化合物 C < 化合物 E

6 化合物 F < 化合物 E < 化合物 C

---

6 次の記述の(a)～(n)にあてはまる最も適当なものをA欄より選び，その番号を**解答用マークシート**にマークしなさい（番号の中の **0** という数字も必ずマークすること）。さらに，①～③にあてはまる最も適当なものを{　　}内よりそれぞれ選び，その番号を**解答用マークシート**にマークしなさい。必要ならば，同じ番号を何回用いてもよい。　　　　　　　　　　　　　　　　　　　　　　(17点)

　一般に分子量が約①{1　1,000　2　10,000　3　100,000　4　1,000,000　5　10,000,000 }以上の化合物を高分子化合物という。デンプン，セルロース，天然ゴム，タンパク質，水晶，核酸を天然高分子化合物といい，これらのうち， (a) 以外を有機高分子化合物という。デンプンの中で温水に可溶な成分は， (b) -グルコース構造で構成され，セルロースは (c) -グルコース構造で構成される。また，セルロースを②{1　アミラーゼ・マルターゼ　2　マルターゼ・アミラーゼ　3　セルラーゼ・セロビアーゼ　4　セロビアーゼ・セルラーゼ　5　ヒルラーゼ・アミラーゼ}の酵素群で順次分解すると，グルコースが得られる。また，セルロースを混酸で反応させると無煙火薬の原料である (d) を得る。アミノ酸どうしのアミド結合を (e) といい，多数のアミノ酸が鎖状に結合したものを (f) という。タンパク質は (f) の構造が基本となっている。例えば， (g) の (f) 鎖が各種相互作用により折りたたまれた特有の立体構造を (h) ， (h) をもつ (f)

44 2019 年度 化学 　　　　　　　　　　東京理科大-理工〈B方式-2月3日〉

鎖のいくつかが集合して複合体をつくる構造を (i) という。また，アミノ酸
の配列順序を (j) といい， (k) -ヘリックス構造や (l) -シー
ト構造を (g) という。

　血液中に存在して酸素分子を運搬するヘモグロビン・筋肉中に存在して酸素を
貯蔵するミオグロビンは，それぞれ③{1　二次構造・三次構造　　2　三次構
造・三次構造　　3　三次構造・四次構造　　4　四次構造・四次構造　　5　四次構
造・三次構造 } を形成することで特有の機能を発現する。

　アミノ酸の水溶液について pH を変化させると，陽イオンや陰イオンの割合が
変化する。例えば，アミノ酸水溶液を (m) すると水中のコロイド粒子と同
じように，アミノ酸の電荷によって陽極側，陰極側に移動する。ある pH におい
てアミノ酸は移動しなくなる。この時の pH を (n) という。

A　欄

01　デンプン　　　　02　セルロース　　　03　天然ゴム　　　04　タンパク質

05　水　晶　　　　　06　核　酸　　　　　07　α　　　　　　08　β

09　γ　　　　　　　10　δ　　　　　　11　モノニトロセルロース

12　トリニトロセルロース　　　　　　13　アセチルセルロース

14　エステル結合　　　15　エーテル結合　　16　水素結合

17　ペプチド結合　　　18　モノペプチド　　19　ジペプチド

20　トリペプチド　　　21　オリゴペプチド　　22　ポリペプチド

23　一次構造　　　　　24　二次構造　　　　25　三次構造

26　四次構造　　　　　27　五次構造　　　　28　電気陰性

29　電気泳動　　　　　30　電気素量　　　　31　電気分解

32　中和点　　　　　　33　等電点　　　　　34　等電位点

東京理科大-理工〈B方式-2月3日〉   2019 年度　生物　*45*

■■■生物■■■

（80 分）

1　次の問題(1), (2)に答えなさい。解答はそれぞれの指示に従って**解答用マーク
シートの所定欄にマーク**しなさい。　　　　　　　　　　　　　　（35 点）

(1)　次の文章を読み，問題(a)〜(e)に答えなさい。

　　ニーレンバーグやコラーナの実験に従い，以下の実験を行った。

　　大腸菌をすりつぶしてリボソーム，各種の酵素，アミノ酸などのタンパク質
合成に必要な構造体や物質を含む溶液を調製した。この溶液に人工的に合成し
た RNA を加え，ペプチドを合成した。この実験系では人工 RNA の 5′末端から
必ず翻訳され，アミノ酸 5 つ以上で構成されたペプチドが得られるものとする。

　　なお，必要に応じて，**表 1** 遺伝暗号表と以下の原子量の数値を用いなさい。

　　原子量：H 1.0, C 12.0, N 14.0, O 16.0, S 32.1

46 2019年度 生物　　　　　　　　　東京理科大-理工〈B方式-2月3日〉

表1　遺伝暗号表

		2番目の塩基					
		U	C	A	G		
1番目の塩基	U	フェニルアラニン	セリン	チロシン	システイン	U	3番目の塩基
		フェニルアラニン	セリン	チロシン	システイン	C	
		ロイシン	セリン	終止コドン	終止コドン	A	
		ロイシン	セリン	終止コドン	トリプトファン	G	
	C	ロイシン	プロリン	ヒスチジン	アルギニン	U	
		ロイシン	プロリン	ヒスチジン	アルギニン	C	
		ロイシン	プロリン	グルタミン	アルギニン	A	
		ロイシン	プロリン	グルタミン	アルギニン	G	
	A	イソロイシン	トレオニン	アスパラギン	セリン	U	
		イソロイシン	トレオニン	アスパラギン	セリン	C	
		イソロイシン	トレオニン	リシン	アルギニン	A	
		メチオニン(開始コドン)	トレオニン	リシン	アルギニン	G	
	G	バリン	アラニン	アスパラギン酸	グリシン	U	
		バリン	アラニン	アスパラギン酸	グリシン	C	
		バリン	アラニン	グルタミン酸	グリシン	A	
		バリン	アラニン	グルタミン酸	グリシン	G	

(a) 1種類もしくは2種類の塩基からなる2塩基を繰り返す人工RNAからペプチドを得た。このとき得られるペプチドの1番目のアミノ酸から5番目のアミノ酸までのアミノ酸配列の組み合わせは合計何通りあるか。次の 　(ア)　
　(イ)　　　(ウ)　 にあてはまる数字をマークしなさい。ただし，答えが1桁の場合には 　(ア)　 と 　(イ)　 に，2桁の場合には 　(ア)　 に0をマークしなさい。

　(ア)　　(イ)　　(ウ)　 **通り**
　↑　　　↑　　　↑
　百の位　十の位　一の位

(b) アミノ酸の平均分子量を138として，5つのアミノ酸で構成されるペプチドの分子量を3桁で計算し，次の 　(エ)　　(オ)　　(カ)　 にあてはまる数字をマークしなさい。

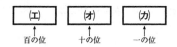

(c) UとGのみからなる3塩基を繰り返す人工RNAのうち，ロイシン，システイン，もしくはバリンのいずれかの単独のアミノ酸のみからなるペプチドが得られるRNA配列は合計何種類あるか。次の (キ) (ク) にあてはまる数字をマークしなさい。ただし，答えが1桁の場合には (キ) に0をマークしなさい。

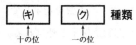

(d) 18塩基のRNAでメチオニン-アラニン-バリン-トリプトファン-アスパラギン酸の配列をもつペプチドが得られた。このペプチドが得られるRNA配列は合計何種類あるか。次の (ケ) (コ) (サ) にあてはまる数字をマークしなさい。ただし，答えが1桁の場合には (ケ) と (コ) に，2桁の場合には (ケ) に0をマークしなさい。

(ケ)	(コ)	(サ)	種類
百の位	十の位	一の位	

(e) 溶液からイソロイシン，セリン，グリシンを完全に除去し，これら3つのアミノ酸は合成ペプチドに全く取り込まれない条件でペプチドを合成した。この合成において，18塩基のRNAから5つのアミノ酸で構成されるペプチドが合成される確率を**解答群A**から一つ選び，その番号をマークしなさい。

解答群A

0 $\dfrac{3^3}{2^{14}}$ 1 $\dfrac{3^4}{2^{14}}$ 2 $\dfrac{3^5}{2^{14}}$ 3 $\dfrac{3^3}{2^{12}}$ 4 $\dfrac{3^4}{2^{12}}$

5 $\dfrac{3^5}{2^{12}}$ 6 $\dfrac{3^3}{2^{10}}$ 7 $\dfrac{3^4}{2^{10}}$ 8 $\dfrac{3^5}{2^{10}}$ 9 $\dfrac{3^6}{2^{10}}$

48 2019 年度　生物　　　　　　　　　　東京理科大-理工〈B方式-2月3日〉

(2)　遺伝的多様性と細胞機能に関する次の問題(a)〜(e)に答えなさい。

(a)　ヒト集団においては，ゲノムの塩基配列の一部に違いがあることなどにより，遺伝的な多様性が生じていることが知られている。こうした遺伝的な多様性は，直接形質に影響を与えないものが多い。しかし，中にはタンパク質の構造や発現に影響し，薬の効き目や副作用，病気の罹りやすさなど，個人差が生じる原因となる。細胞は，DNA に損傷を引き起こす放射線や化学物質などにさらされ続けると，がん化するリスクが高まる。遺伝子の中には，がん化の可能性を低くする機能を有するタンパク質を指定しているものが存在しており，このような遺伝子はがん抑制遺伝子と呼ばれる。タンパク質 X はがん抑制遺伝子 X からつくられるタンパク質であり，放射線や化学物質などの刺激に応答して，細胞増殖の停止，DNA 損傷の修復，あるいは細胞死を誘導することで，がん細胞の発生を抑制している。ヒトのがん細胞においては，タンパク質 X の遺伝子 X に，高頻度に変異が見つかることが知られている。遺伝子 X の塩基配列を読む実験を行った。A さんと B さんの遺伝子 X の塩基配列を調べてみたところ，A さんの遺伝子 X は，72 番目のアミノ酸はプロリンであり，そのコドンは，5'-CCC-3' であった。ここでは，このタンパク質のことを Pro 型タンパク質(以下，X-Pro と略する)と呼ぶこととする。一方，B さんでは，このコドンの塩基配列が A さんのものと 1 塩基違っており，その結果，アルギニンに変化していた。ここではこのような 72 番目のアミノ酸がアルギニンになっているものを Arg 型タンパク質(以下，X-Arg と略する)と呼ぶこととする。

　　B さんの 72 番目のアミノ酸を指定するアンチコドンを**解答群B**から一つ選び，その番号をマークしなさい(**表1 遺伝暗号表**を参照)。

解答群B

0　5'-UCU-3'	1　5'-CGU-3'	2　5'-CGC-3'
3　5'-AGG-3'	4　5'-UCG-3'	5　5'-GCG-3'
6　5'-ACG-3'	7　5'-CCU-3'	8　5'-CGG-3'

東京理科大-理工〈B方式-2月3日〉   2019 年度 生物 49

(b) ヒト集団のゲノムを比較したところ，遺伝子 X の 72 番目のアミノ酸を指
   定するコドンが A さんと同じ Pro 型のヒトと B さんと同じ Arg 型のヒトが
   一定の頻度以上でみられることから，この 1 塩基の違いは一塩基多型である
   ことがわかった。また，DNA 損傷時の細胞応答の実験で，タンパク質 X-Pro
   をもつ細胞は増殖の停止能と DNA 修復能が高く，タンパク質 X-Arg をもつ
   細胞は細胞死の誘導能が高いことがわかった。

   一塩基多型と遺伝子 X に関して，最も適切な**記述**の組み合わせを**解答群C**
   から一つ選び，その番号をマークしなさい。なお，遺伝子 X は常染色体に
   存在している。

記述
   ① ヒト集団の中には，1 対の相同染色体にある 2 つの遺伝子 X のう
     ち，一方が Pro 型で他方が Arg 型（つまり Pro/Arg 型）のヒトもいる。
   ② ヒト集団は，1 対の相同染色体にある 2 つの遺伝子 X が，両方とも
     Pro 型（Pro/Pro 型）か両方とも Arg 型（Arg/Arg 型）のヒトからなる。
   ③ 一塩基多型は，同一種の個体間のゲノムで約 1000 塩基に 1 回程度み
     られる塩基の違いである。
   ④ 一塩基多型は，DNA 複製の誤りで起きるゲノムの約 1 万塩基に 1 回
     程度の塩基の違いである。
   ⑤ Pro 型の一塩基多型をもつ細胞で，RNA 干渉により遺伝子 X の発現
     をほぼ 100 ％抑制した場合，DNA 損傷時の細胞死誘導能には影響がない。
   ⑥ 一塩基多型を含むゲノム情報は，両親から子へ受け継がれるが，子と
     親の間には遺伝的多様性がある。

解答群C
   00 ①，③   01 ①，④   02 ②，③   03 ②，④
   04 ①，③，⑤   05 ①，③，⑥   06 ①，④，⑤
   07 ①，④，⑥   08 ②，③，⑤   09 ②，③，⑥
   10 ②，④，⑤   11 ②，④，⑥   12 ①，③，⑤，⑥
   13 ①，④，⑤，⑥ 14 ②，③，⑤，⑥ 15 ②，④，⑤，⑥

(c) 次の文章の空欄(ア)〜(ン)にあてはまる最も適切な語句を**解答群D**から一つ選び，その番号をマークしなさい。

プロリン(Pro)は環状構造をもつ (ア) アミノ酸で，アルギニン(Arg)はアルカリ性(塩基性)の (イ) をもつ (ウ) アミノ酸である。この2つのアミノ酸の性質の違いがX-ProとX-Argの機能の違いに関係している可能性がある。そこで，PCR法によってProからアラニン(Ala)へコドンを改変することにした(図1)。PCR反応にはP1とP2の2種類のプライマーを用いた。ProからAlaへの改変用のプライマーP1は，鋳型となる遺伝子Xの72番目のProを指定するコドン付近の塩基配列で，Proのコドン(5'-CCC-3')の1塩基の置換でAlaのコドンに変わる1塩基置換を含む塩基配列5'- (エ) -3'を中央部にもつ(図1で，P1の＊＊＊の位置の3塩基)。プライマーP2は，鋳型の3'側の (オ) の配列をもつ。ステップ1で，鋳型X-ProのDNA，プライマー，4種類の (カ) ， (キ) のDNA (ク) の混合液を約 (ケ) ℃で加熱し，鋳型DNAを (コ) に解離させた。ステップ2で，1塩基置換があるため通常よりも少し低温の約55℃でプライマーと鋳型DNAを結合させた。ステップ3で，約 (サ) ℃でDNA鎖を伸長させた。ステップ1〜3を1サイクルとして，30サイクル繰り返してDNA鎖を (シ) させた。最後に，DNA (ス) を作用させて改変X-Ala断片を (セ) に組込んだプラスミドを，大腸菌に (ソ) して，目的の改変X-AlaのDNAを得た。

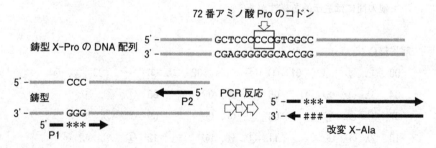

図1

解答群D

00	親和性	01	親水性	02	耐水性
03	熱変性	04	耐熱性	05	酸　性
06	恒温性	07	疎水性	08	一本鎖
09	二本鎖	10	相補鎖	11	短　鎖
12	側　鎖	13	増　殖	14	転　移
15	導　入	16	増　幅	17	転　写
18	AGG	19	GGA	20	GCC
21	CGG	22	AGC	23	GGC
24	CCG	25	CGC	26	ライブラリー
27	制限酵素	28	ヘリカーゼ	29	リガーゼ
30	ポリメラーゼ	31	ベクター	32	リボヌクレオチド
33	リボヌクレオシド	34	ヌクレオシド	35	ヌクレオチド
36	25	37	35	38	42
39	52	40	72	41	95

(d) タンパク質Yは，タンパク質Xに結合し，Xのはたらきを抑制するX抑制因子である（図2）。転写調節因子としてはたらくタンパク質Zは，タンパク質Yの遺伝子Yがもつ転写調節領域に結合して転写を促進する。タンパク質Zの結合配列には，ヒトによってチミン（T）またはグアニン（G）の一塩基多型が存在する。タンパク質Zとこの結合配列との結合実験の結果，塩基がTの場合はZとの結合が弱く，塩基がGの場合はZとの結合が強いことがわかった。

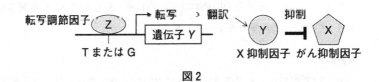

図2

次に，ヒトの遺伝子Yに相当するマウスの遺伝子Yの転写調節領域をヒトのものと入れ替えた。その際に，タンパク質Zの結合配列にTの一塩基多型

をもつものとGの一塩基多型をもつものの2種類のマウスを用意した。マウスのタンパク質Zは，転写調節領域に対する結合のしかたはヒトと同じであった。この2種類のマウスを用いて発がん実験を行った。両親由来の遺伝子Yの両方ともTであるT/T型マウスとGであるG/G型マウスで，発がんが原因で死亡した場合の産まれた日からの日数(横軸)と生存率(%)(縦軸)との関係をグラフで表し比較した。**解答群E**のグラフ0～5の中から，T/T型とG/G型のマウスの実験結果を示す最も適切なものを一つ選び，その番号をマークしなさい(マウスの平均寿命を約850日とする)。

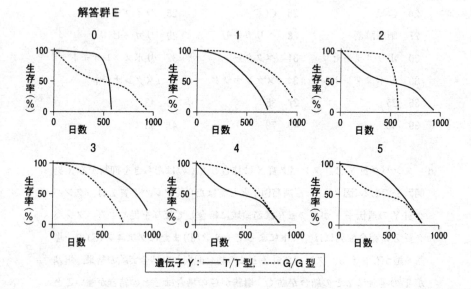

(e) ヒトの一塩基多型TあるいはGをもつ遺伝子Yから合成されるタンパク質Yと，タンパク質Xとの関係の説明に関して，最も適切な記述を**解答群F**から一つ選び，その番号をマークしなさい。

解答群F

0　T/T型のヒトとG/G型のヒトにおいて，合成されるタンパク質Yの量とタンパク質Xの量のいずれにも差がない。

1　T/T型のヒトではG/G型のヒトよりも，タンパク質Yの1分子あた

東京理科大-理工〈B方式-2月3日〉 2019年度 生物 *53*

りのタンパク質 X を抑制する作用は強い。

2 G/G 型のヒトでは T/T 型のヒトよりも，タンパク質 Y の 1 分子あた
りのタンパク質 X を抑制する作用は強い。

3 G/G 型のヒトと T/T 型のヒトでは，タンパク質 Y とタンパク質 X
との結合活性には差がない。

4 T/T 型のヒトでは G/G 型のヒトよりも，タンパク質 Y がタンパク質
X とより強く結合する。

5 G/G 型のヒトでは T/T 型のヒトよりも，タンパク質 Y がタンパク質
X とより強く結合する。

2　植物に関する次の問題(1)〜(3)に答えなさい。解答はそれぞれの指示に従って**解
答用マークシート**の所定欄にマークしなさい。　　　　　　　　　　　(35 点)

(1)　根端分裂組織細胞の細胞周期に関する次の文章を読み，問題(a)，(b)に答えな
さい。

　　植物の根が伸長するとき，根端分裂組織では細胞が分裂を繰り返し細胞増殖
する。根の細胞周期を調べるために，チミジンの類似物質であるエチニル・デ
オキシウリジン(EdU)を含む培地で根を生育させた。EdU は DNA 複製時に
DNA に取り込まれるが，DNA 複製や細胞周期に影響を及ぼすことはない。化
学処理をすることで，EdU は蛍光を発するため，顕微鏡を使用して DNA 複製
期(S 期)の細胞を特定することができる。EdU を含んだ培地で根を生育させて
から 17 時間経過後，根端分裂組織の全細胞の細胞核で EdU の取り込みが検出
できた。次に，EdU を含む培地に短時間生育させた後，根をよく洗い，EdU
を含まない培地で生育させた。EdU を含まない培地で生育させた根端分裂組織
の中で，明視野観察による細胞数の測定および，DNA を染色した細胞内の特
徴を指標に分裂期(M 期)の細胞を特定して EdU の取り込み細胞の割合を算出
した。その結果，図 1 のように EdU の検出された M 期の細胞の割合は時間に
よって変動した。

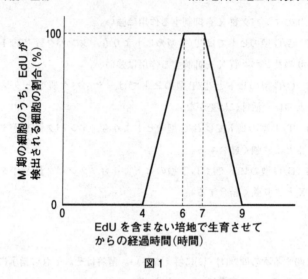

図1

(a) 下線部の観察のとき，M期の細胞の指標として使用できる，細胞の**特徴**の組み合わせを**解答群A**から一つ選び，その番号をマークしなさい。

特徴

⓪ 核膜が崩壊して核小体が消失する。
① 凝縮した相同染色体が見える。
② 対合した二価染色体が見える。
③ 両極に分かれた染色体群が見える。
④ 染色体が赤道面上に並んでいる。

解答群A

00 ⓪, ①	01 ⓪, ②	02 ⓪, ③	03 ⓪, ④
04 ①, ②	05 ①, ③	06 ①, ④	07 ②, ③
08 ②, ④	09 ③, ④	10 ⓪, ①, ②	
11 ⓪, ①, ③	12 ⓪, ①, ④	13 ⓪, ②, ③	
14 ⓪, ②, ④	15 ⓪, ③, ④	16 ①, ②, ③	
17 ①, ②, ④	18 ①, ③, ④	19 ②, ③, ④	

20 ⓪, ①, ②, ③　　21 ⓪, ①, ②, ④　　22 ⓪, ①, ③, ④
23 ⓪, ②, ③, ④　　24 ①, ②, ③, ④

(b) EdU の取り込み実験により，この植物の根端分裂組織細胞の細胞周期の各期は何時間と考えられるか，最も適切な数字をマークしなさい。この根端分裂組織において細胞ごとの細胞周期の各期の長さに差はない。なお，十の位がない場合は，0 をマークしなさい。

(2) (1)で用いた植物の根端分裂組織細胞の DNA 量に関する次の文章を読み，問題(a)〜(d)に答えなさい。

　根端分裂組織を酵素処理して，個々の細胞にばらばらにし，細胞壁を溶解した。細胞壁がなくなった個々の細胞の細胞核を，DNA に結合して蛍光を発する物質(DAPI)により染色した。DAPI の蛍光量は DNA 量に比例する。細胞核あたりの DAPI の蛍光量を測定して，その細胞あたりの DNA 量の相対値を計測した結果を図 2 に示す。

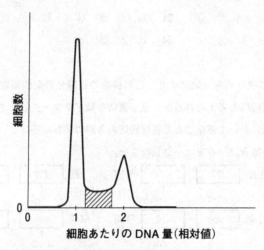

図2 根端分裂組織の細胞あたりの DNA 量

(a) 双子葉植物の細胞壁に関する記述として間違っているものを**解答群B**から一つ選び，その番号をマークしなさい。

解答群B
0 細胞壁は層状に蓄積したセルロース繊維からなる。
1 隣り合う細胞どうしで細胞膜がつながる原形質連絡がある。
2 離層の細胞壁が酵素によって分解されることで落果や落葉が起こる。
3 細胞壁が緩んだ細胞は吸水して伸長することが可能になる。
4 細胞壁にはオーキシン輸送タンパク質が存在する。

(b) 図2のグラフの斜線部に最も多く含まれる細胞周期の時期として，最も適切なものを**解答群C**から一つ選び，その番号をマークしなさい。

解答群C
0 G1期　　　1 G2期　　　2 M期　　　3 S期
4 G1期とG2期　　5 G1期とM期　　6 G1期とS期
7 G2期とM期　　8 G2期とS期　　9 G2期とM期とS期

(c) S期を阻害する物質を入れた培地に根を入れて，6時間生育させたところ，細胞分裂が観察されなくなった。なお，阻害物質は直ちにDNA複製を阻害する。このとき，根端分裂組織の細胞あたりのDNA量の相対値を計測した結果として最も適切なものを解答群Dから一つ選び，その番号をマークしなさい。グラフの縦軸は細胞数，横軸は細胞あたりのDNA量の相対値を示す。

解答群D

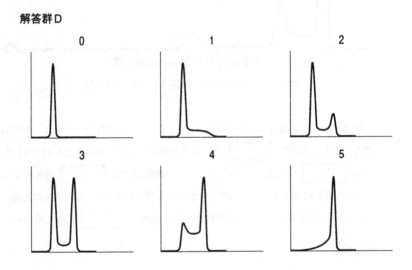

(d) 根の根端分裂組織よりも地上部側の部分(伸長領域)の組織の細胞あたりのDNA量を調べたところ，図3の結果を得た。横軸は図2と同じように細胞あたりのDNA量(相対値，常数)を示す。顕微鏡を用いて細胞あたりの細胞核の個数を数えたところ，すべて細胞あたり1個であった。その1個の細胞核の体積が根端分裂組織の細胞核よりも大きかった。この結果に関して考察した次の文章の空欄にあてはまる最も適切なものを下記の解答群Eから一つ選び，その番号をマークしなさい。

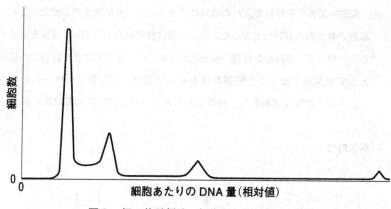

図3 根の伸長領域の細胞あたりの DNA 量

　図3のグラフの左から1番目のピークに対して，3番目のピークは，細胞あたりの DNA 量が約 [(ア)] 倍，4番目のピークは，細胞あたりの DNA 量が約 [(イ)] 倍になっている。これは，細胞周期の [(ウ)] 期を経ずに DNA 複製を繰り返すことで，細胞核あたりの DNA 量が増大したからである。このように細胞核内の DNA 量が倍加する現象は，[(エ)] にも見られる。

解答群E

00　2　　　　　01　4　　　　　02　8　　　　　03　16　　　　　04　32
05　G1　　　　06　S　　　　　07　M　　　　　08　G2
09　ヒトの骨格筋　　　　　　　10　ユスリカの唾腺（だ腺）
11　カエルの赤血球　　　　　　12　ウニの胚

(3) 根から葉へ長距離輸送される物質に関する次の文章を読み，問題(a)，(b)に答えなさい。

　物質 X は植物のすべての細胞で生合成される物質であり，植物の成長を促進するが，細胞間や維管束を移動できない。物質 X の前駆物質 Y と Z は細胞間の移動や道管を使った長距離移動ができる。前駆物質から物質 X を生合成する経路を触媒する酵素の遺伝子が変異した変異体 A，B および二重変異体 AB がある。この遺伝子の変異によって酵素活性は失われる。この植物の地下部と

地上部の間を切断した後に，同一個体もしくは別個体の地下部と地上部を接ぎ木することができる。接ぎ木後，すぐに維管束が連結し，根から葉への物質の長距離輸送が再開する。例えば図4のように，野生型の地下部と変異体Aの地上部を連結させた接ぎ木Aを作製した。野生型，変異体A，BおよびABも同一個体の接ぎ木を行った。いずれの場合も，接ぎ木という操作自体による第一本葉の生育への影響は生じなかった。

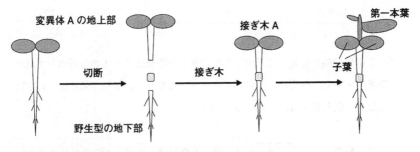

図4　接ぎ木Aの作製方法

表1　接ぎ木作製後，3日目，5日目，7日目の葉の面積(mm^2)

	接ぎ木作製後3日目	5日目	7日目
野生型	200	240	288
変異体A	150	165	181.5
変異体B	200	220	242
二重変異体AB	150	165	181.5
接ぎ木A	200	240	288

接ぎ木作製後，3日目，5日目，7日目の第一本葉の葉の面積を計測したところ，表1の結果が得られた。

また，各時期の子葉の一部を採取して，各物質を検出し，表2の結果を得た。なお，子葉の一部を採取しても第一本葉の成長や物質の長距離輸送に影響はない。また，子葉と第一本葉の間で物質X，Y，Zの検出の有無に差はない。

60 2019 年度 生物　　　　　　　　　　　　　　　東京理科大-理工〈B方式-2月3日〉

表2　葉における物質 X, Y, Z の検出の有無(＋は検出あり，－は検出なし)

	物質 X	物質 Y	物質 Z
野生型	＋	＋	＋
変異体 A	－	－	＋
変異体 B	－	＋	＋
二重変異体 AB	－		＋
接ぎ木 A	＋	＋	＋

⒜　この実験結果に関して考察した次の文章の空欄に最も適切な語句を下記の**解答群F**から一つ選び，その番号をマークしなさい。なお，同じ記号の空欄には同じ語句が入る。

　　実験結果より，　⬚(ア)　は，接ぎ木作製後，3日目から7日目までの第一本葉の面積を2日で　⬚(イ)　倍広げる作用をもつ。変異体 A は　⬚(ア)　から　⬚(ウ)　を作り出す経路を触媒する酵素の遺伝子に変異が生じており，変異体 B は　⬚(ウ)　から　⬚(エ)　を作り出す経路を触媒する酵素の遺伝子に変異が生じている。

解答群F

　　0　X　　　　　1　Y　　　　　2　Z
　　3　1.05　　　4　1.1　　　　5　1.2　　　　6　1.3　　　　7　1.4

⒝　接ぎ木 A と同じように，変異体 B の地上部と野生型の地下部を用いて接ぎ木 B を作製し，二重変異体 AB の地上部と野生型の地下部を用いて接ぎ木 AB を作製した。接ぎ木作製後，3日目，5日目，7日目の第一本葉の面積として最も適切なものを**解答群G**から一つ選び，その番号をマークしなさい。

東京理科大-理工〈B方式-2月3日〉　　　2019年度　生物　61

| 接ぎ木 B | 3日目 | (オ) | 5日目 | (カ) | 7日目 | (キ) |
| 接ぎ木 AB | 3日目 | (ク) | 5日目 | (ケ) | 7日目 | (コ) |

解答群G

| 0 | 150 | 1 | 165 | 2 | 181.5 | 3 | 200 |
| 4 | 220 | 5 | 240 | 6 | 242 | 7 | 288 |

3 酵素反応に関する次の問題(1)〜(3)に答えなさい。解答はそれぞれの指示に従って**解答用マークシート**の所定欄にマークしなさい。　　　　　(30点)

(1) 指に傷ができたため，消毒薬オキシドールを傷口に垂らし消毒を行ったところ，傷口から気体が発生し，泡を形成した。この現象に関する次の問題(a)〜(c)に答えなさい。

(a) この反応をあらわす最も適切な化学式を**解答群A**から一つ選び，その番号をマークしなさい。

解答群A

0　$2CO + O_2 \rightarrow 2CO_2$

1　$CH_4 + 2O_2 \rightarrow CO_2 + 2H_2O$

2　$2H_2 + O_2 \rightarrow 2H_2O$

3　$2H_2O_2 \rightarrow 2H_2O + O_2$

4　$H_2 + O_2 \rightarrow H_2O_2$

(b) (a)の反応は指の細胞が壊れた際に細胞内から流れ出た酵素 E が直接はたらいた結果であると考えられる。酵素 E の名前を**解答群B**から一つ選び，その番号をマークしなさい。

解答群B

0 ペプシン	1 アミラーゼ	2 トリプシン
3 カタラーゼ	4 マルターゼ	5 ルシフェラーゼ
6 ATPアーゼ	7 セルラーゼ	8 リパーゼ

(c) 酵素Eはヒト以外の動植物にも広く存在する。これまでに，異なる種がもつ酵素Eもしくはそれに類似した酵素の立体構造がいくつか知られている。その一つを図1に示した。

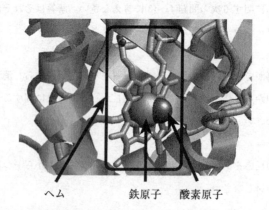

ヘム　　鉄原子　酸素原子

図1　酵素Eの触媒部位の立体構造(タンパク質構造データバンク ID 2cag より)　触媒部位付近の一部の構造を示した。

図1の構造では，触媒反応が起こる部位にあるヘムと呼ばれる構造の中心にある鉄原子に，基質に由来する酸素原子が結合していることがわかった。また，酵素反応は1段階では反応が完了せず，基質が酵素に結合する段階，酵素上で基質の反応が起こる段階，反応後にできた物質(反応産物)が酵素から解離する段階を経て反応が完了することが知られる。

酵素Eがはたらく反応の進行をこれらの段階に分けて表した下の**反応1**の空欄(ア)〜(エ)にあてはまる最も適切な語句を**解答群C**から一つ選び，その番号をマークしなさい。なお，同じ記号の空欄には同じ語句が入る。

反応1　酵素Eの触媒反応の各段階

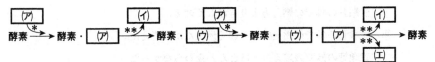

酵素への結合を＊の矢印，酵素からの解離を＊＊の矢印で示した。同じ記号は同じ分子や原子を表す。また，式中の「酵素」は，ヘムと鉄原子を結合した状態にあり，「・」は酵素もしくは酵素上のヘムの鉄原子に基質が結合した状態を示す。

解答群C

| 0 H_2O | 1 H_2 | 2 O | 3 O_2 | 4 CO |
| 5 CO_2 | 6 CH_4 | 7 H | 8 H_2O_2 | 9 O_3 |

(2) ジャガイモをおろし金ですりおろし，ガーゼでこした抽出液(以下ジャガイモ抽出液と呼ぶ)を用意した。これを用いて行った実験と，それに関連する実験について次の問題(a)〜(c)に答えなさい。

(a) 次の文章の空欄(ア)〜(ウ)にあてはまる最も適切な語句をそれぞれ下記の**選択肢①〜③**から選び，その組み合わせを**解答群D**から一つ選んで番号をマークしなさい。

　　ジャガイモ抽出液を試験管に1mL用意し，そこに3％の過酸化水素水2mLを添加したら，泡が発生した。このとき，火がついた線香を試験管内に入れると，直後には線香の火は　(ア)　。試験管から線香を取り出し，しばらく泡の発生が続いた後泡の発生が止まってから10時間そのまま放置し，再び火がついた線香を入れた直後，線香の火は　(イ)　。この試験管から線香を取り出して再び10時間放置し，この試験管にジャガイモ抽出液1mLを追加して火がついた線香を入れた直後には，線香の火は　(ウ)　。ただし，この実験は常に25℃で行い，抽出液のpHは7.0のまま変化せず，泡は発生したら液体内にとどまらずにすぐ液体から出ていくものとする。また，火がついた線香を試験管に入れるときには，試験管内の液体に触れないように注意した。

選択肢

① 試験管の外での燃え方よりも激しく燃えた

② 試験管の外での燃え方より弱く燃えたか，消えた

③ 試験管の外での燃え方とほとんど変わらなかった

解答群D

0　(ア) ①　　　(イ) ①　　　(ウ) ②

1　(ア) ①　　　(イ) ②　　　(ウ) ③

2　(ア) ②　　　(イ) ②　　　(ウ) ①

3　(ア) ③　　　(イ) ②　　　(ウ) ②

4　(ア) ①　　　(イ) ③　　　(ウ) ②

5　(ア) ②　　　(イ) ③　　　(ウ) ③

6　(ア) ①　　　(イ) ③　　　(ウ) ③

7　(ア) ②　　　(イ) ①　　　(ウ) ②

8　(ア) ③　　　(イ) ③　　　(ウ) ①

9　(ア) ③　　　(イ) ①　　　(ウ) ③

(b) ジャガイモ抽出液を使った実験についての次の説明を読み，問題に答えなさい。

　ジャガイモ抽出液 1 mL，または，二酸化マンガン(酸化マンガン(Ⅳ)とも呼ぶ，化学式は MnO_2)0.05 g が入った精製水 1 mL(以下二酸化マンガン含有水 1 mL と呼ぶ)をそれぞれ用意し，**表 1** に従い，異なる温度条件下で 3 ％過酸化水素水を 2 mL 添加する実験を行った。反応に使用する液はあらかじめ**表 1**の各温度に設定し，反応中も温度が変化しないようにした。ただし，**実験 D** についてはジャガイモ抽出液 1 mL または二酸化マンガン含有水 1 mL をあらかじめ 90 ℃で 5 分間加熱した後，温度を 35 ℃に下げた。その後，蒸発した分の 35 ℃の精製水を補充して 1 mL にし，それを使用して**実験 A～C** と同様の実験を行った(**表 1**の※印)。結果の比較はあくまで反応開始 5 分後のジャガイモ抽出液の実験 A～D 間もしくは二酸化マンガン含有水

の実験**A〜D**間で行う。ジャガイモ抽出液と二酸化マンガン含有水の間では結果の比較は行わない。また反応液の pH は常に 7.0 に保たれているものとする。

表1　過酸化水素水の反応による泡の発生

	温度条件（℃）	ジャガイモ抽出液	二酸化マンガン含有水
実験A	1	(ア)	(オ)
実験B	35	(イ)	(カ)
実験C	70	(ウ)	(キ)
実験D	90 → 35 ※ (問題文参照)	(エ)	(ク)

　表1中の(ア)〜(エ)のジャガイモ抽出液の泡の発生度合として最も適切な組み合わせを**解答群E**から一つ選び，その番号をマークしなさい。なお，泡の発生の度合は次のように表記する。

－：ほとんどまたは全く無し，＋：少ない，＋＋：中程度，＋＋＋：多い

　ただし，純水を加熱したときに発生する泡とは異なり区別できるものとする。

解答群E

```
0 (ア) －      (イ) ＋      (ウ) ＋＋     (エ) ＋＋＋
1 (ア) ＋      (イ) ＋＋＋   (ウ) －      (エ) －
2 (ア) ＋＋＋   (イ) ＋＋＋   (ウ) ＋＋＋   (エ) －
3 (ア) ＋      (イ) ＋＋     (ウ) ＋＋     (エ) ＋＋＋
4 (ア) ＋      (イ) ＋＋     (ウ) ＋＋＋   (エ) ＋＋
5 (ア) －      (イ) ＋＋＋   (ウ) ＋＋＋   (エ) ＋＋＋
```

6	(ア) −	(イ) −	(ウ) −	(エ) −
7	(ア) −	(イ) ++	(ウ) +++	(エ) −
8	(ア) +++	(イ) ++	(ウ) +	(エ) −

(c) (b)に示した**表 1**中の(オ)〜(ク)の二酸化マンガン含有水の泡の発生度合として最も適切な組み合わせを**解答群 F** から一つ選び，その番号をマークしなさい。なお，泡の発生の度合は次のように表記する。

−：ほとんどまたは全く無し，＋：少ない，＋＋：中程度，＋＋＋：多い

ただし，純水を加熱したときに発生する泡とは異なり区別できるものとする。

解答群 F

0	(オ) −	(カ) +	(キ) ++	(ク) +++
1	(オ) +	(カ) +++	(キ) ++	(ク) −
2	(オ) +++	(カ) +++	(キ) +++	(ク) −
3	(オ) +	(カ) ++	(キ) ++	(ク) +++
4	(オ) +	(カ) +++	(キ) +++	(ク) ++
5	(オ) −	(カ) +++	(キ) +++	(ク) +++
6	(オ) −	(カ) +++	(キ) ++	(ク) −
7	(オ) −	(カ) ++	(キ) +++	(ク) −
8	(オ) +++	(カ) ++	(キ) +	(ク) −

(3) 光を当てると蛍光を発する性質のある蛍光分子をタンパク質に反応させて結合し，その蛍光分子を光学顕微鏡で 1 分子ごとに観察することでタンパク質の性質を調べる方法がある。このとき，当てた光で蛍光分子の化学構造が確率的に変化し蛍光を発しなくなることがあるが，その変化が起こるまでの時間をなるべく長く保つために，酵素の一種であるグルコースオキシダーゼとその基質であるグルコースを酵素 E とともに観察溶液中に添加することがある。この観

察溶液中では酵素 E がはたらく(1)(a)の反応とグルコースオキシダーゼがはたらく以下の**反応2**が共存して進行する。

　　　反応2　　グルコース ＋ O_2 ＋ H_2O → グルコン酸 ＋ H_2O_2

　これら2種類の反応が進むにつれて，両反応全体として観察溶液の成分の分子数はどのように変化していくか。最も適切な語句を**解答群G**から一つ選び，その番号をマークしなさい。ただし，溶液中のグルコースと酸素は充分な量が観察溶液中にあり両反応は充分進むものとし，この二つの反応以外に起こりうる他の反応については無視できるものとする。また，溶液は密閉されており，溶液内外で気体の出入りはないものとする。

解答群G

0　H_2 が増加する。	1　H_2 が減少する。
2　H_2O_2 が増加する。	3　H_2O_2 が減少する。
4　O_2 が増加する。	5　O_2 が減少する。
6　CO_2 が増加する。	7　CO_2 が減少する。
8　H_2O が増加する。	9　H_2O が減少する。

68 2019 年度 英語〈解答〉　　　　　　　東京理科大-理工〈B方式-2月3日〉

解答編

■英語■

(注)　解答につきましては，東京理科大学から提供のあった情報を掲載しております。

1　**解答**　(1)—1　(2)—3　(3)—1　(4)—2・5（順不同）
(5)—3　(6)—2　(7)—4　(8)—3　(9)—4
(10) 3→8→2→6→4→7→1→5（この順序のみ）　(11)—2
(12) 1—T　2—F　3—T　4—T　5—F　6—F

◆全　訳◆

≪心の理論による子供の嘘の検証≫

［1］　育児のトレンドは時代時代によって変わるかもしれないが，ほとんどの大人が口を揃えて，話せるようになった未就学児は嘘をつくべきではないと言うだろう。しかし，明らかになったところでは，嘘をつけるようになることは学習全般の重要な一部であり，嘘をつくことの倫理的意味とは別に，一考に値する。

［2］　嘘をつく能力は，歩くことや話すことと全く同様に，発達における重要な出来事である。トロント大学の心理学教授であるカン=リーらによる研究によれば，嘘は早熟児では早期に発現する。2歳レベルの言語力がある子の30％が，ある時点で親に嘘をつこうとし，3歳になると，50％が常習的に嘘をつこうとしている。嘘は4歳児の80％，健全な5〜7歳児ならほぼ全員に見られる。

［3］　言い換えれば，子供にとって嘘は何ら珍しいことではない。さらに，嘘をつく子供は本当のことしか言わない子供よりも認知能力が優れていると，リー博士は述べる。「嘘をつくことには2つの要素が必要です。子供は他者の心の中を理解している必要があります。つまり，相手が何を知っていて，何を知らないのかを知っている必要があります。この能力は，心の理論と呼ばれます。心の理論に優れた子供は，嘘をつくことにも優れて

東京理科大-理工〈B方式-2月3日〉　　　　　　2019年度　英語〈解答〉　*69*

います」

［４］　リー博士によれば，第２の要件は実行機能，つまり，事前に計画し，不要な行動を抑制する能力である。「嘘をつくことのできる３歳児未満の30％は，高度な実行機能能力，とりわけ，真実を言いたいという衝動を抑えて，嘘に切り替える能力を持っています」と彼は言う。

［５］　こういった高度な認知能力があるので，早くから嘘をつける子供は，勉強や遊び場での他の子供たちとの接し方もうまくなるのです，と彼は付け加えた。

［６］　リー博士は何十年も前から，心の理論のタスクに優れた子供は嘘をつくのがうまいことは知っていたが，どちらが先に来るのかは知らなかった。嘘をつくことで，子供たちは他者の心の中を推測することがうまくなるのだろうか？　結局のところ，嘘がうまくいくかどうか試すことは，大人の反応を引き出すことであり，そこでは，大人の精神状態がいくらか明らかになるのだ。それとも，他者の心の中を想像できるように教え込めば，その人は嘘をつくのがうまくなるのだろうか？　彼はこの考えを『心理科学』誌に掲載した実験で検証した。

［７］　心の理論のトレーニングは，人間関係がうまくいかない子供，さらには行動障害を抱えた子供を支援するツールとして人気になっている。このトレーニングを通じて，子供たちはさまざまな状況を経験し，他者が自分とは異なる知識や考えを持っている場合があることを理解しやすくなるのだ。リー博士の研究室で子供たちは，人々の精神状態に関する情報が豊富な物語の読み聞かせも受ける。「どんな副作用がありますか？　心の理論をトレーニングすることで，嘘をつけるようにできますか？　などとよく聞かれます」とリー博士は述べた。

［８］　彼はカナダ，アメリカ，中国の研究チームと協力して，中国の都心部出身の未就学児58名を，知能，嘘をつく能力，実行機能などを検証した後，２群に分けた。１群の子供たちは心の理論のトレーニングを６回受け，もう１群の子供たちは算数や空間の問題解決能力のトレーニングを６回受けた。

［９］　８週間にわたる６回のトレーニング後，研究者たちが発見したのは，心の理論のグループにいた子供たちは，嘘をつくのがうまくなっているだけでなく，対照群の子供たちと比較すると，嘘をつくのが著しくうまくな

っていた。この効果は1カ月続いた。リー博士は追跡調査をして，この結果が持続するのかどうかを確かめる予定である。

[10]「子供が初めて嘘をついたときは，心配ではなく祝福のときです。これは教えやすいときです。何が嘘で，何が本当で，他の人にどんな影響があるのか，話し合う機会です」と博士は私に語った。

■━━━━━ ◀解　説▶ ━━━━━■

(1) 1.「子供の成長における注目すべき出来事」
2.「育児の大変さ」
3.「育児の大きな障害」
4.「育児の奨励」

1が正解。milestone「里程標；（歴史・人生などの）画期的な出来事，節目」を observable「注目すべき」で言い換えている。なお，developmental milestone は専門用語で「乳幼児健診における発達の診査事項」のこと。

(2) 1.「他者とうまくコミュニケーションできない2歳児」
2.「言語をほとんど理解できない2歳児」
3.「基本的なコミュニケーションができる語彙を持った2歳児」
4.「親の指示をよく誤解する2歳児」

3が正解。下線部直後の pull the wool over their parents' eyes は，tell a lie「嘘をつく」の言い換え。

(3) 1.(1)「言い換えれば」(2)「さらに」
2.(1)「しかし」(2)「結果として」
3.(1)「その代わりに」(2)「ちなみに」
4.(1)「いずれにせよ」(2)「逆に」

1が正解。[2]最終文（Fibbing is common …）の80％や nearly all を「言い換えれば」，nothing unusual「何ら珍しくない」，「さらに」，cognitive advantage「認知上の利点」もある，とつながる。

(4) 1.「真実を語ることを利用する能力」
2.「他者の心の中を推測する能力」
3.「自分自身に関する知識を得る能力」
4.「他者のために行動する才能」
5.「将来の不快な状況を避ける能力」

東京理科大-理工〈B方式-2月3日〉　　　2019年度　英語〈解答〉　*71*

6.「心の理論を習得する努力」

下線部直後の文（Children need to …）に対応する2と，［4］第1文（The second requirement, …）に対応する5が正解。

(5)1.「他者の嘘を見つけ，人々に正直になるように促すことができる」

2.「嘘をつかずに真実を言うことができる」

3.「真実を言うのを我慢して，代わりに嘘をつくことができる」

4.「真実を言う機会を他者から奪うことができる」

「『高度な実行機能能力』を持つ子供の顕著な特徴」としては，3が正解。下線部直後の文の inhibit the urge to tell the truth「真実を言いたいという衝動を抑える」を restrain themselves from telling the truth「真実を言うのを我慢する」で，switch to lying「嘘に切り替える」を tell a lie instead「代わりに嘘をつく」で言い換えている。

(6)1.「もっと孤立して」　2.「もっと成功して」　3.「あまり実践的でなく」　4.「あまり想像的でなく」

2が正解。be successful in ～「～において成功する，～がうまくいく」

(7)1.「必ず真実を言う」　2.「偶然真実を言う」　3.「明確な目標なしに嘘をつく」　4.「実験的に嘘をつく」

4が正解。half-truth「半分の真実」は lie を遠回しに言った表現。イディオムの try ～ on for size「～をサイズを試して着てみる，～を試着する」が比喩的に使われている。

(8)1.「トレーニングを受けている子供たちは，集まってさまざまな人々と出会い，自分自身のアイデンティティーに気づけるかもしれない」

2.「トレーニングによって，子供たちは詳細な情報を共有することによって，自分と他者とのいかなるギャップをも埋められる」

3.「トレーニングを受けている子供たちは，一連の状況を経験することで，人々の多様な考え方への気づきを高められるかもしれない」

4.「トレーニングによって，子供たちは他者と関わる能力の欠如ゆえに完全に誤解されうる状況に耐える」

3が正解。①<u>The training walks children through situations</u> ②<u>that help them to discover</u> ③<u>that other people could have knowledge or beliefs different from their own.</u>

＝①<u>The children doing the training experience a set of situations</u> ②<u>that</u>

will possibly improve their awareness of ③how people think in various ways. という明確な対応関係がある。

(9) 1．「精神疾患や行動障害のある子供たち」

2．「中国の都心部出身の未就学児58名」

3．「心の理論のトレーニングを6回受けた子供たち」

4．「算数や空間の問題解決能力のトレーニングを6回受けた子供たち」

4が正解。control-group は「対照群」の意。[8] 最終文（Half of the …）の the other half を受ける。

(10)正しい順序は以下の通り。

(Dr. Lee) intends to follow up to see if these results persist(.)

intend to *do*「〜するつもりだ，〜する意図がある」 follow up「追跡調査〔経過観察〕する」 see if 〜「〜かどうかを確かめる」 persist「続く，持続する」 persist は，直前の文（The effects lasted …）の last の言い換え。

(11)「あなたの子供が初めて嘘をついていることに気づいたら，あなたは心配すべきではない。なぜならば，親はこのときを利用して（　　　　）ことができるからだ」

1．「決して嘘をつかない人々を信頼することの大切さを子供に示す」

2．「嘘をつくことと本当のことを言うことの性質を考える機会を子供に与える」

3．「嘘をつくことを避ける方法と正直になる方法を子供に教える」

4．「嘘をつくことの欠点に注意するように子供を促す」

2が正解。[10] 最終文（It's a teachable …）の discuss what is a lie, what is the truth を explore the nature of lying and truth-telling と言い換えている。

(12) 1．「筆者によれば，育児のトレンドは変わりやすいようだ」[1] 第1文（Child-rearing trends might …）に一致。blow with the wind というイディオムは難しいが，「風に吹かれる」という意味から，be subject to change「変わりやすい」と類義であると推測できる。また，might seem to を looks like と言い換えている。

2．「嘘をつくようになることは道徳教育における重要な要素の一つだと筆者は主張している」[1] 第2文（But learning to …）に矛盾。「道徳

教育」への言及はない。

3．「3歳児の半分は何度も親に嘘をつこうとしている」［2］第4文
（At age 3,…）に一致。①50％ ②regularly ③try ④it ＝ ①Half of 3-year-
old children ②repeatedly ③attempt ④to cheat their parents という明確
な対応関係がある。

4．「実験以前にリー博士は，子供が他者の心の中を読む能力を，嘘をつ
く能力が助長しているのか，それとも逆なのかわからなかった」［6］第
1・2文（Though Dr. Lee …）に一致。the other way round「反対に，
あべこべに」

5．「心の理論のトレーニングを受けた子供たちだけが，実験以前に知的
状態を確認された」［8］第1文（He and a …）に矛盾。両群とも確認
されている。

6．「心の理論のトレーニングで生じた反応は永久に続く」［9］最終文
（Dr. Lee …）に矛盾。追跡調査の結果を見ないとわからない。

$\boxed{2}$ 解答　(1)—(1)　(2)—(2)　(3)—(1)　(4)—(2)　(5)—(1)　(6)—(3)
(7)—(1)　(8)—(1)

$\boxed{3}$ 解答　1—M　2—C　3—M　4—M　5—C　6—M
7—C　8—C

◆全 訳◆

≪ホテル宿泊中のお知らせ≫

　青木さんが2018年2月20日の夕方，ホテルの部屋で休憩していると，
こんなチラシがドアの下にはさまっているのに気づいた。

田　水道が止まります　田

ご宿泊の皆さまへ

　給水設備の緊急修理のため，明日，2018年2月21日（水）の午前10
時～午後4時，すべての客室の水道が止まる予定です。

　水道の停止はおよそ6時間に及びます（トイレは使えます）。

　ランドリー，店舗，レストランなどのサービスは通常どおり営業致しま
す。

万一，予定通りに作業を完了できなかった場合には，ご宿泊の皆さまにお電話で作業の進捗をお知らせする予定です。

大変申し訳ございません。お詫びにロビーに無料の軽食がございますので，ご自由にお取りください。すでにできあがっており，数日間はご用意しております。

ご宿泊中，給水に関するご質問やご心配などがございましたら，フロントに「0番」でお電話ください。

敬具

ホテル支配人

━━━━ ◀解 説▶ ━━━━

「以下は，上掲のお知らせに対する青木さんの反応である。お知らせを正しく理解しているならC，間違って理解しているならMをマークしなさい」

1．「残念だな。1カ月前に僕が予約したときに，ホテルはこのことを僕に伝えておくべきだったのに」 お知らせ前半の第1文（Due to unexpected …）に矛盾。unexpected repairs「予期せぬ修理」なので，事前告知は不可能。よって，Mである。

2．「明日の朝，遅くとも午前10時までにはシャワーを済ませないといけないな」 お知らせ前半第1文より，Cである。

3．「部屋のトイレが流れなくなるから，明日の午前10時以降は，ロビーにあるトイレを使わなくちゃいけないな」 お知らせ前半第2文（The water will …）に矛盾。トイレには影響しない。よって，Mである。

4．「2階のカフェテリアは明日のランチタイムは休業になるな」 お知らせ前半第3文（Please note that …）に矛盾。よって，Mである。

5．「明日は午前10時30分〜午後5時30分頃までは外出しているから，水道が止まっても大した問題じゃないし，心配していないよ」 お知らせ前半第1文より，Cである。

6．「明日，部屋に戻ってきたらフロントから電話があって，修理が予定通り完了したって教えてもらえるな」 お知らせ後半の第1文（We will attempt …）に矛盾。電話があるのは，予定通りに作業が終わらなかった場合のみ。よって，Mである。

東京理科大-理工〈B方式-2月3日〉　　　　　　2019 年度　英語〈解答〉　75

7.「ちょっとお腹がすいてきた。ロビーに行って，いくつかクッキーを
すぐにもらってくることにしよう」　お知らせ後半の第3・4文（Please
feel free …）より，Cである。complimentary refreshments「無料の軽
食」

8.「あれ，部屋の水道水が茶色っぽく見えるのはこの部屋だけなのか？
0番に電話しなくちゃ」　お知らせ後半の最終文（If you have …）より，
Cである。

❖講　評

　2019 年度は，2018 年度より1題減って大問3題の出題であった。読
解問題2題，アクセント問題1題で，全問マークシート法である。

　①の読解問題では，theory-of-mind「心の理論」に基づいて，子供の
嘘について考察した 630 語ほどの論説文が出題された。キーワードの
(tell a) lie「嘘をつく」＝ bend the truth, pull the wool over *one's*
eyes, tell tales に加えて，lying＝fibbing, lies＝half-truths, liar「嘘
つき」＝fabricator という多種多様な言い換えを文脈から正しく追えた
かどうかがポイント。設問もすべて英文であり，問題文とほぼ同量の設
問文も読まなくてはならない。ほとんどの設問が問題文の正しい言い換
えの選択を求めるもので，結局は単熟語・構文の正確な理解が求められ
ている。

　②はアクセント問題8問。ca-reer, en-gi-neer など -ee(r) や -oo で終
わる単語は一般的には，その部分にアクセントがあるというルールを知
っていると解きやすい。「インデックス」「テクニック」「アレルギー」
「ビタミン」など日本語化した単語が目立つが，アクセントの位置は日
本語のカタカナ発音とはことごとく異なる。なお，vitamin は発音自体
も［váitəmin］と異なる。

　③は，ホテルの客室で見た flyer「チラシ」に基づく読解問題。実務
的な文章を利用した長文問題で，センター試験や TOEIC にも類題があ
る（2019 年度2月6日実施分でも同傾向）。complimentary refresh-
ments「無料の軽食」といった表現が絡む7は難しいかもしれない。

数学

(注) 解答につきましては，東京理科大学から提供のあった情報を掲載しております。

1 解答
(1) ア. 2　イ. 4　ウ. 1　エ. 2　オ. 1　カ. 2
キ. 2　ク. 3　ケ. 2　コ. 1　サ. 3　シ. 3
スセ. 61　ソタ. 27　チ. 2　ツ. 2
(2) テト. 11　ナニ. 21　ヌネ. 12
(3)(a) ノ. 1　ハヒ. 36　フ. 5　ヘ. 9　ホ. 5　マミ. 12
　(b) ム. 8　メモ. 27　ヤユ. 37　ヨラリ. 216　ル. 1　レロ. 18

◀解　説▶

≪小問3問≫

(1) 次の関数の最大値と最小値を求める。
$$y = \sin^3\theta + \cos^3\theta - 2\sin 2\theta \quad (0 \leq \theta \leq \pi)$$

$x = \sin\theta + \cos\theta$ ……① とおくと

$$x = \sqrt{2}\left(\frac{1}{\sqrt{2}}\sin\theta + \frac{1}{\sqrt{2}}\cos\theta\right)$$
$$= \sqrt{2}\left(\sin\theta\cos\frac{\pi}{4} + \cos\theta\sin\frac{\pi}{4}\right)$$
$$= \sqrt{2}\sin\left(\theta + \frac{\pi}{4}\right) \quad (\rightarrow \text{ア・イ})$$

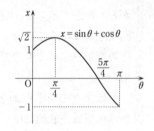

$\frac{\pi}{4} \leq \theta + \frac{\pi}{4} \leq \frac{5\pi}{4}$ より

$$-1 \leq x \leq \sqrt{2} \quad (\rightarrow \text{ウ・エ})$$

$a^3 + b^3 = (a+b)(a^2 - ab + b^2)$ より

$$y = (\sin\theta + \cos\theta)(\sin^2\theta - \sin\theta\cos\theta + \cos^2\theta) - 4\sin\theta\cos\theta$$
$$= (\sin\theta + \cos\theta)(1 - \sin\theta\cos\theta) - 4\sin\theta\cos\theta \quad \cdots\cdots ②$$

①より

$$x^2 = (\sin\theta + \cos\theta)^2$$
$$= \sin^2\theta + 2\sin\theta\cos\theta + \cos^2\theta$$

$$= 1 + 2\sin\theta\cos\theta$$

$$\sin\theta\cos\theta = \frac{x^2-1}{2} \quad \cdots\cdots ③$$

①，②，③より

$$y = x\left(1 - \frac{x^2-1}{2}\right) - 2(x^2-1)$$

$$= -\frac{1}{2}x^3 - 2x^2 + \frac{3}{2}x + 2 = f(x) \quad \cdots\cdots ④ \quad (\to \text{オ〜ケ})$$

④より

$$\frac{dy}{dx} = -\frac{3}{2}x^2 - 4x + \frac{3}{2} = -\frac{1}{2}(3x^2 + 8x - 3)$$

$$= -\frac{1}{2}(3x-1)(x+3)$$

$$= -\frac{3}{2}\left(x - \frac{1}{3}\right)(x+3) \quad (\to \text{コ〜シ})$$

増減表は次のとおり。

x	-1		$\frac{1}{3}$		$\sqrt{2}$
$f'(x)$		$+$	0	$-$	
$f(x)$	-1	↗		↘	

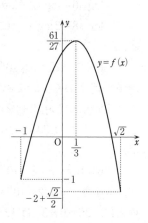

ここで

$$f\left(\frac{1}{3}\right) = -\frac{1}{2}\left(\frac{1}{3}\right)^3 - 2\left(\frac{1}{3}\right)^2 + \frac{3}{2}\cdot\frac{1}{3} + 2$$

$$= -\frac{1}{54} - \frac{2}{9} + \frac{1}{2} + 2 = \frac{61}{27}$$

$$f(\sqrt{2}) = -\sqrt{2} - 4 + \frac{3\sqrt{2}}{2} + 2 = -2 + \frac{\sqrt{2}}{2}$$

増減表より，y の最大値は

$$f\left(\frac{1}{3}\right) = \frac{61}{27} \quad (\to \text{ス〜タ})$$

$f(-1) - f(\sqrt{2}) = 1 - \frac{\sqrt{2}}{2} > 0$ より，y の最小値は

$$f(\sqrt{2}) = -2 + \frac{1}{2}\sqrt{2} \quad (\to \text{チ・ツ})$$

(2)　　$\log_{10}2 = 0.3010,\ \log_{10}3 = 0.4771$

$a = 2^{36}$ とおく。

　　　$\log_{10}a = 36\log_{10}2 = 36 \times 0.3010 = 10.836$　……①

　　∴　$10^{10} < a < 10^{11}$

ゆえに，2^{36} は 11 桁の整数である。（→テト）

$b = 3^n$ とおく。b が 11 桁の整数になるとき

　　　$10^{10} \leqq 3^n < 10^{11}$　　　$10 \leqq n\log_{10}3 < 11$

　　　$\dfrac{10}{\log_{10}3} \leqq n < \dfrac{11}{\log_{10}3}$　　　$\dfrac{10}{0.4771} \leqq n < \dfrac{11}{0.4771}$

　　　$20.95 < n < 23.06$

n は整数だから　　　$21 \leqq n \leqq 23$

よって，3^n が 11 桁の整数となる最小の n は　　　$n = 21$　（→ナニ）

$6 = 2 \times 3,\ 8 = 2^3$ より

　　　$\log_{10}6 = \log_{10}2 + \log_{10}3 = 0.7781$　……②

　　　$\log_{10}8 = 3\log_{10}2 = 0.9030$　……③

①，②，③より

　　　$6 \times 10^{10} < a < 8 \times 10^{10}$　……④

$c = 6 \times 3^{21}$ とおく。$c = 2 \times 3^{22}$ より

　　　$\log_{10}c = \log_{10}2 + 22 \times \log_{10}3 = 0.3010 + 22 \times 0.4771$

　　　　　　　$= 0.3010 + 10.4962 = 10.7972$　……⑤

②，③，⑤より

　　　$6 \times 10^{10} < c < 8 \times 10^{10}$　……⑥

④，⑥より　　　$1.2 \times 10^{11} < a + c < 1.6 \times 10^{11}$

ゆえに，$2^{36} + 6 \times 3^{21}$ は 12 桁の整数である。（→ヌネ）

(3)　3 つのさいころを同時に投げて，出た目の数を $a,\ b,\ c$ とする。

3 つのさいころを投げるときの目の出方は，全部で

　　　$6 \times 6 \times 6 = 6^3$ 通り

ある。

(a)　$a = b = c$ となるのは

　　　$a = b = c = k$　　$(1 \leqq k \leqq 6)$

の 6 通り。ゆえに，$a = b = c$ となる事象 A の確率 $P(A)$ は

$$P(A) = \frac{6}{6^3} = \frac{1}{36} \quad (\to \text{ノ} \sim \text{ヒ})$$

a, b, c がすべて異なるのは，6個の数字 $\{1, 2, 3, 4, 5, 6\}$ から3個選んで並べたときであるから，全部で

$$_6\mathrm{P}_3 = 6 \cdot 5 \cdot 4 = 120 \text{ 通り}$$

ゆえに，a, b, c がすべて異なる事象 B の確率 $P(B)$ は

$$P(B) = \frac{6 \cdot 5 \cdot 4}{6^3} = \frac{5}{9} \quad (\to \text{フ} \cdot \text{ヘ})$$

出る目のうち，ちょうど2つが一致し，他は異なる事象を C とすると，C は $A \cup B$ の余事象であり，A と B は排反事象だから，余事象の確率より

$$P(C) = 1 - P(A) - P(B)$$

$$= 1 - \frac{1}{6^2} - \frac{5 \cdot 4}{6^2}$$

$$= \frac{5}{12} \quad (\to \text{ホ} \sim \text{ミ})$$

(b) 出る目の最小値が3以上となるのは，次の3つの不等式を同時に満たすときである。

$$3 \leq a \leq 6$$

$$3 \leq b \leq 6$$

$$3 \leq c \leq 6$$

このときの起こりうる場合の総数は　　4^3 通り

出る目の最小値が3以上となる事象 D の確率 $P(D)$ は

$$P(D) = \frac{4^3}{6^3} = \frac{8}{27} \quad (\to \text{ム} \sim \text{モ})$$

出る目の最小値が3となるのは，次の事象 $E_1 \sim E_3$ の不等式の組のいずれかを満たすときである。

（事象 E_1）：$\{a = 3, \ 3 \leq b \leq 6, \ 3 \leq c \leq 6\}$

（事象 E_2）：$\{b = 3, \ 3 \leq a \leq 6, \ 3 \leq c \leq 6\}$

（事象 E_3）：$\{c = 3, \ 3 \leq a \leq 6, \ 3 \leq b \leq 6\}$

出る目の最小値が3となる事象 E の確率 $P(E)$ は

$$P(E) = P(E_1) + P(E_2) + P(E_3)$$

$$- \{P(E_1 \cap E_2) + P(E_2 \cap E_3) + P(E_3 \cap E_1)\} + P(E_1 \cap E_2 \cap E_3)$$

$$= \frac{4^2}{6^3} + \frac{4^2}{6^3} + \frac{4^2}{6^3} - \left(\frac{4}{6^3} + \frac{4}{6^3} + \frac{4}{6^3} \right) + \frac{1}{6^3}$$

$$= \frac{48 - 12 + 1}{6^3} = \frac{37}{216} \quad (\rightarrow ヤ \sim リ)$$

出る目の最小値が3で最大値が5となる場合を数え上げる。

$(a, b, c) = (3, 3, 5), \ (3, 4, 5), \ (3, 5, 3), \ (3, 5, 4),$

$\qquad\qquad (3, 5, 5), \ (4, 3, 5), \ (4, 5, 3), \ (5, 3, 3),$

$\qquad\qquad (5, 3, 4), \ (5, 3, 5), \ (5, 4, 3), \ (5, 5, 3)$

の合計12通り。

出る目の最小値が3で最大値が5となる事象 F の確率 $P(F)$ は

$$P(F) = \frac{12}{6^3} = \frac{1}{18} \quad (\rightarrow ル \sim ロ)$$

$\boxed{2}$ **解答** (1) $l : y = -\sqrt{k+1}\,(x-2) - k - 2$

$\qquad\qquad\qquad\quad m : y = \sqrt{k+1}\,(x-2) - k - 2$

$\qquad\qquad\qquad\quad \mathrm{P}(2, \ -k-2)$

(2) $k = 2$ (3) $k = 6 + 4\sqrt{3}$ (4) $\dfrac{-1 + \sqrt{5}}{2}$

※計算過程の詳細については省略。

◀ **解　説** ▶

≪放物線の2接線の一部分を2辺とする三角形，三角形の内接円の半径≫

$$f(x) = \frac{1}{4}x^2 - x$$

$$C : y = f(x)$$

(1) 放物線 C と直線 $y = k \ (k>0)$ との交点が A, B だから，A(a, k), B(b, k) とおくと，条件より $\quad a < b$

$f(x) = k$ より

$$\frac{1}{4}x^2 - x = k \qquad x^2 - 4x - 4k = 0$$

$$x = 2 \pm \sqrt{4 + 4k} = 2 \pm 2\sqrt{k+1}$$

$$\begin{cases} a = 2 - 2\sqrt{k+1} & \cdots\cdots ① \\ b = 2 + 2\sqrt{k+1} & \cdots\cdots ② \end{cases} \quad (k>0)$$

$f'(x) = \dfrac{1}{2}x - 1$ より

$\qquad f'(a) = -\sqrt{k+1}$

$\qquad f'(b) = \sqrt{k+1}$

点 A(a, k) における C の接線が l だから

$\qquad l : y = f'(a)(x-a) + f(a)$

$\qquad\qquad = -\sqrt{k+1}\,(x - 2 + 2\sqrt{k+1}) + k$

$\qquad\qquad = -\sqrt{k+1}\,(x-2) - k - 2$ ……③ ……(答)

点 B(b, k) における C の接線が m だから

$\qquad m : y = f'(b)(x-b) + f(b)$

$\qquad\qquad = \sqrt{k+1}\,(x - 2 - 2\sqrt{k+1}) + k$

$\qquad\qquad = \sqrt{k+1}\,(x-2) - k - 2$ ……④ ……(答)

C の2接線 l, m の交点 P の x 座標は,③,④より

$\qquad -\sqrt{k+1}\,(x-2) - k - 2$

$\qquad\qquad = \sqrt{k+1}\,(x-2) - k - 2$

$\qquad 2\sqrt{k+1}\,(x-2) = 0$

$\qquad \therefore\ x = 2$ ……⑤

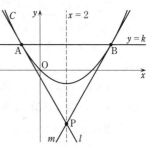

よって,C の2接線 l, m の交点 P の座標は,③,④,⑤より

$\qquad P(2, -k-2)$ ……⑤′ ……(答)

(2) △ABP は PA＝PB である二等辺三角形である。△ABP が正三角形になるのは,∠ABP＝$\dfrac{\pi}{3}$ のときである。すなわち,接線 m の傾きが $\tan\dfrac{\pi}{3}$ のときであるから

$\qquad f'(b) = \tan\dfrac{\pi}{3} \quad \sqrt{k+1} = \sqrt{3} \quad \therefore\ k = 2$ ……(答)

(3) ∠PAB＝75°となるのは,∠PAB＝∠PBA より,接線 m の傾きが $\tan 75°$ のときである。

$\qquad \tan 75° = \tan(45° + 30°)$

$$= \frac{\tan 45° + \tan 30°}{1 - \tan 45° \tan 30°} = \frac{1 + \frac{1}{\sqrt{3}}}{1 - 1 \cdot \frac{1}{\sqrt{3}}}$$

$$= \frac{\sqrt{3}+1}{\sqrt{3}-1} = \frac{(\sqrt{3}+1)^2}{(\sqrt{3}-1)(\sqrt{3}+1)} = 2+\sqrt{3}$$

$f'(b) = \tan 75°$ $\sqrt{k+1} = 2+\sqrt{3}$

∴ $k = 6 + 4\sqrt{3}$ ……(答)

(4) 二等辺三角形 ABP の内接円の半径が r だから，内心 I の座標は
   I$(2, k-r)$

I と接線 m との距離が r だから

$$\frac{|\sqrt{k+1}(2-2)-(k-r)-k-2|}{\sqrt{(\sqrt{k+1})^2+(-1)^2}} = r$$

$$\frac{|2(k+1)-r|}{\sqrt{k+2}} = r \quad |2(k+1)-r| = r\sqrt{k+2}$$

$r^2 + 4r - 4(k+1) = 0$ $(r+2)^2 = 4(k+2)$

$k > 0$, $r > 0$ より
   $r + 2 = 2\sqrt{k+2}$ ∴ $r = 2(\sqrt{k+2} - 1)$ ……⑥

⑥および $r \geq 2k$（>0）より
   $2(\sqrt{k+2} - 1) \geq 2k$
   $k + 1 \leq \sqrt{k+2}$

$k > 0$ より，両辺とも正である。ゆえに，両辺を 2 乗しても同値である。

   $(k+1)^2 \leq (k+2)$
   $k^2 + k - 1 \leq 0$

∴ $0 < k \leq \dfrac{-1+\sqrt{5}}{2}$ （∵ $k>0$）

ゆえに，k の最大値は
   $k = \dfrac{-1+\sqrt{5}}{2}$ ……(答)

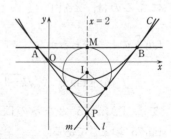

別解 (4) 三角形の面積と内接円の半径の関係式を用いる。

二等辺三角形 ABP の内接円の半径が r だから，内心 I の座標は
   I$(2, k-r)$

△ABP の面積を $S_{\triangle ABP}$ とすると

東京理科大-理工〈B方式-2月3日〉 2019 年度 数学〈解答〉 *83*

$$S_{\triangle ABP} = sr \quad \cdots\cdots ⑦$$

ここで

$$s = \frac{1}{2}(AB + PA + PB) \quad \cdots\cdots ⑦'$$

①, ②, ⑤' より

$$AB = b - a = 4\sqrt{k+1} \quad \cdots\cdots ⑧$$

$$\begin{aligned}
PA = PB &= \sqrt{(b-2)^2 + \{k-(-k-2)\}^2} \\
&= \sqrt{4(k+1) + 4(k+1)^2} \\
&= 2\sqrt{k+1}\sqrt{k+2} \quad \cdots\cdots ⑧'
\end{aligned}$$

⑦', ⑧, ⑧' より

$$s = 2\sqrt{k+1}\,(\sqrt{k+2}+1) \quad \cdots\cdots ⑦''$$

一方, AB の中点をMとすると M$(2,\ k)$

$$PM = k - (-k-2) = 2(k+1) \quad \cdots\cdots ⑧''$$

二等辺三角形 ABP の面積は, ⑧, ⑧'' より

$$\begin{aligned}
S_{\triangle ABP} &= \frac{1}{2}AB \cdot PM \\
&= 4(k+1)\sqrt{k+1} \quad \cdots\cdots ⑨
\end{aligned}$$

⑦, ⑦'', ⑨ より

$$4(k+1)\sqrt{k+1} = 2\sqrt{k+1}\,(\sqrt{k+2}+1)\,r$$

$$\begin{aligned}
r &= \frac{2(k+1)}{(\sqrt{k+2}+1)} = \frac{2(k+1)(\sqrt{k+2}-1)}{(\sqrt{k+2}+1)(\sqrt{k+2}-1)} \\
&= 2(\sqrt{k+2}-1) \quad \cdots\cdots ⑨'
\end{aligned}$$

⑨' および $r \geqq 2k$ (>0) より

$$2(\sqrt{k+2}-1) \geqq 2k$$

$$k+1 \leqq \sqrt{k+2}$$

$k>0$ より, 両辺とも正である。ゆえに, 両辺を2乗しても同値である。

$$(k+1)^2 \leqq (k+2) \qquad k^2 + k - 1 \leqq 0$$

$$\therefore \quad 0 < k \leqq \frac{-1+\sqrt{5}}{2} \quad (\because \ k>0)$$

ゆえに, k の最大値は $k = \dfrac{-1+\sqrt{5}}{2}$

参考 三角形 ABC の三辺の長さを a, b, c とし, 内接円の半径を r とす

る。

△ABCの面積を $S_{\triangle ABC}$ とすると

$$S_{\triangle ABC} = sr, \quad s = \frac{1}{2}(a+b+c)$$

これを証明すると，次のようになる。

△ABCの内心をIとすると

$$S_{\triangle ABC} = S_{\triangle IBC} + S_{\triangle ICA} + S_{\triangle IAB}$$
$$= \frac{1}{2}ar + \frac{1}{2}br + \frac{1}{2}cr = sr$$

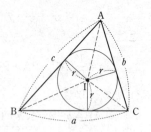

3 解答 (1) $\dfrac{\pi}{4}$

(2) $f(x)$ が $[0, 1]$ 上の非負狭義単調関数であることと，定積分の性質を用いて証明する。

(3) 0   (4) $\dfrac{\pi}{4}$

※計算過程および証明の詳細については省略。

───────◀解　説▶───────

≪積分で定義された関数，不等式の証明，定積分の極限値≫

$$f(x) = \int_0^x \frac{1}{1+t^2}dt \quad \cdots\cdots(*)$$

(1) $t = \tan\theta$ とおくと

$\theta = 0$ のとき　　$t = 0$

$\theta = \dfrac{\pi}{4}$ のとき　　$t = 1$

$$1+t^2 = \frac{1}{\cos^2\theta} \quad \frac{dt}{d\theta} = \frac{1}{\cos^2\theta}$$

よって

$$f(1) = \int_0^1 \frac{1}{1+t^2}dt = \int_0^{\frac{\pi}{4}} \cos^2\theta \cdot \frac{1}{\cos^2\theta}d\theta = \frac{\pi}{4} \quad \cdots\cdots(答)$$

(2) m を自然数とし，$0 < a < 1$ とする。

(a) $(*)$ より，$x > 0$ のとき　　$f(x) > 0$

東京理科大-理工〈B方式-2月3日〉   2019 年度 数学〈解答〉 85

$$f'(x) = \frac{1}{1+x^2} > 0$$

より，$f(x)$ は $-\infty < x < \infty$ で増加関数である。

(b) $m > 0$ かつ $f(x)$ は増加関数だから，$0 < a \leqq x \leqq 1$ のとき，$a < x$ では $f(a)x^m < f(x)x^m$ より

$$\int_a^1 f(x)x^m dx > \int_a^1 f(a)x^m dx = f(a)\int_a^1 x^m dx$$

(c) $0 \leqq x \leqq a < 1$ のとき，$0 < x$ では $f(x)x^m > 0$ より

$$\int_0^a f(x)x^m dx > 0$$

よって

$$\int_0^1 f(x)x^m dx = \int_0^a f(x)x^m dx + \int_a^1 f(x)x^m dx > \int_a^1 f(x)x^m dx$$

(d) $m > 0$ かつ $f(x)$ は増加関数だから，$0 \leqq x \leqq 1$ のとき，$x < 1$ では $f(x)x^m < f(1)x^m$ より

$$\int_0^1 f(x)x^m dx < \int_0^1 f(1)x^m dx = f(1)\int_a^1 x^m dx$$

(b), (c), (d)より

$$f(a)\int_a^1 x^m dx < \int_a^1 f(x)x^m dx < \int_0^1 f(x)x^m dx < f(1)\int_0^1 x^m dx$$

（証明終）

(3) $\left(1 - \frac{1}{s}\right)^s < \frac{1}{2}$ $(s > 1)$

より

$$0 < \left(1 - \frac{1}{\sqrt{m}}\right)^{\sqrt{m}} < \frac{1}{2}$$

$$0 < \left(1 - \frac{1}{\sqrt{m}}\right)^m = \left\{\left(1 - \frac{1}{\sqrt{m}}\right)^{\sqrt{m}}\right\}^{\sqrt{m}} < \left(\frac{1}{2}\right)^{\sqrt{m}}$$

$$0 \leqq \lim_{m \to \infty} \left(1 - \frac{1}{\sqrt{m}}\right)^m \leqq \lim_{m \to \infty} \left(\frac{1}{2}\right)^{\sqrt{m}} = 0$$

はさみうちの原理より

$$\lim_{m \to \infty} \left(1 - \frac{1}{\sqrt{m}}\right)^m = 0 \quad \cdots\cdots\text{(答)}$$

(4) 実数 a $(0 < a < 1)$，自然数 m に対して

$$g(a,\ m)=\int_a^1 f(x)\,x^m dx$$

とおく。(2)の不等式より

$$f(a)\left[\frac{x^{m+1}}{m+1}\right]_a^1 < g(a,\ m) < f(1)\left[\frac{x^{m+1}}{m+1}\right]_0^1$$

$$f(a)\frac{1-a^{m+1}}{m+1} < g(a,\ m) < \frac{f(1)}{m+1}$$

$$f(a)\frac{m}{m+1}(1-a^{m+1}) < mg(a,\ m) < \frac{m}{m+1}f(1)\quad\cdots\cdots(**)$$

ここで，$a=1-\dfrac{1}{\sqrt{m}}$ とおく。$m\to\infty$ のとき　$a\to 1-0$

$$\lim_{m\to\infty}f(a)=f(1)$$

$$\lim_{m\to\infty}\frac{m}{m+1}=\lim_{m\to\infty}\frac{1}{1+m^{-1}}=1$$

$$\lim_{m\to\infty}a^{m+1}=\lim_{m\to\infty}\left(1-\frac{1}{\sqrt{m}}\right)^{m+1}=0\quad(\because\ (3))$$

$(**)$ で，$a=1-\dfrac{1}{\sqrt{m}}$ とおき，$m\to\infty$ とすると

$$f(1)\leqq\lim_{m\to\infty}mg\left(1-\frac{1}{\sqrt{m}},\ m\right)\leqq f(1)$$

はさみうちの原理より

$$\lim_{m\to\infty}mg\left(1-\frac{1}{\sqrt{m}},\ m\right)=f(1)=\frac{\pi}{4}\quad\cdots\cdots(答)$$

❖講　評

　2019 年度は 2018 年度と同様，記述式 2 題，マークシート法 1 題の出題で，マークシート法 1 題は独立した内容の小問 3 問の構成であった。全体的には計算量が多いように思われる。

[1] 独立した小問 3 問であり，いずれも標準問題である。

(1) $g(u,\ v)=u^3+v^3-4uv$ とおくと，$g(u,\ v)$ は $u,\ v$ の対称式である。すなわち，$g(u,\ v)=g(v,\ u)$ が成り立つ。この $g(u,\ v)$ を用いて，$y=f(\theta)=g(\sin\theta,\ \cos\theta)$ の形になっている。$x=\sin\theta+\cos\theta$ とおくと，y は x で書ける。〔解説〕で示したように，$\sin\theta\cos\theta$ が x で表せ

東京理科大-理工〈B方式-2月3日〉　　　　　　　　　　2019 年度　数学〈解答〉　87

るからである。小問にしては，少し計算量が多い。

(2)　$x,\ n$ が正の整数のとき，x が n 桁の整数となるのは，$10^{n-1} \leqq x$ $<10^n$ のときである。後半は，単に桁数だけではなく，対数の小数点以下をもう少し詳しく調べる必要がある。典型的な小問である。

(3)　(a)確率に関する最も基本的な問題である。

(b)最大値，最小値がどのようなときに成り立つかを分析する。

②　(1)　接線の方程式は基本的であり易しい。2本の接線は放物線の軸に関して対称である。したがって，2本の接線は対称軸上で交わる。

(2)・(3)　曲線 $y = f(x)$ 上の点 $(t,\ f(t))$ における接線と x 軸とのなす角を θ とすると，$f'(t) = \tan\theta$ が成り立つ。

(4)　問題文をよく読まないと，題意がわかりづらい。まず，r を k で表す。次に，不等式を考える。k が最大になるとき，等号 $r = 2k$ が成り立っている。少し計算量が多い標準問題である。

③　(1)　この設問は教科書にも掲載されている標準的なものである。

(2)　3つの不等式を示す必要がある。どれも基本的であり易しい。

(3)　ヒントの不等式を使える形に変形する。

(4)　極限は(2)の不等式を用いる。易しい標準問題である。

88 2019 年度 物理〈解答〉　　　　　　　東京理科大-理工〈B方式-2月3日〉

■物理■

(注)　解答につきましては，東京理科大学から提供のあった情報を掲載しております。

1 解答

(1)(ア)―③　(イ)―③　(ウ)―②　(エ)―④
(2)(a)(オ)―⑤　(カ)―④　(キ)―③　(ク)―⑤
(b)(ケ)―⓪　(コ)―①　(サ)―③
(3)(シ)―⑤　(ス)―④　(セ)―①　(ソ)―⑤

◀解　説▶

≪万有引力≫

(1)　(ア)　惑星の表面での重力加速度の大きさを g とすると，表面での重力と万有引力が等しいので

$$mg = G\frac{Mm}{R^2} \quad \therefore \quad g = \frac{GM}{R^2}$$

(イ)　最も高い地点での高さを h とすると，力学的エネルギー保存則より

$$\frac{1}{2}mv_0^2 = m\frac{GM}{R^2}h \quad \therefore \quad h = \frac{v_0^2 R^2}{2GM}$$

(ウ)・(エ)　小球が打ち上げられてから点Bに到達するまでにかかる時間を t とする。この時間は，小球が打ち上げられてから最も高い地点に到達するまでにかかる時間の倍にあたる。小球の初速度の鉛直方向の成分の大きさは $v_0\sin\theta$ なので

$$t = 2\times\frac{v_0\sin\theta}{\dfrac{GM}{R^2}} = \frac{2v_0 R^2\sin\theta}{GM}$$

小球の速度の水平方向の成分の大きさは $v_0\cos\theta$ で一定なので，飛距離ABは

$$v_0\cos\theta\times t = v_0\cos\theta\times\frac{2v_0 R^2\sin\theta}{GM} = \frac{v_0^2 R^2}{GM}\cdot 2\sin\theta\cos\theta$$

$$= \frac{v_0^2 R^2}{GM}\cdot\sin 2\theta$$

よって，$\theta = 45°$ のとき最大値 $\dfrac{v_0^2 R^2}{GM}$ をとる。

東京理科大-理工〈B方式-2月3日〉　　　　2019 年度　物理〈解答〉　89

(2)　(a)　(オ)　小球が到達する地点の惑星の中心からの距離を R' とすると，力学的エネルギー保存則より

$$\frac{1}{2}mv_0{}^2 - \frac{GmM}{R} = -\frac{GmM}{R'}$$

$$\frac{1}{2}m\left(\sqrt{\frac{GM}{R}}\right)^2 - \frac{GmM}{R} = -\frac{GmM}{R'} \qquad \therefore \quad R' = 2R$$

(カ)　距離 OL を L，点 L における小球の速さを v_L とする。小球の動径が単位時間あたりに描く面積は一定なので

$$\frac{1}{2}Rv_0\sin(90° + \theta) = \frac{1}{2}Lv_L\sin 90°$$

$$v_L = v_0\frac{R}{L}\cos\theta \quad \cdots\cdots ①$$

力学的エネルギー保存則より

$$\frac{1}{2}mv_0{}^2 - \frac{GmM}{R} = \frac{1}{2}mv_L{}^2 - \frac{GmM}{L}$$

以上より

$$\frac{1}{2}mv_0{}^2 - \frac{GmM}{R} = \frac{1}{2}m\left(v_0\frac{R}{L}\cos\theta\right)^2 - \frac{GmM}{L}$$

$$\frac{1}{2}m\left(\sqrt{\frac{GM}{R}}\right)^2 - \frac{GmM}{R} = \frac{1}{2}m\left(\sqrt{\frac{GM}{R}}\right)^2\frac{R^2}{L^2}\cos^2 30° - \frac{GmM}{L}$$

$$\frac{GmM}{2R} - \frac{GmM}{R} = \frac{3R^2}{4L^2}\cdot\frac{GmM}{2R} - \frac{GmM}{L}$$

$$4L^2 - 8RL + 3R^2 = 0 \qquad (2L - R)(2L - 3R) = 0$$

$$\therefore \quad L = \frac{R}{2}, \ \frac{3R}{2}$$

$L > R$ より　　$L = \dfrac{3R}{2}$

(キ)　①より

$$v_L = v_0\frac{R}{\dfrac{3R}{2}}\cos 30° = \sqrt{\frac{GM}{3R}}$$

(ク)　円軌道に乗ったときの小球の速さを v' とすると，運動方程式より

$$\frac{GmM}{L^2} = \frac{mv'^2}{L} \qquad v' = \sqrt{\frac{GM}{L}} = \sqrt{\frac{2GM}{3R}}$$

(b) (ケ) 惑星の外に静止した観測者には，小球は初速度 v_0+V で打ち上げられたように見える。この速度が第二宇宙速度となればよいので

$$v_0+V=\sqrt{\frac{2GM}{R}} \qquad \therefore \quad v_0=\sqrt{\frac{2GM}{R}}-V$$

(コ) 惑星の外に静止した観測者には，小球は初速度 $\sqrt{v_0{}^2+V^2}$ で打ち上げられたように見える。この速度が第二宇宙速度となればよいので

$$\sqrt{v_0{}^2+V^2}=\sqrt{\frac{2GM}{R}} \qquad \therefore \quad v_0=\sqrt{\frac{2GM}{R}-V^2}$$

(サ) 惑星の外に静止した観測者から見て，発射装置が最も速く動くのは赤道上である。発射装置は西から東へ動いているので，発射装置を赤道上に設置し，東に向けて小球を発射するとき，惑星の外に静止した観測者から見て，小球の初速度が最も大きくなる。

(3) (シ) 面積速度一定の法則より，距離 CA′ は距離 CA の 3 倍なので，長軸の長さは

$$2a=r+3r \qquad \therefore \quad a=2r$$

(ス) (シ)より $\quad c=a-r=r$

$c=\sqrt{a^2-b^2}$ の関係より

$$b=\sqrt{a^2-c^2}=\sqrt{3}\,r$$

(セ) 衛星の質量を m，点Aでの衛星の速さを v_A とすると，力学的エネルギー保存則より

$$\frac{1}{2}mv_\mathrm{A}{}^2-\frac{GmM}{r}=\frac{1}{2}m\left(\frac{v_\mathrm{A}}{3}\right)^2-\frac{GmM}{3r} \qquad \therefore \quad v_\mathrm{A}=\sqrt{\frac{3GM}{2r}}$$

(ソ) 楕円軌道の面積を面積速度で除すれば，公転周期が求まるので

$$\frac{\pi ab}{\frac{1}{2}rv_\mathrm{A}}=\frac{\pi\cdot 2r\cdot\sqrt{3}\,r}{\frac{1}{2}r\sqrt{\frac{3GM}{2r}}}=4\pi\sqrt{\frac{2r^3}{GM}}$$

東京理科大-理工〈B方式-2月3日〉 2019年度 物理〈解答〉 *91*

2 解答

(1)(ア)—④ (イ)—④ (ウ)—⑤ (エ)—④ (オ)—④
(2)(カ)—⑩ (キ)—① (ク)—② (ケ)—① (コ)—⑤ (サ)—③
(シ)—③ (ス)—② (セ)—⑩ (ソ)—⑧

━━━━◀解　説▶━━━━

≪コンデンサー，ソレノイド≫

(1) (イ)　コンデンサーの電気容量を C とすると

$$C = \frac{\varepsilon_0 \pi r^2}{D}$$

よって，コンデンサーに生じる電位は

$$V_1 = \frac{Q_1}{C} = \frac{I_1 t_1}{\dfrac{\varepsilon_0 \pi r^2}{D}} = \frac{D t_1}{\pi \varepsilon_0 r^2} \times I_1$$

(ウ)　コンデンサーに Q_1 の電荷が蓄えられたとき，コンデンサーに蓄えられた静電エネルギーの大きさは $\dfrac{1}{2} Q_1 V_1$ となる。

(エ)　上端の導体円板と下端の導体円板に蓄えられる電荷の大きさは，(ア)と等しく，間の導体円板にも，静電誘導により，上面と下面にそれぞれ上端の導体円板と下端の導体円板と等しい電荷が現れるので，隣接円板間に生じる電場の大きさも $E_1 = \dfrac{V_1}{D}$ に等しい。

(オ)　上端と下端の極板間の電位の大きさは

$$X E_1 = \frac{X V_1}{D}$$

放電させたときに発生する熱量は，蓄えられた静電エネルギーに等しいので

$$\frac{1}{2} Q_1 \cdot \frac{X V_1}{D} = \frac{X Q_1 V_1}{2D}$$

(2) (カ)　右ねじの法則より，ソレノイドの内部には上向きの磁場が生じる。

(キ)　単位長さあたりの巻き数は $\dfrac{1}{D}$ なので，磁束密度の大きさは

$$B = \mu_0 \cdot \frac{1}{D} \cdot I = \frac{\mu_0 I}{D}$$

(ク)　$\Phi = \pi r^2 B = \pi r^2 \cdot \dfrac{\mu_0 I}{D} = \dfrac{\pi \mu_0 r^2}{D} \times I$

(ケ) $V_D = \dfrac{\Delta\Phi}{\Delta t}$ より $\Delta\Phi = V_D \cdot \Delta t$

よって，単位を考えると $\mathrm{Wb} = \mathrm{V \cdot s}$

(コ) $V = \dfrac{X}{D} \times V_D = \dfrac{X}{D} \times \left(L_D \times \dfrac{\Delta I}{\Delta t} \right)$

$\qquad = \dfrac{X L_D}{D} \times \dfrac{\Delta I}{\Delta t} = \dfrac{X \dfrac{\pi\mu_0 r^2}{D}}{D} \times \dfrac{\Delta I}{\Delta t}$

$\qquad = \dfrac{\pi\mu_0 r^2 X}{D^2} \times \dfrac{\Delta I}{\Delta t}$

(サ) $V = L \times \dfrac{\Delta I}{\Delta t}$ より $L = V \cdot \dfrac{\Delta t}{\Delta I}$

よって，単位を考えると

$\qquad \mathrm{H} = \mathrm{V} \cdot \dfrac{\mathrm{s}}{\mathrm{A}} = \mathrm{V \cdot s/A}$

(シ) 1巻きに加えられた電位差 V_D は

$\qquad V_D = \dfrac{V_2}{\dfrac{X}{D}} = \dfrac{D}{X} \times V_2$

$V_D = \dfrac{\Delta\Phi}{\Delta t}$ （一定）で，最初は磁束 Φ は 0 であったので

$\qquad \Phi_2 = V_D \times t_2 = \dfrac{t_2 D}{X} \times V_2$

(ス) ソレノイドに電流 I_2 が流れるとき，ソレノイドの1巻きに蓄えられたエネルギーは，$\Phi_2 = L_D I_2$ を用いると

$\qquad \dfrac{1}{2} L_D I_2{}^2 = \dfrac{1}{2} \Phi_2 I_2$

(セ) 抵抗での発熱量はソレノイドの全体に蓄えられたエネルギーに等しいので

$\qquad \dfrac{X}{D} \times \dfrac{1}{2} \Phi_2 I_2 = \dfrac{X \Phi_2 I_2}{2D}$

(ソ) 自己インダクタンスは $L = \dfrac{\pi\mu_0 r^2 X}{D^2}$ と表されるので，(a)では $\dfrac{1}{2}$ 倍，(b)

では1倍，(c)では $\dfrac{1}{2}$ 倍，(d)では1倍の値になる。

東京理科大-理工〈B方式-2月3日〉　　　　　　　2019 年度　物理〈解答〉 *93*

$\boxed{3}$ 　**解答**　(1)(a)(ア)—⑤　(イ)—⓪　(ウ)—④　(エ)—⑥　(オ)—①

　　　　　　　　(カ)—②

(b)(キ)—③　(ク)—⑦

(2)(ケ)—⑤　(コ)—②　(サ)—②　(シ)—⓪　(ス)—⓪

◀解　説▶
━━━━━━━━━━━

≪ド・ブロイ波≫

(1)　(a)　(イ)　円運動の運動方程式より

$$\frac{k_0 e^2}{r^2} = \frac{mv^2}{r} \qquad \therefore \quad v = e\sqrt{\frac{k_0}{mr}}$$

(エ)　$$E = \frac{1}{2}mv^2 + U = \frac{1}{2}m\left(e\sqrt{\frac{k_0}{mr}}\right)^2 - \frac{k_0 e^2}{r} = -\frac{k_0 e^2}{2r}$$

(オ)・(カ)　(エ)よりエネルギーを失うと回転半径 r が減少し，エネルギーは $-\infty$ に向かう。

(b)　(キ)　電子波の波長は

$$\lambda_{\mathrm{e}} = \frac{h}{p} = \frac{h}{mv} = \frac{h}{m \cdot e\sqrt{\dfrac{k_0}{mr}}} = \frac{h}{e}\sqrt{\frac{r}{k_0 m}}$$

波長の整数倍が円軌道の周の長さと等しいので

$$2\pi r = n\lambda_{\mathrm{e}} \qquad 2\pi r = n \cdot \frac{h}{e}\sqrt{\frac{r}{k_0 m}} \qquad \therefore \quad r = \frac{n^2 h^2}{4\pi^2 m e^2 k_0}$$

(ク)　(エ)より

$$E = -\frac{k_0 e^2}{2\dfrac{n^2 h^2}{4\pi^2 m e^2 k_0}} = -\frac{hc}{n^2} \times \frac{2\pi^2 m e^4 k_0{}^2}{h^3 c}$$

よって　$$R = \frac{2\pi^2 m e^4 k_0{}^2}{h^3 c}$$

(2)　(ケ)　区間 L が半波長の整数倍であればよいので

$$L = n \times \frac{\lambda_{\mathrm{e}}}{2} \qquad \therefore \quad \lambda_{\mathrm{e}} = \frac{2}{n} \times L$$

(コ)　電子の運動エネルギーは

$$\frac{p^2}{2m} = \frac{\left(\dfrac{h}{\lambda_{\mathrm{e}}}\right)^2}{2m} = \frac{h^2}{2m\lambda_{\mathrm{e}}{}^2} = \frac{h^2}{2m \cdot \left(\dfrac{2}{n} \times L\right)^2} = n^2 \times \frac{h^2}{8mL^2}$$

(サ) 電子が $n=n_1$ の定常状態から $n=n_2$ の定常状態へ移るとき，そのエネルギー差が光子のエネルギーに変換されるから

$$\frac{hc}{\lambda} = n_1{}^2 \cdot \frac{h^2}{8mL^2} - n_2{}^2 \cdot \frac{h^2}{8mL^2}$$

$$\frac{8mL^2c}{\lambda h} = n_1{}^2 - n_2{}^2$$

$$A = n_1{}^2 - n_2{}^2$$

節の数は $n+1$ 個であるが，主要な輝線は，n_1，n_2 の一方が偶数で，もう一方が奇数の場合に観測されるので，そのときの無次元量に変換した光子エネルギー $(n_1{}^2 - n_2{}^2)$ は奇数となる。よって，輝線スペクトルが生じる A の値に偶数を含まない②が正しい。

(シ) (コ)より，$n=1$ のとき，エネルギーが最も低くなり，波長は $2L$ となるから

$$Lp_g = L \cdot \frac{h}{2L} = \frac{h}{2}$$

(ス) L と p_g の積が一定なので，電子を閉じ込める区間 L が小さくなると，運動量の大きさ p_g は大きくなる。

❖講 評

例年通り，試験時間 80 分。大問 3 題の構成である。

$\boxed{1}$ 一方の質量が他方に比べて十分に小さいという条件のもとでの，万有引力を及ぼし合う 2 体問題である。(1)は小球を惑星の半径に比べて十分に小さい高さにまで斜方投射する問題である。(2)は小球を惑星の半径に比べて無視できない高さにまで斜方投射する問題である。(a)は，惑星の自転を考えない。(カ)では，面積速度一定の法則（角運動量保存則）と力学的エネルギー保存則から導かれる 2 式を連立させる。(b)では，惑星の自転も考慮する。惑星の外に静止した観測者から見ると，小球の初速度は発射台の速度と発射台に対する小球の初速度を合成した速度となることに注意すれば難しくない。(3)はケプラーの法則の導出である。

$\boxed{2}$ コンデンサーとソレノイドのそれぞれに蓄えられるエネルギーを考察する問題である。(1)はコンデンサーに蓄えられるエネルギーを考える。後半では前半と同じコンデンサーを $\frac{X}{D}$ 個だけ積み重ねた状況を考

える。各コンデンサーに生じる電場の大きさは前半と等しいため，全体に蓄えられるエネルギーの大きさは $\dfrac{X}{D}$ 倍となる。(2)はソレノイドに蓄えられるエネルギーを考える。磁束やインダクタンスの単位についても問われている。$\dfrac{X}{D}$ 巻きのソレノイドに蓄えられるエネルギーの大きさはソレノイドの1巻きに対して蓄えられるエネルギーの $\dfrac{X}{D}$ 倍となる。

3 ド・ブロイ波に関する問題である。(1)は水素原子模型の考察。(a)は，古典力学で考える。(b)は，ド・ブロイ波を考えることでリュードベリ定数を導出する。(2)は電子の1次元運動におけるド・ブロイ波の問題。(サ)の正しい輝線スペクトルを選ぶ問題では，$n_1{}^2 - n_2{}^2$ の n_1, n_2 に具体的な数字を当てはめて推測するのもよいだろう。

全体的に，ほぼ例年通りの内容であり，難易度も例年並みと思われる。計算が面倒な問題もあるので，丁寧に式変形を進め，計算ミスをしないように気をつけよう。

化学

(注) 解答につきましては，東京理科大学から提供のあった情報を掲載しております。

1 解答

(1)(ア)—02　(i) $3.61\times10^{+0}$　(ii) 1.48×10^{-1} ※
(iii) 6.15×10^{-2} ※

(2)(イ)—06　(ウ)—05　(エ)—08　(オ)—12　(カ)—27　(キ)—36

※(1)(ii)・(iii)については，解法，計算順序などによって別解がある。

◀解　説▶

《イオン結晶と金属結晶の結晶格子》

(1) (ア) 単位格子中に陽イオンと陰イオンがともに4個含まれることから結晶は NaCl 型構造と決まる。式量が 40.3 であるという記述があるので，この化合物は MgO であるとわかり，MgO が NaCl 型構造をとることからも確認できる。

(i) $0.420\,\mathrm{nm}=0.420\times10^{-9}\,\mathrm{m}=0.420\times10^{-7}\,\mathrm{cm}$ なので，求める密度は

$$\frac{\text{単位格子中のイオンの総質量}}{\text{単位格子の体積}}=\frac{\dfrac{40.3\times4}{6.02\times10^{23}}}{(0.420\times10^{-7})^3}$$

$$=\frac{40.3\times4}{7.409\times10^{-2}\times10^{-21}\times6.02\times10^{23}}$$

$$=3.614\fallingdotseq3.61\,[\mathrm{g/cm^3}]$$

(ii)・(iii) 陽イオンと陰イオンの半径をそれぞれ r_+ [nm]，r_- [nm] とすると，立方体の単位格子の1つの面は右の図のようになっている。

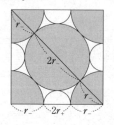

一辺の長さが 0.420 nm なので

　　$r_-+2r_++r_-=0.420$

よって　　$r_++r_-=0.210$　……①

また，正方形の対角線の長さについて

　　$4r_-=0.420\times\sqrt{2}$

　∴　$r_-=0.14847\fallingdotseq1.48\times10^{-1}$ [nm]

よって，①より

$r_+ = 0.210 - 0.14847 = 0.06153 ≒ 6.15×10^{-2}$ 〔nm〕

(2) (イ)・(ウ) 体心立方格子は充填率が68％であり，最密充填構造（充填率74％）ではないので，図2の2つは面心立方格子か六方最密構造のいずれかである。六方最密構造は，右図のように第1層と第3層が同じ並び方をしているので，(a)である。よって，(b)は面心立方格子となる。

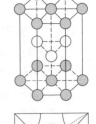

(カ) 面心立方格子の単位格子の一辺の長さをa〔nm〕とすると，1つの面は右図のようになっている。
単位格子の一辺の長さと正方形の対角線の長さについて

$4r = \sqrt{2}a$ ∴ $a = 2\sqrt{2}r$〔nm〕

(キ) (カ)より，単位格子の一辺の長さは
$2\sqrt{2}r$〔nm〕$= 2\sqrt{2}r×10^{-7}$〔cm〕であり，面心立方格子の単位格子には4個の原子が含まれるので，求める密度は

$$\frac{単位格子中の原子の総質量}{単位格子の体積} = \frac{\frac{M×4}{N_A}}{(2\sqrt{2}r×10^{-7})^3}$$

$$= \frac{\sqrt{2}}{8}×10^{21}×\frac{M}{N_A r^3} 〔g/cm^3〕$$

2 解答

(1)(ア) $8.1×10^{+0}$ (イ) $1.6×10^{+0}$
(2)(ウ) $3.0×10^{-2}$ (エ) $3.0×10^{+0}$ (3)(オ) $3.6×10^{-3}$

◀解 説▶

≪マグネシウムの燃焼，酢酸の電離平衡，溶解度積≫

(1) 反応前のMgとO₂の物質量はそれぞれ

Mg：$\frac{4.86}{24.3} = 0.20$〔mol〕

O₂：$\frac{3.36}{22.4} = 0.15$〔mol〕

よって，化学反応による各物質量の変化は次のようになる。

$$2Mg + O_2 \longrightarrow 2MgO$$

はじめ	0.20	0.15	0	〔mol〕
反応量	−0.20	−0.10	+0.20	〔mol〕
反応後	0	0.050	0.20	〔mol〕

これより，生成する MgO（式量 40.3）の質量は

$$40.3 \times 0.20 = 8.06 \fallingdotseq 8.1 \,〔g〕$$

また，反応後に残存する未反応物質は O_2 であり，その質量は

$$32.0 \times 0.050 = 1.6 \,〔g〕$$

(2) (ウ) 溶かした CH_3COOH の物質量は

$$\frac{0.18}{60.0} = 3.0 \times 10^{-3} \,〔mol〕$$

であるから，CH_3COOH 水溶液のモル濃度（c とおく）は

$$c = \frac{3.0 \times 10^{-3}}{\dfrac{100}{1000}} = 3.0 \times 10^{-2} \,〔mol/L〕$$

(エ) CH_3COOH の電離によるモル濃度変化は次のようになる。

$$CH_3COOH \rightleftharpoons CH_3COO^- + H^+$$

はじめ	c	0	0	〔mol/L〕
反応量	$-c\alpha$	$+c\alpha$	$+c\alpha$	〔mol/L〕
平衡時	$c(1-\alpha)$	$c\alpha$	$c\alpha$	〔mol/L〕

$1 - \alpha \fallingdotseq 1$ と近似できるので

$$K_a = \frac{(c\alpha)^2}{c(1-\alpha)} = \frac{c\alpha^2}{1-\alpha} \fallingdotseq c\alpha^2 \,〔mol/L〕 \qquad \therefore \quad \alpha = \sqrt{\frac{K_a}{c}}$$

よって，酢酸水溶液中の水素イオン濃度は

$$[H^+] = c\alpha = \sqrt{cK_a} = \sqrt{3.0 \times 10^{-2} \times 2.7 \times 10^{-5}} = \sqrt{81 \times 10^{-8}}$$
$$= 3^2 \times 10^{-4} \,〔mol/L〕$$

ゆえに，求める pH は

$$pH = -\log_{10}(3^2 \times 10^{-4}) = 4 - 2\log_{10}3 = 4 - 2 \times 0.48 = 3.04 \fallingdotseq 3.0$$

(3) 沈殿が生じるのは

$$[Ag^+][Cl^-] \geqq 1.8 \times 10^{-10}$$

となるときである。$AgNO_3$ 水溶液の濃度を x〔mol/L〕とすると，同じ体積の水溶液を混合したときにそれぞれの濃度は $\dfrac{1}{2}$ になることに注意して，

混合後の各イオンの濃度は

$$[Ag^+] = 2.0 \times 10^{-7} \times \frac{1}{2} = 1.0 \times 10^{-7} \,[mol/L]$$

$$[Cl^-] = \frac{1}{2}x \,[mol/L]$$

となる。したがって，沈殿が生じるための条件は

$$1.0 \times 10^{-7} \times \frac{1}{2}x \geqq 1.8 \times 10^{-10} \quad \therefore \quad x \geqq 3.6 \times 10^{-3} \,[mol/L]$$

3 解答

(1)(ア)—1 (i)$1.4 \times 10^{+0}$ (ii)6.0×10^{-1} (iii)$8.6 \times 10^{+1}$

(2)(イ)—3 (iv)2.5×10^{-2} (v)8.0×10^{-1} (vi)$9.0 \times 10^{+4}$

◀解 説▶

≪Al の融解塩電解，鉛蓄電池，水の電気分解≫

(1) (ア) イオン化傾向の大きい金属の塩類水溶液の電気分解では，その金属のイオンは還元されず，水が還元されて水素が発生する。

$$2H_2O + 2e^- \longrightarrow H_2 + 2OH^-$$

(i) Al の融解塩電解（溶融塩電解）では，陽極で炭素（黒鉛）が酸化されて CO_2 と CO が発生する。

$$C + 2O^{2-} \longrightarrow CO_2 + 4e^-$$

$$C + O^{2-} \longrightarrow CO + 2e^-$$

発生した CO_2 と CO の物質量の和は

$$\frac{1120}{22.4} = 50 \,[mol]$$

であり，物質量の比が $CO_2 : CO = 3 : 2$ であることから，発生した CO_2 は 30 mol，CO は 20 mol とわかる。よって，Al の生成に使われた e^- の物質量は

$$30 \times 4 + 20 \times 2 = 160 \,[mol]$$

陰極では Al^{3+} が還元されて Al が生成する。

$$Al^{3+} + 3e^- \longrightarrow Al$$

これより，生成した Al は $\frac{160}{3}$ mol となるから，その質量は

$$27.0 \times \frac{160}{3} \times 10^{-3} = 1.44 \fallingdotseq 1.4 \,[kg]$$

(ii) 消費された黒鉛は，陽極での反応式と CO_2，CO の物質量から

$$30 \times 1 + 20 \times 1 = 50 \text{ (mol)}$$

よって，その質量は

$$12.0 \times 50 \times 10^{-3} = 6.0 \times 10^{-1} \text{ (kg)}$$

(iii) Al の生成に使われた e^- は，(i)より 160 mol なので，その電気量は

$$160 \times 9.65 \times 10^4 = 1.544 \times 10^7 \text{ (C)}$$

流した電気量は

$$100 \times 50 \times 3600 = 1.8 \times 10^7 \text{ (C)}$$

よって，求める割合は

$$\frac{1.544 \times 10^7}{1.8 \times 10^7} \times 100 = 85.7 \fallingdotseq 86 \text{ (\%)}$$

(2) (iv) $AgNO_3$ 水溶液の電気分解において，陰極で起こる反応は

$$Ag^+ + e^- \longrightarrow Ag$$

であるので，析出した Ag が 2.70 g であることから，流れた e^- の物質量は

$$\frac{2.70}{107.9} = 2.50 \times 10^{-2} \text{ (mol)}$$

鉛蓄電池が放電するときに正極，負極で起こる反応はそれぞれ

$$正極：PbO_2 + 4H^+ + SO_4^{2-} + 2e^- \longrightarrow PbSO_4 + 2H_2O$$

$$負極：Pb + SO_4^{2-} \longrightarrow PbSO_4 + 2e^-$$

であるから，全体の反応式は次のようになる。

$$PbO_2 + Pb + 2H_2SO_4 \xrightarrow{2e^-} 2PbSO_4 + 2H_2O$$

よって，e^- が 2 mol 流れると，H_2SO_4 も 2 mol 減少するので，減少した H_2SO_4 の物質量は流れた e^- の物質量と等しく

$$2.5 \times 10^{-2} \text{ mol}$$

(v) 正極での反応式

$$PbO_2 + 4H^+ + SO_4^{2-} + 2e^- \longrightarrow PbSO_4 + 2H_2O$$

より，e^- が 2 mol 流れると，1 mol の PbO_2 が 1 mol の $PbSO_4$ に変化するので，SO_2 1 mol 分，すなわち

$$32.1 + 16.0 \times 2 = 64.1 \text{ (g)}$$

増加する。よって，求める正極の質量増加は

東京理科大-理工〈B方式-2月3日〉　　　　　　2019 年度　化学〈解答〉　*101*

$$64.1 \times \frac{2.50 \times 10^{-2}}{2} = 0.801 \fallingdotseq 0.80 \,[\text{g}]$$

(イ)　鉛蓄電池を充電するときには，正極は外部電源（電池の働きをする）の正極に接続するので，鉛蓄電池の正極は水の電気分解においては陽極となる。よって，次の反応により水が酸化され，O_2 が発生する。

$$2H_2O \longrightarrow O_2 + 4H^+ + 4e^-$$

(vi)　水の電気分解により発生した O_2 の物質量は

$$\frac{0.560}{22.4} = 0.025 \,[\text{mol}]$$

であるから，(イ)の反応式より，水の電気分解に使われた e^- の物質量は

$$0.025 \times 4 = 0.10 \,[\text{mol}]$$

よって，その電気量は

$$0.10 \times 9.65 \times 10^4 = 9.65 \times 10^3 \,[\text{C}]$$

流れた電気量の合計は

$$10.0 \times 1.00 \times 10^4 = 1.00 \times 10^5 \,[\text{C}]$$

であるから，鉛蓄電池の正極の充電に使われた電気量は

$$1.00 \times 10^5 - 9.65 \times 10^3 = 9.03 \times 10^4 \fallingdotseq 9.0 \times 10^4 \,[\text{C}]$$

4　解答

(a)—02　(b)—11　(c)—14　(d)—09　(e)—04　(f)—05
(ア)— 4　(イ)— 3　(ウ)— 3

(1) 2　(2) 1　(3) 3　(4) 5　(5) 4　(6) 4　(7) 6　(8) 2　(9) 3　(10) 2　(11) 1
(12) 3　(13) 8

━━━━━━━━━━◀解　説▶━━━━━━━━━━

≪11 族の元素の単体，NH_3 と HNO_3 の工業的製法，錯イオンの形≫

(i)　(a)　11 族に属する元素で，単体が電気，熱の良導体であるのは，Cu，Ag，Au である。Cu，Ag は熱濃硫酸には SO_2 を発生して溶解するので，熱濃硫酸に溶解しない(a)は Au である。

(1)・(2)　Cu のイオンの酸化数には +1 と +2 があるが，Cu の単体が熱濃硫酸に溶けると，+2 の酸化数のイオンとなる。

$$Cu + 2H_2SO_4 \longrightarrow CuSO_4 + 2H_2O + SO_2$$

Cu の酸化数が +1 である化合物には，たとえば酸化銅（Ⅰ）Cu_2O がある。

(ii)　NH_3 の N の酸化数は -3，HNO_3 の N の酸化数は +5 であり，これら

がそれぞれ N の最低酸化数と最高酸化数である。NH₃ は，工業的には N₂ と H₂ を反応させるハーバー・ボッシュ法で製造する。

$$N_2 + 3H_2 \longrightarrow 2NH_3$$

HNO₃ は，工業的には NH₃ を原料として，次のようにいくつかの反応を経て製造される。この製造法をオストワルト法という。

$$4NH_3 + 5O_2 \longrightarrow 4NO + 6H_2O$$
$$2NO + O_2 \longrightarrow 2NO_2$$
$$3NO_2 + H_2O \longrightarrow 2HNO_3 + NO$$

なお，これらの反応を 1 つにまとめた反応式は

$$NH_3 + 2O_2 \longrightarrow HNO_3 + H_2O$$

となる。

(iii) Cu と希硝酸を反応させると，次のように 3 mol の Cu に対して 8 mol の HNO₃ が反応して NO が発生する。

$$3Cu + 8HNO_3 \longrightarrow 3Cu(NO_3)_2 + 4H_2O + 2NO$$

NO は無色で，水に溶けにくい。なお，NO が酸化されて生じる NO₂ は赤褐色で，水に溶けやすい。

Cu と希硝酸が反応した後の溶液中には Cu²⁺ が含まれている。この溶液に少量のアンモニア水を加えると，青白色の水酸化銅(Ⅱ) Cu(OH)₂ が沈殿するが，過剰に加えるとこの沈殿は溶けてテトラアンミン銅(Ⅱ)イオン [Cu(NH₃)₄]²⁺ を生じ，深青色の溶液となる。この錯イオンの形状は右図のように正方形である。

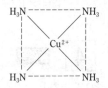

5 解答 (i) 4.8 (ii) 3.2 (iii) 88
(1)—12 (2)— 4 (3)—05

◀解 説▶

≪C₄H₈O₂ の構造決定，CH₃CHO と C₂H₄ の性質，有機化合物の沸点≫

(i)・(ii) 化合物 A に含まれる炭素の質量は

$$17.60 \times \frac{12.0}{44.0} = 4.8 \text{ [mg]}$$

水素の質量は

$$7.20 \times \frac{2.0}{18.0} = 0.80 \text{[mg]}$$

これらより，酸素の質量は

$$8.80 - (4.8 + 0.80) = 3.2 \text{[mg]}$$

したがって，化合物Aに含まれるC，H，Oの物質量の比は

$$C : H : O = \frac{4.8}{12.0} : \frac{0.80}{1.0} : \frac{3.2}{16.0} = 2 : 4 : 1$$

となるので，化合物Aの組成式はC_2H_4Oとなる。

(iii) 組成式C_2H_4Oのn倍が化合物Aの分子式とすると，分子量が100以下であることから

$$(C_2H_4O)_n = 44n \leqq 100 \qquad \therefore \quad n = 1, \ 2$$

化合物Aは加水分解されることから，エステルであると考えられるので，Oの数は少なくとも2個である。よって，$n = 2$となり，化合物Aの分子式は$C_4H_8O_2$と決まるので，分子量は88である。

(1) 化合物AのNaOHによる加水分解（けん化）の結果から，化合物Bはカルボン酸，化合物Cはアルコールであるとわかる（化合物Aの炭素数が4であることから，ベンゼン環は存在しないので，化合物Cはフェノール類ではないと判断できる）。化合物Bを還元すると化合物Cが生じることから，化合物Bと化合物Cは炭素数が等しく，ともに2個であるとわかる。よって，化合物Bは炭素数2のカルボン酸なので酢酸CH_3COOH，化合物Cは炭素数2のアルコールなのでエタノールC_2H_5OHとなる。CH_3COOHを還元して得られる化合物DはアセトアルデヒドCH_3CHOである。これより，化合物Aは酢酸とエタノールのエステルである酢酸エチル$CH_3COOC_2H_5$であるとわかる。

$$\underset{\substack{\text{化合物A}}}{CH_3COOC_2H_5} + NaOH \longrightarrow \underset{\substack{\text{化合物Bの} \\ \text{ナトリウム塩}}}{CH_3COONa} + \underset{\substack{\text{化合物C}}}{C_2H_5OH}$$

$$\underset{\substack{\text{化合物B}}}{CH_3COOH} \xrightarrow{\text{還元}} \underset{\substack{\text{化合物D}}}{CH_3CHO} \xrightarrow{\text{還元}} \underset{\substack{\text{化合物C}}}{C_2H_5OH}$$

化合物Dはアルデヒドであるから，還元性を示す。よって，①と④は正しい。また，$CH_3-\overset{\|}{\underset{O}{C}}-$という構造をもつことから，ヨードホルム反応を示

すので，②も正しい。ビウレット反応は，トリペプチド以上のペプチドが示す反応であるから，③は誤りである。

(2) 化合物C（エタノール）を濃硫酸と混合して加熱すると，130〜140℃のときは脱水縮合してジエチルエーテルが，160〜170℃のときは分子内で脱水してエチレンが生じる。これらが化合物EとFのいずれかである。炭化カルシウム CaC_2 と水を反応させると，アセチレン C_2H_2 が生成する。

$$CaC_2 + 2H_2O \longrightarrow C_2H_2 + Ca(OH)_2$$

アセチレンに水を付加すると，不安定な中間生成物であるビニルアルコールを経て，アセトアルデヒド（化合物D）が生成する。

$$H-C{\equiv}C-H + H_2O \longrightarrow \underset{\text{ビニルアルコール}}{{}^{H}_{H}{>}C{=}C{<}^{H}_{OH}} \longrightarrow \underset{\text{化合物D}}{CH_3-\overset{\displaystyle\|}{\underset{\displaystyle O}{C}}-H}$$

また，アセチレンに H_2 を付加すると，エチレンが生成するので，化合物Eはエチレンである。

$$\underset{\text{化合物E}}{H-C{\equiv}C-H + H_2 \longrightarrow CH_2{=}CH_2}$$

よって，化合物Fはジエチルエーテルであるとわかる。

沸点について考えると，化合物C（エタノール）は極性の大きなヒドロキシ基-OHをもち，分子間で水素結合を形成するので，極性をもたない化合物E（エチレン），F（ジエチルエーテル）より沸点は高くなる。化合物EとFについては，分子量の大きい化合物Fのほうが，分子間にファンデルワールス力が強くはたらくので，沸点は高くなる。したがって，沸点は「化合物E＜化合物F＜化合物C」の順になる。

(3) ①正文。エチレンは炭素間二重結合をもつので，十分な量を臭素水に通すと，エチレンに臭素が付加して1,2-ジブロモエタンが生成し，臭素の赤褐色が消えて溶液が無色になる。

$$\underset{\text{化合物E}}{CH_2{=}CH_2} + Br_2 \longrightarrow \underset{\text{1,2-ジブロモエタン}}{Br-CH_2-CH_2-Br}$$

②正文。エチレンに水が付加してエタノールが生成する。一般に，アルケンに水が付加すると，アルコールが生成する。

$$\underset{\text{化合物E}}{CH_2{=}CH_2} + H_2O \longrightarrow \underset{\text{化合物C}}{CH_3-CH_2-OH}$$

③誤文。エチレンには環状構造がないので，開環重合は起こらない。重合

反応が起こるとすれば付加重合であり，高分子化合物であるポリエチレンを生成する。なお，ε-カプロラクタムは開環重合して6-ナイロンを生成する。

④誤文。これはアセチレンに関する記述である。アセチレンは3分子が重合するとベンゼンを生成する。

6 解答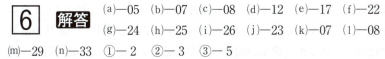

◀解 説▶

《糖類，アミノ酸・タンパク質の性質と構造，酵素》

(a) 水晶の化学式は SiO_2 であり，炭素を含まないので，無機高分子化合物である。

(b) デンプンには直鎖状のアミロースと，枝分かれの多いアミロペクチンがあるが，アミロースは温水に溶ける。これらはともに α-グルコースが縮合重合したものである。

② セルロースをセルラーゼで加水分解すると，2分子の β-グルコースからなる二糖類であるセロビオースが得られ，セロビオースをセロビアーゼで加水分解すると，グルコースが得られる。

(d) 混酸は濃硫酸と濃硝酸の混合物であり，セルロースを反応させると，硝酸エステルであるトリニトロセルロースが得られる。このとき，濃硫酸は脱水の触媒としてはたらく。

$$[C_6H_7O_2(OH)_3]_n + 3nHNO_3 \longrightarrow [C_6H_7O_2(ONO_2)_3]_n + 3nH_2O$$

(f)～(l) 1本のポリペプチド鎖の部分的な立体構造を二次構造といい，α-ヘリックス構造や β-シート構造がある。二次構造をもつポリペプチド鎖が，ファンデルワールス力，水素結合，イオン結合，ジスルフィド結合などによって折りたたまれて特有の立体構造を形成するが，この構造を三次構造という。さらに，複数の三次構造のポリペプチド鎖が集合してできた構造を四次構造という。

③ ヘモグロビンは，4本のポリペプチド鎖が集合して四次構造を形成する。一方，ミオグロビンは1本のポリペプチド鎖からなるので，三次構造を形成する。

106 2019 年度　化学〈解答〉　　　　　　　東京理科大-理工〈B方式-2月3日〉

❖講　評

　試験時間は 80 分。例年通り大問数は 6 題であった。2019 年度は，$\boxed{1}$
〜$\boxed{3}$が理論，$\boxed{4}$が無機，$\boxed{5}$が計算を含む有機，$\boxed{6}$が有機の出題であった。
　$\boxed{1}$はイオン結晶と金属結晶の構造に関する問題であった。(1)は NaCl
型の結晶格子に関する計算問題がメインであるが，最初のイオンの個数
の情報からは構造を決定することができないので，戸惑った受験生も多
かったと思われる。式量から MgO と推測できても，それが NaCl 型構
造をとることを知らないと正答が選べないところが難しい。密度の計算
は標準的であるが，数値が細かいので注意して計算する必要がある。イ
オン半径の計算は，単位格子の 1 つの面に着目して，適切な図が描けた
かがポイント。(2)は最密構造をとる金属結晶に関する基本的な問題。図
2 の(a)，(b)がどの結晶格子かの判断を誤ると，その後の計算問題でも誤
答することになる。面心立方格子と六方最密構造の原子の積み重なり方
についてはよく確認しておこう。
　$\boxed{2}$は化学反応の量的関係，電離平衡，溶解度積に関する計算問題であ
った。(1)では，Mg の燃焼の化学反応式を書き，それぞれの物質の mol
変化を正しくとらえられたかがポイント。基本的な問題なので，短時間
で処理したい。(2)のモル濃度の計算は平易であり，pH の算出もよく出
題される基本的な問題なので，$[H^+] = \sqrt{cK_a}$ の式を用いて手早く計算

したい。(3)では，同じ体積の溶液を混合するので，それぞれの濃度が $\dfrac{1}{2}$

になることに注意しよう。
　$\boxed{3}$は Al の融解塩電解（溶融塩電解）と，鉛蓄電池，水の電気分解に
関する問題であった。(1)では，陽極で起こる反応式が問題文に示されて
いるので，陰極での反応式が書ければ，あとは基本的な mol 計算とな
る。(2)では，鉛蓄電池の正極と負極で起こる反応を書き，その係数に着
目して，流れた電子の物質量から各物質の物質量変化を正しく押さえら
れたかがポイント。後半の電気量の計算は，正極から発生する気体が
O_2 であることがわかれば容易である。
　$\boxed{4}$は 11 族に属する金属元素と，N を含む化合物の性質と工業的製法
に関する問題であった。どの問題も基本的で，細かい知識を問うている
ものはないので，手早く完答したいところである。オストワルト法の化

東京理科大-理工〈B方式-2月3日〉　　　　　2019 年度　化学〈解答〉　*107*

学反応式は，係数まで含めて記憶していた受験生も多かったのではない
だろうか。無機化合物の工業的製法については無機分野の問題では頻出
であるから，製法の名称，化学反応式，用いる触媒等を正しく把握して
おきたい。

　⑤は脂肪族エステルの構造決定と，各種有機化合物の性質に関する問
題であった。定番の元素分析の計算から始まり，エステルの加水分解生
成物の性質から構造を決定する。この手の問題は受験生ならば何度も解
いているはずであるし，化合物**A**の分子量も 88 と小さいので，さほど
時間をかけずに解答できたと思われる。(1)～(3)では CH_3CHO と C_2H_2
の性質，アルコール，エーテル，アルケンの沸点について問われている
が，どれも基本的な内容なので，取りこぼしのないようにしたい。

　⑥は有機高分子化合物に関するさまざまな知識を問う問題であった。
前半と最後の糖類，アミノ酸に関する問題は，教科書レベルの基本的な
知識であるから，特に迷うことなく解答できたと思われる。ただ，後半
にあるヘモグロビンとミオグロビンの高次構造を問う問題については，
やや細かい知識なので，覚えていない受験生も多かったであろう。

108 2019 年度 生物〈解答〉　　　　東京理科大-理工〈B方式-2月3日〉

生物

(注)　解答につきましては，東京理科大学から提供のあった情報を掲載しております。

1 解答

(1)(a)(ア) 0　(イ) 1　(ウ) 6　(b)(エ) 6　(オ) 1　(カ) 8
(c)(キ) 0　(ク) 4　(d)(ケ) 0　(コ) 9　(サ) 6　(e)— 5
(2)(a)— 5　(b)—05
(c)(ア)—07　(イ)—12　(ウ)—01　(エ)—20　(オ)—10　(カ)—35　(キ)—04　(ク)—30
(ケ)—41　(コ)—08　(サ)—40　(シ)—16　(ス)—29　(セ)—31　(ソ)—15
(d)— 3　(e)— 3

◀解　説▶

≪一塩基多型とがん抑制遺伝子≫

(1)　(a)　人工 RNA が 1 種類の塩基からなる場合，例えば U のみからなる場合はフェニルアラニンのみからなるペプチドが得られる。同様に，C のみ，A のみ，G のみの場合を含めると全部で 4 通りのペプチドが生じる。次に，2 種類の塩基が交互に繰り返す場合を考える。例えば，U と C が交互に繰り返す場合では，アミノ酸配列は，セリン―ロイシン―セリン―ロイシン―セリンまたは，ロイシン―セリン―ロイシン―セリン―ロイシンの 2 通りが考えられる。RNA を構成する 4 つの塩基（A，U，G，C）から 2 つの塩基を選ぶ選び方は ${}_4C_2 = 6$ 通りであり，それぞれについてアミノ酸の並び方は 2 通りあるから，$6 \times 2 = 12$ 通りとなる。よって，合計

$$4 + 12 = 16 \text{ 通り}$$

となる。

(b)　5 つのアミノ酸がペプチド結合を形成した場合，4 カ所で水分子がはずれるので，このペプチドの分子量は

$$138 \times 5 - 18 \times 4 = 618$$

となる。

(c)　U と G からなる 3 塩基が繰り返す場合，UUU，UUG，UGU，GUU，UGG，GUG，GGU，GGG の繰り返し単位が考えられる。このうち，UUG はロイシンのみを，UGU はシステインのみを，GUU と GUG はバリンの

東京理科大-理工〈B方式-2月3日〉　　　　　2019 年度　生物〈解答〉　*109*

みを指定する。よって，4 種類ある。

(d)　各アミノ酸を指定するコドンの種類は，メチオニンで 1 種類，アラニンで 4 種類，バリンで 4 種類，トリプトファンで 1 種類，アスパラギン酸で 2 種類であり，終止コドンが 3 種類あるので，考えられる RNA 配列の種類は全部で

$$1 \times 4 \times 4 \times 1 \times 2 \times 3 = 96 \text{ 種類}$$

となる。

(e)　表 1 の遺伝暗号表をみると全部で 64 種類ある。この問題では，イソロイシンを指定するコドン 3 種類，セリンを指定するコドン 6 種類，グリシンを指定するコドン 4 種類，そして終止コドン 3 種類を加えた合計 16 種類のコドンはアミノ酸を指定できない。つまり 1 つのコドンがアミノ酸を指定できる確率は

$$\frac{64-16}{64} = \frac{48}{64} = \frac{3}{2^2}$$

となる。また，このペプチドが 5 つのアミノ酸で構成されるためには，6 番目のコドンはアミノ酸を指定しないことが必要となる。この確率は

$$\frac{16}{64} = \frac{1}{2^2}$$

である。よって，5 つのアミノ酸で構成されるペプチドが合成される確率は

$$\left(\frac{3}{2^2}\right)^5 \times \frac{1}{2^2} = \frac{3^5}{2^{12}}$$

となる。

(2)　(a)　表 1 より，アルギニンを指定するコドンは全部で 6 種類（CGU, CGC, CGA, CGG, AGA, AGG）ある。プロリンのコドン 5′—CCC—3′ のうち 1 つの塩基が変化してアルギニンを指定するようになったので，そのコドンは 5′—CGC—3′ とわかる。アンチコドンはコドンと相補的に結合し，5′→3′ の方向が逆向きであるので，tRNA は以下のようになる。

mRNA　5′—CGC—3′

tRNA　3′—GCG—5′

(b)　①正文。②誤文。ヒトの集団内では，Pro 型の遺伝子 *X* と Arg 型の遺伝子 *X* が一定の頻度以上でみられるとある。よって，Pro 型の遺伝子

Xをホモにもつもの（Pro/Pro型），Pro型の遺伝子XとArg型の遺伝子Xをヘテロにもつもの（Pro/Arg型），Arg型の遺伝子Xをホモにもつもの（Arg/Arg型）が存在する。

③正文。④誤文。ヒトの集団内でゲノムの塩基配列を比較すると，約1000塩基に1塩基の頻度で異なる塩基対が存在すると推定されており，これを一塩基多型という。

⑤誤文。リード文にあるように，もともとタンパク質Xは細胞増殖の停止，DNA損傷の修復，細胞死の誘導というはたらきをもつ。特に，遺伝子XがPro型の場合は，細胞増殖の停止能とDNA損傷の修復能が高くなるが，細胞死の誘導能は変わらない。RNA干渉で遺伝子Xの発現を抑制すると，細胞増殖の停止，DNA損傷の修復，細胞死の誘導のはたらきがすべて失われる。

⑥正文。ここでは特定の親子に注目した場合であり，一塩基多型に限らずどのような遺伝子についても，ゲノム情報が親子間で同じということはない（例えば，父親と子のゲノム情報が全く同じということはない）。よって，子と親の間には遺伝的多様性がある。

(c) (ア) 下図の点線で囲まれた部分の影響によりプロリンは疎水性を示す。

(イ)・(ウ) 右図に示すように，アルギニンの側鎖の末端はH^+を受け取りやすいため塩基性を示す。H^+を受け取ったアルギニンは電荷を帯びるので，アルギニンは親水性アミノ酸に分類される。

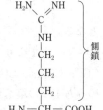

(エ) 次図の上側の配列は非鋳型鎖である。コドンはアミノ酸を指定するmRNAの3塩基の並びを指すが，ここではDNAの非鋳型鎖においてアミノ酸を指定する3塩基を指している。

表1より，アラニンを指定するコドンは GCU，GCC，GCA，GCG である。このうち，プロリンのコドン CCC のうち1つの塩基を改変してアラニンを指定するようになるコドンは GCC である。また，リード文では，この配列が図1の P1 の＊＊＊の3塩基と同じとある。よって，プライマー P1 は 5′ ━━ GCC ➡ 3′ となる。

㈡　下図に示すように，プライマー P2 は，その鋳型となる鎖の3′側の塩基配列と相補的な配列をもつ。よって，㈡は相補鎖となる。

P2の鋳型鎖　5′ ━ ▬▬▬ CCC ▬▬▬▬▬▬ ━ 3′
　　　　　　　　　　　　　　　3′ ◀━━━ 5′
　　　　　　　　　　　　　　　　　　P2

P1の鋳型鎖　3′ ━ ▬▬▬ GGG ▬▬▬▬▬▬▬ ━ 5′
　　　　　　　　　5′ ━ GCC ➡ 3′
　　　　　　　　　　　　P1

ちなみに，P1 とその鋳型鎖をみると，1カ所だけ相補的ではない（GとGが結合している）。しかし，その他の配列が相補的であれば，P1 は鋳型鎖に結合することができ，これをもとに DNA ポリメラーゼがはたらくことができる。

㈣　改変 X–Ala 断片をプラスミドに組込むために，DNA リガーゼを用いている。

㈤　プラスミドなど，特定の DNA の運び屋をベクターといい，プラスミドやウイルスの DNA などがある。

(d)　タンパク質 Z の結合配列に T の一塩基多型をもつ場合，タンパク質 Z はこの配列に結合しにくいので，遺伝子 Y の転写量は減り，タンパク質 Y は減少する。その結果，がん抑制因子であるタンパク質 X のはたらきは抑制されにくくなり，がんの発症率は低下する。逆に，タンパク質 Z の結合配列に G の一塩基多型をもつ場合，遺伝子 Y の転写量は増え，タンパク質 Y は増加する。その結果，がん抑制因子であるタンパク質 X のはたらきは抑制されやすくなり，がんの発症率は上昇する。よって，G/G 型より T/T 型の方が平均寿命が長くなると考えられるので，3が正しい。

(e)　T/T 型より G/G 型の方がタンパク質 Y の量は多い。よって，0 は誤りである。また，どちらの型も遺伝子 Y の塩基配列は同じなので，タンパク質 Y の活性や結合の強さは同じといえる。よって，1〜5のうち3が正しい。

2 解答

(1)(a)—22
(b)(ア)1 (イ)1 (ウ)0 (エ)3 (オ)0 (カ)4 (キ)0 (ク)2
(2)(a)—4 (b)—3 (c)—1 (d)(ア)—01 (イ)—02 (ウ)—07 (エ)—10
(3)(a)(ア)—2 (イ)—4 (ウ)—1 (エ)—0
(b)(オ)—3 (カ)—4 (キ)—6 (ク)—3 (ケ)—4 (コ)—6

◀解 説▶

≪細胞周期と植物の物質輸送≫

(1) (a) ②は減数分裂時に観察され、根端分裂組織で起こる体細胞分裂では観察されない。M期（分裂期）は前期、中期、後期、終期からなり、⓪，①は前期、③は後期、④は中期の特徴である。

(b) リード文を確認する。〈EdU は DNA 複製時に取り込まれる〉とあるので、S期の細胞が EdU を取り込む。また、〈EdU を含む培地で根を生育すると、17時間後に分裂組織の全細胞が EdU を取り込んだ〉とある。下に示す細胞周期の図（図中の○や●は細胞周期のそれぞれの時期にある細胞を意味し、○は EdU を取り込んでいない細胞、●は EdU を取り込んだ細胞とする）で考えると、ちょうどS期が終わった直後の細胞が G_2 期→M期→G_1 期を経過して再びS期に入ると、全細胞が EdU を取り込むことになる。

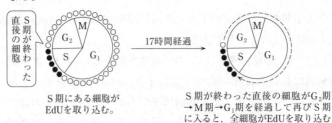

S期にある細胞が EdU を取り込む。

S期が終わった直後の細胞が G_2 期→M期→G_1 期を経過して再びS期に入ると、全細胞がEdUを取り込むことになる。

よって、G_2 期、M期、G_1 期を合わせた所要時間が17時間とわかる。次に、EdU を含む培地で短時間生育させ、その後、EdU を含まない培地で根端分裂組織を生育させ、M期の細胞に占める EdU が検出される細胞の割合を調べた。図1をみると、4時間後にはじめてM期の細胞にEdUを含む細胞が検出され、6時間後にM期のすべての細胞がEdUを含むようになった。これより、G_2 期に要する時間が4時間、M期に要する時間が2時間とわかる。また、G_2 期、M期、G_1 期を合わせた時間が17時間で

あるため，G_1 期は $17-(4+2)=11$ 時間とわかる。最後に S 期について考える。次に示すように，まず S 期に入ったばかりの細胞に注目する。この細胞が下図右の状態になるまでにかかった時間は図 1 より 7 時間とわかる。

よって，S 期に入ったばかりの細胞は 7 時間かけて S 期と G_2 期を経ることになる。G_2 期に要する時間が 4 時間であったから，S 期に要する時間は 3 時間とわかる。

(2) (a) 3．正文。オーキシンには細胞壁を緩める作用があり，細胞が吸水すると伸長する。

4．誤文。オーキシンの輸送タンパク質は細胞壁ではなく細胞膜に存在する。

(b) G_1 期の DNA 量を 1 とすると，S 期の DNA 量は $1 \sim 2$，G_2 期と M 期の DNA 量は 2 となる。

(c) S 期を阻害する物質を与えると，S 期にある細胞はすぐに細胞周期が停止し，そのほかの時期にある細胞はしばらく細胞周期が進行する。この物質を加えて 6 時間経過すると，次図のように，G_2 期と M 期にあった細胞は G_1 期に入り，G_1 期にあった細胞は S 期に入った瞬間に細胞周期が停止する。

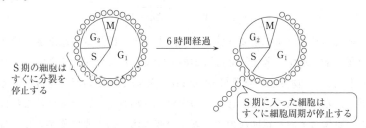

その結果，S 期のはじめにある DNA 量 1 の細胞数が増加し，逆に，G_2 期や M 期にある DNA 量 2 の細胞数は 0 になる。また，S 期の途中で止まった細胞は DNA 量が $1 \sim 2$ の間になっている。

(d) 左から順番に各ピークのDNA量は1，2，4，8とわかる。これは，M期を経ることなくDNAの複製を繰り返すことで，細胞当たりのDNA量が増大した結果であると考えられる。このような現象は植物細胞ではしばしば観察される。一方，動物細胞ではユスリカの唾腺染色体などで観察される。

(3) (a) 下表は，それぞれの植物から検出された物質と，葉の成長の様子を示している。Zをもつ葉は2日ごとに1.1倍になり，ZとXの両方をもつと葉は2日ごとに1.2倍になる。Yの有無は影響しない。よって，空欄(ア)にはZ，(イ)には1.1が入る。

物質		3日目		5日目		7日目
野生型	X, Y, Z	200	1.2倍→	240	1.2倍→	288
変異体A	Z	150	1.1倍→	165	1.1倍→	181.5
変異体B	Y, Z	200	1.1倍→	220	1.1倍→	242
変異体AB	Z	150	1.1倍→	165	1.1倍→	181.5
接ぎ木A	X, Y, Z	200	1.2倍→	240	1.2倍→	288

また，物質Xの合成経路を以下のように考えてみる。そうすると，遺伝子 A が正常にはたらかない（正常な酵素Aがつくられない）変異体Aは物質Zしかもたず，遺伝子 B が正常にはたらかない（正常な酵素Bがつくられない）変異体Bは物質Zと物質Yをもつことになり，表2と一致する。

(b) 変異体Bまたは二重変異体ABの地上部と，野生型の地下部を接ぎ木した図を下に示す。各変異体は図中の×で示した経路が進まない。また，リード文に，〈物質Xは細胞間や維管束を移動できないが，物質Y，Zは移動できる〉とあるので，どちらの変異体も物質Y，Zをもつ。これは表2の変異体Bと同じ状態なので，表1の変異体Bのように葉が成長すると考えられる。

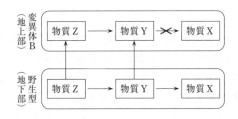

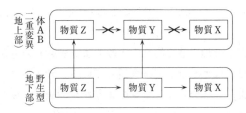

 解答 (1)(a)—3　(b)—3
(c)(ア)—8　(イ)—0　(ウ)—2　(エ)—3
(2)(a)—6　(b)—1　(c)—4
(3)—5

◀解　説▶

≪カタラーゼのはたらき≫

(1) (a)・(b) カタラーゼは細胞小器官であるペルオキシソーム中だけでなく，血液中などにも存在している。傷口にオキシドールを垂らすと，カタラーゼの作用によって $2H_2O_2 \longrightarrow 2H_2O + O_2$ の反応がおこる。泡の正体は O_2 であり，これによって酸素を嫌う多くの細菌を殺すことができる。

(c) まず(ア)は基質である H_2O_2 と考える。問題文中に，〈酵素の触媒反応が起こる構造の中心に，基質に由来する酸素原子が結合している〉とある。H_2O_2 の O 原子が酵素に結合し，余った H_2O が酵素から離れると考えれば，(イ)は H_2O とわかる。続いて(ア)の H_2O_2 が酵素に結合すると，酵素と結合しているのは(ウ)の O と H_2O_2 となり，最後に(イ)の H_2O が離れることから，(エ)は O_2 とわかる。

なお，この反応 1 の収支を確認すると，2 分子の H_2O_2 を取り込み，2 分子の H_2O と 1 分子の O_2 を生成している。つまり

$$2H_2O_2 \longrightarrow 2H_2O + O_2$$

となる。

(2) (a) ジャガイモ抽出液にはカタラーゼが含まれており，これが H_2O_2 と反応して O_2 が発生する。O_2 は助燃性があり，線香を入れると激しく燃える。泡の発生が止まってから10時間経過すると，試験管内の O_2 は拡散し，線香を入れても燃え方はほとんど変わらない。この試験管にジャガイモ抽出液（カタラーゼ）を加えても，すでに基質（H_2O_2）はなくなっているので，新たに O_2 が発生することはない。よって，線香の燃え方は変わらない。

(b)・(c) ジャガイモ抽出液の場合，実験Aより実験Bの方が＋が多く，また，実験CやDではカタラーゼは失活していると考えられるので，どちらも－となる。また，二酸化マンガンのような無機触媒の場合，温度が高いほど触媒作用は大きく，実験A，B，C，Dの順に＋，＋＋，＋＋＋，＋＋となる。なお，実験Dでは一度90℃にしたが，反応時の温度が35℃なので，実験Bと同じ結果になる。

(3) 問題文の冒頭の文章が理解できなくても解ける。この問題は，酵素E（カタラーゼ）によって，下の反応1が起こるが，この反応がしばらく続くように，グルコースオキシダーゼという酵素によって反応2を進め，反応1に必要な H_2O_2 を供給し続けている。

$$\begin{cases} \text{反応1}：2H_2O_2 \longrightarrow 2H_2O + O_2 \\ \text{反応2}：\text{グルコース} + O_2 + H_2O \longrightarrow \text{グルコン酸} + H_2O_2 \end{cases}$$

反応2で生じた H_2O_2 は反応1で消費されることから，上の2式から H_2O_2 を消去する。つまり，（反応2）＋（反応1）$\times \dfrac{1}{2}$ として変形すると

$$\text{グルコース} + O_2 + H_2O \longrightarrow \text{グルコン酸} + H_2O_2$$

$$+)\quad H_2O_2 \hspace{3cm} \longrightarrow H_2O + \frac{1}{2}O_2$$

$$\text{グルコース} + \frac{1}{2}O_2 \hspace{1cm} \longrightarrow \text{グルコン酸}$$

となり，反応が進むにつれて観察溶液中の O_2 分子が減少する。

東京理科大-理工〈B方式-2月3日〉　　　　　　　　2019 年度　生物〈解答〉　*117*

❖講　評

　2019 年度は 2018 年度と同様に大問 3 題の出題であった。基礎的なレベルだけでなく，やや難しい計算問題や考察問題も出題されている。ただ，各大問の半分程度は基本的な問題で構成されており，そこで確実に得点したい。

1　(1)　(a)は，2 つのアミノ酸が交互に並ぶ場合に 2 通りのパターンがあることに気づかないと正解できない。(b)〜(d)は頻出問題であり正解したい。(e)ではセリンを指定するコドンが 6 種類であること，終止コドンも含めることに気づかないといけない。

(2)　(a)・(b)・(d)はリード文を正確に把握できれば完答できるが，時間的にやや厳しかったかもしれない。(c)はやや難。

2　(1)　典型問題であり，G_2 期と M 期と G_1 期をすべて足した時間が 17 時間であることがわかれば完答できるが，やや難である。

(2)　(a)・(b)は基本的な知識問題。(c)はやや難。(d)は問題文の流れを理解できれば完答できる。

(3)　データの読み取り問題であるが，(a)はそれほど難しくはない。(b)は物質 Y と Z が維管束を移動できることに気づけば解けるが，やや難しかったと思われる。

3　1や2に比べて解きやすい問題が多かった。(1)　(a)・(b)は基本的。(c)は最初に酸素原子だけが酵素に結合することに気づきたい。

(2)　(a)〜(c)はすべて基本的な問題であり完答したい。

(3)　反応 1 と反応 2 を 1 つの式にまとめることに気づけばよいが，かなり難しい。

東京理科大-理工〈B方式-2月6日〉　　　2019 年度　問題　*119*

■B方式2月6日実施分：建築・先端化・電気電子情報工・機械工・土木工学科

問題編

▶試験科目・配点

教　科	科　　　　　　目	配　点
外国語	コミュニケーション英語Ⅰ・Ⅱ・Ⅲ，英語表現Ⅰ・Ⅱ	100 点
数　学	数学Ⅰ・Ⅱ・Ⅲ・A・B	100 点
理　科	建築・電気電子情報工・機械工学科：物理基礎・物理 先端化学科：化学基礎・化学 土木工学科：「物理基礎・物理」，「化学基礎・化学」から1科目選択	100 点

▶備　考

- 英語はリスニングおよびスピーキングを課さない。
- 数学Bは「数列」「ベクトル」から出題。

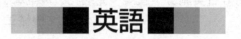

(60 分)

1 Read the following passage and answer the questions below.　(64 points)

[1]　Since the term "artificial intelligence" was first invented, at a kind of constitutional convention of the mind at Dartmouth in the summer of 1956, a majority of researchers have thought the best approach to creating A.I. would be to write a comprehensive program that laid out both the rules of logical reasoning and sufficient knowledge of the world. If you wanted to translate from English to Japanese, for example, you would program into the computer all of the grammatical rules of English, the entirety of definitions contained in the *Oxford English Dictionary*, and then all of the grammatical rules of Japanese, as well as all of the words in the Japanese dictionary. Only after all of that, would you feed it a sentence in a source language and ask it to tabulate* a corresponding sentence in the target language. You would give the machine a language map. This perspective is usually called "symbolic A.I." — because its definition of cognition is based on symbolic logic — or, disparagingly*, "good old-fashioned A.I."

[2]　There are two main problems with the old-fashioned approach. The first is that it's awfully time-consuming on the human end. The second is that it only really works in domains where rules and definitions are very clear: in mathematics, for example, or chess. Translation, however, is an example of a field where this approach fails horribly, because words cannot be reduced to their dictionary definitions, and because languages tend to have as many exceptions as they have rules. More often than not, a system like this is liable to translate "minister of agriculture" as "priest of farming." Still, for math and chess it worked great, and the proponents* of symbolic A.I. took it for granted

東京理科大-理工〈B方式-2月6日〉   2019 年度　英語　*121*

that no activities signaled "general intelligence" better than math and chess.
(3)

[3]　There were, however, limits to what this system could do.　In the 1980s, a robotics researcher at Carnegie Mellon University pointed out that it was easy to get computers to do adult things but nearly impossible to get them to do things a 1-year-old could do, like hold a ball or identify a cat.　By the 1990s, despite advancements in computer chess, we still weren't remotely
(4)
close to artificial general intelligence.

[4]　There has always been another vision for A.I. — a dissenting* view — in which the computers would learn from the ground up (from ((5-a))) rather than from the top down (from ((5-b))).　This notion dates to the early 1940s, when it occurred to researchers that the best model for flexible automated intelligence was the brain itself.　A brain, after all, is just a bunch of widgets*, called neurons, that either pass along an electrical charge to their neighbors or don't.　What's important are less the individual neurons themselves than the manifold* connections among them.　This structure, in its simplicity, has afforded the brain a wealth of adaptive advantages.　The brain can operate in circumstances in which information is poor or missing; it can withstand significant damage without total loss of control; it can store a huge amount of knowledge in a very efficient way; it can isolate distinct patterns but retain
(6)
the messiness necessary to handle ambiguity.

[5]　There was no reason you couldn't try to mimic this structure in electronic form, and in 1943 it was shown that arrangements of simple *artificial* neurons could carry out basic logical functions.　They could also, at least in theory, learn the way we do.　With life experience, depending on a particular person's trials and errors, the synaptic connections among pairs of neurons get stronger or weaker.　An artificial neural network could do something similar, by gradually altering, on a guided trial-and-error basis, the numerical
(7)
relationships among artificial neurons.　It wouldn't need to be preprogrammed with fixed rules.　It would, instead, rewire itself to reflect patterns in the data it absorbed.

122 2019 年度 英語　　　　　　　東京理科大-理工〈B方式-2月6日〉

[6]　　This attitude toward artificial intelligence was evolutionary rather than
(8)
creationist. If you wanted a flexible mechanism, you wanted one that could
adapt to its environment. If you wanted something that could adapt, you
didn't want to begin with the indoctrination* of the rules of chess. You wanted
to begin with very basic abilities — sensory perception and motor control — in
(9)
the hope that advanced skills would emerge organically. Humans don't learn
to understand their first language by memorizing dictionaries and grammar
books, so why should we possibly expect our computers to do so?

(Adapted from *New York Times*)

(Notes)　**tabulate** : arrange

disparaging : showing that you do not think something is very good;
criticizing

proponents : supporters

dissenting : disagreeing

widgets : any small mechanism or device, the name of which is
unknown

manifold : of many different kinds

indoctrinate : make someone accept a particular belief uncritically

(1) What does the underlined word (1) refer to? Choose one from the choices
and mark the number on your **Answer Sheet**.

1　the computer　　　　　　　2　the dictionary
3　the researcher　　　　　　　4　the rule

(2) Which of the items below best summarizes the meaning of the underlined
part (2)? Choose one from the choices and mark the number on your **Answer
Sheet**.

1　because languages cannot be captured solely by definitions and rules.
2　because languages can be described solely by exceptions.

東京理科大-理工〈B方式-2月6日〉　　　　　　　　　　　2019 年度　英語　*123*

  3　because there are more rules than exceptions.

  4　because we cannot trust dictionary definitions.

(3)　Complete the sentence below so that it is the closest in meaning to the underlined part (3). Choose one from the choices and mark the number on your **Answer Sheet**.

   There are no activities that demonstrate "general intelligence" as (　(3)　) as math and chess.

  1　long　　　　　　　　　　　2　poorly

  3　soon　　　　　　　　　　　4　well

(4)　Which of the items below is the closest in meaning to the underlined part (4)? Choose one from the choices and mark the number on your **Answer Sheet**.

  1　we were not remote from artificial general intelligence.

  2　we were far from developing artificial general intelligence.

  3　we had not overlooked artificial general intelligence.

  4　we had almost simulated general intelligence.

(5)　Which of the items below shows the pair of words that correctly fill in the blank (5 **a**) and (5 **b**) in the paragraph [4]? Consider the context, choose the best one from the following choices, and mark the number on **Answer Sheet**.

	(5-a)	(5-b)
1	rules	data
2	data	rules

124　2019 年度　英語　　　　　　　　　東京理科大-理工〈B 方式-2 月 6 日〉

　　3　neurons　　　　symbols

　　4　symbols　　　　neurons

(6)　Which of the items below is the closest in meaning to the underlined part
(6)?　Choose one from the choices and mark the number on your **Answer
Sheet**.

　　1　the brain can remove different patterns and ignore the messy information
　　to deal with something clear.

　　2　the brain can separate clear patterns but keep the messy information to
　　deal with something clear.

　　3　the brain can remove different patterns and ignore the messy information
　　to deal with something unclear.

　　4　the brain can separate clear patterns but keep the messy information to
　　deal with something unclear.

(7)　Complete the blanks below so that it has the closest meaning to the
underlined part (7). Choose one from the choices and mark the number on
your **Answer Sheet**.

　　by gradually changing the ((7-a)) that represent relations among
artificial neurons based on ((7-b))

　　　(7-a)　　　　**(7-b)**

　1　numbers　　　inspiration

　2　trials　　　　inspiration

　3　numbers　　　feedback

　4　trials　　　　feedback

東京理科大-理工〈B方式-2月6日〉　　　　　　　　　　2019 年度　英語　*125*

(8)　Which of the items below is the closest in meaning to the underlined part
(8)?　Choose one from the choices and mark the number on your **Answer**
Sheet.

1　an approach that aims to analyze a person's own experience
2　an approach that aims to illustrate how artificial neurons work
3　an approach that aims to teach human habits
4　an approach that aims to model the human brain

(9)　Which of the items below is the typical example of the underlined part (9)?
Choose one from the choices and mark the number on your **Answer Sheet**.

1　finding a ball and holding it
2　solving math problems
3　storing knowledge about the world
4　translating English into Japanese

(10)　Read each statement below and, according to the passage above, mark
your **Answer Sheet** with either **T**, if it is true, or **F**, if it is false.

1　The symbolic A.I. approach uses grammatical rules and dictionary
definitions for machine translation.
2　The symbolic A.I. approach cannot be established without human input,
which takes an incredibly long time.
3　By 1990, nobody had mentioned things that the symbolic A.I. was
unable to do.
4　A group of researchers thought that it was a good idea to make A I
somewhat similar to the human brain.
5　Artificial neurons could learn in the same way that the human brain
does, in principle, because they were able to compute advanced logical
functions.
6　The author thinks that it is definitely impossible to make a computer
that learns like humans.

126　2019 年度　英語　　　　　　　　　東京理科大-理工〈B方式-2月6日〉

2　Choose one item from the answer choices below to fill in each blank in the sentence and complete the phrases in the best possible way. Mark the numbers from top to bottom on your **Answer Sheet**. All answer choices start with lower-case letters.　　　　　　　　　　　　　　　　　　(12 points)

(1)　((a)) ((b)) ((c)) ((d)), the investor ((e)) ((f))
　((g)) with many options.

　　1　given　　　　　　　2　left　　　　　　　　3　not
　　4　of　　　　　　　　5　the global economy　6　was
　　7　the uncertainty

(2)　((a)) ((b)) ((c)) ((d)) ((e)) this ((f)) toward
　non-smoking environments?

　　1　accounts for　　　　2　do　　　　　　　　3　movement
　　4　think　　　　　　　5　what　　　　　　　6　you

(3)　((a)) ((b)) ((c)) ((d)) ((e)) ((f)) ((g)) past
　decades, we need to be prepared for a super-aging society.

　　1　as　　　　　　　　2　continues　　　　　3　decline
　　4　if　　　　　　　　5　in　　　　　　　　6　the birthrate
　　7　to

(4)　((a)) ((b)) ((c)) ((d)) ((e)) the university ((f))
　((g)) of their study rooms.

　　1　an improvement　　2　been　　　　　　　3　for
　　4　has　　　　　　　　5　negotiating　　　　6　the students' union
　　7　with

東京理科大-理工〈B方式-2月6日〉　　　　　2019年度　英語　*127*

3 Read the following emails and answer the questions below. (24 points)

TO: John Williams <williams@castlerock.edu>
FROM: Keita Tanaka <rikadaisei_tanaka@ed.rikadai.ac.jp>
SUBJECT: Internship this summer
DATE: 25 May 2018
MESSAGE:

Dear Professor Williams,

My name is Keita Tanaka. I am a student of Tokyo University of Science, majoring in information science. We met last month at the international conference of science and technology. I really enjoyed your talk. It was very stimulating and also related to my field of research.

If you remember, you briefly talked to me at my poster presentation. At that time, you mentioned that it might be possible for me to work at your lab for a month this summer. I am wondering whether the position is still open, and if so, would August fit in with your schedule? I will have a poster presentation at the Annual Conference of People-Computer Interaction, which will be held at Castle Rock University at the end of July, and I'm wondering if it would be possible to start the internship soon after the conference.

I look forward to hearing from you.

Best regards,

Keita

TO: Keita Tanaka <rikadaisei_tanaka@ed.rikadai.ac.jp>
FROM: John Williams <williams@castlerock.edu>
SUBJECT: Re: Internship this summer
DATE: 30 May 2018
MESSAGE:

Dear Keita,

Thank you for contacting me. I'm pleased to hear that you found my talk interesting. It was good to speak to you at the conference.

Regarding your questions about the internship in our lab, we have two positions open this summer. These positions are great for students who are interested in gaining experience in graphical user interface systems. It will start at the beginning of August. To apply, you need to send your curriculum vitae and one recommendation letter from your advisor to our lab's email address: **jwlab@castlerock.edu**. The due date is June 10.

Unfortunately, we cannot cover travel expenses and costs for accommodations. So, you might want to apply for a student travel grant for the Annual Conference of People-Computer Interaction, which will be held at our university. However, the grant only covers travel costs.

If you need any further details about the internship application, please contact our administrative staff member, Helen Parker. She uses the same lab email address as above. The application deadline is coming soon (June 10). We will let you know whether you have been accepted for the internship by the end of June.

Best,

John

東京理科大-理工〈B方式-2月6日〉 2019 年度 英語 *129*

Read each statement below and, according to the emails above, mark your **Answer Sheet** with either **T**, if it is true, or **F**, if it is false.

1 Keita and Professor Williams met in May 2018.

2 Keita is likely to go to the Castle Rock University this summer whether or not he is accepted to the internship.

3 To apply for the internship, Keita needs to ask his advisor to write a recommendation letter by the end of June.

4 Professor Williams does not encourage Keita to get the student travel grant for the conference.

5 The student travel grant for the conference will pay the conference participation fee.

6 If Keita wants to know the format of the curriculum vitae, he should send an email to Helen Parker.

7 Keita needs to send his curriculum vitae and recommendation letter to Professor Williams' personal email address.

8 Keita will be notified about whether he can work at Professor Williams' lab at the beginning of July.

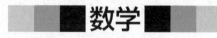

(100 分)

問題 **1** の解答は解答用マークシートにマークしなさい。

1 次の文章中の **ア** から **ロ** までに当てはまる数字 0 ～ 9 を求めて，**解答用マークシートの指定された欄にマークしなさい。** ただし，分数は既約分数として表しなさい。なお，**エ** などは既出の **エ** を表す。

(40 点)

(1) $0 \leqq t \leqq 2\pi$ として

$$x = 1 + \cos t, \quad y = -1 + 2\sqrt{2}\sin t$$

と媒介変数表示される曲線 C の方程式は

$$(x - \boxed{ア})^2 + \frac{(y + \boxed{イ})^2}{\boxed{ウ}} = 1$$

である。実数 k に対して直線 $y = x + k$ が C と接するような k の値は 2 つあり，小さい方が $-\boxed{エ}$，もう一方が $\boxed{オ}$ である。$k = -\boxed{エ}$ のときの接点の座標は $\left(\dfrac{\boxed{カ}}{\boxed{キ}}, -\dfrac{\boxed{クケ}}{\boxed{コ}}\right)$，$k = \boxed{オ}$ のときの接点の座標は $\left(\dfrac{\boxed{サ}}{\boxed{シ}}, \dfrac{\boxed{ス}}{\boxed{セ}}\right)$ である。

(2) a, b を実数とし，

$$f(x) = x^3 + 3ax^2 + bx + 1 - a^2$$

とおく。

東京理科大-理工〈B方式-2月6日〉 2019年度 数学 *131*

(a) 整式 $f(x)$ が $x-2$ で割り切れるような実数の組 (a,b) のうち b の値が最小になるのは，$(a,b) = \left(\boxed{ソ}, -\dfrac{\boxed{タ\,\,\,チ}}{\boxed{ツ}} \right)$ のときである。

このとき，偶関数の性質と部分積分法を用いることにより

$$\int_{-1}^{1} x^2 e^{|x|}\,dx = \boxed{テ} \int_{0}^{1} x^2 e^x\,dx = \boxed{ト}\,e - \boxed{ナ} \int_{0}^{1} x e^x\,dx = \boxed{ニ}\,e - \boxed{ヌ}$$

となるので

$$\int_{-1}^{1} f(x) e^{|x|}\,dx = -\boxed{ネ\,\,\,ノ}\,e - \boxed{ハ}$$

となる。ここで e は自然対数の底を表す。

(b) 数列 $\{x_n\}$ は $x_1 = 1$ で，$n = 2, 3, 4, \cdots\cdots$ のとき

$$x_n = \begin{cases} \dfrac{f'(x_{n-1})}{x_{n-1}} & (x_{n-1} \neq 0 \text{ のとき}) \\[2mm] 1 & (x_{n-1} = 0 \text{ のとき}) \end{cases}$$

を満たすとする。

$x_2 = 2$，$x_3 = 5$ となるのは $(a,b) = \left(-\dfrac{\boxed{ヒ}}{\boxed{フ}}, \boxed{ヘ} \right)$ のときであり，このとき $\displaystyle\sum_{n=1}^{\infty} \dfrac{x_n}{4^n} = \dfrac{\boxed{ホ}}{\boxed{マ}}$ である。また $x_2 = 2$，$x_3 = 0$ となるのは $(a,b) = \left(-\dfrac{\boxed{ミ\,\,\,ム}}{\boxed{メ}}, \boxed{モ\,\,\,ヤ} \right)$ のときであり，このとき $\displaystyle\sum_{n=1}^{31} x_n = \boxed{ユ\,\,\,ヨ}$ である。ただし，$f'(x)$ で関数 $f(x)$ の導関数を表す。

(3) p が素数のとき p^5 は正の約数をちょうど $\boxed{ラ}$ 個もつ。

次の条件 (*) を考える。

(*)：正の約数をちょうど $\boxed{ラ}$ 個もつ

条件 (*) を満たす最小の自然数は $\boxed{リ\,\,\,ル}$ であり，条件 (*) を満たす正の奇数のうち 2 番目に小さいのは $\boxed{レ\,\,\,ロ}$ である。

問題 2 の解答は白色の解答用紙に記入しなさい。

2　O を原点とする座標平面上の三角形 OAB を考える。$\vec{a} = \overrightarrow{OA}, \vec{b} = \overrightarrow{OB}$ とおく。$0 < s < 1, 0 < t < 1, u > 0$ を満たす s, t, u に対して，

辺 OA を $s : (1-s)$ に内分する点を M，辺 OB を $t : (1-t)$ に内分する点を N，線分 AN を $(1+u) : u$ に外分する点を P，線分 BM を $(1+u) : u$ に外分する点を Q とおく。ただし，$m > n > 0$ を満たす m, n に対して，線分 CD を $m : n$ に外分する点 E とは下図のような点である。

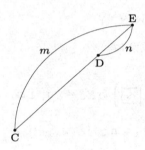

(1)　$\overrightarrow{OP}, \overrightarrow{OQ}$ を $\vec{a}, \vec{b}, s, t, u$ を用いて表せ。

(2)　3 点 O, P, Q が同一直線上にあるとする。u を s, t を用いて表せ。

以下 A(1,0)，B($\cos\theta, \sin\theta$) $(0 < \theta < \pi)$，$s = \dfrac{4}{9}$，$t = \dfrac{1}{9}$ とし，3 点 O, P, Q が同一直線上にあるとする。k を実数とし，直線 $y = x + k$ が点 P を通るとする。

(3)　k を θ を用いて表せ。

(4)　θ が $0 < \theta < \pi$ を動くとき，k のとる値の範囲を求めよ。

(30 点)

東京理科大-理工〈B方式-2月6日〉   2019 年度 数学 *133*

問題 | 3 | の解答はクリーム色の解答用紙に記入しなさい。

| 3 | 関数 $f(x)$ を

$$f(x) = x^{-2} \quad (x > 0)$$

で定める。O を原点とする座標平面上で曲線 $y = f(x)$ を C とおく。$t > 0$ とし，点 $\mathrm{P}(t, f(t))$ における C の法線を ℓ とし，ℓ と x 軸の交点を $\mathrm{Q}(q, 0)$ とおく。

(1) ℓ の方程式および q を t を用いて表せ。

$q = 0$ となるような t の値を t_1 とおく。

(2) t_1 を求めよ。

2 点 $\mathrm{R}(0, 1)$, $\mathrm{S}(1, 1)$ をとり，$t > t_1$ とする。曲線 C と線分 PQ, QO, OR, RS で囲まれた部分の面積を $A(t)$ とおく。

(3) $A(t)$ を求めよ。

(4) 極限 $\lim\limits_{t \to \infty} A(t)$ を求めよ。

(30 点)

■物理■

(80 分)

1 次の問題の ☐ の中に入れるべき最も適当なものをそれぞれの**解答群**の中から選び，その番号を**解答用マークシート**の指定された欄にマークしなさい。

(34 点)

以下では，長さ，質量，時間，および角度の単位をそれぞれ m，kg，s，rad とし，その他の物理量に対してはこれらを組み合わせた単位を使用する。例えば，速さの単位は m/s，角振動数の単位は rad/s である。

(1) 図 1-1 のように，自然長 L，ばね定数 k の質量の無視できるばねの両端に，質量 $2m, m$ の小物体 A, B を固定し，ばねが自然長の状態で，なめらかで摩擦のない水平面上におく。図の右向きを正とする x 座標を設定する。小物体は x 軸に沿って運動し，ばねは常に x 軸に平行であるとする。小物体 A, B の座標をそれぞれ x_A, x_B，速度をそれぞれ v_A, v_B，加速度をそれぞれ a_A, a_B とする。最初，小物体 A, B は $x_A = L, x_B = 0$ に静止している。

　大きさ p の運動量を持つ 2 つの弾丸を，図のように同時に小物体 A, B に水平に打ち込んだところ（図 1-1），小物体と弾丸は一体となって運動を始めた。弾丸の質量は小物体のそれと比べて無視できるほど小さいとすると，小物体 A, B は大きさ p の運動量を得て運動を始めることになる。小物体 A, B のしたがう運動方程式は

$$2ma_A = -k\,(x_A - x_B - L),$$

$$ma_B = -k\,(\boxed{\quad (ア) \quad})$$

と表される。これらの運動方程式から $a_A - a_B = -\boxed{\quad (イ) \quad}(x_A - x_B - L)$ と求められる。すなわち，小物体 B から見た小物体 A の運動を単振動とみなすことができる。したがって，時刻 t において

$$x_A - x_B - L = C_1 \sin(\omega_1 t + \theta_1),$$

$$v_A - v_B = C_1 \omega_1 \cos(\omega_1 t + \theta_1),$$

$$a_A - a_B = -C_1 \omega_1^2 \sin(\omega_1 t + \theta_1)$$

のように表される。弾丸が打ち込まれた瞬間の時刻を $t=0$ とする。C_1 ($C_1 \geqq 0$) は単振動の振幅であり，θ_1 ($0 \leqq \theta_1 < 2\pi$) は $t=0$ のときの位相であることから，初期位相と呼ばれる量である。角振動数は $\omega_1 =$ （ウ） と求められる。弾丸が打ち込まれた直後の小物体 A，B の速度は，m, p をもちいて $v_A =$ （エ），$v_B =$ （オ） と求められる。このときの $x_A - x_B - L$ と $v_A - v_B$ の値や符号などに着目することにより，初期位相 θ_1 は $\theta_1 =$ （カ），単振動の振幅 C_1 は $C_1 =$ （キ） と求められる。小物体 A，B の重心は $x_G = \dfrac{2mx_A + mx_B}{3m}$ と表される。打ち込まれた弾丸の運動量の総和はゼロであるので，重心は動かない。よって，小物体 A，B の座標は $x_A =$ （ク），$x_B =$ （ケ） のように求められる。

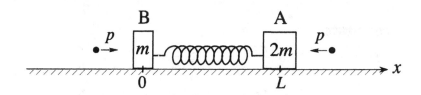

図 1-1

（ア）の解答群

　⓪ $x_A - x_B$　　① $x_B - x_A$　　② $x_A - x_B + L$　　③ $x_B - x_A + L$

　④ $x_B - L$　　⑤ $x_A - L$　　⑥ $x_A - x_B - L$　　⑦ $x_B - x_A - L$

136 2019 年度 物理　　　　　　　　　　　　　　東京理科大-理工〈B方式-2月6日〉

(イ) の解答群

⓪ $\dfrac{k}{2m}$　　① $\dfrac{k}{m}$　　② $\dfrac{3k}{2m}$　　③ $\dfrac{2k}{m}$

④ $\dfrac{5k}{2m}$　　⑤ $\dfrac{3k}{m}$　　⑥ $\dfrac{7k}{2m}$　　⑦ $\dfrac{4k}{m}$

(ウ) の解答群

⓪ $\dfrac{k}{2m}$　　① $\dfrac{k}{m}$　　② $\dfrac{3k}{2m}$　　③ $\dfrac{2k}{m}$

④ $\sqrt{\dfrac{k}{2m}}$　　⑤ $\sqrt{\dfrac{k}{m}}$　　⑥ $\sqrt{\dfrac{3k}{2m}}$　　⑦ $\sqrt{\dfrac{2k}{m}}$

(エ), (オ) の解答群

⓪ $\dfrac{p}{2m}$　　① $-\dfrac{p}{2m}$　　② $\dfrac{p}{m}$　　③ $-\dfrac{p}{m}$

④ mp　　⑤ $-mp$　　⑥ $2mp$　　⑦ $-2mp$

(カ) の解答群

⓪ 0　　① $\dfrac{\pi}{4}$　　② $\dfrac{\pi}{2}$　　③ $\dfrac{3\pi}{4}$

④ π　　⑤ $\dfrac{5\pi}{4}$　　⑥ $\dfrac{3\pi}{2}$　　⑦ $\dfrac{7\pi}{4}$

(キ) の解答群

⓪ $\dfrac{p}{m}$　　① $\dfrac{3p}{2m}$　　② $\dfrac{p}{\omega_1}$　　③ $\dfrac{3p}{2\omega_1}$

④ $\dfrac{p}{2m\omega_1}$　　⑤ $\dfrac{p}{m\omega_1}$　　⑥ $\dfrac{3p}{2m\omega_1}$　　⑦ $\dfrac{2p}{m\omega_1}$

(ク) の解答群

⓪ $\dfrac{L}{3} - \dfrac{p}{2m\omega_1}\sin\omega_1 t$ ① $\dfrac{L}{3} + \dfrac{p}{2m\omega_1}\sin\omega_1 t$

② $L - \dfrac{p}{2m\omega_1}\sin\omega_1 t$ ③ $L + \dfrac{p}{2m\omega_1}\sin\omega_1 t$

④ $L - \dfrac{3p}{2m\omega_1}\sin\omega_1 t$ ⑤ $L + \dfrac{3p}{2m\omega_1}\sin\omega_1 t$

⑥ $L - \dfrac{p}{2\omega_1}\sin\omega_1 t$ ⑦ $L - \dfrac{3p}{2\omega_1}\sin\omega_1 t$

(ケ) の解答群

⓪ $\dfrac{p}{3m\omega_1}\sin\omega_1 t$ ① $\dfrac{p}{2m\omega_1}\sin\omega_1 t$ ② $\dfrac{p}{m\omega_1}\sin\omega_1 t$

③ $-\dfrac{p}{3m\omega_1}\sin\omega_1 t$ ④ $-\dfrac{p}{2m\omega_1}\sin\omega_1 t$ ⑤ $-\dfrac{p}{m\omega_1}\sin\omega_1 t$

⑥ $\dfrac{p}{\omega_1}\sin\omega_1 t$ ⑦ $\dfrac{3p}{\omega_1}\sin\omega_1 t$

(2) 二酸化炭素 CO_2 は，炭素 C を中央としてその両側に 2 つの酸素 O が直線状に結合した分子である。C と O が分子の結合軸に平行に振動する様子は，3 つの小物体を 2 本のばねでつないだ**図 1-2** のような装置によって考察することができる。質量 m の小物体 B と，その両側の質量 αm $(\alpha > 1)$ の小物体 A，C を自然長 L，ばね定数 k の質量の無視できるばねでつなぐ。図の右向きを正とする x 座標を設定する。小物体は x 軸に沿って運動し，ばねは常に x 軸に平行であるとする。小物体 A，B，C の位置座標をそれぞれ x_A, x_B, x_C，加速度をそれぞれ a_A, a_B, a_C とする。最初，バネは自然長の状態にあり，小物体 A，B，C は $x_A = L, x_B = 0, x_C = -L$ に静止している (**図 1-2(a)**)。小物体 A，C のしたがう運動方程式は，それぞれ

$$(\alpha m)a_A = -k(x_A - x_B - L),$$

$$(\alpha m)a_C = -k(\boxed{\quad \text{(コ)} \quad})$$

となる．次に，小物体Bのしたがう運動方程式を導く．小物体A, Bの間のばねの伸び $x_A - x_B - L$ が正のときには，小物体Bはこのばねから正の向きの力を受ける．また，小物体B, Cの間のばねの伸び $x_B - x_C - L$ が正のときには，小物体Bはこのばねから負の向きの力を受ける．以上の考察から，小物体Bのしたがう運動方程式は

$$ma_B = -k(\boxed{（サ）})$$

と求められる．

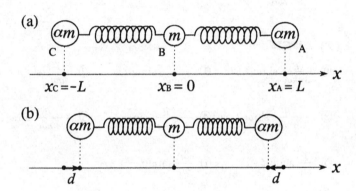

図 1-2

(コ) の解答群

⓪ $x_B - x_C$ ① $x_C - x_B$ ② $x_B - x_C + L$

③ $x_C - x_B + L$ ④ $x_B - L$ ⑤ $x_C - L$

⑥ $x_B - x_C - L$ ⑦ $x_C - x_B - L$

(サ) の解答群

⓪ $2x_B - x_A - x_C$ ① $x_A + x_C - 2x_B$ ② $2x_A - x_B - x_C$

③ $2x_B - x_A - x_C - L$ ④ $x_A - x_C - 2L$ ⑤ $2x_B - x_A + x_C$

⑥ $2x_A - x_B - x_C - L$ ⑦ $2L - x_A + x_C$

以上の 3 つの運動方程式より，次の 3 つの方程式

$$\alpha a_A + a_B + \alpha a_C = 0,$$

$$a_A - a_C = - \boxed{(シ)} (x_A - x_C - 2L),$$

$$2a_B - a_A - a_C = - \boxed{(ス)} (2x_B - x_A - x_C)$$

を導くことができる。1 番目の方程式は，小物体 A, B, C の重心が等速度運動（静止を含む）することを表している。そして，2 番目の方程式は，変数 $x_A - x_C - 2L$ に関する単振動の方程式を表し，3 番目の方程式は，変数 $2x_B - x_A - x_C$ に関する単振動の方程式である。したがって，これらの変数 $x_A - x_C - 2L$, $2x_B - x_A - x_C$ は周期的に振動し，時刻 t において

$$x_A - x_C - 2L = C_2 \sin(\omega_2 t + \theta_2),$$

$$2x_B - x_A - x_C = C_3 \sin(\omega_3 t + \theta_3)$$

のように表される。ここで，角振動数は $\omega_2 = \sqrt{\boxed{(シ)}}$, $\omega_3 = \sqrt{\boxed{(ス)}}$ であり，C_2, C_3 $(C_2, C_3 \geqq 0)$ はこれらの単振動の振幅，θ_2, θ_3 $(0 \leqq \theta_2 < 2\pi, 0 \leqq \theta_3 < 2\pi)$ は初期位相である。

図 1-2(b) のように，小物体 B は静止させたまま，両方のばねが自然長から d $(d > 0)$ だけ縮むように小物体 A, C をともにゆっくりと移動させる。そののち静かに手を離したところ（手を離した時刻を $t = 0$ とする），小物体 A, C は運動を始め，小物体 B は $x_B = 0$ に静止し続けた。この初期条件のもとでは $C_2 \neq 0$, $C_3 = 0$ となり，この運動は対称伸縮振動と呼ばれる。初期位相と振幅を求めると，$\theta_2 = \boxed{(セ)}$, $C_2 = \boxed{(ソ)}$ となる。この対称伸縮振動の様子をあらわすグラフとして適切なものは $\boxed{(タ)}$ である。

ところで，別の条件のもとでは $C_2 = 0$, $C_3 \neq 0$ の振動を実現することができる（このような振動は反対称伸縮振動とよばれる）。重心が常に静止している場合の，この反対称伸縮振動の振動の様子をあらわすグラフとしてあてはま

140 2019 年度 物理　　　　　　　　　　　　東京理科大-理工〈B方式-2月6日〉

るものは　(チ)　である。一般の初期条件の場合，運動は対称伸縮振動と反対称伸縮振動を重ね合わせたものとなる。

　二酸化炭素 CO_2 では，対称伸縮振動と反対称伸縮振動の角振動数が実際に測定されている。炭素 C の原子量を 12，酸素 O の原子量を 16 として，今の装置に基づいて対称伸縮振動と反対称伸縮振動の角振動数の比を計算するとき，その比率は 1：(ツ) である。この計算結果は，実測から得られる振動数の比をよく再現する。

(シ),(ス) の解答群

  ⓪ $\dfrac{k}{m}$ ① $\dfrac{k}{\alpha m}$ ② $\dfrac{2k}{m}$ ③ $\dfrac{2k}{\alpha m}$

  ④ $\dfrac{(\alpha+1)k}{m}$ ⑤ $\dfrac{(\alpha+1)k}{\alpha m}$ ⑥ $\dfrac{(2\alpha+1)k}{m}$ ⑦ $\dfrac{(2\alpha+1)k}{\alpha m}$

(セ) の解答群

  ⓪ 0 ① $\dfrac{\pi}{4}$ ② $\dfrac{\pi}{2}$ ③ $\dfrac{3\pi}{4}$

  ④ π ⑤ $\dfrac{5\pi}{4}$ ⑥ $\dfrac{3\pi}{2}$ ⑦ $\dfrac{7\pi}{4}$

(ソ) の解答群

  ⓪ d ① $L-d$ ② $2L-d$ ③ $L+d$

  ④ $2d$ ⑤ $L-2d$ ⑥ $2L-2d$ ⑦ $L+2d$

(タ) の解答群

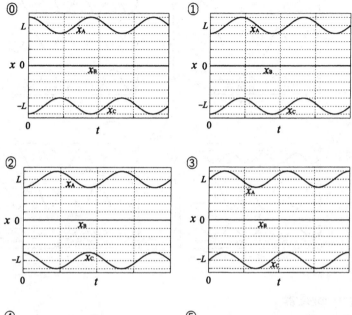

(チ) の解答群

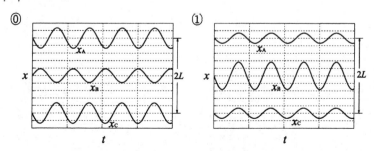

② 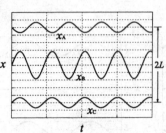 ③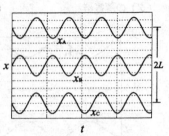

④ 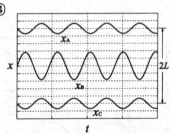 ⑤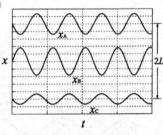

(ツ) の解答群

⓪ $\sqrt{\dfrac{1}{2}}$ ① 1 ② $\sqrt{\dfrac{5}{3}}$ ③ $\sqrt{\dfrac{7}{3}}$ ④ $\sqrt{3}$

⑤ $\sqrt{\dfrac{11}{3}}$ ⑥ 2 ⑦ 3 ⑧ $\dfrac{11}{3}$

2　次の問題の □ の中に入れるべき最も適当なものをそれぞれの**解答群**の中から**選び**，その番号を**解答用マークシート**の指定された欄にマークしなさい。(同じ番号を何回用いてもよい。)　　　　　　　　　　　　　　　(33 点)

以下では，長さ，質量，時間，電流の単位をそれぞれ m, kg, s, A とし，その他の物理量に対してはこれらを組み合わせた単位を使用する。例えば，電気量の単位 C は，電流と時間の単位を組み合わせて 1 C = 1 A·s と表すことができる。

なお，以下の問いは全て真空中にある xy 平面上の点電荷に関する問題であり，重力の影響は無視できるものとする。また，電位の基準は無限遠点にとるものとし，クーロンの法則の比例定数を k とする。

(1) 図 2-1 に示すように，xy 平面上の原点 O に電気量 Q ($Q>0$) の点電荷を固定する。点 A $(a,0)$ ($a>0$) における電場の大きさと電位はそれぞれ (ア)，(イ) である。また，じゅうぶん遠くにある電気量 q ($q>0$) の点電荷に，力を加えゆっくり点 A まで移動させた。この点電荷を移動させる間に，加えた力がした仕事は (ウ) である。

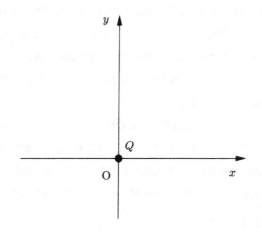

図 2-1

144 2019 年度 物理　　　　　　　　　　東京理科大-理工〈B方式-2月6日〉

(ア), (イ) の解答群

⓪ 0　　　① $k\dfrac{Q}{a}$　　　② $k\dfrac{a}{Q}$　　　③ $2k\dfrac{Q}{a}$　　　④ $k\dfrac{Q}{2a}$

⑤ $k\dfrac{Q}{a^2}$　　　⑥ $k\dfrac{Q^2}{a}$　　　⑦ $k\dfrac{a^2}{Q^2}$　　　⑧ $k\dfrac{Q^2}{a^2}$

(ウ) の解答群

⓪ $k\dfrac{Qq}{a}$　　　① $-k\dfrac{Qq}{a}$　　　② $k\dfrac{a}{Qq}$　　　③ $-k\dfrac{a}{Qq}$

④ $k\dfrac{Qq}{a^2}$　　　⑤ $-k\dfrac{Qq}{a^2}$　　　⑥ $k\dfrac{Q+q}{a}$　　　⑦ $-k\dfrac{Q+q}{a}$

⑧ $k\dfrac{Q+q}{a^2}$　　　⑨ $-k\dfrac{Q+q}{a^2}$

(2) 図 **2-2** に示すように，電気量 Q の 2 個の正の点電荷を点 A $(a,0)$，点 B$(-a,0)$ にそれぞれ固定する $(a>0)$。このとき，原点 O での電場の x 軸方向と y 軸方向の成分は，それぞれ　**(エ)**　，　**(オ)**　である。また原点での電位は　**(カ)**　である。

　この 2 個の点電荷がつくる電場内における，質量 m，電気量 q $(q>0)$ をもつ粒子の運動について考える。以下の問いでは，この粒子が，一直線のレールの上を，なめらかに運動できるものとする。なお，レールは電気を通さない材料でできており，幅を無視することができ，じゅうぶんに長いものとする。また，$|\alpha|$ が 1 に比べてじゅうぶん小さいときに成り立つ近似式 $(1+\alpha)^n \fallingdotseq 1+n\alpha$ (n は実数とする) を使ってよい。

　まず，レールを y 軸上に設置し，この粒子をレール上にある原点 O に置いた。そして，粒子を y 軸の正の方向にわずかにずらして静かに手を離したところ，この 2 個の点電荷がつくる電場から力を受けて，粒子はレール上を動き出した。粒子が原点 O からじゅうぶん離れたところまで到達したとき，粒子の速さは　**(キ)**　となった。

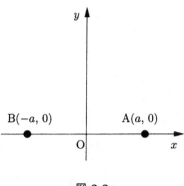

図 2-2

(エ), (オ), (カ) の解答群

⓪ 0　　① $k\dfrac{Q}{a}$　　② $k\dfrac{a}{Q}$　　③ $2k\dfrac{Q}{a}$　　④ $k\dfrac{Q}{2a}$

⑤ $k\dfrac{Q}{a^2}$　　⑥ $k\dfrac{Q^2}{a}$　　⑦ $k\dfrac{a^2}{Q^2}$　　⑧ $k\dfrac{Q^2}{a^2}$

(キ) の解答群

⓪ 0　　① $\sqrt{\dfrac{kQq}{ma}}$　　② $\sqrt{\dfrac{ma}{kQq}}$　　③ $\sqrt{\dfrac{2kQq}{ma}}$

④ $\sqrt{\dfrac{ma}{2kQq}}$　　⑤ $\sqrt{\dfrac{kQq}{2ma}}$　　⑥ $\sqrt{\dfrac{2ma}{kQq}}$　　⑦ $2\sqrt{\dfrac{kQq}{ma}}$

⑧ $2\sqrt{\dfrac{ma}{kQq}}$　　⑨ $\sqrt{\dfrac{2k(Q+q)}{ma}}$

　次に，レールを x 軸上に設置しなおし，同じ粒子をレール上にある原点 O に置いた。そして，粒子を x 軸の正の方向に，a に比べてわずかな距離だけずらして静かに手を離したところ，粒子は x 軸に沿って原点 O に向かって動きだし，レール上で単振動した。この粒子が位置 $(x,0)$ で受ける力の x 成分は　(ク)　であり，粒子の振動の周期は　(ケ)　である。

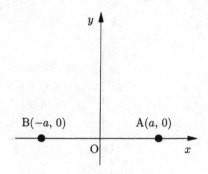

図 2-2 (再掲)

(ク) の解答群

⓪ $-\dfrac{a^3}{kQq}x$　　① $-\dfrac{kQq}{a^3}x$　　② $-\dfrac{2kQq}{a^3}x$　　③ $-\dfrac{4kQq}{a^3}x$

④ $-\dfrac{a^2}{kQq}x$　　⑤ $-\dfrac{kQq}{a^2}x$　　⑥ $-\dfrac{2kQq}{a^2}x$　　⑦ $-\dfrac{4kQq}{a^2}x$

⑧ $-\dfrac{k(Q+q)}{a^2}x$　　⑨ $-\dfrac{k(Q+q)}{a^3}x$

(ケ) の解答群

⓪ $2\pi\sqrt{\dfrac{a^3}{mkQq}}$　　① $2\pi\sqrt{\dfrac{ma^3}{kQq}}$　　② $2\pi\sqrt{\dfrac{ma^3}{2kQq}}$

③ $\pi\sqrt{\dfrac{ma^3}{kQq}}$　　④ $2\pi\sqrt{\dfrac{a^2}{mkQq}}$　　⑤ $2\pi\sqrt{\dfrac{ma^2}{kQq}}$

⑥ $2\pi\sqrt{\dfrac{ma^2}{2kQq}}$　　⑦ $\pi\sqrt{\dfrac{ma^2}{kQq}}$　　⑧ $2\pi\sqrt{\dfrac{ma^2}{k(Q+q)}}$

⑨ $2\pi\sqrt{\dfrac{ma^3}{k(Q+q)}}$

(3) 前問 (2) と同じレールを x 軸に沿った向きに設置した。図 2-3 に示すように，レール上の点 A $(a, 0)$ に電気量 Q の点電荷を，点 B には電気量が未知の点電荷を固定したところ，レール上では点 P_1, P_2 の 2 カ所で電位が 0 となることが分かった。点 P_1 の x 座標が $x = \dfrac{3}{5}a$ であったとすると，点 B に固定した点電荷の電気量は Q を用いて (コ) であり，点 P_2 の x 座標は (サ) である。また，点 P_2 よりも x 軸上の正の方向に，電位が極小となる点 P_3 がある。点 P_3 の x 座標は (シ) で，電位が (ス) である。

次に，レール上の点 A と B に，電気量 Q と (コ) の点電荷をそれぞれ固定した状態で，x 軸の正の向きのじゅうぶん遠くにあるレール上に，質量 m で電気量 q の正の電荷をもつ粒子を静かにおいた。すると，この粒子は x 軸に沿ってレール上を点 A に向かって動き始めた。この粒子が点 A に最も接近したときの x 座標は (セ) である。また，接近するまでの間に，この粒子の速さが最大となる場所の x 座標は (ソ) であり，速さの最大値は (タ) である。

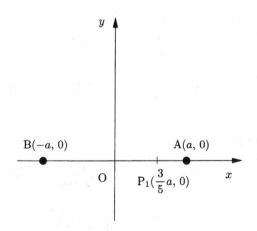

図 2-3

148 2019 年度　物理　　　　　　　　　東京理科大-理工〈B方式-2月6日〉

(コ) の解答群

⓪ Q　　　　　① $-Q$　　　　② $2Q$　　　　③ $-2Q$

④ $4Q$　　　　⑤ $-4Q$　　　⑥ $\dfrac{Q}{2}$　　　⑦ $-\dfrac{Q}{2}$

⑧ $\dfrac{Q}{4}$　　　⑨ $-\dfrac{Q}{4}$

(サ), (シ), (セ), (ソ) の解答群

⓪ $-3a$　　　① $-\dfrac{5}{3}a$　　　② $-a$　　　③ $-\dfrac{3}{5}a$

④ $\dfrac{a}{3}$　　　⑤ $\dfrac{a}{2}$　　　⑥ $\dfrac{3}{5}a$　　　⑦ $2a$

⑧ $3a$　　　⑨ $\dfrac{5}{3}a$

(ス) の解答群

⓪ $k\dfrac{Q}{a}$　　　① $-k\dfrac{Q}{a}$　　　② $2k\dfrac{Q}{a}$　　　③ $-2k\dfrac{Q}{a}$

④ $k\dfrac{Q}{2a}$　　　⑤ $-k\dfrac{Q}{2a}$　　　⑥ $k\dfrac{Q}{a^2}$　　　⑦ $-k\dfrac{Q}{a^2}$

(タ) の解答群

⓪ $2\sqrt{\dfrac{ma}{kQq}}$　　① $\sqrt{\dfrac{2ma}{kQq}}$　　② $\sqrt{\dfrac{ma}{kQq}}$　　③ $2\sqrt{\dfrac{ma^2}{kQq}}$

④ $\sqrt{\dfrac{2ma^2}{kQq}}$　　⑤ $\sqrt{\dfrac{ma^2}{kQq}}$　　⑥ $2\sqrt{\dfrac{kQq}{ma}}$　　⑦ $\sqrt{\dfrac{2kQq}{ma}}$

⑧ $\sqrt{\dfrac{kQq}{ma}}$　　⑨ $\sqrt{\dfrac{kQq}{2ma}}$

3　次の問題の □ の中に入れるべき最も適当なものをそれぞれの**解答群**の中から選び，その番号を**解答用マークシート**の指定された欄にマークしなさい。（同じ番号を何回用いてもよい。）　　　　　　　　　　　　　　　　(33 点)

以下では，長さ，質量，時間，温度，物質量の単位をそれぞれ m，kg，s，K，mol とし，そのほかの物理量に対してはこれらを組み合わせた単位を使用する。

図 3-1 のように，断面積が S のシリンダーと水平方向にだけ動くことができるピストンからなる容器に理想気体が入っており，シリンダーの底とピストンの距離を x で表す。ピストンはなめらかに動き，シリンダーとピストンは断熱材でできている。シリンダー内の気体には，体積の無視できる熱交換器によって，正または負の熱量を与えることができ，気体の圧力や体積を保持したり変化させたりする際には，ピストンを介して気体に外力を加えることができる。なお，この理想気体の定積モル比熱は C_V [J/(mol·K)]，気体定数は R [J/(mol·K)] とする。

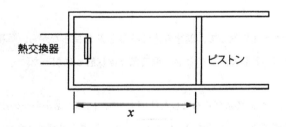

図 3-1

150 2019 年度 物理　　　　　　　　　東京理科大-理工〈B方式-2月6日〉

　最初の状態（これを状態 a と呼ぶ）において，理想気体の圧力が P，シリンダーの底とピストンの距離は $x = L_1$，理想気体の温度は T であった。したがって，理想気体の物質量は　(ア)　である。この状態 a から始めて，次に示す過程1〜4の順に理想気体の状態を変化させた。

　(ア) の解答群

⓪ $\dfrac{PSL_1}{2RT}$　① $\dfrac{PSL_1}{RT}$　② $\dfrac{3PSL_1}{2RT}$　③ $\dfrac{2PSL_1}{RT}$　④ $\dfrac{5PSL_1}{2RT}$

⑤ $\dfrac{RT}{2PSL_1}$　⑥ $\dfrac{RT}{PSL_1}$　⑦ $\dfrac{3RT}{2PSL_1}$　⑧ $\dfrac{2RT}{PSL_1}$　⑨ $\dfrac{5RT}{2PSL_1}$

【過程1】　状態 a に対して，理想気体を断熱的に圧力を $2P$ に増加させた。シリンダーの底とピストンの距離は $x = L_2$ となった。（過程1完了後の状態を状態 b と呼ぶ。）

【過程2】　状態 b に対して，理想気体の圧力を $2P$ に保ちながら，体積を増加させ，$x = L_3$ とした。（過程2完了後の状態を状態 c と呼ぶ。）

【過程3】　状態 c に対して，理想気体を断熱的に圧力を P に減少させた。シリンダーの底とピストンの距離は $x = L_4$ となった。（過程3完了後の状態を状態 d と呼ぶ。）

【過程4】　状態 d に対して，理想気体の圧力を P に保ちながら，体積を変化させ，$x = L_1$ とした。このとき，理想気体は状態 a に戻った。

　過程1の間に理想気体が外部にした仕事を W_1，内部エネルギーの増加を ΔU_1 とすると，両者の大きさの間には，　(イ)　という関係式が成り立つ。また，過程1終了後の状態 b での理想気体の温度は，　(ウ)　であり，$\Delta U_1 =$　(エ)　である。

　過程2終了後の状態 c での理想気体の温度は，　(オ)　であり，過程2の間に理想気体が外部にした仕事を W_2，内部エネルギーの増加を ΔU_2 とすると，$W_2 =$　(カ)　であり，$\Delta U_2 =$　(キ)　である。また，過程2の間に理想気体が吸

東京理科大-理工〈B方式-2月6日〉　　　　　　2019 年度　物理　*151*

収した熱量を Q_2 とすると，　(ク)　の関係が成り立つ。

　過程 3 終了後の状態 d での理想気体の温度は，　(ケ)　であり，過程 3 の間に理想気体が外部にした仕事を W_3 とすると，$W_3 =$ 　(コ)　である。

　過程 4 の間に理想気体が吸収した熱量を Q_4 とすると $Q_4 =$ 　(サ)　である。

(イ)　の解答群

⓪ $|\Delta U_1| > |W_1|$　　　　① $|\Delta U_1| = |W_1|$　　　　② $|\Delta U_1| < |W_1|$

(ウ)　の解答群

⓪ T　　　　① $\dfrac{L_2 T}{2L_1}$　　　　② $\dfrac{L_2 T}{L_1}$　　　　③ $\dfrac{2L_2 T}{L_1}$

④ $\dfrac{L_1 T}{2L_2}$　　　　⑤ $\dfrac{L_1 T}{L_2}$　　　　⑥ $\dfrac{2L_1 T}{L_2}$

(エ)　の解答群

⓪ $PS(L_2 - L_1)$　　　　　　　① $\dfrac{C_V}{R} PS(L_2 - L_1)$

② $\dfrac{(C_V + R)}{R} PS(L_2 - L_1)$　　　　③ $PS(L_2 - 2L_1)$

④ $\dfrac{C_V}{R} PS(L_2 - 2L_1)$　　　　⑤ $\dfrac{(C_V + R)}{R} PS(L_2 - 2L_1)$

⑥ $PS(2L_2 - L_1)$　　　　　　　⑦ $\dfrac{C_V}{R} PS(2L_2 - L_1)$

⑧ $\dfrac{(C_V + R)}{R} PS(2L_2 - L_1)$

(オ)　の解答群

⓪ T　　　　① $\dfrac{L_3 T}{2L_1}$　　　　② $\dfrac{L_3 T}{L_1}$　　　　③ $\dfrac{2L_3 T}{L_1}$

152 2019 年度 物理 東京理科大-理工〈B方式-2月6日〉

④ $\dfrac{L_1 T}{2L_3}$ ⑤ $\dfrac{L_1 T}{L_3}$ ⑥ $\dfrac{2L_1 T}{L_3}$ ⑦ $\dfrac{L_2 T}{2L_3}$

⑧ $\dfrac{L_2 T}{L_3}$ ⑨ $\dfrac{2L_2 T}{L_3}$

（カ）,（キ） の解答群

⓪ $2PS(L_3 - L_2)$ ① $\dfrac{2C_V}{R}PS(L_3 - L_2)$

② $\dfrac{2(C_V + R)}{R}PS(L_3 - L_2)$ ③ $\dfrac{C_V}{R}PS(L_3 - L_2)$

④ $\dfrac{(C_V + R)}{R}PS(L_3 - L_2)$ ⑤ $2PS(L_2 - L_3)$

⑥ $\dfrac{2C_V}{R}PS(L_2 - L_3)$ ⑦ $\dfrac{2(C_V + R)}{R}PS(L_2 - L_3)$

⑧ $\dfrac{C_V}{R}PS(L_2 - L_3)$ ⑨ $\dfrac{(C_V + R)}{R}PS(L_2 - L_3)$

（ク） の解答群

⓪ $Q_2 = W_2 + \Delta U_2$ ① $Q_2 = W_2 - \Delta U_2$ ② $Q_2 = -W_2 + \Delta U_2$

③ $Q_2 = -W_2 - \Delta U_2$

（ケ） の解答群

⓪ T ① $\dfrac{L_4 T}{2L_1}$ ② $\dfrac{L_4 T}{L_1}$ ③ $\dfrac{2L_4 T}{L_1}$

④ $\dfrac{L_1 T}{2L_4}$ ⑤ $\dfrac{L_1 T}{L_4}$ ⑥ $\dfrac{2L_1 T}{L_4}$ ⑦ $\dfrac{L_3 T}{2L_4}$

⑧ $\dfrac{L_3 T}{L_4}$ ⑨ $\dfrac{2L_3 T}{L_4}$

東京理科大-理工〈B方式-2月6日〉　　　　　　　　2019 年度　物理　153

（コ）の解答群

⓪ $PS(L_3 - L_4)$

① $\dfrac{C_V}{R}PS(L_3 - L_4)$

② $\dfrac{(C_V + R)}{R}PS(L_3 - L_4)$

③ $PS(L_3 - 2L_4)$

④ $\dfrac{C_V}{R}PS(L_3 - 2L_4)$

⑤ $\dfrac{(C_V + R)}{R}PS(L_3 - 2L_4)$

⑥ $PS(2L_3 - L_4)$

⑦ $\dfrac{C_V}{R}PS(2L_3 - L_4)$

⑧ $\dfrac{(C_V + R)}{R}PS(2L_3 - L_4)$

（サ）の解答群

⓪ $PS(L_1 - L_4)$

① $\dfrac{C_V}{R}PS(L_1 - L_4)$

② $\dfrac{(C_V + R)}{R}PS(L_1 - L_4)$

③ $PS(L_4 - L_1)$

④ $\dfrac{C_V}{R}PS(L_4 - L_1)$

⑤ $\dfrac{(C_V + R)}{R}PS(L_4 - L_1)$

　さて，以上の過程1～4を順に行うことは，ひとつのサイクルを運転したと考えることができる。このサイクルが外部にした仕事を W，このサイクルの熱効率を η とすると，Q_2，Q_4 の止負を考慮して，$\eta =$ 　（シ）　と表される。また，$W = Q_2 + Q_4 =$ 　（ス）　であるので，熱効率を，L_1, L_2, L_3, L_4 を用いて表すと，$\eta =$ 　（セ）　と表される。

　さらに，過程1，3は断熱過程であるので，それぞれの過程でポアソンの関係が成り立つ。ポアソンの関係とは断熱過程において，気体の圧力を p，体積を V と表したときに，pV^γ という量が変化しないという関係である。（ここで，γ は定圧モル比熱の定積モル比熱に対する比である。）このことを考慮すると，$\dfrac{L_1}{L_2} = \dfrac{L_4}{L_3} = 2^\alpha$ と表すことができて，$\alpha =$ 　（ソ）　である。熱効率は，$\eta = 1 - 2^\beta$ と表すことが

でき，この β は，L_1, L_2, L_3, L_4 を用いずに γ を用いて，$\beta = \boxed{\text{（タ）}}$ と表される。

（シ） の解答群

⓪ $\dfrac{W}{Q_2}$ 　　① $\dfrac{W}{Q_4}$ 　　② $\dfrac{W}{Q_2 + Q_4}$ 　　③ $\dfrac{W}{Q_2 - Q_4}$

④ $-\dfrac{W}{Q_2}$ 　　⑤ $-\dfrac{W}{Q_4}$ 　　⑥ $-\dfrac{W}{Q_2 + Q_4}$ 　　⑦ $-\dfrac{W}{Q_2 - Q_4}$

（ス） の解答群

⓪ $PS(L_1 - 2L_2 + 2L_3 - L_4)$

① $\dfrac{C_V}{R} PS(L_1 - 2L_2 + 2L_3 - L_4)$

② $\dfrac{C_V + R}{R} PS(L_1 - 2L_2 + 2L_3 - L_4)$

③ $PS(-L_1 + 2L_2 - 2L_3 + L_4)$

④ $\dfrac{C_V}{R} PS(-L_1 + 2L_2 - 2L_3 + L_4)$

⑤ $\dfrac{C_V + R}{R} PS(-L_1 + 2L_2 - 2L_3 + L_4)$

⑥ $PS(L_1 - L_2 + L_3 - L_4)$

⑦ $PS(-L_1 + L_2 - L_3 + L_4)$

（セ） の解答群

⓪ $1 - \dfrac{L_4 - L_1}{L_3 - L_2}$ 　　① $1 - \dfrac{L_4 - L_1}{2(L_3 - L_2)}$ 　　② $1 - \dfrac{2(L_4 - L_1)}{L_3 - L_2}$

東京理科大-理工〈B方式-2月6日〉　　　　　　　　2019 年度　物理　155

③　$1 - \dfrac{L_1 - L_4}{L_3 - L_2}$　　　　④　$1 - \dfrac{L_1 - L_4}{2(L_3 - L_2)}$　　　　⑤　$1 - \dfrac{2(L_1 - L_4)}{L_3 - L_2}$

（ソ），（タ）の解答群

⓪　γ　　　　　　①　$\dfrac{1}{\gamma}$　　　　　　②　$-\gamma$　　　　　　③　$-\dfrac{1}{\gamma}$

④　$\dfrac{1 - \gamma}{\gamma}$　　　　⑤　$\dfrac{1 + \gamma}{\gamma}$　　　　⑥　$\dfrac{\gamma}{1 - \gamma}$　　　　⑦　$\dfrac{\gamma}{1 + \gamma}$

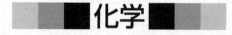

(80分)

各設問の計算に必要ならば下記の数値を用いなさい。

原子量：H 1.0，C 12.0，N 14.0，O 16.0，Na 23.0，Mn 54.9
アボガドロ定数：6.02×10^{23}/mol

1 次の記述の(A)および(B)にあてはまる文をそれぞれ**A欄**および**B欄**より，(ア)～(ク)に最もよくあてはまる語を**C欄**より選び，その番号を**解答用マークシート**にマークしなさい。同じ番号を何回用いてもよい。また，(i)および(ii)にあてはまる数値を有効数字が2桁になるように3桁目を四捨五入して求め，次の形式で**解答用マークシート**にマークしなさい。指数 c が0の場合の符号 p には＋をマークしなさい。
(17点)

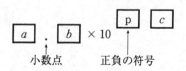

なお，必要ならば下記の数値を用いなさい。
$\sqrt{3} = 1.73$，$(1.42)^2 = 2.02$，$(1.42)^3 = 2.86$，$(1.43)^2 = 2.04$，$(1.43)^3 = 2.92$

(ア) は物質を構成する最小単位の基本粒子といえるが，多くの (ア) は，さらに細かい粒子として (イ) ，(ウ) ，(エ) から構成されている。(ア) を構成する (イ) と (ウ) の数は等しいが，(ア) が (イ) を一つ受け取ると (オ) に変化する。この際に (A) 。

(ア) の質量は，(エ) の数が6である炭素 (ア) の質量を基準とした相対値として表される。炭素の代表的な (カ) に，ダイヤモンド，黒鉛，フラーレンがある。ダイヤモンドは (キ) 結合による結晶であり，常温における密度は 3.51 g/cm³ である。黒鉛の密度は 2.26 g/cm³ であり，炭素 (ア) 同士が (ク) 結合により一辺 0.142 nm の正六角形を基本とする網目状の平面層を形成し(図1(a))，各層が (i) nm の間隔で積み重なった構造をもつ(図1(b), (c))。フラーレンの結晶は，60個の炭素 (ア) からなる球状のフラーレン(C_{60})分子が，分子間力によって一辺 1.43 nm の面心立方格子を構成する分子結晶であり(図2)，密度は (ii) g/cm³ である。つまり，フラーレン結晶の密度は (B) 。

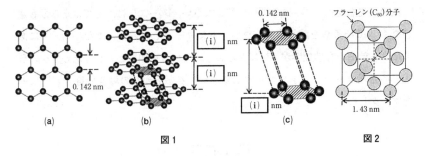

図1　　　　　　　　　　　　　図2

A 欄

1　必要となるエネルギーをイオン化エネルギーという
2　必要となるエネルギーを活性化エネルギーという
3　必要となるエネルギーを電子親和力という
4　必要となるエネルギーを電気陰性度という
5　放出されるエネルギーをイオン化エネルギーという
6　放出されるエネルギーを活性化エネルギーという
7　放出されるエネルギーを電子親和力という
8　放出されるエネルギーを電気陰性度という

B 欄

1　ダイヤモンドおよび黒鉛より小さい

2　ダイヤモンドより小さく，黒鉛とほぼ等しい
3　ダイヤモンドより小さく，黒鉛より大きい
4　ダイヤモンドとほぼ等しく，黒鉛より大きい
5　ダイヤモンドおよび黒鉛より大きい

C　欄

0　イオン　　　　1　共　有　　　2　金　属　　　3　原　子
4　元　素　　　　5　中性子　　　6　電　子　　　7　同位体
8　同族体　　　　9　同素体　　　10　陽　子

2　次の記述を読み，(1)～(3)の問いに答えなさい。(ア)～(エ)には，あてはまる最も適当な1～10の整数を**解答用マークシート**にマークしなさい。また，(i)～(v)にあてはまる数値を有効数字が2桁になるように3桁目を四捨五入して求め，次の形式で**解答用マークシート**にマークしなさい。指数 c が0の場合の符号 p には＋をマークしなさい。
(17点)

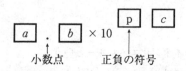

河川の有機化合物による汚染を評価する指標として，化学的酸素要求量 (Chemical Oxygen Demand : COD) がある。COD を求めるには，試料水1Lに存在する有機化合物を過マンガン酸カリウムのような強い酸化剤によって，一定条件の下で酸化させ，次にそのときに消費された酸化剤の量を，酸素 O_2 の質量〔mg〕に換算して表す。河川水の COD を分析するために，過マンガン酸カリウムとシュウ酸ナトリウムを用いて測定することを考え，以下の手順で分析操作を行った。

試料水100 mL を三角フラスコにとり，十分な量の硫酸を加えて酸性にした

後，4.00×10^{-3} mol/L の過マンガン酸カリウム水溶液を 10.0 mL 加えて沸騰水浴中で有機化合物が十分に酸化されるまで加熱した。加熱後は三角フラスコ内の溶液は濃赤紫色を呈した。その後ただちに，1.20×10^{-2} mol/L のシュウ酸ナトリウム $Na_2C_2O_4$ 水溶液 10.0 mL を加えたところ溶液の赤紫色が消えて，無色となった。続いて，三角フラスコ内の溶液を 60 ℃ に保ちながら，過剰に存在しているシュウ酸を 4.00×10^{-3} mol/L の過マンガン酸カリウム水溶液で滴定したところ，5.50 mL を要した。

(1) 硫酸酸性の条件では，過マンガン酸イオンは以下の反応によって酸化剤として働く。

$$MnO_4^- + \boxed{(ア)} H^+ + \boxed{(イ)} e^- \longrightarrow Mn^{2+} + 4H_2O$$

シュウ酸ナトリウムは硫酸酸性下で以下の反応によって還元剤として働く。

$$C_2O_4^{2-} \longrightarrow 2CO_2 + 2e^-$$

過マンガン酸カリウムとシュウ酸ナトリウムを硫酸酸性下で混合すると以下の反応により 1 mol の過マンガン酸カリウムあたり，$\boxed{(i)}$ mol のシュウ酸イオンが酸化される。

$$\boxed{(ウ)} MnO_4^- + \boxed{(イ)} C_2O_4^{2-} + 16H^+$$
$$\longrightarrow 2Mn^{2+} + \boxed{(エ)} CO_2 + \boxed{(ア)} H_2O$$

(2) 本文中に示した実験において，有機化合物以外に過マンガン酸カリウムを消費する物質は試料水中に存在しないとすると，加えた過マンガン酸カリウム水溶液のうち，$\boxed{(ii)}$ mL 相当が試料水中の有機化合物と反応したことになる。したがって，試料水 1 L あたりの有機化合物と反応するのに必要な過マンガン酸カリウムの物質量は $\boxed{(iii)}$ mol となる。

(3) 上記(2)で測定された有機化合物を過マンガン酸カリウムの代わりに，酸素 O_2 を酸化剤として用いて分解したとすると，酸素は以下の反応によって酸化

160 2019 年度　化学　　　　　　　　　　東京理科大-理工〈B方式-2月6日〉

剤として働く。

$$O_2 + 4e^- \longrightarrow 2O^{2-}$$

　したがって，試料水1Lあたりの有機化合物と反応するのに必要な酸素の物質量は　(iv)　molに相当するため，試料水中のCODは　(v)　mg/Lと求まる。

3　次の記述の(ア)～(エ)にあてはまる数値を求めなさい。解答は有効数字が2桁になるように3桁目を四捨五入し，次の形式で**解答用マークシート**にマークしなさい。指数 c が0の場合の符号 p には＋をマークしなさい。　　　　　　(16点)

$$\boxed{a} \cdot \boxed{b} \times 10^{\boxed{p}\ \boxed{c}}$$

　　　　　　↑　　　　　↑　　　↑
　　　　　小数点　　正負の符号

(1)　二酸化炭素，水，ならびにアセチレンの生成熱は，それぞれ以下の式のように表される。

$$C(黒鉛) + O_2(気) = CO_2(気) + 394 \text{ kJ}$$
$$H_2(気) + \frac{1}{2}O_2(気) = H_2O(液) + 286 \text{ kJ}$$
$$2C(黒鉛) + H_2(気) = C_2H_2(気) - 227 \text{ kJ}$$

　　これらの式をもとに，アセチレンの燃焼熱は，　(ア)　kJ/molと計算される。

(2)　一定容積の容器に四酸化二窒素を入れて加熱し，一定温度に保ったところ，一定の割合で解離して二酸化窒素が生成し，圧力 1.0×10^5 Pa で平衡状態に到達した。この時，四酸化二窒素の分圧は 2.5×10^4 Pa であった。この温度における圧平衡定数は　(イ)　Paであり，最初に容器に入れた四酸化二窒

東京理科大-理工〈B方式-2月6日〉　　　　　　　　2019 年度　化学　*161*

素のうち　 (ウ) 　% が解離した。

(3) 2.0 mol/L の過酸化水素水 100 mL に少量の酸化マンガン(Ⅳ)を加えたところ，過酸化水素が分解して，最初の 2 分間に酸素が 4.0×10^{-2} mol 発生した。反応開始から 2 分間の過酸化水素の平均分解速度は　 (エ) 　mol/(L·s) である。ただし，反応中の水溶液の体積は変化しないものとする。

4　次の記述(1)〜(11)を読み，(ア)〜(セ)に最も適当な元素を，周期表を模した**A欄**から選び，**解答用マークシートにマークしなさい**（番号の中の **0** という数字も必ずマークすること）。解答が複数ある設問では，**A欄**の小さい番号から順番に**解答用マークシートにマークしなさい**。なお，同じ番号を何回用いてもよい。

(17 点)

(1) 　 (ア) 　の 2 価イオンは淡桃色を呈し，酸化物は一次電池の正極として用いられる。

(2) ステンレス鋼に含まれる主な金属は，Fe 以外に　 (イ) 　と　 (ウ) 　がある。

(3) 地殻中に最も多く含まれる元素は　 (エ) 　である。

(4) 　 (オ) 　の単体は常温常圧で唯一液体である。

(5) 　 (カ) 　の単体は常温常圧で黄緑色の気体である。

(6) ボーキサイトから得られる　 (キ) 　の単体はジュラルミンの主成分である。

(7) 　 (ク) 　の単体は湿った大気中で緑青とよばれる緑色のさびを生じる。

(8) 　 (ケ) 　の単体は常圧で最も沸点が低い単原子分子である。

(9) 卵の殻や石灰石の主成分は　 (コ) 　と　 (サ) 　と　 (シ) 　からなる化合物である。

(10) 　 (ス) 　の硫化物は無色で腐卵臭の有毒な気体である。

(11) 　 (セ) 　の酸化物は磁気記録材料や赤色顔料に用いられる。

162 2019 年度　化学　　　　　　　　　　東京理科大-理工〈B方式-2月6日〉

A　欄

族＼周期	1	2	3	4	5	6	7	8	9	10	11	12	13	14	15	16	17	18
1	01																	02
2	Li	Be											B	03	04	05	06	07
3	Na	08											09	10	P	11	12	13
4	K	14	Sc	Ti	V	15	16	17	Co	18	19	20	Ga	21	As	Se	22	23

5　次の記述の(ア)～(キ)にあてはまる最も適当な数値を**解答用マークシート**にマークし，(1)，(2)の問いに答えなさい。なお，数値が1桁のときは十の位に0をマークしなさい。

(17点)

また，必要ならば下記の数値を用いなさい。

ベンゼンのモル凝固点降下：5.12 K·kg/mol

　化合物Aは芳香族炭化水素であり，その1モルを完全燃焼するには12モルの酸素を要する。また，化合物Aの 6.00 g を 1.00 kg のベンゼンに溶解した溶液の凝固点はベンゼンの凝固点より 0.256 K 低下することから，化合物Aの分子式はC $_{(ア)}$ H $_{(イ)}$ となる。

　化合物Aを過マンガン酸カリウムにより酸化すると化合物Bが得られる。また，化合物Aと酸素の反応により得られる生成物を分解すると，芳香族化合物である化合物Cが生じる。なお，化合物Cは化合物Bより酸性が弱い。

　(i) 0.1 mol の化合物Bと 0.1 mol のエタノールを混合し，ここに触媒として硫酸を 0.001 mol 加えて，沸騰しないように穏やかに長時間加熱すると平衡に達し，水の生成を伴ってC $_{(ウ)}$ H $_{(エ)}$ O $_{(オ)}$ の分子式を有する化合物Dが生成する。

　化合物Eは化合物Aと同じ分子式を有する芳香族化合物である。化合物Eを

過マンガン酸カリウムにより酸化すると，化合物Bと同じ官能基を2つ有する化合物Fが生成する。化合物Fは分子内の反応により酸無水物を生じる。

化合物Aは鉄を触媒として臭素と反応すると水素原子の1つが臭素原子で置換された化合物Gを生成する。化合物Gとして　(カ)　種類の構造が考えられる。また，この反応で化合物Aに代えて化合物Eを用いたときの生成物には　(キ)　種類の構造が考えられる。

(1) 下線(i)に示した反応において化合物Dの生成量は反応条件(化合物Bやエタノール，硫酸の物質量，加熱の温度や時間，など)に応じて変化する。次の操作①～④のうち化合物Dの生成量が下線(i)の反応のときより多くなるものの組み合わせをA欄から選び，その番号をマークしなさい。なお，番号の中の0という数字も必ずマークすること。また，各操作において①～④に示していない反応条件は下線(i)の反応と同じであるとする。

① 硫酸の物質量を 0.005 mol にする。

② 化合物Bの物質量を 0.5 mol にする。

③ 水を 0.05 mol 加えてから反応させる。

④ エタノールの物質量を 0.5 mol にする。

(2) 次の記述①～④について，正しいものの組み合わせをA欄から選び，その番号をマークしなさい。なお，番号の中の0という数字も必ずマークすること。

① 化合物Aには置換基の構造が異なる異性体がある。

② 化合物Bはアニリンをジアゾ化してから分解しても得られる。

③ 化合物Eは構造が異なる2種類の置換基をもつ。

④ 化合物Fの酸無水物は触媒を用いて高温でナフタレンを酸化しても得られる。

A 欄

01 ①	02 ②	03 ③	04 ④
05 ①，②	06 ①，③	07 ①，④	08 ②，③

164 2019 年度 化学　　　　　　　　　東京理科大-理工〈B方式-2月6日〉

09 ②, ④　　　10 ③, ④　　　11 ①, ②, ③　　12 ①, ②, ④

13 ①, ③, ④　　14 ②, ③, ④　　15 ①, ②, ③, ④

6 次の記述の(1)～(16)にあてはまる最も適当なものをA欄より選び，その番号を**解答用マークシートにマークしなさい**(番号の中の0という数字も必ずマークすること)。必要ならば，同じ番号を何回用いてもよい。なお，複数の解答がある場合は，**A欄**の小さい番号から順番に**解答用マークシートにマークしなさい**。

(16点)

　合成高分子化合物は，合成繊維，合成樹脂(プラスチック)，合成ゴム，機能性高分子化合物等に分類される。重合反応の分類において，合成繊維には複数の合成法がある。例えば，(A)ポリエチレンテレフタラート(PET)，(B)ビニロン，(C)アクリル繊維，(D)ナイロン6，(E)ナイロン66を生成する重合反応は，(A)が　(1)　，(B)が　(2)　，(C)が　(3)　，(D)が　(4)　，(E)が　(5)　である。なお，(B)は重合後，けん化，アセタール化して得られる。次に，合成樹脂は，(F)熱可塑性樹脂と(G)熱硬化性樹脂に分類され，(F)に含まれるものには　(6)　，　(7)　等があり，(G)に含まれるものには　(8)　，　(9)　等がある。また，ゴム弾性をもつ合成高分子化合物は合成ゴムとよばれ，天然ゴムの単量体である　(10)　に似た構造をもつ　(11)　や　(12)　を　(13)　させることで得られる。

　従来の用途をもつ高分子化合物以外に，物理的・化学的な機能を有効に利用できる機能性高分子化合物がある。例えば，白川英樹博士らはヨウ素を加えた(ドープした)ポリアセチレンが　(14)　となることを報告している。また，プリント配線，集積回路，金属の精密加工，三次元(3D)プリンター等に応用されている　(15)　もある。さらに，回収が難しく自然界に廃棄されるおそれのある製品には，　(16)　が使われ始めている。このように，高分子化合物はますます多様化している。

東京理科大-理工〈B方式-2月6日〉　　　　　　　2019 年度　化学　*165*

A　欄

01	縮合重合	02	開環重合	03	付加重合
04	アルキド樹脂	05	塩化ビニル樹脂	06	スチロール樹脂
07	フェノール樹脂	08	1,3-ブタジエン	09	クロロプレン
10	イソプレン	11	スチレン		
12	テトラフルオロエチレン			13	感光性高分子
14	光透過性高分子	15	吸水性高分子	16	導電性高分子
17	生分解性高分子				

166 2019 年度 英語〈解答〉　　　　　　　東京理科大-理工〈B方式-2月6日〉

解答編

英語

(注) 解答につきましては，東京理科大学から提供のあった情報を掲載しております。

1 **解答** (1)— 1　(2)— 1　(3)— 4　(4)— 2　(5)— 2　(6)— 4
　　　　　　 (7)— 3　(8)— 4　(9)— 1
(10) 1 — T　2 — T　3 — F　4 — T　5 — F　6 — F

━━━━━◆全　訳◆━━━━━━━━━━━━━━━━━━

≪人間の脳を模倣した人工知能≫

［1］「人工知能（AI）」という用語が産声を上げたのは，1956 年の夏，ダーツマスで開催された一種の保健会議でのことだった。それ以来，大多数の研究者たちはこう考えている。AI をつくる最良の方法は，論理的推論の規則と，世界に関する十分な知識の両方を配列した包括的なプログラムを書くことだ，と。例えば，英語を日本語に翻訳したい場合には，コンピュータに以下のものをプログラミングすることになる。英文法の規則のすべて，オックスフォード英語大辞典に収録されている定義のすべて，日本語の文法規則のすべて，そして，日本語の辞書に載っているすべての単語。これらすべてを終えて初めて，コンピュータに起点言語の文を入力し，対応する文を対象言語で出力するよう求めることができる。機械に言語のマップを与えるというわけだ。こうした考え方は，認知の定義の基礎が記号論理学にあるので，一般的には「記号的 AI」と呼ばれ，あるいは侮蔑的に「古きよき時代の AI」とも呼ばれる。

［2］　この旧態依然とした手法には 2 つの問題点がある。第 1 の問題点は，人間の側に膨大な時間を要する点である。第 2 の問題点は，これが実際にうまくいくのは，規則や定義が非常に明確な分野のみであるという点だ。例えば，数学やチェスである。しかし，翻訳はこの手法が惨敗する分野の一例である。なぜならば，単語は辞書の定義に還元できないし，言語は規

東京理科大-理工〈B方式-2月6日〉　　2019 年度　英語〈解答〉　*167*

則とほぼ同数の例外を持つ傾向にあるからだ。たいてい，こうしたシステムは，minister of agriculture「農務大臣」を priest of farming「農業神父」と翻訳する傾向にある。それでも，数学やチェスでは，このシステムはとてもうまく機能し，記号的 AI の支持者たちが自明視していたように，数学やチェスは「一般的知能」を最もよく示す活動であった。

［3］　しかし，このシステムができることには限界があった。1980 年代に，カーネギーメロン大学のロボット工学研究者たちが指摘したように，コンピュータに大人がやることをやらせるのは簡単だが，1 歳児にもできることをやらせるのは，例えば，ボールを持たせたり，猫を見分けさせたりするのは，ほとんど不可能に近かった。1990 年代までには，コンピュータチェスは進展したものの，人類は依然として，一般的人工知能には全く近づいていなかった。

［4］　記号的 AI に対する反対意見，つまり，もう一つの AI ビジョンが昔から存在している。それは，コンピュータが天下り式に規則から学ぶのではなく，データからゼロから学ぶというものである。この考え方は 1940 年代初期にさかのぼる。当時，研究者たちは，柔軟な人工知能に最適なモデルは脳自体だということに気づいていた。結局のところ，脳とは，ニューロンと呼ばれる訳のわからないものの集合体にすぎず，ニューロンは，隣のニューロンに電荷を伝達するかしないかのいずれかである。ここで重要なのは，個々のニューロン自体ではなく，ニューロン同士の間の多数の結合である。この構造が，その単純性ゆえに，脳に多数の適応上の利点を与えている。脳は，情報が不足，あるいは欠落している状況でも作動できる。脳は，完全に制御不能になることはなく，重大な損傷に耐えられる。脳は，非常に能率的に大量の情報を貯蔵できる。そして，脳は，明確なパターンを分別しつつも，曖昧さを処理するのに必要な乱雑さを維持できる。

［5］　この脳の構造の模倣を電子媒体で試みない理由はなく，1943 年には，単純な〈人工〉ニューロンを並べることで，基本的な論理関数が実行できることが示された。さらに，〈人工〉ニューロンは，少なくとも理論上は，人間の学習法を学習できる。人生経験とともに，特定の人間の試行錯誤次第で，ニューロンのペア同士のシナプス結合は強くも弱くもなる。人工の神経回路網も，これと似たことができる。人間の支援の下に試行錯

誤を行い，人工ニューロン間の数的関係を徐々に変えるのだ。人工の神経回路網は，決まったルールを事前にプログラミングされている必要はなく，その代わりに，吸収したデータのパターンを反映して，自分で配線を変えるのだ。

［6］　人工知能に対するこの態度は，天地創造説的というよりも進化論的であった。柔軟なメカニズムがほしいならば，そのメカニズムを環境に適応させればよい。環境に適応できるものがほしいなら，チェスのルールを教え込むことから始めたくはない。非常に基本的な能力，すなわち，知覚と運動制御から始めればよいのだ。そして，高度な技術が有機的に発生するのを待てばよい。人間は，辞書や文法書の暗記によらずして第一言語を理解するようになる。それならば，コンピュータにも同じことを期待してみてはどうだろうか？

━━━━━━━━◀解　説▶━━━━━━━━

(1) 1 が正解。feed the computer「コンピュータにデータを入力する」　1つ目の it の直前の feed は第 4 文型（a sentence in a source language がデータに相当する）。

(2) 1．「言語は定義と規則のみでは捉えられないから」
　2．「言語は例外のみで表現できるから」
　3．「規則は例外よりも多いから」
　4．「辞書の定義は信頼できないから」
1 が正解。be reduced to ～「～に還元する」と be captured solely by ～「～のみで捉えられる」はほぼ同義。

(3) 4 が正解。「数学やチェスよりうまく『一般的知能』を示す活動はない」no activities signaled A better than B ≒ no activities demonstrate A as well as B「B よりうまく〔B 以上に〕A を示す活動はない」＝「A を最もよく示す活動は B だ」　最上級相当表現。

(4) 1．「人類は一般的人工知能から遠くなかった」
　2．「人類は一般的人工知能の開発からははるかに遠かった」
　3．「人類は一般的人工知能を見逃してはいなかった」
　4．「人類は一般的知能をほぼ模倣していた」
2 が正解。下線部(4)は be close to ～「～に近い」を not remotely「全く～ない」（＝not at all）で否定している。同様の否定表現は，2 の far

東京理科大-理工〈B方式-2月6日〉　　2019 年度　英語〈解答〉　*169*

from ～「～からはほど遠い」=「全く～でない」である。

(5) 2 が正解。from the ground up = from (5-a)，from the top down = from (5-b) という関係である。トップダウンは「上からすでに決められたものを与えられる」ことであり，日本語でも「天下り式に」などと言う。したがって，(5-b) には rules「規則」が入る。

(6) 1 .「脳は，多様なパターンを除去しながら，明瞭なものを処理するために乱雑な情報を無視できる」

2 .「脳は，明確なパターンを分別しつつも，明瞭なものを処理するために乱雑な情報を保持できる」

3 .「脳は，多様なパターンを除去しながら，不明瞭なものを処理するために乱雑な情報を無視できる」

4 .「脳は，明確なパターンを分別しつつも，不明瞭なものを処理するために乱雑な情報を保持できる」

4 が正解。isolate = separate，distinct patterns = clear patterns，retain = keep，ambiguity = something unclear という関係である。

(7) 3 が正解。「フィードバックに基づき人工ニューロン間の関係を表している数字を徐々に変えることによって」

the numerical relationships = the (7-a) that represent relations の関係で，numerical は number の形容詞なので (7-a) には numbers が入る。on a guided trial-and-error basis = based on (7-b) の関係で，trial-and-error「試行錯誤」に関連するのは，inspiration「ひらめき」ではなく feedback「フィードバック」。

(8) 1 .「人間自身の経験の分析を目指す手法」

2 .「人工ニューロンのはたらき方の説明を目指す手法」

3 .「人間の習慣の教育を目指す手法」

4 .「人間の脳の模倣を目指す手法」

4 が正解。［5］第 1 文（There was no …）に mimic this structure とあり，this structure が受けるものは，［4］第 2 文（This notion dates …）に the brain itself とある。

(9) 1 .「ボールを見つけて，つかむ」　2 .「数学の問題を解く」　3 .「世界に関する知識を蓄える」　4 .「英語を日本語に翻訳する」

1 が正解。sensory perception「知覚」が finding a ball，motor control

170 2019 年度　英語〈解答〉　　　　　　　東京理科大-理工〈B方式-2月6日〉

「運動制御」が holding it に対応する。類似の例が［3］第2文（In the 1980s, …）にも挙げられている。

⑽1．「記号的 AI の手法は，文法規則と辞書の定義を使って機械翻訳を行う」［1］第2文（If you wanted …）と同最終文（This perspective is …）に一致。

2．「記号的 AI の手法は，人間による入力なしには実現できないが，人間による入力にはとてつもなく長い時間がかかる」［2］第2文（The first is …）に一致。

3．「1990 年まで，記号的 AI ができない物事に関して言及した人はいなかった」［3］第2文（In the 1980s, …）に矛盾。

4．「ある研究チームは，AI を人間の脳にいくらか似せるのは名案だと考えた」［4］第2文（This notion dates …）に一致。

5．「人工ニューロンは原理上，人間の脳と同様の方法で学習可能だった。なぜならば，高度な論理関数の計算ができたからだ」［5］第1文（There was no …）に矛盾。advanced「高度な」ではなく，basic「基本的な」である。

6．「筆者の考えでは，人間のように学習するコンピュータを作るのは絶対に不可能である」［6］最終文（Humans don't learn …）に矛盾。

2 解答

(1)1→7→4→5→6→3→2
(2)5→2→6→4→1→3
(3)4→6→2→7→3→1→5
(4)6→4→2→5→7→3→1

◀解　説▶

(1) Given the uncertainty of the global economy (, the investor) was not left (with many options.)「世界経済の不確実さを考慮すると，その投資家には多くの選択肢は残されていなかった」

given は「～を考慮すると」（＝considering）の意。leave A with B「A に B（可能性など）を残す」の受動態。

(2) What do you think accounts for (this) movement (toward non-smoking environments?)「禁煙環境に向けてのこの動きの原因は何だと思いますか？」

東京理科大-理工〈B方式-2月6日〉　　2019年度　英語〈解答〉　*171*

A account for *B*「*A* の結果，*B* となる」　do you think と疑問詞を同時に使う疑問文の場合，疑問詞が文頭にくる。

⑶ If the birthrate continues to decline as in (past decades, we need to be prepared for a super-aging society.)「過去数十年間と同様に出生率の低下が続けば，我々は超高齢社会に備えておく必要がある」

continue to *do*「〜し続ける」　as in 〜「〜におけるのと同様に」

⑷ The students' union has been negotiating with (the university) for an improvement (of their study rooms.)「学生自治会は自習室の改善に向けて大学と交渉中である」

negotiate with *A* for *B*「*B* のために *A* と交渉する」　現在完了進行形。

3　解答　1－F　2－T　3－F　4－F　5－F　6－T　7－F　8－F

◆━━━━◆全　訳◆━━━━◆

≪インターンシップに関する大学生と教授のメール≫

宛先：ジョン＝ウィリアムズ〈williams@castlerock.edu〉

差出人：タナカケイタ〈rikadaisei_tanaka@ed.rikadai.ac.jp〉

件名：今年の夏のインターンシップ

日付：2018 年 5 月 25 日

本文：

ウィリアムズ教授，

　タナカケイタと申します。私は東京理科大学の学生で，情報科学を専攻しています。先月，科学技術の国際会議で教授とお会いしました。教授の講演は大変楽しく，非常に刺激的で，また，私の研究分野とも関連するものでした。

　覚えていてくださるとよいのですが，教授から私のポスター発表に関する手短なコメントを頂きました。そのときに，今年の夏に 1 カ月間，教授の研究室で働くことができるかもしれないと，おっしゃいました。このお仕事はまだ募集中でしょうか？　もし募集中でしたら，8 月は教授のご予定と合いますでしょうか？　7 月末にキャッスルロック大学での「人間とコンピュータの相互作用に関する年次大会」でポスター発表を行う予定があり，大会直後からインターンシップを始められないものかと思っており

172 2019 年度　英語〈解答〉　　　　　　東京理科大-理工〈B方式-2月6日〉

ます。

　御返事頂ければ幸いです。

敬具

ケイタ

宛先：タナカケイタ〈rikadaisei_tanaka@ed.rikadai.ac.jp〉

差出人：ジョン＝ウィリアムズ〈williams@castlerock.edu〉

件名：Re：今年の夏のインターンシップ

日付：2018 年 5 月 30 日

本文：

ケイタくんへ,

　メールをありがとう。私の講演に興味を持ってくれたと聞いて，うれしく思います。会議であなたとお話しできてよかったです。

　私の研究室のインターンシップに関する質問に関してですが，この夏は2名募集中です。グラフィカル・ユーザー・インターフェースのシステムの経験を得ることに関心のある学生にとっては，最適の仕事です。開始は8月初旬です。出願するには，履歴書と指導教官からの推薦状1通を研究室のメールアドレス jwlab@castlerock.edu に送る必要があります。締め切りは 6 月 10 日です。

　残念ながら，渡航費・宿泊費は出ません。ですので，本学で開催予定の「人間とコンピュータの相互作用に関する年次大会」の学生渡航費助成金申請をするとよいでしょう。ただし，助成金の対象は渡航費のみです。

　インターンシップの出願の詳細がさらに必要な場合には，運営スタッフのヘレン＝パーカーにメールしてください。メールアドレスは上記の研究室のものと同じです。出願締め切りが迫っています（6 月 10 日）。インターンシップの合否に関しては 6 月末までにお知らせします。

それでは,

ジョン

■━━━━━━◀解　説▶━━━━━━■

1．「ケイタとウィリアムズ教授は 2018 年 5 月に会った」　ケイタのメール第1段第3文（We met last …）に矛盾。5月付けのメールで「先月」とあるので，会ったのは 4 月。

東京理科大-理工〈B方式-2月6日〉 2019 年度　英語〈解答〉　*173*

2．「ケイタはインターンシップの合否にかかわらず，今年の夏はキャッスルロック大学に行く可能性が高い」　ケイタのメール第2段最終文（I will have …）に一致。

3．「インターンシップに出願するためには，ケイタは指導教官に推薦状1通を書いてもらうように6月末までに頼む必要がある」　ウィリアムズ教授のメール第2段最終文（The due date …）や第4段第3文（The application deadline …）に矛盾。締め切りは6月10日。

4．「ウィリアムズ教授は，大会の学生渡航費助成金を得ることをケイタに勧めてはいない」　ウィリアムズ教授のメール第3段第2文（So, you might …）に矛盾。

5．「大会の学生渡航費助成金は大会参加費を支払う」　ウィリアムズ教授のメール第3段最終文（However, the grant …）に矛盾。

6．「ケイタが履歴書の書式を知りたければ，ヘレン＝パーカーにメールすべきである」　ウィリアムズ教授のメール第4段第1文（If you need …）に一致。

7．「ケイタは履歴書と推薦状をウィリアムズ教授の個人用メールアドレスに送る必要がある」　ウィリアムズ教授のメール第2段第4文（To apply, you …）に矛盾。教授の個人用アドレス（williams@castlerock.edu）と研究室のアドレス（jwlab@castlerock.edu）は別である。

8．「ケイタはウィリアムズ教授の研究室で働けるかどうかに関して，7月上旬に知らされるだろう」　ウィリアムズ教授のメール第4段最終文（We will let …）に矛盾。6月末までに通知がある。

◆❖講　評

　大問3題の出題。読解問題2題，文法・語彙問題1題で，全問マークシート法である。

　①の読解問題では，730語ほどの論説文が出題された。近年の大学入試で頻出のAI（Artificial Intelligence：人工知能）をめぐる内容で，専門用語もかなり多い（feed the computer「コンピュータにデータを入力する」，source language「起点言語」，target language「対象言語」，symbolic logic「記号論理学」，from the top down「トップダウンで，天下り式に」，electrical charge「電荷」，logical functions「論理

関数」，synaptic connections「シナプス結合」，neural network「神経回路網」，rewire「配線し直す」など）。設問もすべて英文であり，問題文とほぼ同量の設問文も読まなくてはならない。ほとんどの設問が問題文の正しい言い換えの選択を求めるもので，結局は単熟語・構文の正確な理解が求められている。

②の文法・語彙問題は，語句整序4問。(3)が手強く，As if the birth-rate continues to decline in (past decades, …) という並べ方が浮かびがちだが，as if 節は文頭には来ないことを踏まえて軌道修正したい。他は標準的。

③は，a student of Tokyo University of Science「東京理科大学の学生」と海外の大学教授のメールのやりとりに基づく読解問題。実務的な文章を利用した長文問題で，センター試験や TOEIC にも類題がある（2019年度2月3日実施分でも同傾向）。大学以降での研究生活を踏まえた語彙が豊富で，internship「就業体験」，international conference「国際会議」，poster presentation「ポスター発表」，lab「研究室」，Annual Conference「年次大会」，curriculum vitae「履歴書」（＝CV／resume），a recommendation letter from *one's* advisor「指導教官からの推薦状」，student travel grant「学生渡航費助成金」などが出ている。

東京理科大-理工〈B方式-2月6日〉　　　　　　　　　　2019 年度　数学〈解答〉　*175*

数学

（注）解答につきましては，東京理科大学から提供のあった情報を掲載しております。

1 解答 (1)ア. 1　イ. 1　ウ. 8　エ. 5　オ. 1　カ. 4　キ. 3　クケ. 11　コ. 3　サ. 2　シ. 3　ス. 5　セ. 3
(2)(a)ソ. 6　タチ. 45　ツ. 2　テ. 2　ト. 2　ナ. 4　ニ. 2　ヌ. 4　ネノ. 34　ハ. 2
(b)ヒ. 1　フ. 6　ヘ. 0　ホ. 2　マ. 3　ミム. 11　メ. 6　モヤ. 10　ユヨ. 31
(3)ラ. 6　リル. 12　レロ. 63

◀解　説▶

≪小問3問≫

(1)　媒介変数表示の曲線

$$C : \begin{cases} x = 1 + \cos t \\ y = -1 + 2\sqrt{2} \sin t \end{cases} \quad (0 \leq t \leq 2\pi)$$

より

$$\begin{cases} \cos t = x - 1 \\ \sin t = \dfrac{y+1}{2\sqrt{2}} \end{cases} \quad (0 \leq t \leq 2\pi)$$

$\cos^2 t + \sin^2 t = 1$ より

$$C : (x-1)^2 + \frac{(y+1)^2}{8} = 1 \quad \cdots\cdots ①$$

（→ア～ウ）

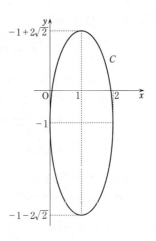

曲線 C と直線 $l : y = x + k$ ……② が接する条件を求める。

①，②より

$$8(x-1)^2 + (x+k+1)^2 = 8$$

$$9x^2 + 2(k-7)x + (k+1)^2 = 0 \quad \cdots\cdots ③$$

$$D=(k-7)^2-9(k+1)^2=0$$
$$\{(k-7)+3(k+1)\}\{(k-7)-3(k+1)\}=0$$
$$(k-1)(k+5)=0$$
$$k=-5,\ 1 \quad (\to エ・オ)$$

$k=-5$ のとき，接点の x 座標は③の重解だから

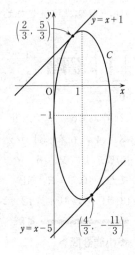

$$x=-\frac{k-7}{9}=\frac{4}{3}$$
$$y=x+k=\frac{4}{3}-5=-\frac{11}{3}$$

ゆえに，接点の座標は

$$\left(\frac{4}{3},\ -\frac{11}{3}\right) \quad (\to カ \sim コ)$$

$k=1$ のとき，接点の x 座標は③の重解だから

$$x=-\frac{k-7}{9}=\frac{2}{3}$$
$$y=x+k=\frac{2}{3}+1=\frac{5}{3}$$

ゆえに，接点の座標は

$$\left(\frac{2}{3},\ \frac{5}{3}\right) \quad (\to サ \sim セ)$$

(2) $f(x)=x^3+3ax^2+bx+1-a^2$

(a) 整式 $f(x)$ が $x-2$ で割り切れるとき

$$f(2)=8+12a+2b+1-a^2=0$$
$$b=\frac{1}{2}(a^2-12a-9)=\frac{1}{2}(a-6)^2-\frac{45}{2}$$

ゆえに，整式 $f(x)$ が $x-2$ で割り切れるとき，実数の組 $(a,\ b)$ のうち，b の値が最小になるのは

$$(a,\ b)=\left(6,\ -\frac{45}{2}\right) \quad \cdots\cdots ① \quad (\to ソ \sim ツ)$$

偶関数の定積分の性質および部分積分法より

$$\int_{-1}^{1}x^2e^{|x|}dx=2\int_{0}^{1}x^2e^x dx \quad (\to テ)$$
$$=2\left\{\left[x^2e^x\right]_0^1-\int_0^1(2x)e^x dx\right\}$$

東京理科大-理工〈B方式-2月6日〉　　　　　2019 年度　数学〈解答〉　**177**

$$= 2e - 4\int_0^1 xe^x dx \quad (\rightarrow \text{ト・ナ})$$

$$= 2e - 4\left\{\left[xe^x\right]_0^1 - \int_0^1 e^x dx\right\}$$

$$= 2e - 4\left\{\left[xe^x\right]_0^1 - \left[e^x\right]_0^1\right\}$$

$$= 2e - 4 \quad \cdots\cdots ② \quad (\rightarrow \text{ニ・ヌ})$$

①，②より

$$\int_{-1}^1 f(x) e^{|x|} dx$$

$$= 3a\int_{-1}^1 x^2 e^{|x|} dx + (1-a^2) \int_{-1}^1 e^{|x|} dx$$

$$= 6a(e-2) + 2(1-a^2)(e-1)$$

$$= 2(3ae - 6a + e - 1 - a^2 e + a^2)$$

$$= 2\{(a^2 - 6a - 1) - (a^2 - 3a - 1) e\}$$

$$= -2(17e + 1) = -34e - 2 \quad (\rightarrow \text{ネ〜ハ})$$

(b)　　$f'(x) = 3x^2 + 6ax + b$

数列 $\{x_n\}$ は $x_1 = 1$ で，$n \geqq 2$ のとき

$$x_n = \begin{cases} \dfrac{f'(x_{n-1})}{x_{n-1}} & (x_{n-1} \neq 0) \\ 1 & (x_{n-1} = 0) \end{cases}$$

をみたす。

$x_1 = 1 \neq 0$ より

$$x_2 = \frac{f'(x_1)}{x_1} = f'(1) = 6a + b + 3 \quad \cdots\cdots ③$$

$x_2 = 2$ のとき，$x_2 \neq 0$ より

$$x_3 = \frac{f'(x_2)}{x_2} = \frac{f'(2)}{2} = \frac{1}{2}(12 + 12a + b) \quad \cdots\cdots ④$$

$(x_2, x_3) = (2, 5)$ のとき，③，④より

$$\begin{cases} 6a + b + 3 = 2 & \cdots\cdots ⑤ \\ \dfrac{1}{2}(12 + 12a + b) = 5 & \cdots\cdots ⑥ \end{cases}$$

⑤，⑥より

$$(a, b) = \left(-\frac{1}{6}, 0\right) \quad (\rightarrow \text{ヒ〜ヘ})$$

$x_n \geqq 1$ であることを数学的帰納法で示す。

$x_1 = 1$ のとき成立。$x_k \geqq 1$ とすると

$$x_{k+1} = \frac{f'(x_k)}{x_k} = 3x_k - 1 \geqq 1$$

よって，$n = k+1$ のときも成立するので，数学的帰納法により

$$x_n \geqq 1$$

ゆえに，$\{x_n\}$ は

$$x_{n+1} = 3x_n - 1 \quad \cdots\cdots ⑦$$

をみたす。

⑦ より

$$x_{n+1} - \alpha = 3(x_n - \alpha) \quad \cdots\cdots ⑦'$$
$$x_{n+1} = 3x_n - 2\alpha \quad \cdots\cdots ⑦''$$

⑦，⑦'' より $\qquad \alpha = \dfrac{1}{2}$

$\{x_{n+1} - \alpha\}$ は公比 3 の等比数列である。$x_1 = 1$ より

$$x_n - \alpha = 3^{n-1}(x_1 - \alpha)$$

$$x_n = \frac{1}{2}(3^{n-1} + 1) = \frac{3^n}{6} + \frac{1}{2}$$

$$\sum_{n=1}^{\infty} \frac{x_n}{4^n} = \frac{1}{6} \sum_{n=1}^{\infty} \left(\frac{3}{4}\right)^n + \frac{1}{2} \sum_{n=1}^{\infty} \left(\frac{1}{4}\right)^n$$

$$= \frac{1}{6} \cdot \frac{\dfrac{3}{4}}{1 - \dfrac{3}{4}} + \frac{1}{2} \cdot \frac{\dfrac{1}{4}}{1 - \dfrac{1}{4}}$$

$$= \frac{1}{2} + \frac{1}{6} = \frac{2}{3} \quad (\rightarrow \text{ホ・マ})$$

$(x_2,\ x_3) = (2,\ 0)$ のとき，③，④ より

$$\begin{cases} 6a + b + 3 = 2 & \cdots\cdots ⑤ \\ \dfrac{1}{2}(12 + 12a + b) = 0 & \cdots\cdots ⑧ \end{cases}$$

⑤，⑧ より

$$(a,\ b) = \left(-\frac{11}{6},\ 10\right) \quad (\rightarrow \text{ミ} \sim \text{ヤ})$$

東京理科大-理工〈B方式-2月6日〉　　　2019 年度　数学〈解答〉　*179*

このとき

$$f'(x) = 3x^2 - 11x + 10 = (x-2)(3x-5) \quad \cdots\cdots ⑨$$

⑨，$x_3 = 0$ および $\{x_n\}$ の定義より

$$x_4 = 1$$

$$x_5 = \frac{f'(x_4)}{x_4} = f'(1) = 2$$

$$x_6 = \frac{f'(x_5)}{x_5} = \frac{f'(2)}{2} = 0$$

以下同様に

$$(x_{3k-2},\ x_{3k-1},\ x_{3k}) = (1,\ 2,\ 0) \quad (k = 1,\ 2,\ 3,\ \cdots)$$

$\{x_n\}$ は $\{1,\ 2,\ 0\}$ を周期部分列とする周期 3 の周期数列である。

$$\sum_{n=1}^{31} x_n = \sum_{k=1}^{10} (x_{3k-2} + x_{3k-1} + x_{3k}) + x_{31}$$

$$= \sum_{k=1}^{10} (1 + 2 + 0) + 1 = 31 \quad (\to \text{ユヨ})$$

(3)　p が素数のとき，p^5 の正の約数は

$$1,\ p,\ p^2,\ p^3,\ p^4,\ p^5$$

の 6 個である。　（→ラ）

　条件(*)：正の約数をちょうど 6 個もつ

条件(*)を満たす最小の自然数は　　$2^2 \cdot 3^1 = 12$　（→リル）

条件(*)を満たす正の奇数は，p^5（p：3 以上の素数）または

$$p^2 q \quad (p,\ q \text{ は 3 以上の素数で，} p \neq q \text{ をみたす}) \quad \cdots\cdots (**)$$

実際，$p^2 q$ の正の約数は

$$1,\ p,\ p^2,\ q,\ pq,\ p^2 q$$

の 6 個である。($**$)の形の正の奇数は

$$\{3^2 \times 5,\ 3^2 \times 7,\ 3 \times 5^2,\ 3^2 \times 11,\ \cdots\} = \{45,\ 63,\ 75,\ 99,\ \cdots\}$$

また，p^5 の形の正の奇数は

$$\{3^5,\ 5^5,\ 7^5,\ \cdots\} = \{243,\ 3125,\ 16807,\ \cdots\}$$

ゆえに，条件(*)を満たす正の奇数で 2 番目に小さい整数は

$$63 \quad (\to \text{レロ})$$

参考　条件(*)を満たす 100 未満の正の奇数（高々 2 桁の奇数）は 45, 63, 75, 99 の 4 個のみである。

180 2019 年度　数学〈解答〉　　　　　　　　　　東京理科大-理工〈B方式-2月6日〉

② 解答

(1) $\overrightarrow{OP} = -u\vec{a} + t(1+u)\vec{b}$

$\overrightarrow{OQ} = s(1+u)\vec{a} - u\vec{b}$

(2) $u = \dfrac{\sqrt{st}}{1-\sqrt{st}}$　(3) $k = \dfrac{1}{7}(\sin\theta - \cos\theta) + \dfrac{2}{7}$　(4) $\dfrac{1}{7} < k \leqq \dfrac{2+\sqrt{2}}{7}$

※計算過程の詳細については省略。

━━━━━━━━━◀解　説▶━━━━━━━━━

≪線分の内分点・外分点，3点が同一直線上にあるための条件≫

　　$0 < s < 1,\ 0 < t < 1,\ u > 0$

(1)　△OAB において，$\overrightarrow{OA} = \vec{a}$, $\overrightarrow{OB} = \vec{b}$ とおく。

辺 OA を $s : (1-s)$ に内分する点がMだから

　　$\vec{m} = \overrightarrow{OM} = s\vec{a}$

辺 OB を $t : (1-t)$ に内分する点がNだから

　　$\vec{n} = \overrightarrow{ON} = t\vec{b}$

線分 AN を $(1+u) : u$ に外分する点がPだから

　　$\vec{p} = \overrightarrow{OP} = \dfrac{-u\vec{a} + (1+u)\vec{n}}{(1+u) - u}$

　　　　$= -u\vec{a} + (1+u)t\vec{b}$　……①　……(答)

線分 BM を $(1+u) : u$ に外分する点がQだから

　　$\vec{q} = \overrightarrow{OQ} = \dfrac{-u\vec{b} + (1+u)\vec{m}}{(1+u) - u}$

　　　　$= -u\vec{b} + (1+u)s\vec{a}$　……②　……(答)

(2)　3点O，P，Qが同一直線上にあるのは，c を実数として

　　$\vec{q} = c\vec{p}$　……③

が成り立つときである。①，②，③より

　　$-u\vec{b} + (1+u)s\vec{a} = c\{-u\vec{a} + (1+u)t\vec{b}\}$

　　$\{(1+u)s + cu\}\vec{a} - \{(1+u)ct + u\}\vec{b} = \vec{0}$

$\vec{a}$, $\vec{b}$ は1次独立なので

　　$\begin{cases} (1+u)s + cu = 0 & \cdots\cdots③' \\ (1+u)ct + u = 0 & \cdots\cdots③'' \end{cases}$

③''$\times u -$③'$\times(1+u)t$ より，c を消去して

　　$u^2 - (1+u)^2 st = 0$

$(1-st)u^2 - 2stu - st = 0$ ……④

$0 < s < 1$，$0 < t < 1$ より　　$0 < st < 1$

④および $u > 0$ より

$$u = \frac{st + \sqrt{(st)^2 + (1-st)st}}{1-st}$$

$$= \frac{st + \sqrt{st}}{1-st} = \frac{\sqrt{st}(\sqrt{st}+1)}{(1-\sqrt{st})(1+\sqrt{st})}$$

$$= \frac{\sqrt{st}}{1-\sqrt{st}} \quad (0 < st < 1) \quad \cdots\cdots ⑤ \quad \cdots\cdots (答)$$

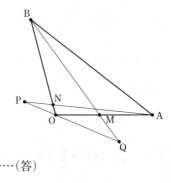

(3)　A$(1, 0)$，B$(\cos\theta, \sin\theta)$　$(0<\theta<\pi)$，$s = \frac{4}{9}$，$t = \frac{1}{9}$　……⑥

3点O，P，Qが同一直線上にあるから，⑤より

$$u = \frac{\frac{2}{9}}{1-\frac{2}{9}} = \frac{2}{7} \quad \cdots\cdots ⑥'$$

①，⑥，⑥' より

$$\vec{p} = -u\vec{a} + (1+u)t\vec{b}$$

$$= -\frac{2}{7}\vec{a} + \frac{1}{7}\vec{b}$$

$$= -\frac{2}{7}(1, 0) + \frac{1}{7}(\cos\theta, \sin\theta)$$

$$= \left(\frac{1}{7}\cos\theta - \frac{2}{7}, \frac{1}{7}\sin\theta\right) \quad \cdots\cdots ⑦$$

直線 $y = x + k$　……⑧　が点Pを通るから，⑦，⑧より

$$\frac{1}{7}\sin\theta = \frac{1}{7}\cos\theta - \frac{2}{7} + k$$

∴　$k = \frac{1}{7}(\sin\theta - \cos\theta) + \frac{2}{7}$　……⑨　……(答)

(4)　$k = f(\theta)$ とおくと，⑨より

$$f(\theta) = \frac{\sqrt{2}}{7}\sin\left(\theta - \frac{\pi}{4}\right) + \frac{2}{7} \quad \cdots\cdots ⑨'$$

$0 < \theta < \pi$ より

$$-\frac{\pi}{4} < \theta - \frac{\pi}{4} < \frac{3\pi}{4}$$

⑨′ より，$\theta - \frac{\pi}{4} = \frac{\pi}{2}$ のとき，$f(\theta)$ の最大値は

$$f\left(\frac{3\pi}{4}\right) = \frac{2+\sqrt{2}}{7}$$

$f(0) = \frac{1}{7}$, $f(\pi) = \frac{3}{7}$ より

$$\frac{1}{7} < k \leqq \frac{2+\sqrt{2}}{7} \quad \cdots\cdots(答)$$

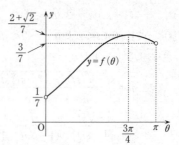

3　解答　(1) $l : y = \frac{t^3}{2}x + t^{-2} - \frac{1}{2}t^4 \quad q = t - 2t^{-5}$

(2) $t_1 = 2^{\frac{1}{6}}$　(3) $A(t) = 2 - t^{-1} - t^{-7}$　(4) $\lim_{t \to \infty} A(t) = 2$

※計算過程の詳細については省略。

◀解　説▶

≪曲線の法線，面積，極限値≫

$$f(x) = x^{-2} \quad (x > 0) \quad \cdots\cdots(*)$$
$$C : y = f(x)$$

(1) 点 $P(t, f(t))$ $(t > 0)$ における，曲線 C の法線が l だから，$f'(x) = -2x^{-3}$ より

$$l : y = -\frac{1}{f'(t)}(x-t) + f(t)$$
$$= \frac{t^3}{2}(x-t) + \frac{1}{t^2}$$
$$= \frac{t^3}{2}x + t^{-2} - \frac{1}{2}t^4 \quad \cdots\cdots① \quad \cdots\cdots(答)$$

l と x 軸との交点が $Q(q, 0)$ だから，①より

$$\frac{t^3}{2}q + t^{-2} - \frac{1}{2}t^4 = 0$$

$$q = \frac{2}{t^3}\left(\frac{1}{2}t^4 - t^{-2}\right) = t - 2t^{-5} \quad \cdots\cdots ② \quad \cdots\cdots (答)$$

(2) $q=0$ となる t の値が t_1 だから，②より

$$t_1^6 - 2 = 0 \quad (t_1 > 0) \quad \therefore \quad t_1 = 2^{\frac{1}{6}} \quad \cdots\cdots (答)$$

(3) 曲線 C, x 軸，2 直線 $x=1$, $x=t$ $(t>t_1)$ で囲まれた部分の面積を $B(t)$ とすると

$$B(t) = \int_1^t f(x)\,dx = \left[-x^{-1}\right]_1^t = 1 - t^{-1} \quad \cdots\cdots ③$$

$H(1, 0)$, $K(t, 0)$ とおく。

$$KQ = t - \left(\frac{t^6 - 2}{t^5}\right) = \frac{2}{t^5}$$

$$PK = f(t) = \frac{1}{t^2}$$

$$\triangle PQK = \frac{1}{2}KQ \cdot PK = \frac{1}{t^7}$$

$R(0, 1)$, $S(1, 1)$, ③より

$$A(t) = \square ORSH + B(t) - \triangle PQK$$
$$= 1 + (1 - t^{-1}) - t^{-7}$$
$$= 2 - t^{-1} - t^{-7}$$
$$\cdots\cdots ④ \quad \cdots\cdots (答)$$

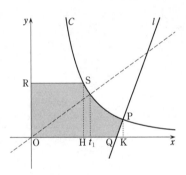

(4) ④より

$$\lim_{t \to \infty} A(t) = \lim_{t \to \infty}(2 - t^{-1} - t^{-7}) = 2 \quad \cdots\cdots (答)$$

❖講　評

　2019 年度も，記述式 2 題，マークシート法 1 題の出題で，マークシート法 1 題は独立した内容の小問 3 問の構成であった。全体的には計算量が多いように思われる。

1 独立した小問 3 問で，いずれも標準問題である。

(1) 楕円に関するよく知られた結果の問題である。

(2) (a) まず，因数定理を用いて，a, b の関係を求める。部分積分法を用いた定積分の計算は標準的である。

(b) (a)とは独立した数列に関する問題である。誘導があるから易しい。

184 2019 年度 数学〈解答〉　　　　　　　　　　東京理科大-理工〈B方式-2月6日〉

しかし計算量が多い。

(3)　正の整数の約数の個数に関する基本的・典型的な小問である。

2　易しい標準問題である。

(1)　内分点・外分点の公式を用いる。

(2)　3点が一直線上にあるための条件も基本事項である。

(3)　点Pの座標を具体的に計算すればよい。

(4)　三角関数の合成を用いる。

3　易しい標準問題である。

(1)　法線の方程式は基本事項である。

(2)　方程式 $q=0$ を t について解けばよい。

(3)　$t>t_1$ は，法線 l が x 軸の正の部分と交わるための条件である。

(4)　極限値は易しい。

東京理科大-理工〈B方式-2月6日〉　　　　　　　2019 年度　物理〈解答〉　185

物理

(注)　解答につきましては，東京理科大学から提供のあった情報を掲載しております。

1　解答

(1)(ア)—③　(イ)—②　(ウ)—⑥　(エ)—①　(オ)—②　(カ)—④
(キ)—⑥　(ク)—②　(ケ)—②

(2)(コ)—③　(サ)—⓪　(シ)—①　(ス)—⑦　(セ)—⑥　(ソ)—④　(タ)—②　(チ)—④
(ツ)—⑤

◀解　説▶

≪ばねでつながれた物体の運動≫

(1)　(ア)　ばねの伸び $x_A - x_B - L$ が正のとき，小物体Bは右向きに力を受けるので

$$ma_B = k(x_A - x_B - L) = -k(x_B - x_A + L)$$

(イ)　　$a_A - a_B = -\dfrac{k}{2m}(x_A - x_B - L) + \dfrac{k}{m}(x_B - x_A + L)$

$$= -\frac{3k}{2m}(x_A - x_B - L)$$

(ウ)　$a_A - a_B = -\omega_1{}^2(x_A - x_B - L)$　の関係があるので，(イ)より

$$\omega_1{}^2 = \frac{3k}{2m} \qquad \therefore \quad \omega_1 = \sqrt{\frac{3k}{2m}}$$

(カ)　$t = 0$ において

$$x_A - x_B - L = 0 \qquad C_1 \sin\theta_1 = 0$$

$$v_A - v_B = -\frac{p}{2m} - \frac{p}{m} = -\frac{3p}{2m} \qquad C_1 \omega_1 \cos\theta_1 = -\frac{3p}{2m} < 0$$

よって　　$\theta_1 = \pi$

(キ)　(カ)より

$$C_1 \omega_1 = \frac{3p}{2m} \qquad \therefore \quad C_1 = \frac{3p}{2m\omega_1}$$

(ク)・(ケ)　重心は動かないので

$$\frac{2mx_A + mx_B}{3m} = \frac{2m \cdot L + m \cdot 0}{3m} \qquad 2x_A + x_B = 2L$$

(カ)・(キ)より，単振動の式は

$$x_A - x_B - L = -\frac{3p}{2m\omega_1}\sin\omega_1 t$$

以上の2式を連立させて

$$x_A = L - \frac{p}{2m\omega_1}\sin\omega_1 t, \quad x_B = \frac{p}{m\omega_1}\sin\omega_1 t$$

(2) (コ) 小物体B，Cの間のばねの伸び $x_B - x_C - L$ が正のとき，小物体Cは右向きに力を受けるので

$$(\alpha m)a_C = k(x_B - x_C - L) = -k(x_C - x_B + L)$$

(サ)
$$ma_B = k(x_A - x_B - L) - k(x_B - x_C - L)$$
$$= -k(2x_B - x_A - x_C)$$

(シ)
$$a_A - a_C = -\frac{k}{\alpha m}(x_A - x_B - L) + \frac{k}{\alpha m}(x_C - x_B + L)$$
$$= -\frac{k}{\alpha m}(x_A - x_C - 2L)$$

(ス)
$$2a_B - a_A - a_C = -\frac{2k}{m}(2x_B - x_A - x_C) + \frac{k}{\alpha m}(x_A - x_B - L)$$
$$+ \frac{k}{\alpha m}(x_C - x_B + L)$$
$$= -\frac{(2\alpha + 1)k}{\alpha m}(2x_B - x_A - x_C)$$

(セ)・(ソ) $t = 0$ において

$$x_A - x_C - 2L = (L - d) - (-L + d) - 2L = -2d$$
$$C_2 \sin\theta_2 = -2d < 0$$
$$v_A - v_C = 0$$

$v_A - v_C = C_2\omega_2\cos(\omega_2 t + \theta_2)$ に注意すると

$$\theta_2 = \frac{3\pi}{2}, \quad C_2 = 2d$$

(タ) $t = 0$ における小物体A，Bの位置を確認すれば②とわかる。

(チ) $C_2 = 0$ より，$x_A - x_C - 2L = 0$ である。(1)での $x_A - x_B$ と $a_A - a_B$ の関係と同様に考えれば，$a_A - a_C = 0$，すなわち，$a_A = a_C$ となる。重心が常に静止しているので

東京理科大-理工〈B方式-2月6日〉　　　　　　　2019 年度　物理〈解答〉　*187*

$$\alpha a_A + a_B + \alpha a_C = 0 \quad \therefore \quad a_B = -2\alpha a_A$$

$\alpha > 1$ より，小物体Bは小物体A，Cとは逆向きに加速され，その大きさ
は 2 倍以上となるので，正しいグラフは④とわかる。

(ツ)　原子量と原子の質量は比例するので

$$\alpha = \frac{16}{12} = \frac{4}{3}$$

対称伸縮振動と反対称伸縮振動の角振動数の比は

$$\omega_2 : \omega_3 = \sqrt{\frac{k}{\alpha m}} : \sqrt{\frac{(2\alpha + 1)\,k}{\alpha m}}$$

$$= 1 : \sqrt{2\alpha + 1}$$

$$= 1 : \sqrt{2 \cdot \frac{4}{3} + 1} = 1 : \sqrt{\frac{11}{3}}$$

2 解答
(1)(ア)—⑤　(イ)—①　(ウ)—⓪
(2)(エ)—⓪　(オ)—⓪　(カ)—③　(キ)—⑦　(ク)—③　(ケ)—③
(3)(コ)—⑤　(サ)—⑨　(シ)—⑧　(ス)—⑤　(セ)—⑨　(ソ)—⑧　(タ)—⑧

◀解　説▶

≪点電荷のつくる電位≫

(1)　(ウ)　十分遠くの電位は 0 と考えられるので，十分遠くに対する点Aの

電位差は $k\dfrac{Q}{a}$ となる。よって，点Aまで点電荷を移動させるのに必要な

仕事は $k\dfrac{Qq}{a}$ となる。

(2)　(エ)・(オ)　原点Oにおいて，点Aがつくる電場と点Bがつくる電場は逆
向きで大きさが等しいため，合成した電場は 0 となる。

(カ)　原点Oにおいて，点Aがつくる電位と点Bがつくる電位は大きさが等
しいので

$$2 \times k\frac{Q}{a} = 2k\frac{Q}{a}$$

(キ)　粒子の速度を v とすると，エネルギー保存則より

$$\frac{1}{2}mv^2 = 2k\frac{Q}{a} \times q \quad \therefore \quad v = 2\sqrt{\frac{kQq}{ma}}$$

(ク) 点Aの点電荷から粒子が受ける力の x 成分は $-k\dfrac{Qq}{(a-x)^2}$

点Bの点電荷から粒子が受ける力の x 成分は $k\dfrac{Qq}{(x+a)^2}$

よって，粒子が受ける力を合成すると，その x 成分は

$$-k\frac{Qq}{(a-x)^2}+k\frac{Qq}{(x+a)^2}=-k\frac{Qq}{a^2}\left(1-\frac{x}{a}\right)^{-2}+k\frac{Qq}{a^2}\left(1+\frac{x}{a}\right)^{-2}$$

$$\fallingdotseq -k\frac{Qq}{a^2}\left(1+2\frac{x}{a}\right)+k\frac{Qq}{a^2}\left(1-2\frac{x}{a}\right)$$

$$=-\frac{4kQq}{a^3}x$$

(ケ) ばね定数が $\dfrac{4kQq}{a^3}$ のばねにつながれたのと同様に考えられるので，振動の周期は

$$2\pi\sqrt{\frac{m}{\dfrac{4kQq}{a^3}}}=\pi\sqrt{\frac{ma^3}{kQq}}$$

(3) (コ) 点Bの電気量を Q_B とすると，点 P_1 における電位は0なので

$$k\frac{Q}{a-\dfrac{3}{5}a}+k\frac{Q_B}{\dfrac{3}{5}a+a}=0 \qquad \therefore \quad Q_B=-4Q$$

(サ) 点Aまでの距離と点Bまでの距離の比が $1:4$ となる位置で電位が0となるので，点 P_2 は点Aよりも x 軸上の正の方向にある。点 P_2 の x 座標を x_2 とすると，点 P_2 における電位は0なので

$$k\frac{Q}{x_2-a}+k\frac{-4Q}{x_2+a}=0 \qquad \therefore \quad x_2=\frac{5}{3}a$$

(シ) 点 P_3 の x 座標を x_3 とすると，電位が極値となる点では電場が0となるので

$$k\frac{Q}{(x_3-a)^2}+k\frac{-4Q}{(x_3+a)^2}=0 \qquad 3x_3{}^2-10ax_3+3a^2=0$$

$$(3x_3-a)(x_3-3a)=0 \qquad \therefore \quad x_3=\frac{a}{3},\ 3a$$

$x_3>x_2$ より $\quad x_3=3a$

東京理科大-理工〈B方式-2月6日〉　　　　　　2019 年度　物理〈解答〉　*189*

(ス)　$k\dfrac{Q}{3a-a}+k\dfrac{-4Q}{3a+a}=-k\dfrac{Q}{2a}$

(セ)　十分遠くの電位は 0 と考えられるので，再び電位が 0 となる点 P_2 で
点 A に最も接近する。

(ソ)　粒子の速さが最大となるのは電位が最小となる点 P_3 である。

(タ)　求める速さを V とすると，エネルギー保存則より

$$\dfrac{1}{2}mV^2-k\dfrac{Q}{2a}\times q=0 \qquad \therefore \quad V=\sqrt{\dfrac{kQq}{ma}}$$

3 **解答**　(ア)—①　(イ)—①　(ウ)—③　(エ)—⑦　(オ)—③　(カ)—⓪

(キ)—①　(ク)—⓪　(ケ)—②　(コ)—⑦　(サ)—②　(シ)—⓪

(ス)—②　(セ)—①　(ソ)—①　(タ)—④

◀解　説▶

≪熱サイクル≫

(ア)　シリンダー内の理想気体の物質量を n とすると，状態方程式より

$$P\cdot SL_1=nRT \qquad \therefore \quad n=\dfrac{PSL_1}{RT}$$

(イ)　断熱過程なので，熱力学第一法則より

$$W_1+\Delta U_1=0 \qquad \therefore \quad |\Delta U_1|=|W_1|$$

(ウ)　状態 b での理想気体の温度を T_2 とすると，状態方程式より

$$2P\cdot SL_2=nRT_2$$

$$\therefore \quad T_2=\dfrac{2PSL_2}{nR}=\dfrac{2PSL_2}{\dfrac{PSL_1}{RT}R}=\dfrac{2L_2T}{L_1}$$

(エ)　$\Delta U_1=nC_V(T_2-T)=\dfrac{PSL_1}{RT}C_V\left(\dfrac{2L_2T}{L_1}-T\right)=\dfrac{C_V}{R}PS(2L_2-L_1)$

(オ)　状態 c での理想気体の温度を T_3 とすると，状態方程式より

$$2P\cdot SL_3=nRT_3$$

$$\therefore \quad T_3=\dfrac{2PSL_3}{nR}=\dfrac{2PSL_3}{\dfrac{PSL_1}{RT}R}=\dfrac{2L_3T}{L_1}$$

(カ)　$W_2=2P(SL_3-SL_2)=2PS(L_3-L_2)$

(キ)　$\Delta U_2=nC_V(T_3-T_2)=\dfrac{PSL_1}{RT}C_V\left(\dfrac{2L_3T}{L_1}-\dfrac{2L_2T}{L_1}\right)=\dfrac{2C_V}{R}PS(L_3-L_2)$

(ク) 熱力学第一法則より

$$Q_2 = W_2 + \Delta U_2$$

(ケ) 状態 d での理想気体の温度を T_4 とすると，状態方程式より

$$P \cdot SL_4 = nRT_4$$

$$\therefore \quad T_4 = \frac{PSL_4}{nR} = \frac{PSL_4}{\dfrac{PSL_1}{RT}R} = \frac{L_4 T}{L_1}$$

(コ) 過程 3 の間の内部エネルギーの増加を ΔU_3 とすると，断熱過程なので，熱力学第一法則より

$$W_3 = -\Delta U_3 = -nC_V(T_4 - T_3)$$

$$= -\frac{PSL_1}{RT}C_V\left(\frac{L_4 T}{L_1} - \frac{2L_3 T}{L_1}\right)$$

$$= \frac{C_V}{R}PS(2L_3 - L_4)$$

(サ) 過程 4 の間に理想気体が外部にした仕事を W_4 とすると

$$W_4 = P(SL_1 - SL_4) = PS(L_1 - L_4)$$

過程 4 の間の内部エネルギーの増加を ΔU_4 とすると

$$\Delta U_4 = nC_V(T - T_4) = \frac{PSL_1}{RT}C_V\left(T - \frac{L_4 T}{L_1}\right) = \frac{C_V}{R}PS(L_1 - L_4)$$

熱力学第一法則より

$$Q_4 = W_4 + \Delta U_4 = PS(L_1 - L_4) + \frac{C_V}{R}PS(L_1 - L_4)$$

$$= \frac{(C_V + R)}{R}PS(L_1 - L_4)$$

(シ) 過程 2 は等圧変化で体積を増加させているので $Q_2 > 0$ である。また，過程 2 で体積を増加させていることから，理想気体の圧力と体積の変化を表す図（p-V 図）において，過程 1 を表す断熱変化の曲線よりも，過程 3 を表す断熱変化の曲線の方が右側にあるので，$L_4 > L_1$ より，$Q_4 < 0$ である。

(ス) (ク)より

$$Q_2 = 2PS(L_3 - L_2) + \frac{2C_V}{R}PS(L_3 - L_2) = \frac{(C_V + R)}{R}2PS(L_3 - L_2)$$

(サ)より

$$W = Q_2 + Q_4$$

$$= \frac{(C_V + R)}{R} 2PS(L_3 - L_2) + \frac{(C_V + R)}{R} PS(L_1 - L_4)$$

$$= \frac{C_V + R}{R} PS(L_1 - 2L_2 + 2L_3 - L_4)$$

(セ) $\quad \eta = \dfrac{W}{Q_2} = \dfrac{\dfrac{C_V + R}{R} PS(L_1 - 2L_2 + 2L_3 - L_4)}{\dfrac{(C_V + R)}{R} 2PS(L_3 - L_2)} = 1 - \dfrac{L_4 - L_1}{2(L_3 - L_2)}$

(ソ) ポアソンの関係より

$$P(SL_1)^\gamma = 2P(SL_2)^\gamma, \quad 2P(SL_3)^\gamma = P(SL_4)^\gamma$$

よって

$$\left(\frac{L_1}{L_2}\right)^\gamma = \left(\frac{L_4}{L_3}\right)^\gamma = 2 \qquad \therefore \quad \frac{L_1}{L_2} = \frac{L_4}{L_3} = 2^{\frac{1}{\gamma}}$$

(タ) (セ)・(ソ)より

$$\eta = 1 - \frac{2^{\frac{1}{\gamma}} L_3 - 2^{\frac{1}{\gamma}} L_2}{2(L_3 - L_2)} = 1 - \frac{2^{\frac{1}{\gamma}}}{2} = 1 - 2^{\frac{1-\gamma}{\gamma}}$$

❖講 評

例年通り，試験時間 80 分。大問 3 題の構成である。

1 ばねでつながれた物体の運動に関する問題である。(1)は 2 つの物体が 1 つのばねでつながれている。各物体の初期状態から，単振動の振幅と初期位相を求めていく。(2)は 3 つの物体が 2 つのばねでつながれている。計算は煩雑になるが，誘導に従って計算を進めれば，(1)と同様に解いていくことができる。

2 点電荷のつくる電位に関する問題である。粒子の運動の計算では，電位も考慮したエネルギー保存則を利用する。(1)は 1 つの点電荷だけしかない状況である。(2)は等しい電気量を持つ 2 つの点電荷がある状況である。(ク)・(ケ)の原点付近での粒子の振動を考察する問題では，与えられた近似式を用いる。(3)は異なる電気量を持つ 2 つの点電荷がある状況である。電場や電位が 0 となることの意味を理解できているかが問われている。

3 熱サイクルの問題である。断熱変化と等圧変化を組み合わせたサ

イクルとなっている。下付き添字のみが異なる似たような式が繰り返し現れるので，焦らず丁寧に計算を進めていきたい。

　全体的に，ほぼ例年通りの内容であり，難易度も例年並みと思われる。計算が煩雑な問題もあるので，丁寧に式変形を進め，計算ミスをしないように気をつけよう。

化学

(注) 解答につきましては，東京理科大学から提供のあった情報を掲載しております。

1 解答

(A)— 7　(B)— 1
(ア)— 3　(イ)— 6　(ウ)— 10　(エ)— 5　(オ)— 0　(カ)— 9
(キ)— 1　(ク)— 1　(i) 3.4×10^{-1}　(ii) $1.6\times10^{+0}$

◀解説▶

≪原子の構造とイオン，炭素の同素体，結晶格子≫

(A) 原子が電子を1個受け取って陰イオンになるときに放出されるエネルギーを電子親和力といい，電子親和力が大きいほど陰イオンになりやすい。なお，原子から1個の電子を取り去って陽イオンにする際に必要となるエネルギーを（第一）イオン化エネルギーといい，化学反応が起こるために反応物に必要な最小のエネルギーを活性化エネルギーという。

(i) 図1(c)の構造を黒鉛の結晶の単位格子とみなせる。上面と下面の正六角形の頂点にある原子は各 $\dfrac{1}{6}$ 個分であるから，単位格子中に含まれる炭素原子の個数は

$$\dfrac{1}{6}\times12=2 \text{ 個}$$

1辺が $0.142\,\text{nm}$ （$=1.42\times10^{-8}\,\text{cm}$）の正六角形の面積は，右の図のような正三角形6個分の面積と考えると

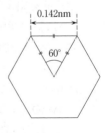

$$\dfrac{1}{2}\times(1.42\times10^{-8})^2\times\sin60°\times6$$
$$=3.03\times\sqrt{3}\times10^{-16}$$
$$=3.03\times1.73\times10^{-16}\,[\text{cm}^2]$$

求める層の間隔を $x\,[\text{nm}]$ （$=x\times10^{-7}\,[\text{cm}]$）とおくと，密度が $2.26\,\text{g/cm}^3$ であることから，「密度×体積＝質量」の関係より

$$2.26\times(3.03\times1.73\times10^{-16}\times x\times10^{-7})=\dfrac{12}{6.02\times10^{23}}\times2$$

$$\therefore \quad x = \frac{12}{3.01 \times 2.26 \times 3.03 \times 1.73} = 0.336 \fallingdotseq 0.34 \,[\text{nm}]$$

(ii) 単位格子中に含まれる C_{60} 分子は 4 個である。C_{60} 分子の分子量は 720 であるから，フラーレン結晶の密度は

$$\frac{\text{単位格子中の} C_{60} \text{分子の総質量}}{\text{単位格子の体積}} = \frac{\dfrac{720 \times 4}{6.02 \times 10^{23}}}{(1.43 \times 10^{-7})^3}$$

$$= \frac{720 \times 4}{2.92 \times 10^{-21} \times 6.02 \times 10^{23}}$$

$$= 1.63 \fallingdotseq 1.6 \,[\text{g/cm}^3]$$

(B) 結晶の密度は，ダイヤモンドが $3.51\,\text{g/cm}^3$，黒鉛が $2.26\,\text{g/cm}^3$，フラーレンが $1.63\,\text{g/cm}^3$ であるから，フラーレン結晶の密度はダイヤモンドと黒鉛の両方より小さいことがわかる。

---

2 解答

(1)(ア) 8　(イ) 5　(ウ) 2　(エ) 10　(i) $2.5 \times 10^{+0}$

(2)(ii) $3.5 \times 10^{+0}$　(iii) 1.4×10^{-4}

(3)(iv) 1.8×10^{-4}　(v) $5.6 \times 10^{+0}$ ※

※(3)(v)については，解法，計算順序などによって別解がある。

◀ 解 説 ▶

≪酸化還元反応，COD の測定≫

(1) (ア)・(イ)　右辺に H が $2 \times 4 = 8$ 個あるので，左辺に H^+ を 8 個加える。すると，電荷は左辺が $+7$，右辺が $+2$ となるから，左辺に e^- を 5 個加えて，反応式を完成させる。

$$MnO_4^- + 8H^+ + 5e^- \longrightarrow Mn^{2+} + 4H_2O \quad \cdots\cdots ①$$

(ウ)・(エ)　シュウ酸ナトリウムが還元剤としてはたらくときの反応式は

$$C_2O_4^{2-} \longrightarrow 2CO_2 + 2e^- \quad \cdots\cdots ②$$

であるから，①×2＋②×5 より

$$2MnO_4^- + 5C_2O_4^{2-} + 16H^+ \longrightarrow 2Mn^{2+} + 10CO_2 + 8H_2O \quad \cdots\cdots ③$$

(i)　③より，MnO_4^- と $C_2O_4^{2-}$ は物質量比 2：5 で反応するから，1 mol の $KMnO_4$ あたり，2.5 mol の $C_2O_4^{2-}$ が酸化される。

(2) (ii)　10.0 mL の $Na_2C_2O_4$ 水溶液と反応した $KMnO_4$ 水溶液の体積を x [mL] とおくと

「酸化剤が受け取る e⁻ の物質量＝還元剤が放出する e⁻ の物質量」の関係が成り立つので，①，②より

$$4.00\times10^{-3}\times\frac{x}{1000}\times5=1.20\times10^{-2}\times\frac{10.0}{1000}\times2$$

∴　$x=12.0$〔mL〕

加えた KMnO₄ 水溶液の総体積は

$10.0+5.50=15.5$〔mL〕

であるから，このうち試料水中の有機化合物と反応した KMnO₄ 水溶液の体積は

$15.5-12.0=3.5$〔mL〕

(iii) 用いた試料水は 100mL であるから，試料水 1L あたりの有機化合物と反応するのに必要な KMnO₄ は

$$4.00\times10^{-3}\times\frac{3.5}{1000}\times\frac{1000}{100}=1.4\times10^{-4}\text{〔mol〕}$$

(3) (iv) 酸素が酸化剤としてはたらくときの反応式

$O_2+4e^-\longrightarrow 2O^{2-}$

と①より，同じ物質量の e⁻ を受け取るときの KMnO₄ と O₂ の物質量比は 4：5 であるから，1.4×10^{-4} mol の KMnO₄ は

$$1.4\times10^{-4}\times\frac{5}{4}=1.75\times10^{-4}\fallingdotseq1.8\times10^{-4}\text{〔mol〕}$$

の O₂ に相当する。

(v) 1.75×10^{-4} mol の O₂ の質量を求めればよいので，求める COD は

$32\times1.75\times10^{-4}\times10^3=5.6$〔mg/L〕

 解答　(1)(ア)$1.3\times10^{+3}$
(2)(イ)$2.3\times10^{+5}$　(ウ)$6.0\times10^{+1}$
(3)(エ)6.7×10^{-3}

◀ 解　説 ▶

≪C₂H₂ の燃焼熱，N₂O₄ の解離平衡，H₂O₂ の分解の反応速度≫

(1) C₂H₂ の燃焼熱を Q〔kJ/mol〕とすると，その燃焼反応の熱化学方程式は

$$C_2H_2(気)+\frac{5}{2}O_2(気)=2CO_2(気)+H_2O(液)+Q\text{ kJ}$$

「反応熱＝(生成物の生成熱の和)−(反応物の生成熱の和)」を用いると，
単体の生成熱は0であることに注意して

$$Q = 2 \times 394 + 286 - (-227) = 1301 \fallingdotseq 1.3 \times 10^3 \,[\text{kJ/mol}]$$

(2) (イ) N_2O_4 の解離は可逆反応であり，次の反応式で表される。

$$N_2O_4 \rightleftharpoons 2NO_2$$

平衡時の NO_2 の分圧は

$$1.0 \times 10^5 - 2.5 \times 10^4 = 7.5 \times 10^4 \,[\text{Pa}]$$

であるから，圧平衡定数を $K_p\,[\text{Pa}]$，N_2O_4 と NO_2 の分圧をそれぞれ $p_{N_2O_4}$
$[\text{Pa}]$，$p_{NO_2}\,[\text{Pa}]$ とおくと

$$K_p = \frac{p_{NO_2}{}^2}{p_{N_2O_4}} = \frac{(7.5 \times 10^4)^2}{2.5 \times 10^4} = 2.25 \times 10^5 \fallingdotseq 2.3 \times 10^5 \,[\text{Pa}]$$

(ウ) 最初に容器に入れた N_2O_4 の物質量を $n\,[\text{mol}]$，そのうちの解離した
物質量の割合（解離度）を α とすると，解離反応による物質量収支は次
のようになる。

$$N_2O_4 \rightleftharpoons 2NO_2$$

はじめ	n	0	$[\text{mol}]$
反応量	$-n\alpha$	$+2n\alpha$	$[\text{mol}]$
平衡時	$n(1-\alpha)$	$2n\alpha$	$[\text{mol}]$

混合気体では，「分圧の比＝物質量の比」が成り立つので

$$\frac{2n\alpha}{n(1-\alpha)} = \frac{7.5 \times 10^4}{2.5 \times 10^4} \qquad \therefore \quad \alpha = 0.60$$

よって，求める割合は60％となる。

(3) 過酸化水素の分解の反応式は，次のようになる。

$$2H_2O_2 \longrightarrow 2H_2O + O_2$$

最初の2分間に発生した O_2 が $4.0 \times 10^{-2}\,\text{mol}$ なので，分解した H_2O_2 は

$$4.0 \times 10^{-2} \times 2 = 8.0 \times 10^{-2} \,[\text{mol}]$$

よって，H_2O_2 の濃度減少量は

$$\frac{8.0 \times 10^{-2}}{\dfrac{100}{1000}} = 0.80 \,[\text{mol/L}]$$

となるので，最初の2分間の H_2O_2 の平均分解速度は

$$\frac{0.80}{2 \times 60} = 6.66 \times 10^{-3} \fallingdotseq 6.7 \times 10^{-3} \,[\text{mol/(L·s)}]$$

東京理科大-理工〈B方式-2月6日〉　　2019 年度　化学〈解答〉　*197*

4 解答

(1)(ア)—16　(2)(イ)—15　(ウ)—18　(3)(エ)—05　(4)(オ)—22
(5)(カ)—12　(6)(キ)—09　(7)(ク)—19　(8)(ケ)—02
(9)(コ)—03　(サ)—05　(シ)—14　(10)(ス)—01　(11)(セ)—17

◀解　説▶

≪第１周期から第４周期までの元素の単体と化合物≫

(1)　Mn^{2+} の色はほぼ無色と表現されるが，淡桃色の有色イオンである。MnO_2 はリチウム電池やマンガン乾電池の正極として用いられる。

(3)　地殻中の元素存在量は O が最も多く，Si，Al，Fe と続く。

(4)　単体が常温常圧で液体である元素は，Br のほかに Hg がある。

(6)　Al はボーキサイトから得られる純粋な Al_2O_3（アルミナ）を融解塩電解（溶融塩電解）することで得られる。

(8)　単原子分子となるのは 18 族元素（希ガス元素）であり，そのうち最も沸点が低いのは，分子量の最も小さい He である。

(9)　卵の殻や石灰石の主成分は $CaCO_3$ である。そのほか，真珠や大理石も大部分は $CaCO_3$ からなる。

(10)　H_2S は無色で腐卵臭の有毒な気体であり，水溶液は弱酸性を示す。

(11)　磁気記録材料には，主に酸化鉄(Ⅲ) Fe_2O_3 が用いられる。Fe_2O_3 は赤褐色で，赤色顔料にも用いられる。

5 解答

(ア) 09　(イ) 12　(ウ) 09　(エ) 10　(オ) 02　(カ) 03　(キ) 04
(1)—09　(2)—13

◀解　説▶

≪芳香族化合物の構造決定，凝固点降下，ルシャトリエの原理≫

(ア)・(イ)　化合物 A の分子量を M とすると，凝固点降下度の測定結果から

$$0.256 = 5.12 \times \frac{6.00}{M} \quad \therefore \quad M = 120$$

よって，化合物 A の分子式を C_xH_y とすると，分子量について

$$12x + y = 120 \quad \cdots\cdots ①$$

また，化合物 A の燃焼の化学反応式は

$$C_xH_y + \left(x + \frac{y}{4}\right)O_2 \longrightarrow xCO_2 + \frac{y}{2}H_2O$$

と表されるので，1mol の化合物 A を燃焼させるのに必要な O_2 は 12mol

であることから

$$x + \frac{y}{4} = 12 \quad \cdots\cdots ②$$

①, ②より $\quad x = 9, \ y = 12$

したがって, 化合物Aの分子式は C_9H_{12} となる。

(ウ)～(オ)　一般に芳香族炭化水素を酸化するとカルボン酸が生じるので, 化合物Bはカルボン酸である。化合物Cは化合物Bより酸性が弱いので, フェノール類であるとわかる。よって, 炭素数を考慮すると, 化合物Aはクメンであり, これと酸素の反応により得られた生成物はクメンヒドロペルオキシド, これを分解して得られた化合物Cはフェノールであるとわかる。これはクメン法によるフェノール合成の一部である。

化合物A ＋ O_2 ⟶ クメンヒドロペルオキシド

⟶ 化合物C ＋ $CH_3-\overset{O}{\underset{\|}{C}}-CH_3$

また, 化合物Aを酸化して得られる化合物Bは安息香酸である。

化合物A $\xrightarrow{\text{酸化}}$ 化合物B

下線(i)の反応では, 安息香酸とエタノールが反応してエステルが生成する。このエステル (安息香酸エチル) が化合物Dである。

化合物B ＋ CH_3-CH_2-OH ⇌ 化合物D ＋ H_2O

よって, 化合物Dの分子式は $C_9H_{10}O_2$ である。

(カ)　ベンゼン環に直接結合している水素原子の1つが臭素原子に置換される。このとき, 下のように3種類の構造が考えられる。

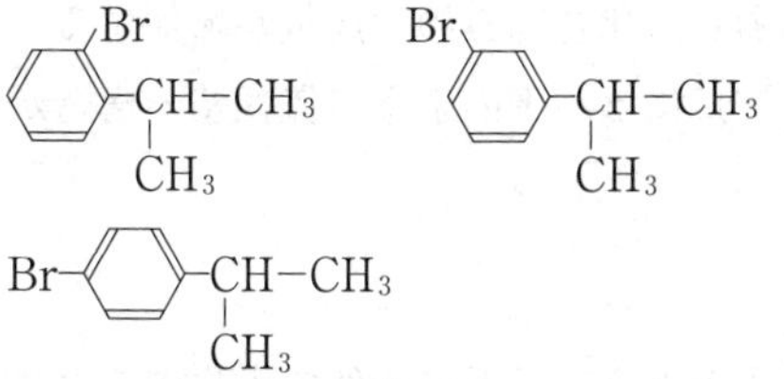

東京理科大-理工〈B方式-2月6日〉　　　　2019 年度　化学〈解答〉　*199*

(キ)　化合物 E を酸化すると，カルボキシ基を 2 つもつ化合物 F が生成し，化合物 F は分子内脱水により酸無水物を生じることから，化合物 F はフタル酸であるとわかる。化合物 E の分子式は化合物 A と同じく C_9H_{12} なので，下の図のようにベンゼン環にメチル基とエチル基がオルトの位置で結合している化合物となる。

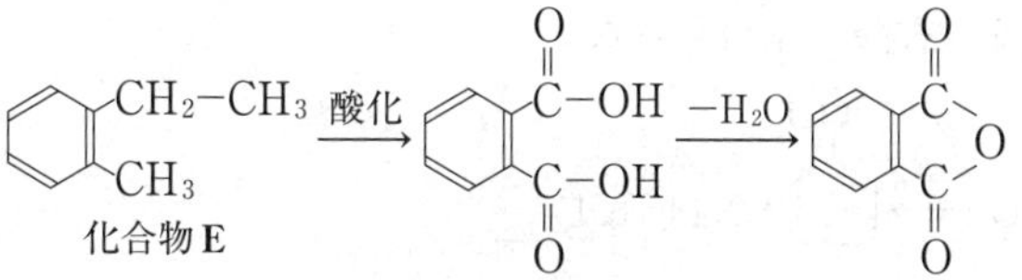

化合物 E のベンゼン環に直接結合している水素原子の 1 つを臭素原子に置換した化合物には，下のように 4 種類の構造が考えられる。

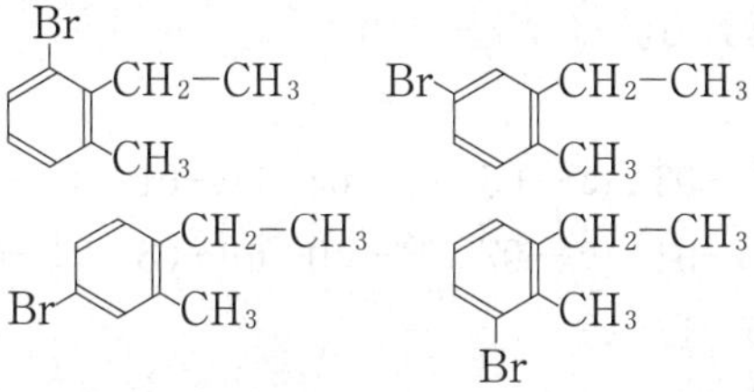

(1)　下線(i)に「平衡に達し」という記述があることからもわかるように，エステル化反応は可逆反応であることに注意して，各選択肢をみていく必要がある。

①触媒の量を増やしても，生成物の物質量は変化しない。

②化合物 B の物質量を増やすと，ルシャトリエの原理より，化合物 B を減少させる向きに平衡が移動し，化合物 D の生成量が増加する。

③水を加えると，ルシャトリエの原理より，水を減少させる向きに平衡が移動し，化合物 D の生成量が減少する。

④エタノールの物質量を増やすと，ルシャトリエの原理より，エタノール

を減少させる向きに平衡が移動し，化合物 D の生成量が増加する。

(2) ①正文。化合物 A（クメン）には，下のように置換基の構造が異なる異性体が存在する。

②誤文。アニリンをジアゾ化すると5℃以下の条件で塩化ベンゼンジアゾニウムが生成する。

塩化ベンゼンジアゾニウムは，温度を上げると分解してフェノールが生じる。化合物 B（安息香酸）は得られない。

③正文。化合物 E は，置換基にメチル基とエチル基をもつ。

④正文。ナフタレンを，酸化バナジウム（V）V_2O_5 を触媒として高温で空気酸化すると，フタル酸を経て，最終的に化合物 F（フタル酸）の酸無水物である無水フタル酸が得られる。

---

6 解答

(1)—01　(2)—03　(3)—03　(4)—02　(5)—01　(6)—05
(7)—06　(8)—04　(9)—07　(10)—10　(11)—08　(12)—09
(13)—03　(14)—16　(15)—13　(16)—17

◀解　説▶

≪合成高分子化合物の製法と性質≫

(1) ポリエチレンテレフタラートは，テレフタル酸とエチレングリコール（1,2-エタンジオール）の縮合重合により合成される。

(2) ビニロンは，酢酸ビニルを付加重合させてポリ酢酸ビニルを合成し，これを $NaOH$ 水溶液でけん化してポリビニルアルコールとし，HCHO で一部のヒドロキシ基をアセタール化することで合成される。

(3) アクリル繊維は，アクリロニトリルを主原料とした，炭素間二重結合をもつ化合物（アクリル酸メチル，酢酸ビニルなど）の共重合により合成される。共重合は，2種類以上の単量体を用いて行う付加重合である。

東京理科大-理工〈B方式-2月6日〉　　　　2019年度　化学〈解答〉　201

(4)　ナイロン6は，ε-カプロラクタムの開環重合により合成される。

(5)　ナイロン66は，アジピン酸とヘキサメチレンジアミンの縮合重合により合成される。

(6)・(7)　熱可塑性樹脂は一般に鎖状構造をとる。塩化ビニル樹脂は塩化ビニルの付加重合により得られるポリ塩化ビニル，スチロール樹脂はスチレンの付加重合により得られるポリスチレンである。

(8)・(9)　熱硬化性樹脂は一般に三次元網目状構造をとる。フェノール樹脂やアルキド樹脂のほか，メラミン樹脂や尿素樹脂などがある。

(10)〜(13)　天然ゴムはイソプレンがシス型で付加重合したものである。1,3-ブタジエンが付加重合するとブタジエンゴム，クロロプレンが付加重合するとクロロプレンゴムとなる。

(14)　ヨウ素を加えたポリアセチレンが導電性高分子となることを発見したことで，白川英樹が2000年にノーベル賞を受賞した。

(15)　光を当てることで性質が大きく変化する樹脂を感光性樹脂という。たとえば，ケイ皮酸とポリビニルアルコールのエステルは，光を当てると架橋構造がつくられて硬化し，溶媒にも溶けにくくなる感光性樹脂である。

(16)　微生物によって完全に消費され，CO_2やH_2Oなどのみを生じるものを生分解性高分子（生分解プラスチック）といい，その中でも乳酸が縮合重合したポリ乳酸は現在，特に実用化が進んでいる。ポリ乳酸は，食品用トレイや農業用フィルムなどに用いられている。

❖講　評

　　試験時間は80分。例年通り大問数は6題であった。2019年度は，$\boxed{1}$〜$\boxed{3}$が理論，$\boxed{4}$が無機，$\boxed{5}$が理論分野の計算を含む有機，$\boxed{6}$が有機の出題であった。

　　$\boxed{1}$は原子の構造とイオン，炭素の同素体の結晶構造に関する問題であった。知識問題はすべて基本的であるから短時間で完答したい。一方，計算問題については，立式はともに結晶格子の密度に関連したものであるから難しくはないが，その後の数値計算が大変であった。約分をうまくしながらできるだけ小さな数値にしてから計算することで，多少計算を楽にすることができるので，手際よく処理したい。

　　$\boxed{2}$は河川水のCOD測定に関する問題であった。(1)は，よくある

$KMnO_4$ と $Na_2C_2O_4$ の酸化還元反応式をつくる問題であり，一度は経験しているはずであるから，素早く解答したい。(2)以降は COD を求める問題であるが，丁寧に誘導がついており，無理なく最後まで解答できるようになっている。ただ，COD の問題を解いたことがなければ，「加えた $KMnO_4$ 水溶液の総量から，$Na_2C_2O_4$ と反応した分の体積を引く」という考え方をすることは少し難しかったかもしれない。COD の問題は，おおよそパターンが決まっているので，多くの問題を演習することで慣れることが望ましい。

③は C_2H_2 の燃焼熱，N_2O_4 の解離平衡，H_2O_2 の分解反応の反応速度に関する計算問題であった。(1)の燃焼熱の計算は，〔解答〕に示した方法以外に，3つの熱化学方程式を用いて C_2H_2 の燃焼の熱化学方程式をつくるという方法でも解ける。(2)の圧平衡定数の計算は，NO_2 の分圧が求まれば易しい。解離度を求めるところでは，NO_2 と N_2O_4 の分圧がともにわかっていることから，〔解答〕に示したように「分圧の比＝物質量の比」を用いることを思いつきたい。(3)では，H_2O_2 の分解の化学反応式を正しく書き，H_2O_2 の分解量は O_2 の生成量の2倍であることを押さえることがポイント。また，物質量ではなくモル濃度を時間で割ることにも注意したい。

④は第4周期までのさまざまな元素の単体と化合物に関する問題であった。元素周期表は原子番号 20 の Ca まで覚えている受験生は多いと思われるが，原子番号 36 の Kr までしっかり記憶しておきたい。全体として基本的な知識を問うものばかりであるから，無機化学の学習を日ごろから行っていれば，難なく解答できたはずである。ただ，(セ)の Fe を選ぶ問題では，その酸化物の用途までは覚えていない受験生も多かったと思われる。

⑤は凝固点降下の計算がからんだ芳香族化合物の構造決定とルシャトリエの原理に関する問題であった。化合物 A の分子式を求める際には，分子式を C_xH_y とおいて，燃焼の際に必要とされる O_2 の物質量と凝固点降下度の測定結果から連立方程式を立てて解く必要があったが，繁雑な計算ではなかった。その後は，化合物 C が生じる反応がクメン法の一部であることに気づければ，スムーズに構造が決定できたと思われる。(1)は，エステル化反応が可逆反応であることから，ルシャトリエの原理

東京理科大-理工〈B方式-2月6日〉　　　2019 年度　化学〈解答〉 *203*

にしたがって考えられたかがポイント。(2)の正誤問題は，各化合物が何
であるかが正しく押さえられていれば，基礎的な知識で正解できる。
　　6 はさまざまな合成高分子化合物に関する知識を問う問題であった。
全体として教科書レベルの基礎的な知識があれば解答できるものであっ
たが，(15)の感光性高分子については覚えていない受験生もいたのではな
いかと思われる。合成高分子化合物については，重合様式，構造，性質，
用途がよく問われるので，教科書や資料集等でしっかり確認しておくと
よい。

教学社 刊行一覧

2022年版 大学入試シリーズ（赤本）
378大学・538点　全都道府県を網羅
国公立大学（都道府県順）

1	北海道大学(文系−前期日程)
2	北海道大学(理系−前期日程) 医
3	北海道大学(後期日程)
4	旭川医科大学(医学部〈医学科〉)
5	小樽商科大学
6	帯広畜産大学
7	北海道教育大学
8	室蘭工業大学／北見工業大学
9	釧路公立大学
10	公立はこだて未来大学 総推
11	札幌医科大学(医学部) 医
12	弘前大学
13	岩手大学
14	岩手県立大学・盛岡短期大学部・宮古短期大学部
15	東北大学(文系−前期日程)
16	東北大学(理系−前期日程) 医
17	東北大学(後期日程)
18	宮城教育大学
19	宮城大学
20	秋田大学 医
21	秋田県立大学
22	国際教養大学 総推
23	山形大学 医
24	福島大学
25	会津大学
26	福島県立医科大学(医・保健科学部) 医
27	茨城大学(文系)
28	茨城大学(理系)
29	筑波大学(推薦入試) 医 総推
30	筑波大学(一般選抜) 医
31	宇都宮大学
32	群馬大学 医
33	群馬県立女子大学
34	高崎経済大学
35	前橋工科大学
36	埼玉大学(文系)
37	埼玉大学(理系)
38	千葉大学(文系−前期日程)
39	千葉大学(理系−前期日程) 医
40	千葉大学(後期日程) 医
41	東京大学(文科)
42	東京大学(理科) 医
43	お茶の水女子大学
44	電気通信大学
45	東京医科歯科大学 医
46	東京外国語大学
47	東京海洋大学
48	東京学芸大学
49	東京藝術大学
50	東京工業大学
51	東京農工大学
52	一橋大学(前期日程)
53	一橋大学(後期日程)
54	東京都立大学(文系)
55	東京都立大学(理系)
56	横浜国立大学(文系)
57	横浜国立大学(理系)
58	横浜市立大学(国際教養・国際商・理・データサイエンス・医〈看護〉学部)
59	横浜市立大学(医学部〈医学科〉) 医
60	新潟大学(人文・教育〈文系〉・法・経済科・医〈看護〉・創生学部)
61	新潟大学(教育〈理系〉・理・医〈看護を除く〉・歯・工・農学部) 医
62	新潟県立大学 新
63	富山大学(文系)
64	富山大学(理系) 医
65	富山県立大学
66	金沢大学(文系)
67	金沢大学(理系) 医
68	福井大学(教育・医〈看護〉・工・国際地域学部)
69	福井大学(医学部〈医学科〉) 医
70	福井県立大学
71	山梨大学(教育・医〈看護〉・工・生命環境学部)
72	山梨大学(医学部〈医学科〉) 医
73	都留文科大学
74	信州大学(文系−前期日程)
75	信州大学(理系−前期日程) 医
76	信州大学(後期日程)
77	公立諏訪東京理科大学 総推
78	岐阜大学(前期日程) 医
79	岐阜大学(後期日程)
80	岐阜薬科大学
81	静岡大学(前期日程)
82	静岡大学(後期日程)
83	浜松医科大学(医学部〈医学科〉) 医
84	静岡県立大学
85	静岡文化芸術大学
86	名古屋大学(文系)
87	名古屋大学(理系) 医
88	愛知教育大学
89	名古屋工業大学
90	愛知県立大学
91	名古屋市立大学(経済・人文社会・芸術工・看護・総合生命理学部)
92	名古屋市立大学(医学部) 医
93	名古屋市立大学(薬学部)
94	三重大学(人文・教育・医〈看護〉学部)
95	三重大学(医〈医〉・工・生物資源学部) 医
96	滋賀大学
97	滋賀医科大学(医学部〈医学科〉) 医
98	滋賀県立大学
99	京都大学(文系)
100	京都大学(理系) 医
101	京都教育大学
102	京都工芸繊維大学
103	京都府立大学
104	京都府立医科大学(医学部〈医学科〉) 医
105	大阪大学(文系)
106	大阪大学(理系) 医
107	大阪教育大学
108	大阪公立大学(現代システム科学域〈文系〉・文・法・経済・商・看護・生活科〈居住環境・人間福祉〉学部−前期日程)
109	大阪公立大学(現代システム科学域〈理系〉・理・工・農・獣医・医・生活科〈食栄養〉学部−前期日程) 医
110	大阪公立大学(中期日程)
111	大阪公立大学(後期日程)
112	神戸大学(文系−前期日程)
113	神戸大学(理系−前期日程) 医
114	神戸大学(後期日程)
115	神戸市外国語大学
116	兵庫県立大学(国際商経・社会情報科・看護学部)
117	兵庫県立大学(工・理・環境人間学部)
118	奈良教育大学／奈良県立大学
119	奈良女子大学
120	奈良県立医科大学(医学部〈医学科〉)−学校推薦型選抜・一般選抜前期日程) 医 総推
121	奈良県立医科大学(医学部〈医学科〉−一般選抜後期日程) 医
122	和歌山大学
123	和歌山県立医科大学(医・薬学部) 医
124	鳥取大学 医
125	公立鳥取環境大学
126	島根大学 医
127	岡山大学(文系)
128	岡山大学(理系) 医
129	岡山県立大学
130	広島大学(文系−前期日程)
131	広島大学(理系−前期日程) 医
132	広島大学(後期日程)
133	尾道市立大学 総推
134	県立広島大学
135	広島市立大学
136	福山市立大学
137	山口大学(人文・教育〈文系〉・経済・医〈看護〉・国際総合科学部)
138	山口大学(教育〈理系〉・理・医〈看護を除く〉・工・農・共同獣医学部)
139	山陽小野田市立山口東京理科大学 新 総推
140	下関市立大学／山口県立大学
141	徳島大学 医
142	香川大学 医
143	愛媛大学 医
144	高知大学 医
145	高知工科大学
146	九州大学(文系−前期日程)
147	九州大学(理系−前期日程) 医
148	九州大学(後期日程)
149	九州工業大学
150	福岡教育大学
151	北九州市立大学
152	九州歯科大学
153	福岡県立大学／福岡女子大学
154	佐賀大学 医
155	長崎大学(文系)
156	長崎大学(理系) 医
157	長崎県立大学 総推
158	熊本大学(文・教育・法・医〈看護〉学部)
159	熊本大学(理・医〈看護を除く〉・薬・工学部) 医
160	熊本県立大学
161	大分大学(教育・経済・医〈看護〉・理工・福祉健康科学部)
162	大分大学(医学部〈医学科〉) 医
163	宮崎大学(教育・医〈看護〉・工・農・地域資源創成学部)
164	宮崎大学(医学部〈医学科〉) 医
165	鹿児島大学(文系)
166	鹿児島大学(理系) 医
167	琉球大学 医

2022 年版 大学入試シリーズ（赤本）

国公立大学 その他

国公立大学 その他

168	〔国公立大〕医学部医学科 総合型選抜・学校推薦型選抜 医総推
169	看護・医療系大学〈国公立 東日本〉
170	看護・医療系大学〈国公立 中日本〉
171	看護・医療系大学〈国公立 西日本〉
172	海上保安大学校／気象大学校
173	航空保安大学校
174	国立看護大学校
175	防衛大学校 総推
176	防衛医科大学校（医学科）医
177	防衛医科大学校（看護学科）

※ No.168～171の収載大学は赤本ウェブサイト（http://akahon.net/）でご確認ください。

私立大学①

北海道の大学（50音順）
- 201 札幌大学
- 202 札幌学院大学
- 203 北星学園大学・短期大学部
- 204 北海学園大学
- 205 北海道医療大学
- 206 北海道科学大学
- 562 北海道武蔵女子短期大学 新
- 207 酪農学園大学（獣医学群〈獣医学類〉）

東北の大学（50音順）
- 208 岩手医科大学（医・歯・薬学部）医
- 209 仙台大学 総推
- 210 東北医科薬科大学（医・薬学部）医
- 211 東北学院大学
- 212 東北工業大学
- 213 東北福祉大学
- 214 宮城学院女子大学 総推

関東の大学（50音順）
あ行（関東の大学）
- 215 青山学院大学（法・国際政治経済学部－個別学部日程）
- 216 青山学院大学（経済学部－個別学部日程）
- 217 青山学院大学（経営学部－個別学部日程）
- 218 青山学院大学（文・教育人間科学部－個別学部日程）
- 219 青山学院大学（総合文化政策・社会情報・地球社会共生・コミュニティ人間科学部－個別学部日程）
- 220 青山学院大学（理工学部－個別学部日程）
- 221 青山学院大学（全学部日程）
- 222 麻布大学（獣医、生命・環境科学部）
- 223 亜細亜大学
- 224 跡見学園女子大学
- 225 桜美林大学
- 226 大妻女子大学・短期大学部

か行（関東の大学）
- 227 学習院大学（法学部－コア試験）
- 228 学習院大学（経済学部－コア試験）
- 229 学習院大学（文学部－コア試験）
- 230 学習院大学（国際社会科学部－コア試験）
- 231 学習院大学（理学部－コア試験）
- 232 学習院女子大学
- 233 神奈川大学（給費生試験）
- 234 神奈川大学（一般入試）
- 235 神奈川工科大学
- 236 鎌倉女子大学・短期大学部
- 237 川村学園女子大学
- 238 神田外語大学
- 239 関東学院大学
- 240 北里大学（理学部）
- 241 北里大学（医学部）医
- 242 北里大学（薬学部）
- 243 北里大学（看護・医療衛生学部）
- 244 北里大学（獣医・海洋生命科学部）
- 245 共立女子大学・短期大学

- 246 杏林大学（医学部）医
- 247 杏林大学（保健学部）
- 248 群馬パース大学 新総推
- 249 慶應義塾大学（法学部）
- 250 慶應義塾大学（経済学部）
- 251 慶應義塾大学（商学部）
- 252 慶應義塾大学（文学部）総推
- 253 慶應義塾大学（総合政策学部）
- 254 慶應義塾大学（環境情報学部）
- 255 慶應義塾大学（理工学部）
- 256 慶應義塾大学（医学部）医
- 257 慶應義塾大学（薬学部）
- 258 慶應義塾大学（看護医療学部）
- 259 工学院大学
- 260 國學院大學
- 261 国際医療福祉大学 医
- 262 国際基督教大学
- 263 国士舘大学
- 264 駒澤大学（一般選抜T方式・S方式）
- 265 駒澤大学（全学部統一日程選抜）

さ行（関東の大学）
- 266 埼玉医科大学（医学部）医
- 267 相模女子大学・短期大学部
- 268 産業能率大学
- 269 自治医科大学（医学部）医
- 270 自治医科大学（看護学部）／東京慈恵会医科大学（医学部〈看護学科〉）
- 271 実践女子大学・短期大学部 総推
- 272 芝浦工業大学（前期日程、英語資格・検定試験利用方式）
- 273 芝浦工業大学（全学統一日程・後期日程）
- 274 十文字学園女子大学
- 275 淑徳大学
- 276 順天堂大学（医学部）医
- 277 順天堂大学（スポーツ健康科・医療看護・保健看護・国際教養・保健医療学部）総推
- 278 上智大学（神・文・総合人間科学部）総推
- 279 上智大学（法・経済学部）
- 280 上智大学（外国語・総合グローバル学部）総推
- 281 上智大学（理工学部）総推
- 282 上智大学（TEAPスコア利用型）
- 283 湘南工科大学
- 284 昭和大学（医学部）医
- 285 昭和大学（歯・薬・保健医療学部）
- 286 昭和女子大学
- 287 昭和薬科大学
- 288 女子栄養大学・短期大学部
- 289 白百合女子大学
- 290 成蹊大学（法学部－A方式）
- 291 成蹊大学（経済・経営学部－A方式）
- 292 成蹊大学（文学部－A方式）
- 293 成蹊大学（理工学部－A方式）
- 294 成蹊大学（E方式・G方式・P方式）
- 295 成城大学（経済・法学部－A方式）

- 296 成城大学（文芸・社会イノベーション学部－A方式）
- 297 成城大学（S方式〈全学部統一選抜〉）
- 298 聖心女子大学
- 299 清泉女子大学
- 300 聖徳大学・短期大学部
- 301 聖マリアンナ医科大学 医
- 302 聖路加国際大学（看護学部）
- 303 専修大学（スカラシップ・全国入試）
- 304 専修大学（学部個別入試）
- 305 専修大学（全学部統一入試）

た行（関東の大学）
- 306 大正大学
- 307 大東文化大学
- 308 高崎健康福祉大学 総推
- 309 高千穂大学
- 310 拓殖大学
- 311 玉川大学
- 312 多摩美術大学
- 314 千葉工業大学
- 315 千葉商科大学
- 316 中央大学（法学部－学部別選抜）
- 317 中央大学（経済学部－学部別選抜）
- 318 中央大学（商学部－学部別選抜）
- 319 中央大学（文学部－学部別選抜）
- 320 中央大学（総合政策学部－学部別選抜）
- 321 中央大学（国際経営・国際情報学部－学部別選抜）
- 322 中央大学（理工学部－学部別選抜）
- 323 中央大学（6学部共通選抜）
- 324 中央学院大学
- 325 津田塾大学
- 326 帝京大学（薬・経済・法・文・外国語・教育・理工・医療技術・福岡医療技術学部）
- 327 帝京大学（医学部）医
- 328 帝京科学大学
- 329 帝京平成大学 総推
- 330 東海大学（医〈医〉学部を除く一一般選抜）
- 331 東海大学（文系・理系学部統一選抜）
- 332 東海大学（医学部〈医学科〉）医
- 333 東京医科大学（医学部〈医学科〉）医
- 334 東京家政大学・短期大学部 総推
- 335 東京経済大学
- 336 東京工科大学
- 337 東京工芸大学
- 338 東京国際大学
- 339 東京歯科大学／日本歯科大学／大阪歯科大学（歯学部）
- 340 東京慈恵会医科大学（医学部〈医学科〉）医
- 341 東京情報大学
- 342 東京女子大学
- 343 東京女子医科大学（医学部）医
- 344 東京電機大学
- 345 東京都市大学

2022 年版 大学入試シリーズ（赤本）

私立大学②

346 東京農業大学
347 東京薬科大学（薬学部）　総 推
348 東京薬科大学（生命科学部）　総 推
349 東京理科大学（理学部〈第一部〉－Ｂ方式）
350 東京理科大学（理工学部－Ｂ方式）
351 東京理科大学（工学部－Ｂ方式）
352 東京理科大学（先進工学部－Ｂ方式）
353 東京理科大学（薬学部－Ｂ方式）
354 東京理科大学（経営学部－Ｂ方式）
355 東京理科大学（Ｃ方式、グローバル方式、理学部〈第二部〉－Ｂ方式）
356 東邦大学（医学部）　医
357 東邦大学（薬学部）
358 東邦大学（理・看護・健康科学部）
359 東洋大学（文・経済・経営・法・社会・国際・国際観光学部）
360 東洋大学（情報連携・ライフデザイン・理工・総合情報・生命科・食環境科学部）
361 東洋英和女学院大学　総 推
362 常磐大学・短期大学　総 推
363 獨協大学
364 獨協医科大学（医学部）　医

な行（関東の大学）
365 二松学舎大学
366 日本大学（法学部）
367 日本大学（経済学部）
368 日本大学（商学部）
369 日本大学（文理学部〈文系〉）
370 日本大学（文理学部〈理系〉）
371 日本大学（芸術学部）
372 日本大学（国際関係学部）
373 日本大学（危機管理・スポーツ科学部）
374 日本大学（理工学部）
375 日本大学（生産工・工学部）
376 日本大学（生物資源科学部）
377 日本大学（医学部）　医
378 日本大学（歯・松戸歯学部）
379 日本大学（薬学部）
380 日本大学（Ｎ全学統一方式）　医
381 日本医科大学　医
382 日本工業大学
383 日本獣医生命科学大学
384 日本女子大学
385 日本体育大学

は行（関東の大学）
386 白鷗大学（学業特待選抜・一般選抜）
387 フェリス女学院大学
388 文教大学
389 法政大学（法〈法律・政治〉・国際文化・キャリアデザイン学部－Ａ方式）
390 法政大学（法〈国際政治〉・文・経営・人間環境・グローバル教養学部－Ａ方式）
391 法政大学（経済・社会・現代福祉・スポーツ健康学部－Ａ方式）
392 法政大学（情報科・デザイン工・理工・生命科学部－Ａ方式）
393 法政大学（Ｔ日程〈統一日程〉・英語外部試験利用入試）
394 星薬科大学　総 推

ま行（関東の大学）
395 武蔵大学
396 武蔵野大学
397 武蔵野美術大学
398 明海大学

399 明治大学（法学部－学部別入試）
400 明治大学（政治経済学部－学部別入試）
401 明治大学（商学部－学部別入試）
402 明治大学（経営学部－学部別入試）
403 明治大学（文学部－学部別入試）
404 明治大学（国際日本学部－学部別入試）
405 明治大学（情報コミュニケーション学部－学部別入試）
406 明治大学（理工学部－学部別入試）
407 明治大学（総合数理学部－学部別入試）
408 明治大学（農学部－学部別入試）
409 明治大学（全学部統一入試）
410 明治大学（Ａ日程）
411 明治学院大学（全学部日程）
412 明治薬科大学　総 推
413 明星大学
414 目白大学・短期大学部

ら・わ行（関東の大学）
415 立教大学（文系学部－一般入試〈大学独自の英語を課さない日程〉）
416 立教大学（文学部－一般入試〈大学独自の英語を課す日程〉）
417 立教大学（理学部－一般入試）
418 立正大学
419 早稲田大学（法学部）
420 早稲田大学（政治経済学部）
421 早稲田大学（商学部）
422 早稲田大学（社会科学部）
423 早稲田大学（文学部）
424 早稲田大学（文化構想学部）
425 早稲田大学（教育学部〈文科系〉）
426 早稲田大学（教育学部〈理科系〉）
427 早稲田大学（人間科・スポーツ科学部）
428 早稲田大学（国際教養学部）
429 早稲田大学（基幹理工・創造理工・先進理工学部）
430 和洋女子大学　総 推

中部の大学（50音順）
431 愛知大学
432 愛知医科大学（医学部）　医
433 愛知学院大学・短期大学部
434 愛知工業大学　総 推
435 愛知淑徳大学
436 朝日大学
437 金沢医科大学（医学部）　医
438 金沢工業大学
439 岐阜聖徳学園大学・短期大学部
440 金城学院大学
441 至学館大学　総 推
442 静岡理工科大学
443 椙山女学園大学
444 大同大学
445 中京大学
446 中部大学
447 名古屋外国語大学　総 推
448 名古屋学院大学　総 推
449 名古屋学芸大学　総 推
450 名古屋女子大学・短期大学部　総 推
451 南山大学（外国語〈英米〉・法・総合政策・国際教養学部）
452 南山大学（人文・外国語〈英米を除く〉・経済・経営・理工学部）
453 新潟国際情報大学
454 日本福祉大学
455 福井工業大学

456 藤田医科大学（医学部）　医
457 藤田医科大学（医療科・保健衛生学部）
458 名城大学（法・経営・経済・外国語・人間・都市情報学部）
459 名城大学（理工・農・薬学部）
558 山梨学院大学　新

近畿の大学（50音順）
460 追手門学院大学　総 推
461 大阪医科薬科大学（医学部）　医
462 大阪医科薬科大学（薬学部）
463 大阪学院大学　総 推
464 大阪経済大学
465 大阪経済法科大学　総 推
466 大阪工業大学　総 推
467 大阪国際大学・短期大学部　総 推
468 大阪商業大学
469 大阪成蹊大学・短期大学部　総 推
470 大阪成蹊大学・短期大学部　総 推
471 大手前大学・短期大学　総 推
472 関西大学（文系）
473 関西大学（理系）
474 関西大学（英語〈3日程×3カ年〉）
475 関西大学（国語〈3日程×3カ年〉）
476 関西大学（文系選択科目〈2日程×3カ年〉）
477 関西医科大学（医学部）　医
478 関西医療大学　総 推
479 関西外国語大学・短期大学部　総 推
480 関西学院大学（文・社会・法学部－学部個別日程）
481 関西学院大学（経済〈文系型〉・人間福祉・国際学部－学部個別日程）
482 関西学院大学（神・商・教育〈文系型〉・総合政策〈文系型〉学部－学部個別日程）
483 関西学院大学（全学部日程〈文系型〉）
484 関西学院大学（全学部日程〈理系型〉）
485 関西学院大学（共通テスト併用／英数日程）
486 畿央大学
487 京都外国語大学　総 推
488 京都光華女子大学・短期大学部　総 推
489 京都産業大学（公募制推薦入試）　総 推
490 京都産業大学（一般選抜入試〈前期日程〉）
491 京都女子大学
559 京都先端科学大学　新 総 推
492 京都橘大学　総 推
493 京都ノートルダム女子大学　総 推
494 京都薬科大学　総 推
495 近畿大学・短期大学部（医学部を除く－推薦入試）　総 推
496 近畿大学・短期大学部（医学部を除く－一般入試前期）
497 近畿大学（医学部－推薦入試・一般入試前期）　医 総 推
498 近畿大学・短期大学部（一般入試後期）　医
499 皇學館大学　総 推
500 甲南大学　総 推
501 神戸学院大学　総 推
560 神戸国際大学　新 総 推
502 神戸松蔭女子学院大学　総 推
503 神戸女学院大学　総 推
504 神戸女子大学・短期大学　総 推
505 神戸薬科大学　総 推
506 四天王寺大学・短期大学部　総 推
507 摂南大学（公募制推薦入試）　総 推
508 摂南大学（一般選抜前期日程）

2022年版 大学入試シリーズ（赤本）

私立大学③

- 509 同志社大学（法、グローバル・コミュニケーション学部－学部個別日程）
- 510 同志社大学（文・経済学部－学部個別日程）
- 511 同志社大学（神・商・心理・グローバル地域文化学部－学部個別日程）
- 512 同志社大学（社会学部－学部個別日程）
- 513 同志社大学（政策・文化情報〈文系型〉・スポーツ健康科〈文系型〉学部－学部個別日程）
- 514 同志社大学（理工・生命医科・文化情報〈理系型〉・スポーツ健康科〈理系型〉学部－学部個別日程）
- 515 同志社大学（全学部日程）
- 516 同志社女子大学 総推
- 517 奈良大学 総推
- 518 奈良学園大学 総推
- 519 阪南大学 総推
- 520 姫路獨協大学 総推
- 521 兵庫医科大学（医学部） 医
- 522 兵庫医療大学 総推
- 523 佛教大学 総推
- 524 武庫川女子大学・短期大学部
- 525 桃山学院大学／桃山学院教育大学 総推
- 561 大和大学・白鳳短期大学部 新 総推

- 526 立命館大学（文系－全学統一方式・学部個別配点方式）／立命館アジア太平洋大学（前期方式・英語重視方式）
- 527 立命館大学（理系－全学統一方式・学部個別配点方式・理系型3教科方式・薬学方式）
- 528 立命館大学（ＩＲ方式〈英語資格試験利用型〉・共通テスト併用方式）／立命館アジア太平洋大学（共通テスト併用方式）
- 529 立命館大学（後期分割方式・「経営学部で学ぶ感性＋共通テスト」方式）／立命館アジア太平洋大学（後期方式）
- 530 龍谷大学・短期大学部（公募推薦入試） 総推
- 531 龍谷大学・短期大学部（一般選抜入試）

中国の大学（50音順）

- 532 岡山商科大学 新 総推
- 533 岡山理科大学 総推
- 534 川崎医科大学 医
- 535 吉備国際大学 総推
- 536 就実大学 総推
- 537 広島経済大学
- 538 広島工業大学
- 539 広島国際大学 総推
- 540 広島修道大学
- 541 広島文教大学 総推

- 542 福山大学／福山平成大学
- 543 安田女子大学・短期大学 総推

四国の大学（50音順）

- 544 徳島文理大学 新
- 545 松山大学

九州の大学（50音順）

- 546 九州産業大学
- 547 九州保健福祉大学 総推
- 548 熊本学園大学
- 549 久留米大学（文・人間健康・法・経済・商学部）
- 550 久留米大学（医学部〈医学科〉） 医
- 551 産業医科大学（医学部） 医
- 552 西南学院大学（商・経済・人間科・国際文化学部－Ａ日程）
- 553 西南学院大学（神・外国語・法学部－Ａ日程／全学部－Ｆ日程）
- 554 福岡大学（医学部医学科を除く－学校推薦型選抜・一般選抜系統別日程） 総推
- 555 福岡大学（医学部医学科を除く－一般選抜前期日程）
- 556 福岡大学（医学部〈医学科〉－学校推薦型選抜・一般選抜系統別日程） 医 総推
- 557 福岡工業大学

医 医学部医学科を含む
総推 総合型選抜・学校推薦型選抜を含む
CD リスニングCDつき　新 2021年 新刊・復刊

掲載している入試の種類や試験科目、収載年数などはそれぞれ異なります。詳細については、それぞれの本の目次や赤本ウェブサイトでご確認ください。

akahon.net
赤本 [検索]

難関校過去問シリーズ

出題形式別・分野別に収録した「入試問題事典」 19大学63点

定価 2,178～2,530円（本体1,980～2,300円）

先輩合格者はこう使った！「難関校過去問シリーズの使い方」

国公立大学

- 東大の英語27カ年[第10版]
- 東大の英語リスニング20カ年[第8版] CD
- 東大の文系数学27カ年[第10版]
- 東大の理系数学27カ年[第10版]
- 東大の現代文27カ年[第10版]
- 東大の古典27カ年[第10版]
- 東大の日本史27カ年[第7版]
- 東大の世界史27カ年[第7版]
- 東大の地理27カ年[第7版]
- 東大の物理27カ年[第7版]
- 東大の化学27カ年[第7版]
- 東大の生物27カ年[第7版]
- 東工大の英語20カ年[第6版]
- 東工大の数学20カ年[第7版]
- 東工大の化学20カ年[第3版]
- 一橋大の英語20カ年[第7版]

- 一橋大の数学20カ年[第7版]
- 一橋大の国語20カ年[第4版]
- 一橋大の日本史20カ年[第4版]
- 一橋大の世界史20カ年[第4版]
- 京大の英語27カ年[第11版]
- 京大の文系数学27カ年[第11版]
- 京大の理系数学27カ年[第11版]
- 京大の現代文27カ年※ 新
- 京大の古文27カ年※ 新
- 京大の日本史20カ年[第2版]
- 京大の世界史20カ年[第2版]
- 京大の物理27カ年[第8版]
- 京大の化学27カ年[第8版]
- 北大の英語15カ年[第7版]
- 北大の理系数学15カ年[第7版]
- 東北大の英語15カ年[第7版]
- 東北大の理系数学15カ年[第7版]

- 東北大の物理15カ年 新
- 東北大の化学15カ年 新
- 名古屋大の英語15カ年[第7版]
- 名古屋大の理系数学15カ年[第7版]
- 名古屋大の物理15カ年 新
- 名古屋大の化学15カ年 新
- 阪大の英語20カ年[第8版]
- 阪大の文系数学20カ年[第2版]
- 阪大の理系数学20カ年[第8版]
- 阪大の国語15カ年[第2版]
- 阪大の物理20カ年[第7版]
- 阪大の化学20カ年[第5版]
- 九大の英語15カ年 新
- 九大の理系数学15カ年[第6版]
- 神戸大の英語15カ年[第7版]
- 神戸大の数学15カ年[第4版]
- 神戸大の国語15カ年[第2版]

私立大学

- 早稲田の英語[第9版]
- 早稲田の国語[第7版]
- 早稲田の日本史[第7版]
- 慶應の英語[第9版]
- 慶應の小論文
- 明治大の英語[第7版]
- 中央大の英語[第7版]
- 法政大の英語[第7版]
- 同志社大の英語[第8版]
- 立命館大の英語[第9版]
- 関西大の英語[第9版]
- 関西学院大の英語[第9版]

新 2021年刊行
※ 2020年までは「京大の国語」として刊行

共通テスト対策関連書籍

共通テストももちろん赤本

❶ 過去問演習

2022年版 共通テスト赤本シリーズ

A5判／定価1,078円（本体980円）

- 共通テスト対策過去問集 売上No.1‼
  ※紀伊國屋書店PubLine（2020年4月〜12月）に基づく
- 共通テスト本試験を2日程分収載!
- 英語はリスニングを11回分収載! 赤本の音声サイトで本番さながらの対策!

- 英語 ※1 DL
- 数学Ⅰ・A／Ⅱ・B ※2
- 国語 ※2
- 日本史B
- 世界史B
- 地理B
- 現代社会
- 倫理, 政治経済／倫理
- 政治・経済
- 物理／物理基礎
- 化学／化学基礎
- 生物／生物基礎
- 地学／地学基礎

DL 音声無料配信　※1 模試2回分収載　※2 模試1回分収載

❷ 自己分析

赤本ノートシリーズ 過去問演習の効果を最大化

▶共通テストには

赤本ノート（共通テスト用）　赤本ルーズリーフ（共通テスト用）

共通テスト赤本シリーズ Smart Startシリーズ **全28点に対応‼**

▶大学入試シリーズにも

赤本ノート（二次・私大用）

大学入試シリーズ **全538点に対応‼**

❸ 弱点克服

Smart Startシリーズ 共通テスト スマート対策 3訂版

※書影は仮のものです
A5判／定価1,210円（本体1,100円）　DL 音声無料配信

基礎固め＆苦手克服のための**分野別対策問題集**‼

- 英語（リーディング）DL
- 英語（リスニング）DL
- 数学Ⅰ・A
- 数学Ⅱ・B
- 国語（現代文）
- 国語（古文・漢文）
- 日本史B
- 世界史B
- 地理B
- 現代社会
- 物理
- 化学
- 生物
- 化学基礎・生物基礎
- 生物基礎・地学基礎

共通テスト本番の内容を反映! **全15点** 2021年6月より順次刊行予定

共通テスト向け実戦的参考書

赤本プラス

赤本プラスとは、過去問演習の効果を最大にするためのシリーズです。「赤本」であぶり出された弱点を、赤本プラスで克服しましょう。

大学入試 すぐわかる英文法
大学入試 ひと目でわかる英文読解 新
大学入試 絶対できる英語リスニング 新
大学入試 すぐ書ける自由英作文 新

英検® 赤本シリーズ

英検®(実用英語技能検定)の対策書。過去問と参考書で万全の対策ができます。

▶ 過去問集(2021年度版)
英検® 準1級過去問集 DL
英検® 2級過去問集 DL
英検® 準2級過去問集 DL
英検® 3級過去問集 DL

▶ 参考書
竹岡の英検® 準1級マスター DL
竹岡の英検® 2級マスター CD DL
竹岡の英検® 準2級マスター CD DL
竹岡の英検® 3級マスター CD DL

赤本メディカルシリーズ

過去問を徹底的に研究し、独自の出題傾向をもつメディカル系の入試に役立つ内容を精選した実戦的なシリーズ。

〔国公立大〕医学部の英語 [改訂版]
私立医大の英語〔長文読解編〕[改訂版]
私立医大の英語〔文法・語法編〕[改訂版]
医学部の実戦小論文 [改訂版]

〔国公立大〕医学部の数学
私立医大の数学
医歯薬系の英単語 [3訂版]
医系小論文 最頻出論点20 [3訂版]
医学部の面接 [3訂版]

体系シリーズ

国公立大二次・難関私大突破へ、自学自習に適したハイレベル問題集。

体系英語長文   体系日本史
体系英作文   体系世界史
体系数学Ⅰ・A   体系物理[第6版]
体系数学Ⅱ・B   体系化学[第2版]
体系現代文   体系生物
体系古文

満点のコツシリーズ

共通テストで満点を狙うための実戦的参考書。重要度の増したリスニング対策書は「カリスマ講師」竹岡広信が一回読みにも対応できるコツを伝授！

共通テスト英語〔リスニング〕満点のコツ CD
共通テスト古文 満点のコツ
共通テスト漢文 満点のコツ

風呂で覚えるシリーズ

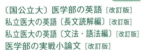

水をはじく特殊な紙を使用。いつでもどこでも読めるから、ちょっとした時間を有効に使える！

風呂で覚える英単語 [4訂版]
風呂で覚える英熟語 [改訂版]
風呂で覚える古文単語 [改訂版]
風呂で覚える古文文法 [改訂版]
風呂で覚える漢文 [改訂版]
風呂で覚える日本史〔年代〕[改訂版]
風呂で覚える世界史〔年代〕[改訂版]
風呂で覚える倫理 [改訂版]
風呂で覚える化学 [3訂版]
風呂で覚える百人一首 [改訂版]

赤本ポケットシリーズ

共通テスト対策
共通テスト日本史〔文化史〕

系統別進路ガイド
心理学科をめざすあなたへ [改訂版]
デザイン系学科をめざすあなたへ

単行本

▶ 英語
Q&A 即決英語勉強法
TEAP 攻略問題集 CD
東大の英単語 [新装版]
早慶上智の英単語 [改訂版]

▶ 数学
稲荷の独習数学
京大数学プレミアム

▶ 国語・小論文
著者に注目！ 現代文問題集
ブレない小論文の書き方 樋口式ワークノート
京大古典プレミアム 新

▶ 理科
折戸の独習物理

赤本手帳(2022年度受験用)
　　　　　　　　　　プラムレッド
赤本手帳(2022年度受験用)
　　　　　　　　　　インディゴブルー
赤本手帳(2022年度受験用)
　　　　　　　　　　プラチナホワイト
奥薗壽子の赤本合格レシピ

CD リスニングCDつき　DL 音声無料配信　新 2021年刊行

赤本プラス PLUS+

赤本プラスとは、過去問演習の効果を最大にするためのシリーズです。「赤本」であぶり出された弱点を、赤本プラスで克服しましょう。

大学入試 すぐわかる英文法

肘井 学 著

大学受験に必要な英文法の知識を網羅した、「総合英文法書」の新定番

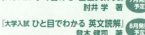

赤本プラス 続々刊行予定！

『大学入試 すぐ書ける 自由英作文』 7月発売予定
　肘井 学 著

『大学入試 ひと目でわかる 英文読解』 8月発売予定
　登木 健司 著

『大学入試 絶対できる 英語リスニング』 9月発売予定
　肘井 学 著

※タイトルは仮のものです。

赤本ウェブサイトが便利!!

志望大学の赤本の刊行状況を確認できる!

発売日お知らせメールで志望大学の赤本発売日を逃さない!

「赤本取扱い書店検索」で赤本を置いている書店を見つけられる!

赤本ウェブサイト
http://akahon.net/
赤本　検索

受験に役立つ様々な情報も発信中!

赤本ブログ
有名予備校講師のオススメ勉強法など、受験に役立つ情報を発信!

赤本チャンネル
教学社のYouTubeチャンネルで受験生向けの動画を配信中!

2022年版　大学入試シリーズ　No.350

東京理科大学(理工学部－B方式)

編　集　教学社編集部
発行者　上原寿明
発行所　教学社
　　　　〒606-0031
　　　　京都市左京区岩倉南桑原町56
　　　　電話 075(721)6500
　　　　振替 01020-1-15695

2021年7月10日　第1刷発行
定価は裏表紙に表示しています
ISBN978-4-325-24528-5

印刷・製本　太洋社

- 乱丁・落丁等につきましてはお取替えいたします。
- 本書に関する最新の情報(訂正を含む)は、赤本ウェブサイト http://akahon.net/ の書籍の詳細ページでご確認いただけます。
- 本書の内容についてのお問い合わせは、赤本ウェブサイトの「お問い合わせ」より、必要事項をご記入の上ご連絡ください。電話でのお問い合わせは受け付けておりません。
- 本書の無断複製は著作権法上の例外を除き禁じられています。本書を代行業者等の第三者に依頼してスキャンやデジタル化することは、たとえ個人や家庭内の利用でも著作権法違反です。
- 本シリーズ掲載の入試問題等について、万一、掲載許可手続等に遺漏や不備があると思われるものがございましたら、当社編集部までお知らせください。